비고츠키 선집 13

정서 학설 I

역사–심리학적 연구

• 표지 그림

그림이 어떻게 음악을 전달할 수 있을까? 음악은 어떻게 느낌을 전달할 수 있을까? 한 가지 설명은 빛 파장이 눈에 변화를 일으키고 음파가 귀에 변화를 일으킨다는 것이다. 두뇌는 이러한 파장을 장면과 소리로 지각한다. 그러나 비고츠키는 이것이 단지 감각 이론일 뿐 정서 이론은 아니라고 주장한다. 이 이론은 어떻게 다양한 감각이 동일한 정서를 일으키는지도, 정서 자체에서 인간에 고유한 것이 무엇인지도 설명할 수 없다. 따라서 이러한 이론은 교사들이 예술, 윤리, 인격 발달, 배우자 선정 등과 같은 정서적 발달을 가르치는 방법에 대한 시사점을 줄 수 없다. 따라서 비고츠키는 이러한 공유 불가능한 신체적 감각뿐 아니라 공유 가능한 역사와 문화에 토대하여 스피노자의 이론을 제시한다. 이 책은 스피노자 시대의 그림을 통해—렘브란트, 베르메르를 비롯한 많은 화가들의 그림을 통해—당시 세계상을 살펴보며 비고츠키의 비평과 전망을 그려 나간다.

비고츠키 선집 13

정서 학설 I
역사-심리학적 연구

초판 1쇄 인쇄 2021년 8월 18일
초판 1쇄 발행 2021년 8월 28일

지은이 L. S. 비고츠키
옮긴이 비고츠키 연구회
펴낸이 김승희
펴낸곳 도서출판 살림터

기획 정광일
편집 조현주·송승호
북디자인 꼬리별

인쇄·제본 (주)신화프린팅
종이 (주)명동지류

주소 서울시 양천구 목동동로 293, 22층 2215-1호
전화 02-3141-6553
팩스 02-3141-6555
출판등록 2008년 3월 18일 제313-1990-12호
이메일 gwang80@hanmail.net
블로그 http://blog.naver.com/dkffk1020

ISBN 979-11-5930-199-5 93370

비고츠키 선집 13

정서 학설 I

역사-심리학적 연구

살림터

1+1=1이 될 때
스피노자 시대의 예술과 과학으로 비추어 본
비고츠키의 저작

파울루스 모렐세Paulus Moreelse의 1632년 작품을 보자. 한 소녀가 자신의 아름다움을 보고 웃으며 우리를 향해 함께 보자고 초대한다. 하지만 그녀가 보는 것과 우리가 보는 것은 다르다. 아마도 그녀는 자신의 얼굴을 보고 있을 것이고, 목에 두르는 스카프를 팔로 안을 때 만들어진 매듭을 알아채지 못했을 것이다. 모자에서 팔처럼 앞으로 뻗어 나온 깃털은 보고 있었을 테지만, 목덜미에서 머리카락 두 뭉치가 제멋대로 두 다리처럼 정확히 반대 방향으로 뻗어 있는 것을 알아채지는 못했을 것이다. 그러나 우리 역시도 지각하고 생각하는 신체이며, 그림의 소녀처럼 스스로의 신체를 본다고 생각한다. 만약 우리가 그녀를 만나서 그녀에서 말을 한다면 어떻게 될까? 같은 방식으로 자신을 보게 될까?

창문+거울=1

이 책에서 우리는 정서를 바라보는 동시에 또한 정서에 대해 말하기 위해 그로부터 시선을 돌린다. 이를 위한 한 가지 방법은 그림을 보면서 그림에 대해 이야기하는 것이다. 그림 중 일부는 파울루스 모렐세 같은 거의 알려지지 않은 네덜란드 화가의 작품이다. 일부는 렘브란

트와 베르메르처럼 많이 알려진 작품들이다. 모든 그림은 신체, 이미지, 빛과 관련된다.

이 빛은 17세기 네덜란드 회화의 신형성으로, 때론 이 그림에서와 같이 창문이나 문에서 흘러 들어오는 것처럼 보인다. 빛은 통상 왼쪽에서 오른쪽으로, 위에서 아래로 떨어진다. 이렇게 빛이 비추는 관념의 순서는 우연적인 것이 아닐 뿐 아니라 자연의 질서로 설명될 수도 없다. 이는 근대 유럽 문서에서 관념이 나열되는 질서이다.

다른 경우에 빛은 또한 이 그림에서 그렇듯 거울에서 반사된다. 빛이 젊음과 아름다움을 비출 때 종종 여기에는 시간의 흐름과 죽음의 종말점을 상기시키는 대상(바니타스)이 함께 나타난다. 이 그림에서 우리는 화장대vanity table 위의 휴대용 해시계를 볼 수 있다. 종종 그림에는 화가가 우리가 함께 읽기 바라는 메시지가 상징적으로 혹은 은유적으로 들어 있다. 소녀가 거울에서 보고 있는 것은 고개를 돌리자마자 사라진다.

그러나 독자는 그림을 보기 위해 이 책을 펼친 것은 아니다. 여러분은 신체적 감각과 예술 작품으로 창조된 '고등' 정서 간의 관계에 대한 비고츠키의 어려운 저작의 번역본을 읽고 있다. 이 책은 근대정신의 최초 시작점을 돌아보면서, 개인의 정신을 역사와 사회, 문화적 계기로, 완전히 새로운 이해로 전망하는, 역사적 연구인 동시에 신경심리학적인 연구물이다. 문제는 두 번째인 전망하는 부분이 대부분 빠져 있다는 것이다.

빠진 부분을 보기 위해 우리는 이 그림이 완성된 바로 그해에 태어난 네덜란드의 렌즈 가공업자인 스피노자의 또 다른 어려운 저작에서 도움을 구해야 한다. 스피노자는 화가 렘브란트의 집 바로 근처에 살았다. 그는 크리스티안과 콘스탄틴 하위헌스와 같은 위대한 천문학자들이 사용했던 망원경의 렌즈를 만들기도 했다. 여유 시간에 그는 사상가였다.

데카르트를 비롯한 스피노자 이전의 사상가들에게 있어 우리가 보는 것과 소녀가 거울에서 본 것은 다르다. 그녀가 거울에서 본 것은 더 이상 거울에 없다. 우리가 본 것이 그녀의 몸이라면 그녀가 본 것은 속마음의 반영에 가깝다. 그러나 스피노자와 우리에게 있어 거울 앞의 소녀가 본 것은 거울에 비친 소녀이다. 추상적이고 일반적인 의미에서 그녀는 바로 우리가 보고 있는 유일한 대상이다. 그녀는 마음을 제외한 몸도, 몸을 제외한 마음도 아닌 몸과 마음이 하나인 대상이다.

스피노자에게 보는 사람과 보이는 사람은 하나의 동일한 대상을 바라보는 상호 배타적인 방식일 뿐이다. 주체로서는 몸을 가진 사유자思惟者이지만 객체로서는 사고하는 몸인 것이다. 스피노자에게 모든 대상을 이와 같이 바라보는 두 가지 방식, 즉 사고와 연장으로 바라보는 방식은 서로 상호작용할 수 없다. 그림 속 여자가 여자 자신인 동시에 우리가 될 수 없는 것과 같이 우리는 두 측면을 동시에 관찰할 수 없다는 것이다.

스피노자와는 또 다르게 어떤 이들은 이 두 방식이 항상 서로 엄밀한 관계를 맺고 있지만 서로 절대 만나지 않는 평행선과 같다고 말한다. 이러한 심신평행론은 분트 심리학의 토대였으며 대체로 여전히 오늘날 우리가 몸과 마음에 대해 가지고 있는 관념이다. 그러나 우리 몸의 느낌과 감각은 몸 밖의 존재와 사건에 매우 직접적으로 영향을 받는 것으로 보인다. 그리고 이러한 느낌과 감각은 우리가 생각하는 방식에 실제 영향을 미치는 것으로 보이며 이러한 생각은 신체의 움직임에 실제 영향을 미치는 것으로 보인다. 따라서 이들은 서로 절대 교차하지 않는 평행선이 아니다.

마음＋몸＝1

비고츠키는 청소년기부터 심신평행론을 고민해 왔다. 10대 시절, 모스크바에서 그는 스피노자에 대한 논문을 쓰는 중이던 누나인 지나와 한 방을 썼다. 대학 시절 그는 분트가 두 개의 평행한 심리학을, 즉 실험실에서 감각을 연구하는 심리학과 현장에서 문화를 연구하는 심리학을 창안했다는 것을 알게 된다. 그러나 신체의 감각과 문화적 정서라는 일련의 두 현상은 두 개의 전혀 다른 경험이 아니며 심지어는 유형상 차이가 나는 경험도 아니다. 이들은 인간 삶의 살아감이라는 한 종류의 경험을 기술하고 설명하는 두 가지 상이한 방식이었을 뿐이다.

1925년 유일한 해외여행에서 돌아온 후 그는 깊은 병으로 자하리노 병원에 입원하여 임박한 죽음 앞에서 글을 준비하기 시작한다. 그는 다음과 같은 노트를 남긴다.

"마르크스주의의 교사들에게서 먼저 발견되는 것은 마음의 문제에 대한 해답이 아니라 작업가설의 정교화를 위한 방법론적 지침이다. 나는 마음의 자유에 대한 문제를 몇몇 인용들을 잘라 붙임으로써 이해하고자 하지 않는다. 오히려 나는 마르크스의 전체 방법으로부터 마음의 문제에 어떻게 접근해야 하는지, 최소한의 모순을 가진 가정을 어떻게 선택해야 하는지에 대해 알고자 한다. 이런 면에서 중요한 것은 마르크스가 산발적으로 남긴 심리학적 진술이 아니라 연구 방법에 대한 그의 일반적인 가르침이다"(2018: 78).

비슷한 방식으로, 비고츠키는 우리에게 생리학, 신경화학, 신체 감각 그리고 행동까지도 단독으로는 아동의 자아감을 존재하게 할 수 없음을 보이려 한다. 이 중 그 무엇도 '자아' 혹은 '나'에게 자의식의 빛을 부여할 수 없다. 왜냐하면 자의식은 실제로 우리가 타인과 갖는 관계의 내면화이기 때문이다. 그러므로 '자아' 혹은 '나'라는 단어의 의미를 만들어 내거나 무너트릴 수 있는 것은 생리학, 신경화학 등의 배후에 있는 오직 사회적 관계뿐이다. 이것은 우리의 인격을 이루는 겉보기에 가상적인 역할이 어떻게 현실의 사회적, 대인관계적 효과를 유발할 수 있는지를 설명한다.

"자아는 물리적 관점에서 볼 때 허구이고 신체의 물리적 특징의 총합에 아무것도 더하지 않는다, 이는 마치 상품의 가치가 허구이고 그것의 물리적 특징에 아무것도 더하지 않는 것과 같다. 하지만 그것은 기호로서 실재이고, 우리의 신체 내적 삶에서 사회적 관계의 이름이다"(Vygotsky, 2018: 79).

어째서 '신체 내적'인가? 당신이 다른 사람을 보거나 만질 때, 당신은 신체를 보거나 느낀다. 하지만 당신이 그 '사람'이라면, 당신은, 그저 신체가 신체에 대해 갖는 관념이자 세상에 대해 갖는 인상인 마음을 느끼고 생각한다. 그러므로 '자아' 혹은 '나'는 화가의 관찰이 아닌 여자의 경험을 소통한다. 자아는 사회적 타자들에게 신체 자체의 관념으로 표상된, 보고 듣고 느끼는 신체의 주체(1인칭)이다. 자아는 사회적인 관찰자가 보기에 보고, 듣고, 느끼고 생각하는 직접 대면자(2인칭) 혹은 제3자(3인칭)가 아니다. 이러한 신체 내적 삶은 말에서, 예컨대 인칭을 통해 사회적 관계로 표현될 수 있다. 하지만 이것은 또한 다른 매체를 통해 사회적 관계로 표현될 수도 있다. 17세기에, 이것은 색채로 표현될 수 있었고, 색채는 또한 빛을 나타낼 수 있다.

빛＋어둠＝1

빛처럼, 자아는 무게도, 크기도, 색채도 가지지 않는다. 하지만 이것은 신체가 다른 대상의 무게, 크기, 색채를 관찰하고, 측정하고, 이해할 수 있도록 한다. 그러므로 빛의 실패는 이 모두에게 치명적이며 신체의 삶에도 파멸적이다. 비고츠키가 말한 것처럼, 건물이 무너진다면, 그것을 무너뜨리는 것은 건축가의 계획의 무게가 아니라 실제 자재의 무게

이다(2018 : 79). 그럼에도, 실제 자재의 무게와 분포를 결정하고 건물의 운명을 결정하는 것은 실제 자재가 아닌 건축학적 계획이다.

1614년에 헤릿 반 혼토르스트에 의해 그려진 이 「차가운 돌 위에 앉은 예수」 그림을 보자. 이 그림은 십자가의 길 10처의 예수를 보여 준다. 그는 옷이 벗겨지고 십자가에 매달릴 참이다. 그는 잠시 돌 위에 앉아 있다. 이 주제를 다룰 때 중세에는, 차가운 돌의 감각과 예수의 나신 위의 고문의 흔적이 특별히 강조된다.

이 그림에서는 그렇지 않다. 여기서는, 주체의 붕괴가 주제이다. 여기에서 신체 자체는 대체로 손상을 입지 않은 대상이다(비록 이상하게도 이미 못에 의한 상처가 지나치게 살찌고 두꺼운 예수의 팔목에 있지만). 예수그 자신은 자는 듯, 혹은 이미 시체인 듯 보인다. 모렐세의 화장대vanity table에는 은유적으로 숨겨져 있던 필멸성에 대한 시사가 여기서 고통스러울 정도로 환하게 드러나 있다. 모렐세가 그린 것과는 상당히 다르긴하지만 이것 또한 '바니타스'이다.

혼토르스트는 로마에 살던 네덜란드 화가였으며, 카라바조와 그의 추종자들에게 큰 영향을 받았다. 그들은 빛과 어둠의 엄격한 분리에 기반을 둔 그림 방식을 개발했다. 어디에나 있는 것처럼 보이는 자연광과달리, 창문이나 양초는 화가에게 이를 허용한다. 극단적 대비와 뒤틀린 자세 또한 아마도 그림을 보는 사람으로 하여금 사지의 불균형(두꺼운 손목 그리고 앞으로 나온 다리가 뒤에 있는 다리보다 훨씬 길다는 사실)과 빛의 불균형(신체가 촛불보다 더 밝게 빛나고 있다)을 간과하도록 돕는 기능을 했을 것이다. 그러나 흰색과 노란색을 빛으로 해석할 때마다 우리는 갈색, 파란색, 검은색을 그림자로 해석하며, 그에 따라 이차원적 색영역 대신 질량과 내용을 가진 삼차원의 입체적 형태가 출현한다. 예를들어 그리스도의 어깨 주위에 있는 이차원의 어두운 영역은 벽에 드리운 그림자가 아니라 그의 외투의 삼차원 형태로 해석되어야 한다.

스피노자는 빛이 그 자체와 어둠을 모두 드러내며, 진정한 증거는 진실의 진실성과 거짓의 오류를 모두 증명한다고 말했다. 이를 믿었기 때문에, 스피노자는 『에티카』를 유클리드의 기하학 모형에 따라 저술했다. 각 부분은 정의로 시작하여 공리로 나아간 후, 증명된 다른 정리나 공리, 정의로 다시 참조될 수 있는 정리를 추론해 낸다. 소비에트에서비고츠키와 스피노자 모두를 대중화하는 데 도움을 준 소비에트의 철학자 일렌코프는, 이 기하학적 형식이 데카르트주의자들이 그들의 방법론의 토대로 간주했던 의심의 투석과 화살로부터 스피노자의 작업을 보호했던 일종의 갑옷 껍데기라고 생각했다. 그러나 일렌코프는 또한 이 껍질이 논리의 광채를 가리고 성장을 막았다고 생각했다(Ilyenkov, 1974/2009: 15).

그러나 일렌코프와 반대로(그리고 그리스도 십자가의 길 10처에 대한 성 프란치스코의 설명에 따라), 우리는 그 논쟁을 둘러싼 형태의 의복이 그 피부와 살, 그리고 그 내장 내용물과 분리되기 쉽지 않다는 것을 발견한다. 스피노자가 관념의 순서와 연결이 물질의 순서 및 연결과 같다고 말할 때 염두에 둔 것이 이 기하학적 표현이다. 스피노자가 마음을 그 자체에 대한 신체의 관념이라 말할 때(2부, 정리 13), 그가 염두에 둔 것은 당시 해부학에서 새롭게 발견된 신체의 의미뿐 아니라(베살리우스의 해부학은 불과 한 세기가 지난 것이었다), 기하학에서 '체體(corpus: 점, 선, 면, 입체)'가 가지고 있는 훨씬 더 오래된 의미이다. 그림의 평면이 이차원이고 빛의 광선이 일차원인 것처럼 신체는 단지 삼차원적 형상일 뿐이며, 차가운 돌이 움직임이나 멈춤을 지속하는 것처럼 인간의 신체는 그 존재를 유지하고자 하는 체體이다. 구球조차도 이런 의미에서 마음(인간 마음속에 있는 수학적 표상)에 참여한다.

우리는 또한, 일렌코프가 말한 것과 반대로, 스피노자의 기하학 체계가 그 용어 자체의 발달을 허용할 만큼 충분히 추상적이라는 것을 발견한다. 예를 들어 스피노자의 체계에서, 체體는 다른 체體들로 이루어져 있다. 렘브란트 시대의 네덜란드 예술가들은 공개적인 해부를 통해 인체가 다양한 체계로 이루어져 있고, 그 체계들은 다시 다른 조직들로 이루어진 별개의 기관들로 이루어져 있다는 것을 알고 있었다. 그리고 스피노자, 하위헌스, 레벤후크는 개별 세포들을 관찰할 수 있는 현미경을 생산하고 있었다. 체내 감각과 감정이 사회생활에서 그 설명과 의미를 찾는다는 비고츠키의 관점을 취한다면, 우리는 인간의 마음을 뇌에 한정할 필요도, 인체를 그 피부로 한정할 필요도 없다. 우리가 인체를 개인에 한정하고 인간의 마음을 신경계에 국한된 것으로 규정하더라도, 개인을 초월한 '체體'에 대해 기하학적 방법을 사용하는 것을 막을 수는 없다.

사회 역시 계급과 같은 뚜렷한 사회적 '몸체'로 구성되며, 계급은 다시 기업, 공동체, 가족, 그리고 개별적인 인간 신체와 같은 명확히 구분되는 몸체들로 만들어진다. 스피노자는 마음이 신체 자체에 대한 신체의 관념이라고 말하기 때문에, 학자들(예컨대 카레트, 2009)은 스피노자가 인간의 마음에 신체의 파멸에서 살아남아 영원히 존재하는 무언가가 있다(5부, 정리 22)고 말한 것에 대해 혼란스러워한다. 그러나 개인이 죽어도 가족은 남는다거나, 가족이 없어져도 공동체는 살아남는다는 생각은 전혀 놀랍지 않으며, 특히 관념에 건물이나 책, 그림과 같은 물질적 형태가 주어졌을 때 관념이 오래 살아남는다는 사실은 놀랍지 않다. 개인을 초월한 이러한 형태가 수학적 의미에서 영원하거나 무한한 것은 아닐지 모르지만, 그것은 분명 내포하고 있는 생각의 힘이나 그 물질적 연장의 측면에서 유구하다. 그것은 그것을 만든 가족, 공동체, 그리고 사회처럼 개인 신체의 소멸에서도 확실히 살아남을 수 있다. 이런 식으로 우리는 비고츠키의 미완성 원고를 완성할 뿐 아니라, 비고츠키가 자신의 공책에서 말하듯, 스피노자 자신의 작업의 참과 거짓 모두를 해명할 수 있다(2018: 213).

스피노자＋비고츠키＝1

비고츠키가 염두에 두었던 일을 해 보자. 비고츠키의 공책에서 제시된 방법에 따라, 모든 정신적 현상을 단순한 생물학적 관계가 아니라 사람들 간의 사회적인 관계의 신체 내적 징후로 바라보며 스피노자의 『에티카』를 재해석해 보자.

스피노자는 『에티카』 1부에서 "절대적이고 무한한 존재, 즉 각각이 영원하고 무한한 본질을 표현하는 무한한 속성들로 이루어진 실체"를 정의한다(Id6). 그러나 인간은 이러한 속성들 중 두 가지만을 경험할 수 있다. 하나는 다양한 차원의 연장(시간, 공간, 질량)이고 다른 하나는 생각이다. 스피노자는 무한히 다양하게 변용되어 연장된 실체의 속성을 자연이라고 부른다. 그러나 무한히 다양하게 변용된 사유하는 실체의 속성을 스피노자는 신이라 부를 것을 주장한다.

이 '신'을 비고츠키가 언급한 스피노자의 오류로 여기는 대신, 우리는 비고츠키의 노선을 따라, 개인이 신체 내적으로 경험하는 공유된 사회적 기호로 그것을 재해석한다. 자연과 신은 존재하는 것을 바라보는 두 가지 방식(몸체를 가진 사유자思惟者 혹은 사유하는 몸체)이다. 우리 인간은 자연의 의식적 부분으로서 (사유하는)몸체로 간주될 수 있다. 그러나 우리는 또한 사유(하는 몸체)로 간주될 수도 있다. 우리는 우리 역사, 문화, 언어의 많은 부분에서, 실제로 우리 의식의 개인을 초월하는 사회적 관계(사회-사회적 관계와 사회-자연 환경과의 관계)의 형태에 신이라는 무시무시한(즉 엄청난) 이름을 부여해 왔다("인간은 인간에게 신이다." 『에티카』 4부, 정리 35, 주석).

『에티카』 2부는 인간 본성의 의식적 부분, 즉 인간의 정신에 대한 개념을 제시한다. 스피노자는 "정신에 대한 관념이 정신과 결합되는 방식은 정신이 신체와 결합되는 방식과 같다"라고 주장한다. 즉, 의식 자체가 신체에 결합되는 것과 같이 자의식은 의식에 결합된다. 자의식은 창문이나 거울로부터 나오는 은은한 빛이나, 외적 근원으로부터 완전한 어둠 속을 비추는 눈부신 빛과는 다르다. 자의식은 실제로 인간 본성의 더 의식적인 부분이 덜 의식적인 부분을 돌아보는 사례이자, 인간 본성 자체와 신체의 삶의 덜 의식적인 측면을 모두 밝히는 과정을 보여 주는 한 사례일 뿐이다.

스피노자가 정신은 스스로에 대한 의식을, 그리고 스스로가 환경에 의해 받는 영향에 대한 의식을 창조하는 몸체라고 말한 것에 비추어 우리는 더 큰 몸체와 더 넓은 사회적 관계에 대해서도 똑같이 말할 수 있을 것이다. 의식은 사회를 돌아보며 문화를 창조하고, 계급을 돌아보며 계급 이익을 창조하고, 공동체를 돌아보며 이웃을 창조하고, 가족을 돌아보며 사랑이나 가정의 결속을 창조한다.

2부 말미에 스피노자는 인간 행동이 전적으로 자기원인적이라는 의미에서 '자유롭다'는 자만심을 공격한다. 자연의 다른 모든 현상들처럼 우리의 행동들은 어떤 원인들에 의해 결정된 원인들에 의해 결정되며, 그리고 이 어떤 원인들은 또 다른 원인들에 의해 결정되며 이와 같이 무한히 계속된다. 어느 순간에도 인간은 자신의 행동이 전적으로 자기원인적이라 말할 수 없으며, 따라서 자연으로부터 자유로운, '왕국 안의 왕국'이라고 말할 수 없다.

마찬가지로, 2부 말미에서 스피노자는 먹을 것인지 마실 것인지를 결정하지 못해 굶주려 죽음에 이른 뷔리당의 당나귀에 대한 이야기를 포함하여 그의 결정론적 관점에 대한 여러 반론들을 다룬다. 스피노자는 오직 배고픔/갈증을 제외한 다른 어떤 동기도 경험하지 않는 인간은 존재하지 않는다고 말한다. 그런 사람이 있다 하더라도 우리는 그가 어떤 반응을 보이든 그것을 자살, 정신이상, 어린이들의 반응과 나란히 놓을 수 있을 것이다. 즉, 그에 대한 고찰은 철학자의 과업이 아닌 것이다.

그러나 이들은 특히 심리학자들의 지대한 관심을 가져오는 무리들이다. 따라서 비고츠키는 뷔리당의 문제가 심리학 전체에서 가장 근본적인 문제라고 부르며(1977: 44), 스피노자의 답을 상당히 길게 논의하고, 심지어 경험적 실험을 거치면서 어린이들이 인위적인 결정 수단(예컨대 주사위 굴리기, 가위바위보 등의 기타 어린이 놀이)을 도입하여 뷔리당의 문제에 반응한다는 것을 발견한다.

비고츠키는 다음과 같이 일반화한다. "뷔리당의 당나귀 상황에 놓인 인간은 주사위를 던지고, 이런 식으로 그가 직면한 어려움으로부터 벗어난다"(1997: 209). 그는 이런 탈출은 동물들에게는 가능하지 않다고 덧붙인다. 이것은 아직 왕국 안의 왕국을 암시하는 것은 아니다. 동물들 또한 분명하게 관련 없는 자극에 반응하며, 파블로프는 이것이 주사위, 제비, 점처럼 임의적일 수 있음을 보여 주었다. 그러나 주사위를 던지거나, 제비를 뽑거나, 신탁을 받는 것이 성인들에게도 항상 가능하지는 않다. 이 경우 그들은 동물들과 같이 의사 결정의 근거를 다시 정념으로 되돌리며 그에 따른 결과는 예측 불가하거나, 어느 쪽을 선택하든 완전히 같게 되어 버린다. 우리는 여전히 정념의 노예인 것이다.

그러나 비고츠키는 옳다. 우리는 동물과 똑같이 행동하지 않는다. 캐논(Walter Cannon, 1929)이 항상성(예를 들어 인체의 안정적인 혈당 유지와 같은)이라고 부르는 형태와 다마지오(Damasio & Damasio, 2016)가 사회-문화적 항상성(예를 들어 인간의 안정적인 식량공급사슬 유지와 같은)이라고 부른 것을 비교해 보면, 분명 유사성이 있다. 모두 자기보존 노력conatus에 대한 지속적인 적응을 포함한다. 그러나 분명하고 뚜렷한 차이 또한 존재한다. 사회-문화적 항상성은 두 가지 조건이 충족되는 한, 예견, 계획, 숙고의 가능성을 인정한다. 첫째 조건은 정치적 통일체, 즉 가족, 공동체, 국가에 요구되는 변화들이 군주정, 귀족정, 신정에 의해 방해받지 않는, 자기-원인의 방식으로 이루어질 수 있어야 한다는 것이다. 이것이 스피노자의 『신학-정치론』의 주제이다. 둘째 조건은 정치적 통일체에 요구되는 변화는 혼란스럽고 불분명한 정념이 아닌 의식적인 이해로 이루어져야 한다는 것이다. 이것이 스피노자 『에티카』의 주제다.

스피노자의 책은 정서에 대한 '학설'이다. 제임스와 랑게는 '정서 이론'을 내놓았다. 미완성된 이 책의 첫 문단에서 비고츠키는 제임스-랑게 이론이 스피노자의 학설에서 온 것인지, 데카르트에서 온 것인지 묻는다. 2장에서 비고츠키는 아드레날린이 내부 장기 및 혈관운동 체계에 미치는 효과에 대한 당시의 발견이 정서가 신체 활동 능력을 향상시킨다는 제임스-랑게와 스피노자의 정의를 모두 확정해 주는 것처럼 보일 것이라고 지적한다. 그러나 그는 3장에서 정서와 신체적 효과의 관계는 일대일 대응이 되기 어렵다고 기술한다. 4장에서 그는 우리가 신체적 변화를 제거하고 그것이 정서적 반응을 바꾸는지를 확인하는 것으로 제임스-랑게의 가설을 검증할 수 있다고 제안한다. 5장에서는 정서와 무관한 수단을 통해 신체 변화를 만들고 그것이 정서적 반응을 만들어 내는지 확인하는 것으로 그 가설을 또 검증할 수 있다고 말한다. 6장에서도 그는 제임스-랑게에 대한 임상적, 병리적 반박 증거를 모으고, 7장에서는 반대 증거의 비중을 감안할 때, 제임스-랑게 이론이 왜 심리학자들에게 여전히 그럴듯한 가설로 남아 있는지를 묻는다. 그 답은 8장에 나온다. 아직 분명하고 뚜렷한 대안이 없다는 것이다. 캐논-바드의 시상 이론은 전망이 밝은 듯 보이지만, 이 이론의 이론적 근거 역시 데카르트주의다. 이에 비고츠키는 캐논-바드 이론을 지지하는 모든 증거와 제임스-랑게 이론을 논박하는 모든 증거는 스피노자를 역사 속으로 떠나보내지 않는다고 논한다. 왜냐하면 두 이론이 모두 실제는 데카르트 이론이기 때문이다. 두 이론 모두 정서에 대한 스피노자의 학설을 정서 발달에 대한 당대의 이론으로 발전시키지 못했다.

『에티카』 3부는 정념에 관한 것으로 아마도 비고츠키가 정서에 대한 새로운 이론, 즉 어떻게 정서가 발달과 함께하는 일종의 친구, 동반자, 심지어 수호천사인 '스푸트니크(спутник, 동반자라는 의미로, 소련의 최초 인공위성의 이름이자 코로나 백신의 이름이기도 하다)'인지를 보여 주는 이론의 정초로 삼으려 했던 부분이다. 스피노자의 3부 서문은 비고츠키가 『정서 학설』에서 광범위하게 사용할 세 가지 아이디어를 포함하고 있다. 자, 이제 나무들 옆에서 잠시 멈춰 보자.

렘브란트의 1643년 판화 작품인 「나무 세 그루」를 살펴보자. 이 그림은 렘브란트가 10년 후에 그리스도의 정념을 새겨 인쇄한 「세 개의 십자가」(12-42 글상자 참조)와 종종 비교되곤 한다. 물론 많은 기술(빛 긁기, 산과 에칭의 조화, 철필과 요판법의 조화, 중심을 벗어난 구성)은 동일하다. 두 작품 모두 같은 손에서 탄생했다. 종교적인 사람이라면 세 나무에 종교적 상징성을 부여할 수 있을 것이다. 렘브란트 역시 스피노자처럼 전통적인 방식은 아니지만 매우 독실한 신자였다.

그러나 판화 작품을 응시하는 진정한 즐거움은 은유를 해독하는 데 있지 않다. 첫째, 그 즐거움은 자연과 통합되어 자연 법칙에 따르는 인간의 삶에 대한 명료하고 직접적인 해석에 있다. 둘째, 인간의 참살이가, 풍경에 산재한 작은 농기구의 작동을 설명하는 기계적인 원칙으로는 거의 설명되지 않는다는 의미에 있다. 셋째, 작품을 아주 근접해서 볼 때 그것은 인간이 만든 점, 선, 면이 어떤 몸체처럼 배열된 복합체라는 사실을 감상하는 데 있다. 비고츠키가 데카르트와 비교해서 스피노자를 반反자연주의 사상가라고 말한 것은 인간이 자연 밖에 존재한다는 의미가 아니라 이 마지막 의미에서만 가능하다. 이 세 가지 즐거운 아이디어를 『에티카』 3부 서문의 세 단락에 대한 요약으로 확장해 보자. 3부의 서문은 비고츠키의 『정서 학설』 곳곳에서 인용된다.

첫째, 스피노자는 자연에 대한 인간의 관계는 하나의 왕국 속에 있는 독립적인 왕국이 아니라고 말한다. 오히려 인간은 모든 복잡한 정서에도 불구하고, 동물처럼 먹고, 자고, 번식하고, 결국 죽어야 하는 자연적 법칙의 지배를 받는다. 그리고 많은 신체 감각은 물론 좀 더 고등한 감정과 사고도 인간의 정서가 이러한 욕구를 얼마나 밀접하게 따라야 하는지를 보여 준다. 우리가 유일하게 선택할 수 있는 것은 이것을 의식할지 말지 여부뿐이다. 비고츠키가 스피노자를 유물론자로 부르는 것은 바로 이런 의미에서이지, 신(정신적 의미)을 자연(물질적 의미)으로 환원하는 통속적 유물론적 시각의 의미에서가 아니다. 인간은 다른 모든 자연과 마찬가지로 물질적 욕구를 지닌 물체로 이루어져 있다.

둘째, 결과적으로 스피노자의 3부 서문은 데카르트는 물론 일반 데카르트주의자들의 기계론을 혹평한다. 인체에 대한 데카르트 모델은 기계적이며 이 모델로부터 얻을 수 있는 데카르트주의자들의 유일한 윤리학은 작동 매뉴얼뿐이기 때문이다. 육체적 정념은 이성적인 영혼에 의해 완벽히 통제되어야 한다. 데카르트주의자들에게 지혜란 먹고 자고 번식하고 육체가 소진되면 다른 인간으로 대체되는 등 인간을 자연과 밀접히 연결하는 욕구를 통탄한다는 데 있다. 스피노자에게 이것은 불경스러운 자만심이다. 인간의 욕구는 한탄이나 조롱, 경멸의 대상이 되거나 남용되는 것이 아니라 이해하고 승화되고, 서로를 구분 지으며 심지어 의식적으로 즐길 수 있는 것으로 사용될 수 있는 것이다. 스피노자가 서문에서 지적 선조들에게 공을 돌린 것은 쾌락과 기쁨을 금욕적으로 부정한다는 의미가 아니라 바로 이런 의미에서이다. 스피노자는 금욕주의자가 아닐뿐더러 한 잔의 와인과 파이프 담배까지 즐긴 쾌락주의자이기도 하다.

셋째, 그 결과, 스피노자는 이러한 인간의 욕구와 쾌락에 대해 "선, 면, 또는 입체를 조사하듯이" 접근하는 입장을 옹호한다(1677/1992: 103). 감정에는 모두 그 감정을 불러일으키는 원인과 그것을 유지시키는 속성이 있다. 스피노자에 따르면 이러한 원인과 속성은 "그저 생각하는 것만으로 우리에게 쾌락을 주는 다른 모든 대상의 속성과 마찬가지로, 우리의 조사를 받을 자격이 있다"(103). 스피노자 시대의 사상가들에게는 기하학이 바로 이런 종류의 즐거운 관심이었다. 기하학적 증명이라는 엄밀한 단순성에서가 아니라 바로 이런 의미에서, 스피노자에서 발견되는 인간의 기쁨에 대한 설명 자체는 우리에게 기쁨의 대상이다.

두 권의 책이 한 권일 때

비고츠키 연구회도 하나의 몸체이다. 대부분 교사들로 구성된 사회단체이자 공동체이며 매주 모임을 갖는다. 지금은 코로나와 서로 다른 지역에서 참여하는 회원 등으로 온라인상에서 활동을 하고 있다. 매주 각 회원들은 비고츠키의 러시아어 저서를 한글로 번역하고 두세 단락을 나누어 읽는다. 읽다가 의문이 생기면, 본문에서 벗어나 스피노자 시대의 그림 한두 장을 참고한다.

스피노자 시대에는 평범한 교사나 노동자들도 예술 작품을 사는 것이 가능해졌고 실제로 많이 구매했다. 예술 작품이 '대화 소재'로 식탁 테이블에 걸려 있는 경우가 무척 흔했으며 사람들은 대화 거리가 고갈되면 그림에 관해 이야기를 나누곤 했다. 이것이 아마도 그림 주제에서 종교보다는 일상이 더 두드러진 이유일 것이다. 어쨌든 이 책을 준비하면서 우리는 질문을 그림에 넣었으며 그림에 대한 글상자를 통해 질문에 대해 답하고자 했다. 따라서 이 책의 모든 그림은 비고츠키 원전에는 포함되어 있지 않은 것이다.

이 책은 그 결과물이며 우리가 만든 형태 거의 그대로 독자들과 공유하고자 한다. 비고츠키가 그의 저서인 『생각과 말』 서문(0-7)에서 언급했듯이, 이 책의 결함, 강점을 판단하는 것은 우리의 일이 아니다. 그것은 독자들만의 특권이다. 여러분의 판단을 돕기 위해, 역자인 우리의 해석과 비고츠키의 목소리를 엄격히 분리하고자 노력했다.

본 서문을 비롯해 질문을 논의한 글상자, 그리고 각 장의 제목과 각 장 말미에 추가된 미주에서 독자는 우리의 작업을 확인할 수 있을 것이다. 비고츠키의 목소리는 번호가 매겨진 단락에서 찾을 수 있다. 역자 의견을 불가피하게 본문에 포함시켜야 할 경우 괄호 속에 '-K'로 표시하여 한국어 역자/편집자의 의견임을 명시했다. 그 결과물은 그림첩도 아니고 우리 선집의 다른 책들처럼 학술적인 책도 아니다. 이 책은 그림첩과 학술서의 혼합이다.

『정서 학설』은 두 권으로 나누어 출간된다. 한 권은 스피노자 당시의 세계를 보여 줄 삽화 책으로 네덜란드 황금시대와 근대 세계의 지적, 문화적, 나아가 경제적 토대까지 다룬다. 다른 한 권은 당대 가장 발달한 감정 이론에 대한 비고츠키의 비판적 이해를 보여 준다. 물론 그 두 권 사이에는 차이가 있다. 이 둘은 같은 책이 아니다. 그렇다고 완전히 다른 책도 아니다. 거울 앞에 앉아 있는 소녀처럼, 이 두 권의 책은 같은 그림과 같은 장면을 서로 다른 두 가지 방식으로 보는 것에 가깝다.

| 참고 문헌 |

Cannon, W. B. (1929). Organization for Physiological Homeostasis. *Physiological Reviews* 9 (3): 399-431.

Edelman, Gerald M. (1989). *The remembered present: A biological theory of consciousness.* New York: Basic Books.

Garrett, D. (2009). Spinoza on the essence of the human body and the part of the mind that is eternal. In O. Koistinen, (Ed.) *The Cambridge companion to Spinoza's Ethics* (pp. 284-302). Cambridge and New York NY: Cambridge University Press.

Damasio, A. and Damasio, H. (2016). Exploring the concept of homeostasis and considering its implications for economics. *Journal of Economic Behavior and Organization* 126: 125-129.

Ilyenkov, E. V. (2009). *The Ideal in Human Activity.* Pacifica, CA: Marxists Internet Archive.

Spinoza, Benedictus de (1670/2011). *Tractatus theologico-politicus.* Online LIbrary of Liberty.

Spinoza, Benedictus de (1677/1992). *The Ethics.* Trans. by Samuel Shirley. Indianapolis and Cambridge: Hackett.

Spinoza, Benedictus de. (1677). *Ethika.* Works in Latin. http://users.telenet.be/rwmeijer/spinoza/works.htm

Vygotsky, L. S. (1997). *Collected works*, Vol. 4. New York and London: Plenum.

Vygotsky, L. S. (2018). *Vygotsky's Notebooks: A selection.* (Ed. and Trans. E. Zavershneva and R. van der Veer). Springer: Singapore.

Выготский, Л. С. (1984). Собрание сочинений, Т. 6. Научное наследство. Москва Педагогика.

차례

제1장
스피노자로부터인가 데카르트로부터인가?

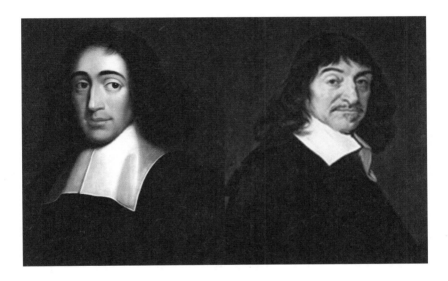

스피노자의 초상(작자, 연도 미상)과 데카르트의 초상(Frans Hals, 1649).

스피노자와 데카르트는 이웃이었다. 그들은 같은 거리를 걷고 같은 음식을 먹었으며 같은 공기를 호흡했다. 그들은 같은 책을 읽고 같은 주제에 대해 생각했으며, 저서를 집필할 때 '실체', '속성', '사유', '연장', 그리고 무엇보다 '신'을 비롯한 기본적인 개념을 다수 공유했다.

스피노자가 유대인 공동체에서 파문되었을 때 그는 데카르트주의자로 알려지게 되었다. 즉 그가 프랑스 출신의 생리학자, 수학자, 철학자의 추종자로 간주된 것이다. 스피노자는 데카르트의 가르침을 강의했으며 심지어 제자를 위해 데카르트 철학을 '기하학적' 질서 즉 정의, 공리, 정리, 증명으로 표현한 교과서를 출판하기도 했다. 후에 그는 동일한 방법을 이용하여 『에티카』를 집필한다.

그러나 스피노자는 데카르트주의자가 아니었다. 이 장을 비롯해 이 책 전반에서 비고츠키가 보여 주듯 데카르트와 스피노자는 가장 근본적인 문제에서 반목한다. 세계의 실체는 하나인가 둘인가? 마음이 신체를 통제하는가 신체가 '마음'이라고 불리는 관념을 소유하는가? 무엇보다 정서와 사유는 완전히 다르며 서로 갈등관계에 있는가 아니면 생각은 다만 인간에 고유한 정서의 형태인가?

비고츠키에게 이 질문은 단순한 역사 속의 질문이 아니었다. 이는 분명 역사적인 질문이었다. 이는 두 사상가 중 누구의 목소리가 과거의 목소리이며 또한 미래의 목소리인지에 대한 질문이었기 때문이다.

S. 히르첸베르크(Samuel Hirszenberg), 파문당한 스피노자, 1907.

이 책은 러시아어로 '정서 학설'이라 불린다. '학설'이라는 말은 경험적이거나 이론적이라기보다는 무언가 철학적인 것을 암시한다. 그리고 우리가 보게 될 것처럼 비고츠키의 '역사–심리학적' 연구의 경험적 내용은 물론 이론적 내용 역시도 철학적 문제, 즉 '신이 곧 자연'이라는 스피노자의 학설에 대한 평가의 문제에 종속된다.

스피노자는 비고츠키처럼 성공한 유대인 가문의 일원이었으며, 비고츠키처럼 그는 광범위한 지적 영향에 매우 개방적이었다. 20대 초반에 이미 스피노자는 성경을 비판했고, '인간과 같은 신'이라는 관념을 거부하고 영혼 불멸을 부정했다. 이런 이유로 스피노자는 유대인 공동체에서 파문되었다(그림 속 원로가 돌을 던지려고 집어 드는 것을 보라). 그는 렌즈 깎는 일(안경은 물론 망원경을 만드는 데 쓰이는)을 했고 젊은 나이에 죽었지만, '불멸의 영혼'을 '신체가 그 자체에 대해 가지는 관념(정신)'으로 대체함으로써 철학의 전 과정을 변화시킨 저작을 후세에 남겼다.

비고츠키는 이 저작이 아직 가설이나 검증 방법을 갖춘 이론적 형태가 아니라는 것을 인식하여 '학설'이라 부른다. 이 저작을 이론적 형태로 완성하는 것 역시 비고츠키가 이 책에서 염두에 둔 목적 중 하나기도 하다.

1-1] 잘 알려진 정서 이론의 저자인 C. G 랑게는 스피노자를 기관 정서 학설을 선도한 이들 중 하나라고 칭한다. 우리가 알다시피 이 이론은 1885년과 1884년 랑게와 W. 제임스에 의해 거의 동시에 따로따로 발전되었다. 이처럼 J. W. 괴테의 표현에 따르자면, 어떤 생각들은 마치 과일들이 서로 다른 과수원에서 동시에 떨어지듯 특정한 시기에 무르익는다.

*W. 제임스(William James, 1842~1910)는 미국의 심리학자, 철학자, 실용주의자이다. 그의 이 세 가지 직업은 내적으로 관련이 있다. 심리학자 제임스는 환경 속의 현상이 유기체 내에서 '내장적'인 반응을 일으키며 이러한 반응의 총합이 정서라고 생각했다. 철학자 제임스는 이러한 내장적 반응과 떨어져 부가적으로 존재하는 정신적인 것은 없다고 생각했다. 그러나 실용주의자 제임스는 진실이란 명제가 낳는 실제적 결과

의 총합에 불과하다고 믿었다. 신이나 유령에 대한 믿음은 어떤 의미에서는 진실이다. 왜냐하면 이러한 믿음이 유익한 실제적 결과를 낳을 수 있기 때문이다. 제임스는 유명한 소설가인 그의 형 헨리 제임스와 마찬가지로 심각한 자살 우울증을 앓았는데 형이 글쓰기에 몰두한 반면 그는 '종교적 천재'라는 개념에서 평안을 찾았다. 아들이 죽었을 때 그는 스스로가 믿지 않았던 '영매를 통한' 아들과의 소통으로 위안을 얻었다. 이러한 제임스의 심리학과 명백히 유물론적인 철학, 그리고 형이상학적 믿음은 이 책에서 비고츠키가 가하는 비평의 주요 표적이다.

하지만 그것이 비고츠키의 유일한 표적은 아니었다. C. G. 랑게(Carl Georg Lange, 1834~1900)는 덴마크의 의사였다. 랑게는 W. 제임스가 1년 전 비슷한 것을 출판했음에도 불구하고, 감정에 대한 이론을 담은 출판물로 매우 유명해졌다. 제임스가 모호하게 '내장적' 감각만을 말한 반면, 랑게는 이러한 '내장적 감각'은 사실 혈관의 수축과 팽창이며, 이러한 혈관계의 변화가 감정이라고 불리는 감각을 만들어냈다고 주장했다. 이것은 제임스의 가정을 훨씬 더 실험 가능한 것으로 만들었다. 랑게는 또한 제임스가 앓고 있던 우울증을 화학 원소인 리튬으로 치료하는 방법을 제안했는데, 이는 실제로 효과가 있었다. 랑게는 우울증이 요산에 의한 것이고, 리튬이 혈액에서 요산을 어떤 식으론가 제거했기 때문이라고 믿었다. 오늘날 리튬염은 우울증을 치료하긴 하지만 혈액에서 요산을 제거하는 것이 아니며, 요산은 우울증이 아닌 통풍을 유발한다고 알려져 있다.

우리가 제임스의 실용주의 관점에서 랑게의 발견을 고려한다면, 랑게의 이론은 사실이다. 왜냐하면 그것은 유익하고 실용적인 결과를 냈기 때문이다. 그러나 의학의 관점에서 보면 이것은 말도 안 된다. 이론은 단순히 효력을 발휘하기보다는 어떤 것이 작용하는 이유를 설명해야 한다.

괴테는 「Meteore des Literarischen Himmels(문학이라는 하늘의 혜

성)」라는 짧은 에세이에서 생각이 '공중에 떠다니다가' 서로 다른 사람들에게서 동시에 발생할 수 있다고 말한다.

"그러나 특정 태도와 생각은 때로 공중에서 떠다니기 때문에 여러 사람들이 그것을 잡을 수 있다. 공중에 내재된 그 영혼은 모두에게 공통적이며, 우리 모두는 서로 의사소통을 한다. 그러므로 많은 사람들은 공기 중의 열렬한 정신을 예리하게 깨닫게 되어 다른 사람들이 생각하는 것을 예감하게 된다. 또는 좀 덜 신비롭게 말하자면, 특정 관념은 일련의 시간을 통해 성숙한다. 서로 다른 과수원에서 나무 열매들이 동시에 떨어지는 것이다."

그러나 제임스-랑게 이론과 마찬가지로 그 열매들은 종종 중요한 의미에서 미묘하게 다르다. 예컨대 괴테와 뉴턴은 색에 관한 이론을 펼쳤지만 한 명은 빛의 색에 대해 좀 더 잘 설명하는 데 비해, 다른 한 명은 물감과 안료에 대해 더 잘 설명한다. 라이프니츠와 뉴턴은 독립적으로 미적분을 발견했지만, 그들의 수학적 표기법은 상당히 달랐다.

1-2] 랑게는 다음과 같이 말한다. "유사한 정서 이론이 그보다 더 일찍 과학적 심리학에서 입증되었는지 나는 알지 못한다. 최소한 이를 가리키는 그 어떤 것도 나는 찾을 수 없다. 아마 스피노자가 신체적 정서 표현은 정신 운동에 의존하지 않는다고 볼 뿐 아니라 신체적 표현을 정서와 나란히 놓거나 심지어 최전면에 놓으면서 그러한 관점(기관 정서 이론-K)에 가장 가까이 다가섰다고 할 수 있을 것이다"(1896, p. 89). 랑게는 감정에 대한 스피노자의 유명한 정의를 염두에 두고 있다. 스피노자는 말한다. "감정이란 신체의 활동 능력을 증대시키거나 감소시키며, 촉진하거나 억제하는 신체의 변용인 동시에 그러한 변용의 관념이라고 나는 이해한다"(1933, p. 82; 2015, p. 158).

신체적 정서 표현은 무엇일까?
상기된 얼굴?
두근대는 가슴?
거친 호흡?

하지만 이것은 사랑이었을까?
아니면 호기심이었을까?

W. 호가스, 전과 후, 1731.

스피노자와 동시대의 화가인 호가스는 젊은이들에게 '안전한 성'을 재미있고 친절하게 안내한다. '전' 그림에서 매우 능동적인 태세를 보이는 것은 남자이지만, '후' 그림에서 적극적으로 손을 내미는 것은 여자이다. 오늘날에도 여성이 스스로를 안전하게 보호하면서 즐기는 것은 어려운 일이다.

랑게는 스피노자의 정서에 관한 연구가 자신의 연구에 선구적인 영향을 주었다고 말한다. 이는 신체의 발현과 그것에 대한 관념이 같은 국면에서 다루어져야 한다는 스피노자의 주장을 가리키는 것이다. 유아에게 아픈 감각은 우는 정서와 불가분하다. 이러한 것이 고등한 정서에도 존재한다. 이 그림 속의 젊은 연인에게 사랑의 정서와 성의 신체적 발현은 불가분하며, 낭만적 사랑과 지적 호기심 또한 불가분하다. 이러한 정서가 고등한 정서가 되는 것은 욕망이 보살핌이나 주의와 뗄 수 없는 관계일 때이다. 한쪽이 임신하거나 고통받지 않도록 배려하고 있는 이 젊은 연인에게 배울 점이 있는 것이다.

1-3] G. 뒤마는 랑게가 공식화한 것과 같은 기관 정서 이론의 발생을 분석하면서 이 이론과 진화론자들 특히 Ch. 다윈과 H. 스펜서가 날카롭게 대립함을 지적하고, 또한 "랑게의 이론에서 나타난 모종의 반反 영국적 반응"을 지적한다(G. 랑게, 1896, p. XI에서 인용). 사실, 랑게는 다윈을 비롯한 진화 이론의 열성적인 지지자들 일반이 감정적 상태의 문제를 오해하고 역사적 관점을 기계적, 생리적인 것보다 우위에 두었다고 꾸짖는다. 그는 다음과 같이 말한다. "최신 심리학, 특히 영국 심리학이 다윈 연구의 영향하에 채택한 지극히 진화론적인 방향을 우리가 일반적으로 좋은 조짐으로 맞이해야 하는지 의문이다. 나는 분명 그렇지 않다고 생각한다. 최소한 감정 심리학에 대해 논하는 한 그러하다. 왜냐하면 여기서 진화론적 경향은 특히 생리적 분석에 대한 경멸을 이끌었으며 이를 통해 심리학에서 유일하게 올바른 경로를 저버리게 했

기 때문이다. 생리학은 이 경로로 심리학을 인도하려 했으며, 아마 혈관운동 기능과 같은 기본적 현상이 당시 알려져 있었더라면 생리학은 이 경로를 통해 목적을 달성했을 것이다"(같은 책, p. 85).

*G. 뒤마(Georges Dumas, 1866~1946)는 T. 리보의 제자이자 C. 레비스트로스, J. 라캉, J-P. 사르트르의 스승이었다. 그는 리보처럼 연합주의자였지만, 그의 친한 동료이자 공동 연구자였던 P. 자네와 같이 임상적 연구, 특히 우울증과 조증에 큰 흥미를 가졌다. 그의 박사 학위 논문은 『슬픔과 기쁨』이라는 책으로 출판되었으며, 그는 두 상태가 모두 수동적이라는 점에서 유사하다고 기술한다(그는 성 테레사의 법열을 염두에 두고 있다). 그는 또한 임상적인 정신이상에 의해 경험된 천국과 사후 세계에 대해 정교하게 기술한 책을 썼다. 여기서 비고츠키는 제임스의 『정서 이론』의 프랑스어 번역본에 대한 뒤마의 서문을 언급하고 있다.

뒤마는 왜 제임스와 랑게가 반진화론적이고 심지어 반영국적이기조차 한 경향을 나타낸다고 말하는가? 그것은 제임스와 랑게가 진화론자이기는커녕 발달주의자도 아닌 기능주의자이기 때문이다. 그들은 슬픔과 기쁨의 원천이 공유된 사회생활이나 문화가 아닌 개인 생물학이라고 주장한다. 반대로 뒤마의 스승 리보는 슬픔과 기쁨을 생리적 과정이 아닌 문화적이고 역사적인 과정의 결과로 간주한다. 뒤마, 그리고 비고츠키는 여기에 동의했다.

1-4] 우리가 지금 지적한 사실은 기관 감정 이론의 본질을 올바르

게 이해하는 데 지극히 중요한 의미를 갖는다. 후에 이것은 이 이론의 모든 반역사성을 드러내는 것을 과업으로 삼는 우리의 비판적 분석을 적용하는 지점이 될 것이다. 지금 이 사실은 다른 면에서 우리의 흥미를 끈다. 부정적 측면에서 이는 기관 정서 이론의 사상적 조상을 잘 드러낼 뿐 아니라 그것이 어떤 철학적, 과학적 경향에 정신적 친족성을 맺거나 혹은 공개적으로 반박하는지 보여 준다.

비고츠키가 말하는 '사실'은 무엇인가?
그리고 그것이 기관 이론의 본질을 이해하는 데 어떤 도움을 주는가?

J-B. S. 샤르댕(Jean-Baptiste Siméon Chardin), 원숭이 골동품상, 1740.

샤르댕은 다음과 같은 묘비명을 남겼다. "당신의 현재가 진정한 철학적 정신을 위해 수많은 것을 제공하는데, 왜 과거를 걱정하는가?" 같은 식으로 랑게는 정서의 기능을 이해하기 위해 정서의 과거를 바라보는 다윈의 역사적 접근에 대해 적대적이다. 생리학자가 보기에 우리가 알아야 할 모든 것은 지금 현재의 기능과 실제 구조일 뿐이다.

비고츠키는 종종 '사실'이라는 단어를 물질적 사실보다는 언어적 사실을 기술하기 위해 사용한다. 다윈이 영국 심리학에 나쁜 영향을 미쳤다고 랑게가 말한 것은 사실이라고 뒤마가 말한 것은 사실이다. 하지만 다윈이 나쁜 영향이었다는 것은 비고츠키에게는 사실이 아니다. 오히려 비고츠키가 보기에 생리적 접근법이 아닌 역사적 접근법이 진정한 정서 이론을 제공할 것이라는 점은 사실이다. 기능은 구조를 설명한다. 하지만 역사만이 기능을 설명할 수 있다.

1-5] 뒤마는 랑게에 대해 다음과 같이 말한다. "그는 프랑스 기계론적 세계관의 신봉자들을 더욱 기꺼이 인용하고자 했으며 사실상 그들의 최후의 제자이다. 기쁨과 슬픔을 운동 현상과 정신 현상으로 나누고 불명료하게 정의된 힘의 가상적 본질을 제거한 것은 모두 N. 말브랑슈와 스피노자의 전통에 따른 것이다(같은 책, p. XII). E. 티치너는 말한다. 이 이론이 완전히 새로운 것이라고 제안하는 것—이는 제임스와 랑게에게 별 찬사가 되지 못할 것이다—은 완전히 잘못일 것이다"(1914, p. 163). 정서의 유기체적 구성 부분에 대한 지적은 사실 체계적 심리학만큼이나 오래되었다. 티치너는 이것이 아리스토텔레스로 시작하여 H. 로체(R. H. Lotze, 1852, p. 518)와 H. 모슬리, 즉 랑게와 제임스의 동시대인들로 끝난다고 본다. 티치너는 모두가 어느 정도 기관 정서 이론과 가깝다는 것을 발견하고는 스피노자의 철학을 포함하여 그 어떤 철학적, 과학적 사상의 조류도 고찰 중인 이론의 기본적 선구자로 지명하지 않는다. 그러나 그는 스피노자에게서 동일한 방향을 향하는 정의를 만날

수 있다고 지적하며 위에서 제시한 『에티카』(스피노자, 1933, p. 82)에서의 정서에 대한 정의를 인용한다.

왼쪽_
R. H. 로체
(Rudolf Hermann Lotze,
1817~1881)

오른쪽_
N. 말브랑슈
(Nicolas Malebranche,
1638~1715)

데카르트는 우리가 어떤 것을 지각한다고 해서 그것이 진짜인지 아닌지 알 수 있는 것은 아니라고 말한다. 우리는 다만 우리가 느끼고 생각한다는 것을 알 수 있을 뿐이다. 그러나 우리는 우리의 생각과 느낌이 완전히 다를 때, 그리고 이 생각과 저 생각이 다르거나 이 느낌과 저 느낌이 다를 때처럼 두 가지가 완전히 구분될 때 우리가 느끼고 생각한 것은 진짜라고 가정할 수 있다. 우리가 느낀 슬픔과 기쁨은 진짜라고 가정할 수 있다. 우리가 그것을 다른 것으로 느끼기 때문이다.

이 방법을 추구한 사람은, 뒤마에 따르면, 말브랑슈와 스피노자이다. N. 말브랑슈는 가톨릭 사제였으며, 육체, 영혼, 송과샘에 관한 데카르트의 생각과, 만물(우리 자신의 생각까지 포함하여)은 신 안에 있고, 오직 신 안에 있을 뿐이라는 아우구스티누스의 생각을 종합했다. 스피노자는 데카르트가 구분한 놀람, 사랑, 미움, 절망, 기쁨, 슬픔과 같은 기본 감정을 인정했으며, 감정은 단저 느낌이 아니라 느낌에 대한 생각이라는 것에 동의했다. 신은 자연이고 인간은 그 자연의 일부이므로 이러한 모든 생각들은 신 안에 있는 것이라고 스피노자는 말했다. 17세기 심리학은 이런 식으로 행해졌다. 과학이 아니라 이론이나 철학에 가까운 것이었으며, 대개 인과적 설명이 아닌 있는 현상에 대한 기술이었다.

감정을 설명하는 대신 묘사하고 분류하는 이 방법은 또한 19세기에 추구되었다. 세 가지 예를 보자. 첫째는 독일의 철학자 R. H. 로체이다. 로체는 세계가 사실, 법률, 도덕적 가치의 방대한 집합체라고 믿었다. 인간은 이러한 사실을 명확하고 뚜렷하게 유지할 수 없으며, 심지어 이

왼쪽_
H. 모슬리
(Henry Maudsley,
1835~1918)

오른쪽_
E. B. 티치너
(Edward Bradford Titchener,
1867~1927)

것을 법이나 가치와 일관되게 분리할 수도 없다. 하지만 신은 이 일을 할 수 있고, 신의 도움으로 인간도 할 수 있다. 둘째는 영국의 정신과 의사 H. 모슬리이다. 모슬리는 정신병원을 운영했으며, 거기서 그는 극단적인 감정들을 사례에 따라 범주화했다. 정신 질환(술 취함 같은 행동 증후군 포함)은 대부분 유전이라고 주장했다.

모슬리의 친구였던 다윈은 정서가 진화적 기능을 갖고 있다고 주장하기 위해 감정에 관한 자신의 책에서 모슬리의 분류를 사용한다. 19세기 심리학에 대한 17세기 접근법의 세 번째 예는 영국/미국의 구조주의자인 E. B. 티치너(1867~1927)이다. 그는 W. 분트의 학생이었고 E.

취한 것인가 알코올중독인가?
증후군인가 질병인가?

J. 스테인(Jan Steen), 술 취한 부부, 1655~1665.

보링의 스승이었다. 티치너는 분트처럼, (그리고 데카르트처럼) 감정을 연구하는 주된 방법이 기술記述을 통하는 것이라고 믿었다. 예를 들어 연필을 주고 아주 자세히 그 이름을 말하지 말고 설명해 달라고 요청한다. 이런 식으로 티치너는 4만 4,000개의 감정 목록을 만들었다.

비고츠키 또한 스피노자로부터 그리고 17세기로부터 시작하려고 한다. 스피노자는 세 가지 감정, 즉 기쁨, 슬픔, 욕망만 있을 뿐이라고 생각했다. 그래서 스피노자의 체계는 훨씬 더 간단하다. 비고츠키의 목표는 단순히 열거하거나 기술하는 것이 아니라 설명하는 것이다. 스피노자는 설명을 제공한다. '기쁨'은 신체의 잠재력을 증가시키고, '슬픔'은 그렇지 않다.

1-6] 제임스 자신은 랑게가 그랬듯 자신의 이론과 스피노자의 정념 학설 사이의 역사적 혹은 사상적 친족성을 인식하지 못했던 것이 사실이다. 오히려 티치너의 의견이나 과학적 심리학에서 거의 보편적으로 확립된 의견에도 불구하고 제임스는 자신의 이론을 완전히 새로운 것, 조상 없는 자손으로 간주하고자 했으며, 소설, 고전 철학 문헌, 혹은 심리학 강의 어디서나 만나게 되는 순전히 기술적記述的인 특성을 지닌 모든 정서 연구와 자신의 이론을 대비하고자 했다. 이 순수하게 기술적인 문헌들은, 제임스의 말에 따르면 데카르트로부터 시작하여 오늘날에 이르기까지 심리학의 가장 따분한 부분이다. 더 나쁜 것은, 이를 연구하면서 여러분은 심리학이 제시하는 정서 부분은 대부분의 경우 그냥 허구이거나 가장 사소한 것임을 느끼게 될 것이라는 점이다.

1-7] 이처럼 제임스 자신은 스피노자의 정념 이론과 자신이 발전시킨 기관 정서 이론 사이의 계승적 관계를 보려 하지 않았음에도 다른 이들이 그를 대신하여 그렇게 했다. 우리는 위에서 제시한 랑게, 뒤마, 티치너의 권위 있는 증언을 언급하고 있는 것이 아니다. 이들의 주장은 본질적으로 랑게의 이론에 대해서와 똑같이 제임스의 이론에도 적용

된다. 이 두 이론은 원칙적인 사상적 구성원이라는 관점에서 어쨌든 단일한 이론이며 이 관점만이 어떤 이론의 발생을 설명하는 데서 우리의 흥미를 끌 수 있다. 알려진 바와 같이 그들 사이의 차이는 정서 유발을 규정하는 자세한 생리적 기제와 관련이 있다. 이에 대해서는 나중에 우리의 비판적 분석을 집중할 것이다.

스피노자와의 연결이 없다면 제임스-랑게 이론은 그 권위를 상실할 것인가? 어쨌든 제임스 자신은 스피노자를 전혀 선조로 인정하지 않았다. 랑게는 선조로 인정하지만 그의 이해는 상당히 부정확한 것이었다.

스피노자의 이른 죽음 이전에도 유대인들과 유럽의 기독교인들은 그의 영향력을 제거하려고 했다. 그의 이름은 학생 명부에서 삭제되었으며(첫 번째 그림), 암스테르담의 유대인들이 스피노자와 그 어떤 교류도 하지 말 것을 지시했다(두 번째 그림). 세 번째 그림은 그를 '유대인 무신론자'라고 비난하는 포스터이다.

19세기 초 헤겔은 스피노자의 철학이 모든 근대 철학의 시작점이라고 주장했다. 20세기 초 아인슈타인은 현대 물리학이 스피노자의 '본질(존재)'의 물리학이라고 주장했다. 21세기 초, 할리데이는 근본적으로 같은 '존재'의 두 유형이 물질과 의미라고 주장했다.

헤겔, 아인슈타인, 할리데이는 우리에게 "왜 감정에 대한 이론은 스피노자로부터 출발해야 하는가?"라는 물음에 대한 세 개의 다른 답을 준다. 첫째, 스피노자는 일원론자이다. 감정을 이해한다는 것은 어떻게 느낌이 존재와 연관되는가를 보인다는 뜻이다. 둘째, 스피노자는 결정론자이다. 감정을 이해한다는 것은 어떻게 느낌이 존재에 의해 결정되는지를 보여 준다는 뜻이다(독일 관념론자들의 생각과는 다르게). 마지막으로, 감정을 포함한 모든 의미 생성은 물질의 조직을 수반한다.

1-8] 사람들이 스피노자의 정념 학설을 일반적으로 제임스와 랑게의 정서 이론과 연결 짓는다는 우리가 제시한 주장의 고찰을 마무리하기 위해 G. 세르지의 상세하고 설득력 있는 연구를 인용하고자 한다. 이 연구의 결론은 후에 더 이용될 것이다. 세르지는 기관 정서 이론의 기원을 추적하면서 이 이론의 핵심 지점, 즉 이 신조를 일관되게 논리적으로 발전시키는 경로에서 불가피하게 나타나는 것, 즉 유기체의 일반적 상태의 모호하고 미분화되어 있으며 총체적인 감각으로 정서를 환원하는 것에 초점을 맞춘다. 이 경우에는 정념이나 정서가 아니라 오직 감각만이 있는 것으로 나타난다. 이 연구자(세르지-K)의 말에 의하면, 기관 이론이 그 핵심 지점에서 낳는 결과에 놀란 제임스는 스피노자의 이론에 빠지게 된다. 잠깐 언급하자면, 세르지는 정서 이론의 진정한 기원에 관하여, 위에서 우리가 언급한 일반적 견해와 본질적으로 다른 결론으로 전반적으로 나아간다. 이 결론은 나중에 다시 이용할 것이며 이에 의존하여 우리 연구의 기본적 문제와 연결되어 있는 몇 가지 본질적 문제를 설명할 것이다. 지금 우리의 관심은 이 상황이 앞에서 인용한 제임스 이론의 스피노자적 본성이라는 입장에 얼마나 객관성과 타당성을 보장하는가에 한정된다.

'우리의 느낌과 생각이 분명하고 서로 별
개의 것이라면 우리는 우리의 느낌과 생각
을 진실로 여길 수 있다'는 데카르트의 신념
에서 시작된 생각 노선은 역설적으로, 우리
의 모든 느낌과 생각이 불분명하고 뚜렷하지
않은 감각임을 보여 주는 연구로 끝나고 말
았다. 그것이 이탈리아 인류학자 G. 세르지
(Giuseppe Sergi, 1841~1936)의 결론이었다. 세르지는 롬브로소의 제자
였으며 인종주의적 인류학으로 유명해졌다. 그의 이론은 실제로 A. 히
틀러의 파시즘에 대항하는 B. 무솔리니의 이탈리아 파시즘의 토대가
되었다. 세르지와 무솔리니는 지중해인, 특히 이탈리아인이 인류 문명
의 실제 기원이며 히틀러와 같은 독일인은 본질적으로 야만인이라고
주장했다. 또한 세르지는 제임스-랑게와 매우 유사한 정서 이론을 거
의 동시에 개발했다. 그러나 세르지는 정서의 생물학적 의의와 진화적
유용성을 강조했으며, 이것이 이탈리아인을 우월한 인종으로 차별화시
키는 한 이유였다.

Giuseppe Sergi, (1858). L'origine dei fenomeni psichici e loro
significazione biologica(정신 현상의 기원과 그 생물학적 의의), ISBN
1271529408, Milano, Fratelli Dumolard.

1-9] 고찰 중인 이론에 대한 다양한 관점을 계속 더 열거하지는 않
을 것이다. 그렇게 할 필요가 없다. 이들 모두는 생각의 음영과 뉘앙스
만 다를 뿐 주장의 기본적 톤은 서로 일치한다. 이들을 전체적으로 고
찰하면서, 우리는 이들 모두가 현대 심리학에 견고하게 뿌리내린 의견
을 충분히 나타내고 있으며, 프랑스 속담에 따르면, 개별 표현이 변하면
변할수록 이 의견 자체는 더욱 그대로 남아 있다는 것을 지적하지 않
을 수 없다. 면밀한 검토를 통해 이 의견이 단순히 오류나 편견에 불과
함이 밝혀지더라도 우리는 이 입장에 대한 조사로부터 시작해야 한다.

우리 눈앞에 펼쳐지고 있는 제임스와 랑게 이론을 둘러싼 투쟁은 우리가 관심을 갖고 있는 문제의 한가운데로 우리를 직접 밀어 넣기 때문이다. 널리 퍼져 있는 일반적 견해에 의하면 여기서 정서 이론의 전체 운명에 본질적으로 중요한 것이 나타날 뿐 아니라 스피노자의 정념 학설과 직접 연결된 것이 나타난다. 이 연결이 비록 널리 퍼져 있는 견해에서 왜곡된 형태로 나타난다 하더라도, 그럼에도 이 의견 뒤에는—그것이 편견으로 드러난다 하더라도—오늘날 과학적 심리학의 가장 기본적 장후 중 하나에서 일어나고 있는 현대의 투쟁과 재구조화를 스피노자의 학설과 잇는 모종의 객관적 실마리가 반드시 숨어 있다. 따라서 스피노자의 정념 이론이 현대 과학 지식의 살아 있는 세포 속에서 맞이하는 운명을 연구하고자 한다면, 우리는 그것이 인간 정서의 본성에 대한 랑게와 제임스의 생각과 맺는 연결을 밝혀야 한다.

제임스와 랑게의 이론이 스피노자의
학설과 무슨 관계가 있는가?

E. 드 비테(Emanuel de Witte), 암스테르담에 있는 포르투갈 회당의 내부, 1680.

이 회당은 스피노자가 파문된 직후에 지어졌다. 스피노자는 '영혼'이 불멸이라는 것을 부인했기 때문에 그의 조상들의 공동체인 웅장한 포르투갈 회당에서 파문되었다. 우리는 물질인 동시에 관념인 하나의 세계에 살고 있기 때문에 신은 자연이다. 그리고 우리는 물질과 관념을 동시에 가진 한 몸에 살고 있기 때문에 '영혼'은 불멸이 아니다. 그래서 스피노자는 불멸의 영혼을 '나', '자아' 혹은 개인의 의식으로 대체하고 싶어 했다. 이 회당의 장로들도 알았겠지만 이것은 감정에 대한 종교적 가르침의 종점이었다. 그러나 곧 이론의 시작이기도 했다.

● 스피노자로부터인가 데카르트로부터인가?

이 장에서 비고츠키의 목적은 제임스-랑게 이론과 스피노자 혹은 데카르트의 이론의 관계를 확립하는 것이다. 스피노자나 데카르트로 시작하여 제임스-랑게로 끝내는 대신 비고츠키는 제임스-랑게로 시작하여 스피노자로 거슬러 올라간다. 이 때문에 비고츠키의 논의는 옆으로 걷는 게걸음과 같은 인상을 준다.

1.1 보통 그러하듯 특정한 문제로 시작하는 것이 아니라 비고츠키는 랑게가 인용한 스피노자로 시작한다. 랑게는 스피노자가 '신체적 경험'을 감정과 동일한 층에 개별적으로 위치시킨다고, 심지어는 감정보다 조금 앞에 위치시킨다고 주장한다.

1.2 스피노자의 타협 없는 일원론을 무시하는 이러한 (잘못된) 이해에서 우리는 이미 랑게의 진정한 선조는 스피노자가 아니라 가차 없는 이원론자인 데카르트라는 비고츠키의 결론의 씨앗을 이미 확인할 수 있다. 그러나 랑게는 감정이 신체의 행위 가능성을 위축 혹은 증대시키는 것이라는 감정에 대한 스피노자의 정의를 실제로 제공하기는 한다. 스피노자에게 있어 마음은 신체와 마찬가지로 한 개인의 속성이라는 (관념적 사유와 실제적 연장은 모두 물질적 실체substance의 속성이므로) 사실을 우리가 수용하는 한 이러한 정의는 유용할 것이다.

1.3 이제 우리는 랑게가 감정이 진화적 기능(공격-도피반응)을 가지고 있다는 생각을 환영할 것으로 생각할 수 있다. 왜냐하면 첫째, 이는 우리가 외적 자극에 대해 반사적으로 반응하며 실제 공격하거나 도망가는 도중에야 비로소 이 반사 반응에 대해 정서적으로 반추한다는 생각과 일맥상통하며, 둘째, 이는 감정에 대한 생리적 토대의 발달을 설명해 줄 수 있기 때문이다. 그러나 랑게는 이러한 생각을 환영하지 않는다.

1.4 비고츠키는 이러한 다원적 관점에 대해 랑게가 보이는 의외의 적대적 태도를 두 가지 측면에서 설명한다. 그는 랑게가 역사 일반에 대해 적대적이라고 지적한다. 그리고 그는 랑게의 진정한 철학적 근원은 영국 경험론이 아니라 데카르트의 철학임을 섬세하게 시사한다.

1.5 이러한 의구심에 대한 근거는 뒤마와 티치너에게서 발견된다. 이 둘 모두는 유

기체적 이론이 제임스나 랑게로부터 시작되는 것이 아니라 프랑스 합리주의에 그 깊은 뿌리를 두고 있다는 사실을 발견했다.

1.6 그러나 제임스는 데카르트든 스피노자든 간에 어떠한 선조도 인정하지 않는다. 제임스는 그의 이론이 처녀 출생이며 조상도 혈통도 없다고 말한다.

1.7 개념상으로 제임스 이론과 랑게 이론은 쌍둥이다. 하나가 혈통을 갖고 있다면 다른 것 역시 그런 것이다. 이 둘은 동일한 이데올로기적(즉 이론적) 내용을 갖고 있으며 차이점은 오직 랑게가 혈관운동 변화(혈관 직경의 변화)에 집중한 반면 제임스는 내장기관이라는 모호한 언급을 했다는 점뿐이다.

1.8 이 장을 마무리하면서 비고츠키는 세르지의 증언을 인용한다. 세르지는 이 이론의 논리적 결과는 (스피노자에게는 고도로 능동적이며 대상 지향적인) '감정'과 (수동적이며 주어진 것을 수용하는, 예수의 '수난passion'에서와 같은) '정념'의 구분을 지워 버리는 것뿐이라고 말한다. 모든 정서는 감각으로 용해된다. 이는 제임스를 "두렵게 한다". 왜냐하면 이 이론은 살아 있는 곰이 만들어 내는 감각과 곰고기 조각이 잘 소화되지 않았을 때 느끼는 내장 감각을 그다지 구분하지 않기 때문이다. 따라서 그는 감정이 행동 능력이라는 생각(스피노자)을 받아들인다. 그런 식으로, 아마도, 대상에 따라 활동을 구분하는 방식으로 우리는 감정을 구분할 수 있을 것이다.

1.9 우리가 (행위에 대한 지향성과 잠재성을 포함하는) 감정에 대한 스피노자의 이론 발달에 관심이 있다면 우리는 이 이론과 제임스-랑게 이론 사이의 연결에 대한 연구로부터 시작해야 한다고 비고츠키는 말한다. 특히 스피노자의 이론이 제임스-랑게를 지지하는지 논박하는지를 물어야 한다. 비고츠키는 다음 장에서 이에 대해 논의한다.

제2장
감정이론인가 감각이론인가?

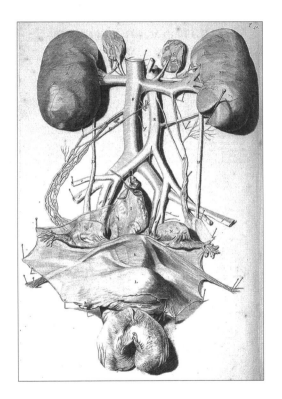

신장과 부신 그림(G. Bidloo, 1685).

비들루의 그림은 스피노자 시대에 신체에 대한 가장 최신의 발견인 신장, 부신과 이들이 행동에 직접 미치는 영향을 나타냈다. 비고츠키의 시대에도 아드레날린의 원인(공포와 회피)과 결과(빠른 심장 박동, 초인간적인 힘과 지구력)는 새로운 발견이었다. 이러한 발견들은 모두 제임스-랑게와 스피노자의 정서에 대한 정의, 즉 정서는 신체의 행동 가능성을 증대시키는 것이라는 입장을 확증하는 것으로 보였다. 공포와 분노를 비롯한 일부 정서는 아드레날린 분비와 거의 동시에 일어나는 것으로 보였다. 그러나 우정, 호기심, 유익한 대화는 어떠한가?

2

2-1] 그러나 먼저 우리는 제임스-랑게 이론 자체의 내용을 살펴보고, 그 속에 옳은 것은 무엇이고 그른 것은 무엇인지, 이 이론이 처음 공식화된 순간부터 오늘날까지 겪어 왔던 이론적 고찰과 사실을 통한 엄밀한 검증의 관점에서 연구해야 한다. 반세기보다 더 이전에 수립된 경험적 이론은 다양한 측면에서의 파괴적 비판에도 불구하고 오늘날까지 살아남은 것이 사실이다. 또한 오늘날까지도 인간 정서의 본성에 대한 심리학 이론이 이 경험적 이론이 마치 기본축인 것처럼 그것을 살아 있는 중심으로 삼아 돌고 있는 것도 사실이다. 우리는 지난 세기, 1884~1885년에 시작된 이 모든 과학적 드라마의 대단원의 마지막 장 속에 있는 것으로 보인다. 우리는 이 이론에 대한 역사적 최종 판결이 선고되는 현장에 있으며, 과거 심리학에서 주요했을 뿐 아니라 이 과학적 심리학의 장차의 미래의 발달 경로를 결정하는 데 직접적인 관계가 있는 심리학 사고의 전체 방향의 운명의 결말에 서 있다.

2-2] 이 이론이 반세기의 지속적인 과학적 검증을 영예롭게 견뎠고 인간 감정에 대한 현대 심리학 이론의 확고한 토대로 견고히 서 있었다고 지금까지 생각된 것은 사실이다. 어쨌건 대부분의 심리학 강좌에서 사태는 그렇게 간주되었다. 그러나 학교에서의 심리학이 가르침의 필요에 부응하여 마치 이 이론이 없어지지 않는 한 이를 굳건히 유지

할 뿐 아니라 최신 심리학 경향의 대표자들 역시 종종 그들이 보기에 낡은 것이 아닌 이 이론을 개정하며 이를 정서의 객관적 본성을 가장 적절히 반영하는 것으로 간주하려 하고 있다. 어쨌든 다양한 미국 행동주의 심리학이나 러시아 객관주의 심리학 그리고 일부 소비에트 심리학의 경향에서 이 이론은 구심리학에서 새로운 심리학으로 온전히 전수될 수 있는 유일한, 말하자면 안전하고 견고한 이론적 구조로 간주된다.

제임스-랑게의 정서 이론은 경험적 증거가 없는데도 왜 '경험적' 이론이라고 불릴까? 티치너가 분명히 보여 주듯, 랑게 이론이 학문적 이론 대신 경험적 사실로 시작하기 때문이다. 그렇기 때문에 심리학 학부생들에게도 인기가 있었다.

때로는 잘 이해할 수 있도록 이론을 쉽게 단순화하는 경우가 있다. 예를 들어 초등학교 교사가 한 학생에게 가족에 대해 묻고, 학생이 아버지, 어머니, 남동생과 함께 살고 있다고 대답한다고 하자. 핵가족의 개념을 가지고 있는 교사에게 이 학생의 가족은 핵가족의 좋은 예이지만, 그 개념이 없는 학생은 여동생만 있는 가족은 핵가족이 아니라고 가정할 가능성이 있다.

제임스의 정서 이론이 오늘날의 심리학과 학생들에게 가르치는 데 사용된 사진

제임스는 훌륭한 교사였고, 적어도 훌륭한 쇼맨이었다. 그는 자신의 이론을 자기 학생들에게 같은 방식으로 가르쳤다. 심리학 강의에서 그가 가장 좋아하는 예가 이 사진에 있다. 여러분이 개울에서 물고기를 잡고 있다고 해 보자. 곰이 보인다. 생각도 하기 전에 심장이 뛰기 시작하고 숨을 들이쉬고, 심지어 도망가는 자신을 발견할 수도 있다. 두려움의 감정을 만들어 내는 것은 오직 이런 감각들뿐이다.

제임스의 학생들은 그들이 위험에 처해서 무엇을 하고 있는지 알기도 전에 반응했던 적을 생각해 냈다. 이러한 반응에 대한 느낌은 정서를 만들어 냈지만, 그것은 사후적인 것으로, 원인이 아니라 일종의 부산물이었다.

"휴! 아주 아슬아슬했어! 생각만 해도 무서워! 하지만 그 당시에는 아무것도 느끼지 못했어…."

그러고 나서 학생들은 제임스 자신이 그랬던 것처럼 낭만적 사랑, 지적 호기심, 그리고 심지어 신중한 춤 신청이 진정한 정서일 수 없다고 결론지을 것이다. 왜냐하면 감각과 본능적 반응으로 시작한 것이 아니기 때문이다.

슬프게도 같은 일이 비고츠키 자신의 생각에도 일어났다. 비록 비고츠키 자신이 생전에 직접 가르치고 집필한 내용들이 그대로 번역된 한국어판이 있음에도 여전히 많은 학생들은 비고츠키 사후 수많은 가필과 편집을 당한 상태로 출간된 조야한 영어 번역본을 선호한다.

다른 이들은 출판하거나 가르치기 쉽도록 하려는 의도에서 비고츠키의 생각을 단순화하거나 심지어 바꾸어 버리기도 한다. 번역자들도 같은 유혹을 받았으며 많은 학자들은 이에 굴복했다. 예를 들면, 이 책은 '정서를 가르치는 획기적 방법에 관한 연구'(Fleer, 2017: 88)로 칭해진다.

"이러한 생각 중 일부는 Emotions in Teaching(Vygotsky, 1999)에서도 발견된다. 거기서 그는 감정을 있는 그대로 발산하는 것과 어린이가 이 감정을 특정한 느낌의 상태로 구현하는 것 사이의 교육학적 관계를 고찰한다"(Fleer et al., 252).

Fleer, M., Gonzalez Rey, F., and Veresov, N. (2017). Perezhivanie, Emotions, and Subjectivity: Advancing Vygotsky's Legacy. Singapore: Springer.

비록 이 둘 모두 독자의 관심을 끌어 판매부수를 올릴 수는 있겠지만, 말할 필요도 없이 이 중 무엇도 비고츠키가 직접 집필한 내용을 그대로 옮긴 것이 아니다.

2-3] 오늘날 객관적 심리학의 가장 극단적 경향에서 이 장이 랑게와 제임스의 말로 재진술되거나 재언급된다는 사실은 매우 주목할 만하다. 그것은 대체로 두 개의 상황으로 오늘날 수정론자들을 감명시킨다. 첫째 이 심리학이 반세기 동안 배타적인 지배성을 확보한 것은 그 설명의 특성과 연관이 있다. 티치너는 다음과 같이 신랄하게 지적한다. "제임스-랑게 이론이 영어권 심리학자들에게 그토록 널리 퍼진 것은 의심의 여지 없이 상당 부분 그 설명의 특성 때문이다. 심리학 교과서에서 정신적 운동에 대한 설명은 강한 학문적, 조건적 특징을 가지고 있었으나, 제임스는 우리에게 원자료를 제공했으며 진정한 체험의 근원으로 우리를 인도했다"(1914, pp. 162-163). 사실 이 이론은, 말하자면 모순으로 이끄는 완전히 논리적인 일관성으로, 정서의 본성에 대한 문제를 매우 선명한 간결성으로, 매우 두드러지게, 사실적 증거로 뒷받침되는 풍부한 일상적 확증을 통해 해결하므로 본의 아니게 이 이론은 진실되며 논쟁의 여지가 없다는 환상이 만들어졌다. 이 이론은 P. 바드의 올바른 지적에 따르면, 그 창시자들에게도 어떤 실험적 증거로 입증되지 않았을 뿐 아니라 전적으로 사변적인 논쟁과 이론적인 분석에 토대하고 있다는 사실을 독자와 연구자들은 어쩐 일인지 망각하거나 혹은 주목하지 않았다.

캐논-바드 이론은
어떻게
제임스-랑게 이론을
비판하는가?

J. 스테인(Jan Steen), 고양이에게 춤을 가르치는 아이들, 1674.

비고츠키 시대에 심리학은 쇄신되고 있었다. 데카르트 시대 이래로 심리학은 사람들의 영혼이나 정신, 느낌과 생각처럼, 관찰할 수 없는 것을 관찰하려는 시도에 토대하고 있었다. 심리학 쇄신론자들은 관찰할 수 있는 것, 즉 행동에 토대한 새로운 심리학을 찾으려고 했다. 그러나 행동의 규칙성은 해석되어야 한다. 예컨대 그림 속 아이들이 정말로 고양이에게 춤을 가르치고 있는지 아닌지는 이 고양이가 정말로 춤을 추고 있는지 여부에 대한 우리의 생각에 달려 있는 것이다. 같은 식으로, 정서의 신체적 발현 또한 느낌과 생각으로 해석되어야만 한다.

티치너는 다소 냉소적이며 심술궂다. 그는 랑게와 제임스의 강점이 과학과는 별 관련이 없고 쇼맨십과 큰 관련이 있다고 말한다. 그는 4만 4천 가지의 감각을 늘어놓으며 학부생들의 주의를 집중시키기는 어렵다고 말한다. 그러나 제임스는 곰에 대한 일화로 강의를 시작하고 이에 학생들은 졸지 않고 강의에 집중하게 된다.

비고츠키는 그 이론이 논리적으로 배열된 일관된 사슬을 이루기 때문에 살아남았다고 말한다. 당신이 곰을 본다. 당신은 도망친다. 그다음 당신은 주저앉아 두려움을 느낀다. 이것은 단단한 논리적 사슬이다. 그러나 이것은 우리를 다음과 같은 모순으로 이끈다. 당신이 두렵기 때문에 도망가는 것은 아니다. 당신이 가능한 한 빨리 도망치고 있기 때문에 두려움을 느끼는 것이다.

*A. P. 바드(Archibald Philip Bard, 1898~1977)는 W. 캐논의 제자이자 아래에서 논의된 정서 이론인 캐논-바드 이론, 즉 시상 이론의 공동 연구자였다. 셰링턴을 비롯한 다른 사람들과 함께, 그는 제임스-랑게 이론의 오류를 증명하는 명백한 증거를 찾아냈다.

제임스-랑게(구심성, 내장에서 뇌로)	캐논-바드(원심성, 뇌에서 내장으로)
감정에 대한 모든 신체 감각을 제거한다면, 감정 자체가 사라질 것이다.	내장을 뇌로 연결하는 신경이 잘린 고양이가 개가 짖는 소리를 들으면 여전히 감정을 느낄 것이다.
하나의 내장 변화는 하나의 감정을 제공한다.	심박수 증가, 혈당 증가, 아드레날린은 공포와 분노 둘 모두에서 나타난다(예컨대 성적 흥분과 같은 다른 감정들에서도 마찬가지다).
따라서 내장은 극도로 민감해야 한다.	내장에는 구심성 신경 말단이 거의 존재하지 않는다. 우리가 소화 운동을 대게는 느끼지 못하는 이유이며 일부 총상이 통증을 수반하지 않는 이유이도 하다.
내장 변화는 거의 즉각적으로 감정 반응을 일으킨다. 예를 들어 공포로 땀을 흘리기 시작하면 피부 전도율은 바로 떨어진다.	대략 0.8초 안에 우리는 아는 사람의 사진에 반응할 수 있다. 하지만 신경-정신 전기적 반응은 최대 3초가 걸릴 수 있다.
감정에 대한 신체 감각만 추가해도, 감정 자체가 출현할 것이다.	사람들에게 아드레날린을 주입한다고, 공포나 분노를 일으킬 수 없다.

2-4] 이 이론의 지지자들이 현대 심리학의 가장 과격한 수정론자가 된 두 번째 상황은 다음과 같다. 정서를 설명하면서, 이 이론은 정서의 기관적 토대를 최전면에 내세웠으며, 따라서 정서와 느낌에 대한 엄격한 생리적, 객관적, 심지어 고유한 유물론적 개념이라는 인상을 주었다. 여기서 놀라운 환상이 생겨났다. 이는, 제임스 스스로가 자신의 이론을 설명하기 시작하면서 그 이론이 반드시 유물론과 연관되지는 않는다고 유의 깊게 밝혔음에도 불구하고 대단한 지속력으로 계속 존재하고 있다. 자신의 이론에 대해 제임스는 다음과 같이 쓴다. "나의 관점은 유물론적이라고 말할 수 없다. 그것은 우리의 정서가 신경 과정에 의해 일어난다고 주장하는 모든 관점에 포함된 유물론 이상을 포함하지 않는다"(1902, p. 313). 이 때문에 그는 논의 중인 이론이 정서적 현상에 대한 저급한 유물론으로 인도한다는 이 이론에 대한 반론이 논리적으로 터무니없다고 생각한다. 그러나 이는 인간 느낌에 대해 이 이론이 제시하는 유물론적 설명 때문에 이 이론을 옹호하는 것 역시 논리적으로 터무니없음을 이해하기에도 충분치 않음을 드러낸다.

> 기관 이론은 내장기관을 감정의 전면에 내세운다. 제임스에게 그것은 '내장', 즉 위, 신장, 방광, 내분비샘이다. 랑게에게 그것은 '혈관운동계', 즉 혈관이 확장하고 수축하는 것을 돕는 근육과 그것을 자극하는 신경이다.
>
> 제임스가 살았던 미국에서 이 이론은 유물론적이라고 비난을 받았다. 감정을 신경학적 과정으로 환원했다는 것이다. 이 이론이 신을 배제한 것은 전혀 아니었기 때문에, 제임스는 이런 비난이 터무니없다고 생각했다.
>
> 비고츠키가 살았던 소비에트에서 이 이론은 유물론적이라고 옹호를 받았다. 감정을 기술할 뿐 아니라 설명하려 했다는 것이다. 이 이론이 형이상학을 배제한 것이 아니었기 때문에 비고츠키는 이런 옹호가 터무니없다고 생각했다.

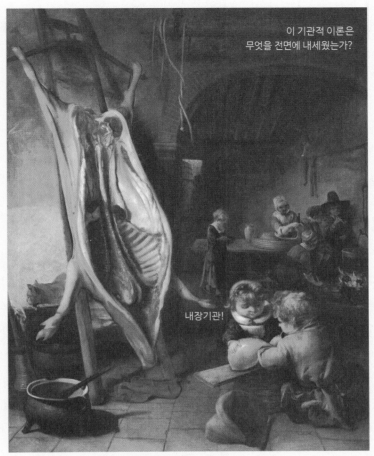

B. 파브리티우스(Barent Fabritius), 도축된 돼지, 1656.

2-5] 이 이중의 환상은 너무도 강력하여, 오늘날까지도 겉보기에 기관 정서 이론이 계속되는 과학적 검증을 훌륭하게 견뎌 냈으며 인간의 느낌에 대한 현대 심리학의 안전한 토대로 굳건히 서 있다고 생각되고 있다. 최초 출현의 순간부터 이 저자들은 그들의 이론을 이전까지 정서 이론이라 지칭되었던 모든 것과 선명히 대비했다. 우리는 이 이론에 선

행했던 전체 시기를 제임스가 어떻게 간주했는지 이미 언급한 바 있다. 그 전체 역사에 걸쳐 제임스는 "그 어떤 유익하고 선도적인 시작이나 그 어떤 기본적 관점도"(같은 책, p. 307) 찾을 수 없었다(괄호 속에 다음을 지적하고자 한다. 이는 스피노자가 정념에 대한 뛰어난 이론을 발전시켜 우리 과학의 현재뿐 아니라 미래에 유익한 선도적 시작을 한 이후의 일이다. 이 경우 제임스가 드러낸 것보다 더 역사적, 이론적 눈멂을 생각하기 어렵다. 우리는 후에 그 이유를 쉽게 밝혀낼 수 있을 것이다).

2-6] 제임스는 계속한다. "정서는 끊임없이 구별되고 분화된다. 그러나 거기서 그 어떤 논리적 일반성도 찾을 수 없을 것이다"(같은 책).

2-7] 랑게도 그에 못지않게 혹독한 선고를 내린다. 그는 말한다. "아리스토텔레스 시대 이래로 우리는 감정이 신체에 미치는 영향에 대한 문제에 관한 거의 무한한 문헌들을 보아 왔지만 수 세기 동안 누적된 모든 정보에도 불구하고 정서의 본성에 관한 문제에 대한 진정한 과학적 결과는 획득되지 않았다. 이는 본질적으로 …의 노트 기록을 제외하면 이와 관련된 그 어떤 것도 없기 때문이다. 사실 과학적으로는, 우리는 정서에 대해 전혀 이해하지 못하며, 일반적 정서나 그 안에 포함되는 개별 정서에 대해 어떤 이론의 그림자조차 갖고 있지 않다고 과장 없이 말할 수 있다"(1896, p. 19). 랑게가 보기에 우리가 정서에 대해 알고 있는 모든 것은 과학적 근거가 없는 모호한 인상에 토대한 것이다. 정서에 대한 일부 진술들은 우연히 진실인 것으로 밝혀졌지만 이러한 진실된 입장조차 학자들은 대상에 대한 진정한 표상과 거의 연결시키지 않았다.

> 위쪽 모퉁이의 착시 계단에 주목하자. 계단만 보면 우리는 이 계단을 위에서 볼지 아래에서 볼지 시점을 선택할 수 있다. 하지만 그림의 나머지 부분에서는 우리의 시점이 명확히 결정되어 있다. 우리는 계단의 아래에 있는 것이다.

인간의 감정은 결정되어 있는가, 조절 가능한가? 우리는 무엇을 느낄지 자유롭게 선택할 수 있는가, 아니면 동물이나 아기들처럼 외부 자극에 직접 좌우되는가? 만약 그림 속의 철학자가 스피노자였다면, 둘 다 답이 아닐 것이다. 스피노자는 세계가 본질적으로 결정적이라고 보았다. 세상의 모든 것은 인과적으로 설명 가능하다. 하지만 동시에 그는 감정의 본성을 그것의 직접적 요인으로부터 분리함으로써 인간의 자유의지(필연에 대한 인식과 사랑) 또한 가능하다고 생각했다. 인간은 본능적으로 사회성과 연결된 감정을 가진다. 자유는 필연에 대한 인식과 사랑으로 이루어진다.

정서의 본성은 무엇인가?

S. 데 코닝크(Salomon de Koninck), 철학자와 펼쳐진 책, 1609~1656.

2-8] 정념 이론 발전의 과거와 미래의 분석과, 현대 과학적 지식에 비춘 정념의 분석에 대한 우리의 연구와 유사한 역사적 연구에서 우리는 제임스와 랑게가 300년 전에 정념 이론의 선행 역사에 대해 자신들과 동일하게 말했던 데카르트를 거의 글자 그대로 반복하는 것을 주목하지 않을 수 없다. 그는 말한다. "정념을 다룬 방식에서보다 고대로부

터 우리에게 전해진 과학의 부적절함이 더 뚜렷하게 부각되는 곳은 없다"(1914, p. 127). 정념에 대한 고대 이론은 "모종의 확신으로 진실에 접근하게 해 주는 일반적 경로를 완전히 버리도록 강요할" 정도로 빈약하고 대부분 불안정하다. 그는 말한다. "이 때문에 나는 이전에 누구도 언급하지 않았던 주제를 다루듯이 쓸 수밖에 없다"(같은 책, p. 127).

2-9] 한편 티치너가 올바르게 인용한 단순한 역사적 조사는 데카르트의 문제와 제임스-랑게의 문제가 아리스토텔레스에게조차 잘 알려져 있고 친숙한 것임을 명확히 보여 준다. 아리스토텔레스의 생각에 따르면 사변 철학의 대표자는 분노가 복수를 향한 갈망이나 혹은 그와 유사한 것이라고 말한다. 자연 철학의 대표자는 분노가 심장 주변의 혈액이 끓는 것이라고 말한다. 이 중 누가 진정한 철학자인가? 아리스토텔레스는 이 두 입장을 통합하는 이가 진정한 철학자라고 대답한다. 우리가 볼 때 이는 공교로운 일치가 아니지만 그 진정한 의미는 추후 연구 경로에서 드러날 것이다.

렘브란트(Rembrandt Harmeszoon van Rijn), 호머의 흉상 앞에서 명상하는 아리스토텔레스, 1653.

'사변 철학'은 플라톤의 전통으로서 그 유일한 자료가 바로 아킬레스의 분노와 같은 인간사에 대한 고찰이다. 그러나 '자연 철학'은 인간의 몸을 포함한 자연을 연구하는 것이다. 데카르트는 몸을 기계와 같은 것(예컨대 심장은 펌프의 기능과 구조를 가지고 있다)으로 묘사할 수 있음을 보여 줌으로써 이 두 가지를 통합하려 했다. 하지만 영혼은 기능과 구조로 설명될 수 없다.

2-10] 기관 정서 이론의 저자들이 자기 생각의 절대적 새로움에 대해 가진 생각이 아무리 잘못되었든, 이러한 잘못은 그들의 계승자들에게는 오늘날까지도 논박 불가한 진정한 진리라는 지위를 간직하고 있다.

2-11] 오늘날에조차 K. 던랩은 이 신조의 50년간의 존재를 요약하면서 이 신조가 과학적 사고에 너무 깊게 뿌리내린 나머지 현재 정서적 삶의 연구에 대한 실제 토대가 될 뿐 아니라, 그것이 전체 정신적 삶의 토대가 반작용 혹은 반응이라는 가설의 발전을 이끌었다고 주장한다(W. B. Cannon, 1927, pp. 106-124). R. 페리도 이를 반복한다. 이 유명한 신조는 증거에 의해 견고히 지지되고 경험에 의해 수없이 확증되므로 그 본질의 진실을 부정하는 것은 불가능하다. 이에 대한 면밀하게 구성된 논박에도 불구하고 이는 낡은 것으로 전락하는 조짐을 전혀 보이지 않는다(W. B. Cannon, 1927, p. 106).

*K. 던랩(Knight Dunlap, 1875~1949)은 J. B. 왓슨의 밀접한 동료로 확고한 행동주의자였다. 그는 행동을 측정하는 수많은 방안(의자, 반응판, 시간측정기)을 고안하였고 또한 '부정적 심리학'을 창안하기도 했다(그는 타이피스트의 오타를 교정하기 위해 오타를 반복하도록 처치했다). 비고츠키가 제임스 이론은 그 유물론적 성격으로 인해 추앙받는다고

지적했을 때 염두에 둔 인물 중 하나는 분명 던랩이었을 것이다. 던랩은 제임스와 랑게의 저작들을 편집하여 출간하기도 했다.

*R. B. 페리(Ralph Barton Perry, 1876~1957)는 W. 제임스의 제자로 후에 도덕 철학을 강의하기도 했다. 제임스와 마찬가지로 그는 유물론자는 아니었고 실용주의자였다. 그는 종교가 과학, 특히 도덕 교육에서 갖는 실용적 효용성을 주장하는 데 경력의 대부분을 바쳤다. 그러나 던랩과 같이 그는 제임스-랑게 이론에 매우 열광했다.

비고츠키의 인용은 제임스-랑게에 대한 W. B. 캐논의 비평의 첫 문단에서 따온 것으로 여기에는 던랩과 페리도 인용되어 있다.

Cannon, Walter B. (1927). "The James-Lange Theory of Emotions: A Critical Examination and an Alternative Theory". The American Journal of Psychology 39, no. 1/4: 106-24. doi:10.2307/1415404

2-12] 그러나 우리는 애초부터 다음과 같이 말하고자 한다. 제임스-랑게 이론은 정념에 대한 학설에서 진실이 아닌 오류인 것으로 간주되어야 한다. 이로써 우리는 현재 우리 연구의 모든 장의 기본 생각, 주요 테제를 미리 밝힌다. 이 생각의 토대를 좀 더 가까이 살펴보자.

2-13] 제임스-랑게 이론에 상처를 입힐 수 없으며 비판적으로 침투할 수 없다는 환상은 무엇보다, 다른 모든 환상이 그렇듯, 사태를 진정하게 바라볼 수 없게 한다는 점에서 해롭다. 이를 두드러지게 보여 주는 증거는, 객관적으로 면밀한 일련의 새로운 연구들이 분석 중인 이론에 섬멸적 타격을 가했는데, 이 신조의 추종자들은 이것이 이 이론의 강력함을 새롭게 증거한다고 간주한다는 사실이다. 이러한 유형의 오류를 보여 주는 사례는, 정서적 상태에서 나타나는 기관의 변화의 문제에

대해 체계적인 실험적 연구를 한 W. 캐논의 첫 번째 실험적 연구들의 운명이다. 러시아어로 번역된 그의 연구는 엄밀히 말해 기관 정서 이론에 대해 치명적인 비판을 포함하고 있다. 그러나 우리 과학계는 이것이 그것의 올바름을 지지하는 완전히 논박 불가한 증거라고 인식하고 이해했다.

2-14] 이 연구들의 러시아어 번역의 서문에서 B. M. 자바도프스키는 정서의 본성에 대한 제임스의 놀라운 통찰력을 담은 생각은 우리가 볼 때 진정하고 구체적인 생물학 실험의 형태로 구체화된다고 직접 말한다(W. B. Cannon, 1927, p. 3). 이 진술은 정신적 상태가 물질적인, 순수하게 생리적인 뿌리를 갖는다고 선명하게 강조한 제임스의 생각의 혁명성을 인용하면서 더욱 힘을 얻는다. 물질적 토대 없는 정신적 활동은 상상할 수 없는 모든 생물학자들에게 있어 논박의 여지가 없는 이 일반적 생각은 앞에서 여러 번 언급했던 환상으로 인해 제임스의 생각과 캐논이 제시한 사실을—그 둘이 타협의 여지 없이 모순됨에도 불구하고—동일시하게 하는 공통분모가 된다. 캐논은 자신의 실험적 연구의 의미를 잘못 평가한 것이 자바도프스키 혼자가 아니었음을 스스로 명백히 보여 준다. 이 잘못은 그와 함께 이 환상을 공유한 모든 이들이 함께 나누고 있다.

2-15] 캐논의 말에 따르면, 커다란 자극에 뒤이어 내장기관에서 일어나는 (그가 상세히 연구한) 다양한 변화는 제임스-랑게 이론에 대한 확증으로 해석되어 왔다. 그러나 이 연구에서 제시된 사실로 본다면 그러한 해석은 잘못임이 명백하다. 캐논의 연구는 무엇을 보여 주었는가?

> 비고츠키는 이 이론이 어째서 아무런 경험적 뒷받침 없이 50년이나 지속되었는지 설명한다. 이 문단에서 두 과학자는 그 이유를 잘 설명했지만 방식은 조금 달랐다. 자바도프스키는 제임스와 랑게가 유물론자였다는 잘못된 믿음을 가지고 있었고, 캐논은 제임스와 랑게가 단

순히 유물론자가 아니라 생리학적 반응과 정신 반응을 연결할 방도를 제공했다고 믿었다.

*Б. М. 자바도프스키(Борис Михайлович Завадовский, 1895~1951)는 가축의 내분비 체계를 연구한 생물학자였다. 자바도프스키의 과학관은 유물론과 매우 거리가 멀었기에, 그가 제임스와 랑게의 유물론을 찬양한 과학자들 중 한 사람이라는 점은 흥미롭고 아이러니하며 다소 비극적이기도 하다.

W. B. 캐논(Walter Bradford Cannon, 1871~ 1945)은 앞서 언급된 제임스-랑게 이론을 반박하는 R. P. 바드의 논문을 지도한 교수였다. 그런데 어째서 비고츠키는 자바도프스키와 캐논이 제임스와 랑게를 지지한다고 말하는 것일까? 심지어 캐논은 스스로도 자신의 연구가 제임스와 랑게를 지지한다고 믿었다.

첫째, 캐논은 제임스와 같이 기능주의자였기 때문이다. 캐논은 행동을 그 행동의 기능으로 설명했다. 둘째, 제임스와 달리 캐논은 생리학자였기 때문이다. 예컨대 그는 단추를 삼킨 개의 위장 근육의 움직임을 X-레이를 통해 정확히 관찰하며 기술하는 등 생리적 과정의 세심한 기술에 관심이 있었다. 캐논은 유기체가 중금속을 삼켰을 경우 X-레이 이용이 더욱 효과적이 된다는 것을 발견했으며, 오늘날 X-레이 촬영 전에 조영제(황산바륨)를 마시는 것은 이 발견을 활용한 것이다. 후에 캐논은 '부두 죽음(Voodoo Death)' 현상, 즉 저주를 받거나 금기를 어긴 이들이 공포로 사망하는 현상을 연구했다. 이 모든 연구에서 캐논의 주요 흥미는 정서의 생물학적 토대였다. 그는 몸과 마음이 하나의 독립적인 전체라고 믿었으며 생리적 변화는 분명 정서의 일부라는 제임스-랑게에 동의했다. 다만 그는 정서가 퍼져 나가는 방향에 대해서는 그들과 동의하지 않았다. 제임스-랑게에게서 이 방향은 구심적, 즉 주변적 신경계로부터 중추신경계로 향한다면, 캐논-바드는 그 반대라고 생각한다.

그러나 캐논의 연구가 제임스와 랑게를 지지한다고 믿는 더욱 심오한 세 번째 이유가 있다. 캐논은 내분비계의 전문가였으며, 특히 위험에 직면했을 때 아드레날린이 공격-도피 반응을 일으키는 방식에 대한 전문가였다. 제임스와 랑게에게서 아드레날린은 우리가 왜 감정을 갖게 되는지, 감정의 기능이 무엇인지에 하는 질문에 대한 답을 제공한다. 그러나 언제 감정이 발달하고, 어떻게 저차적 감정이 고등한 감정으로 발달하는지에 대해 더욱 관심을 가진 비고츠키에게 아드레날린에 대한 캐논에 관한 연구는 스피노자와의 연결 고리를 제공한다. 스피노자는 감정이 인체의 활성 잠재력을 높이는 방법이라고 처음으로 말한 사람이다.

2-16] 그 연구의 가장 본질적이고 기본적인 결과—현재 우리의 연구에서는 이것만이 우리의 관심을 끌 수 있다—를 살펴본다면 우리는 다음과 같이 말해야 한다. 이 결과들은 고통, 배고픔, 공포, 분노와 같은 강력한 정서들이 유기체 내에서 깊은 신체적 변화를 이끌어 낸다는 것을 실험적으로 드러냈다. 이러한 변화들은 전형적인 유기체적 반응을 나타내는 반사적 본성으로 특징지어진다. 이 반응은 유전적 자동성에 의해 나타나며, 따라서 이 변화는 생물학적 합목적성을 보여 주는 것이다.

감정이 (시각적) 자극에 대한 내장 반응이라면, 다양한 자극이 그렇게 많은데 어째서 반응은 몇 가지밖에 안 되는 것일까? 제임스는 실제로 이 문제를 인지하고 있었지만 그의 대답은 그다지 설득력이 없다.

"공격을 불러일으키는 대상은 또한 공포반응을 일으킨다. 공포와 공격의 대립은 본능적 역학에서 흥미로운 학문이다. 우리 우리를 죽일지도 모르는 것을 두려워하는 동시에 죽이고 싶어 한다. 그리고 우리가 따라야 할 두 가지 충동 중 어떤 것을 따라야 할지는 보통 특정한 사건의 부수적인 상황들 중 하나에 의해 결정된다."

그러므로 A. F. 테이트의 1856년 작품 「진퇴양난!」에 나오는 부수적
상황(주저앉은 자세로는 도망갈 수 없다)은 공포의 감정보다 폭력성의 감
정이 반드시 우선되어야 한다는 것을 암시한다. 그러나 우리들 중 많은
사람들은 이 진퇴양난의 상황에서 두려움으로 인해 마비될 것이다. 제
임스는 이것을 생물학적 편의로 설명하기도 한다. 우리의 약한 조상들
은 마비적 공포 반응을 진화시켜 곰들이 죽은 고기로 무시하도록 하였
다는 것이다. 하지만 마비는 전혀 정서가 아니다. 도망가거나, 맞서 싸
우거나, 마비되는 등 반응이 서로 전혀 다른데 어째서 같은 정서인가?

A. F. 테이트(Arthur Fitzwilliam Tait), 진퇴양난!, 1856.

2-17] 자극이 주어지는 동안 일어나는 신체적 변화는, 캐논의 연구
가 보여 주듯, 부신에서 분비되는 아드레날린의 증가로 도출된다. 이 변
화는 아드레날린 투여를 통해 도출되는 변화와 유사하다. 아드레날린
은 탄수화물 분해를 촉진시켜 혈당을 높인다. 그것은 심장, 폐, 중추신
경계, 팔, 다리로의 혈액의 유입과, 복강의 억제된 기관으로부터의 혈액

의 유출을 돕는다. 아드레날린은 근육의 피로를 제거하고 혈액 응고를 증대시킨다. 이는 배고픔, 고통 그리고 강력한 정서적 상태와 연결된 강력한 자극에서 관찰되는 원칙적 변화들이다. 이 변화의 토대는 아드레날린의 내적 분비이다. 우리가 말했듯, 이 모든 변화는 내적 의존성과 상호 간 연결을 나타내며, 이 모두는 전체적으로 자체의 적응적, 합목적적 의미를 나타낸다.

2-18] W. 캐논은 자신의 연구에서 혈당 증가의 의미를 근육 에너지의 근원으로, 혈액 내 아드레날린 증가의 의미를 근육 피로의 해독제로, 아드레날린의 영향하에 있는 기관으로의 혈액 유입의 변화의 의미를 근육의 최대 긴장을 촉진하는 상황으로 설명하며, 순환계 기능 변화가 갖는 유사한 의미와, 혈액 유출을 예방하는 혈액 응고성 증대의 합목적적 의미를 차근차근 설명한다.

2-19] 이 모든 현상의 생물적 의미를 설명하는 열쇠는 공포 정서로 인한 도피 본능과 분노 정서로 인한 공격 본능 사이의 내적 관계에 대한 오래된 생각에서 캐논에 의해 옳게 모색되었으며, 이 생각은 맥두걸에 의해 최근에 새롭게 공표되었다. 자연적 조건하에서, 놀람이나 분노의 감정에 뒤따라 대규모 근육 집단의 길고 집중적인 긴장을 요구하는 유기체의 활동(예컨대 도피나 공격)이 증가할 것이다. 이 때문에 고통이나 강력한 정서의 반사 영향의 결과로 증가한 아드레날린 분비가 근육 활동 생산에서 역동적인 역할을 하리라는 것은 매우 개연성이 높다. 만일 캐논이 실험적으로 확립했듯이 근육 활동이 주로 당의 에너지를 통해 이루어지고, 많은 근육 활동이 글리코겐과 당 수치를 현저히 저하시킬 수 있다면, 우리는 강한 정서와 고통에 수반되는 혈당의 증가가 근육이 오래 활동할 수 있는 능력을 상당히 증가시킬 것임을 수용해야 한다.

이제까지 보았듯이, 제임스-랑게 이론은 유물론이 아니라 기능론이다. 캐논은 동물의 행동을 공포와 분노로 강화시키는 방법을 '공격-도피 반응'이라는 용어로 설명했다. 도표에서 보듯이 그의 방향은 옳았고 도착점 (뇌, 신체적 영향)도 정확했다. 그가 생각한 연결, 즉 시상하부는 절반만 맞았다. 오늘날에는 '공격-도피 반응'이 일어나는 정확한 화학적 경로에 대해서 훨씬 많은 것들이 알려져 있다.

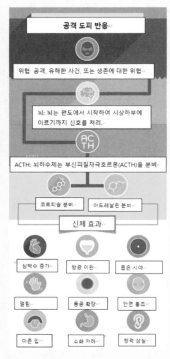

*W. 맥두걸(William McDougall, 1981~1938)은 인류학자 W. H. R. 리버스의 제자이자 심리학자 C. 버트의 스승이었다. 그는 버트와 마찬가지로 인종주의자였으며 아프리카에서 만났던 몇몇 성공적인 흑인은 어떤 '백인의 혈통' 때문이라고 믿었다. 그는 제임스가 은퇴했을 때 하버드 대학교에서 W. 제임스의 심리학 교수직을 이어받았다. 제임스와 마찬가지로 그는 반유물론자였으며 관념론에 흥미가 있었다. 우울증을 겪을 때 그는 스스로 C. G. 융의 정신 분석을 받았다. 또한 그는 소비에트의

반다윈주의자들처럼 라마르크주의자로서 학습이 유전 가능하다고 믿었다(이것으로 영국의 귀족 사회를 설명했다). 베르그송처럼 그는 생기론자였으며, 모든 물질이 관념적 요소를 내부에 포함하고 있다고 믿었다. 『흥미와 개념』 9장에서 비고츠키는 맥두걸의 실험을 이용하여 흥미란 활동에 내재된 것이 아니라 외부로부터 활동 자체에 도입된 것임을 증명한다.

2-20] 진전된 연구는 자유롭게 혈액에 유입되는 아드레날린은 신선한 근육이 가진 최초의 흥분성과 빠른 반응가능성을 상실한 피로한 근육이 빠르게 회복하는 데 주목할 만한 영향을 미치며 그리하여 신경계가 근육에 미치는 영향을 강화하고 근육이 최대한 작용하도록 돕는다는 것을 드러냈다. 장기로의 혈액 공급과 호흡의 변화 역시 분명 동일한 임무를 갖는다. 공격이나 도피의 긴급한 요구는 작용하는 근육으로의 풍부한 산소 공급과 신체로부터의 신속한 이산화탄소 배출을 필요로 한다. 끝으로 혈액 응고 증대의 합목적성 역시 유기체에 유리한 과정으로 간주될 수 있음은 분명하다.

2-21] 이 자료를 일반화하면서 캐논은 고통스러운 자극과 정서적 흥분으로 도출된 모든 유기체의 반응을 자연스럽게 나타나는 방어적, 본능적 반응으로 간주하기를 제안한다. 이러한 반응은 유기체가 필요로 할 수 있는 강한 긴장을 준비하는 것으로 타당하게 해석될 수 있다. 따라서 이러한 일반적 관점에서 캐논은 강한 정서적 상태에 수반하는 신체적 변화가 임박한 전투와 잠정적 부상에 대한 유기체의 대비로 봉사할 수 있으며 당연히, 고통 자체가 일으킬 수 있는 반응을 초래한다고 말한다.

> 비고츠키가 사용하고 있는 1920년판 『Bodily Changes in Pain, Fear, Hunger, and Rage(고통, 공포, 배고픔, 분노의 신체 변화)』 227쪽에서 캐논은 존 콜터의 전설에 대해 말한다. 콜터는 블랙풋 인디언들에게 붙잡힌 백인이었다. 인디언들은 그의 옷을 벗기고 도망치도록 했다. 그는 6명의 블랙풋 인디언에 쫓기지만 3마일을 달린 후에는 한 명이 따라올 뿐이었다(그림에서는 이야기를 더욱 극적으로 연출하기 위해 추격자들이 더 추가되었다). 콜터의 추격자는 너무 지쳐 싸울 기운이 없어 창을 던졌으나 빗맞는다. 콜터는 그 창을 이용해 그를 죽인다. 이 이야기는 공포와 아드레날린에 의해 일어나는 초인적 힘을 묘사하기 위해 사용된다.

이상하게도 캐논은 이 이야기를 의심하지 않는다. 콜터 자신 외에는 목격자가 없었음에도 말이다.

2-22] 캐논이 발견한 사실들의 일반적 의미를 간략히 요약하고자 한다면 정서적 자극의 신경 활동 발생 효과가 기본적 요인이라는 그의 지적에 우리는 동의해야 할 것이다. 여기서 캐논은 정서적 과정의 이러한 측면을 누구보다 열렬히 지적한 셰링턴의 뒤를 따른다. 그는 지상에서의 삶 첫 시작부터 정서는 우리를 통제하며 감정의 증대된 강도는 강력한 움직임의 지배적 자극이 된다고 말했다. 내장기관에서 시작되는 여러 가지 신체적 변화—소화 과정 중지(이로써 다른 기관들이 사용할 수 있는 여분의 에너지가 방출된다), 활동이 저하되는 기관으로부터 근육 긴장에 직접 참여하는 기관(폐, 심장, 중추신경계)으로의 혈액 유입, 심장 수축 강화, 근육 피로의 빠른 소거, 에너지를 포함하는 다량의 당 동원— 이 모든 내적 변화들은 놀람, 고통 혹은 분노에 의한 거대한 에너지 소비의 시기에 유기체를 강화하여 직접적인 도움을 제공한다(R. Creed et al., 1935 참조).

근본적인 것은 신체적인 것인가, 정신적인 것인가?

V. 드 불로뉴(Valentin de Boulogne), 골리앗의 머리를 든 다윗과 두 병사, 1620~1622.

아마도 두 병사는 각각 감정적 흥분과 신체적 소진을 표상할 것이다. 캐논과 바드(그리고 셰링턴에게)에게 감정이 신체적 반응보다 먼저 일어난다. 왜냐하면 우리는 후자 없이도 전자를 완전하게 발견할 수 있기 때문이다. 그러나 제임스에게 감정적 흥분은 신체에 반응하는 뇌일 뿐이다. 이 둘은 분리될 수 없다. 본문에 인용된 논문은 비고츠키 사후에 출간된 것이다. 인용 출처는 러시아어 편집자에 의해 삽입되었으나 비고츠키는 이 연구에 대해 알고 있었다.

2-23] 이와 관련하여, 강하게 흥분된 시기에 종종 거대한 힘이 느껴진다는 정황은 매우 중요하다. 이 느낌은 갑자기 나타나서 개인을 높은 수준의 활동으로 고양시킨다. 강력한 정서가 일어나면서 흥분과 힘의 감각이 병합되는데 이는 저장된, 이전까지 몰랐던 에너지를 방출시키고 승리할 수 있다는 지워지지 않는 감각으로 의식을 이끈다.

제임스-랑게 이론이 실제로 그들이 생각했던 것보다 생존 기능의 변화에 대해 더 깊게 나아가고, 더 심오하며, 더욱 유의미하다고 비고츠키가 말한 이유는 무엇일까? 곰과 맞서 싸우고 인디언에게서 도망치는 앞에서 본 사례들은 인간과 동물에 공통된 정서만을 다루고 있으므로 신체 운동 능력의 증진은 아드레날린과 공격-도피 반응의 틀에서 이해된다. 그러나 사회, 문화와 연결된 인간에게 고유한 정서는 어떠한가? 또한 정서는 신체 운동 능력을 증진시킬 뿐 아니라 감소시킬 수도 있다는 스피노자의 경고는 어떠한가?

개개인의 역사에서 일어나는 중요한 사건들은 혁명의 불씨를 지필 뿐 아니라 학생들을 고취시키기도 한다는 것을 모든 역사 교사들은 알고 있다. 루크레시아는 리비의 로마사에 등장하는 인물이다. 그녀가

렘브란트(Rembrandt), **루크레시아**, 1666.

강력한 왕자에게 겁탈당하여 자살한 사건은 혁명의 단초가 되어 자신의 아들을 비호했던 황제를 권좌에서 끌어내렸고, 이로써 로마는 최초의 공화정이 된다.

그림은 렘브란트가 아내의 죽음 후에 그렸던 여러 작품 중 하나이다. 렘브란트의 모델 중 하나였던 그의 아내는 자신의 사후에 렘브란트가 재혼을 하면 그의 아들에게 유산 상속을 금지하도록 유언을 남겼다. 아내의 투병 기간 동안 렘브란트는 젊은 하녀와 함께 살았고 곧 사랑에 빠졌으며 그녀는 작품의 모델이 되었다. 그들은 결혼하지 않고 자녀를 두었으므로 조롱과 비난을 한 몸에 받고 암스테르담에서 추방되었다. 렘브란트는 연인의 초상을 통해 강력한 흥분과 거대한 힘을 표출하는 루크레시아를 나타낸 작품을 다수 남겼다.

옆의 작품은 예외이다. 오히려 여기서 루크레시아의 눈에는 눈물이 맺혀 있으며 쓰러지지 않기 위해 비단 줄에 매달려야 한다. 자살 도구는 거의 숨겨져 있으며 렘브란트의 가장 큰 붓으로 한 번에 마지막으로 그린, 상처를 나타내는 붉고 긴 줄은 황금 체인 위를 지나고 있다.

2-24] 논박의 여지 없이 명백히 확립된 이 입장에 대한 이론적 분석과 평가를 하기에 앞서 우리가 고찰했던 모든 페이지에 내내 존재했던 우리 연구의 기본 문제로 되돌아가지 않을 수 없다. 이는 스피노자의 정념 학설이다. 그러나 우리가 제기한 문제의 본질 자체에서 불가피하게 생겨나는 다소 생소하고 이상한, 우리가 선택한 연구 경로는 우리가 기본 문제의 해결 측면으로부터 벗어나 있다는 표면적 인상을 줄 수도 있는 상황을 낳았다. 스피노자의 정념 학설을 현대 신경심리학에 비추어 고찰하는 것은 본질적으로 정서의 본성의 문제에 대한 현대의 상태를 스피노자의 정념 학설에 비추어 재검토하는 것과 똑같은 것일 수밖에 없기 때문에 우리는 전자와 동일한 타당성으로, 우리의 연구에 후자를 제목으로 붙일 수 있을 것이다.

한때 이 그림의 모델은 렘브란트가 그림을 그릴 당시 이웃이었던 스피노자로 생각되었다.

모차르트는 음악을 총관적으로 바라보았다고 전해진다. 일반인은 음악을 마치 영화와 같이 처음, 중간, 끝이 있는 시간의 흐름과 연동하여 생각한다면 모차르트는 음악을 조각상과 같이 어느 시점이나 어느 방향에서든 바라보고 멈출 수 있었다.

비고츠키 역시 이러한 점에서 총관적이다. 현재 연구에서 그는 20세기 신경학에서의 논쟁(제임스-랑게 대 캐논-바드)으로 시작하여 17세기 철학에서의 논쟁(데카르트 대 스피노자)으로 거슬러 올라간다. 그러나 반대 방향으로의 진행도 얼마든지 가능했다. 즉, 이원론과 일원론의 문제로 시작하여 이 문제를 현재의 쟁점, 즉 우리가 정서를 설명적 심리학의 관점에서 바라보아야 하는지 기술적 심리학의 관점에서 바라보아야 하는지에 대한 문제에 적용할 수도 있었던 것이다.

렘브란트(Rembrandt), 모자를 쓴 수염 난 유대인, 1655~1660.

2-25】 따라서 우리는 정서에 대한 최초의 실험적 연구를 통해 우리에게 알려진 최초의 사실적 입장을 스피노자의 전체 정념 학설을 세우는 출발점이 된 그의 생각과 연결 짓기 위해, 이 입장을 사용하지 않을 수 없다. 우리가 위에 인용한 감정에 대한 『에티카』에서의 정의를 상기하면 개인의 활동을 높은 수준으로 고양시키는 정서의 신경 활동 발생 효과에 대한 실험적 증거들은 동시에, 정서를 신체 자체의 활동 능력을 증대시키거나 감소시키고, 촉진하거나 제한하는 신체 상태이자 이 상태에 대한 관념인 것으로 이해한 스피노자의 생각에 대한 경험적 증거이기도 함을 깨닫지 않을 수 없다.

2-26】 그러나 우리는 특히 이 스피노자의 정의가 스피노자의 정념 학설을 기관 정서 이론과 가깝게 한다고 랑게가 인용했음을 위에서 지적했다. 이 때문에 스피노자의 생각에 대한 경험적 확증이 실험적 증거와 더불어 제임스-랑게 이론에 우호적이라는 결론을 도출하기 쉽다. 이것이 이 연구들이 처음에 인식되었던 방식이다. 그리고 사실, 첫눈에 피상적으로 고찰할 때 이 이론은 캐논의 연구에서 완전히 확증되며 더 커다란 승리를 만끽하는 것으로 보일 수도 있다. 일상적 관찰과 내관 분석, 그리고 순전히 사변적 구성에 토대하여 제임스와 랑게가 정서적 과정의 근원이라고 제시한 심오한 기관 변화들은 완전히 실제 사실로 드러났을 뿐 아니라 지금 우리가 볼 때 이 신조를 창시한 이들이 가장 대담하게 가정할 수 있는 것보다 더욱 심오하게 나아가며 더욱 포괄적이며, 일반적인 생명 활동의 변화에 대해 더욱 중요하고, 더욱 근본적이고 기초적임이 드러났다.

2-27】 그러나 지금은, 항상 우리의 생각을 인도하는 비판적 연구 정신에 입각하여 다음과 같은 질문을 해야 한다. 우리는 정서가 기관적 본성을 갖는다는 유명한 역설의 악순환을 반복하는 역사적 환상에 또 다시 빠지는 것은 아닌가? 우리는 이 생각이 스피노자 사상의 위업과

공유하는 그 커다란 승리를 확증하며 혹시 오류를 진리로 받아들이는 것은 아닌가?

비고츠키가 말하는 악순환은 무엇인가?

J. 베르메르(Johannes Vermeer), 천문학자, 1668.

이 그림의 모델은 실제로 유명한 천문학자이자 현미경을 발명한 반 레벤후크이다. 책상 위 지구본은 실제 지구가 아니라 하늘의 별자리를 나타낸 것이다. 이 지구본을 사용하기 위해서는 자신을 무한히 작게 상상하여 지구의 중심에 놓고 지구 밖을 바라보거나, 반대로 우주 밖에서 안쪽을 바라보는 자신을 상상할 수 있어야 한다.

제임스-랑게 이론에 대해서 이와 유사한 반전이 요구된다. 제임스와 랑게는 자율신경계가 중추신경계보다 더 먼저 반응한다고 말한다. 캐논과 바드는 이에 비판적이었는데 그들은 오히려 자율신경계가 먼저임을 보여 준다. 그러나 이것이 악순환의 시작이다. 제임스-랑게처럼 중심적(뇌) 반응 앞에 주변적(내장, 혈관운동계) 감각을 놓는 대신 이번에는 주변적 반응 앞에 중심적 반응을 놓는 것이다. 두 이론 모두 일관되게 낭만적 사랑, 지적 호기심, 고등한 사회성과 같은 고등한 정서를 배제하는 정서만을 다룬다. 따라서 비고츠키는 우리가 참된 비판정신에 입각한다면 질문을 계속해야 한다고 말한다. 하지만 캐논과 바드의 이론 역시 제임스와 랑게가 발견한 순서와 같은 환상일지 모른다. 이 둘은 고등한 감정을 절대 포함하지 않은 채, 신체의 한 부분에서 다른 부분으로 이어지는 악순환일지도 모른다. 스피노자의 이론을 이 악순환에 결합시킴으로써 우리는 오류(고등 감정은 저차적 감정으로 환원될 수 있다)를 진실로 받아들이는 것일지 모른다.

• 감정이론인가 감각이론인가?

비고츠키는 유기체적 이론의 의미를 확립했다. 그 의미는 유기체적 이론의 고유성이
나 엄밀성에 있는 것이 아니라 유기체적 이론이 차지하는 위치에 있다. 유기체적 이론
은 수 세기 간 이어진 일원론과 이원론 사이의 논쟁을 연결 짓는 핵심적 고리이다. 이
장에서 비고츠키는 이어지는 두 장에서 유기체적 이론이 대륙의 경험론의 검증을 어떻
게 견디어 냈는지 검토하겠다고 말한다. 2장은 전반적으로 우호적이다. 2장은 감정이 내
장기관의 변화에 대한 반응이라는 유기체적 이론을 뒷받침해 주며 또한 감정은 신체적
가능성에서의 변화라는 스피노자의 생각을 지지하는 아드레날린에 대해 논의한다. 그
러나 다음 장은 그리 우호적이지 않다.

2.1 비고츠키는 최근 유기체적 이론에 대한 경험적 검증은 45년 전(1884~1885)에 시
작된 드라마의 최종회라고 말한다. 비고츠키는 제임스와 랑게뿐 아니라 파블로프와
베흐테레프도 지칭하는 것으로 보인다. 이 원고는 비고츠키가 초기의 반사학적 성향
과의 방법론적인 단절을 보여 주는 한 사례이다.

2.2 지지하는 경험적 근거를 거의 갖고 있지 않는 이론의 이상한 인기를 어떻게 설
명할 수 있을 것인가? 여기서 비고츠키는 미국 행동주의자와 러시아 반응학자들에
게 매우 편리한 '반사학적' 토대에 주의를 환기시킨다.

2.3 비고츠키는 미국 행동주의자들을 먼저 언급한다. (왓슨과 같이) 심리학에서 가
장 '극단적' 경향이 제임스-랑게 이론을 양도받아 제임스의 말을 교과서에 그대로 싣
고 있다. 티치너는 이것이 제임스의 필력 덕분이며 또한 이 이론이 일상적 경험과 상
통하기 때문이라고 시사한다(캠핑장에서 회색 곰을 만나면 무서움을 느낄 시간도 없이 도망
가는 것이 당연하다). 비고츠키는 동의한다.

2.4 이어서 비고츠키는 러시아인을 언급한다. 이 이론이 인기 있는 두 번째 이유는
그것이 '유물론적'으로 보이기 때문이다. 비고츠키는 (예컨대 프로이트 이론과 같이) 신
경 운동에 의존하는 이론은 무엇이든지 똑같이 유물론적이라고 불릴 수 있다는 제
임스의 반대를 인용한다. 사태가 이렇다면 '유물론적'이라는 딱지는 그 이론에 대한
반대의 근거도, 지지의 근거도 될 수 없다고 비고츠키는 지적한다.

2.5 비고츠키는 '이중의 환상'을 지적한다. '이중의 환상'의 의미가, 유물론이 제임스 이론을 비판하는 데에는 쓰일 수 없고 지지하는 데에 쓰일 수 있다는 것은 아닌 것으로 보인다. 비고츠키는 제임스 이론이 비유물론적이라는 이유로 비판받아야 한다고 생각하지는 않기 때문이다. 이는 한편으로는 제임스의 표현 기술과 '상식적인' 일상적 증거에 놀란 미국 극단주의자들과 다른 한편으로는 랑게가 제공하는 감정에 대한 명백한 생리학적 토대에 넋을 잃은 러시아 객관적 심리학자들의 이중의 환상을 의미하는 것으로 보인다. 비고츠키는 제임스-랑게의 이론이 옳다는 생각에 반대하는 만큼이나 그것이 새로운 이론이라는 점에 강력하게 반대한다. 이어지는 두 개의 문단에서 비고츠키는 제임스, 랑게에 대해 자신이 반대하는 두 가지 사례를 차례로 제시한다.

2.6 제임스는 이전 이론들은 감정을 종류별로 늘어놓고 기술할 뿐 이들에 대한 논리적 일반화는 전혀 하지 못했다고 한다. 제임스는 이것이 멍청한 짓이라고 비난한다.

2.7 랑게는 우리가 감정에 대해 알고 있는 것이 거의 없으며 우연히 추측한 것들이 거의 이론화에 기여하지 못했다는 사실에 동의한다.

2.8 비고츠키는 데카르트가 3세기 전에 거의 같은 말을 했다는 사실을 지적한다.

2.9 그러나 비고츠키는 데카르트를 비롯해 이들이 모두 잘못이라고 덧붙인다. 아리스토텔레스는 (티처너는 이를 인용한다) 분노가 외적 원인(복수를 향한 욕망)을 갖는다고 주장하는 철학자와 생리적 원인(심장 부근 혈액의 뜨거워짐)을 갖는다고 주장하는 철학자가 합해져야 한다고 말한다. 이는 비고츠키가 시사하듯 유기체적 이론과 그리 다르지 않다. 이는 이미 이천 년 전의 일이다.

2.10 이러한 지속성은 어떻게 설명될 수 있을까? 다음 문단에서 비고츠키는 증거에 별로 개의치 않는 이론들의 문제를 다시 지적한다. 이 문단에서 그 추종자들이 무시하고 있는 것은 이론의 명백한 혈통이다.

2.11 던랩은 모든 반응학/반사학은 제임스와 랑게에 토대하여 세워졌으며 이는 명료하다고 말한다. 페리는 그들의 이론이 논박되어야 하는 증거가 차고 넘친다고 말한다. 던랩과 페리는 중요한 경험적 근거를 제시한 캐논의 저서에서 인용된 이들이다.

2.12 비로소 비고츠키는 캐논의 증거가 유기체적 이론에 반대됨을 지적한다.

2.13 비고츠키는 근거에 개의치 않는 제임스-랑게 이론의 특성이 그것을 논박하는 캐논의 증거를 오히려 환영하는 결과를 가져왔음을 지적한다. 완전히 잘못된 이론을

수용하게 되면 좋은 근거를 발견하더라도 이를 잘못 이해하게 되는 것이다.

2.14 비고츠키는 이러한 맹점의 사례로 자바도프스키의 예를 든다. 모든 정신 상태는 그에 상응하는 신체적 상관관계를 가지고 있다는 제임스의 말은 모든 정신 활동은 모종의 신체적 구현 없이는 일어나지 않는다는 당연한 사실을 주장한 것이다. 그러나 이는 감정이 단순히 신체적 감각에 대한 정신적 반응이라는 것을 의미하지는 않는다.

2.15 비고츠키는 캐논의 증거를 살핀다. 캐논 역시 감정적 흥분의 결과 내장기관에 많은 변화가 일어난다고 말한다.

2.16 내장기관에서의 이러한 변화들은 반사적 속성을 가지고 있다. 이들은 본능적이고 '생물학적 편의성'에 기반을 둔다. 다시 말해 이러한 변화는 다윈주의적 의미에서 적응적이며 진화적 관점에서 기능적이다(비고츠키는 이를 강조하면서 주의 깊은 태도를 취하는데, 이는 그가 단순히 유물론적 심리학이 아니라 역사적 유물론의 심리학에 관심을 가지고 있었기 때문이다. 그는 제임스의 기본적으로 내관적인 관점이나 랑게의 생리적 관점이 이에 도움이 되지 않는다고 보았다. 특히 랑게는 이러한 역사적 관점에 정면으로 적대적인 태도를 취한다).

2.17 이 내장기관의 변화들은 아드레날린 분비 증가 예컨대 심장박동의 증가, 혈류량 증가, 탄수화물 연소 증가, 신속한 혈액 응고 등과 연관이 있다.

2.18 캐논은 이 모든 결과를 하나씩 기술하며 이러한 변화들은 생물학적 편의성에 기반을 두고 있으며 적응적이고 기능적이라고 지적한다.

2.19 이러한 변화들은 기능적이다. 이들은 동물의 공격-도피반응을 돕기 때문이다.

2.20 캐논은 혈관 내에서 아드레날린이 작용하는 방식(지금은 잘 알려져 있다)에 대해 기술한다.

2.21 캐논의 일반화는 다음과 같다. 이 모든 정서는 사실은 원인에 따른 효과이다. 정서는 유기체의 근육운동을 준비하고 근육의 피로도를 감소시키는 아드레날린의 효과이다.

2.22 비고츠키는 셰링턴 역시 같은 결론에 도달하였음을 지적한다. 비고츠키가 영국의 경험론적 심리학과 랑게와 제임스를, 그리고 여전히 중세적인 데카르트의 프랑스 합리주의 자연 철학을 같은 선상에 두고 있음을 주목하자.

2.23 비고츠키는 캐논과 셰링턴이 기술한 효과는 능력과 힘의 느낌, 즉 신체의 활동 가능성을 증대시키는 감정으로 간주될 수 있다는 점도 지적한다.

2.24 그런 후 비고츠키는 제임스-랑게 이론으로 시작하기는 했지만 사실 그의 '역사적-심리학적' 연구의 진정한 목적은 심리학일 뿐 아니라 역사적이라는 사실을 상기시킨다. 그 목적은 제임스-랑게 이론을 찬양하는 것도, 묻어 버리는 것도 아니라 감정에 대한 스피노자 학설의 지속되는 역사적 의미와 불변하는 심리학적 가치를 고찰하는 것이다.

2.25 비고츠키는 감정에 대한 스피노자의 학설은 (감정의 정의나 감정의 기능을 기술하는 출발점으로) 감정이 신체의 행동 능력을 촉진하거나 약화할 수 있다는 생각을 취한다는 점을 상기시킨다. 이는 비고츠키에 따르면 매우 훌륭한 출발점이다.

2.26 따라서 한편으로는 제임스-랑게가 다른 한편으로는 캐논이 스피노자의 정의를 완벽하게 이론적, 경험론적 심지어 화학적으로 확증하는 것으로 보인다. 다시 말해 스피노자의 철학과 캐논의 경험론적 결과는 제임스-랑게 이론에 본인들이 상상했던 것보다 훨씬 거대한 의미를 부여하는 것으로 보인다.

2.27 그러나 잠시 생각해 보자. 이는 바로 우리가 비판해 왔던 것이 아닌가? 내관적 심리학자들은 제임스-랑게 이론이, 곰을 만나면 공포를 느낄 틈이 없을 것이라는 자신들의 느낌과 경험을 설명하기 때문에 그것을 진실이라고 수용했다. 행동주의자들은 제임스-랑게 이론이, 모든 것이 생리학적 반사와 그에 상응하는 심리적 대응물로 환원될 수 있다는 반사학적/반응학적 '객관적' 심리학의 편견을 확증하므로 그것을 진실이라고 수용했다. 또한 우리가 제임스-랑게 이론을 복음으로 인정하는 것은 다만 이것이 캐논의 증거와 더불어 감정이 신체적 활동력을 증대시키거나 감소시킨다는 스피노자의 정의를 확증하는 것으로 보이기 때문이다. 이는 사실이 아닌 이론적 편향성에 근거하여 오류를 진실로 받아들이는 것은 아닐까? 데카르트주의적인 의심이 바로 여기에 필요한 것으로 보인다.

제3장

감정이 감각과 일치하는가?

최후의 만찬(Pieter Coecke van Aelst, 1545).

1435년에 L. B. 알베르티(Leon Battista Alberti)는 이 그림과 같이 큰 그림을 그리는 방법에 대한 교과서를 출판했다. 첫 번째 법칙은 각 등장인물이 다른 정서를 보여야 하며 각 정서는 상이한 인격을 표현해야 한다는 것이다.

이 그림에서 그리스도는 그의 열두 제자 중 한 명이 그를 배반할 것이라고 선언한다. 물론 반 엘스트는 최소한 열둘의 서로 다른 정서를 표현했다. 그러나 제임스-랑게 이론에 따르면 정서와 신체적 감각 사이에는 일대일의 대응이 있어야 한다. 그리스도의 음성적 자극은 모든 제자에게 같은 반응을 일으켜야 하는 것이다. 이 그림이 정서 이론에 시사하는 바는 무엇인가?

3

3-1] 지금 막 기술한 사실들을 좀 더 유의하여 살펴보자. 그러면 우리는 이것이 기관 정서 이론을 명확히 확증함과 동시에 또한 그에 우호적이지 않은 결론을 포함하고 있음을 알게 될 것이다. 이 결론을 드러내기 위해 우리는 이 사실에 대한 절대적 고찰로부터 상대적 고찰로 이동해야 한다. 사실 자체는 의심의 여지 없이, 공포와 분노 같은 강력한 정서가 매우 심오한 기관의 변화를 수반한다는 입장을 제시한다. 그러나 문제의 핵심은 이 입장 자체에 포함되어 있지 않다. 캐논의 실험 전에 이는 누구에게도 진지한 의심을 거의 불러일으키지 않았다. 그의 실험은 이 기관 반응의 생리적 기제, 구조, 생물적 의미를 드러냈다. 그러나 그 실험은 이러한 변화가 일어난다는 사실 자체에 추호도 그 어떤 새로운 것을 더하지 않았다.

그림 속의 여인은 임신 중이다. 그녀 뒤에 걸린 그림은 최후의 심판으로 예수가 영혼의 무게를 재어 이를 구원할 것이지 아니면 지옥에 던져 버릴 것이지 결정하는 장면을 묘사하고 있다. 그러나 저울에는 아무것도 올려 있지 않다. 탁자 위의 보석과 금의 가치를 측정하기 위해서는 다른 무언가(무게 추)와의 관계가 확립되어야 한다.

천칭과 같이, 캐논의 실험은 공포와 분노에 반응하는 신체 장기의 변화의 비중을 드러낸다. 그러나 이 질량은 '우리가 느끼는 것'과 '우리가 원하는 것'에 어떤 관련을 맺고 있을까?

J. 베르메르(Johannes Vermeer), 저울을 재는 여인, 1663.

3-2]　따라서 문제의 본질은 정서에 수반하는 변화 자체가 아니라 한편으로는 이러한 신체적 변화들이 정서의 심리적 내용 및 구조와 맺는 관계에 있으며, 다른 한편으로는 이 변화들이 갖는 기능적 의미에 있다. 제임스와 랑게가 논박했던 전통적인 정서 이론조차 정서의 신체적 표현을 모든 정서적 과정에서 불가분한 계기로 간주했다. 그러나 이 이론은 이러한 신체적 변화를 정서적 반응의 결과로 간주했다. 새로운 이론은 이 반응들을 정서의 원천으로 간주하기 시작했다. 전통적 이론

과 비교하여 새로운 이론이 갖는 모든 역설성은, 우리가 알다시피, 그것이 이전까지는 정서의 결과로 간주되었던 것을 원인으로 끄집어냈다는 사실에 있다. 새 이론의 저자들은 이를 잘 알고 있었을 뿐 아니라 이것을 그들의 구조의 핵심에 두고 그것의 주요하고 지배적인 생각으로 간주했다.

3-3] K. Γ. 랑게는 기본적 문제를 규정하면서 문제가 거꾸로(다리가 머리 위로) 설정되었음을 완전히 인식한다. 그는 연구 결과, 우리가 위에서 지적했던, 전통적 정서 이론과 기관 정서 이론을 구분하는 핵심 지점이 되는 문제에 다다른다. 그는 말한다. "지금 우리 앞에는 정신생리학에서 본질적인 흥미인 동시에 우리 연구에 핵심 지점인 문제가 있다. 이는 정서와 그에 수반된 신체적 변화 사이에 존재하는 관계의 본성에 대한 문제이다. 일반적으로 연구자들은 다음과 같은 표현을 사용한다. 정서에 의해 일어나는 생리적 현상 혹은 정서를 수반하는 생리적 현상…"(1896, p. 54). 더욱이 정서 자체와 그에 수반하는 생리적 현상 사이의 관계에 대한 질문은 충분히 명료하게 제기된 적이 전혀 없다.

이 그림은 베르메르와 스피노자 시대에서 불과 2세기 전에 그려진 그림이지만, 판단에 대한 개념과 화가의 관계가 거의 완전히 뒤집혀 있음을 알 수 있다. 네덜란드의 대종교개혁 이전에는 처벌이 단순한 영적 판단이 아니라 육체적 변화였다. 예를 들어 종교개혁 이전에 범죄자들은 종교개혁 이후와 같이 회개를 하도록 감금되는 것이 아니라 고문당하고 처형되었다. 따라서 종교개혁 이전의 견해는 심판이 신체의 변화를 수반해야 한다는 것이었으나 신체의 변화가 심판을 의미하지는 않았다. 그러나 랑게는 신체적 상태의 변화가 정신적 상태 변화를 유발한다고 가정한다. 비고츠키에게서 두 견해는 모두 일종의 기독교 이원론—영혼과 육체는 천국과 지옥과 같은 완전히 다른 두 세계에 속한다—을 전제로 한다.

J. 반 에이크(Jan van Eyck), 최후의 심판, 1440.

3-4] 랑게는 말한다. "이 관계가 아직 한 번도 정확히 규정된 적이 없었다는 것은 이상하다. 나는 그 진정한 본성을 설명하고자 시도한 연구를 하나도 알지 못한다. 그러나 이러한 불명료성에도 불구하고, 과학적 심리학 역시 감정이 그에 수반하는 신체적 현상을 일으키고 촉진한다는 이론을 공유한다고 일컬어진다. 그것은 이러한 정서의 특성이 무엇으로 이루어져 있기에 인간에게 그러한 권력을 행사하는지 묻지 않는다"(같은 책, pp. 54-55). 랑게는 전통적 정서 이론을 비판하는데 이 전통적 이론에 따르면 "정서는 인간을 통제하고 그로부터 신체적 현상과 정신적 현상을 모두 이끌어 내는 핵심, 본질, 악마의 정수이다"(같은 책). 랑게는, "정서를 수반하는 모든 사태는 처음에는 순수한 정신적 작용을 직접 도출하며 이것이 진정한 정서 즉 진정한 기쁨, 슬픔 등이다. 정서의 신체적 표현은 비록 항상 정서에 수반되기는 하지만 오직 주변적일 뿐이며 그 자체로는 비본질적이다"(같은 책, pp. 55-56)라는 전통적

이론의 파산성을 두 개의 기본적 지점에서 공식화한다. 그가 볼 때 전통적 이론은 모든 일반적인 관념론적 가설들이 그렇듯 빈약하다. 이들은 실험에 얽매이지 않고 심리적 과정에 그 어떤 특성이나 권능이든 부여하며, 마침내는 언제나 그에게 요구되는 바로 그 효능을 이끌어 낸다. 심리적 두려움은 사람들이 창백해지고 몸서리치는 등의 이유를 설명할 수 있을까? 이를 이해하지 못한다 해도 곤란할 것은 없다. 그것을 이해하지 못해도 설명은 만들어질 수 있다. 어쨌든 사람들은 이런 식으로 스스로를 안심시키는 것에 익숙해져 왔다.

3-5] 랑게가 이 이론을 공격하는 두 번째 지점은 다음 입장에 포함되어 있다. "느낌은 신체적 표현 없이는 존재할 수 없다. 놀란 이로부터 모든 공포 증상을 제거하여 맥박을 안정시키고, 고정된 시선과 건강한 안색을 회복시키며, 동작을 빠르고 자신 있게, 말을 강하게, 생각을 명료하게 하도록 한다면 그의 공포에 무엇이 남게 되겠는가?"(같은 책, p. 57). 이 때문에 랑게는 정서의 신체적 표현이 순수하게 생리적 경로로 일어날 수 있으며 심리적 가설은 잉여적이라는 입장을 견지한다.

> 랑게는 생리학자이므로 감정에 대한 그의 설명은 근본적으로 기계적이며, 신체를 복잡한 기계로 다루고 있다. 랑게는 전통적 이론이 생리적 증상을 심리적 과정의 잉여적 부산물로 다룬다고 비판한다. 사실상 사고실험(gedankenexperiment, 슈뢰딩거의 고양이처럼 실제로 일어날 수 없는)을 수행해 본다면, 우리는 이것이 사실이 아니라는 것을 확인할 수 있다. 공포의 신체적 증상을 제거한다면 어떠한 심리적 과정도 남지 않는다. 따라서 랑게는 순수한 심리적 감정이라는 가설이 필요 없다고 말한다.
>
> 그러나 여기에는 여전히 다양한 문제들이 남는다. 그중 하나는 랑게의 사고실험은 실제 실험이 아니라는 것이다. 이는 마치 데카르트의 『방법서설』의 도입부에 나오는, 전 세계가 악마에 의한 환상이라는 기발한 가정과 같다. 또 다른 문제는 마비된 사람들도 분명히 공포를 느

낀다는 것이며, 카메라 공포가 있는 사람들은 그렇지 않은 척할 수 있고, 무대공포증의 신체적 증상을 제거한 배우들도 여전히 무대 공포를 느낄 수 있다는 것이다. 비고츠키에게 더 심각한 문제는 감정의 느낌이 무의미할 수 없다는 것이다. 더 고등한 감정, 특히 낭만적 사랑을 위해서는 순수한 심리적 감정이 핵심적이며, 사실 생리적 표현이야말로 부수적인 것이다.

3-6] 자신의 이론에 대한 긍정적 공식화에서 랑게는 정서와 함께 일어나는 모든 생리적 변화들을 하나의 일반적 근원으로 환원하고, 그럼으로써 모든 관계의 총합을 고도로 단순화하고 또한 그 생리적 이해를 용이하게 하면서 이러한 현상들 간의 상호 연결을 확립하려 한다. 이는 각각의 현상의 직접적인 일차적 근원을 파악해야 했다면 힘든 일이었을 것이다. 랑게는 모든 생리적 변화를 한데 묶는 공통적 근원이 혈관운동계의 일반적 기능의 변화에 있다고 본다.

다른 학자들도 랑게의 견해와 같은가? 그리고 두려워할 것은 두려움 그 자체밖에 없다고 생각하는 이가 과연 있을까?

P. 반 라에르(Pieter van Laer), 공포, 1658.

스피노자 시대의 네덜란드 화가들은 대부분 엄격한 개신교 신자들이었고, 그들은 밤이 귀신, 악마, 악령들로 가득 찬다는 것을 믿지 않았다. 그래서 이 그림에서 피터 반 라에르는 두려움이 외적인 힘이라는 생각을 비웃는다. 이러한 생각은 F. 루스벨트가 1933년의 경제 대공황에 대해 이야기하면서, 경제위기에서 두려워해야 하는 것은 우리 자신의 두려움 그 자체뿐이라고 말한 것과 일맥상통한다. 이 문단에서 랑게 역시 이 관점을 비웃는다. 그는 심리학자들이 동공 확장, 벌어진 입, 창백한 피부와 식은땀이 두려움과 어떤 관련이 있는지 잘 이해하지 못한다고 말한다. 그래서 그들은 '공포'라고 불리는 일종의 심리적 가상체를 만들고, 이것이 이 모든 신체적 징후를 비롯한 그 이상의 것을 유발한다고 말한다.

공포에 대한 심리학적 설명에 대한 랑게의 비판적 시각은 널리 공유되었고 다른 학자들은 그의 생리학적 설명에 찬성했는가? 우리는 이미 제임스가 그것을 별도로 발전시켰으며, 세르지는 랑게 이론이 발표된 지 얼마 지나지 않아 유사한 이론을 발전시켰음을 보았다. 그러나 비고츠키는 제임스-랑게-세르지 이론이 사실은 훨씬 더 오래된 것임을 보여 줄 것이다. 그것은 데카르트나 아리스토텔레스까지 거슬러 올라가는데, 두 사람 모두 고통과 맞닥뜨린 아기가 고통을 느끼는 것과 고통받는 것을 구분하지 못한다는 점에 어느 정도 동의한다. 감각과 경험 사이에 본질적인 구분이 없는 것이다 그러나 성인은 감염병 백신 주사를 맞을 때 느끼는 고통은 매우 사소하게 여기는 반면 주사 맞는 체험은 매우 중요하게 받아들인다.

3-7] 자신의 기본적 생각에 대한 고전적 공식화에서 랑게는 심지어 혈관운동 반응이 전체 정서적 과정의 근원이자 본질적 토대라고 주장한다. 그는 말한다. "우리의 정신적 삶의 모든 정서적 부분, 우리의 기쁨과 슬픔, 행복하고 슬픈 나날들은 혈관계에 의거한다. 우리가 외적 감각기관으로 지각하는 인상이 혈관계의 활동을 야기할 능력이 없다면 우

리는 무감각하고 냉담한 관객으로서 삶을 흘려보내게 될 것이다. 즉 외부 세계로부터의 모든 인상은 우리의 경험을 확장하고 지식의 총량을 늘릴 뿐 기쁨이나 분노를 일으키거나 슬픔이나 두려움을 유발하지 못할 것이다"(같은 책, p. 77). 이에 따라 랑게는 주어진 일련의 현상의 진정한 과학적 과업은 여러 가지 유형의 영향에 대한 혈관운동계의 정서적 반응을 정확하게 규정하는 것이라고 본다.

3-8] 지금까지의 논의로 볼 때 전체 구조를 발달시키는 이론의 중심은 정서적 상태에서 존재하는 생리적 반응 자체가 아니라 이러한 반응들이 정서적 과정 자체와 맺는 관계에 있음은 의심의 여지가 없다. 이에 못지않게 명백하게 제임스의 이론으로부터도 동일한 것이 도출된다. 제임스 자신은 이를 우리도 기억하는 전통적인 다음 인용으로 공식화한다. "조야한 정서적 형태에서, 주어진 대상으로부터 지각된 심리적 인상은 정서라고 불리는 정신적 상태를 일으키고, 이 정서는 특정한 신체적 현상을 수반한다고 생각하는 것이 일반적으로 수용되고 있다. 반대로, 나의 이론에 의하면 신체적 흥분은 그것을 일으킨 지각에 곧바로 뒤따라 나타나며, 이 흥분이 일어날 때 우리가 의식하게 되는 것이 정서이다. 이는 보통 다음과 같이 표현된다. 우리는 재산을 날렸다-비탄에 빠져든다. 우리는 곰을 만났다-공포에 질려 도망가기 시작한다. 적에 의해 모욕을 당했다-분노에 차 그를 공격한다. 내가 옹호하는 가설에 의하면 이 사건들의 순서는 다소 달라져야 한다. 바로 일차적 정신적 상태가 두 번째 정신 상태로 즉각 교체되는 것이 아니라 그 사이에는 신체적 현상이 있어야 하며 이 때문에 이는 다음과 같이 가장 합리적으로 표현된다. 우리는 울기 때문에 슬픔에 빠진다. 우리는 누군가를 공격하기 때문에 분노한다. 우리는 몸을 떨고 말을 하지 않기 때문에 두려워한다. 우리는 슬프고 분노하고 놀라기 때문에 울고, 공격하고, 떠는 것이 아니다. 신체적 현상이 지각에 즉각 따라오지 않았다면

이 지각은 그 형태상 창백하고 색채와 정서적 '온기'가 없는 순수한 인지적 활동이 될 것이다. 그런 경우 우리는 곰을 보고 도망가는 것이 최선이라고 결정할 수 있고, 모욕을 당하고서는 그에 복수하는 것이 정당하다고 생각할 수 있지만 공포나 분노는 느낄 수 없을 것이다"(1902, pp. 308-309).

3-9] 보다시피 제임스에게도 문제는 정서적 과정에 대한 전통적인 기술에 그 어떤 본질적인 계기를 더하는 데 있는 것이 아니라, 이 계기들의 순서를 바꾸고, 그들 사이의 진정한 관계를 확립하고, 이전에는 정서의 결과이자 산물로 간주되었던 것을 근원과 원인으로 소개하는 데 있다. 제임스와 랑게의 본질적인 차이는 두 가지 계기로 환원되는데, 이는 우리의 관심을 끄는 관점에서 볼 때 부차적인 것들이다. 첫째, 랑게는 정서와 그 신체적 표현의 전통적 관계의 변화가 유물론적 경향에 토대한다고 보는 반면, 제임스는 비록 그의 입장이 심리 현상을 극도로 저차적인 것과 연결되어 있는 현상으로 간주하는 플라톤주의 심리학자들에 대한 어떤 잠재적 반론을 포함하고 있기는 하지만, 이 (새로운-K) 이론은 우리의 정서가 신경 과정에 의해 조건화된다고 말하는 모든 관점보다 더도 덜도 아닌 유물론을 포함하고 있음을 명확히 본다. 그러나 제임스는 그의 이론이 플라톤주의적인, 즉 일관되게 관념론적인 심리학과도 화해될 수 있음을 이해한다. 두 번째 차이점은 정서적 반응 자체의 생리적 기제에 있다. 랑게에게는 생리적 기제에서 혈관운동계의 변화가 극도로 중요한 반면, 제임스는 내장기관과 골격근의 기능적 변화를 최우선으로 내세운다. 나머지에 대해서 이 두 이론은 쌍둥이처럼 닮아 있다.

제임스가 말하고 있는 것은 바로 성性이다. 사랑이라고 부르는 정서를 격발하는 특별한 신체 과정 때문에 사람들은 그의 이론을 '유물론적'이라 생각한다. 이 신체 과정은 제임스에 따르면 관능적인 것이고, 내적 흐름은 신체적 발현(붉게 상기됨, 성 기관의 혈관 확장)에 의해 '준비'된다. 플라톤주의자에게 이 신체적 과정은 '저급'하고 '저열'한 것이나, 정서 자체는 순수한 것이다. 이와 비슷하게, 모르몬교에서는 동성애적 사랑의 순수함은 인정하지만 신체적 행동으로 옮기는 것은 죄악시한다. '끌림 자체는 죄가 아니다, 하지만 행동하는 것은 죄다'라는 말은 정서와 행동의 관계에 대한 전통적 관점을 명확히 보여 준다. 이러한 이원론은 선후를 뒤집어 행동을 끌림 앞에 놓는다고 해서 사라지지 않는다.

3-10] 이처럼 우리는 캐논이 발견한 사실들이 기관 정서 이론에 찬성하는지 반대하는지의 문제를 해결하기 위해 이 사실들의 절대적 의미만을 고찰하는 데 머물러서는 안 되며, 반드시 첫 번째로 그들이 정서적 과정의 본질과 맺는 관계를 연구하고, 제임스와 랑게가 공히 그들의 전체 이론에서 최우선적으로 중요하게 내세운 인과 의존성에 대해 이 관계가 어떻게 말하는지를 물어야 한다. 따라서 문제는 다음과 같이 제시되어야 한다. 이 사실들은 기관의 변화가 직접적 원인이라는 입장, 즉 그것 없이는 감정이 존재하기를 멈추게 되는 정서적 과정의 본질 자체라는 입장을 확증하는가, 아니면 신체적 변화에서 정서의 기저에 놓여 있는 정신적 과정의 어느 정도 직접적인 결과를 보고자 하는, 즉 랑게의 언어로 말하자면 신체적 변화를, 비록 지속적으로 존재하기는 하지만, 그 자체로는 전혀 본질적이지 않은 이차적 현상으로 보고자 하는 반대되는 견해에 우호적인가? 환원하면 문제는 다음과 같은 형태로 정확하고 간결하게 제시될 수 있다. 이 사실들에 비추어 볼 때 정서와 함께 나타나는 기관의 변화가 주요한 기본 현상이고 의식상 그들의 반영은 오직 부차적 현상이라고 인정해야 하는가, 아니면 반대로 정서의 의식적 체험이 기본적이고 주요한 현상이며 그에 수반되는 신체적 변화는

오직 부차적 현상이라고 상정해야 하는가? 바로 이것이 정서에 대한 두 이론 사이의 논쟁의 본질이며 모든 쟁의의 가장 첨예한 지점이다. 제기된 문제의 해결로 시선을 돌려 보자.

3-11] 이제 우리가 보기 시작하게 되듯이 우리는 문제를 다음과 같이 제기하기만 하면 된다. 캐논의 실험적 연구는 여러 저자들이 새로운 사실적 자료에 비추어 발견했던 이 신조(기관 이론-K)의 승리를 심각하게 훼손할 수 있는, 기관 이론에 불리한 자료를 적지 않게 포함하고 있다. 불리한 것은 이 연구들로부터 도출될 수 있는 두 개의 결론에서 무엇보다 가장 두드러지게 나타난다. 첫 번째 결론은 우리가 보기에 얼마나 심오하고 생물적으로 중요한지와 상관없이, 이 기관의 변화는 경험적으로 볼 때, 서로 전혀 다르고 심지어 상반되는 정서에서 놀랍도록 유사하게 나타난다는 것이다.

> 그녀는 놀라며, 어쩌면 약간의 당혹감으로 당신을 쳐다본다. 우리가 그것을 알 수 있는 이유는 무엇일까? 그것은 그녀의 볼이 빨갛기 때문이다. 전통적인 관점에서는, 그녀의 볼이 빨간 이유는 그녀의 뇌가 놀라서 그녀의 마음이 당황했기 때문이다. 하지만 제임스-랑게의 관점에 따르면, 이는 소녀의 전체 존재가 당신의 출현에 반응한 것으로, 뇌나 그 어떤 '정신적인 것'의 의식적인 개입 없이 그녀의 볼은 빨갛게 된다. 그리고 나서, 그녀의 뇌는 볼이 빨개지며 따뜻해지는 것을 느끼고, 마음은 당신의 존재에 대한 스스로의 반응의 강도에 놀람을 ('내가 왜 이렇게 동요하는 걸까?') 그리고 어쩌면 그것 때문에 약간의 당황스러움을 느낄 수도 있을 것이다('다른 사람 눈에도 나의 기분이 보일까?').
>
> 하지만 우리가 이는 예컨대 공포나 분노가 아닌, 놀람과 당황스러움임을 알아챌 수 있는 이유는 무엇일까? 빛 반대편의 홍조가 훨씬 선명함을 주목하자. 사실 이것은 공포도 분노도 놀람도 수줍음도 아니다. 실제로는 당황한 빨간 볼은 그녀에게 아주 빨간 모자를 씌우고 놀라서 입술을 살짝 벌어지게 함으로써 화가가 의도적으로 그려 낸 것이다.

J. 베르메르(Johannes Vermeer), 빨간 모자를 쓴 소녀, 1655.

3-12] 우리가 흥미를 가지고 있는 문제에 가장 중요한 이 명제를 설명하는 것은 내분비 과정에 숨어 잠복해 있는 이 반응의 생리적 기제에 대한 더욱 정확한 규정과, 실험적 조건하에서 이 반응에 대한 엄밀하고 체계적인 연구에 의해 가능해졌다. 캐논의 초기 연구는 다음을 확립했다. 공포와 분노에 수반되는 내장 현상은 교감신경계의 신경들의 참여로 드러난다. 우리는 이 신경이 대체로 엄격히 한정된 반응이 아닌

광범위한 반응에 봉사한다는 것을 상기해야 한다. 비록 우리가 전혀 다른 두 반응(공포와 분노)에 대해 논의하고 있지만 생리학에 알려진 사실은, 이에 수반되는 내장 변화가 서로 크게 다르지 않음을 지적한다. 더욱이 공포와 분노에서 내장 변화가 다르지 않고 오히려 더 비슷한 이유를 설득력 있게 보여 주는 사실들이 있다. 이미 지적한 대로 이 정서들은 유기체의 활동 준비성을 수반한다. 이 정서들을 도출하는 조건이 똑같이 도피나 공격을 초래하기 때문에(이들 모두 팽팽한 긴장을 요구한다) 이 각각의 반응에서 유기체의 욕구는 동일하다. 온건한 유형의 정서, 예컨대 기쁨, 슬픔, 혐오의 경우에도, 이들이 충분히 격렬하게 나타나면 교감신경계의 기제가 전체적 혹은 부분적으로 역시 작동하기 시작한다.

3-13] 이처럼 정서의 심리적 본성보다는 정서의 출현과 진행의 강도에 의해 주로 심대한 신체적 변화가 일어남이 드러난다. 이 변화는 중추신경계를 고도로 자극함으로써 유발되는데, 중추신경계는 교감신경계의 자극의 임계점에 영향을 미치고, 이 영역에 의해 신경지배되는 모든 기관의 기능을 교란한다. 따라서 기관 변화는 정신의 심리적 본성에 따라 엄격히 변형되는 과정이라기보다는, 대단히 다양한 정서에 대해 단일한 방식으로 활성화되는 표준적, 집중적, 전형적 반응인 것으로 보인다.

3-14] 이로부터 W. 캐논은 제임스-랑게 이론의 기본 입장에 치명적인 결론을 올바르게 도출한다. "이처럼, 여러 가지 강력한 정서가 자율적 체계의 한 영역, 즉 심장의 활동을 촉진하고, 위와 장의 운동을 억제하며, 혈관 수축을 초래하고, 털을 곤두세우고, 혈당을 증가시키고, 아드레날린을 분비하는 영역의 광범위한 활동에서 나타난다면, 일부 심리학자들이 정서를 서로 구분하도록 해 준다고 가정했던 신체적 조건이 그 목적에 적합하지 않으며, 이 조건은 내장기관을 제외한 다른 곳에서 모색되어야 한다고 볼 수 있다. … 우리는, 제임스가 그랬듯, '우리는 울

기 때문에 슬프다'고 말하지 않을 것이다. 우리는 슬픔이나 기쁨 혹은 강한 분노나 상냥한 느낌 때문에 운다. 이런 다양한 정서적 상태 중 하나가 나타나면 신경 충격은 교감신경의 경로를 따라, 눈물샘을 포함한 여러 내적 기관으로 향한다. 예컨대 공포, 분노, 큰 기쁨의 경우, 최소한 인간에게서는, 다양한 주관적 음영으로 채색된 상태를 구분할 만한 적합한 방법을 제공하기에는 내장기관의 반응들이 서로 너무 유사하다. 이 때문에 나는 내장의 변화가 단지 보통은 우리가 의식하지 못하는 어느 정도 비규정적인, 그럼에도 확고한 기관의 교란된 감각을 정서적 복합체에 전달할 뿐이라고 생각한다"(1927, pp. 155-158).

렘브란트는 많은 작품을 그렸으나 그중 다수가 아직 발견되지 않았다. 이 그림은 불과 몇 년 전, 영국 워번에서 발견되었는데, 우리는 그것이 렘브란트의 작품이라는 것 외에 그림에 대해 전혀 아는 바가 없다. 남자의 오른쪽 눈에 작은 눈물이 고여 있고(그림의 왼쪽 위), 이 남자는 렘브란트의 잘 알려진 작품 '돌아온 탕아'에서 아들을 맞이하는 늙고 눈이 먼 아버지와 일치한다.

캐논과 제임스의 이론 중 어떤 이론이 이 노인의 기쁨의 눈물을 설명할 수 있을까? 둘 다 아니다. 그러나 적어도 캐논의 이론은 그것이 기쁨의 눈물인지 슬픔의 눈물인지 말할 수 있기 위해서 전체 이야기가 왜 필요한지 설명할 수 있다. 제임스의 입장에서, 내장에 변화가 일어나 뇌에서 기쁨의 감정을 만들어 내는 것과 똑같은 변화가 노인의 눈에서 눈물을 자아낸다. 그러나 캐논에게는 일이 그렇게 간단하지 않다. 그의 실험은 내장과 혈관운동계의 변화가 너무 비슷해서 우리가 느끼는 모든 다양한 감정들을 설명할 수 없음을 보여 주었고, 그들의 복잡하고 종종 모순되는 내적 구조는 더더욱 설명할 수 없었다. 내장과 혈관운동계 변화가 할 수 있는 최선은 우리에게 모호하지만 실제적인 깊은 교란의 느낌을 주는 것이다. 이것만으로는 우리가 경험하는 것이 깊은 슬픔인지 깊은 기쁨인지 또는 그 둘의 어떤 이상한 혼합인지 구분할 수 없다.

3-15] 본질적으로 말해, 이 말 속에는 정서의 본성에 대한 문제를 정서적 과정의 유형에 해당하는 다면적이고 정밀한 분화된 반응에 대한 의식적 지각으로 해결하려 하는 이론에 대한 최종 선고가 이미 담겨 있다. 캐논 자신은 기관 반응과 정서적 반응 사이의 주요한 관계가 결코 인과 관계로 이해될 수 없다는 식으로 제임스의 기본 입장을 완전히 명백하게 수정한다. 고전적으로 취해진 '우리는 울기 때문에 비통하다'는 입장 대신, 캐논은 '우리는 슬픔이나 기쁨 혹은 강한 분노나 상냥한 느낌 때문에 운다'고 공식화한다. 이 공식이 전통적 정서 이론에 가한 타격의 문제는 잠시 제쳐 두더라도 우리는 기본적으로 그것이 우리로 하여금 랑게와 제임스가 그토록 논박했던 생각, 즉 바로 신체적 현상이 정서적 과정 자체에 의존한다는 생각으로 되돌아가게 한다는 것을 보지 않을 수 없다.

3-16] 알려진 바와 같이, C. G. 랑게는 자신의 가설에서 각 감정마다 달라지는 혈관운동기관의 기능 변화가 정서에 상응하는 직접적인 생리적 표현들을 구성한다고 주장한다. 심지어 그는 일곱 개의 감정, 즉 실망, 슬픔, 공포, 당황, 초조함, 기쁨, 분노에 따른 기관 변화를 도표로

그리기도 했다. 제임스는 그의 이론이 정서를 분류하는 전체 문제에 대한 근본적인 재구조화를 이끌 것이라고 믿었다. 일찍이 특정한 정서가 어떤 종류나 유형에 속한 것인지에 대한 질문이 제기되었다면 이제는 정서의 이유를 설명하는 것, 즉 어떤 대상이 우리에게서 어떠한 변화를 일으키며 어째서 다른 변화가 아닌 바로 그 특정한 변화를 일으키는지가 논의된다. 이처럼 정서에 대한 피상적인 분석으로부터 우리는 더 깊고 고등한 차원으로 넘어가게 된다. 본질에 대한 분류와 기술은 과학의 발달에서 낮은 단계로, 이는 원인 관계에 대한 문제가 해당 과학 연구 분야에서 전면에 대두되는 순간 이선으로 물러선다.

3-17] 일단 정서의 원인이 우리가 즉각 의식하는 외적 대상의 영향 하에 일어나는 수많은 반사작용임을 밝힌 이상 이제 어째서 수많은 다양한 정서가 존재할 수 있으며, 어째서 정서의 구성 요소와 정서를 유발하는 동기가 각 개인마다 그토록 무한히 다른지 또한 우리에게 명확해진다. 사실은, 반사작용에는 그 어떤 불변의, 절대적인 것도 없고, 매우 다양한 반사의 작용이 가능하며, 알려진 바와 같이, 이 작용은 무한히 변화한다는 것이다.

3-18] 간단히 말해서 정서에 대한 모든 분류는 그것이 나름의 임무를 수행하는 한 진정하고 자연스러운 것으로 간주될 수 있으며, 분노나 공포의 진정한 혹은 전형적인 표현은 어떤 것인가와 같은 문제는 그 어떤 객관적 의미도 갖지 않는다. 그런 문제를 해결하는 대신 우리는 공포나 분노의 이러저러한 표현이 어떻게 일어날 수 있었는지 설명하는 것을 시작해야 한다. 이는 한편으로는 생리학적 기제의 과업이자 다른 한편으로는 인간 심리 역사의 과업, 즉 모든 과학적 과업이 그렇듯 해결책을 찾는 것이 어려울 수는 있으나 그럼에도 본질적으로 해결 가능한 과업이다.

반응의 사례에는 어떤 것이 있을까?

대 피터르 브뤼헐(Pieter Brueghel the Elder), 이카루스의 추락, 1555.

감정들이 단지 혈관운동 신경 체계의 반영일 뿐이라면, 왜 그렇게 많은 감정들이 있고, 또 감정은 개인마다 왜 그렇게 다를까? 예를 들어 브뤼헐의 그림에서, 우리는 바다로 떨어지는 이카루스(아래쪽 오른쪽 모서리에 있는)를 쉽게 알아챌 수 없다. 그림 속에 있는 사람들 중 누구도 그것에 반응하지 않고 있고, 혹은 그것으로 인해 서로에게 반응하지 않고 있다. 양치기는 해의 위치와 그날의 시간에 반응하고 있고, 어부는 물고기가 있는지 없는지에 반응하고 있고, 농부는 그의 말, 쟁기, 그리고 그의 토양에 반응하고 있다.

한 가지 가능한 설명은 외적인 반사작용의 요인과 개인의 내적인 요인이 모종의 방식으로 감정을 규정한다는 것이다. 그것이 랑게의 믿음이었고, 브뤼셀의 미술관에서 이 그림을 보고 이러한 시를 쓴 W. H. 오든의 믿음이기도 했다.

고통에 대해 옛 거장들은 결코 틀리지 않았다,
그들은 얼마나 잘 이해하고 있었던가
고통이 인간에게 어떤 비중을 차지하는지를
(중략)
예를 들어 브뤼헐의 이카루스에서,
모든 것들이 어떻게 재앙을 유유히 외면하는지를 보자

농부는 첨벙하는 소리와 고독한 비명을 들었을 수 있지만
그에게는 그것은 중요한 실패가 아니었다. 태양은
초록빛 바닷물 속으로 사라지는 흰 다리에
늘 그래 왔듯 비추었고
대단히 놀라운 광경인, 하늘에서 떨어지는 한 소년을
보았음에 틀림없는 값비싸고 우아한 무역선은
갈 곳이 있어 평화롭게 계속 항해를 이어 갔다.

3-19]　인간 심리의 역사가 고찰 중인 이론에 대해 무엇을 말해 주
는지는 아래에서 언급할 것이다. 제임스가 기대는 생리학적 기제는 이
에 대해서 그 어떤 결정적인 언급도 하지 않았다. 사실 이는 제임스의
가설을 옹호하지 않을 뿐 아니라 그와 정반대된다. 랑게는 혈관운동의
차이로 정서 사이의 차이에 대한 설명을 찾아야 한다고 주장한 반면
제임스는 자신의 관점이 놀랍도록 다양한 정서들을 설명할 것이라 믿으
며, 생리학적 기제가 논박의 여지 없는 다음의 사실, 즉 정서와 함께 일
어나는 기관 변화는 예컨대 재채기 반응과 같은 저차적 유형의 선천적
반응과 유사하게, 매우 다양한 감정들에 대해 동일한 형태의 표준적 반
응으로 나타난다는 사실을 확립한다고 간주한다. 캐논은 다음과 같이
요약한다. "내가 제시한 사실들과 셰링턴의 관찰은 정서적 복합에서 특
히 정서의 본성을 판별한다는 의미에서 내장기관은 그다지 의미 있는
역할을 하지 않는다고 생각하게 한다"(1927, p. 157). 내장 반응의 동일성
을 보여 주는 실험은 정서적 상태 변화를 일으키는 데 내장 요인은 중
요한 역할을 하지 않음을 지지한다.

3-20]　이 이론을 확증하거나 거부하는 데에서 이 사실이 갖는 의
미를 평가하면서 P. 바드는 이 사실이 랑게의 주장을 날카롭게 논박하
지만, 제임스가 자신의 기본 입장을 최초로 출판한 지 10년 후에 내놓

은 더 후기의 공식화에 적용하면 온전히 효력을 유지하지 않음을 발견한다. 자기 관점에 대한 더 후기의 입장에서, 제임스는 신체 변화의 차이에 근거해서 정서를 구분할 수 있는 가능성에 대해 이전에 그랬던 것만큼 강력하게 주장하지 않는다. 그러나 후기의 공식화에 대해서도 비판적 논쟁은 여전히 남는데, 이는 그 후기 공식화에서도 제임스가 전체 정서적 반응에서 내장 요인의 중요성을 강조하기 때문이다. 그는 이 요인이 모든 감정적 상태를 일으키는 본질적 원인이라고 주장한다. 간지럼으로 인한 웃음이나 추위로 인한 떨림은 순전히 국지적 신체적 지각을 일으킬 뿐 실제 행복이나 공포의 감정을 일으키지 않는다는 반대에 대하여, 제임스는 이러한 경우에는 정서적 반응의 생산이 완전히 일어나지 않는다고 답한다. 정확히 위치를 지적하기 어려운 내장 요인이 결여되어 있는 것이다. 그러나 분명 이들이 가장 본질적인 것이다. 어떤 내적 원인에 의해 이들이 더해질 경우 정서가 출현하며, 주체는 병리적인 혹은 대상이 불명료한 공포, 슬픔, 분노에 휩싸이게 된다. 이처럼 이론의 후기 공식화에 대해서도 반대 주장은 우리가 보듯 기본적으로 완전한 효력을 유지하고 있다.

3-21] 제임스 이론의 여러 추종자들이 반대 주장의 파괴력으로부터 그의 학설을 보호하고자 의지했던 해설 이후에도 이 의견 (반대 주장-K) 타당성은 우리가 볼 때 똑같이 견고하게 남아 있다. 따라서 J. 안젤은 모든 정서에서 본질적으로 동일한 내장 변화가 나타나는 중대한 일률적 토대가 있을 수 있다고 인정하면서도 차별적 특성들이 내장 외부의 교란, 특히 근골격의 긴장도의 차이에서 발견된다고 가정한다(W. B. Cannon, 1927, p. 108). R. 페리 역시 고유감각적 구조, 즉 다양한 감정 상태에 대한 차별적 요소들이 발견될 수 있는 정서적 표현의 운동적 측면을 지적한다.

렘브란트, 목욕하는 여인, 1654.

고유감각이란 신체 각 부분이 다른 부분에 대해 맺은 움직임 관계에 대한 내적인 지식으로, 신체를 전체로서 움직일 수 있게 한다. 고유감각 덕분에 우리는 눈을 감은 채 코를 만질 수 있다. 고유감각은 또한 1654년의 렘브란트가 개울에서 목욕하는 여인을 그린 작품에 묘사된, 모든 수동적인 감각 즉 균형, 평형, 발의 위치를 잡는 감각, 그리고 공간에서 신체를 지향하는 능력 등을 포함한다.

그림의 모델은 렘브란트의 연인으로, 유방암 진단을 받은 지 얼마 지나지 않은 때의(가슴의 비대칭에 주목하라) 헨드리키에 스토펠스 Hendrickje Stoffels임이 거의 확실하다. 그림의 모델이 나타내는 대상은, 관음증자에 의해 성적인 요구에 대한 협박을 받고 놀라기 직전의 수잔 나일 것이다(성경, 다니엘서, 13장). 렘브란트는 그녀가 발견되기 직전의 순간을 보여 준다. 우리는 그녀의 고유감각에 대한 수동적 감각과 그녀의 조용한 미소를 통해 나타나는 우아함과 아름다움의 보다 능동적인 정서 모두를 본다. 렘브란트의 자유로운 붓질 또한 수동적인 고유감각과 스스로의 화풍에 대한 능동적이고도 의식적인 감각을 모두 보여 준다.

여기서 비고츠키는 전자를 갖추는 것이 자동적으로 후자를 갖추게 하는 것이 아니라고 주장한다. 고유감각은 능동적 정서가 아닌 감각만을 생산한다. 스피노자에 의하면, 정신은 움직임과 서로 안정적인 관계를 유지하는 경우를 제외하는 한에서는, 신체의 구성 요소들에 대한 타당한 지식을 지니지 않는다(PII, 24). 마찬가지로, 외적 지각은 정신에 진개념이 아닌 오직 복합체만을 생산한다(『흥미와 개념』 10장 참조). 스피노자에 의하면, 정신은 외적 지각을 통해서는 외부의 신체에 대한 그 어떤 타당한 지식도 지니지 않는다(II P25). 비고츠키를 꾸준히 읽은 독자라면 비고츠키가 『자본론』에 등장하는 다음의 공식을 특히 좋아했다는 것을 알 것이다. "만약 대상의 본질이 외적으로 나타나는 형태와 일치한다면, 모든 과학은 잉여일 것이다"(Marx, 1894; 1959).

*J. 안젤(James Rowland Angell, 1869~1949)은 제임스의 제자였으며 J. B. 왓슨의 스승이었다. 그는 요즘으로 따지면 폴리페서라고 할 수 있다. 그는 과학자보다는 대학교 관리자로서 그의 경력 대부분을 채웠다. 이것은 차라리 잘된 일이었다. 그는 열렬한 인종차별주의자였고 적극적인 백인지상주의자였으며, 그의 자서전에서 그는 자신의 모든 조상들이 백인임을 강조했다. R. 페리에 대해서는 **2-11** 참조.

3-22] 이 해설의 의미는 명확하다. 이들은 이론의 이데올로기적, 이론적 중핵을 구제하고자 사실적, 구체적 내용을 희생하고 있는 것이다. 랑게가 지적했던 정서적 반응의 구체적 기제(혈관운동계의 기능적 변화의 중심적, 통합적 의미)와 제임스가 생각했던 것(내장 반응)이 새로운 생리학에 비추어 지지받을 수 없음이 드러났음에도 불구하고, 우리가 이러한 기제를 내장 외적 특히 운동적, 고유감각적 과정에서 찾아야 한다고 가정한다면, 이론의 원칙적 의미는 온전히 보존할 수 있다. 이 경우 이론에 사실적 수정을 가해야 할 수도, 심지어 생리적 부분에서 근본적 수정을 해야 할 수도 있지만 그 저변에 놓여 있는 기본적인 심리생리적 테제는 보존될 수 있는 것이다.

3-23] 우리는 이 견해를 고려하지 않으면 안 된다. 이 견해는 기관 이론이 공고히 서게 된 입장의 절반만 제시한다. 따라서 우리는 다른 사실적 토대 위에서 제임스의 이론을 보존할 가능성과 관련된 자료를 더 살펴보아야 한다. 지금은 이 이론의 사실적 측면이 제임스-랑게의 원칙적 추종자들이 보기에도 암담하게 해로운 것이라는 것만을 지적하는 데 그치겠다. 캐논이 적절히 지적하듯 랑게는 정서적 과정을 발생시킬 수 있는 새로운 근원의 여지를 그의 이론에 전혀 두지 않았으며, 제임스는 정서 발생상 신체 변화에서 내장 및 기관 부분의 주요한 참여에 비해 그것(새로운 근원-K)에는 작은 역할만을 할당한다. 다만 우리는 이 견해에 다음을 덧붙이고자 한다. 매일의 경험으로부터의 자료, 즉 기관 변화에 대한 정서의 구성 요소가 체험 속에 존재함을 원용하면서 제임스와 랑게가 주로 다루었던 지각으로부터 나타나는 자료 역시 무엇보다 내장 외적 구성 요소 특히 운동 구성 요소가 아닌 내장 및 기관의 구성 요소를 지지한다.

3-24] 그러나 우리는 기관 이론의 비판자와 옹호자 사이에 불붙었던 논쟁을 모두 살펴보기 전까지는 최종 판단을 유보하고자 한다. 현

재로서는 한 가지만 덧붙이겠다. 위에서 기술했듯이 전형적 반응의 획일성과 동일성의 표준적 성질에도 불구하고 우리는 당연히 그 흐름에서 어떤 차이들을 관찰한다. 따라서 상이한 정서적 상태에서 상이한 혈관 변화(창백하거나 붉은 안색)가 나타난다는 사실을 부인할 수 없다. 그러나 캐논이 강조하듯, 이러한 변화들조차도 우리가 흥미를 갖고 있는 관점, 즉 기관 반응의 흐름의 동일성이라는 관점에서는 그리 중요하지 않다. 교감신경계는 통합적 작용으로 나타나며 여기서 사소한 차이, 예컨대 땀이 나는지 안 나는지의 차이가 있을 수 있지만, 통합적 반응은 기본적 면모에서 언제나 특징적 모습을 유지한다고 캐논은 말한다.

배 안에는 예수님과 제자들이 있다. 그들 중 일부는 두려운 듯 창백하게 질린 채 운명에 순응한 듯 보이고 몇몇 제자는 폭풍우와 싸우며 배를 지탱하기 위해 애쓰고 있다. 세심하게 관찰해 보면, 뱃멀미에 시달리는 한 제자는 구토하기 직전인 반면 잠에서 깨어난 예수는 조금도 걱정하는 기색이 없다. 이 그림은 대칭으로 엇갈리는 구도를 통해서 빛과 어둠이라는 회화적 요소뿐만 아니라 삶 속에 들이닥친 폭풍이라는 절체절명의 순간에 인간의 무기력함과 일말의 희망이라도 붙잡으려는 안간힘을 보여 준다.

스피노자는 어떤 감정은 능동적이므로 독자적으로 발생 가능하다고 주장한다. 이것이 바로 비고츠키가 주장하는 고등한 감정들, 즉 뭔가를 하겠다는 생각에 의해 조절되는 느낌이다. 그러나 환경에 의해 야기되고 수동적으로만 겪을 수 있는 또 다른 감정인 정념이 있다.

제임스-랑게 이론을 믿는 심리학자들이 있는 반면 그렇지 않은 이들도 있다. 두 부류가 동의하는 것은 감정 상태가 육체적 변화와 연관되어 있다는 것이다. 그들은 환경이 감정에서 나타나는 육체적 변화의 근본적인 원천이라는 것에 동의한다. 심지어 이들은 배 위 남자들의 다양한 반응이 궁극적으로 선원과 승객이라는 상이한 환경에 기인한다는 데에도 동의한다. 수동적인 몇 명이 폭풍 속에서도 편히 잠든 그리스도를 깨우니, 예수께서 '믿음이 부족하구나'라고 힐난하시며, 손을 들어 바람을 멈추고 파도를 잠잠하게 하셨다.

렘브란트, 폭풍우 치는 갈릴리 바다의 예수, 1655.

3-25] 이제 우리는 첫 번째 결론과 연관된 두 번째 결론으로, 그러나 제임스-랑게 이론에 더욱 치명적인 결론으로 나아갈 수 있다. 이 결론은 우리가 첫 번째 비판적 논쟁을 도출한 캐논의 초기 연구로부터 직접 흘러나온다. 그 핵심은, 이미 말했듯 심리적 본성상 완전히 상반되는 감정 상태를 구분하는 토대가 될 수 없는 동일하고 일률적인 기관 변화들이 정서적 흥분과는 아무 공통점도 없는 상태에서도 동일한 형

태로 관찰된다는 것이다. 따라서 그것은 각각의 정서적 상태에 특징적인 것을 포함하지 않을 뿐 아니라 정서적 상태 일반에 특징적인 것을 포함하지 않는다. 오히려 그것은 중추신경계가 고도로 흥분한 결과로, 그 흥분을 일으킨 원인이나 흥분이 일어난 상황과는 무관한 것으로 보인다. 우리는 이 새로운 견해가 모든 정서적 반응 일반에 대한 동일한 일률적 기관 토대가 있음을, 각각의 정서에 특정한 장기 외적 구성 요소 수립의 토대가 있음을 가정하려는 안젤의 시도를 완전히 무력화한다는 것을 보지 않을 수 없다.

3-26] 연구는 엄밀한 사실의 논리성을 통해 공통적이고 동일한 기관적 토대는 정서적 상태 자체에 고유한 그 어떤 것도 포함하고 있지 않으며, 논쟁의 여지 없는 비감정적 본성을 지닌 다른 여러 상태에 대해서도 완전히 동일하다는 것을 보여 준다. 따라서 이 토대는 정서적 반응을 구분 짓고 그에 고유하며 정서적 반응을 정서적 반응으로 만드는 것을 그 속에 포함한다는 점에서가 아니라 다만 그 안에 다른 비정서 상태와 공통적인 것을 포함한다는 점에서 정서적 반응을 특징지을 수 있다.

> 데카르트는 우리가 행복과 슬픔, 이 둘의 차이를 분명하게 느낄 수 있기 때문에 이들이 서로 다른 감정이라는 것을 알고 있다고 말하는데, 이에 스피노자는 동의한다. 하지만 그것은 제임스와 랑게에게는 충분하지 않다. 그들은 차이를 관찰하고 측정하기를 원한다. 그들은 신체적인 발현으로 감정을 식별하는데, 이것은 측정될 수 있다. 그러나 제임스와 랑게처럼 감정이 신체적 변화라고 말한다면 우리는 감정과 비감정의 차이를 쉽게 알 수 없다. 이 사진에서 여성은 아이와 양파를 담은 용기로부터 거리를 두지만, 두 행동이 똑같이 감정적인 것은 아니다. 그녀가 양파 용기를 아이로부터 멀리하는 것은 배려를 담은 감정인 반면 스스로 양파와 멀어지는 것은 매운 것을 피하려는 신체적 반응이다.

제임스와 랑게가
비감정과의 공통점을 가지고 있는 것을 통해
감정을 묘사한다는 것은
무엇을 의미하는가?

G. 도우(Gerrit Dou), 양파를 자르는 여자, 1646.

3-27] 캐논의 첫 연구는 교감신경부의 일률적 반응이 공포나 분노 뿐 아니라 고통과 무산소 상태에서도 관찰될 수 있음을 이미 확립했다. 무산소증으로 인한 현상은 고통스러운 자극이나 강한 정서적 자극으로 도출되는 현상과 유사하다. 추후의 연구는 이 관찰을 완전히 확증했으며 혹독한 추위, 열병, 저혈당증, 무산소증, 근육에 부담을 주는 활동(달리기와 같은)에서 동일한 반응이 나타남을 보여 주었다. 이런 모든 상태에서 교감신경계는 강한 정서적 상태에서와 완전히 동일하게 활성화된

다. 캐논의 말에 따르면 이는 그 어떤 상황에서든지 모든 강한 자극과 함께 나타난다.

3-28] 바드와 캐논이 나란히 지적했듯이(W. B. 캐논, 1927), 이 현상은 제임스의 기본 테제와 타협할 수 없는 모순이 된다. 우리가 다음을 기억한다면, 즉 제임스에 따르면 거친 정서적 형태를 느끼는 것은 그 신체적 발현의 결과이며, 나아가 제임스는 우리가 이러저러한 정서의 외적 발현을 일으키면서 그 정서 자체도 경험해야 한다는 점에서 자신의 이론을 지지하는 추가적 증거를 보았으며, 끝으로 추위로 인한 떨림이나 간지러움으로 인한 웃음에는 정서가 없다는, 제임스의 이론에 반하는 논쟁에 대해 위에서 제시된 제임스의 견해를 기억한다면, 다음도 명백해진다. 제임스의 이론에 따르면 교감신경부의 전형적 반응이 관찰되는, 위에 나열된 모든 비정서적 상태에서 우리는 더 강한 정서적 흥분을 경험해야 한다. 어쨌든 여기에는 공포와 분노에 나타나는 모든 신체적 현상의 복합체가 존재하며, 내장 요인도 여기 존재한다. 제임스는 간지러움이 웃음은 일으키되 기쁨은 일으키지 못하고 추위가 떨림을 일으키되 공포를 일으키지 못하는 이유를 이것(내장요인-K)의 부재로 동일하게 설명한 바 있다. 끝으로 여기에는 제임스가 자신의 이론으로부터 도출한 요구 조건, 즉 정서적 상태에 상응하는 신체적 표현이 있어야 한다는 조건이 완전히 충족되어 있다. 그러나 제임스 이론에 따라 기대되는 산물, 결과, 즉 정서 자체는 나타나지 않는다.

그레이 해부학에 제시된 몸의 교감신경계(1918). 교감신경계는 척수로부터 퍼져 나와 뇌를 '장기'(부신, 위, 장, 심장)와 연결시킨다. 그것은 투쟁-도피 반응, 아드레날린 분비, 심장박동 증가, 골격근의 혈관 확장, 피부와 장의 혈관 좁아짐, 동공 확장, 폐의 기관지 확장, 그리고 털의 곤두섬과 같은 무의식적인 반응을 맡고 있다.

이러한 교감신경계의 전형적인 반응은 사람을 '투쟁-도피'에 맞춘다. 랑게와 제임스는 이러한 무의식적인 과정에 대한 우리의 의식적인 인식이 우리의 감정을 구성하는 것이라고 믿는다.

3-29] P. 바드는, 추위로 인해 떠는 경우에도 공포와 똑같은 내장 변화가 일어난다는 사실은 위에서 인용한 간지러움으로 인한 웃음과 추위로 인한 떨림에 대한 제임스의 관찰에 대한 완전한 반박이라고 말한다. 이 비정서적 상태를 비롯한 다른 상태(예컨대 달리기)에서도 내장 변화를 포함한 전체 반응은 공포와 동일하지만, 그럼에도 불구하고 여기에는 제임스 이론에 따르면 기대할 수 있는 정서가 전혀 나타나지 않는다. 캐논도 이 연구들로부터 도출될 수 있는 것으로 동일한 것을 진술한다. 그는 말한다. "정서가 내장기관에서 오는 구심성의 충격으로부터 나타난다면 우리는 공포와 분노가 같은 식으로 경험될 뿐 아니라, 저체온증, 저혈당증, 무산소증, 발열증 또한 이와 완전히 동일하게 느껴질 것이라고 기대해야 한다. 그러나 현실에서 이는 일어나지 않는다"(W. B. 캐논, 1927, p. 110).

3-30] 우리는 제임스-랑게 이론이 그것을 실험적으로 연구하고자 한 첫 번째 시도로부터 나온 사실의 비판을 견디지 못한다는 것을 본다. 그것은 자신의 연구 대상에 상응하지 않는 생각인 것으로 밝혀진다. 따라서 스피노자의 기본 공리에 따라 이는 진실이 아닌 오류임을 받아들여야 한다.

그림은 20세기 후반에 한 경매상이 「진주 귀걸이를 한 소녀」라는 제목을 붙였으며, 그 후 소설로 만들어졌고 스칼렛 요한슨이 주연인 영화의 모티브가 되기도 했다. 귀걸이가 진주라기에는 너무 크고 반짝인다는 것에 주목하자. 이러한 크기의 진주는 분명히 매우 무겁게 느껴질 것이다. 사실 베르메르는 소녀의 귀와 물체 사이에 어떤 연관성도

'진정한 관념은 그 대상과 일치해야 한다'는 의미는 무엇인가?

J. 베르메르(Johannes Vermeer), 1655.

나타내지 않는데, 귀와 귀걸이 사이를 연결하는 끈도 보이지 않고 소녀의 귓불이 아래로 처지지도 않는다. 귀걸이는 아마도 가벼운 합금재료로 만들어졌을 것이다.

　스피노자는 다음과 같이 쓴다. "진정한 관념은 그것의 대상과 일치해야 한다." 스피노자가 의미하는 것은 우리가 어떤 사건이나 사물을 (말이나 생각에서) 관념으로 나타낼 때, 하나의 복합체적 경험으로, 즉 사건이나 사물 부분과 생각 부분으로 이루어진 경험으로 나타낸다는 것이다. 생각은 사건이나 대상과 마찬가지로 경험의 일부분이며 그것이 참된 관념이라면 사건 또는 대상과 일치한다. 행복에 대한 관념은 행복한 사건과 일치하기 때문에 행복한 경험의 일부이듯, 내 몸에 대한 관념은 내 몸(뇌)의 일부이다.

'진주 귀걸이'라는 그림 제목은 귀걸이가 진주라는 생각을 내포하지만, 그 대상과는 일치하지 않는다. 비고츠키가 이야기하는 것은 제임스-랑게 이론이 그 대상과 일치하지 않는다는 것이다. 그것은 감정의 이론으로 불렸다. 그렇지만 실제로는 다만 감각의 이론일 뿐이다.

● 감정이 감각과 일치하는가?

이 장은 캐논의 증거를 좀 더 자세히 살펴본다. 비고츠키는 신체적 변화와 감정 사이에 자극-반응의 관계가 있다 해도 이 관계는 1:1 관계가 될 수 없음을 지적한다. 하나의 신체적 변화에도 매우 다양한 감정이 일어나며, 하나의 감정은 매우 다양한 신체적 변화를 불러일으킬 수 있기 때문이다. 이는 유기체적 이론에 좋은 징조가 아니다. 이 이론이 다양한 감정을 설명할 수 없음을 시사하기 때문이다.

3.1 비고츠키는 우리가 좀 더 면밀히 살펴보아야 한다고 말하며 이 장을 시작한다. 상관관계는 결국 인과관계가 아니다. 우리는 모두 강력한 감정이 신체적 변화와 상관관계를 갖는다는 것을 알고 있다. 그러나 이는 신체적 변화가 강력한 감정을 불러일으킨다는 것을 뜻하는 것은 아니다.

3.2 제임스와 랑게는 그들의 이론이, 강력한 감정이 신체적 변화와 함께 나타난다는 발견에 좌우되지 않는다는 것을 매우 잘 알고 있다. 반직관적이고 역설적이며 모순형용적인 그들의 주장은 (감정이 신체적 변화를 불러일으키는 것이 아니라) 신체적 변화가 감정을 불러일으킨다는 검증되지 않은 억지로 이루어져 있다.

3.3 '동반한다'든가 '연관된다'는 표현이 모호하다고 주장한 이는 바로 랑게 자신이었다. 그는 새로운 이론의 가장 큰 장점은 신체적 변화와 감정의 관계를 명확하고 정확하게 인과관계로 정의한 것이라고 말한다.

3.4 신체적 변화가 감정에 단순히 '수반된다'거나 '연관된다'는 생각에는 정신적 상태가 신체적 변화를 일으키거나, 어떤 신비로운 형이상학적 귀신이 감정과 신체적 변화를 동시에 일으킨다는 관념론적 태도가 내포되어 있다고 불평한 이는 랑게 자신이었다. 랑게는 이것은 설명이 아닌 것으로 거부했다.

3.5 랑게는 사고실험gedankenexperiment을 한다. 감정을 동반하는 모든 신체적 현상을 제거한다고 생각해 보자. 어떤 식으로든 얼굴이 창백해지는 것을 막고, 심장이 고동치는 것을 막으며, 땀을 흘리거나 몸이 떨리는 것을 막을 수 있다면 랑게의 생각에는 공포를 차단할 수 있다는 것이다(이는 『예술 심리학』에서 비고츠키가 인용한 오프시안코-쿨리코프스키의 생각과 유사하다. 그는 예술 작품의 외적 형태가 만들어 낸 모든 감정을 지

위 낼 수 있다면 남는 것은 예술 작품의 내적 형태일 것이라고 말한다).

3.6 랑게에게 이 모든 증상에는 공통된 원인이 있다. 그것은 감정이 아니라 인간의 혈관운동계의 작용이다.

3.7 따라서 혈관운동계가 다양한 외적 자극에 대해 어떤 식으로 작용하는지만 연구하면 되는 것이다.

3.8 제임스도 같은 생각을 표현한다. 다만 제임스에게는 감정이 내장기관의 변화에 대한 반응이다. 지각과 감정적 반응 사이에 개입하는 신체적 변화가 없다면 이 반응은 그 어떤 감정적 색조나 톤도 없는 '차가운' 것이 될 것이다. 제임스는 우리가 모욕을 받는다면 이에 응대하는 것이 정당함을, 화를 내지 않고도 알 수 있을 것이라고 말한다(이는 감정적 경험에 대한 신체적 현상을 제거하면 감정적이라고 할 만한 것이 남지 않을 것이라는 랑게의 사고실험과 거의 같다).

3.9 이러한 유사성을 비고츠키는 놓치지 않는다. 그는 차이점은 이론의 철학적 토대와 반응의 구체적 기제, 두 가지뿐이라고 말한다. 철학적으로 랑게는 유물론의 변화를 수용하지만 제임스는 거부한다. 제임스는 자신의 이론이 반드시 유물론적은 아니라는 사실을 매우 잘 알고 있다(예컨대 플라톤은 우리가 신체를 가지고 있으며 이 신체가 고통을 야기한다는 사실을 부정하지 않았다. 따라서 신체가 즐거움, 죄책감, 슬픔 등을 야기한다는 것은 플라톤에게도 매우 온당하다). 구체적 반응기제에 대해 랑게는 혈관운동계에 중심적 역할을 부여하는 반면 제임스는 신체적 변화는 "내장기관"과 "골격근"에서 나타난다고 주장한다.

3.10 비고츠키는 진정한 논점은 철학적 토대나 반응 기제에 대한 구체적 사실이 아니라고 지적한다. 우리가 신체적 변화와 감정적 과정을 가지고 있다는 사실은 명백하다. 문제는 둘 사이의 의존 관계를 밝혀, 무엇이 현상이고 무엇이 부산물인지를 명확히 하는 것이다.

3.11 그러나 이렇게 진술하는 순간 우리는 캐논의 연구가 제임스-랑게를 확증하는 것이 아니라 논박하는 증거를 제시함을 발견한다. 예컨대 동일한 반응(붉은 얼굴)은 두 개의 매우 다른, 심지어 상반되는 감정(수치심 혹은 분노)를 '만들' 수 있는 것이다.

3.12 비고츠키는 생리적 변화를 더욱 상세히 기술하는 캐논의 능력이 사태를 조금도 명료하게 하지 못한다고 덧붙인다. 캐논은 교감신경계, 즉 (감각운동신경이 아닌 내장기관 및 다른 반⁴자발적 기능에 기여하는) 비자발적 '자율' 신경체계가 역할을 한다고 한다. 그러나 이 체계는 여러 감정에 대해 특화되어 있지 않다. 우리는 분노와 연관된

교감신경과 공포와 연관된 교감신경을 구분할 수 없다. 동일한 생리적 변화가 두 개의 완전히 다른 감정에 연관되어 있는 것으로 나타난다. 감정을 생리적 변화에 대한 단순한 반응으로 간주한다면 우리는 어떤 감정이 나타날지 예측할 수 없다.

3.13 따라서 생리적 변화와 관련된 것은 감정적 반응의 종류가 아니라 단지 그 강도인 것으로 보인다. 강력한 전반적 감정적 반응이 있는 곳에는 교감신경체계가 관련되어 있다.

3.14 비고츠키는 캐논을 인용한다. "내장기관의 반응들은 서로 너무 비슷하기 때문에 다양한 주관적 색채로 물든 상태들을 구분하기에 적절한 방법이 되지 못한다."

3.15 비고츠키는 생리적 반응이 감정적 상태와 1:1로 대응되지 않는다는 사실은 전통적 이론 또한 약화시킨다는 점을 언급한다. 생리적 변화는 단순하게 자극-반응의 기제로 감정적 상태를 불러일으키지 않으며 감정적 상태 역시 기계적으로 생리적 반응을 일으키지 않는다.

3.16 랑게는 이미 7개의 상이한 혈관운동 변화와 7개의 상이한 감정에 대한 정교한 도식을 그린 바 있다. 비고츠키가 지적하듯이 이는 전체 문제를 열거와 기술의 차원에서 설명의 차원으로 고양시켰을 것이다.

3.17 감정의 원천을 외적 자극에 대한 (복잡하고 끊임없이 변하는) 반응에서 찾으려 하자마자 우리는 감정이 왜 끊임없이 변하고 그 어떤 안정적인 기술을 거부하는지 금방 알 수 있게 된다. 기술이나 분류는 기능적이 될 수 있을 뿐이다. 이는 이러저러한 목적에 어느 정도 기여할 수 있지만 그 자체로 본질적 타당성을 갖지 않는다.

3.18 다른 한편으로 우리는 감각을 생리적으로 만들어 내는 정확한 내적 기제를 찾고, 그러한 감정을 역사적으로 만들어 낸 사회적 환경을 이해할 수 있을 것이다. 이러한 과업은, '전형적인' 공포를 기술하는 문제나 분노의 형태를 분류하는 문제와는 달리 어렵지만 해결 가능한 문제들이다.

3.19 비고츠키는 인간 감정에 대한 역사적 이해에 관해서는 후에 언급할 것을 약속한다. 그사이 그는 명백히 표준적인 생리적 변화를 우리에게 상기시킨다. 랑게와 제임스는 그러한 방식에 의존했지만 이는 폭넓은 감정의 스펙트럼을 설명할 수 없다. 비고츠키는 여기서 처음으로 '저차적 감정'에 대해 언급한다. 그가 저차적 감정과 사회적, 문화적, 역사적으로만 이해 가능한 고등 감정의 구분을 도입하고자 하는 것이 명백하다.

3.20 따라서 캐논의 연구는 '감정적 복합체'에서 생리적 변화를 설명하는 사소한 역할만을 하는 것으로 보인다. 이는 랑게에게 큰 타격이지만 랑게는 적어도 폭넓은 혈관운동 반응을 언급할 수 있다. 제임스에게는 더욱 큰 타격이다. 제임스는 예컨대 우리가 누군가를 간지럽히면 그는 웃지만 일반적으로 웃음을 일으키는 감정은 느끼지 않으며, 모종의 감지 불가한 생리적 변화가 일어나지 않으므로 이 반응은 미완성된 것이라고 주장하기 때문이다. 유사하게, 누군가 별 이유 없이 공포를 느낀다면 여기에는 보이지 않는 생리적 변화가 기저에 깔려 있는 것이다. '새로운' 이론은 예전의 형이상학적 이론과 너무나도 닮아 있는 것으로 보인다.

3.21 비고츠키는 다양한 감정을 설명하기 위해 제임스의 추종자들이 도입한 다양한 책략을 소개한다. 안젤은 골격근에 미세한 변화가 있다고 주장한 반면 페리는 고유감각(예: 균형)과 감정표현(예: 얼굴 표정)을 제안한다.

3.22 이 모든 방책들은 랑게와 제임스가 애초에 제안한 내장과 혈관운동계 밖의 신체적 변화들을 찾으려고 한다. 따라서 이들 모두는 제임스-랑게의 정신물리학적 인과관계는 그대로 유지하고 실제 변화의 장소만을 내장으로부터 더 주변적인 기관으로 옮기려는 시도일 뿐이다.

3.23 그러나 제임스나 랑게 누구도 이러한 시도에 협조하지 않는다. 랑게는 혈관운동계가 감정을 직접 일으키는 생리적 변화의 유일한 근원이라고 주장했으며, 주변적 기관(골격근, 고유감각 표현)의 개입 가능성을 마지못해 인정한 제임스도 이들이 주요 역할을 한다고는 생각하지 않았다.

3.24 물론 변화는 가능하며 모든 가능성이 고려되어야 한다. 그러나 이 시점에서 비고츠키에게 핵심적인 관찰은 비록 여러 감정이 서로 다른 신체적 반응과 연결되기는 하지만 캐논의 관점에서 본다면 이러한 신체적 반응들이 매우 유사하다는 것이다. 이들은 모두 교감신경계가 활동한 결과이다. 이는 비고츠키가 캐논의 연구에 근거하여 제임스-랑게 이론의 타당성을 평가한 첫 번째 관찰이다.

3.25 비고츠키의 두 번째 관찰은 첫 번째 관찰의 확장이다. 우리는 생리적 변화가 감정적 반응의 종류가 아닌 반응의 양과 연관된다는 것을 이미 지적한 바 있다. 이는 안젤이 더욱 주변적인 반응을 모색하게 만들었다.

3.26 생리적 변화는 특정 감정과 밀접한 연관을 포함하지 않을 뿐 아니라 감정 일반에 대해서도 특정한 관련성을 보이지 않는다. 우리는 비감정적인 반응에도 동일한 생리적 변화를 발견한다. 예컨대 교감신경 내에서의 활동 증가는 공포나 분노와 연관되기도 하지만 또한 숨을 참으면 나타나는 현상이기도 하다.

3.27 동일한 활동의 증가는 추위, 더위, 저혈당, 운동 등과도 연결된다. 따라서 이는 거의 모든 형태의 흥분에 대한 일반화된 반응인 것으로 보인다.

3.28 제임스는 다음과 같이 말한다.
A) 감정의 거친 토대가 되는 감각은 신체적 변화의 결과가 아닌 원인이다.
B) 신체적 변화가 일어날 때 우리는 그에 수반하는 감각을 가지게 된다.
C) 그렇지 않은 예외적인 경우(간지럼힘으로 인해 웃게 되는 경우나, 추위로 인해 몸을 떨게 되는 경우)에도 우리가 관찰하는 것보다 더욱 강한 감정적 흥분이 있다.
명백한 이유 없이 우리가 감정을 느끼게 되는 경우(웃지 않고 즐거워하는 경우, 떨지 않고 공포를 느끼는 경우) 제임스는 그러한 감정적 흥분을 일으키는, 눈에 보이지 않는 생리적 변화가 있다고 말한다. 그러나 여기서 우리는 눈에 보이는 생리적 변화에도 감정적 흥분은 나타나지 않는 것을 보게 된다.

3.29 우리는 교감신경계의 활동과 연결된 모든 감정이 동일하게 느껴질 뿐 아니라 비감정적 반응들도 유사하게 느껴질 것으로 기대할 수 있다. 달리기를 하면 분노와 비슷하게 느껴지는 것이다. 그러나 이는 사실과 다르다.

3.30 스피노자의 말처럼 "참된 관념은 그것의 대상과 일치하지 않으면 안 된다"(『에티카』, 제1장, 공리 6).

제4장
감각이 배제된 정서

엠마오의 저녁식사(Rembrandt, 1628).

예수를 버리고 도망친 두 사도는 여관에서 한 여행자를 만난다. 그가 빵을 떼어 나누어 주자 비로소 그들은 부활한 예수를 알아본다. 그러나 그들의 눈이 열리는 순간 예수는 사라진다. 렘브란트는 정서가 지각을 넘어 지속되는 바로 그 순간을 포착하고자 한다. 우리는 신체적 변화를 제거하고 이것이 감정적 반응을 변화시키는지 관찰함으로써 제임스-랑게 가설을 검증할 수 있다.

나는 내 얼굴에 드러난 감정만을 느끼고 있을까?
내 편지에서 느껴지는 감정은 어떠한가?

J. 베르메르((Johannes Vermeer), 편지를 쓰는 여인, 1665.

4-1] 또 다른 장의 전개를 통해, 사람들이 보통 스피노자 정념 학설의 살아 있는 연장이라고 간주하는 제임스–랑게의 생각이 대상에 얼마나 부합되는지 비교하는 것을 과업으로 삼는 우리 연구의 기본적 첫 부분의 결론을 맺어야 한다. 따라서 우리는 이론의 사실적 타당성이라는 관점에서 그에 대한 비판적 분석을 계속해야 한다. 그러나 분석을 결론지으면서 우리는 최종적인 결정적 실험과 임상적 사실(이들은 우리를 사로잡고 있는 문제에 적지 않은 서광을 비춘다)을 중심으로 수합된 정서적 삶에 대한 실험적, 병리적 심리의 자료에 곧장, 그리고 직접적으로 다가설 수 있다. 이 사실과 자료들은 모두 잘 알려진 모순적 학설의 역사에서 분명 마지막 쪽, 아니 후기일 뿐인 첨예한 논박에 참여하는 비판적 견해를 보충하고 보조한다.

> 17세기에 실험은 자연 철학에서 무시할 수 있는 부분이었다. 19세기에 의사로 훈련받은 제임스와 랑게조차 자신의 이론을 실험으로 검증할 필요를 느끼지 못했다. 비고츠키 시대에 실험은 결정적이 되었다(그러나 예민한 렌즈 연마가였던 스피노자는 현미경과 망원경 실험에 자신의 렌즈를 사용했다는 것에 주목하자).
>
> 결정적 실험이란 다른 가설은 결정적으로 반증하지만 실험자의 가설은 배제하지 않는 실험을 말한다. 이는 실제로 가설을 '증명'할 수 있게 되는 것과 매우 가깝다. 예컨대 데카르트 이후 사람들은 공간은 비어 있는 것이 아니라 '에테르'라 불리는 보이지 않는 물질로 가득 차 있으며, 행성의 궤도는 에테르의 소용돌이라고 믿었다. 뉴턴은 이것이 틀렸다고 믿었다. 보이지 않는 에테르가 있다면 그것은 저항을 발휘해야 하지만, 어떤 저항도 관찰할 수 없기 때문이다. 그러나 결정적 실험은 위성들이 행성과 다른 방향으로 움직인다는 것을 뉴턴이 관찰했을 때였다. 행성의 궤도가 에테르의 소용돌이라면 모든 행성의 이동 방향은 같아야 하기 때문이다. 이는 데카르트를 반증했지만 뉴턴을 증명한 것은 아니었다(실제로 공간은 비어 있는 것이 아니라 플라스마로 가득 차 있다).

비고츠키에게 결정적 실험은 종종 '사고실험gendankenexperiment'을 실제 실험으로 대체하는 것을 포함한다. 『역사와 발달』 3장에 나오는 그의 선택 반응 연구는 '뷔리당의 당나귀'의 사고실험을 대체했으며, 『생각과 말』 7장에 나오는 청각장애 어린이를 대상으로 한 그의 실험은 자기중심적 말에 관한 피아제의 추론을 검증하기 위해 설계되었다. 그리고 이 장에서 비고츠키는 제임스와 랑게의 '사고실험'에 의해 생성된 가설이 동물을 대상으로 한 실제 실험을 통해 반증될 수 있으며 또한 반증되어 왔다는 것을 보여 주는 셰링턴의 고통스러운 실험들을 제시한다. 셰링턴은 모스크바에서 파블로프를 방문한 동안 동물에 대한 파블로프의 잔인성에 충격을 받았다. 하지만 우리가 보게 될 것처럼 그 또한 꽤 잔인한 동물 실험을 직접 수행했다.

사고실험을 어떻게 실제 실험으로 대체할 수 있을까?

C. 베가(Cornelisz Bega), 실험실의 연금술사, 1663.

4-2] 잘 알려져 있듯이, 랑게와 제임스는 그들의 이론을 지지하는 증거를, 정서적 상태가 생리적 변화를 수반한다는 사실(이는 전통적 이론에서 승인되었다)보다는 생리적 변화 없이는 정서 자체가 존재할 수 없다는 사실에서 보았다. 이로부터 그들은 정서가 이전에는 그것의 신체적 표현으로 상정되었던 것의 직접적 결과라는 결론을 도출했다. 이 생각에 대한 사실적 검증은 이 이론의 저자들에게는 불가능한 일이었다. 그들은 필요한 실험을 상상에서 구사하거나 그들의 이론을 확증하거나 기각하는 데 적합할 법한 사례에 대한 임상적 연구의 결과를 이론적으로 예측할 수 있을 뿐이었다. 우리는 이미 랑게의 입장을 인용한 바 있다. "공포에 질린 사람에게 공포의 모든 신체적 증상을 제거한다면… 그의 공포에 남는 것은 무엇이 되겠는가?"(1896, p. 57). 그의 입장은 느낌은 신체적 현상 없이는 존재할 수 없다는 것이다.

4-3] 제임스는 동일한 것을 더 과격한 형태로 표현한다. "이제 나는 내 이론에서 가장 중요한 입장을 밝히고자 한다. 이는 다음과 같다. 우리가 어떤 강력한 정서를 상상하고 그와 연결된 신체적 징후의 감각을 우리의 의식으로부터 하나씩 모두 제외한다면 최종 분석에서는 이 정서에 그 어떤 것도, 이 정서를 형성할 수 있는 그 어떤 '심리적 재료'도 남지 않을 것이다. 그 잔존물에서 우리는 차갑고 냉랭한, 순전히 지성적인 지각을 얻을 것이다. 나는 만일 거센 심장박동, 가쁜 호흡, 입술 떨림, 팔다리의 힘 빠짐, 닭살 돋음, 내장기관의 흥분과 연결된 느낌을 우리 의식에서 제거한다면 공포의 감정에서 의식에 남는 것이 무엇일지 전혀 상상할 수 없다. 분노의 상태를 상정하면서 동시에 가슴의 박동, 얼굴로 피 쏠림, 비강 확장, 이의 앙다묾, 정력적 활동으로의 갈망이 아니라 반대로 이완된 상태의 근육, 조용한 호흡, 평화로운 얼굴을 상상할 수 있는 이가 과연 있겠는가? 슬픔에도 똑같은 추론이 가능하다. 눈물, 흐느낌, 심박수 저하, 가슴 답답함이 없는 슬픔은 과연 무엇이겠는

가?"(1902, pp. 311-312).

우는 여인.

왼쪽은 렘브란트의 분필 그림이며, 오른쪽은 그의 제자 중 한 명이 그린 유화이다. 왼쪽 그림에서는 입이 아주 약간 내려가고 눈썹이 다소 더 짙지만, 오른쪽 그림은 입가를 약간 올리고 눈썹을 치켜올린 얼굴을 묘사했다. 스승의 그림은 관념(느낌)과 대상(얼굴 묘사)이 일치하지만 제자의 그림은 그렇지 않다는 의미에서 제임스와 랑게의 '결정적 실험'과 일맥상통한다. 비록 추측적인 '사고실험'일 뿐이지만 말이다.

비고츠키는 제임스의 실험 형태가 훨씬 더 과격하다고 말한다. 랑게는 우리가 감정에서 모든 생리적 징후를 제거하면 아무것도 남지 않는다고 말한다. 그러나 제임스는 소위 지성이라고 불리는 무언가가 남는다고 말한다. 이것은 랑게가 더 급진적이라는 것을 의미하지 않는가?

랑게는 지적 능력과 언어 능력이 중심적으로 관여하는 모든 고등한 감정을 포함하여 모든 비생리적 형태를 반응의 연구 분야에서 배제하고 있다. 낭만적인 사랑, 지적 호기심, 그리고 심지어 매력을 느낀 이에게 춤을 청하는 것은 감정적인 경험이 아니다. 왜냐하면 생리적인 발현을 제거하면 감정적인 내용이 남지 않기 때문이다. 그러나 제임스는 분명히 더 고등한 감정을 포함하기를 원한다. 제임스의 견해는 실제로 더 급진적이다. 그리고 이것은 제임스의 견해가 덜 일관적이라는 것을 의미한다.

4-4] 제임스의 견해에 의하면 이 모든 경우에 감정으로서의, 그 자체로서의 분노와 슬픔은 완전히 부재할 것이며, 그 잔존물에서 전적으로 지성의 영역에 속하는 평화롭고 냉담한 판단, 어떤 인물이 그 자신의 죄로 비난받아 마땅한지 아닌지, 혹은 어떤 상황이 매우 슬픈지 아닌지에 대한 순수한 사변만이 얻어질 뿐 그 이상은 없다. 그는 말한다. "동일한 것이 다른 모든 정념의 분석에서 관찰될 수 있다. 그 어떤 신체적 지지대도 가지고 있지 않은 인간의 정서는 공허한 소리이다"(같은 책, p. 312). 그러한 입장으로부터는 당연히 두 개의 결과가 필연적으로 뒤따른다. 첫째, "정념의 외적 발현을 억제하면 그것은 사그라질 것이다. 분노의 분출에 몸을 내맡기기 전에 열까지 세어 보도록 하라. 분노하게 된 이유가 우습도록 사소하게 생각될 것이다"(같은 책, p. 315). 제임스와 완전히 독립적으로 랑게 역시 분노를 억제하는 방법으로 숫자 세기를 인용하는 것은 주목할 만하다. 그는 다음을 상기한다. "L. 홀베르그의 고전 희극의 주인공인 헤르만 폰 브레멘은 그의 부인이 때릴 때면 언제나 스물까지 센다. 그러면 그는 평화로운 상태를 유지한다"(1896, p. 79). 언제나 랑게는 이 인물이 "스물까지 세면서, 이 사소한 정신적 노력을 통해 뇌의 운동 영역에서 많은 혈액을 제거함으로써 부인과 싸울 모든 열의를 잃게 된다"라고 말한다(같은 책, p. 79). 둘째, 제임스는 다음과 같이 말한다. "나의 이론이 옳다면 이는 다음의 간접적 증거로 입증되어야 한다. 내 이론에 따르면 평화로운 정신 상태에서 소위 정서의 외적 현상을 의도적으로 스스로에게 일으키면 우리는 바로 정서를 경험해야 한다"(1902, pp. 314-315). 랑게도 동일한 것을 주장한다. 즉 정서는 정신 운동과 그 어떤 공통점도 전혀 갖지 않는 수많은 원인에 의해 유발될 수 있으며 종종 순전히 생리적 방법으로 억제되거나 완화될 수 있다.

루드비그 홀베르그(Ludvig Holberg, 1684~1754)는 스칸디나비아의 작가로, 18세기 덴마크와 노르웨이에서 철학, 역사, 아주 인기 있는 희극을 썼다. 그리그는 그를 기리기 위해 그 유명한 '홀베르그 모음곡'을 작곡했다.

위 문단의 인용은 홀베르그가 처음으로 성공을 거둔 다음 작품이 출처이다.

(1722) The Political Tinker. In Jeppe of the Hill and Other Comedies by Ludvig Holberg. pp. 16-17.

헤르만 폰 브레멘은 그가 하고 싶은 말을 『정치적 대구The Political Codfish』라는 책에 담았다. 이는 당시 유명했던 『정치적 건어물The Political Stockfish』이라는 책을 풍자한 것이다. 그 내용은 좋은 남편과 아내를 선택하는 방법에 관한 것으로, 그러나 아내와 남편을 선택한 후에 어떻게 다루어야 하는지는 전혀 언급하지 않았다.

다음은 랑게와 비고츠키가 인용했던 단락이다. 헤르만 폰 브레멘은

W. 마르스트란(Wilhelm Marstrand)의 극본 삽화.

동네 술집에서 부하와 몇몇 친구들과 술을 마시고 있었는데, 부인이 들어와 그의 부재와 가정사에 무심함에 대해 불평을 한다.

폰 브레멘 나는 천성적으로 성을 잘 내지만 공부를 해서 그걸 극복하려고 노력했었지. 나는 『정치적 대구』라는 책의 서문에서 화를 삭이려면 20까지 세라, 그러는 사이에 화가 사그라든다는 걸 읽었지.

게르트(부하) 내가 백까지 세어도 나한텐 소용없을 걸요.

폰 브레멘 그렇지. 그러니 자네가 부하 자리를 벗어나지 못하는 게야. 헨리히, 작은 식탁에서 내 아내에게 맥주 한 잔을 가져다주게나.

게스케(부인) 아니, 이 악당아! 내가 여기 술 마시러 왔다고 생각해?

폰 브레멘 1, 2, 3, 4, 5, 6, 7, 8, 9, 10, 11, 12, 13. 자, 이제 끝났지. 들어 보라고, 여편네야. 남편에게 그렇게 날카롭게 말해서는 안 되지. 그건 너무 천박하다고.

게스케 그렇다면 집집마다 구걸하는 건 고상한가? 아니 마누라와 애들을 빈손으로 내버려 두는 게으름뱅이 남편한테 야단도 치지 말라는 건가?

폰 브레멘 헨리히, 저 여자에게 브랜디 한 잔 주게나. 너무 흥분했어.

게스케 헨리히, 내 남편, 저 악당의 머리를 두어 번 후려쳐 주게.

헨리히(바텐더) 직접 그렇게 하시죠, 부인. 그러나 주문은 감사합니다.

게스케 그렇담 어쩔 수 없지. 내가 직접 하는 수밖에.(폰 브레멘을 때린다).

폰 브레멘 (1부터 20까지 센다.)

4-5] 실험적, 임상적으로 두 입장을 검토하는 일이 우리에게 남아 있다. 1) 정서적, 신체적 표현 없이 정서가 일어나는 것이 가능한가, 아닌가? 2) 그 어떤 정신 활동도 없이 인위적으로 순전히 정서의 신체적 현상만을 유발함으로써 정서가 일어나는 것이 가능한가, 아닌가? 이는 일련의 연구에서 검토되었으며 이제 우리는 이에 대한 고찰로 나아가야 한다.

4-6] 첫 번째 문제에 대한 답은, 미주신경과 척추를 절단함으로써 뇌의 영향으로부터 주요 내장기관과 대부분의 근골격 집단을 단절시킨 셰링턴의 유명한 실험에서 얻어진다. 이처럼 그의 실험에서는 반사를 통해 일어나는, 정서의 중요한 신체적 표현이 외과적으로 배제된다. 그러나 일반적으로 분노, 공포, 만족, 혐오의 특징적 징후로 생각되는 현상의 두드러진 변화 없이 해당 조건하에서 실험용 개에게서 정서적 반응이 관찰됨이 의심의 여지 없이 드러났다. 따라서 이 연구로부터 도출할 수 있는 유일한 결론은 셰링턴 자신이 도달한 결론이다. 즉, 뇌는 내장기관과 대부분의 근골격 집단과 단절된 후에도 지속적으로 정서적 반응을 생산한다.

미주신경은 뇌와 내장 사이의 직접적인 연결을 제공하는 뇌신경이다. 두뇌와 내장 사이의 완전한 외과적 분리를 제공하기 위해서는 척수신경과 미주신경 모두를 절단해야 할 것이다. 분트는 정서가 뇌에서 신체로 향한다고 생각했다. 제임스와 랑게는 신체에서 뇌를 향한다고 생각했다. 셰링턴은 신체에서 뇌를 향하는 미주 신경을 절단하고, 뇌에서 신체를 향하는 척수신경을 절단하면서 이 가설들을 검증했다.

*C. S. 셰링턴(Charles Scott Sherrington, 1857~1952)은 중요한 신경생리학자로 신경 시냅스에 대한 연구로 노벨상을 수상했다.

그레이의 해부학 (1918). 인간 미주 신경 그림.

4-7] 셰링턴은 다음과 같이 말한다. 일반적으로 만족, 분노, 공포, 혐오 발현의 특징으로 받아들여지는 것을 신뢰한다면, 수술 후에도 동물은 수술 전과 마찬가지로 이 징후들을 보인다는 점은 의심의 여지가 없다. 저자는 수술받은 어린 원숭이에게 나이 많은 마카크(짧은꼬리

원숭이-K)가 위협적으로 접근할 때 관찰된 어린 원숭이의 공포를 예로 든다. 아래로 숙인 고개, 외면하며 무서워하는 얼굴, 곤두선 귀는 이 동물이 수술 전에 보인 감정이 똑같이 생생하게 존재함을 알려 준다(R. Creed et al., 1935, p. 184).

본문 인용에 대해서는 **2-22**의 글상자 참조.

4-8] 일련의 이어지는 실험들에서 셰링턴은 더 멀리 나아갔다. 동물들이 첫 번째 실험에서 회복한 후 그는 목의 미주신경 한 쌍을 모두 절단하여 머리와 어깨띠(흥대-K)를 제외한 온몸과 뇌의 연결을 끊었다. 이런 식으로 첫 번째 실험 후에 남아 있던 의심, 즉 남아 있던 내장기관에서 유입된 자극의 도움으로 정서의 외적 발현이 사전에 이미 확립되었을지도 모른다는 의심 역시도 실험적으로 검증되었다. 실험용 개의 감정적 반응은 두 번째 수술 후에도 변하지 않았다. 두 수술을 모두 거친 매우 감정적인 개는 분노, 만족, 공포에 해당하는 격렬한 반응을 계속해서 표출했다.

4-9] 내장과 거의 모든 근골격의 반응을 사실상 완전히 제거한 셰링턴의 실험 이후에 대두된 유일한 의심은 C. 로이드 모건에 의해 공식화되었다. 즉 내장과 운동적 변화가 정서적 반응의 원천이라고 상정한 가정에 따르면 내장과 운동 변화가 이미 정서의 발생을 규정지은 후에 연결통로가 절단되었다는 것이다. 이처럼 실제 내장과 운동의 영향이 억제되었다는 사실에도 불구하고, 셰링턴의 실험에서 첫 번째 영향의 흔적과 결과는 배제되지 않았다(c. f. R. Creed et al., 1935, p. 187). 이 때문에 우리는 B. M. 베흐테레프가 대뇌피질 없는 동물에게서 도출한 것과 유사한, 비정서적 본성을 가진 단순한 모방적 반응을 다루고 있다고 생각할 수도 있다. 끝으로 또 다른 반론이 상정될 수 있다. 즉 이전의

삶의 경로에서는 (내장 및 운동 요인에 의해-K) 주변적으로 조건화된 정서를 경험했던 셰링턴의 개는 정서의 일상적인 주변적 조건 밖에서 순전히 뇌를 통해서 정서가 일어난 실험 후에는 그 정서를 전처럼 경험하지 않았을 것이다.

『흥미와 개념』 6장에서 비고츠키는 짝짓기를 경험하기 전에 거세된 말과 짝짓기를 경험한 후에 거세된 말이 매우 다르다는 것을 지적했음을 상기하자. 경험 후에 거세된 말은 생리적 능력이 없음에도 불구하고 계속 짝짓기를 시도할 것이다.

이는 사실상 크레치머의 기능의 상향 전이 법칙과 일치한다. 일단 생식샘에서 성 기능이 생겨나면, 출현한 본능은 뇌로 이행된다. 이는 또한 호르몬 변화와 성전환 수술까지 받은 트랜스젠더가 처음 성적 성숙을 이끌었던 호르몬은 물론 기관이 더 이상 존재하지 않음에도 정상적인 성생활을 할 수 있는 이유이기도 하다.

따라서 여기서 C. L. 모건(C. Lloyd Morgan, 1852~1936)은 유사한 세 가지 반대 의견을 표명한다. 첫째 그는 개의 정서가 셰링턴의 실험 전에 발생했을 수 있다고 지적한다. 이러한 정서적 반응은 뇌로 '이행'되었기 때문에 수술 후에 지속될 수도 있다. 둘째 모건은 그 반응이 이제는 완전히 비정서적일지라도, 동물이 수술 전에 가졌던 정서를 기억하고 모방하고 있는 것일 수 있다고 말한다.

셋째 C. L. 모건은 수술 전에 정상적인, 말초적으로 결정된 정서를 가졌던 개가 순수한 '대뇌적' 방식으로(제임스가 제안했듯이) 정서를 경험하고 있을 수 있다고 반대한다. 이러한 방식으로 제임스-랑게의 가설은 셰링턴의 실험에 의해 완전히 반증되는 것은 아니다.

이 세 가지 모두는 제임스와 랑게를 구하려는 절박한 시도로 보일 수 있다. 비고츠키도 실제로 그렇게 해석한다. 그렇다면 굳이 모건의 반론을 살펴보는 이유는 무엇일까?

그것은 C. L. 모건이 심리학에서 강력하게 부상하고 있는 전적으로 잘못된 경향을 나타내기 때문이다. 모건은 동물 행동주의자인 동시에 인간 행동주의자였다. 그는 H. 스펜서의 추종자이자 사회적-다윈주의자였다. 사회적-다윈주의는 오늘날 신자유주의의 직계 조상이다. 그들은 '적자생존'이 종의 자연 선택을 결정하는 원리일 뿐 아니라 개인의 자연 선택도 결정한다고 생각했다. 요즘 젊은이들이 말하듯 "그렇게 똑똑하다면, 왜 당신은 부자가 아닌가?"

'모건의 준칙'은 비교 행동학ethology으로 심리학을 설명하고, 동물 행동으로 인간 행동을 설명할 때 심리학의 일반 원리가 되었으며, 오늘날까지도 그렇다. 모건의 준칙은 언제나 가장 단순한(즉 가장 저차적인) 행동 형태를 설명원칙으로 선택해야 한다고 말한다. 행동을 습관으로 설명할 수 있다면 지성을 가정하지 마라. 행동을 본능으로 설명할 수 있다면, 그것이 습관이라고 가정하지 말라. 이것은 모건이 개가 문을 열고 안으로 들어가는 능력을 설명한 방식이며, 후에 손다이크가 문을 열 수 있는 비밀 손잡이가 있는 상자 속 고양이의 명백한 지능적 행동을 설명한 방식이다. 목적의식적인 지능적 행동으로 보이는 것은 습관에 의해 가속화된 시행착오였을 뿐이다. 모건의 준칙은 비고츠키가 '심층 심리학'이라 부른 것이 언제나 '고도' 심리학보다 낫다는 것을 의미한다.

그러나 비고츠키는 '고도' 심리학자이다. 첫째 비고츠키는 인간 문화와 무엇보다 인간 언어 때문에 인간 행동이 고유하다고 말한다. 둘째 모든 습관은 한때 인간 발명의 계기였다는 이유로, 어떤 지적 행동도 결코 습관으로 완전히 환원될 수는 없다. 새로운 습관을 배울 때 우리는 이를 인정한다. 인간의 모방은 언제나 목적 해석을 포함하는 지적 모방이다. 셋째 습관조차 결코 선천적 본능으로 완전히 환원될 수는 없다. 인간이 인간 행동을 적응시켜야 하는 자연nature은 결국 인간의 본성nature이다. 인간의 본성은 왕국 속의 왕국이 아니라, 자연 중, 의식이 있고 그에 따라 행동할 수 있는 일부분이다. 습관을 창조할 때, 우리는 자연에서는 발견되지 않는, 인간 존재에 의해 창조된 언어와 공동체에 적응하고 있는 것이다.

따라서 비고츠키의 관점은 언제나 정서의 깊은 곳(심층)이 아니라

'높은 곳(고도)에서' 보는 관점이다. 학습된 습관으로 설명할 수 있다면 그것을 본능이라 가정하지 마라. 지적인 인간 행동으로 설명할 수 있다면 그것을 학습된 습관이라 가정하지 마라. 또한 인간의 성적 행동조차 그것이 자유의지에 의한 행동이라 설명할 수 있다면 지적이고 적응에 의한 것이라고 추정하지 말아야 한다.

4-10] 첫 번째 반대에 대하여 셰링턴은 자신이 수술했던 생후 10주된 강아지의 사례를 든다. 이 강아지는 태어난 후 거처에서 한 번도 옮겨진 적이 없지만 개고기에 대한 거부감을 보였다. 이 경우 우리는 이전 경험에 의해 확립되어 이제 다시 활성화된 반응을 다룬다고 상정할수 있는 근거가 없다. 그러나 실험의 완전히 명료한 의미에도 불구하고셰링턴은 랑게와 제임스 이론이 의심스럽다는 확정적 결론을 단정 짓지않는다. 왜냐하면 수술 후에도 동물들은 정서를 유발할 수 있는 충분한 양의 주변적 요소들(근육, 피부, 머리와 목의 혈관)을 여전히 가지고 있었기 때문이다. 동시에 셰링턴은 자신의 실험이 정서의 본성에 대한 제임스, 랑게, 세르지의 이론에 그 어떤 확증도 제공하지 않음을 알아차릴 수밖에 없었다. "우리는 정서의 내장적 표현이 이차적이고 대뇌 반구의 활동과 그에 상응하는 심리적 상태가 일차적이라는 생각으로 돌아가야 한다"(R. Creed et al., 1935, p. 187 참조).

　이 문단의 인용 출처는 비고츠키 사후에 삽입된 것이다. **2-22**의 주석 참고.

　얀 스테인 시대의 'toilet'은 단지 하룻밤 자고 나면 씻는 것을 의미했는데, 하지만 스테인도 'toilet'의 현대적 의미를 염두에 두고 있음을마루의 요강에서 알 수 있다. 스테인은 그림을 포르노나 음탕하게 만드는 대신, 게으른 남편의 자리를 차지하고 있는 개의 인간성과 함께인체의 동물성을 강조한다. 그것이 데카르트도 강조하고 있던 것이었으므로, 스피노자의 과업 중 하나는 어떻게 인간이 (이 그림에서와 같이) 동물과 정확히 같은 감정을 가질 수 있고 동시에 완전히 다른 감정을 가질 수 있는지를 설명하는 것이었다. 물론 매우 간단한 방법이 있다. 개들은 인간의 살을 먹을 것이지만, 셰링턴의 10주 된 강아지조차도 개고기로부터 흠칫 놀랄 것이다. 인간의 감정 역시 정확히 같다. 즉, 개와 정반대로 반응할 것이다. 하지만 정말 그것만이 유일한 차이점일까?

J. 스테인(Jan Steen), 더 토일렛, 1659.

4-11] 포가노와 제멜리, 데즈메르와 하이만스의 실험을 간략히 언급하겠다. 그들은 약물학적 방법으로 셰링턴과 유사한 조건을 조성하고자 했으며, 그들의 실험은 기본적으로 셰링턴의 결론을 공고히 한다. 우리는 후자의 두 저자(데즈메르와 하이만스-K)들의 실험이 완성도가 부족하다는, 따라서 이 실험들로부터 도출될 수 있는 모든 결론이 비완료적이라는 피에롱의 관찰에 동의하지 않을 수 없다(H. Piéron, 1920). 그러나 우리는 A. 비네와 더불어 셰링턴이 새로운 방향으로 내딛은 첫 번째 발걸음의 거대한 역사적 의미를 보지 않을 수 없다. 비네는 말한다. 심리학이 내놓은 문제에 처음으로 생리학이 도전했으며 자기의 고유한 방법인 생체 해부를 통해 그에 대한 연구로 접근했다.

　*H 피에롱(Henri Piéron, 1881~1964)은 C. L. 모건이 영국에서 했던 것과 동일한 역할을 했다(**4-9** 참조). 즉, 피에롱은 심리학에서 동물 행동과 인간 행동의 경계를 지우고자 했으며, 제임스-랑게 가설을 옹호하기 위해 그가 기울인 노력도 아마 이러한 측면에서 이해되어야 할 것이다. 제임스-랑게가 옳다면 동물의 감정은 인간과 다르지 않을 것이기 때문이다. 문제는 동물과 인간의 감정의 경계를 지우기 위해서 심리학에서 문화와 인간 역사 그리고 인간의 역사가 쓰이고 구전된 수단인 언어 역시도 지워야 한다는 점이다.

　생리학에만 집중한다면 이는 다소 쉬워진다. 피에롱은 1912년에 생리학자가 되어 P. 자네의 조수로 일했다. A. 비네의 사망 후 그는 파리의 소르본 심리학 연구소 소장 자리를 이어받았다. 비네의 휘하에서 연구소는 임상적, 정신의학적 경향성을 띤 반면 피에롱은 생리학적 연구소로 탈바꿈시켰다. 그는 '내관적'이라고 생각되는 것은 모두 없애고 동물 행동 실험실을 본떠 실험 심리학을 만들었다. 그는 또한 H. 베르그송에 대한 공개적 반대자였다. 피에롱에게 정서는 우리와 동물을 구분하는 것이 아니라 이어 준다는 의미에서 흥미롭다.

비고츠키는 수술 대신 약품을 이용하여 셰링턴의 연구를 재연하려한 두 연구를 인용한다. 하나는 두 명의 이탈리아인 의사에 의한 것이고 다른 하나는 벨기에인에 의한 것이다. 두 경우 모두 주요 저자의 이름이 가장 마지막에 기재되어 있다. 주요 연구자들만 소개한다.

*A. 제멜리(Agostino Gemelli, 1878~1959)는 프란체스코회 수도사로 밀란 가톨릭 대학교를 설립했다. 그는 프랑스 루르드에서의 성스러운 기적에 대한 소책자를 저술하기도 했으나 또한 심리신경학자로도 활발히 활동했다. 많은 철학적 관념주의자들이 그랬듯 제멜리도 무솔리니와 파시즘을 지지했다.

*C. J. F. 하이만스(Corneille Jean François Heymans, 1892~1968)는 벨기에 생리학자로 끔찍한 실험으로 1938년 노벨 의학상을 수상했다. 그는 개의 머리가 신경을 통해서만 몸통과 연결되고 혈액은 다른 개의 몸통을 통해 주입되도록 했다. 다른 개의 몸통에 주입된 아드레날린은 머리가 잘린 개의 뇌에 영향을 미치지 못했다.

4-12] 셰링턴의 실험의 기저에 놓여 있는 아이디어는 교감신경부와 자율신경계 전체를 제거한 캐논, J. 루이스, S. 브리턴의 실험을 통해(W. B. 캐논, J. T. 루이스, S. W. 브리턴, 1927) 다른 방식, 훨씬 대담한 방식으로 가까운 과거에 실현되었다. 이처럼 수술 후에는 모든 혈관운동 반응, 아드레날린 분비, 내장 반응, 체모의 곤두섬, 간에서의 당 분비가 동물에게서 배제되었다. 교감신경 절제술을 받은 동물들은 정서적 반응에서 주목할 만한 변화가 전혀 관찰되지 않았으며 (반응은-K) 해당되는 상황

에서 전적으로 보통의 방식으로 (체모의 곤두섬을 제외한) 일어났다. 내장기관으로부터 유입되는 자극의 부재는 동물들의 일반적인 정서적 행동을 어떤 식으로도 변화시키지 못했다. 실험용 고양이는 짖는 개를 보자 완전히 일상적인 정서적 행동을 보였다.

렘브란트, 자화상, 1629.

크나큰 감정의 순간에 '닭살'이 돋을 때 우리는 체모가 곤두서는 느낌을 받는다. 물론 체모는 내적 기관은 아니며, 기온의 변화에 직접적으로 반응한다. 그러나 신경계의 부분적인 참여 없이 감정적 자극에 체모가 직접적으로 반응한다고 보기는 어렵다.

어떤 부분적인 참여일까? '교감'신경계는 구심성 및 원심성의 신경 체계, 즉 감각운동신경계이다. 이 신경계의 기능은 '싸움 혹은 도피'이다. 부교감신경계는 소화 또는 심장박동과 같은 과정을 조절하는 '무의식적' 신경계이다. 이 신경계의 기능은 '먹이고 양육하기' 혹은 '휴식과 소화'이다.

렘브란트는 자신의 비쭉비쭉한 머리털을 그린 것으로 잘 알려져 있다. 그는 때때로 붓털 하나만 있는 붓을 사용하곤 했으며 붓 손잡이를 이용하기도 했다.

4-13] 1929년 캐논과 동료들은 이 수술을 받은 동물들에 대한 더 많은 관찰 내용을 발표했다. 이 관찰은 최초에 확립되었던 것을 완전히 확증했다. 캐논의 초기 연구에서 강력한 정서에 필수적으로 수반되는 것으로 매우 세심하게 연구되었던 자율신경계의 교감신경부의 표준적 반응은 관찰된 동물에게서 나타나지 않았으나, 또한 양쪽 교감신경 절제술을 받은 후에도 동물은 보통의 정서적 행동에서 아무런 변화를 보이지 않았다.

이 그림은 우리에게 수의적인 '동물' 기능을 수행하는 골격 근육을 보여 준다. 근골격계는 동물이 움직이도록動 하여 그것을 '동물'로 만들어 준다. 문간에 있는 정육점 주인(마치 내장의 일부로 보이는 사람)은 불수의적인 '식물' 기능 즉 심장박동, 소화, 호흡, 발한, 어둠 속 동공 확장, 공포로 인한 체모의 곤두섬, 배뇨, 그리고 성적 흥분(모든 십 대들이 알고 있듯이, 이는 전적으로 자발적 통제가 이루어지는 것은 아니다)의 기능을 담당하는 모든 내장을 막 제거했다. 이러한 식물적 기능들은 자발적이지는 않지만, 반응은 즉각적이다. 척수를 거치지 않고 뇌에서 내장까지 바로 전달되는 교감신경계 덕분이다. 그렇다면 황소가 막 도살될 때, 어쩌면 척수가 아니라 정말 이런 교감신경들이 세찬 심장박동, 소화불량, 거친 호흡, 많은 땀이라는 표준 반응을 뇌에 전달해서 감정을 만들어 내는 것이 아닐까?

그렇지 않다. 캐논은 교감신경을 제거하자, 위험이나 놀람에 대한 표준적인 식물 반응이 완전히 사라졌다는 것을 발견했다. 세찬 심장박동, 거친 호흡, 곤두선 머리카락, 성적 흥분도 없었다. 그러나 제임스, 랑게, 데카르트의 예측과는 달리 동물의 감정은 그대로 있었다. 셰링턴은 데카르트가 동물에 관해 쓴 것을 다음과 같이 언급했다. "모든 동물은 내장과 골격 근육으로 구성된 기계일 뿐이며, 렘브란트의 그림 '도살된 황소'처럼 고기와 내장으로 만들어진 로봇일 뿐이다."

Descartes, R. (1632/1998). The Treatise on Man. In The World and Other Writings, pp. 99-169. Cambridge: Cambridge University Press.

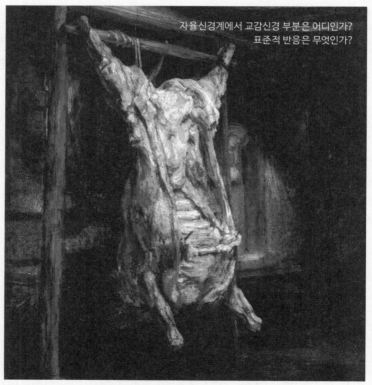

자율신경계에서 교감신경 부분은 어디인가?
표준적 반응은 무엇인가?

렘브란트(Rembrandt), 도살된 황소, 1655.

4-14] 제임스-랑게 이론에 대해 아마도 가장 중요한 반론인 이 고찰을 결론짓기 위해 우리는 인용된 연구와 연관된 몇 가지 계기들을 간단히 해명해야 한다. 첫 번째 계기는 다음과 같다. 셰링턴과 캐논의 실험은 내장기관의 감각이 심리적 측면의 반응이 일어나는 데 중요한 역할을 하지 못하고, 이 (심리적-K) 상태가 정서의 신체적 표현에 선행한다는 직접적 증거를 주지 않는다(안젤). 이러한 감각이 배제됨과 동시에 감정은 동물의 의식에서 특정한 형태의 느낌으로 체험되기를 멈출 수 있기 때문이다(페리). 사실, 동물의 심리적 체험에 대한 직접적인 증거가 없는 실험을 토대로 우리는 정서적 반응에서 어떤 느낌의 존재를 확증하거나 거부할 수 있는 직접적인 능력이 우리에게 없음을 인정해야 한다. 물론 그러한 직접적인 증거는 우리가 확실히 살펴볼 수 있는 내관적 특성의 데이터를 제공할 수 있는 인간으로부터만 획득될 수 있을 것이다. 우리는 그러한 자료를 더 살펴볼 것이다.

비고츠키는 왜 이 실험들이 우리가 찾고 있는 제임스와 랑게를 반증하는 직접적인 증거를 제공하지 않는다고 생각할까? 왜냐하면 동물의 정신적 경험에서 나온 직접적인 증거가 우리에게 없기 때문이다. 우리는 동물의 행동에 따라 그 정서를 판단할 수 있을 뿐이다. 동물은 말을 하지 못하기 때문이다. 동물은 제임스가 정서의 신체적 징후들이 제거되었을 때 일어나는 것이라고 예상했던 차갑고 냉담한 느낌을 경험하고 있을지도 모른다. 우리는 절대 알 수 없다.

인간은 다르다. 감금 증후군을 예로 들어 보면, 환자는 완전히 의식하고 자각하며 인간 정서를 모두 경험할 수 있지만 완전히 마비되어 눈이나 눈꺼풀만 움직일 수 있다. 단편 소설 「나비와 다이빙 벨」의 저자인 프랑스 작가 보비는 감금 증후군 환자였다. 이 책은 그가 눈꺼풀을 움직이면서 한 번에 한 글자씩 철자를 쓰는 방식으로 집필되었다. 비슷하게, 어떤 수술을 하는 동안 환자는 실제 의식하고 자각하지만 움직이지 못할 뿐이라는 증거들이 있다.

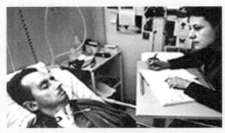

「나비와 다이빙 벨」을 한 번에 한 글자씩 구술하고 있는 장-도미니크 보비. 그는 원고를 완성하고 이틀 후에 사망했다.

동물들이 겪는 상황은 더 나쁘다. 동물들이 정서를 경험하고 있다는 것을 우리는 어떻게 알 수 있는가? 여기서 비고츠키가 말하듯이, 오직 인간만이 언어로 표현된 내관을 통해서 그 증거를 제공할 수 있다.

4-15] 그러나 지금도 이 반대 의견이 어떤 논리적 오류에 기반을 두고 있음을 주목하지 않을 수 없다. 즉, 그것이(셰링턴과 캐논의 실험이-K) 너무 많이 증명하고 있기 때문에 아무것도 증명하지 않는다는 것이다. 언제나 그것은 하려고 한 것보다 훨씬 더 많이 증명한다. 물론, 일반적으로 동물의 정서적 체험에 대한 우리의 판단은 언제나 특정 상태를 나타내는 외적 현상으로부터의 추론에 기반을 둔다. 따라서 이 기준을 의심한다면 우리는 동물에 그 어떤 느낌과 체험을 부여할 권리를 완전히 포기하고, 그리하여 동물을 로봇으로, 반사 기계로 간주한 데카르트의 관점을 채택해야 할 것이다. 우리가 보통 동물들의 어떤 정서적인 외적 표현으로부터 인간의 정서와 유사한—비록 무한히 다르기는 하지만— 정서적 심리 상태의 존재를 추론하는 것이 허용된다면, 이런 보통 동물의 정서적 반응에 심리적 요소가 있으리라고 항상 우리로 하여금 가정하도록 했던 모든 행동 징후를 그대로 갖고 있는 셰링턴과 캐논의 실험 대상에 대해서만 예외를 적용할 만한 그 어떤 근거도 없다. 셰링턴이 이 반론에 대해 정당하게 지적하듯이, "온전한 분노 표현과 그에 해

당하는 행동을 도출하는 어떤 지각이 또한 분노의 느낌을 도출하는 데 무력하다고 생각하기는 어렵다"(R. Creed et al., 1935, p. 188 참조).

데카르트는 동물들은 영혼을 갖고 있지 않고, 의식이 있고 자각이 가능한 것은 인간의 영혼뿐이라고 믿었다. 그래서 데카르트는 동물들이 본질적으로 로봇, 즉 순전히 물리적이고 기계적인 법칙에 의해 움직이는 자동 장치라고 주장했다. 안젤과 페리는 우리가 동물들의 정신 상태에 대한 직접적인 증거를 얻을 수 없는 이상—동물들은 말을 못하므로— 우리는 데카르트가 옳았다고 추정해야 한다고 주장한다. 하지만 셰링턴은 이것을 타당하지 않게 본다. 고양이가 화난 행동을 하면, 그것이 화를 느끼지 않는다고 믿기가 어렵다. 덧붙여, 과연 의식의 존재에 대한 유일한 믿을 만한 증거가 인간의 내관 능력이라고 할 수 있을까? 거짓말과 자기기만은 어떠한가? 무의식적인 상태는 어떠한가?

'보카손의 오리'(1738)는 데카르트 가설의 타당성을 증명하기 위해 고안되었다. 그것은 먹이 섭취를 하고 사실적인 오리 배설물을 배출해 낼 수 있었다.

4-16] 해명을 요하는 두 번째 계기는 캐논의 새로운 실험들이 우리를 심각한 이론적 난관 앞에 서도록 한다는 것이다. 이는 이 실험들이 앞에서 저자를 따라 그의 초기 연구로부터 우리가 획득했던 해석과 명백하게 모순되기 때문이다. 우리는 강한 정서의 결과 일어나는 기관의 변화가 의심의 여지 없는 생물학적 합목적성을 가짐을 보았다. 이 합목적성에 대한 설명은 심리학적 사고의 사소하지 않은 성취이다. 이러한 반응들은, 우리가 보았듯이, 도망치거나 맞서 싸워야 하는 상황에서 보통 강력한 정서에 뒤따르는 증대된 활동에 유기체를 준비시키는 데 기여한다. 그러나 새로운 실험은 그 반대를 말하는 듯하다. 그 실험들은 기관 반응을 완전히 제거해도 동물의 행동에 두드러진 변화가 생겨나

지 않음을 확립한다. 내장기관으로부터 뇌가 완전히 단절되고 자율신경계의 교감신경부가 완전히 제거되어도 정서는 수술 전과 똑같이 진행되고 동물의 행동은 똑같이 환경에 적응적이고 생물학적으로 유의미하게 남아 있다는 것이다. 이것이 허위가 아닌 진실이라면 이 반론은 기관정서 이론에 대한 실험적, 이론적 비판이 넘어설 수 없는 난관이 될 것이다. 사실, 최초의 실험적 연구와 새로운 연구 결과 사이에는 그 어떤 모순도 없을 뿐 아니라 반대로 이 둘은 완전히 일치한다.

4-17] 자율신경계의 교감신경부가 제거된 동물이 연구실의 평화로운 조건에 있을 때에는 보통의 동물과 비교해서 그 어떤 다른 행동도 보이지 않는다고 캐논은 말한다. 첫눈에 보기에는, 따라서 교감신경은 정상적 신체 기능에 큰 의미를 갖지 않는 것으로 생각될 수 있다. 그러나 그러한 결론은 잘못되었다. 진정한 삶의 조건에서, 위급한 실제 상황에서 수술받은 동물은 진정한 자기보존 능력에서 보통의 동물과는 비교가 될 수 없다. 캐논의 초기 연구와 관련하여 확립되었듯이, 정서의 결과로 일어나며 강력한 정서에 수반되는 기관 반응의 생물학적 의미는 오직 유기체가 활동(도망가기, 맞서 싸우기)과 증가된 에너지 소모, 격렬한 근육 운동에 준비하도록 하는 데 있다.

4-18] 따라서 이러한 반응들의 의미는 정서 그 자체, 있는 그대로의 정서보다는 강력한 정서의 결과와 더 연결되어 있다. 특히 기능적 결과(증대된 근육 운동)가 공포나 분노 등의 서로 다른 정서에 대해 동일하기 때문에 이에 상응하는 기관의 반응 또한 사실적으로 동일하게 나타날 뿐 아니라 이론적으로 말해서도 이들은 다를 수 없다. 따라서 기관 반응이 완전히 제거된 후에도 정서 자체가 보존된다는 사실은 이 기관 변화의 생물학적 의미에 대한 우리의 생각을 조금도 바꾸지 못하며 오히려 재차 확증해 준다. 그 의미는 정서로 인해 자연스럽게 일어나는 활동에 유기체를 준비시키는 것으로 온전히 환원될 수 있을 것이다.

4-19] 이러한 관점에서 볼 때 실험실 조건하에서는 수술받은 동물이 보통의 동물과 전혀 다르지 않다는 것이 명백해진다. 보통의 동물처럼, 수술받은 동물은 공포와 분노의 정서를 드러낸다. 그러나 자연적인 조건하에서 그들의 차이는 즉각적이고 매우 강력하게 드러날 것이다. 일반적으로 정서를 동반하며 유기체로 하여금 증대된 에너지 소비를 준비하도록 해 주는 기관 변화가 부재하기 때문에 수술받은 동물은, 자연적 조건하에서 분노나 공포의 감정에 즉각 따라 나오는 싸움이나 도망에 준비되어 있지 않을 것이므로 진정한 위험을 첫 대면하는 동시에 죽게 될 것이다. 실험실 조건하에서 이러한 동물들에게서 완전히 보존된 채로 관찰되는 정서들은 말하자면, 무능한 정서, 그 고유한 생물학적 의미를 상실한 정서, 이렇게 말할 수 있다면, 가시가 뽑힌 정서이다. 수술받은 동물들은 분노의 감정을 적절히 체험하고 표현할 수 있지만, 상황이 그에게 이 감정의 자연적 결과, 즉 투쟁과 공격을 요구할 때 무력하다.

4-20] 새로운 연구의 결과로 나타나는 두 논쟁적 계기에 대해 위에서 제시된 해명에 동의한다면 우리는 이 연구에서 캐논이 도출한 기본적 결론에 필연적으로 다가가야 한다.

4-21] 물론 우리는 수술받은 동물들에게 정서적 체험이 존재함을 확증하거나 부인할 그 어떤 실제의 토대도 가지고 있지 않다. 그러나 우리는 이 실험들이 제임스-랑게 이론과 맺는 관계를 판단할 수 있는 굳건한 토대는 가지고 있다. 제임스는 정서적 체험에서의 주인공의 역할을 내장 감각에 부여한다. 랑게는 전적으로 혈관운동계의 감각에 이를 부여한다. 이 둘 모두 우리가 정서적 체험으로부터 기관 감각을 제거하면 그에 아무것도 남지 않을 것이라고 주장한다. 셰링턴과 캐논과 그의 동료들은 이 감각들을 외과적으로 제거했다. 그들의 동물들에게는 내장기관으로부터 돌아오는 자극의 가능성이 배제되었다. 제임스에

따르면 정서적 체험은 상당 정도 없어지게 될 것이다. 랑게에 따르면 그
것은 완전히 없어질 것이다(나[랑게-K]는 여러분에게 혈관운동계가 자극되
지 않으면 외부 세계의 인상이 우리에게 기쁨도 슬픔도 일으키지 못하고 걱정
이나 공포도 유발하지 않을 것임을 상기시킨다). 그러나 신경 연결이 이를
허용하는 한 동물들은 정서적 반응의 강도 저하를 나타내지 않았다.
다시 말해, 이 이론에 따르면 정서를 상당 부분, 혹은 완전히 파괴했어
야 할 수술이, 그럼에도 불구하고 수술 전과 동일한 정도로 동물들의
행동에서 분노, 기쁨, 공포를 남겼다.

4-22] 그러나 셰링턴과 같이 우리도 고찰 중인 이론에 대한 최종
결론을 이 실험들에만 근거해서 내리는 것은 자제하고자 한다. 이 실험
데이터는 한편으로는 다른 실험 결과들과 그리고 다른 한편으로는 인
간의 의식적 정서적 체험에 대한 필수 불가결한 증거를 우리에게 제공
할 임상적 사실들과 비교할 때에만 비로소 진정한 의미를 획득하게 될
것이다.

> 이 사람은 스피노자처럼 망원경과 현미경을 제작했던, 베르메르의
> 친구 안톤 반 레벤후크Anton van Leeuwenhoek로 생각된다. 그는 자신의
> 정자를 관찰하고 상세한 그림을 그렸다. 하지만 그는 정자 샘플을 결
> 혼을 통한 합법적 성행위를 통해 얻었다는 것을 과학 공동체에 보증해
> 야 했다.
>
> 베르메르와 스피노자는 같은 해에 태어났다. 그들은 서로 11km 이
> 내에 살았으며, 렌즈와 기하학에 깊은 관심을 가졌다(베르메르는 그림을
> 스케치할 때 어둠상자camera obscura를 종종 사용했다). 그들이 서로 만나거나
> 알고 지냈다는 증거는 없다. 하지만 그들이 대항해 시대의 신세계 발견
> 이라는 같은 공기를 호흡했고 신, 즉 그들에게 있어 자연에 대한 지적
> 사랑이라는 같은 감정을 느꼈다는 증거는 전혀 부족하지 않다.
>
> 베르메르는 우리에게 인간의 의식적 정서적 체험에 대한 필수 불가
> 결한 증거를 보여 주는가? 물론 그렇지 않다. 그림의 대상은 언제나 특

정한 연출을 상정하므로 그림의 시공간은 실험실이 그렇듯이 기능적 감정을 허용하지 않는다. 그러나 감정(지적 호기심)은 그럼에도 현실적이다. 감정이 존재하지 않았다면, 이와 같은 그림이 그려지기는커녕 상상될 수도 없었을 것이다. 그러나 그것은 인간에게 고유한 감정이며 어떤 종류의 동물 실험을 통해서도 접근이 불가능하다. 다음 장에서는 이 그림처럼 실제 인간과 그들의 감정에 대해 살펴볼 것이다.

J. 베르메르((Johannes Vermeer), 지리학자, 1668.

● 감각이 배제된 정서

앞 장과 마찬가지로 4장도 제임스-랑게 이론과 관련된 경험적, 사실적 자료에 대해 논한다. 비고츠키는 셰링턴의 해부 실험을 소개한다. 이는 제임스와 랑게가 제시했던 사고실험을 실제로 구현한 것으로, 감정의 모든 생리적 수반물을 제거하면 무엇이 남는지 알아보고자 한다.

4.1 비고츠키는 이 '역사적-심리적' 연구의 목적은 감정에 대한 제임스-랑게의 이론이 인간의 감정에 대한 스피노자의 일원론적 관점, 즉 감정이 신체의 잠재력을 증대하거나 감소시킨다는 관점과 일맥상통하는지 확인하는 데 있음을 상기시킨다. 이를 위해 우리는 먼저 제임스-랑게 이론이 실험이나 임상적 실천에서 발견된 사실과 부합하는지를 확인해야 한다.

4.2 비고츠키는 랑게의 '사고실험'을 상기시킨다. "두려움을 느끼는 사람에게 공포의 모든 신체적 증상을 제거한다면… 그의 두려움에는 무엇이 남을까?"

4.3 제임스는 이에 답한다. 남는 것은 '순수하게 지적인 지각인 냉정한 감정'이다.

4.4 놀랍게도 이 둘 모두는 우리가 화가 났을 때 10까지 세는 습관을 지적한다. 희극 속 가상의 인물을 인용하는 랑게는 이러한 습관이 뇌의 운동 부분에서 피를 제거할 것이라고 말한다. 제임스는 우리가 10까지 셀 때 웃음의 이유가 사소해진다고 말한다. 제임스는 나아가 우리가 분노의 신체적 발현을 의지적으로 재연한다면 (주먹을 쥐고, 목소리를 높이며, 땀을 흘리고, 얼굴을 붉히는 등) 틀림없이 그 감정을 불러일으킬 것이라고 말한다. 이는 무대에서 연기를 하는 배우가 궁극적으로는 맡은 역할의 행동만을 모방하는 것이 아니라 그 역할의 감정까지 느끼게 되는 것과 마찬가지다.

4.5 이는 비고츠키에게 두 개의 검증 가능한 가설을 세울 수 있게 한다. 우리는 (예컨대 해부학적 수단을 통해) 신체적 변화를 사라지게 하고도 감정을 느낄 수 있을까? 우리는 감정 없이도 신체적 현상을 보일 수 있는가?

4.6 첫 번째 가설이 셰링턴의 실험과 그에 대한 캐논의 논평을 통해 4절에서 논의된다. 두 번째 가설은 마라논의 실험을 통해 5절에서 논의된다. 셰링턴은 동물의 미

주신경(뇌에서 신체로 운동 및 감각 신호를 전달하는 상-하부 신경절) 중 하나를 절제한다. 셰링턴은 척추도 절제하여 동물을 부분적으로 마비상태로 만든다. 그러나 뇌는 감정적 반응을 보인다(막대로 동물을 찌르면 분노에 찬 으르렁거림을 보였다).

4.7 예컨대 절제술을 받은 어린 원숭이에게 위협을 가하는 나이 든 원숭이가 다가가면 어린 원숭이는 귀와 털을 세우고 돌아선다.

4.8 셰링턴은 미주신경 한 쌍을 모두 제거하고 척추를 완전히 절제하여 동물을 온전히 마비상태로 만든다. 동일한 일이 벌어진다.

4.9 셰링턴의 결과에 대해 세 가지의 반대가 가능하다. 먼저 모건은 이 결과가 다리를 절제한 사람도 한동안 다리가 있는 것처럼 느끼는 것과 같은 '흔적'의 결과일 수 있다고 반대한다. 둘째, 베흐테레프는 전두엽이 없는 동물도 여전히 모방을 할 수 있음을 발견했다. 셋째, 셰링턴의 개는 절제 전에 감정 반응에 대한 사전 실험을 받았으므로 자극 반응을 '기억'하고 있을 가능성이 있다.

4.10 셰링턴은 10주 된 강아지에 실험을 한다. 이 강아지는 어리므로 사전 경험이 없고 개 사료를 먹지 않는 강아지였다. 셰링턴은 실험 결과가 제임스-랑게 이론을 확증하지 않으며 혈관운동계와 내장에서 발견되는 생리적 변화들은 뇌의 상태에 의존하며 뇌가 그에 의존하는 것은 아니라는 더 전통적인 관점에 부합한다고 지적한다.

4.11 비고츠키는 수술이 아닌 약물을 통해 셰링턴의 효과를 재연하려 한 다른 실험도 언급한다. 그는 일련의 실험 과정에서 방법론적인 문제가 발견되기는 하지만 셰링턴의 실험이 갖는 주요한 의미는 그 방법론에 있다는 알프레드 비네의 말에 동의한다. 생리학자가 심리학적 문제를 공식화하고 해결했다는 것이다. 마음에 대한 일원론적 접근법을 가진 스피노자주의자에게 이는 매우 중요한 점이었음이 틀림없다.

4.12 '얼마 전'(비고츠키가 원고를 집필한 시기는 1930~1931년이었으므로 1929년 전이었을 것으로 추정)에 캐논과 동료들 역시 이 결과를 재연했다.

4.13 1929년에 캐논과 동료들은 자신들의 관찰을 발표한다. 결과는 동일했다.

4.14 비고츠키는 두 가지의 논쟁 포인트와 결론을 제시한다. 첫 번째 논쟁점은 다음과 같다. 셰링턴의 실험은 감정이 혈관운동계, 교감신경계, 아드레날린, 내장기관 등의 변화에 의해 나타난다는 주장을 뒷받침하는 증거를 제공하지 않았다는 것이다(사실 비고츠키는 그의 실험이 그러한 증거를 제공하지 않는다고 지적한다. 동물들은 느끼는 것을 말할 수 없기 때문이다).

4.15 이 점은 논쟁의 여지가 있다. 이 논쟁점은 너무도 많은 것을 '증명'하기 때문이다. 감정 상태에 대한 추론을 완전히 거부하면 우리는 동물이 인간과 같이 영혼이 깃든 생물이 아니라 식물이나 로봇과 같은 자동기계라고 생각한 데카르트와 같은 입장에 서게 된다.

4.16 두 번째 논쟁 포인트는 감정의 기능과 관련이 있다. 비고츠키는 감정에서 생리적 작용을 완전히 단절시킬 수 있다면 감정이 어떤 점에서 적응적이고, 동물의 공격-도피 반응을 도울 수 있는지 알 수 없다고 말한다.

4.17 비고츠키는 이 모순은 표면적인 것이라고 말한다. 우리가 셰링턴의 실험에서 보는 감정은 동물들이 야생에서 느끼는 것과 다르다. 그러나 실험은 감정이 내장기관이나 혈관운동계의 자극을 요구하지 않음을 보여 준다.

4.18 강력한 감정의 기능적 결과는 언제나 동일하다(근육 작용). 따라서 (공포와 분노처럼) 매우 상이한 감정들이 (혈관 확장, 혈당 증가 등의) 동일한 생리적 반응과 연관되는 것은 놀랍지 않다. 이러한 생리적 반응은 야생에서 눈에 잘 띄겠지만 실험실에서는 감추어져 있다.

4.19 실험실의 동물들은 감정을 경험하지만 이는 그 발톱을 뽑힌 감정이다. 행동을 할 수 있는 가능성이 없기 때문이다.

4.20 두 개의 논쟁 포인트를 제시한 비고츠키는 자신의 결론을 제시한다. 이는 캐논 자신의 결론과 동일하다.

4.21 우리는 동물이 감정을 가지고 있는지 아닌지 확증하거나 거부할 수 있는 토대를 가지고 있지 않다. 동물은 내관을 하거나 자신이 느끼는 것을 기술할 수 없기 때문이다. 그러나 제임스-랑게 이론은 행동과 관련이 있다. 먼저 혈관운동과 내장의 신체적 변화가 일어난 후에 감정적 반응, 즉 감정적 운동이 일어난다는 것이다. 전자를 차단할 경우 후자에는 영향을 미치지 않는 것으로 보인다.

4.22 그러나 지금으로는 비고츠키나 셰링턴 모두 판단을 보류한다. 아직 확인할 일이 많기 때문이다.

제5장

정서가 배제된 감각

편지를 들고 술을 마시는 여인(Gerard ter Borch, 1665).

편지에는 어떤 내용이 쓰여 있을까? 여인이 술을 마시는 것은 편지를 읽기 전에 신경을 진정시키기 위함일까, 아니면 읽은 후의 정서적 충격을 가라앉히기 위함일까?

이 장에서 비고츠키는 유사한 결정적 실험을 고찰한다. 우리는 알코올과 같은 비정서적인 수단을 통해 신체적 변화를 일으켜 그것이 정서적 반응을 일으키는지 관찰함으로써 제임스-랑게 이론을 검증할 수 있다.

마라뇬의 실험은
어떤 것이었을까?

J. 베르메르(Jan Vermeer), 와인 잔을 든 소녀, 1659~1660.

스피노자는 술 취함을 정서로 규정한다. "음주욕이란 음주에 대한 과도한 욕망과 사랑이다"(III, 46). 그러나 스피노자에게 정서는 좋은 것도 나쁜 것도 아니다. 정서는 오직 능동적이거나 수동적일 뿐이다. 위의 그림은 사실상 수동성에 대한 경고이다. 그림 속 신사는 실험을 하려 하고 있다. 먼저 그는 소녀의 부모가 두 남녀를 살펴 보도록 보낸 보호자에게 먼저 와인을 권했고 이제는 이 화학 물질이 소녀에게 미치는 영향을 알아보려 하고 있다. 스테인드글라스의 문양이 절제를 상징한다는 점에 주목하자.

앞 장에서 비고츠키는 셰링턴으로 대표되는 결정적 실험, 즉 신체의 주변적 감각을 제거하고 정서가 잔존하는지 알아보는 실험에 대해 고찰했다. 이 장에서 비고츠키는 그 반대, 즉 신체의 주변적 감각을 일으키고 정서가 생겨나는지 알아보는 실험에 대해 고찰한다. 위의 그림은 이미 복합적인 결론을 함의한다.

캐논에 따르면 마라뇬은 다른 종류의 화학물질, 즉 아드레날린을 그의 환자들에게 광범위하게 투여했다. 어리건 젊건, 남성이건 여성이건, 정상이건 정신병이 있건 모두가 투약 대상이었다. 약물 투여 후 그는 환자들이 느낀 바에 대해 물었다. 대부분의 경우 환자들은 정서가 아닌 감각을 응답했다. 그들은 흥분된 듯이 느꼈으나 실제 흥분되지는 않았다. 일부 예외도 있었다. 아픈 자녀를 가진 부모나 이제 막 부모를 잃은 어린이들은 약물이 그들의 염려와 슬픔을 더 크게 함을 느꼈다. 이와 유사하게 위 그림에서 소녀의 표정은 그녀가 아직 술 취함과는 무관한 정서를 이미 경험하고 있음을 시사한다.

5-1] 셰링턴과 캐논이 실험적 경로로 얻은 증거와 역방향의 증거를 우리 손에 넣을 수 있었다면 위에서 고찰한 실험적 논쟁의 설득력은 훨씬 커졌을 것이다. 다시 말해, 우리가 강력한 정서에 수반되는 기관 반응을 인위적으로 일으킨 실험 자료를 가졌다면, 고찰 중인 연구가 주장하는 결론에 더 많은 신뢰를 보낼 수 있게 되었을 것이다. 그랬다면 우

리 눈앞에는 (셰링턴과 캐논의 실험과-K) 똑같은 논리적 힘으로 증명되는, 말하자면, 정반대의 정리定理가 나타났을 것이며 이 둘이 한데 모여 충분히 견고한 결론을 도출하게 해 주었을 것이다.

J. 라이트(Joseph Wright), 공기 펌프 속의 새 실험, 1788.

로버트 보일(1627~1695)은 기체의 부피가 절대 압력에 반비례한다는 보일의 법칙을 발견했으며, 이를 실험하기 위한 공기 펌프를 만들었다. 그는 종교적으로는 반대했던 스피노자처럼 생명체, 적어도 동물은 물질적 토대를 가지고 있다고 믿었다. 따라서 그는 공기 펌프를 사용하여 모든 생명체가 살기 위해서는 공기가 필요하다는 것을 결정적 실험으로 보여 주었다. 밀폐된 유리통 안을 진공상태로 만들면 그 안의 동물이 질식하여 죽는 것을 보여 준 것이다.

그림 속 다양한 인물들의 나이에 따라 드러난 연민, 공포, 지적 호기심, 낭만적 사랑, 체념 등 다양한 감정들에 주목하자. 물론 이는 자연적 실험이다. 그러나 제임스와 랑게에게 결정적 실험은 "만일 신체적 감각을 제거한다면 동물들은 감정을 가질 수 있을까?"에 대한 것이다. 또 다른 결정적 실험은 "만일 공포의 효과를 만들어 내기 위해 질식시킨다면 그 감정이 그대로 나타나는가?"에 대한 것이다. 그러나 이를 결정적 실험으로 만들기 위해서 마라논은 질식의 순수한 생리적 효과와 질식이 일어나는 상황을 떼어 낼 수 있어야 한다. 그렇지 않다면, 공포라는 감정이 생리적 효과로 나타나는지, 아니면 실제적인 죽음의 공포에 의해 나타나는지를 설명할 길이 없을 것이다.

5-2] 동일한 논리적 경로에 따르는 정서 이론을 지지하는 의견을 제임스와 랑게가 순전히 사변적으로 발전시켰음을 상기하자. 이들은 신체적 표현을 억압하면 정서가 멈춘다는 것과, 인위적으로 정서의 신체적 표현을 일으키면 정서가 필연적으로 똑같이 일어난다는 것에서 자신들의 이론에 대한 주요한 두 가지 증거를 본다. 이론에 대한 실험적 입증 역시 이 두 경로를 따랐음은 물론이다. 우리는 과랭이나 과열, 질식과 같은 비정서적 상태가 분노와 공포에서 관찰될 수 있는 기관의 변화를 일으키지만 정서가 이 변화에 즉각적으로 수반하여 일어나지 않는다는 것을 보여 주는, 위에서 살펴본 실험에서, 이미 반대 정리(신체적 현상이 모두 존재하더라도 정서가 일어나지 않는다)를 보이고자 하는 첫 번째 시도를 발견한다. 제임스와 랑게의 사고실험으로부터 진정한 실험으로의 직접적 이행은 G. 마라논의 연구에서 이루어졌다(W. B. 캐논, 1927, p 113).

> 비고츠키가 "반대 정리(신체적 현상이 모두 존재하더라도 정서가 일어나지 않는다)"라고 말할 때 가리키는 것은 3장의 끝부분(**3-25~30**)이다.
>
> *G. 마라논(Gregorio Marañón y Posadillo, 1887~1960)은 W. B. 캐논과 긴밀히 협력한 스페인 내분비학자였다. 그러나 그는 지식인, 수필가, 철학자 및 역사가로 훨씬 더 잘 알려져 있다. 여기에서도 비고츠키의 책에 대한 그의 큰 공헌은 엄밀하게 객관적이고 의학적이라기보다는 주관적이고 서술적이다. 마라논은 동물 실험에서는 결여된, 정신 상태

에 대한 '직접적 증거'를 도입한다. 동물과 달리 사람은 자신이 느끼는 것에 대해 말할 수 있다.

러시아어 선집은 그가 이탈리아인이라고 말한다. 이는 옳지 않다. 그는 프랑코에 반대하여 스페인 공화국을 지지했고, 그 결과 경력의 대부분을 해외에서 보내야 했다(사실 그것이 그가 의사가 아닌 지식인이 된 이유이다). 그는 또한 매우 반소비에트적이었다. 그는 소련이 스페인 공화국을 배신했다고 생각했다.

5-3] 마라뇬의 실험들은 사실 셰링턴과 캐논의 실험의 토대에 놓인 것에 대한 반대 정리의 증거임을 자임한다. 이 실험들은 강력한 정서에 전형적인 기관 현상을 일으키기에 충분한 양의 아드레날린 주입이, 모든 신체적 현상이 존재함에도 불구하고 진정한 의미에서의 정서적 체험을 실험 대상에게서 일으키지 않음을 보여 주었다. 마라뇬의 실험에서 새로운 것은 실험 대상의 직접 체험에 대한 증거를 보여 주는 자기관찰을 사용한 것이다. 이것은 후자의 연구가 동물을 대상으로 한 실험에 비해 갖는 우위이다. 이처럼 신체적 현상에 상응하는 정서적 체험의 존재나 부재에 대한 증거가 우리에게는 없다는 반론은 새로운 연구에 대해서 효력을 잃는다.

5-4] 마라뇬의 실험에서 연구자의 시야에는 객관적 측면과 주관적 측면이 모두 존재한다. 연구자는 실험 대상의 의식에서 일어나는 변화와 정서의 신체적 표현을 동시에 확인하고 그들의 상호관계를 연구할 수 있었다. 실험 대상의 체험에는 심박수, 불규칙한 맥박, 흉부 압박감, 후두 협착, 떨림, 추위, 구강 건조, 초조함, 불편감, 병 기운 등의 감각이 포함된다. 이 감각과 함께 몇몇 경우 불명료한 정서적 상태가 나타났으며 이는 피실험자에 의해 진정한 감정이 결여된 것으로 냉정히 평가되

었다. 피실험자의 지적은 다음과 같은 특성을 가졌다. "마치 내가 겁이 난 듯이 느껴졌다", "내가 큰 기쁨을 기대하는 것처럼, 마치 내가 크게 감동한 듯이", "이유도 모르고 마치 울 것처럼", "큰 공포를 겪고도 평온하게 있는 듯이" 등등.

그들은 이 실험에서 왜 나쁜 감정에 대해서만 언급하는가?

J. 스테인(Jan Steen), 엄격한 교사, 1668.

물론 그 실험에는 나쁜 감정만 있는 것은 아니다. 결국 실험자들 중 한 명은 큰 기쁨을 기대하며 감동을 느낀다고 말한다. 그러나 랑게가 묘사하는 감정들은 대부분이 부정적인 감정이라는 것은 틀림없는 사실이다. 그리고 실험실에서 부정적인 감정을 이끌어 내기 더 쉬운 것도 사실이다. 마찬가지로, 수업 중에 학생들에게 상을 주는 것보다 처벌하는 것이 더 쉽고, 근로자들에게 장려금을 주는 것보다 벌금을 부과하는 것이 훨씬 더 저렴하다.

5-5] 연구의 결론에서 마라뇬은 식물적 정서의 주변적 현상(즉, 신체적 변화)의 지각과 진정한 심리적 정서 사이의 명백한 차이를 강조한다. 이 심리적 정서는 그의 실험 대상에게 나타나지 않았으며 이러한 부재가 그로 하여금 실제 느낌이 없이 완전히 평온한 상태의 식물 증후군의 감각(호흡과 심박수 등-K)에 대한 보고서를 작성하게 해 주었다.

P. 아르트셴(Pieter Aertsen), 간음하다 잡혀 온 여인과 예수, 1577.

아르트셴은 '이카루스의 추락'을 보고 감명을 받았다(3-18 참고). 브뤼헐처럼 그는 기적이 나타나는 순간에조차 삶이 어떻게 진행되는지 우리에게 보여 주고자 한다. 그림의 배경에서 우리는 예수가 "누구든지 죄 없는 자가 돌로 쳐라"는 말로 간음하다 잡혀 온 여인을 풀어 주는 장면을 본다. 그러나 전경에는 채소를 파는 여인이 있다.

거의 같은 방식으로 동물적 기능이 무엇을 하든지 간에 식물적 기능은 계속된다. 동물적 기능을 우리가 동물과 공유하는 것과 마찬가지로 식물적 기능은 식물과 공유하는 것이다. 그 기능에는 더위와 추위나, 공기 중의 산소나 이산화탄소의 존재 유무에 대한 민감성 등이 포함된다. '동물적' 정서는 움직임과 관련된 감각, 즉 공포와 분노다. 비고츠키의 논점은 인간 정서는 동물적 정서나 식물적 정서 어느 것으로도 환원되지 않는다는 것이다.

5-6]　소수의 피실험자들에게서 실험 중에 진정한 정서가 나타나기도 한 것은 사실이다. 이는 보통 눈물, 흐느낌, 한숨과 함께 나타나는 우울함이었다. 그러나 이는 실험 대상의 정서적 경향성이 사전에 드러난 경우에 나타났으며 특히 갑상선 항진의 경우에 자주 나타났다. 몇몇 경우 이러한 상태는 피실험자와 그의 아픈 자녀나 사망한 부모에 대해 대화를 나누고 아드레날린을 주사한 경우에 발전되었다. 따라서 이 경우는 어떤 정서적 기분이 미리 존재할 경우에만 아드레날린이 그에 상응하는 정서적 발생을 보조하는 효과를 가짐이 드러난다. 우리는 마라뇬의 실험에서 만나게 되는 극도로 본질적인 새로운 정황에 주목하게 되는데, 이는 이 실험을 '지지' 혹은 '반대'라는 거친 질문 해결을 위해서만 단면적으로 이용할 때에는 일반적으로 우리의 시야를 벗어나는 것이다. 이 정황은 정서적 반응의 심리적 요인과 기관적 요인이, 또는 더 정확히 말하면 뇌의 요인과 신체적 요인이 밀접하게 얽혀 짜여 있다는 것이다. 실험의 이 지점에서 마라뇬은 두 요인의 상대적 독립성과 그들을 각기 일으킬 수 있는 가능성뿐 아니라, 하나가 다른 것의 발달과 강화를 촉진하고 서로 지지하고 얽혀 짜일 수 있음을, 그리하여 그 진정성에서 체험의 측면과 신체적 현상의 측면에서 의심의 여지 없이 완전한 감정을 일으킬 수 있음을 드러낸다.

5-7]　마라뇬의 실험에서 그처럼 온전하고 진정한 감정의 발전이 관찰된 경우, 서로 다른 경로로 나타난 심리적, 신체적 요인이 마치 서로를 향하는 듯이 나아가 교차 지점에서, 그들이 만나는 순간에 진정한 정신적 흥분이 타오르게 된다. 위에서 언급했지만 충분히 강조하지 못했던, 이 얽혀 짜임에 대한 지적을 상기해 보자. 이것은 제임스와 랑게의 공식화에서 만날 수 있으며, 그들 이론의 거의 유일한 진실의 지점이다. 랑게는 공포 자체에 아무것도 남는 것이 없도록 하기 위해 제거해야 하는 공포의 모든 신체적 증상들을 나열하면서 안정된 맥박과 기

민한 행동과 더불어 명료한 사고와 또박또박한 말을 제시한다. 이 지점에서 랑게는 자신의 논리적 정연성에 반하는 커다란 죄를 범한다. 첫눈에는 보잘것없어 보였지만 사실은 그에게 최고로 중요한 부분으로 심각한 주의를 기울인다면, 그의 모순적인 주장에 반론을 멈출 이가 누구겠는가. 결국 이론적 용어로 번역하자면 이는 랑게의 기본 명제에서 근본적인 변화를 의미하는 것이다. 그의 테제인 '놀란 사람에게서 놀람의 모든 신체적 징후를 제거한다면 그의 놀람에 남는 것이 무엇이겠는가?' 대신 그는 본질적으로 다음과 같이 말해야 한다. '놀란 사람에게서 놀람의 모든 신체적, 정신적 징후를 제거하라.' 그러면 우리는 그에게 동의할 수밖에 없을 것이다. 말을 또박또박하고 생각을 명료하게 하라는 그의 요구에 전체 의식 상태의 변화 외에 다른 무엇이 내포될 수 있겠는가?

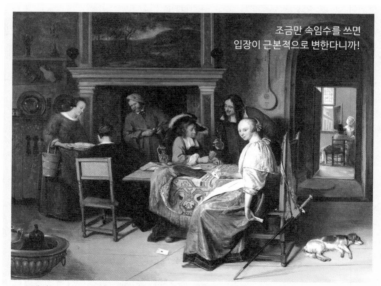

J. 스테인(Jan Steen), 속임수를 쓰는 소녀, 1629~1679.

비고츠키는 제임스의 주장이 더욱 급진적이라고 생각했다. 랑게가 본질적으로 생리적 감각에 대해서만 논하고 고등한 감정은 전혀 언급하지 않은 반면 제임스는 정서에 지적 호기심 등을 포함시키려 했기 때문이다. 여기서 비고츠키는 랑게가 교묘한 손재주로 생리적 변화의 목록에 생각과 말을 밀어 넣는다고 지적한다. 이제 랑게도 제임스 못지않게 급진적이 된다.

5-8] 덜 두드러지기는 하지만 동일한 것이 제임스에게서도 슬그머니 나타난다. 분노의 신체적 표현이 없으면 분노가 표현될 수 없다는, 위에서 제시한 공식에서 비강의 확장과 이 악묾과 더불어 제임스도 정력적 행동으로의 충동, 즉 화난 인간의 내장기관과 근육보다는 의식 상태를 특징지을 뿐 아니라, 일반적으로 단순 느낌이나 감각과는 구별될 정도로 근본적으로 신체적 현상의 느낌과 다른 충동에 대해서 언급한다. 이 계기의 모든 이론적 의미를 평가한다면 우리는 랑게의 테제에서와 마찬가지로 여기서 우리가 제임스 이론의 경로상 어떤 비일관성을 다룸을 지적하지 않을 수 없다. 제임스의 이러한 비일관성은 그가 이에 주의를 기울였다면 기꺼이 수정되었을 것이다. 그러나 이는 그의 전체 이론에서 거의 유일한 진실의 낱알이다. 이 낱알은 정서가 단순히 유기체적 반응에 대한 느낌의 총합이 아니라 무엇보다도 특정한 방향으로 행동하려는 충동이라는 생각을 담고 있다.

> 비고츠키는 제임스의 단기 강좌에 나타난 작은 논리적 실수를 언급하고 있다.
> "분노의 상태를 상상하면서 가슴의 들끓음, 얼굴의 홍조, 콧구멍의 팽창, 이를 악묾, 격렬한 행동으로의 충동이 아니라 기운 없는 근육과 침착한 호흡, 그리고 평온한 얼굴을 상정할 수 있을까? 필자 자신은 확실히 할 수 없다."
> 제임스는 할 수 없지만, 훌륭한 포커플레이어는 할 수 있다. 그것이 바로 피터르 더 호흐가 그림에서 무표정한 카드놀이를 하는 사람을 그리는 이유였다.
> 그러나 그것은 비고츠키가 여기서 지적하고 있는 논리적 오류는 아

니다. '격렬한 행동에 대한 충동'을 포함시킴으로써, 제임스는 그가 정서적 현상의 근원이 된다고 생각하는 생리적인 계기에 잠재적인 지적 현상을 포함시키고 있다.

P. 더 호흐(Pieter de Hooch), 햇살이 비치는 방에서 카드놀이를 하는 사람들(1658).

5-9] 우리가 발견한 기관 정서 이론의 이 진실의 낱알에 대해서는 다시 살펴볼 기회가 있을 것이다. 그럼에도 지금 우리는 감정을 구성하는 데서 체험과 기관 반응이 내적으로 얽혀 짜임을 확립하면서 (제임스와 랑게의-K) 이론에 수정이 가해진 이 지점에서만 마라뇬의 실험이 제

임스와 랑게의 입장을 확증함을 지적하지 않을 수 없다. 그 나머지에 대해서 이 실험은 이론에 반한다. 아드레날린 주입은 사람의 강력한 정서에 수반되는 모든 전형적 신체적 현상을 일으키지만 이 현상은 정서가 아니라 감각으로 체험된다. 특정 사례에서 감각은 기존의 정서적 경험을 상기시키지만 체험을 소생시키거나 새롭게 구체화하지 못하며, 정서적 민감화가 이미 형성되어 있는 예외적인 경우에만 신체적 변화가 진정한 감정 발전을 이끌 수 있었다. 캐논은 이 경우들은 예외적일 뿐 제임스-랑게 이론이 제시하듯 법칙적인 현상이 아니라고 지적한다. 일반적으로는 신체적 현상들의 직접적 결과로 정서적 체험이 일어나지 않는다(W. B. 캐논, 1927).

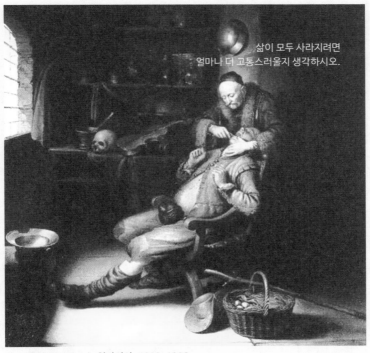

G. 도우(Gerrit Dou), 치과의사, 1630~1638.

헤릿 도우가 그린 이 그림에서, 환자의 이가 발치되고 있다. 이런 상황에서, 치과 의사는 간혹 환자들의 주의를 짧은 고통으로부터 돌리기 위해 그들에게 몹시 괴로운 문제에 대해 생각하도록 했다.

이전에 우리는 스포츠 경기에 참가했었던 피험자 중 일부가 아드레날린 주사를 맞은 후 '경기를 앞둔 듯한 긴장과 흥분'을 느꼈다고 말하는 것을 보았다. 이것은 마라논의 관심을 끌기에 충분할 정도로 실제 정서와 유사하다. 그리하여 그는 더 나아가 오늘날 잔인하고 비윤리적이라고 보일 실험을 진행했다.

적은 수의 사례에서는 주로 눈물, 흐느낌, 한숨과 함께 슬픔이라는 실제 정서가 발생했다. 이것은 하지만, "환자의 정서적 성향이 굉장히 뚜렷한 경우에만", 특히 갑상선 항진증 환자의 경우에 발생한다. 어떤 경우에는 마라논은 오직 환자들과 그들의 아픈 자녀들 혹은 돌아가신 부모님에 대한 걱정에 관한 대화 후에 아드레날린이 주사되었을 때에만 이런 상태가 발생했다는 것을 발견했다.

5-10] 마라논의 실험은 임상적 연구 데이터로의 자연스러운 이행을 형성한다. 이 실험이 우리를 인간과 직접 대면하게 하고, 연구자의 시야에 주관적 심리 측면을 도입하며, 의식에 대한 직접적 분석을 가능하게 하기 때문이다. 이로써 이 실험은 우리로 하여금 이론의 저자들 자신의 언어로 말할 수 있게 해 줄 뿐 아니라, 이러저러한 신체적 현상에 상응하는 심리적 상태에 대한 추리 대신 상태 자체에 대한 직접적인 실제 관찰을 확립하게 해 준다. 본질적으로 말해서 제임스 이론의 검증과 관련된 첫 번째 실험적 연구는 이 경로를 따랐다. 마라논의 실험에서 새로운 것은 오직 정서와 동반하는 유기체적 변화에 순수하게 물리적 경로로 직접적이고 심오한 실험적 영향을 미칠 가능성이 있다는 것뿐이다. 기존 연구 중 A. 레만(A. 레만, 1892)의 연구를 상기해 보자. 그는 자기관찰에 기반을 두어 정서적으로 채색된 유기체적 감각이 형성되기

전에 정서를 일으키는 최초의 관념이 이미 느낌의 색조로 물들어 있음이 드러났다고 주장했다. 따라서 그는 정서적 색채가 유기체적 감각의 총합으로 간주될 수 없다고 결론 내렸다. 레만의 실험에서 느낌의 색채는 최초의 지각과 동시에 나타나거나 거의 직후에 나타났다. 반면에 순환계 교란은 자극이 주어진 후 1, 2초 후에야, 따라서 느낌이 일어난 후에야 나타났다.

이 문단에서 지칭하는 첫 번째 연구는 제임스-랑게 이론 자체를 포함하여 동물 실험이 이루어지기 전까지 기관 정서 이론에 대해 수행된 실험들을 지칭한다. 기관 이론은 1884년에 제임스에 의해 1885년에 랑게에 의해 공식화되었다. 제임스와 랑게 모두 당연히 그들의 이론을 스스로 '검증'했다. 1887년에 베흐테레프는 인간을 대상으로 간지럼과 웃음 가스를 이용하여 비정서적 웃음을 만들어 냄으로써 그 이론을 '검증'하고 있었다.

*A. G. L. 레만(Alfred Georg Ludvig Lehmann, 1858~1921)은 실험 심리학을 창시한 W. 분트의 초기 제자였다. 레만은 반응 시간을 측정하기 위해 덴마크에 최초의 심리학 실험실을 세웠다.

5-11] 우리가 레만의 자료만을 제시하는 것은, 이것이 이후의 연구에서 객관적인 실험적 확증을 획득했기 때문이다. 이 이후 연구들을 요약하면서 캐논은 레만을 언급하지 않은 채 자신의 결론이 제임스의 이론에 반하는 새로운 주장이라고 제시한다. 내장의 변화는 다소 느리게 일어나기 때문에 이것이 정서적 체험의 근원으로 간주될 수 없다는 것이다. 그는 내장 반응의 지연 시간이 정서적 반응의 지연 시간을 훨씬 초과한다는 G. 스튜어트, E. 세르톨리, J. 랭글리, И.П. 파블로프 그리고 다른 이들의 자료를 비교한다(W. B. 캐논, 1927, p. 112). F. 웰스에 따르면

(같은 책, p. 112) 이는 0.8초로 레만이 확립한 시간보다 짧다. 제임스-랑게 이론에 따르면 정서적 반응은 내장기관으로부터 오는 자극의 결과로 생기는데, 이 기관의 긴 반응-지연 시간과 그에 더해 신경 자극이 뇌로 전달되기 위해 필요한 시간을 고려할 때 이것은 불가능하다. 레만의 옛 실험과 새로운 연구의 비교에서 우리는 정서적 반응의 객관적 측면과 주관적 측면을 통합한 연구의 경로가 얼마나 생산적인지를 다시 한번 보게 된다.

비고츠키가 이 단락과 다음 단락에서 인용한 반응 시간에 대한 연구는 아주 초기의 연구이다. 이 연구는 레만의 연구처럼 주관적 과정은 반응 시간에 대한 세심한 측정으로 객관화될 수 있다는 분트의 실험 방법과, 내관을 하는 실험자는 자신이 하는 말을 확인해 줄 또 다른 관찰자가 필요하다는 티치너의 아이디어를 토대로 한다.

*G. N. 스튜어트(George Neil Stewart, 1860~1930)는 캐논의 주요 경쟁자였다(그와 캐논은 부신이 '비상 상황을 위한 에너지'를 위한 것인지, 아니면 발달 기능을 갖는지에 대해 의견을 달리했다).

*E. 세르톨리(Enrico Sertoli, 1842~1910)는 최초로 밀라노에 분트 실험실을 설립했다(오늘날 그는 정자 세포에 영양을 공급하는 세포인 세르톨리 세포를 발견한 것으로 주로 기억된다).

*J. N. 랭글리(John Newport Langley, 1852~1910)는 케임브리지 대학교에서 가르친 영국의 생리학자 겸 역사학자였다. 그는 신경전달물질의 화학적 역할에 대한 중요한 발견을 했다.

*F. L. 웰스(Frederic Lyman Wells, 1884~1964)는 카텔과 손다이크의 학생이었으며, 기계론적 심리학자였던 R. S. 우드워스의 동료였다. 둘은 정서의 한 부분으로서 '전기적 반응'에 대한 책을 함께 출판했다. 캐논

이 여기서 언급한 실험 연구는 사람들이 사진을 식별하는 속도와 관련된 것이었다(역자들은 아쉽게도 웰스를 식별할 수 있는 사진은 구할 수 없었다).

단순히 여성이었기 때문에 분명하게 이름이 나오지 않고 '다른 이들'로 언급된 파블로프의 두 학생은 슈모바-시마노프스카야와 올림니에브나(1842~1905)다. 이 연구자들은 모두 캐논 이전에 이미 제임스-랑게의 가설에 불리한 증거를 발표했다. 이들은 모두 캐논의 1920년 연구에 인용되었다. 비고츠키가 말했듯이 그것은 반응 시간에 토대한 것이다. 만약 뇌가 내장이나 혈관운동계의 생리학적 변화보다 정서적 자극에 더 빨리 반응한다면 후자가 어떻게 정서의 진정한 원천이 될 수 있겠는가?

5-12] 우리는 그러한 통합의 고등한 형태를 정서적 삶의 정신병리학에 대한 임상적 연구를 통한 자연적 실험에서 발견한다. 이 데이터 없이는 제임스-랑게 이론과 연결된 기본적 문제가 해결될 수 없었을 것이며, 더 크게는 우리는 정서와 그 신체적 조직의 본성에 대한 더 타당한 이해에 접근하지 못했을 것이라고 일말의 과장 없이 말할 수 있다. 따라서 감정의 본성에 대한 진정한 이해와, 우리가 관심을 갖고 있는 정념에 대한 철학적 이론의 진정한 평가를 위한 확고한 지지점을 찾기 위해 항상 노력하면서 해결하려 한 논쟁의 최종 판결에 우리가 접근하고자 한다면 임상적 연구의 데이터를 반드시 염두에 두어야 한다.

뚜쟁이가 매춘부와 두 남자 사이의 거래를 중개하고 있다. 「와인 잔을 든 소녀」에서와는 달리 이 그림에서는 화대를 지불하는 남자가 붉은 코트를 입고 있다. 우리는 이 그림이 자연적 실험을 보여 준다고 할 수 있을 것이다. 두 개의 감정이 거래를 통해 자연적으로 측정되고 있기 때문이다. 하나는 스피노자가 "성관계에 대한 욕망과 사랑"(III, 48)이라고 규정한 정욕이고 다른 하나는 "부에 대한 과도한 욕망과 사랑"(47)이라고 규정한 탐욕이다. 많은 자연적 실험에서 그렇듯 이 그림에도 와인과 같은 외적 변인이 보인다. 왼쪽에 와인 잔을 들고 있는 신사는 종종 모델료를 지급하기 힘들었던 베르메르 자신의 모습이다.

비고츠키는 캐논의 해부 실험이 제임스-랑게 가설을 증명하거나 반증하기에 충분하지 않다고 말한다. 첫째, 동물은 스스로 느끼는 것을 말할 수 없기 때문이며, 둘째 생체 해부나 실험실 상황에서의 감정은 일상적으로 느끼는 감정과 매우 다르기 때문이다. 그러나 임상 상황에서 우리는 위의 그림과 같은 자연적 실험으로 둘러싸여 있다. 사람들은 스스로 느끼는 것에 대해 말할 수 있으며 실제 그렇게 한다. 비록 이 그림의 거래 장면에서 나타나는 성교에 대한 욕망과 사랑은 엄밀히 말해 '자연적'이라고 할 수는 없지만 분명 17세기와 오늘날 사회의 정신병리학적 정서적 삶의 일부이다.

정서적 삶의 정신병리학이 뜻하는 바는 무엇인가?

J. 베르메르(Johannes Vermeer), 뚜쟁이, 1656.

5-13] 기관 이론의 저자들 자신도 스스로의 이론에 대한 직접적인 확증을 찾고자 병리학의 자료에 눈을 돌렸다. 제임스는 말한다. "정서의 직접적 원인이 외적 자극을 받은 신체적 영향이 신경에 미쳤기 때문임을 보여 주는 최고의 증거는, 정서에 상응하는 대상이 존재하지 않는 병리적 사례이다. 정서에 대한 나의 관점의 최대 장점 중 하나는 이 관점의 도움으로 우리가 정서의 병리적, 일반적 사례를 하나의 일반적인 도식 아래 가져올 수 있다는 정황이다"(1902, c. 310). 이처럼 제임스는 정신병리학적 데이터를 통한 이론의 사실적 입증의 적합성을 인정했을 뿐 아니라, 그 속에서 이 이론의 최고의 증거를 보았으며, 그 최대 장점도 일반적, 병리적 감정을 똑같이 잘 설명할 수 있는 데 있다고 가정했다. 모든 정신병원에서 그는 그 무엇에 의해서도 동기화되지 않은 정서의 견본을 만날 것에 희망을 걸고 있었으며, 그의 견해에 따르면 이보다 더 그의 입장의 진실성에 대한 훌륭한 증거는 없다. 따라서 이 견본 즉 병리적 사례가 고찰중인 이론을 얼마나 지지(혹은 반대)하는지, 그리고 이 이론이 정신적, 병리적인 감정적 삶을 어느 정도로 실제로 하나의 도식 아래로 가져올 수 있는지에 대한 고찰로 눈을 돌리는 것은 당연하다.

> 스피노자 시대의 의사들은 두통이 순전히 생리학적, 육체적 원인을 갖는다고 믿었다. 그래서 여성의 두통은 종종 긴 옷 아래에 향기로운 연기를 피워서 치료했는데 이는 두통이 여성의 머리로 올라온 '방황하는 자궁'에 의해 유발된다고 믿었기 때문이다. 연기는 자궁이 다시 아래로 내려가도록 하는 것이다. 그림의 왼쪽 하단 구석에 향로 상자가 보인다. 의사는 곧 그녀의 두통을 치료하기 위해 긴 옷 아래로 향 상자를 넣을 것이다.
>
> 제임스의 이론은 이와 아주 다른가? 제임스는 다음과 같이 쓴다 (Shorter Course, p. 310).

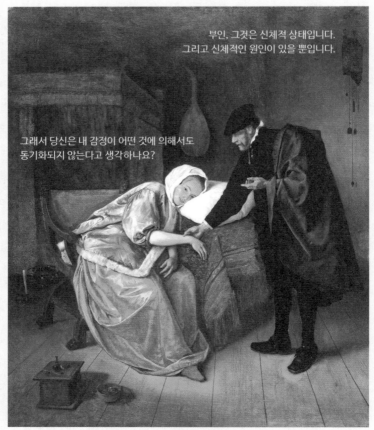

J. 스테인(Jan Steen), 아픈 여인, 1663~1666.

"정서의 직접적 원인이 신경에 미치는 신체적 영향이라는 최고의 증거는 대상이 없는 정서의 병리적 사례에 의해 제공된다. 사실, 내가 제안하는 관점의 가장 큰 장점 중 하나는 병리적 사례와 일반적 사례를 하나의 공통된 도식 아래 쉽게 공식화할 수 있다는 점이다."

"모든 보호시설에서 우리는 전혀 동기가 없는 두려움, 분노, 우울함, 자만의 사례를 그리고 동일하게 동기를 찾을 수 없는 냉담함의 사례를 만나게 된다. 이는 외적 이유를 따졌을 때에는 물러가는 것이 당연함에도 여전히 지속된다."

"앞의 사례에서 우리는 신경 기계가 어떤 감정적 방향에서 너무 불
안정해서 거의 모든 자극(부적절하더라도)이 그 방향으로의 촉발을 유
발하고, 이 정서의 심리적 총체가 구성하는 특정한 감정의 복합체를
만들어 낸다고 가정해야 한다. (…) 여기서 정서는 신체적 상태에 대한
느낌 이상이 아니며 순수한 신체적 원인을 가진다."

5-14] C. G. 랑게 역시 우리가 정서적 과정의 비정상적 기능에 눈을
돌리는 순간 심리적 정서 가설을 떠받치는 최후의 지지점이 사라질 것
이라고 가정했다. 그는 심지어 다음과 같이 가정한다. "내장기관은 휴식
기를 거의 갖지 않고 다른 부분보다 정서적 격동의 영향을 더 많이 받
는 신경계의 일부를 형성한다. 따라서 내장기관은 비정상적인 기능의
위험에 특히 강하게 노출된다. 이러한 종류의 장애가 어떤 피실험자에
게 일어나면, 상황에 따라 그는 우울감, 공포, 억제 못 할 기쁨, 수줍음
등등을 나타낸다. 이 모두는 아무런 이유 없이, 비록 이 감정을 표현하
는 이가 분노하거나 무서워하거나 기뻐할 이유가 전혀 없음을 알고 있
음에도 일어난다. 여기서 '심리적 정서' 가설을 떠받치는 지지점이 대체
어디 있는가?"(1896, C. 62-63). 보다시피 랑게는 기본적 입장을 공식화
할 뿐 아니라 논쟁의 세부적 전개에서도 제임스와 다시 한번 두드러지
게 일치한다.

　　5-15] 그러나 랑게와는 달리 제임스는 병리적인, 동기 없는 감정이
자신의 이론을 오직 간접적으로만 지지하는 연약한 증거임을 명백히
이해하고 있었다. 사실상 이러한 인용은 정상적인 감정 경로에 대한 관
찰과 비교하여 전혀 새로운 것을 제시하지 않기 때문이다. 동기화되지
않은 감정의 경우에도 (여기서 소위 진정한 우울, 진정한 공포라는 현상—
제임스의 의견에 따르면 여기서 정서는 신체적 상태의 감각에 불과하며 순전
히 생리적 과정에 의거한다—을 잠시 옆으로 미루어 둔다면) 전체 이론에 핵

심인 질문이 전혀 설명되지 않은 채 남는다. 심리적 상태와 기관의 변화가 모두 정상적인 경우와 동일하다면 동기 없는 감정에서 무엇이 원인으로 간주되어야 하고, 무엇이 결과로 간주되어야 하는가? 사실, 병리적 계기와 정상적 계기의 차이는 오직, 유일하게 병리적 계기에서는 감정을 일으키는 원인인 지각이 부재하다는 것이다. 그러나 사실 제임스-랑게의 전체 이론은 이에 대해 언급하지 않는다. 그들은 정서의 동기(가 되는 심상-K)가 아닌 정서 자체가 감정의 신체적 표현의 결과임을 보이고자 한다. 그러나 이 핵심 입장은 정상적 정서에서와 마찬가지로 동기화되지 않은 감정에서도 증명되지 않고 증명될 수 없는 채로 남아 있다.

P. 하위스(Pieter Huys), 광기의 돌을 추출하는 외과 의사, 1545~1577.

16세기에 원인 없는 감정은 뇌 속의 돌로 인해 일어난다고 생각되었다. 방광이나 신장에 결석이 생기듯 뇌에도 돌이 생긴다고 믿었던 것이다. 이 때문에 외과 의사들은 정신병자들을 대상으로 뇌 수술을 시행했다.

랑게는 원인 없는 감정은 자신의 가설을 지지하는 증거라고 생각했다. 환경이나 정신적 상태가 정서의 원인이 아닌 경우에도 혈관운동계의 변화는 정서와 함께 나타나기 때문이다. 제임스는 더 명료하게 생각했다. 환경에 분명한 자극이 없다고 해서 자극이 없는 것은 아니다. 뇌 속에 결석이 있을 수도 있는 것이다. 비고츠키는 아마도 단기 강좌의 다음 문단을 염두에 두고 있는 듯하다.

"짐승에서 인간으로의 진보는 공포를 맞이하는 상황의 빈도가 줄어들었다는 것으로 가장 크게 특징지어진다. 특히 문명화된 삶에서 마침내 대다수의 인간들이 진정한 공포의 고통을 전혀 겪지 않은 채 요람에서 무덤까지 갈 수 있게 되었다. 공포의 의미를 알기 위해서는 우리는 정신병에 걸려 보아야 한다."

제임스와 랑게 모두 공포의 신체적 발현(두근대는 심장, 땀 흘리기, 혈 떨이기)이 정서의 결과가 아니라 원인이라는 것에 동의한다. 이것은 원인이 있는 공포와 원인이 없는 공포에도 똑같이 사실이라고 제임스와 랑게는 생각한다. 그러나 비고츠키는 원인이 있는 공포와 그렇지 않은 공포 무엇에 대해서도 이는 증명된 바가 없다는 것을 지적한다. 이는 마치 광기의 돌이 존재한다는 것이 전혀 증명된 바 없는 것과 마찬가지다. 대부분의 환자는 수술을 받은 후 사망했다.

5-16] 이론의 직접적 확증이나 거부를 위해 완전히 다른 특성의 병리적 현상이 필요함이 명백하다. 제임스를 이를 이해했다. 그는 완전히 무감각하지만 마비되지는 않은 환자에게서 우리가 정서성의 보존이나 상실을 관찰할 수 있는 병리적 사례만이 그의 이론에 기여할 수 있을 것이라고 지적했다. 제임스 자신이 그와 비슷한 몇몇 관찰을 지적하면서 이를 그의 이론에 유리한 의미로 해석한다. 르보 달론느와 I. 메이에르손의 데이터와 함께 우리는 이를 한편에 제쳐 둘 것이다. 이들은 K. 랜디스의 올바른 의견에 따르면 흥미로운 역사적 사례이므로 그 자체

로서 간주되어야 하기 때문이다. 이들은 정서적 삶의 일차적 붕괴와 장애와 연결되어 있으므로 여기서는 생리적 심리학의 관점보다는 정신분석의 관점에서 고찰되어야 한다.

*C. G. 르보 달론느(Charles Gabriel Revault d'Allones, 1872~1949)는 비고츠키가 청소년 아동학에서 고등 형태의 자발적 주의에 대한 논의할 때 광범위하게 언급한 주의에 관한 중요한 책을 저술한 프랑스 정신과 의사였다. 그러나 여기서 비고츠키가 언급하고 있는 것은 그의 다음 연구이다.

La rôle des sensations internes dans les émotions et dans la perception de la durée(감정과 지속 시간 지각에서 내적 감각의 역할). Revue Philosophique, December 1905, p. 592 ff.

*C. 랜디스(Carney Landis, 1897~1962)는 J. B. 왓슨의 영향을 받은 미국 행동주의자였다. 여전히 학생이었던 1924년에 그는 미소 짓는 행동에 관한 연구를 발표했다. 그는 재즈를 듣고, 성경을 읽고, 포르노를 보고, 살아 있는 쥐의 머리를 자르는 사람들의 미소를 기술했다. 그는 실제로 그 미소들을 쉽게 구별할 수 없다는 사실에 낙심했다(사람 얼굴 위의 표식은 미소를 세심히 기술하기 위한 것이다).

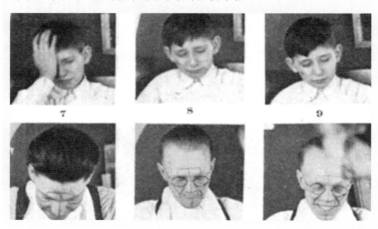

비고츠키가 주장할 것처럼, 내장 감각을 기반으로 감정을 구별하는 데에는 훨씬 더 어려운 문제들이 있다.

*I. 메이에르손(Ignace Meyerson, 1888~1983)은 P. 자네의 제자이자 피아제의 동료였다. 1차 세계 대전 중에 그는 살 페트리에르 병원의 인턴이었고 2차 세계 대전 중에는 나치에 대한 비밀 저항 조직에서 싸웠다. 그는 H. 왈롱과 더불어 프랑스의 문화 역사적 심리학의 창시자 중 한 명이었지만, 오늘날에는 거의 언급되지 않는다.

1944년 프랑스의 툴루즈에서 나치 지배에 저항하는 반란을 성공적으로 이끈 후 여전히 변장 중인 I. 메이에르손 교수(왼쪽). 웃고 있는 사람이 아무도 없음에 주목하자! 그러나 뒤쪽에 키스하고 있는 커플이 있다.

5-17] W. 제임스 자신은 비판적 실험을 위해 본인이 제시한 조건이 실현 불가능하다고 생각했다. 그러나 이 조건은 두마스의 올바른 지적에 의하면 셰링턴의 심리생리학적 실험에서 처음으로 실현되었으며, 그 후에는 Ch. 다나가 실시한 임상적 관찰에서(Ch. 다나, 1921) 실현되었다.

　*C. L. 다나(Charles Loomis Dana, 1852~1935)는 코넬 대학교의 신경학 교수였다. 캐논은 자신의 저서 『Bodily Changes in Pain, Hunger, Fear and Rage(고통, 배고픔, 공포, 그리고 분노의 신체 변화)』 369쪽의 각주에 다음과 같이 쓴다.

　"목이 부러진 채 거의 1년간 생존하면서 환부 아래로는 완전히 마비되어 무감각한 상태였음에도 여전히 전형적인 기쁨, 슬픔, 불쾌함, 그리고 애정을 나타냈던 환자를 묘사하고, 다른 관련 있는 신경학적 경험을 인용한 후, 다나(신경학과 정신의학의 기록 보관소, vi, 1921, p. 634)는 다음과 같이 진술한다. '전반적으로, 나는 감정이 중앙에 위치하며 피질 및 시상의 작용과 상호작용에서 비롯된다는 결론에 이르게 된다.' 나는 위에 제시된 주장을 처음 상세히 설명할 때는 이 진술을 알지 못했다."

　비고츠키는 6장, 12장, 15장에서 이 사례를 다시 언급할 것이다.

5-18] 이 임상적 연구들은 병리적 사례에서의 정서적 체험에 대한 사실적 연구를 위해 자기관찰 자료를 사용할 수 있게 해 줄 뿐 아니라, 우리가 지금껏 한편으로 미루어 두었던 기관 정서 이론이 다룬 또 다른 극도로 본질적인 사실의 영역을 비추어 준다. 지금까지 우리는 주로, 그리고 거의 오직 정서의 신체적 표현의 내장적 측면만을, 즉 중추

신경계의 교감신경부의 기능만을 다루었다. 생리적 실험의 조건 때문에 우리는 정서의 운동적, 모방적 현상을 한편에 제쳐 두었다. 이는 제임스의 이론에서 비록 이차적이지만 그럼에도 정서를 일으키는 데 중요한 역할을 한다. 더욱이, 캐논과 셰링턴의 연구에서도 그랬듯이 종종 우리는 정서의 심리적 부분이 존재함을 나타내는 지표에 의존하는 한편, 신체적 반응의 운동적, 모방적 측면이 보존됨에 의존해야 했다. 이제 계속해서 고찰할 임상적 연구들은 이 사실의 집단에 대한 해답을 얻을 수 있게 해 줄 것이며 그리하여 우리를 최종 결론, 우리의 최종 해결로 직접 다가갈 수 있게 해 줄 것이다.

렘브란트, 제욱시스의 모습을 한 자화상, 1668.

제욱시스는 자신을 찾아온 노파에게서 예쁘게 그려 달라는 청을 듣고 노파의 얼굴에서 자신의 얼굴이 보여 웃음을 참다가 질식해 죽었다고 한다. 여기서 파산하고 파문되었으며 죽음을 얼마 남겨 두지 않은 렘브란트는 자신과 비슷한 노파를 그림에 넣어 두고 우스워 죽으려 하고 있다.

렘브란트는 80작품 이상의 자화상을 그렸다. 그가 모델료를 지불할 돈이 없었기 때문에 자화상을 그렇게 많이 그렸다고 농담하는 이들이 많지만, 부유하게 된 이후에도 렘브란트는 계속해서 자화상을 그렸다. 문제는 모델은 지루한 일이기 때문에 지루하게 보이는 경향이 있다는 것이었다. 자화상을 그리면 표현을 좀 더 자유롭게 통제할 수 있고 모델 내면의 생각에도 접근할 수 있다. 다음 장에서 비고츠키는 바로 이러한 두 가지 종류의 자료, 즉 모방적, 내관적 자료로 주의를 돌린다.

● 정서가 배제된 감각

4.5에서 비고츠키는 신체적 변화 없는 감정이 가능한지, 감정 없는 신체적 변화가 가능한지 물었다. 이 절에서 비고츠키는 뒤의 가설을 살펴본다. 그는 마라논의 실험을 통해 감정과 연관된 신체적 변화를 의지적으로나 약물의 도움을 통해 만듦으로써 감정을 원하는 대로 만들어 낼 수 있는지 검토한다. 이것이 불가능하다는 것을 보이는 과정에서 그는 제임스-랑게 이론에 포함된 일말의 진실을 조명한다. 감정과 연관된 모든 신체적 표현을 제거하기 위해서는 특정한 정신적, 언어적 상태(예컨대 '명료한 생각과 말' 혹은 '행동 태세') 또한 제거되어야 한다는 것이다. 따라서 생리적 과정으로부터 순수한 '정신적' 과정을 분리해 낸다는 것은 쉬운 일이 아닌 것으로 보인다. 이 절은 감정이 없거나 감정적 표현이 부족한 환자들의 자율적 혹은 반자율적 신경 기능(예컨대 얼굴표정, 몸짓, 운동신경계, 모방신경계)을 검사함으로써 임상적, 즉 병리학적 증거를 살펴볼 것을 예고하며 마무리된다.

5.1 비고츠키는 4.5에서 소개된 가설이 '직접적, 상보적' 정리라고 말한다. 직접적 정리는 제임스와 랑게 자신이 진술한 것이다. 감정과 연관된 신체적 변화를 쳐내면 우리는 감정 역시도 제거하는 것이다. 이러한 추측은 셰링턴의 해부 실험으로 그릇된 것으로 검증되었다. 상보적 정리는 우리가 이러한 신체적 변화를 (약물이나 질병, 감기, 굶주림, 갈증 혹은 심지어 스타니슬랍스키의 연기 방법 등의) 비감정적 수단을 통해 만들어 낸다면 그 감정도 생겨나게 된다는 것이다.

5.2 이것 역시 마라논의 약리학적 실험으로 그릇된 것으로 검증된다.

5.3 실험에서 아드레날린 주사가 감정적 반응의 '유기적 표현(심장박동 증가, 혈당 증가, 신경 흥분 등)'을 만들어 내지만 감정 자체를 만들지는 못한다. 인간 실험 대상이 이용되었으므로 자기관찰을 통해 이를 검증할 수 있다.

5.4 자기관찰에서 실험 대상은 '마치' 두려운 것처럼 느껴지지만 실제 두렵지는 않다고 보고했다.

5.5 마라논은 일반화한다. 그는 주사 후 일어나는 신체적 변화와 일어나지 않는 감정 사이의 분명한 구분을 지적한다.

5.6 소수의 실험 대상은 실제로 감정을 경험하기도 했다(자기관찰은 물론 눈물, 흐느껴 울기, 한숨 쉬기 등의 반응). 비고츠키는 이러한 현상을 설명하지는 않는다. 물론 비고츠키는 이러한 실험 대상들은 갑상성기능항진을 앓거나, 최근에 사별한 경험이 있거나 병든 자녀에 대한 걱정이 있는 경우임을 지적한다. 비고츠키는 이러한 실험 대상이 있다는 것은 생리적 변화들이 감정적 경험에 보조적이며, 이러한 변화들이 감정적 경험을 촉진하거나 보상할(혹은 그 반대일) 수 있음을 시사한다고 지적한다. 이는 감정의 문제가 짜여진 잠재적인 이원론적 틀(생리적 현상은 자극이며 심리적 현상은 반응이다. 혹은 그 반대이다)로부터 한 발자국 벗어나는 중요한 시도이다.

5.7 앞에서 비고츠키는 아드레날린 수준의 변화에 따라 수반되는 감정적 경험에서 보게 되는 생리적, 심리적 반응의 혼합은 제임스-랑게 이론이 가지는 일말의 진실이라고 지적한 바 있다. 여기서 그는 제임스와 랑게의 중요한 두 가지 은폐에 대한 논의를 확장시킨다. 랑게는 우리가 공포에 대한 신체적 증상을 모두 제거하고 이를 명료한 생각과 말로 대체하면 공포에서 남는 것이 없을 것이라고 말한다. 비고츠키는 그가 생리적 반응에 더해 정신적, 언어적 반응을 포함시켰음을 지적한다.

5.8 제임스는 분노에 수반되는 신체적 현상 중 하나는 '활발한 행동으로의 충동'이라고 언급한다. 이 역시 단순히 생리적 과정이 아닌 심리적 과정에 대한 명백한 언급이다. 따라서 두 학자 모두 우리가 어떻게든 감정의 신체적 증상과 정신적 증상을 제거하면 감정이 사라질 것이라고 주장하고 있는 것이다. 이는 물론 아마도 사실일 것이다. 그러나 비고츠키의 지적과 같이 이는 또한 사소한 것이다.

5.9 비고츠키는 이를 다시 언급하겠다고 약속하고 마라논의 발견을 이렇게 요약한다. 약물 주사로 강력한 감정을 나타내는 신체적 표현이 강력한 감정 없이도 나타난다. 소수의 반대되는 사례(이 사례들의 양과 빈도뿐 아니라 질과 상황에 의해서도)들은 신체적 표현이 감정에 수반하기는 하지만 엄밀한 의미에서 감정의 원인도 결과도 아님을 시사한다.

5.10 임상적, 병리학적 연구로 넘어간다. 비고츠키는 먼저 덴마크 생리학자인 레만의 자기관찰을 통한 시간 기록을 인용한다. 이에 따르면 경험에 대한 '정서적 색채'는 거의 즉각 나타나지만 생리적 반응은 1, 2초 후에 나타난다.

5.11 캐논은 (스튜어트, 세르톨리, 랭글리, 파블로프의) 폭넓은 데이터를 비교하며 이를 확증하고 내장기관의 반응은 약 0.8초 후에 나타난다고 결론 내린다. 분트가 연구 불가하다고 선언한 고등정신기능 과정을 언제나 연구하고 싶어 했던 비고츠키는 이러한 연구가 주관적인 자기관찰과 객관적인 시간 측정을 결합한 것이라고 지적한다.

5.12 물론 이와 동일한 주관적-객관적 방법의 결합(자기-보고와 타인 관찰)이 임상 연구에서도 나타난다. 임상연구가 없다면 제임스-랑게 이론의 경험적 타당성도, 그것이 느낌에 대한 스피노자의 가르침과 갖는 진정한 관계도 결코 이해될 수 없다.

5.13 제임스와 랑게 스스로가 이러한 연구에 기대었다. 제임스는 분명 임상적 정신병자들 대부분이 지각 불가한 자극(그러나 아마도 어떤 기저의 생리적 자극)에 정서를 연관시킬 것으로 기대했다.

5.14 랑게는 분명 혈관신경계가 병리적 현상에 특히 쉽게 영향을 받을 것이라고 생각했다. 혈관신경계가 호흡에 아주 직접적으로 의존하지 않기 때문이다. 따라서 제임스와 같이 그도 혈관신경계의 교란이 대다수의 정신병의 기저에 놓여 있을 것으로 생각했다.

5.15 이는 그 둘이 같다는 것을 의미하지는 않는다. 둘 모두 정상적, 병리적 조건 모두에서 정신적 정서를 일으키는 것은 생리적 변화이며 정서가 생리적 변화를 일으키는 것은 아니라고 생각한다. 그러나 제임스만이 정상적 조건과 병리적 조건을 구분하는 핵심이 지각임을 이해한다. 랑게는 이 구분이 혈관신경 과정과 호흡 사이의 연결 혹은 혈관신경 과정의 상대적 자율성에 있다고 시사한다. 제임스에 따르면 정상과 비정상은 외부 경험에 대한 지각이 생리적 변화를 일으키는 원인이 되는지 여부에 달려 있다. 건강한 조건에서 지각이 존재한다. 병리적 조건에서는 그렇지 않다. 그러나 제임스-랑게 이론은 지각에 대한 이론이 아니다.

5.16 제임스는 자신이 해야 하는 일이 정서적으로 무감각하고, 감정적으로 흥분되지 못하는 이들을 연구하는 것임을 이해한다. 그를 비롯한 몇 명의 심리학자들(르보달론느, 메이에르손)은 이에 대한 자료를 다소 가지고 있었으나, 비고츠키는 이것이 정서적 교란에 대한 사례의 나열이며 이를 보다 올바르게 접근하기 위해서는 생리학적 심리학의 판례가 아니라 개인적, 신경분석학적 측면에서 바라보아야 한다고 주장한다.

5.17 제임스는 이에 대한 '결정적 실험'이 있을 것이라고 전혀 믿지 않았다. 그러나 사실 셰링턴과 다나는 '결정적 실험'에 근사한 것을 제시했다.

5.18 이 연구에서 더욱 흥미로운 것은 '내장기관'과 '혈관운동'의 변화에 더하여 (몸짓, 얼굴 표정, 실험 대상이 무엇을 할 것이라든지 무엇을 말할 것이라는 신호등과 같은) 운동과 모방 반응에 대한 관찰을 포함한 것이다. 이는 제임스에게서는 이차적인 역할을 한다. 그러나 비고츠키는 이러한 반응들이 중요할 것이라고 생각하고 이에 대해 다음 절에서 논의한다.

제6장

임상적, 병리학적 증거

말레 바베(Frans Hals, 1634).

말레 바베(Malle Babbe)는 술주정꾼이 아니라 F. 할스의 아들이 수용되었던 정신병원의 수감자였다. 이 장에서 비고츠키는 제임스-랑게 가설을 반증하는 임상적, 병리학적 자료를 고찰한다.

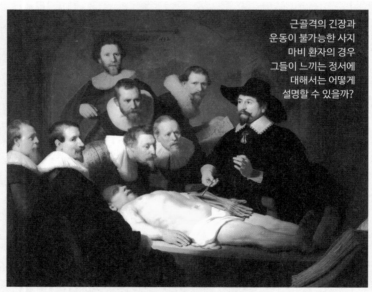

근골격의 긴장과
운동이 불가능한 사지
마비 환자의 경우
그들이 느끼는 정서에
대해서는 어떻게
설명할 수 있을까?

렘브란트, 1632년 1월 31일, 툴프 박사의 해부학 수업, 1632.

　렘브란트는 툴프 박사가 당일 교수형에 처해진 강도 아리스트 킨드를 공개 해부하는 모습을 보여 준다. 〈슈퍼맨〉의 주인공이었던 크리스토퍼 리브는 외상성 축추전위를 겪었다. 이는 교수형된 아리스트 킨드와 같이 뇌와 척추의 연결이 끊어진 상태이다. 아리스트 킨드와는 달리 리브는 사지마비 상태로 9년을 더 살았다. 근육과 골격계를 움직이거나 심지어 보조장치 없이는 호흡도 할 수 없었지만 리브는 아내인

다나와 풍부한 감정적 교류를 나누었으며, 사지마비 환자를 위한 활동가로서 정력적인 경력을 쌓았다. '고도' 심리학은 이를 설명할 수 있다.

이 장에서 지적 흥미의 초점은 해부학이다. 비고츠키는 제임스와 랑게의 추종자들이 내장과 혈관운동계를 골격근, 특히 안면근육으로 대체하려는 시도에 대해 논하고 있다. 이러한 이론의 수정에는 두 가지 문제가 있다. 이는 너무 강한 자발적 통제(배우의 표정연기 같은)와 너무 약한 자발적 통제(병리학적으로 충동적인 웃음과 눈물 같은)이다. 그러나 의지의 도입은 우리를 비고츠키의 목적지, 즉 '고도' 감정 이론에 한 걸음 더 가까워지게 한다.

6-1] 보았다시피 기관 이론을 지지한 이들은 이 이론과 실험적 연구의 명백한 데이터를 절충할 수도 있는 본질적인 사실적 수정을 가함으로써 기관 이론을 구하고자 한다. 이 데이터는 내장 변화는 정서의 근원으로 간주될 수 없다고 말한다. 따라서 골격근의 긴장과 운동이 정서적 상태의 진정한 원인을 이루며 다양한 정서에 상응하는 형태로 변한다는 가정만이 남는다.

6-2] S. 윌슨은 외적으로 명백히 표현된 감정의 현상이 환자의 실제 감정과 전혀 일치하지 않는 웃음과 눈물의 현상의 병리적 사례를 기술했다. 이 환자들의 정서적 체험은 완전히 정상적으로 전개되었으며 그들은 자신의 진정한 느낌이 그 표현과 모순된다는 사실로 괴로워했다. 환자들은 크게 웃으면서 슬픔을 체험했다. 윌슨은 행복과 기쁨에 수반되는 내장기관 기제의 반응을 포함한 모든 외적 현상에도 불구하고 이 사람들은 행복을 느끼지 못할 뿐 아니라, 상응하는 의식의 상태가 정서의 외적 표현과 완전히 반대될 수 있었다고 기술한다(S. Wilson, 1924, pp. 299-333). 주변적 구성 요소와 대뇌적 구성 요소의 완전한 융합이 일어나지 않는 이러한 관찰에 제임스-랑게 가설이 부합하려면 이 가설

이 근본적으로 변해야 함이 명백하다.

*S. A. K 윌슨(Samuel Alexander Kinnier Wilson, 1878~1937)은 J. 바빈스키(바빈스키 반사의 바빈스키와 동명이인)의 제자였다. 체내에 구리가 과도하게 쌓이는 유전질환인 윌슨병은 그의 이름을 딴 것이다. 비고츠키는 1924년 병리학저널 「페솔로지카」에 게재된 충동적 웃음과 울음에 대한 그의 논문을 인용하고 있다.

6-3] S. 윌슨은 또한 심리적 정서요소와 신체적 정서요소 사이에 평행성이 없음을 지적하는 반대 사례도 인용한다. 이는 환자가 상황에 따라 느낌을 체험하며 자신의 정서적 상태를 예민하게 감지하면서도 얼굴에는 정서적 마비가 온 사례이다. 그들에게서는 얼굴에 마스크를 씌운 듯한 표정이 나타나지만 이 마스크 뒤에는 정상적인 정서적 반응의 역할이 온전히 보존되어 있다. 환자는 얼굴의 표현 움직임이 전혀 없는 것 때문에 괴로워했다. 윌슨의 증거에 따르면 환자들은 이 상황에 매우 민감했으며, 타인에게 자신의 기쁨과 슬픔을 드러냄에 방해가 되는 이 상황을 커다란 불행으로 보았다. H. B. 코노발로프의 생생한 비교에 따르면 윌슨이 기술한 첫 번째와 두 번째 유형의 환자들에게서 우리는 마스크를 연상시키는 정서적 체험과 그것의 외적 표현 간의 불일치를 항상 보게 된다. 다만 두 번째 유형의 환자 얼굴은 모든 정서적 삶을 온전히 갖고 있는 사람에게 데스마스크를 씌운 듯했다면, 첫 번째 유형의 환자 얼굴은 주인공 극 역할을 표현하는 배우의 내적 상태 및 역할의 대사와 전혀 어울리지 않는 과장되게 강렬한 감정을 표현하는 그리스 배우의 마스크를 연상시킨다. 본질적으로, 이러한 유형의 환자에게서 우리는 빅토르 위고의 소설 『웃는 남자』에서 묘사된 것을 본다.

F. 플라맹(François Flameng), 빅토르 위고의 소설 『웃는 남자』의 표지 삽화, 1869.

　　주인공 그윈플렌은 인신매매단에게 납치되었다. 그는 강제로 얼굴을 훼손당했고 그 모습을 구걸에 이용해야 했다. 구걸 대신 그윈플렌은 괴짜 코미디 쇼를 펼쳤다. 2019년 〈조커〉는 이 증후군에 관한 영화다. 주인공은 적절치 않은 상황에서도 웃고 있을 수밖에 없다. 〈배트맨〉의 등장인물인 조커는 바로 『웃는 남자』에서 영감을 받았다.

*Н. В. 코노발로프(Николай Васильевич Коновалов, 1900~1966)는 구소련 자료에 따르면 윌슨 병의 공동 발견자였지만, 다른 나라에서는 인정받지 못했다. 그러나 매우 유명한 의사로, 조셉 스탈린을 진료한 의사들 중 한 명이었다.

6-4] S. 윌슨은 환자들의 자기관찰 자료를 인용한다. 이는 다른 이들이 그들의 웃음과 눈물을 진정한 실제 감정 상태를 보여 주는 지표로 이용한 것에 저항한다. 이는 제임스가 칭한 신체적 현상이 정서를 만든다는 결론과 절충될 수 없다고 윌슨은 말한다. 반대로, 안면마비 환자는 가면 같은 얼굴 표정을 하고도 '내적 웃음'을 체험할 수 있다. 윌슨은 자신의 관찰을 일반적 테제의 형태로 요약한다. 그의 말에 따르면, 임상적 관점에서 볼 때, 정서적 반응의 심리적 구성 요소와 통합되는 대뇌 변화에 비해 기관 변화는 비교적 작은 의미를 갖는다는 생리학자들의 가정에 그는 동의해야만 한다.

> 이 그림은 즉시성과 아름다운 마감 모두에서 스냅 사진처럼 보인다. 하지만 1624년에 카메라는 존재하지 않았기 때문에, 그림의 모델은 길고도 지루한 시간 동안 포즈를 취하고 있어야 했다. 그는 어떻게 그렇게 했을까? 윌슨의 대답은 웃음은 뇌의 변화에 비해 그다지 중요하지 않다는 것이고, 제임스의 대답은 웃음의 생리학적인 증상(속성)에 따라 뇌에 변화가 일어난다는 것이다. 만약 윌슨이 맞는다면, 바이올리니스트는 지루함을 느끼면서도 계속해서 웃는 척해야 함을 상기해야 했을 것이다. 하지만 제임스가 맞는다면, 모델의 웃음은 억지로 지어낸 것일 수 있지만, 그럼에도 불구하고 진실됐을 것이다. 그림에서 답을 찾을 수 있는가?

실제 감정(내적 감정)과 다른
신체적 반응(표정)은
감정에 어떤 영향을 미칠까?

G. 반 혼토르스트(Gerrit van Honthorst) 웃고 있는 바이올리니스트, 1624.

6-5] 그러나 바드가 지적하듯이, 골격근이 완전히 혹은 거의 완전히 경직된 환자들이 정상적인 정서적 삶을 유지한다는 사례는 더욱 큰 의미를 갖는다. C. 다나는 이 환자들에게 정상적인 주관적 정서적 반응이 유지됨을 보고한다. 다나는, 바드의 의견에 의하면 셰링턴의 실험이 수술받은 동물들의 정서 유무의 지표로 삼기에 부족하다는, 종종 제기되었던 비난에 대해 직접 대답하는 뛰어난 관찰을 기술하기로 했다. 매

우 지적인 40세 여성으로 경추 3번과 4번이 골절된 환자는 골격근, 몸통, 사지가 완전히 마비되었으며 목 아래 전체 신체의 표면적, 심층적 감각을 완전히 상실했다. 환자는 1년간 생존했으며 그동안 다나는 환자의 슬픔, 기쁨, 불만, 애정을 관찰했다. 그녀의 인격이나 특성에서 그 어떤 변화도 볼 수 없었다. 환자는 두개골의 근육과 목 윗부분 그리고 횡경막만을 사용할 수 있었다. 교감신경계로부터의 자극으로 인한 정서적 방출 가능성은 배제되었다. 주변적 이론의 관점에서는, 골격계가 실질적으로 제거되었으며 교감신경계 역시 전체적으로 배제된 상태에서 어떻게 환자의 정서성이 변화되지 않았는지 이해하기 어렵다.

P. 바드에 대해서는 **2-3** 참조. C. L. 다나와 위 문단의 사례에 대해서는 **5-17** 참조.

6-6] 이 관찰의 기본적 결론으로 다나는 다음을 도출한다. 정서는 중심으로 국지화되며 대뇌피질과 시상의 활동 및 상호작용으로 인해 생겨난다. 식물적 신경계를 규제하는 부위는 주로 뇌간에 위치한다. 이 부위는 동물이 방어, 공격, 능동적 지향을 요구하는 어떤 것을 지각할 때 일차적으로 흥분된다. 이에 따라 근육, 내장, 분비샘이 자극되며, 대뇌피질과도 통하여 지각된 대상이나 떠오른 관념에 해당되는 감정을 자극한다. 이제 이 임상학자의 이론적 관찰이 긍정적으로 제시하는 부분을 살펴보자. 그것은 부정적 결론과 마찬가지로, 생리학자들이 실험적 연구 결과 도달했던 결론과 완전히 일치한다. 이제 우리는 계속해서 우리의 흥미를 끄는 문제에 대한 아마도 직접적인 해답을 줄 수 있으며, 앞에서 고찰한 데이터와 함께 고려하면 수십 년 이 유명한 이론을 중심으로 자라 온 모순의 매듭을 거의 완전히 풀 수 있는, 가장 중요한 임상 데이터를 계속해서 살펴볼 것이다.

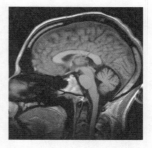

　　부정적 결론은 골격근과 교감신경계의 사용이 제거되어도 정서에 변화가 없다는 것이다. 긍정적 결론은, 뒤에 보게 될 바와 같이 시상의 핵심적 역할과 관련이 있다. 시상은 두 대뇌 반구 사이에, 그리고 척추 바로 위에 위치한 중뇌의 중앙에 있는 작은 신경부이다. 이것이 정서에서 역할을 한다는 의미에서 긍정적이지만, 이 역시 병리적 자료에 근거하고 있다.

6-7]　H. 헤드는 한쪽 시상에서 장애가 나타난 사례를 기술한다. 환자의 증상적 특성으로 온갖 정서적 자극에 대한 과한 반응, 정서적 색채 변화의 이분적 변화가 관찰되었다. 주사 찌름, 고통스러운 압박, 덥게 하기, 춥게 하기 등은 정상적 신체 부위보다 장애의 영향을 받는 부위에서 훨씬 더 큰 정서적 인상을 일으켰다. 유쾌한 자극 역시 장애가 있는 부위에서 더 집중적으로 정서적으로 체험되었다. 따뜻한 접촉은 강렬한 만족감을 일으켰으며 이는 얼굴에 나타나는 기쁜 증후와 유쾌한 만족의 표현으로 표출되었다. 복잡한 정서적 자극, 예컨대 음악이나 노래의 지각은 (장애가 있는 부분에서) 환자가 감당하기 어려운 정도로 강력한 정서적 체험을 일으킬 수 있었다.

　　위 문단은 캐논의 『고통, 배고픔, 공포, 분노에서 신체의 변화들』(1920)의 366쪽을 재진술한 것이다.

　　"고학력 환자는 신체의 오른쪽 절반이 유쾌, 불쾌한 자극에 더욱 민감하게 만든 그 발작 이후로 그가 더 호색적이 되었다 고백했다. '나는 여자의 부드러운 살갗에 오른손을 얹고 싶은 생각이 간절하다. 위로를 바라는 건 내 오른손이다. 나는 오른쪽에서 동정을 갈망하는 것 같다.' 마지막으로 그는 '내 오른손이 더 예술적인 것 같다'라고 덧붙였다."

Head, H. and Rivers W. H. R. (1920). Studies in Neurology, Vol. II. London: Frowde, Hodder and Stoughton. p. 561.

*H. 헤드 경(Sir Henry Head, 1861~1940년)은 신경학자였고 시인이었다. 그는 환자를 연구 자료로 사용하는 것은 그들이 느끼는 바를 정확하게 묘사할 수 없기 때문에 한계가 있다는 것을 인식하고, 동료인 유명한 정신과 의사 W. H. 리버스에게 자신의 신경을 여러 개 자르게 하고 신경이 재생되는 과정을 세심히 기록했다. 그는 '두 번째 위대한 개인 실험'을 주의 깊게 기록하면서 또 다른 퇴행성 질환으로 사망했다. 그는 토마스 하디의 절친한 친구였으며, 전쟁 중 그에게 전투 신경증 치료를 받았던 위대한 전쟁 시인 지그프리트 사순의 멘토였다.

6-8] 헤드의 환자 중 하나는 교회에서 자리에 가만히 있을 수 없었다. 노래가 장애가 있는 부분에 미치는 영향을 참을 수 없었기 때문이다. 노래를 들으면서 다른 환자는 장애 부분에서 끔찍한 느낌을 체험했다. 환자 중 한 명은, 자신의 신체 오른쪽에 유쾌, 불쾌한 느낌에 특히 민감하게 만든 발작 이후에 예민해졌다고 말했다. 그는 자신의 오른손이 항상 위안을 필요로 한다고 말했다. 환자는 자신의 오른손이 끊임없이 공감을 갈망한다고 생각한다. 그의 오른손이 더 "예술적"인 것으로 보인다. 이처럼 손상된 시상이 있는 신체 부위는 외적 자극과 내적 정신적 상태의 감정적 요소에 더욱 강력하게 반응한다. 장애를 겪는 신체 부위는 만족의 상태와 불만족의 상태에 대한 민감성이 증가한다. E. 퀴퍼스는 정신적 상태의 근원으로서 시상이 갖는 역할을 다른 이들보다 높이 평가했으며 이러한 유형의 환자에 대한 관찰 결과를 공식화하여, 한쪽 시상에 병변을 가진 환자는 오른쪽과 왼쪽에 서로 다른 영혼을 가진다고 말한다. 환자는 한편에서 다른 편보다 더욱 위안을 필요로 하

며 고통에 민감하고, "예술적"이며, 섬세하고, 성급하다.

*E. 퀴퍼스(Egon Küppers, 1887~1980)는 독일의 관념론자, 정신과 의사, 신경과 의사로 인슐린이 혈당과 그에 따른 활동에 미치는 영향을 적극적으로 연구했다. 철학에서 그는 하이데거와 가깝지만 또한 우리의 경험과 구원을 관장하는 뇌의 영역을 특정했다는 점에서 데카르트와도 가깝다. 다만 그는 데카르트와는 달리 '영혼'은 송과샘에 사는 것이 아니라, 오히려 시상視床에 사는 것으로 보았다.

The concept of existence and neurology, Archives for Psychiatry and Nervous Diseases volume 184, pp. 172~200(1950) 참조.

6-9] 이 사례에 대한 제임스의 해석은 잠시 옆으로 미루어 두고, 우리가 논의 중인 문제에 이 사례가 직접 함의하는 것을 도출해야 한다. 무엇보다, 두 가지 계기가 우리의 흥미를 끌 수 있다. 첫째, 헤드가 확립했듯이 이러한 유형의 환자에게서 각각의 감각에 대한 느낌의 색채가 매우 다름이 두드러진다. 한 감각이나 지각은 본질적으로 정서적 영향을 전혀 갖지 않는 반면 다른 것은 장애가 있는 부분에 강력한 영향을 미친다. 특히 캐논이 올바르게 강조했듯이 다양한 신체의 자세와 포즈와 함께 나타나는 감각이 정서적 톤을 전혀 갖지 않는다는 사실은 매우 중요한 의미를 획득한다. 이로부터, 위에서 지적했듯 결정적 실험의 결과 내장 감각을 배제한 후에 제임스의 추종자들이 정서의 주요한 내장 외부적 원천으로 보고자 했던 골격근으로부터의 구심적 자극이 정서의 실제 원천으로 간주될 수 없음이 도출된다. 그 속에는 우리로 하여금 정서 상태의 유일한 원천이라고 생각하게끔 할 수 있는 특별한 필수적 자질(느낌적 색채)이 없기 때문이다. 따라서 기관 정서 이론을 구하고자 노력한 이들의 마지막 수단은 헤드의 임상적 연구로 파괴된 것으

로 보인다. 내장기관으로부터의 반사자극이나 신경 분포된 근육으로부터의 자극 모두 정서의 특별한 자질의 원천으로 작용할 수 없다.

H. 테르 브루겐(Hendrick ter Brugghen), 멜랑콜리아, 1622.

제임스는 공포가 신체의 움직임을 활성화하는 감정이며 심지어 공포에 의해 마비된 상태에서도 포식자 앞에서 죽은 척할 수 있도록 해 준다는 의미에서 유용하다고 주장한다. 그러므로 각기 다른 종류의 감정은 각기 다른 근육 자세에 의해 설명될 수 있을 것이라고 주장한다.

그러나 그렇지 않은 것으로 보인다. 캐논의 실험에서 코믹송은 감정적 효과가 없었다. 그러나 "A! Che la morte!"(아! 죽음은 너무도 늦어라-베르디 오페라 〈일 트로바토레〉 아리아 중 만리코와 레오노라의 이별 장면에서 나오는 노래)를 들을 때면 시상 종양으로 병변을 입은 쪽이 영향을 받는 듯하다. 감정의 기원이 시상이 아니라 내장이라면 이는 설명하기 어렵다. 이를 근육 긴장에 의한 것으로 설명하는 것은 더욱 어렵다.

6-10] 우리의 흥미를 끄는 두 번째 계기는 헤드의 연구에서 우리는 제임스의 개념의 관점에서 일반적으로 전혀 설명할 수 없는, 따라서 그에 타협 불가한 모순적 사실들을 만난다는 것이다. 사실, 이 관점에서, 이 이론의 저자들이 제안하는 기본 가정을 유지하면서 정서적 체험이 한쪽에서만 일어나는 사실을 어떻게 설명할 수 있겠는가? 캐논의 지적과 같이 가슴이나 복부의 내장기관 모두 절반만 기능할 수는 없으며 혈관운동부 역시 하나의 통합체이다. 물론 헤드의 환자들도 오른쪽 혹은 왼쪽만 웃거나 울지는 않았다. 따라서 손상된 주변 기관으로부터의 자극은 좌우 모두에 같음이 분명하다. 느낌의 비대칭성을 설명하기 위해 우리는 비대칭적으로 기능할 수 있는 기관, 즉 시상에 눈을 돌려야 한다.

느낌의 비대칭성이란 무엇인가?

A. 코이프(Aelbert Cuyp), 메데르부르트 가로수 길, 1650~1652.

16세기 네덜란드 그림, 특히 풍경화에는 대칭이 드물다. 스피노자, 렘브란트, 베르메르 시대 이전의 풍경화에서는 수평 대칭이 매우 흔했다. 절반은 육지고 절반은 바다여서 수평으로 거의 반으로 접을 수 있을 정도였다. 코이프의 풍경화는 유별나다. 그것은 대칭일 뿐 아니라, 수직 대칭이다.

우리의 모든 감각기관(두 눈, 두 귀, 두 콧구멍 그리고 대칭적인 혀), 골격근, 골격도 그렇다. 혈관운동계는 대칭적이지만 내장(예를 들어 위, 이자, 창자 등)은 사실 그렇지 않다.

여기 문제가 있다. 기쁨이나 슬픔을 느낄 때, 우리는 온몸으로 느낀다. 그러나 헤드의 환자는 신체의 한쪽 편보다 다른 편에서 오는 자극(노래 등)에 대한 반응으로 훨씬 많은 느낌을 갖는 것으로 보인다. 이는 내장이나 혈관운동계로 설명될 수 없다. 엄격하게 대칭적이지 않은 기관도 반으로 기능하지 않기 때문이다. 간은 비대칭이지만, 왼쪽에서 오른쪽으로나 오른쪽에서 왼쪽으로 작용하지 않는다. 그러나 우리는 비대칭적으로 기능하는 뇌의 일부를 살펴봄으로써 그것을 설명할 수 있다. 예를 들어 구심성 신호는 이쪽으로 흐르지만 원심성 신호는 저쪽으로 흐르는 부분이 있다. 그것이 시상이다.

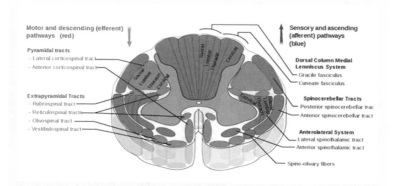

그림 출처 https://kr.brainworld.com/BrainScience/8183

By Polarlys and Mikael Häggström-File:Medulla spinalis-tracts-English.svg by Polarlys (translation by Selket)., CC BY-SA 3.0.

시상은 간뇌에 위치한 뇌 기관으로 작은 타원형 모양이며 좌우 대뇌 반구에 하나씩 자리 잡고 있다. 시상은 대뇌로 가는 감각 정보가 모이고 운동 정보가 나가는 입출력 중추 역할을 한다. 시상에 위치한 여러 개의 핵은 수용체로부터 감각 정보를 받아들이고 대뇌피질로 정보를 보내는 역할을 한다. 중심부의 핵군은 의식과 관련된 중요한 역할을 담당하며, 이외에 운동기능, 감정 조절에 관여하기도 한다.

결과적으로 시상은 후각을 제외한 거의 모든 감각 정보를 받아서 서로 다른 대뇌피질에 많은 정보 전달의 기능을 하기 때문에 정보의 교환대라고 생각할 수 있다.

6-11] 우리가 관심이 있는 문제에 대한 임상적 데이터의 검토를 마무리 지으면서, 우리는 우리가 조사하고 있는 이론적 논쟁을 해결하기 위한 새롭고 가장 중요한 지지점을 이 새로운 사실들에서 획득함을 본다. 지적했다시피 제임스는 자신의 이론의 최초 출판에서, 자신의 이론이 최종적으로 확증 또는 거부되기 위한 데이터는 오직 병원에서만 획득할 수 있기 때문에 이는 병원에서 이루어질 것이라고 말하며 병원에 도움을 청했다. 병원은 다양한 관찰을 토대로, 이 이론이 처음 공식화되었을 때에는 알려져 있지 않던 충분한 사실들을 축적했으며, 그리하여 제임스의 가설을 확증하거나 거부할 수 있는 진정한 수단을 획득했다. 위에서 말한 것을 볼 때 임상적 연구는 오해의 여지 없이 명백하게 이 이론의 확증이 아닌 거부를 가리킨다는 것에 의심의 여지가 없다.

6-12] 임상적 연구에서 우리는 오랫동안 한 지점에 막혀 있었던 우리의 연구를 진전시킬 수 있는 또 다른 지점을 발견한다. 병리적 조건에서의 감정적 삶에 대한 임상적 데이터를 연구하고 해석하면서 우리는 그로부터 기관 가설이 현실에 부합하지 않으므로 그것을 거부하게 해 주는 추가적 증거를 추출하는 것에만 제한될 수 없다. 이 병리적 데이터에서 그토록 두드러지게 나타나는 감정 이론 전체의 전환을 보지 않는 방법은 이론적으로 눈이 머는 것밖에 없다. 정서적 삶의 본성을 꿰뚫고자 하면서 이론적 사고의 근본적 전환의 내용을 한 문장으로 밝

히고자 한다면, 바드와 함께 다음과 같이 말해야 한다. 새로운 이론이 우리에게 하는 가장 큰 기여는 정서에 대한 실험적 연구를 주변으로부터 뇌로 전환시켰다는 것이다. 연구와 이론의 주의가 180°로 근본적으로 변한 이면에는 사실 정서적 과정의 본성에 대한 과학적 생각의 전체적 대변혁이 숨어 있다. 그러나 이 대변혁의 진정한 의미와 그것이 우리 연구의 기본적 문제와 맺는 관계를 결정적으로 밝히기 위해서는 우리는 그와 관련하여 생겨나는 논쟁을 비판적으로 검토해야 한다.

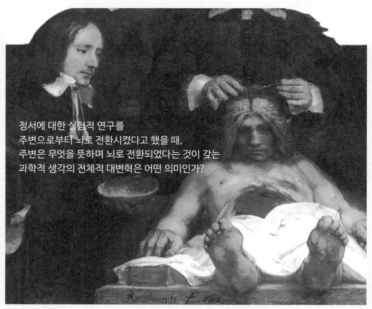

정서에 대한 실험적 연구를 주변으로부터 뇌로 전환시켰다고 했을 때, 주변은 무엇을 뜻하며 뇌로 전환되었다는 것이 갖는 과학적 생각의 전체적 대변혁은 어떤 의미인가?

렘브란트(Rembrandt), 데이즈만 박사의 해부학 강의, 1656.

이것은 작품의 일부분으로, 원작은 1723년 화재에서 심하게 훼손되었다. 막 파산을 선언한 렘브란트는 1월 27일에 교수형에 처해지고 2월에 매장된 도둑 존스 '블랙 잭' 폰테이즌의 신선한 시신의 해부를 관찰하고 그림을 그리도록 초대받았다. 데이즈만 박사는 해부학 수업으로 여섯 개의 은수저를 받았다. 이 그림의 대가로 한두 개의 은수저가 렘브란트에게 제공되었을 가능성이 있다. 데이즈만이 이미 모든 내장을 제거했고 마지막까지 뇌를 보존했다는 점에 주목하자. 렘브란트는 만 테냐의 유명한 그림인 「그리스도의 죽음」에서와 같이 시신의 발이 작품 감상자의 얼굴을 향하도록 그림의 시점을 잡음으로써 예수와 범죄자의 위치를 맞바꾸어 "먼저 된 자 나중 되고 나중 된 자 먼저 되리라"는 성경 구절을 말하려는 것처럼 보인다.

비고츠키가 지적하듯이, 제임스-랑게 이론은 데이즈만 박사와 같이 내장에서 뇌의 순서로 진행된다. 그러나 캐논-바드 이론은 그 관점을 180도 바꾼다. 출발점을 뇌로 옮기면, 정신 현상학에서 헤겔이 말하는 '전도된 세계'를 발견하게 된다. 비고츠키가 주장하는 것처럼, 발달의 사회적 상황은 언제나 관계로서, 이 관계의 한쪽 끝에는 환경이, 다른 한쪽 끝에는 사람이 있다. 비고츠키는 타인과 공유될 수 없는, 경험의 개인적 부분들은 말초신경 영역에서 찾을 수 있다면 감정이 말과 생각을 통해 공유될 수 있는 환경의 사회적, 문화적 영향은 뇌에서 일어남을 강조한다.

• 임상적, 병리학적 증거

이 장은 제임스-랑게 이론에 대한 병리학적, 임상적 증거를 모색한다. 비고츠키는 먼저 얼굴 표정이 감정적 상태를 나타내지 못하는 사람들에 대한 월슨의 연구를 검토한다. 그런 후 그는 완전히 감각이 마비되었음에도 정상적인 감정을 1년 반 동안 경험한 환자에 대한 다나의 연구와 반신불수 환자에 대한 캐논의 연구를 살펴본다. 어떤 경우에도 내장기관이나 주변적 근육조직의 생리적 반응이 환자가 느끼는 특정한 감정적 색채를 설명하지 못한다.

6.1 비고츠키는 증거의 중요성을 말하면서 시작한다. 제임스-랑게 이론을 지지하고자 하는 많은 이들은 감정적 상태의 종류와 강도의 원천이 긴장과 골격 근육조직의 움직임에 대한 감지에 있다고 주장한다.

6.2 영국의 신경학자로 실어증을 전공한 S. 월슨은 감정의 대뇌피질 요인과 주변적 요인이 서로 상충하는 환자들을 다수 발견했다. 예컨대 이들은 슬플 때 웃거나 매우 행복할 때 통제 불가하게 흐느끼는 증세를 보였다.

6.3 월슨은 또한 감정 표현이 없는 경우도 인용한다. 소비에트 신경학자 코노발로프는 두 유형의 사례를 모두 '가면 착용'에 비유한다. 표정이 환자의 감정을 나타내지 못하기 때문이다. 비고츠키는 이를 17세기 영국을 배경으로 한 빅토르 위고의 소설 『웃는 남자』에 비유한다. 이 소설은 유괴범들에 의해 장애를 갖게 된 기쁠 때나 슬플 때나 기묘하게 웃을 수밖에 없는 어린이가 결국 자살하게 되는 이야기를 담고 있다.

6.4 월슨은 임상학자들에 동의한다. "감정적 반응의 정신적 요인과 연결된 대뇌피질에 비하면 유기적 변화는 상대적으로 별 의미를 갖지 못한다."

6.5 다나는 40세에 목이 부러져 1년간을 생존한 한 여인에 대해 기술한다. 그녀는 목과 횡격막 윗부분을 제외하고는 전혀 움직일 수 없었지만 온전한 감정을 느낄 수 있었다.

6.6 다나는 감정이 주로 뇌에 위치한다고 결론 내린다. 계통발생적으로 비교적 새로운 대뇌피질과 뇌줄기의 상단에 위치한 훨씬 오래된 시상의 구조 사이에 상호작용

이 있다(시상은 지각과 감각과 연결된 피질의 여러 부분 사이에서 일종의 인터페이스(계면)로 기능하는 듯 보인다. 실제로 시상은 우울증과 강력한 감정에 연관된 것으로 보인다). 이는 생리적 반응이 감정적 반응에 선행한다는 제임스-랑게 이론보다 그 반대를 주장하는 캐논-바드 이론과 더욱 일맥상통한다.

6.7 헤드는 소위 시상이라 불리는 것이 관여된 극단적이고 선택적인 감정적 민감성을 가진 환자들의 경우를 기술한다. 일부는 신체의 한쪽 측면에 가해진 쾌/불쾌 자극이 다른 측면에 가해진 것보다 더욱 강력하게 느껴진다고 보고했다.

6.8 이러한 환자 중 일부는 노래가 신체의 한 측면을 고통스럽게 한다든가, 신체의 한 측면이 인공적으로 느껴진다든가 혹은 동정을 요구하는 것처럼 느껴진다고 보고한다. 퀴퍼스는 그러한 환자들은 오른손 영혼과 왼손 영혼을 가지고 있을 것이라고 제안한다.

6.9 이러한 사례들은 제임스-랑게 이론에 두 가지 문제점을 제시한다. 먼저 신체적 반응들은 그것이 신체의 어느 쪽에서 나오는가에 따라 감정적으로 채색될 수도, 그렇지 않을 수도 있는 것으로 보인다.

6.10 둘째, 혈관운동계와 내장은 좌우로 분화되지 않는다. 따라서 이들이 서로 다른 방향에 따라 다른 감각을 만들 수 있는지 설명하기 어렵다. 그러나 시상은 좌우로 나뉘어 있으므로 비대칭적으로 기능할 수 있다.

6.11 비고츠키는 제임스 자신이 그의 이론을 검증하기 위해 감정적 병리현상에 대한 연구를 살펴볼 필요가 있다고 제안했음을 상기시킨다. 그러나 병리적 증거들은 비고츠키가 볼 때 제임스의 이론을 기각한다.

6.12 비고츠키는 감정을 이해하려면 우리의 관심을 '주변'으로부터 뇌 자체로 돌려야 한다는 것을 증거가 시사한다고 결론 내린다.

제7장
다른 선택은 없는가?

나비를 먹는 두꺼비와 도마뱀(Otto Mareus van Schrieck, 1671).

반 슈리에크는 뱀, 두꺼비 심지어 인간과 이론조차도 존재의 지속을 위해 투쟁한다고 믿었다. 스피노자는 이러한 존재의 지속을 위한 투쟁을 '코나투스'라고 칭한다. 스피노자에 의하면 이 '코나투스'는 정서의 진정한 토대이다. 정서가 활동 가능성의 증대와 감소를 이끄는 것이 아니라, 사실상 그 자체에서 가능성의 증대와 감소가 일어나는 심리적 형태이기 때문이다.

나비는 두꺼비에게 먹힐 때까지 존재를 지속할 것이다. 두꺼비는 뱀에게 먹힐 때까지 존재를 지속할 것이다. 어떤 정서는 다른 정서로 극복될 때까지 존재를 지속할 것이다. 심지어 이론도 다른 이론으로 극복될 때까지 존재를 지속할 것이다.

7-1] 기관 이론이 확립된 이래로 반세기 이상 축적되어 온 거대한 실험적, 사실적 자료(셰링턴의 실험[4장], 마라논의 내관 및 임상적 자료[5장], 다나의 임상 연구[6장]-K)에서 볼 수 있듯이 (우리는 여기서 이 이론의 사소한 부분만을 도출할 수 있다)에 대한 우리의 고찰이 이끌어 온 지점에 잠시 멈추고, 아니 이 지점에서 중단하고 전체 그림, 전체 입장이 오늘날 정서 학설에서 어떻게 되었는지 한눈에 보고자 한다면 최근 여기서 매우 근본적인 변화가 일어났음을 주목하지 않을 수 없다. 처음 수 십 년간은 각각의 비판적 의견과 사실로 레만이나, 셰링턴 등의 연구 같은 지배적 정서 이론의 견고함을 뒤흔들 수 있었으나 최근 10년에는 여러 측면에서 축적된 거대한 자료 덕분에 그와 같은 분산된 자료의 누적을 계속하는 것은 전혀 불가능하다.

> 네덜란드의 총리였던 요한 드 위트의 외교 수완으로 인해 스페인령 네덜란드 지역을 장악하려던 프랑스의 시도가 실패하자 루이14세는 1672년 네덜란드를 침공한다. 이에 국민들은 드 위트에 반대하는 격렬한 시위를 벌인다. 1672년, 폭도들은 스피노자의 절친한 친구였던 요한 드 위트와 그의 형제 코르넬리우스를 공격하여 그들의 내장기관을 갈라 요리하는 등 잔인하게 살해했다. 그들의 시체는 마치 정육점의 고깃덩이처럼 묶여 있었는데 얀 드 바엔이 이를 그림으로 그렸다. 충격

J. 드 바엔(Jan de Baen), 드 위트 형제의 시체, 1672.

을 받은 스피노자는 나가서 저항하기를 원했으나(실제로 저항했다면 마찬가지로 살해당했을 것이다), 집주인이 그의 생명을 구하기 위해 가두었다. 드 위트 형제의 살인은 스피노자에게만 비극적인 것이 아니라 사회적, 정치적으로 큰 사건이었다. 이 장에서 비고츠키는 내장 연구, 심지어 뇌를 연구하는 것만으로는 정서를 이해할 수 없으며, 대신에 우리가 문화라고 부르는 두뇌의 네트워크에서 정서의 이유를 찾아야 한다고 주장한다.

7-2] 과학적 생각 발달의 경로 자체는 일반화의 필요를 불러일으켰으며, 가장 중요하게는 누적된 자료들을 타당하게 설명할 수 있는 다른 해석이나 이론 수립의 필요성을 불러일으켰다. 이처럼 비판과 검증이라는 과업은, 현안인 정서 이론의 개발이라는 과업에 비해 배경으로 물러섰다. 제임스의 이론을 확증하거나 거부하는 것으로는 부족했다. 우리는 새로운 사실에 대한 새로운 이론을 창조할 필요, 이 새 이론을 옛 이론과 대비시키고 그 안에 제임스-랑게의 가설 중 진실되고 실제 검증을 견딘 모든 것을 포함시킬 필요와 맞닥뜨리게 되었다. 그들의 가설은 각기 여러 연구들을 낳고 이로써, 이론적 생각의 이동 방향을 미리 결정지은, 이제껏 알려지지 않았던 사실의 현상을 과학적 생각이 밝히도록 추동했다는 점에서 역사적으로 스스로를 정당화했다.

7-3] 최근 10년간 일어난 정서 문제에 관한 입장과 모든 상태의 변화는 이처럼 무엇보다 서로 대립하는 두 정서 이론이 우리 앞에 있다는 사실로 이루어진다. 초기 연구들은 각각이 기존 이론의 운명을 결정짓거나 그 대신 어떤 이론적 가설을 수립할 만한 형편이 아니었다. 셰링턴과 같은 연구자들은 최종적으로 결론짓기를 삼갔으며 자신들의 연구 과업을 순전히 비판적 경향으로만 제한했다. 바로 이것이, 수십 년에 걸쳐 체계적으로 쌓인 비판적 자료에도 불구하고, 제임스-랑게 이론이 일반적으로 용인되는 과학적 진실로 계속 존재할 뿐 아니라, 전체 인간 심리를 설명할 때 반사학적 원칙에 근원을 두는 우리의 과학에서, 자신을 본보기로 삼아 온전히 새로운 방향을 창조하면서 자신의 의미와 생존력을 더더욱 공고히 했다는 역설적인 사실을 설명한다.

> 이 작품은 베르메르의 최고 작품은 아니다. 실에 매달린 램프, 교회와 예수를 상징하는 여인의 발과 벽돌에 의해 짓눌리는 회의의 뱀과 지구본, 그리고 가슴위에 올린 손과 여인의 시선은 구교의 믿음을 강조하고 있다. 베르메르는 자신이 살던 네덜란드 공화국이 가톨릭 미사

왜 초기 연구들은
기존 이론들의 운명을 결정하거나
이론적인 가설을 세울 여유가 없었을까?

J. 베르메르(Johannes Vermeer), 믿음의 알레고리, 1670.

를 미신이라고 금지하던 시기에 이 그림을 그렸다. 가톨릭 신자였던 베르메르는 가톨릭 신앙이 결국 그 모든 적들을(개신교, 과학 그리고 유물론) 분쇄할 것이라는 항의의 메시지를 전달하고자 했다. 베르메르는 교회가 네덜란드 사람들에게 사후 삶에 대한 믿음을 되찾게 할 것이라는 희망을 표현하고 있다.

　어떤 이론들은 일종의 사후의 삶을 겪게 된다. 캐논의 증거는 제임스와 랑게에 모순된다. 그러나 사람들은 그럼에도 불구하고 낡은 이론에 대한 신념을 유지하고 있으며, 제임스-랑게 이론의 기계론적 사고는 파블로프의 행동주의와 함께 감정의 범위를 벗어나 거의 모든 인간의 행동을 포괄하게 되었다. 비고츠키는 캐논과 셰링턴이 했던 것처럼 오래된 이론을 비평하는 것은 충분하지 않다고 말한다. 요점은 그것을 대체하는 것이다.

7-4] 기관 이론에 가해진 그 어떤 타격도 그것을 제거할 수 없었다. 오히려, 흔한 어구처럼, 나를 죽이지 못한 것은 나를 더욱 강하게 만든다. 이는 제임스-랑게 이론의 운명의 역사에 전적으로 적용된다. 그의 비판자들은 일반화를 하지 못했으며 다른, 더 강력한 반대 이론으로 논박하지 못했고 새로운 사실들을 긍정적으로 해석함으로써 스스로의 공격을 강화하지 못했다. 이는 온전히 최근 10년의 과업이 되었다.

니체 씨, 나이듦이 정말 당신을 강하게 만듭니까?
그렇다면, 그것은 왜 당신을 죽게 만듭니까?

렘브란트(Rembrandt), 63세의 자화상, 1669.

비고츠키는 니체의 경구를 인용한다. "나를 죽이지 못한 것은 나를 더욱 강하게 만든다." 훗날 나치의 군국주의에서 굉장히 널리 쓰인 구호이다. 비고츠키가 이것을 흔한 어구라고 일컬었던 것에 주목하자. 이는 강렬하게 표현되었지만 근본적으로는 공허한 것이다. 제임스-랑게 이론에 반대한 캐논과 바드는 감각과 생각 사이의 질적인 차이를 다루는 이론의 필요성을 더욱 분명하게 만들었다. 이 초상화에서 우리는 렘브란트가 그의 신체에 더욱 풍부한 감정적 색조와 미묘한 사상을 나타낼 수 있게 된 것을 볼 수 있다. 하지만 우리는 그의 63년의 세월이 그를 더욱 강하게 만들었다고는 말할 수 없다.

7-5] 그것―최근의 10년―은 맞닥뜨린 과업을 명예롭게 감당했다. 그것은 이전 수십 년간의 분산된 실험들을 일반화할 수 있었으며, 이전에는 가능하지 않던 과학적 연구 수단과 데이터로 스스로를 풍부하게 했고 옛 이론에 파멸적이고 최종적인 타격을 가했다. 그것은 새로운 이론을 만들어 낼 수 있었다. 이것이 가장 중요하다. 그러나 이 모두에도 불구하고 그것은 과업의 일차적이고 가장 기초적인 부분만을 수행했다. 위에서 제시된 연구들에 대한 검토에서 보았듯이, 그리고 투쟁 중에 즉 비판과 검증의 과정에서 태어난 이론들에 대한 이후의 고찰에서 더욱 명확히 보게 되듯이 우리는 지금까지도 여전히―옛것을 비판하고 새것을 만들어 가는 중에도― 제임스-랑게의 가설이 이론적 생각을 몰아 가둔 협소한 문제의 반경에서 나오지 못했다. 우리는 그들의 가설에서 주어진, 확립된 문제를 넘어설 수 없었다.

7-6] 본질적으로 이 가설의 반대자들 역시, 지지자들 못지않게 감정 심리학의 기본 문제 확립에서 소심한 제임스-랑게의 제자들임이 드러났다. 이 때문에 잘못된 이론의 비판 자체도 (잘못된-K) 이론 자체의 토대에 놓여 있고 상당 정도 이 이론의 오류를 역시 미리 정한, 근본적으로 잘못된 문제 확립과 연결되어 있다. 이는 제임스-랑게 이론의 비

판적 검증 과정에서 태어난 새 이론의 특성에 크게 영향을 미쳤다. 새 이론은 비판과 마찬가지로 기존 이론이 건설된 토대와 동일한 토대 위에 그 자체의 구조를 발전시켰다. 새로운 이론의 주창자 중 하나인 캐논은 그것(새 이론-K)을 제임스 가설에 대한 대안이라고 칭했다. 실제로, 기존 이론과 새 이론은 동일한 문제에 대해 상호 배타적인 두 가지 구체적 해결책을 제안했다는 점에서 대안적이다. 이 명칭은 새로운 이론이 옛 이론의 대안 이상이 아니며, 따라서 그것이 최근 반세기 동안 심리학적 사고가 퍼지고 확고히 정착한 단면을 넘어서지 못했음을 그 무엇보다 잘 표현한다.

스피노자의 시대는 천문학의 시대이기도 했으며, 스피노자 자신과 그의 동료 C. 하위헌스는 모두 활동적으로 활약한 천문학자였다. 특히 하위헌스는 태양계에 대한 새로운 태양 중심 이론(지동설)을 탐구했으며, 토성의 고리와 그 위성 타이탄을 발견했다. 그는 또한 원심력과 구심력을 최초로 수학적으로 모델링했다. 스피노자와 하위헌스는 둘 다 낡은 지구 중심 이론(천동설)을 새로운 태양 중심 이론(지동설)으로 대체하는 것만으로는 충분하지 않다는 것을 알고 있었다. 왜냐하면 새 이론은 별들이 수정구(천구) 위에 있는 점일 뿐이라는 생각을 여전히 고수했기 때문이다(천문학자의 왼손 아래에 있는 천구 모형을 보라). 태양 자체가 하나의 '별'일 뿐이라는 인식은 태양계에 대한 지구 중심설(천동설)과 태양 중심설(지동설) 모두를 뛰어넘는 이론을 요구했다. 그것은 태양계만이 아닌 전체 우주를 포괄하는 모델을 요구한다. 여기서 비고츠키는 구심성 이론을 원심성 이론으로 대체하는 것만으로는 충분하지 않다고 주장한다. 감정의 중심에 내장 대신 시상이나 심지어 뇌를 두는 것으로도 충분하지 않다. 그 대신 우리에게는 뇌 자체도 우리가 문화라 부르는 광대한 뇌들의 우주 속에 존재하는 또 하나의 '별'일 뿐이라는 것을 보여 주는 이론이 필요하다.

새 이론은 기존 이론에 대안을 제시했음에도
왜 비고츠키는 여전히 기존 이론의 틀에 묶여 있다고 지적하는가?

G. 도우(Gerrit Dou), 촛불 옆의 천문학자, 1665.

7-7] 옛 이론에 대한 반세기 동안의 비판이 결국, 마침내 우리에게 준 것이 무엇이며, 이전 이론을 대체할 것을 확언하며 새 이론이 우리에게 지금 주는 것이 무엇인지 우리가 자문한다면, 이 질문에는 매우 많으면서, 매우 적은 것을 준다는 모순적인 답을 하지 않을 수 없다.

7-8] 많다는 것은 옛 입장에 대한 구체적 논박이라는 의미에서 그렇다. 이 논박은 사실적 검증에 비추어 옛 이론의 오류를 드러냈으며, 따라서 이 오류의 토대에 세워진 이론의 근거 없음을 드러냈다. 많다는 것은 극도로 중요하고 본질적인 사실적 정황, 즉 정서의 조직과 활동, 정서의 생물학적 의미, 정서가 다른 생명 과정과 맺는 관계, 정서가 다른 일련의 신경-심리적 활동에서 차지하는 위치에 대한 적지 않은 빛을 비추어 주는 정황을 설명한다는 의미에서 그렇다. 끝으로 많다는 것은 주로 심리학적, 신경학적 성격을 갖는 거대한 사실적 자료의 이론적 일반화의 의미에서 그렇다. 이는 우리에게 알려진 대부분의 사실을 포괄하고 설명하기에 충분한 설득력을 갖는 논리적으로 일관성 있고 정연한 일반화이다.

7-9] 그럼에도 불구하고 최종적으로 결산하면 비판과 새 이론은 모두 기여한 바가 매우 적다. 적다는 것은 비판이 옛 이론의 철학적 가시를 뽑아내지 않고, 옛 이론 건설의 기반이 된 병리적 토대를 드러내거나 무너뜨리지 않으며, 문제 자체의 공식화에서 심리학적 오류를 탄로시키지 않고 오히려 반대로 이 오류를 온전히 채택하며 새로운 구성에 포함시켰다는 사실과 관련된다. 적다는 것은 옛 이론과 같이 새 이론도 주요하고 기본적인 과업 즉 인간 정서의 심리학 수립에 조금도 가까이 가지 못했다는 의미에서 그렇다. 새 이론은 우리 과학의 이 장章이 차지하는 높은 이론적 중요성을 언급하지 않았으며 인간 심리에서 정서의 문제를 올바르게 수립하기 위해서는 필수 불가결한, 심리학적 연구, 심리학적 정념 연구의 본질적으로 철학적인 문제 해결에 대해서도 언급하지 않는다.

소녀는 냉정하고 침착하게 집게로 불에서 불씨를 꺼내 군인의 촛불을 밝히고 있다. 화가는 이탈리아의 카라바지오 추종자들로부터 새

모든 느낌은 같은 불꽃에 의해 일어나는 것 아닌가?

과연 그럴까요?

G. 반 혼토르스트(Gerard van Honthorst), 소녀와 함께 있는 군인, 1623.

롭게 영향을 받은 빛 효과 표현 기술을 드러내면서 명백한 성적 은유를 사용하고 있다. 비고츠키는 우리가 제임스-랑게와 그들의 비평가들로부터 어떤 기술을 배웠는지, 심리학에서 감정이 갖는 이론적 위치에 우리가 어떤 빛을 비출 수 있는지 묻는다. 한편으로 우리는 감각이 인간의 감정과 어떻게 연결되는지에 대해 많은 것을 배웠다. 그러나 다른한편으로 우리는 인간의 감정에서 동물적이 아닌 인간적인 것이 무엇인지, 감각적이 아닌 감정적인 것이 무엇인지에 대해서는 거의 배우지못했다. 새로운 이론(캐논-바드)은 옛 이론(제임스-랑게)을 비판하면서

옛 이론에 놓여 있던 감정과 감각의 동등성을 채택했다. 따라서 비고
츠키는 그들이 과학에서 인간의 감정을 위한 자리를 마련하기는커녕
인간 감정에 대한 과학의 구축을 시작하지도 못했다고 지적한다. 마치
모든 느낌, 감각 또는 감정이 같은 불꽃에 의해 발화되는 열기인 것처
럼 간주되었다.

7-10]　M. 벤틀리는 가장 뛰어난 심리학 대표자들의, 정서의 본성
에 대한 의견을 모으는 최근 학회의 기조연설에서 오늘날 정서 심리학
이 제임스-랑게의 기관 가설에서 주어진 문제 설정에 구속되어 있다고
옳게 강조한다. 벤틀리는 모든 최근의 정서 심리학의 특징적 면모를 옛
이론의 숙명적인 지배에서 찾는다. 과거가 현재를 억압하고 있다.

러시아어 선집은 이 문단에서 비고츠키가 1927년 10월 19일부터
23일까지 오하이오에서 개최된 심포지엄의 발제 자료인 『Feelings and
Emotions: The Wittenberg Symposium(느낌과 정서: 비텐베르크 심포
지엄)』이라는 책을 언급하고 있다고 말한다. 아들러, 베흐테레프, 브렛,
클라파레드, 자네, 피에롱, 스턴, 뷜러, 맥도걸, 캐논, 스피어먼, 티치너,
우즈워스, 옌쉬를 비롯 벤틀리도 논문을 발표했다.

당시 미국의 주요 심리학 저널의 공동 편집자
였던 벤틀리 교수는 이 논문들을 책으로 편집하
는 것을 도와야 했다. 너무나 다른 관점들을 조
화시키지 못한 채 하나의 책에 포함해야만 했다
는 사실은 벤틀리가 도입 장의 제목을 '정서는
단순히 책의 장 제목 이상의 무엇인가?'라고 붙
인 이유를 설명해 준다. 그는 이렇게 결론짓는다.
"정서는 적어도 주제이긴 하다. 그것은 논의해야 하는 대상이며 또한
동의에 이를 수 없는 것이다"(p. 21). 도입 장의 제목에 대한 대답은 '아
니오'처럼 보인다.

*I. M. 벤틀리(Isaac Madison Bentley, 1870~1955)는 분트의 제자이며, 티치너의 동료였다. 티치너처럼 벤틀리도 구조적이며 기술적인 심리학자였다. 비텐베르크 심포지엄에서 발제한 그의 논문은 제임스, 랑게 그리고 기능주의 일반에 대해 다소 무시하는 부분을 포함하고 있다.

7-11] 새로운 이론은 옛 이론과 끊임없이 투쟁하지만 바로 옛 이론의 도구로 투쟁하기 때문에 겉보기에는 승리한 듯 해도 사실 이전의, 헛되이 무너진 오류의 노예임이 항상 드러난다. 죽은 이가 산 자를 쥐고 있다.

7-12] 현대 정서 심리학에서 산 자에 대한 죽은 자의 지배는 벤틀리가 학회의 시작에 다음과 같은 질문을 제기하도록 만든 황폐화를 초래했다. "정서는 단순히 책의 장 제목 이상의 무엇인가?"(M. 벤틀리, 1928, p. 17). 지난 반세기 동안 정서에 대한 학설은 심리학의 일반적 강좌와 논문에서 새롭고 사뭇 중요한 장으로서의 위치를 차지해 왔다고 벤틀리는 말한다. 그러나 이 장의 내용은 무엇인가? 정서의 분류에 대한 절, 제임스-랑게에 대한 절(보통 가장 길다), 정서의 표현에 대한 절, 때로는 정서적 불안정의 효용과 어려움에 대한 짧은 서술 및 순전히 실천적인 고찰이다. 벤틀리는 묻는다. 어째서 우리는 오늘날까지 계속하여 과장으로 만들어진 이 단단한 화석의 파편에 우리의 칼날을 갈고 있는가? 이는 심리학이 존중받을 만한 이론들을 너무 적게 가지고 있어 그들 중 하나가 사라지거나 소멸되는 것을 두려워하기 때문은 아닌가?(같은 책, p. 18).

여기서 비고츠키는 벤틀리가 쓴 비텐베르크 심포지엄 책의 도입 장의 일부를 거의 그대로 인용하고 있다. 벤틀리 역시 그의 동료와 친구인 E. B. 티치너가 당시 저술한 교과서를 언급하고 있다. 벤틀리는 티치너가 쓴 정서에 대한 장을 읽고 그리 감명을 받지 않았으나 그는 티

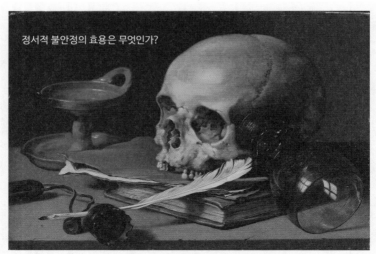

정서적 불안정의 효용은 무엇인가?

P. 클라스(Pieter Claesz), 바니타스, 1628.

치너의 약점은 매우 일반적으로 나타나는 현상이라고 말하며 티치너를 감싼다.

"이러한 장들의 내용은 무엇이었는가? 보통은 분류에 대한 절, 제임스-랑게 이론에 대한 절(보통 가장 길다), '표현'에 대한 절, 때로는 정서적 불안정의 효용과 불편에 대한 간단한 기술과 종종 그 실천적 고려가 포함된다"(1928: 18).

바니타스는 몇 가지 전형적인 소재로 이루어진 순수 정물화로, 죽음의 불가피성과 속세적 가치의 덧없음을 상징한다. 네덜란드 예술의 황금시대 동안 위와 같은 바니타스 그림은 신앙심 깊은 네덜란드인들에게 현재의 쾌락과 가치가 일시적임을 상기시켜 정서적 불안정을 초래하는 동시에 또한 현세에 대한 명상을 하는 용도로 이용되었다.

스피노자는 이와 같은 정서적 불안정은 신체의 활동력을 증대시키거나 감소시킨다고 믿었으나 제임스는 신체의 이용 특히 내장과 골격근의 이용이 정서의 원천이라고 믿는다. 그럼 이러한 정서적 불안정의 효용은 무엇인가?

제임스는 기능주의자의 관점으로 정서가 예술과 종교적 삶에서 중심적이라고 본다. 또한 실용주의자의 관점으로 그는 모든 명제의 진리

는 그 실천적 효용에 전적으로 좌우된다고 믿는다. 종교적 삶은 일반
적으로 삶에서 유용하므로 제임스는 종교적 삶은 일반적으로 진리라
고 간주한다. 그러나 제임스 자신은 자살 충동을 일으키는 심각한 정
서적 불안정을 겪고 있었으며, 종교의 필요성에 대해 공고한 신념이 있
었음에도 그 자신은 종교를 갖는 것에 어려움을 겪었다.

7-13] 이 역설적이고 불멸의 이론에 대한 비판 입장은 В. И. 달이
인용한, 동료들 앞에서 자신이 곰을 사로잡았노라고 의기양양하게 자
랑하는 사냥꾼에 대한 재미있는 민담과 놀랍게 닮아 있다. 잡은 짐승
을 그들 앞으로 가져오라는 동료들의 제안에 사냥꾼은 답한다. "그럴
수가 없다네.""그럼 자네가 앞장서서 가 보세.""곰이 그리하도록 하
지 않네." 이 이야기에서와 같이 누가 누구를 잡은 것인지, 사냥꾼이
곰을 잡았는지 곰이 사냥꾼을 잡았는지 전혀 분명하지 않은 채, 악
명 높은 이론의 비판자들 역시 그 지배하에 있으며, 정서 이론의 진보
적 발달 경로가 그들에게 요구하는 장소로 포획물을 가지고 올 수 없
을 뿐 아니라 자신이 잡은 것으로부터 단 한 걸음도 멀어질 수 없음이
드러난다.

> 이 이야기는 우리가 유럽의 사냥꾼들이 개를 이용해 곰을 사냥했
> 다는 것을 기억한다면 더 잘 이해된다. 하지만 가끔은 곰이 개를 사냥
> 했다.

> *В. И. 달(Владимир Иванович Даль,
> 1801~1872)은 예카테리나 2세의 주치의였던 덴마
> 크인 의사의 아들이었다. 아버지처럼, 그 또한 의
> 사가 되었다. 그는 푸시킨의 친구로 푸시킨을 죽음
> 으로 내몬 결투에 입회했으며, 그의 부검을 진행했
> 다. 그러나 그는 민속학자이자, 19세기 표준 러시아

어 사전의 저자로 가장 잘 알려져 있다. 이 사전은 러시아어를 문자 언어로 통합했으며 오늘날까지도 널리 쓰이고 있다.

F. 스니데르스(Frans Snyders, 1600~1657), 곰 사냥, 연도 미상.

7-14] 우리가 말한, 비판과 새로운 이론으로 해결되지 않은 과업은 분명 오직 오랜 기간 동안의 넓고 깊은 연구를 통해서만 해결될 수 있음이 사실이다. 본질상 이 과업은 가장 생산적인 오류의 비판 과정에서도 해결되지 않는다. 비판은 이 과업의 확립 자체를 위해 필요한 전제 조건이다. 비판은 과업을 위한 문을 열어 준다. 그러나 그럼에도 우리가 이 열린 문을 지나 옛 현자들은 꿈에도 생각하지 못한 문제, 즉 감정 심리학의 새로운 문제 발전을 위한, 비록 가장 기본적인 토대일지라도 완전히 자유롭고 편견 없이 세우고자 노력할 때가 왔다고 우리는 생각한다. 우리의 현재 연구에서 그러한 최초의, 필연적으로 상당히 제한적이고 소박한 시도가 실현되고 있다.

7-15] 새로운 경로로의 첫 발걸음을 위로부터—정념 학설의 철학적

정상頂上으로부터 내딛는 것은 이상하게 보일 수 있다. 상향식으로 새로운 이론의 발전을 보장한 생리학적, 신경학적 이론들과 미래 연구의 모든 장場과 이 장을 채우는 모든 새로운 문제들을 위로부터 조망하게 해 주는 이론적 일반화의 정상 사이에는 심연이 존재한다고 논박하는 것은 완전히 합리적일 수 있다. 이 심연은 오직 새로운 사실의 수집자들과 새로운 경로의 개척자들의 집중적이고 긴 노력을 통해서만 메워질 수 있다.

O. 반 듀렌(Olivier Van Deuren), 젊은 천문학자, 1685.

황금시대의 천문학자들은 지구가 아닌 태양을 우주의 중심에 두는 문제에 몰두했다. 이는 비고츠키가 이 문단에서 제안하고 있는 것과 비슷한 정도의 비약적 상상력을 필요로 했다. 천문학자들은 태양계 훨씬 바깥쪽에서부터 전체 우주를 상상하는 법을 익혀야 했다. 이와 동일하게, 상위 감정을 이해하고자 하는 감정 이론은 신체를 훨씬 초월한 외부로부터의 인간의 감정을 상상해야 한다. 여전히 우리 자신의 신체에 기초한 감정 이론과 문화로서의 인간의 경험에 기초한 감정 이론의 간극은 채울 수 없을 정도로 커 보인다. 하지만 과연 그럴까? 문화로서의 인간은 그냥 인간 자체가 아닐까?

7-16] 그러나 우리는 우리가 선택한 경로가 완전히 정당한 경로라고 생각한다. 우리는 이 새로운 연구들을 상향식, 하향식으로 가능하게 해야 하기 때문이다. 상향식 접근이 없었다면 인간 정념의 심리학적 본성에 관한 복잡하고 미묘한 문제의 장場으로 유물론적인 과학적 사고가 전혀 이동하여 발전할 수 없었을 것이다. 하향식 접근이 없었다면 기관 정서 이론이 가진 방법론적 오류의 근원을 극복할 수 없었을 뿐 아니라 연구가 확고하고 신뢰할 수 있는 지식을 획득하기 위해 반드시 따라야 하는 방향을 전혀 볼 수 없었을 것이다.

7-17] 이와 관련하여 정서 학설의 최근 형편과 동시대 심리학의 다른 기본 절들을 비교해 보면 이는 심리학의 일련의 장들 중에서 독특하고 슬픈 예외임을 주목하지 않을 수 없다. 이 상황은 과학적인 심리학적 사고 발달의 모든 역사에 의해 필연적으로 만들어진 것으로 쉽게 이해될 수 있다. 이는 정념 학설을 슬픈 예외적 입장에 서게 했으며 이로 인해—우리는 전혀 망설임 없이 말할 수 있다— 아마도 가장 기본적인 이 심리학의 장이 다른 모든 장들보다 현저히 낮은 위치에 자리 잡게 되었다. 그 장은 진보적 발달에서 마치 마비된 것과 같다. 벤틀리가 옳게 지적한 바와 같이 그것은 일반적으로 죽은 자료로 가득 차 있

는 황무지이며 가장 통찰력 있는 연구자들에게 다음과 같은 의심을 불러일으킨다. 이는 일반적으로 아무것도 쓰이지 않은 페이지 위에 붙어 있는 커다란 표제어에 불과한 것은 아닌가?

7-18] 최근의 지각 이론, 최근의 기억 이론, 최근 10년간 특히 발달한 생각에 대한 이론, 가장 최근에 특히 강력하게 발달한 말에 대한 심리학 등을 간단히만 살펴보아도 오늘날 심리학의 이 장들과 감정 학설을 비교할 때 관찰되는 날카로운 대비에 놀라지 않을 수 없다. 대비는, 열거된 장들이 이론적 생각에서 극도로 풍부하며 사실적 측면에서 넓게 발전되었고, 생생하고 빠르게 발전하는 내용으로 가득 차 있다는 점뿐 아니라 또한 감정 학설은 외바퀴 손수레에 묶인 죄수처럼, 역사가 기관 이론이라는 유명한 매듭을 지어 놓은 지점에 오늘날까지도 묶여 있다는 점에서 두드러진다. 이 모두는 차이의 토대라기보다는 차이의 결과이다. 무엇보다 이 차이는 모든 그 외의 심리학의 장들이 각자에 해당하는 문제에 대한 진정 과학적이고 심리학적 연구에 도달할 수 있는 나름의 경로를 개발했다는 데 있다. 따라서 그들은 미래를 직접, 대담히 향한다. 정념 학설만이 눈이 멀었고, 길을 갖고 있지 않으며 막다른 골목에서 뒤를 바라보며 먼 과거를 향하고 있다. 그것은 스스로의 문제 범위조차도 개발하지 못했으며 지금까지도 전체 학설의 기본적이고 핵심적 문제에 대한 기존 구성의 옳음과 그릇됨을 문제 삼지 않았다.

렘브란트는 바울이 신의 은총만을 통해 구원된다는 서신 중 하나를 쓰는 모습을 보여 주는데, 이는 네덜란드의 개신교도를 스페인 가톨릭의 지배자들로부터 멀어지게 한 핵심 종교 교리 중 하나였다. 바울은 인간의 성욕 문제를 다루기를 거부했다. 그는 서한을 주고받는 이들에게, 단지 필요하다면 결혼하되 성관계는 하지 않는 것이 더 낫다고 말했다. 이와는 대조적으로 스피노자는 인간의 정념이 잘못이라고 말하길 거부한다. 다만, 감정은 우리가 행동하는 것을 돕는 반면 정넘은 우리가 수동적으로 겪게 되는 것일 뿐이다. 이 문단에서 비고츠키는 심리학이 기억(에빙하우스), 생각(피아제), 심지어 말(스텀프)에 대한 훌륭한 연구를 이루어 냈음에도 어째서 감정에 관한 학설은 여전히 제임스-랑게 이론 안에 갇혀 있는지 질문한다.

기억, 생각, 심지어 말도 자유를 찾았는데
어째서 정서 학설은 감옥에 갇혀 있는가?

렘브란트(Rembrandt), 감옥 속의 사도 바울, 1622.

7-19] 우리는 이 차이의 원인이 정서에 대한 절만을 제외하고는 심리학의 모든 절에서 우리가 하나의 일반적 현상을 관찰하게 된다는 사실에 숨어 있다고 믿는다. 이 현상은 매우 규칙적으로, 매우 다양한 영

역에서 빠짐없이, 각 영역에 개별적으로 그리고 심리학 전체에서 매우 유익하게 나타나므로 우리는 이를 우연으로 간주할 수 없다. 오히려 이 현상은 우리가 볼 때 현대 심리학이 겪고 있는 위기로부터 필연적으로 생겨나는 것이며 이 위기로부터 벗어날 수 있는, 그리고 우리 목전에서 과학을 위기에서 부분적으로 건져 내고 있는 유일한 탈출로이다. 이 현상은 매우 다양한 현대 심리학 연구 분야에 스며들어 있는 심오한 철학적 경향성이다.

생리학이 아닌 오직 철학만이 심리학을 신비주의에서 구할 수 있다!

렘브란트 문하생의 작품(제자 빌렘 드로스트의 작품으로 추정), 철학자, 1653.

이 작품은 트로니에이다. 이는 특정한 개인이 아닌 일반적 인물 유형을 대표하는 두상을 부각시켜 표현하는 장르이다. **3-11**의 베르메르의 「붉은 모자를 쓴 소녀」와 비교해 보자. 모자를 보기만 해도 우리는 17세기 철학자는 명망 있고 심지어 멋진 직업이라는 것을 알 수 있다. 예를 들면 스피노자는 명성이 퍼진 후 하이델베르크 대학교로부터 교수직을 제안받았지만 학문의 자유를 위해 이를 거절한다. 20세기에 접어들면서 철학자는 직업이 필요하게 되었다. 다음 문단에서 비고츠키는 심리학이 의식에 대한 과학적 자료를 명확히 연계해 줌으로써 철학의 무직 상태를 해소해 줄 수 있다고 주장한다. 그러나 또한 그는 철학만이(생리학이 아닌) 애매한 논증과 마법적 사고로부터 심리학을 구해 줄 수 있다고 주장한다.

7-20] 본질적으로 철학적 문제와 심리적 문제를 한데 모으려는 경향, 철학적 과제를 인간 심리에 대한 구체적 자료에 토대하여 해결하려는 경향, 가장 구체적이고 경험적인 인간 심리의 문제에 내재적으로 포함되어 있는 철학적 계기를 드러내려는 경향은 면밀히 고찰해 보면 이중의 측면을 가지고 있음이 드러난다. 이는 양 끝에서 쉽게 추적될 수 있다. 한편으로 철학적 연구는 철학 체계의 역사적 분석과 이미 완성된 기존의 혹은 개선된 체계의 교조적 발전으로부터 구체적 분석으로 이행하면서 불가피하게 살아 있는 현실이 최근 과학에, 특히 심리학에서 어떻게 반영되고 있는지 연구해야 할 필연성에 맞닥뜨리게 되었다. 철학에서 다음과 같은 새로운 사실, 즉 철학이 자신의 문제를 해결하기 위해 새 시대에 획득한 구체적인 실험적, 임상적 자료에 몰입했으며, 지난 수백 년간 살아 있는 실재의 구체적 분석과는 거의 동떨어진 채 먼 과거의 과학적 체계에 기대고 있던 철학적 사고가, 무엇보다도 구체적인 과학적 지식, 특히 심리학적 지식을 통해 이 실재와 직접 대면하고자 새롭게 시도한다는 사실을 예증하기 위해서는 기억의 문제에 대한

H. 베르그송의 옛 연구(1896)나 심리적 말에 대한 E. 카시러의 더 최근의 연구(1925)를 인용할 수 있을 것이다.

*H. 베르그송(Henri Bergson, 1859~1941)과 E. 카시러(Ernst Cassirer, 1874~1945)는 둘 다 폴란드 출신의 유대인이자 과학에 관심이 매우 많은 철학자였다. 또한 그들은 비록 다른 방식이긴 하지만, 영국 경험주의와 대륙(프랑스와 독일)의 합리주의 사이에 일종의 다리를 형성했다. 이는 이 문단의 기저에 놓인 주제이기도 하다. 따라서 철학적 문제들은 스피노자와 같은 사색 작업을 통해 '위'로부터 (연역적으로) 접근할 수 있을 뿐만 아니라, 데이터 연구(의학과 '생명의 비약[élan vital]'에 관심이 있었던 베르그송의 생리학과 아인슈타인과 칸트, 헤겔을 조화시키는 데 관심이 있었던 카시러의 물리학)를 통해 '아래'로부터(귀납적으로도) 접근할 수 있다.

왼쪽_ 1918년 프랑스 국립 아카데미 회원 입회를 위해 정장을 한 베르그송의 모습.
오른쪽_ 카시러(왼쪽)가 1929년에 스위스 다보스 스키 리조트에서 마틴 하이데거와 토론하고 있는 모습.

7-21] 그러나 심리학적 연구도, 때로는 부지불식간에 본질적으로 철학적 성격의 문제를 해결하기 시작하는 발달 지점에 필연적으로 다다른다. 이는 현대 심리학의 입장에서 빈번히 나타나며, 개념 형성 연구에 참여한 N. 아흐(N. Ach, 1921)의 실험 대상 중 하나는 저자가 전체 연구

의 서문에 인용했던 다음과 같은 말로 이 상황을 정의했다. 하지만 이는 결국 실험적 철학이군요. 개념 형성에 대한 아흐의 연구, 아동 논리 발달과 아동 논리의 기본 범주에 대한 피아제의 연구, 지각에 대한 베르트하이머와 쾰러의 연구, 기억에 대한 옌쉬의 연구는 심리학 연구에 파고든 그와 같은 실험적 철학의 사례가 될 수 있을 것이다. 지적된 바와 같이 현대 심리학에서 이러한 현상은 예외가 아닌 규칙이다. 이 모두는 현대 주류 심리학 이론의 발달의 진정한 효모 역할을 하는 철학적 문제에 의해 발효된다.

비고츠키는 『생각과 말』 2장(2-7-1)에서 '실험철학'에 대해 언급한다. 아흐(Narziß Kaspar Ach, 1871~1946)는 뷔르츠부르크 학파 심리학자로 자신의 실험실을 설립했다. 거기에서 그는 주어진 과업에 대한 의지(예: 의사소통 의지)는 과업이 실험 참여자에게 규정지어지는 방식에 의해 사전에 결정된다는 원칙을 실험적으로 입증했다(『흥미와 개념』 9-2의 맥두걸의 실험 참조). 비고츠키와 사하로프는 개념 형성의 실험에 그의 방법을 채택하고 적용했다(『흥미와 개념』 10장, 『생각과 말』 5장 참조).

*M. 베르트하이머(Max Wertheimer, 1880~1943)는 W. 쾰러(Wolfgang Köhler, 1887~1967)의 스승이었다. 프랑크푸르트에서 그들은 형태주의를 창시했다. 쾰러는 카나리아제도에서 침팬지에게 도구 사용법을 가르치는 실험에 대한 책을 저술했다. 이는 비고츠키가 『생각과 말』 4장 등에서 논의했던 것이다.

*E. R. F. 옌쉬(Erich Rudolf Ferdinand Jaensch, 1883~1940)는 H. 에빙하우스와 G. 뮐러의 제자로, 지각과 직관상에 관한 많은 실험을 했다. 그는 심리적 유형에 대한 강한 신념을 지니고 있었고, 인종 유형을 고려하지 않은 지능 검사를 비판했다. 비고츠키 당시에 그는 세계에서 가장 많이 인용되는 심리학자였으나 오늘날에는 나치에 동조한 것과 학문적 조작으로 기억된다.

7-22] 오직 정념 학설만이 예외이다. 여기서도 F. 엥겔스가 말한 일이 일어나고 있는 것은 사실이다. 자연과학자가 원하든 원하지 않든 철학자가 그들을 인도하는 것이다. 우리 조사의 기본 과업 중 하나는 기존과 오늘날의 자연과학자들의 감정적 삶에 대한 이론의 경로를 방향 짓는 철학적 사고를 드러내는 것이다. 물론 이러저러한 철학적 생각이 무의식적으로 기여하는 것과 의식적으로 기여하는 것 사이에는 본질적인 차이가 있다. 심리학의 다른 장들은 그들을 위기로부터 구해 낼 수 있는 유일한 경로인 일반적 철학 체계에 포함되는 길에 저절로 접어들었으나 정념 학설은 지금까지 원칙적 경험론으로 얼어 죽는 지점에 머물러 있다.

7-23] 정념 학설에서 우리는 그것을 현대 심리학의 다른 장章의 수준까지 끌어 올리는 과업에 당면해 있음이 명백하다. 간단히 말해 우리는 스스로의 철학적 본성을 의식하고, 정념의 심리적 본성에 대해 타당한 가장 고도의 일반화도 두려워하지 않으며, 인간 심리학의 한 장이 될 만한 가치가 있는, 심지어는 그 기본적 장이 될 수도 있는 정서에 대한 심리적 이론의 다만 기초적 토대라도 창조해야 하는 과업을 마주하고 있는 것이다. 물론, 그러한 이론을 수립하는 것은 하나의 게다가 추상적인 특성의 연구만으로는 불가능하며 모든 복잡한 사태에서 그렇듯이 여기서는 분업이 필수적이다. 이 이론이 오직 일련의 연구들의 결과로만 만들어질 수 있음에는 의심의 여지가 없다. 그리고 우리가 볼 때, 바로 이 연구들의 발전 과정에, 스피노자 300주년과는 전혀 무관하게, 연구자들에게 모든 이전 경로들을 일반화하고 미래 경로를 구상하는 과업을 들이미는 계기가 대두되었다. 괴테의 올바른 의견에 따르면, 모든 사람들이 다 함께 자연을 이해하려면 분업에 기반을 둔 협력이 공동의 지식에서 필수적이다.

분업은 어떻게 인간이 자연을 이해하도록 해 주는가?

P. 브뤼헐(Pieter Brueghel), 추수, 1565.

이 작품은 진정한 최초의 근대적 풍경화로 평가받는다. 화면의 원근이 분업을 표현하고 있기 때문이다. 왼쪽 모서리에서는 농부들이 밀을 베고 있고 배경에서는 밀을 단으로 쌓아 묶고 있으며 저 멀리에서는 이삭을 줍고 있다. 물론 오른쪽 구석에서 노동자들은 빵을 먹으며 밀을 소비하고 있다. 심지어 지붕 잇는 재료로 사용할 밀짚을 나를 수레도 보이며 마을에서는 양반들이 닭 치기(cock-throwing, 닭이 죽을 때까지 막대기를 던지는 놀이)를 하고 있다.

괴테는 칸트와 같이 자연을 이해할 가능성에 대해 부정적이었다. 그는 다음과 같이 쓴다.

"자연은 알 수 없다. 모든 인류가 다 함께 자연을 이해할 수 있을 수도 있지만 한 명의 사람은 자연을 이해할 수 있는 상태에 있지 않기 때문이다. 하지만 우리 인류는 함께하는 법이 없기 때문에, 자연은 우리와의 숨바꼭질에서 잡히지 않는다."

비고츠키는 엥겔스와 같이 긍정적이다. 그는 인류가 자연을 변화시킴으로써 이해할 수 있다고 믿으며 위 그림과 위 문단에서의 분업은 자연의 비밀이 숨을 곳이 전혀 없도록 우리 인류가 함께할 수 있다는 것을 보여 주는 증거이다.

7-24] 우리가 볼 때, 이러한 분업 덕분에 우리는 흩어져 있는 사실적 자료들을 모아서 일반화하고, 구체적 심리학 이론의 투쟁 뒤에 숨어 있는 철학적 관념의 투쟁을 드러내며, 감정의 심리학적 문제에 대한 철학적 이해를 개관하여 이로써 미래 연구의 길을 여는 (우리 눈앞에, 그리고 다른 모든 심리학의 절에서 필연적으로 나타나는) 과업에 당면하게 된다. 이 과업은 특수한 연구의 경로 이외의 다른 길로는 해결될 수 없다. 이 때문에 우리는 이 책의 부제로 '역사적-심리학적 연구'라는 말을 붙였다. 이는 새로운 정서 이론의 창조에서 필수적인 부분을 포함하고 있기 때문이다. 연구 자체 안에는 또 다른 분업이 존재한다. 사실들의 수집뿐 아니라 그 분석과 일반화 그리고 그들을 밝히는 아이디어를 드러내는 것이 연구의 직접적 과업이다. 우리가 볼 때 진정 해야 할 일이 연구인 이유는 연구를 통해 우리 손으로 직접적인 실험 과정에서 과학적 지식에 어떤 구체적, 사실적 특성을 추가하게 되기 때문이 아니라, 진정한 일반화로의 경로, 정념 학설의 고등한 지점의 파악은 연구 외의 다른 방법으로는 불가능하다고 우리가 확신하기 때문이다.

> 다음 그림은 처음에 베드로와 바울을 나타낸 것으로 여겨졌다. 렘브란트는 유대인 구역 근처에 살았고, 유대인 그리고 스피노자가 성장하면서 목격한 탈무드의 논쟁들에 관한 스케치와 그림을 그렸다.
> 비고츠키는 생리학자들이 현대적이고 심리학적인 감정 이론에 충분한 사실적인 자료를 제공했다고 말한다. 부족한 것은 사실에 입각한 자료를 해석하는 철학적 틀이다. 이것이 비고츠키가 스피노자의 일원론을 통해 드러내고자 한 것이다.
> 그러나 그것을 밝히기 위해서 비고츠키는 변증법, 즉 서로 논쟁하는 사상의 역사에 대한 비판적 분석이 필요했다. 다른 말로 하자면, 이 두 사람의 진짜 정체는 당시 렘브란트와 멀지 않은 곳에 살았던 두 남자, 즉 스피노자와 데카르트이다.

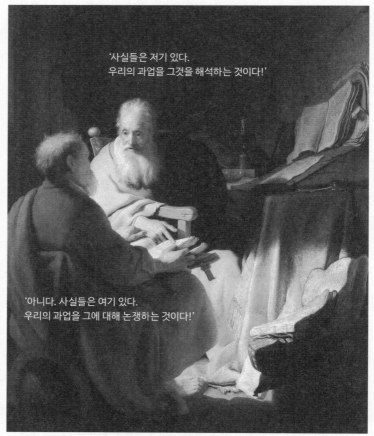

렘브란트(Rembrandt), 논쟁하는 두 노인, 1641.

7-25]　우리는 연구를 위해서 옛 철학 이론을 현대 심리학 지식과 비교하는 이상하고 순진한 경로를 택했다. 그러나 현재로서 이 경로는 역사적으로 불가피해 보인다. 우리는 스피노자의 정념 학설에서 오늘날 과학적 지식의 욕구에 부합하는 완성된 이론을 발견할 것으로 생각하지 않는다. 반대로, 스피노자 학설의 진실에 의지하여 우리 연구의 경로에서 그의 오류를 밝히고자 한다. 우리는 스피노자의 생각을 오늘날 과

학 지식에 비추어 검증하는 것보다 더 믿을 만하며, 강력하게 그의 학설을 비판하는 도구는 없다고 생각한다. 그러나 우리는 정념에 대한 현대 과학 지식은 위대한 철학적 관념의 도움을 통해서만 역사적인 막다른 길에서 벗어날 수 있다고 믿는다.

철학적으로 스피노자의 생각을 검증하는 것이
역사에서 살아남는 길인가?

J. 베르메르 (Johannes Vermeer), 델프트 풍경, 1661.

이 그림은 소설 속의 위대한 미술 평론가 베르고테(마르셀 프루스트 소설, 『잃어버린 시간을 찾아서』 중 제5장, 포로 편. 245쪽 참조)의 죽음을 초래한 것으로 알려져 있다. 베르고테는 그의 전 생애가 오른쪽 끝의 배 옆에 있는 노란 벽의 작은 조각보다도 가치가 없다는 생각으로 심장마비를 일으킨다. 프루스트는 "베르고테가 육체가 죽는다고 해서 영영 사라지는 것일까? 작가의 정신의 무언가는 살아남아 있는 것이 아닐까?" 하고 묻는다.

예술에 이런 기능이 있다. 비고츠키가 여기서 언급하는 스피노자의 모순 중 하나는 정신은 신체가 스스로에 대해 갖는 관념이라고 스피노자가 믿었다는 점이다. 동시에 그는 정신의 어떤 부분은 영원하다고 말한다. 스피노자의 방식으로 정신을 이해한다면 이 모순은 해결될 수 없다. 그러나 문화유산으로서 베르메르의 그림이 그의 육체보다 심지어 여기에 그린 도시보다 더 생명력이 오래가는 점을 생각한다면 해결될 수 있을 것이다.

과학에도 이런 기능이 있다. 천문학자들은 최근 그림 속의 태양과 베르메르가 그림을 그린 정확한 각도를 측정하여 베르메르가 이 장면을 그리기 위해 카메라 옵스큐라를 설치했던 건물 2층의 위치(이 건물은 현존하지 않는다)를 추적했다. 과학자들은 또한 그림이 나타내는 정확한 시각을 안다. 지금까지는 그림 속 중앙탑의 시계를 보고 그 시각은 아침 7시라고 생각되었으나 실제로는 8시이다(크리스티안 하위헌스가 진자시계를 발명할 때까지 시계는 정확한 시간을 나타내지 않았다).

7-26] 스피노자의 심리학에서 단편적인 정확한 일반화와 비교만을 발견하고 그것이 전체적으로 과거의 최종적 성취라고 주장하는 확립된 의견과 달리, 우리는 우리 연구에서 그 살아 있는 부분을 드러내고자 한다. 따라서 본 연구의 기본적 관점은, 스피노자의 정념 학설은 참으로 오늘날의 심리학자에게 오직 역사적 흥미일 뿐이라는, 스피노자의 『에티카』 연구자 중 한 명의 공식화에서 드러나는 전통적 관점을 우리 연구와 대비함으로써 가장 두드러지고 명백하게 표현될 수 있다.

7-27] 이와 반대로 우리는 스피노자의 정념 학설이, 우리 과학의 역사적 과거를 밝혀 준다는 의미에서가 아니라 심리학의 전체 역사와 미래 발전을 위한 전환점이라는 의미에서 현대 심리학의 진정한 역사적 흥미라고 믿는다. 오류를 정련해 낸, 견고하고 날카로운, 이 학설의 진실은 정념의 심리적 본성과 모든 인간 심리에 대한 인식에 의해 제기된 기본적 문제의 구조를 통과하여 다이아몬드가 유리를 자르듯 그들을 해결할 것이라고 우리는 생각한다. 그것은 현대 심리학의 가장 기본적

이고 주요한 것, 즉 인간에 대한 관념을 형성하는 것을 도와준다. 이 관념은 우리에게 인간 본성의 유형으로서 이용될 수 있을 것이다.

스피노자의 저작은
그저 역사적 유물이 아닌가?
어떻게 그것이
유리를 절단하는 다이아몬드처럼
심리학의 이원론 문제를
해결할 수 있는가?

J. 베르메르(Johannes Vermeer), 열린 창문에서 편지 읽는 여성, 1657.

창문을 이루는 컷글라스는 베르메르의 그림에서 아주 중요한 역할을 하는데, 여기서 광원은 보통 열린 창문이다. 창문에 비친 여성이 정확하지 않다는 점에 주목하자. 현대 과학자들은 그림에 X-선을 투과하여 베르메르가 먼저 컷글라스를 향한 그녀를 그렸고, 그 후에 고개를 돌려 열린 창문을 향하도록 수정했다는 것을 발견했다. 비고츠키는 유사하게 스피노자를 돌려놓고 싶어 한다. 비고츠키에게 스피노자의 철학은 단순히 과거의 반영이 아니라 인간의 본성을 인간화된 자연으로 다루는 심리학의 문제에 대한 열린 창문이다. 인간 정서는 감각의 거울이 아닐뿐더러 쓰인 생각의 지적 산물도 아니다. 오히려 이 그림과 더 비슷하다. 즉, 타자의 신체와 뇌의 실재성에 대한 의식적이며 신중한 인정이다.

● 다른 선택은 없는가?

이 장에서 비고츠키는 이론을 증명하거나 기각하는 것만으로는 충분하지 않음을 지적한다. 이론은 대체 이론이 나올 때까지 지속된다. 그는 이러한 대체는 여러 가지 결과가 결합되고 종합되기 전까지는 이루어질 수 없다고 주장한다. 그는 감정의 심리학이 (지각, 기억, 말 등의) 다른 기능들에 대한 심리학에 비해 뒤처진 이유를 궁금해한다. 예컨대 행동주의적 '직접적 지각' 이론은 형태주의 이론으로 대체되었다. 그는 감정의 심리학은 다른 심리학 분야에서 나타난, 그리고 감정의 심리학 분야에서도 (제임스-랑게 이론과 캐논-바드 이론 사이의 갈등에서) 역시 대두되고 있었던 철학적 문제를 푸는 데 실패했기 때문이라고 진단한다. 비고츠키가 염두에 두고 있었던 것은 일원론과 이원론, 유물론과 관념론이었다.

7.1 비고츠키는 유기체적 이론이 공식화된 후 반세기 동안 누적되어 온 유기체적 이론의 데이터의 방대한 양은 이 이론이 이끌어 온 지점을 포착하는 것을 어렵게 만들기 때문에 전체적인 요약 정리가 선행되어야 한다고 지적한다.

7.2 비고츠키는 유기적 이론을 대체할 만한 이론을 공식화하기 위해서는 유기적 이론을 검증하는 것 이상의 일을 해야 한다고 말한다. 그러한 대체 이론은 기존의 이론이 가지고 있던 '일말의 진실'(생리적, 정신적 과정을 하나의 감정적 반응으로 통합)을 포함해야 한다.

7.3 지난 10년간 유기적 이론의 논의는 두 노선(제임스-랑게 이론 vs 캐논-바드 이론)의 갈등으로 특징지어진다. 그러나 초기 연구들은 유기적 이론의 운명을 결정할 수 없었다. 셰링턴을 비롯한 여러 이들은 경험적 연구에만 머물러 있었고 이론 구축으로 나아가지 않았기 때문이다.

7.4 이는 제임스-랑게 이론에 가해진 타격이 오히려 그것을 강하게 하였고 사람들로 하여금 '반사 원리'를 수용하고 심지어 이 원칙의 적용이 합당한 다른 심리학 분야로 이 원칙을 확장하도록 하였음을 뜻한다.

7.5 지난 10년간 사정은 변했다. 제임스-랑게 이론은 이제 거부될 수 있을 것이다. 그러나 이는 단지 투쟁의 첫 부분일 뿐이다. 이제는 기존의 질문을 '거두고' 생리적

과정과 정신적 과정의 관계를 더욱 전체적이고 일원론적인 방식으로 재공식화하는 것이 필요하다.

7.6 과거 10년간 공식화된 새로운 이론(캐논-바드 이론)은 기존 이론(제임스-랑게 이론)에 대한 비판에 토대를 두고 있으므로 여전히 기존 이론의 이원론을 다소 내포하고 있다. 특히 새 이론은 생리적 과정과 정신적 과정을 분리하고 있으며 단순히 그 둘 사이의 가설적 관계를 거꾸로 한 것에 불과하다.

7.7 반세기 동안의 이 두 노선의 갈등이 얻은 것은 무엇인가? 매우 많고 매우 적다.

7.8 매우 많은 성취는 다음과 같다. 먼저 이 갈등을 통해 우리는 감정의 조건들의 중요성에 대한 지식을 크게 확장할 수 있었다. 둘째, 이는 사실적 자료들을 대안적 이론으로 공식화하도록 했다.

7.9 그러나 거의 얻은 것이 없기도 하다. 첫째, 제임스-랑게가 문제를 공식화한 방식에서의 기본적 오류를 드러내는 데 거의 도움이 되지 않았다. 둘째, 인간 정서의 심리학을 구성하는 데 기여하지 못했으며 심리적 문제의 기저에 항상 놓여 있는 것으로 보이는 기본적 철학적 문제(이원론과 일원론, 관념론과 유물론)를 다루는 데 기여하지 못했다.

7.10 비고츠키는 1927 비텐베르크 심포지엄에서 벤틀리가 발표한 감정에 대한 논문을 인용한다(비고츠키는 이것이 심포지엄의 소개 연설이라고 했지만 사실이 아니다). 이 논문에서 벤틀리는 어떻게 과거가 현재를 억압하고 미래로 가는 길을 가로막는지 논한다.

7.11 새로운 이론은 과거 이론의 무기(정신적 생리적 과정의 구분)를 사용하기 때문에 새 이론은 처참히 패배한 이론에 사로잡혀 있다. "죽은 것이 산 것을 잡고 있다."

7.12 벤틀리는 우리가 '감정'에 대한 적절한 정의를 가지고 있는지 아니면 이는 그저 심리학 교과서의 모든 장에 등장하는 명칭에 불과한 것인지 묻는다. 벤틀리에 따르면 이러한 챕터들은 다음과 같이 구성된다. a) 감정의 종류와 분류, b) 제임스-랑게 이론에 대한 긴 장, c) 감정적 표현에 대한 장 그리고 때때로, d) 병리학에 대한 장. 벤틀리는 일반적으로 심리학 이론들이 큰 존중을 받지 못하기 때문에 이 중 하나라도 소멸되는 것을 우리가 두려워하는 것 같다고 추측한다.

7.13 비고츠키는 러시아 심리학자 달의 농담을 인용해 다른 이유를 제안한다. 제임스와 랑게의 비판자들은 곰을 '사로잡은' 곰 사냥꾼과 같다. 이들은 사로잡은 곰을

동료들에게 보여 주지 못하는데 곰이 그것을 허락하지 않기 때문이다. 비판자들은 제임스와 랑게를 사로잡은 것이 아니며 다만 그들의 이원론적, 관념론적 동굴 속에서 헤매고 있을 뿐이다.

7.14 풀리지 않은 문제는 '하향식' 철학적 비판으로 다루어질 수 없다. 이 문제들은 기존의 이론이 접근한 모든 문제를 하나하나 새로운 용어로 재공식화함으로써 해결되어야 한다. 그러나 비고츠키는 하향식 방법의 장점을 발견한다.

7.15 상부와 하부의 괴리, 비고츠키가 여기서 제기하는 철학적 문제와 향후 실행되어야 할 경험적 연구 사이의 괴리는 다른 이들에 의해 메워질 것이다.

7.16 여기서 비고츠키가 시도하는 것은 그러한 새로운 연구가 건강한 방법론적 토대 위에서 시작될 수 있게 하는 것이다.

7.17 비고츠키는 벤틀리가 제시한 교과서 속 감정에 대한 장을 다른 장들과 비교하며 감정에 대한 장이 소리만 그럴듯한 제목에 내용 없는 페이지로 구성되어 있는 것은 아닌지 묻는다.

7.18 비고츠키는 지각, 기억, 생각, 말에 대한 장들은 비교적 잘 발달되어 있다고 말한다. 그는 제임스-랑게 이론이 처음 공식화되었을 당시 "감정은 외바퀴 수레에 묶인 죄수와 같다"라고 말한다. 그러나 이는 결과일 뿐이며 다른 장들과의 차이의 원인은 아니다. 원인은 감정에 대한 가르침이 미래가 아닌, 먼 과거의 데카르트식 사고를 지향하고 있다는 것이다.

7.19 비고츠키는 『생각과 말』 2장에서 다루게 될 생각을 공식화한다. 대부분의 분야(지각, 기억, 생각, 말)에서 심리적 문제들이 최근의 심리학적 위기를 피하게 해 주는 것은 오래된 문제를 새로운 철학적(유물론적, 일원론적) 용어로 공식화하도록 하기 때문이다.

7.20 이처럼 심리적 문제를 철학적 문제로 재공식화하는 경향은 상호적인 성격을 갖는다. 베르그송과 카시러와 같은 철학자들은 기억과 말에 대한 자신의 글에서 사실적 자료와 씨름해야 했다.

7.21 또한 아흐(생각)와 피아제(논리), 베르트하이머와 쾰러(지각), 옌쉬(기억)와 같은 심리학자들은 철학적 문제와 씨름해야 했다.

7.22 감정을 연구하는 심리학자들은 그렇지 않았다. 엥겔스는 자연과학자들이 원

하든 원하지 않든 그들을 인도할 철학자를 가져야 한다고 말한다. 그러나 비고츠키는 자연과학자들이 자신을 인도하는 철학자를 자각하고 비판적으로 판단하는 여부가 큰 차이를 만든다고 덧붙인다.

7.23 여기서 비고츠키는 발달에 대한 책 전체에서 핵심을 차지하게 될 감정에 대한 장章을 예견한다. 그러나 이 장은 그리고 책 전체는 스피노자와 그 이후 3세기에 걸친 저자들의 협업으로 완성되어야 한다.

7.24 비고츠키는 그 자신과 동료 사상가들이 연구를 통해 이 교과서를 엮어 내야 한다고 생각한다. 그러나 그가 염두에 두고 있는 연구는 실험적 연구가 아니라 '역사적, 심리학적' 연구이다.

7.25 이 역사적, 심리학적 연구가 과거의 스피노자를 향하게 하는 것은 '기이하고 순진해' 보인다. 스피노자는 감정에 대해 어떠한 정립된 이론을 제시한 바 없다. 그러나 그의 아이디어를 이후에 발견된 사실적 증거들과 비교함으로써 비고츠키는 일석이조의 효과를 노린다. 스피노자의 반종교적 생각은 그의 아이디어를 오류로 이끌었는데 이를 구출하는 동시에, 감정에 대한 심리학적 연구를 제임스와 랑게가 이끌었던 곰 동굴로부터 구출하는 것이다.

7.26 그렇다면 스피노자는 최종적 결론이 아닌 여전히 진행 중인 연구로, 미완의 이론으로 다루어져야 한다. 특히 스피노자의 『에티카』는 철학의 역사상 의미라는 관점 이상의 관점에서 다루어져야 한다.

7.27 다이아몬드처럼 다루기 어렵고 날카로운 스피노자의 『에티카』는 감정 이론을 감싸고 있는 뿌연 유리를 자르고 세공하는 역할을 할 것이다. 이를 통해 우리는 인간과 인간의 본성에 대한 전체 아이디어를 명료하게 할 수 있을 것이다.

제8장
뇌로 돌아가기

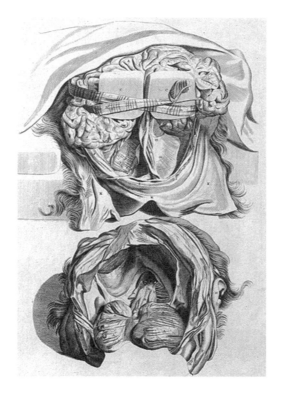

리본으로 묶인 뇌의 뒷부분. G. Bidloo의 1685에 토대한 1798년 작품.

데카르트는 송과샘이 인간 영혼의 기관이라고 믿었다. 두 부분으로 나뉘지 않은 유일한 뇌의 부분이었기 때문이다. 비들루의 책은 리본으로 묶인 대뇌와 반으로 잘린 소녀를 보여 준다.

이 장에서 W. B 캐논과 그의 제자인 P. 바드의 이론은 우리를 다시 뇌로 인도한다. 그들은 전혀 다른 방법을 이용하여 뇌와 내장의 인터페이스가 일어나는 장소를 전혀 다른 곳에 국지화한다(위치시킨다). 그들은 시상에 관심을 둔다. 이는 바로 시상이 두 부분으로 나뉘어 있기 때문이며, 한쪽의 병변은 신체 한 편에만 정서를 일으키고 다른 쪽에는 일으키지 않았기 때문이다.

그렇다면 지난 장과 이번 장에서 제시된
두 종류의 연구들은 무엇이며
이들은 어떻게 통합되는가?

J. 베르메르(Johannes Vermeer), 우유 따르는 하녀, 1658.

많은 비평가들이 이 그림 역시 두 가지 다른 장르가 합해진 것이라고 지적한다. 한편으로 결혼하지 않은 여성, 특히 노동하는 여성을 성적으로 표현하는 것으로서 이는 도우(3-26), 아르첸(5-5) 그리고 베르메르 자신의 그림에서 볼 수 있는 것이다. 예를 들어, 그림의 오른쪽 아랫부분에 치마 속을 덥혀 주는 화로가 있으며 거기에는 사랑의 신 큐피드가 그려져 있다. 반면에 보통의, 일상적이고, 에로틱하지 않은 노동에 대한 찬양이 존재한다. 예술계에서는 이 작품을 '우유 짜는 하녀(이 경우 그림 속의 여인은 돈을 아끼기 위해 부엌으로 부른 바깥 하인이다)'라고 부를지 '부엌 하녀(이 경우 여인은 실내 요리사이다)'라고 불러야 하는 것인가에 대한 논쟁이 상당했다. 베르메르의 생각은 분명했다. 태양에 그을린 자국이 있는 그녀의 팔을 보라!

그녀는 아마 부엌에서 겸업을 하는 우유 짜는 하녀일 것이다. 집은 다소 가난해 보이며, 많은 네덜란드인들이 두 종류의 하인을 거느릴 만큼의 여유는 없었다. 여인은 우유를 팔고 있는 것이 아니라 브레드 푸딩(빵을 계란과 우유 커스터드에 적셔 오븐에 구운 것)을 만들고 있다. 푸딩이 구워지는 동안 빵은 우유가 끓어 날아가 버리는 것을 막고, 우유는 빵이 딱딱하고 건조해지는 것을 막으며 속을 감싸는 부드러운 껍질을 만들어 준다. 비고츠키는 정서에 대한 어떤 새로운 이론도 이처럼 두 요소를 갖추고 있어야 한다고 했다. 지난 장에서 비고츠키는 느낌 이론에 대한 역사적인 연구, 즉 비판적인 연구를 통해 그의 역사적-심리학적 연구의 빵을 준비했다. 이 장에서 그는 신경학적이며 임상적인 연구라는 우유를 부어 그의 연구가 건조하고 완고해지지 않도록 할 것이다.

8-1] 정서에 대한 구 이론과 신 이론의 진실과 오류에 대한 문제로 다시 돌아가 보자.

8-2] 앞에서 우리는 기관 가설에 대해 비판적으로 오래 검토하면서 설명과 일반화가 시급히 요청되는 거대한 양의 새로운 데이터들이 축적되어 왔다고 이미 말했다. 비판은 필연적으로 새로운 가설의 개발로 이

어져야 했다. 이론적 생각의 움직임은 다른 영역 즉 신경학과 임상학으로부터의 연구와 하나의 흐름에서 만나 합류되었으며, 발견된 사실에 대한 새로운 설명을 만들어 낸다는 동일한 경향성으로 물들었다. 이처럼 두 종류의 연구가 교차하며 정서적 반응에 대해 현재 가장 널리 수용되고 지배적이라고 볼 수 있는 이론이 생겨났다. 이는 이론의 중심 지점에 의거하여 시상視床 이론이라 불린다. 지금까지는 우리 관심 밖에 두었던 두 번째 종류의 연구의 가장 일반적인 면모를 먼저 살펴보도록 하자.

8-3] 새로운 이론은 제임스-랑게 이론과 같이 감각과 정서 사이에 존재하는 밀접한 친족성에서 생겨난다. 그러나 그것은 심리적 과정의 두 가지 기본적 계층 사이의 상호관계에 대한 문제를 기관 이론과는 다르게 해결한다. 후자는 정서를 감각으로 환원하면서 정서를 감각 속에 용해시켰으며 정서 속에서 특별한 유형의 감각 즉 유기체 내부 자극의 결과로 나타나는 특성을 가진 감각만을 보았다. 새로운 이론은 느낌을 감각으로 환원하는 것이 아니라 그 둘 사이의 밀접한 근접성, 때로는 완전한 융합에 최우선적으로 주의를 기울인다. 이러한 상황의 직접적 표현은 우리 체험의 현상학적 분석과 뇌의 해부학, 생리학에서 발견된다.

> 대부분의 예술가들이 그랬듯 렘브란트도 색정적인 작품을 했다. 같은 해에 제작되었으며 거의 동일한 자세를 표현하고 있는 위의 두 판화는 감각을 정서로 환원한 옛 기관 이론과 감각이 정서와 연결되어 있지만 구분된다고 간주한 새로운 시상 이론의 두 가지 차이점을 보여 준다. 수도승은 옥수수밭에서 농촌 소녀에 매혹되어 파계를 하고 만다. 우리는 욕망과 유혹, 그에 대한 투쟁, 자제력의 붕괴, 신 앞에서 수도승의 죄책감, 소녀와 가족 앞에서 그의 수치심 등의 정서를 일시적인 감각으로 환원할 수 있을까? 제임스와 랑게라면 그렇다고 했을 것

새로운 이론의
간단한 예시는
무엇인가?

렘브란트(Rembrandt), 옥수수밭의 수도승, 1646.

렘브란트(Rembrandt), 프랑스 침대, 1646.

이다. 서약, 죄책감, 수치심은 정서가 아니라 지적 판단이기 때문이다. 캐논과 바드는 그렇지 않다고 했을 것이다. 모든 신체적 감각은 시상의 특정한 피질적 정서와 연결되어 있기 때문이다.

우리는 호화로운 프랑스 침대 속의 부부가 이와 전혀 다른 정서를 겪고 있는 이유를 설명할 수 있을까? 제임스와 랑게는 설명할 수 없다고 할 것이다. 부부의 신체 기관들은 동일한 감각을 경험하고 있기 때문이다. 그러나 캐논과 바드는 설명할 수 있다. 새로운 이론은 내적 감각과 개인 간 정서가 서로 가까워지고 융합될 수 있게 해 주기 때문이다. 내적 감각과 개인 간 정서가 가까워지고 융합됨으로써만 이들은 서로를 변형시킬 수 있다. 따라서 새로운 이론은 우리가 경험을 현상학적으로 분석할 때, 즉 그 순간 일어나는 일에 대한 느낌으로 분석할 때 확증된다. 뇌와 기관 사이의 관계는 구분되었으나 연결되어 있다는 새로운 이론은 뇌와 기관의 생리학과 캐논-바드의 자료에 의해서도 확증된다. 우리는 많은 예술가들이 색정적인 작품을 하는 것은 이 작품들이 먼저 뇌에 자극을 주고 그 후에야 신체적 감각을 자극하기 때문이라는 사실에서도 역시 새 이론의 지지점을 찾을 수 있다.

8-4] C. 스텀프는 직접 체험된 감각과 느낌의 융합을 명명하기 위해 '느낌의 감각'이라는 명칭을 도입했다. 이는 고통의 감각으로 가장 잘 설명될 수 있을 것이라고 E. 크레치머는 말한다. 물론 논리적으로 고통은 특정한 감정 즉 'b'라는 고통의 느낌을 수반하는 느낌적 감각 'a'라고 인위적으로 말할 수는 있다. 그러나 진정한 사실적 체험은 전혀 다르다. 'b'가 'a'와 동반하는 것이 아니고 체험에서 'b'와 'a'는 완전히 동일하다. 순전히 현상학적으로는 고통은 느낌만큼 동일하게 경험된다. 또한, 이 견해는 뇌 생리학 영역에서의 생각을 이해하는 데 중요한 바탕이 되기도 한다. 감각과 느낌의 엄밀한 구분은 논리적으로 필요하지만 더 낮은 단계에서는 비생물학적이며, 이 경우 비현상학적 추상화이기도 하다. 더 높은 수준의 활동에서만 처음으로 지각과 표상이 서로 간 독립적이고 가변적인 내용과 감정으로 나타나며 그리하여 우리로 하여금 이들을 체험에서 실제로 구분된 것으로 간주할 수 있게 한다.

체험에서 감정과 감각이 동일하다면,
감정과 감각을 구분할 필요성은 무엇인가?

렘브란트(Rembrandt), 눈이 멀게 된 삼손, 1636.

많은 종교화들은 정형화되어 있다. 예를 들어, 십자가에 못 박힌 예수 혹은 십계명과 같은 동일한 이야기에 대한 그림이 그려지고 또 그려졌던 것이다. 하지만 렘브란트가 그리기 전에는 아무도 이 장면을 그리지 않았으며 그 이후에도 이 장면은 그려진 바가 없다. 데릴라가 삼손의 머리를 깎은 후 그는 힘을 잃었고, 블레셋 군인들이 날카로운 말뚝으로 그의 눈을 도려내고 있다. 창을 든 병사를 선봉에 세운 채 어둠이 삼손을 세 방향에서 몰아넣고 있다.

논리적으로, 눈을 도려내는 감각과 그것이 유발하는 고통은 다른 것이다. 만약, 예를 들어 블레셋 사람들이 오늘날 의사들이 그러하듯 국소 마취약을 사용했다면, 삼손은 고통을 느끼는 일 없이 모종의 형태의 감각을 겪었을 것이다. 하지만 삼손과 렘브란트에게는 시각, 머리카락, 힘, 연인, 자유를 잃는 감각과 괴로움이 하나의 느낌으로 전달되었다.

*C. F 스텀프(Carl Friedrich Stumpf, 1848~1936)는 브렌타노와 로체의 제자였으며 쾰러, 코프카, 베르트하이머, 레빈의 스승이었다. 그의 스승들처럼, 그는 기술記述 심리학자였으며, 그의 제자들처럼 전체론적이었는데, 특히 감각과 인식을 하나의 작용으로 다루는 데에서 그러

했다. 그리하여 스텀프는 '감각-느낌' 혹은 '느낌-감각'이라는 표현을 고통과 만족감에 대해 논하기 위해 사용한다. 반면 그는 '정서'라는 표현을 슬픔, 분노, 역겨움과 같은, 외적 사태에 대한 특정한 태도를 수반하는 상태를 설명하기 위해 사용한다. 우리는 여기에서 스텀프가 본질적으로 이원론자라는 것을 알

수 있다. 그는 스피노자의 심신평행론을 공격하는 책을 저술했는데 이는 그가 볼 때 전혀 이원론적이지 않기 때문이었다. 그러나 비고츠키가 볼 때 스피노자는 지나치게 이원론적이다.

스텀프는 세계 1차 대전에 슬퍼하고 역겨움을 느꼈다. 그는 그의 이름의 철자를 독일식 'Karl'에서 영국식 'Carl'로 바꾸었다, 이는 단순히 독일 정부를 불쾌하게 하기 위함이었다.

비고츠키는 『성장과 분화』 7장에서 논의된 기능 전이의 법칙과 종속의 법칙을 언급하고 있다. E. 크레치머(Ernst Kretschmer, 1888~1964)는 정신과 경력을 쌓기 전에 신학, 의학, 철학을 공부했다. 젊은 정신과 의사로서 그는 최초로 정신이상이라는 이유로, 대량 살인범임을 자인한 E. 바그너의 무죄 판결을 얻는 데 성공했다. 후에 크레치머는 정신 질환자를 근절하기 위한 나치 T4 프로그램에서 스스로 대량 살인자가 되었다.

8-5] 원시적 의식에서 감각과 느낌을 여러 발달 단계로 구분할 수 없다는 사실은 라이프치히 학파인 F. 크뤼거에 의해 매우 철저하고 자세히 연구되고 발전되었다. 그는 이것을 자신의 모든 발달 심리학의 출발점으로 삼았다. 대부분의 현대 심리학의 경향성이 갖는 공통점은 발달 초기에는 발달된 개별적 심리적 삶의 요소가 아닌 전체적인 미분화된 형태를 만나게 된다는 생각이다. 이 형태는 높은 발달 단계에서만 어느 정도 독립적이고 규정된 형태가 잡힌 심리적 과정의 강綱, 과科, 종

으로 분화되기 시작한다. 라이프치히 학파의 대표자 중 하나인 H. 폴켈트는 초기 발달 단계의 전형적인 형태에 대해 다음과 같이 말한다. 이러한, 사실상 기술하기 어렵고 아직 매우 분산적인 전체의 특성을 명확히 하는 데 성공한 경우에만 우리는 이러한 원시적 전체가 느낌과 얼마나 가까이 있는지 본다. 사실 느낌을 제외하면 성인의 어떠한 체험 유형도 내적으로 그리고 특정 정도 외적 환경과 관련하여 분산된 상태인 이러한 원시적 복합체와 그토록 가까이 있지 않다. 원시적 세계로 더 내려가면 갈수록 심리적 전체는 일반적 형태와 구조에서 느낌의 본질과 더욱 가까워진다.

이 글이 쓰였던 시기, 독일 심리학이 세계에서 가장 선진적이었으며, 게슈탈트 심리학은 가장 강력한 경향이었다. 그러나 독일 심리학에서 커다란 분열이 있었다. 아흐, 슈프랑거, 크뤼거, 옌쉬 그리고 폴켈트와 같은 사람들은 친나치주의자였다. 베르트하이머, 쾰러, 코프카 그리고 스턴 같은 사람들은 반나치주의자였다. 그러나 그들이 공유한 한 가지는, 하나의 통합된 전체로서 '건전한 마음에 건강한 몸'이라는 일종의 관념론적인 전체론에 대한 지향이었다. 나치 심리학자들은 몸과 마음(지도자와 민중)의 통합을 증명하기 위해 이 전체론을 사용했다. 나치 반대자들은 기계론, 인종적/국가적 분열, 그리고 전쟁에 맞서 싸우기 위해 이를 사용했다.

비고츠키는 그들의 공통점은, 발달이 덧셈이나 곱셈이 아니라 나눗셈, 즉 미분화된 전체가 먼저 기능적으로 분화된 후 구조적으로 분화되는 사태라는 것에 대한 믿음이라고 말한다. 예를 들어, 유아는 고통의 감각과 상처받았다는 느낌을 동일한 것으로 경험한다. 그러나 초등학교 남학생들은 자전거로 서로를 들이박고 상처와 멍을 비웃으면서 '자전거 술래잡기'를 한다. 감정과 의지 사이에 분명한 단절이 존재하는 것이다.

F. 크뤼거(Felix Krueger, 1874~1948)

8-6] 정서와 유사한 이러한 감각과 지각은 크뤼거에 의해 현상의 영역으로 도입되었으며 그는 이를 '느낌-심상의 영역'이라고 칭했다. 느낌의 본성에 대한 새로운 학설의 진술에서 이 저자는 어떤 전체적 심리적 형성에 대한 체험을 특징짓는 복합체적 특성에서 체계적 이론의 토대가 될 수 있는 느낌의 본질을 본다. 일반 이론에서 크뤼거가 모든 유기체의 심리적 삶에서 느낌에 예외적이고 지배적인 의미를 부여하고 바로 이를 통해 여러 심리학적 경향성에 이별을 고했다면, 초기 발달 단계에서 감각과 느낌이 융합된다는 특정한 주장에서 그는 현대 대부분의 연구자들에 대한 지지점을 발견한다. 이에 대한 예시는 현대 구조심리학이 발전시킨 입장을 살펴보는 것으로 충분할 것이다. K. 코프카의 말에 따르면 초기 발달 단계에서 의식의 대상은 어두운 만큼 무시무시하며, 정서와 유사한 최초의 지각이 모든 이후 발달을 위한 진정한 출발점으로 간주되어야 한다. 감각과 느낌의 밀접한 친족성, 때로는 완전한 융합으로의 접근은 해부학적 생리학적 토대를 갖지 않을 수 없다.

카나리아는 네덜란드에서 인기 있으나 값비싼 애완동물이었다. 앵무새처럼 사람 말을 따라 하면서 산만하게 하지 않고 명랑하고 행복한 노래를 불렀다. 물론 앵무새가 내는 소리는 단지 소리일 뿐이다. 그림 속의 말주머니가 제시하는 것과 정반대로 그 소리 속에는 생각의 기저 층위가 없다. 인간의 소리를 닮은 것이지, 인간의 말을 닮은 것이 아니다.

낱말 배열, 의미, 소리가 진정 인간의 말에서 함께 어울리는 방법을 생각해 보자. 거기에는 물론 느낌-심상이 있다. 소리는 화자와 청자 모두에게 확실한 감각을 산출한다. 『생각과 말』에서 비고츠키는 이 느낌-심상이 인간과 동물 모두에게서 생각, 즉 의미로부터 상당히 분리된 것이라고 주장한다. 스피노자의 '생각'과 '연장'처럼 그들은 서로 만나지 않는다. 그들은 평행한 평면이다. 카나리아도, 심지어 앵무새도 아닌 인간에게서, 그들은 병합되고 섞인다.

어떻게 된 것일까? 할러데이는 2세 무렵의 어린이가 소리와 의미의 층 사이에 세 번째 층을 삽입하기 때문에 이러한 병합이 발생한다고 말한다. 낱말 배열의 층위, 즉 어휘문법이 이 둘과 연결되어 있으며, 우리가 들을 때 소리를 의미로, 우리가 말할 때 의미를 소리로 매개한다. 이런 식으로 우리는 생각과 연장을 만나게 할 수 있을 뿐 아니라 말하기와 듣기의 만남 또한 하나의 동일한 과정을 바라보는 서로 다른 두 방식의 말임을 알 수 있다.

비고츠키가 자신의 말에 대한 이론과 유사한 정서 이론을 구축하고 싶었을 것이고, 그 출발점은 스피노자의 평행 이론에 대한 비판일 것이라고 상상하는 것은 그리 어려운 게 아니다. 물론 정서에는 느낌-심상이 있는데 몸의 경험은 소리가 하는 것처럼 분명한 감각을 산출한다. 처음에는 계통발생적으로, 그리고 개체발생적으로도 이런 수동적인 감각은 우리를 자유의지의 창조적이고 지적인 행동으로 추동하는 정서와는 상당히 분리된 것이다. 그러나 이것은 수동적인 감각과 지적 행동이 절대 만나지 않는다는 것을 의미하지는 않는다. 반대로 예술 작품에서 이 둘은 서로 만나며 바로 이러한 의미에서 스피노자가 제안했던 것처럼 인간 마음의 일부는 신체의 한계를 넘어 생존할 수 있다.

느낌은 정서와 어떻게 다른가?

C. 파브리티우스(Carel Fabritius),
제목 미상, 1654.

이것은 파브리티우스가 자신의 즐거움을 위해 만든 애완용 카나리아 트롱프뢰유(trompe l'oeil, 실물을 대체할 만큼 사실적으로 재현한 작품)이다. 실제 새보다 그림을 보관하는 것이 훨씬 저렴했을 것이다. 이 그림은 베이루트 폭발과 유사하게 거대한 화약 폭발로 그의 스튜디오와 델프트시 대부분이 파괴되었을 때 그의 스튜디오에 걸려 있던 것이다. 파브리티우스는 그 폭발로 살아남지 못했지만 그림은 살아남았다.

8-7] 그러한 토대들은 현대 신경학의 여러 뛰어난 대표자들에 의해 발전되었다. 이 연구자들(J. 뮐러, 헤릭 등)이 도달한 공통적 결론은 후각을 제외하면, 지각적 감각적 경로를 거쳐 주변으로부터 뇌로 향하는 모든 것은 시상으로 들어가며 그 속에서 저지된다는 입장이다. 이처럼 해부학적으로 시상은 모든 감각경로의 주요한 분배 중심이 되며 그 속에 구심성求心性 자극들을 재그룹화하여, 대뇌피질의 특별한 투영 장場으로 더 멀리 나아가는 개별 감각의 경로에 따라 이 자극들을 분배하는 광범위한 가능성이 존재한다. 한편으로 이 영역은 대뇌와 연결시키는 발달된 연합적 경로를 가지고 있으며, 다른 한편으로 이 안에 감각 영역뿐 아니라 운동 영역, 운동 조응 영역도 포함시킨다면 이 영역은 내장기관과 근골격과도 연결된다. 헤릭이 말했듯이 반사작용의 복잡한 조합과 다양한 형태의 자동적 작용을 그 사전 형성된 구조에 따라 활성화시키는 피질 하부 영역에서 먼저 처리되지 않고서는 일상적 조건하에서는 그 어떤 단순 감각자극도 대뇌피질에 도달할 수 없다.

*J. P. 뮐러(Johannes Peter Müller, 1801~1858)는 헤겔의 제자이자 헬름홀츠, 비르초프의 스승이었다. 그는 생리학자이자 심리학자였으며 비교발생적 해부를 통해 연구를 했다. 이는 시카고 대학교 교수였던 C. H. 헤릭(1868~1960)과의 공통점이다. 그의 주요 연구 주제는 물고기, 양서류, 파충류, 포유류의 뇌의 비교발생적 해부를 통해 '마음-신체' 문제를 해결하는 것이었다. 그는 특히 양서류에 관심이 있었는데 이는 이행적 유형을 나타내기 때문이다. 비고츠키가 이 문단에서 언급하는 것은 그가 1917년에 발표한 다음의 논문인 것으로 보인다.

The internal structure of the midbrain and thalamus of Necturus(넥투루스의 중뇌와 시상의 내부구조), Journal of Comparative Neurology, 28: 214-348.

8-8] 이와 나란히 뮐러는 시상의 기능에 대한 이론을 발전시켰다(J. 뮐러, 1842). 그의 이론에 따르면 바로 이 영역은 여러 감각이 고유한 정서적 색채와 느낌적인 톤을 얻는 뇌의 부위로 간주된다. 대뇌피질은 감각과 지각의 국지화에서만 중요한 반면, 이 영역에서는 고통이나 만족의 신체적 감각이 생겨난다. 동시에 이 영역은 감각 뉴런의 자극이 자율신경계의 동일한 뉴런으로 전달되는 전송 지점이다. 이런 관점에서 시상 영역은 지각 기능의 주요 부분이며 그와 불가분 연결되어 있는 기초적인 정서적 생활의 주요 부분이다. 시상에 가까이 위치한 뇌간의 자율신경계 영역과 심리 운동 영역과 더불어 시상은 내장 감정 반응 영역을 이룬다.

이 문단은 다음의 뮐러의 연구를 언급하고 있다.

Müller, J. P. (1842). Handbuch der Physiologie des Menschen. Coblenz: Hölscher.

8-9] 뮐러 이전에도 헤드는 유사한 관점에 도달했다. 그는 G. 홈스와 함께 이 영역이 의식적 상태를 생산하는 기능을 한다고 보았다. 시상 한편에 손상을 입은 사례에 대한 관찰에 의거하여 헤드는 이 기관이 특정한 감각 요소를 의식하는 영역이며, 만족이나 불만족 상태 혹은 일반적 상태 변화에 대한 의식을 일으키는 모든 자극에 반응한다는 결론에 이른다. 신체적 혹은 내장적 감각의 정서적 톤은 그것이 활동한 산물이다. 이와 관련하여 퀴퍼스는 누구보다 멀리 나아간다. 우리가 보았듯, 그는 시상 한쪽에 손상을 입은 사례들을 해석하면서 그러한 환자는 양쪽에 각기 다른 영혼을 갖는다는 생각을 제시한다. 이처럼 그는 이 영역에 본질적 심리적 기능뿐 아니라 거의 영혼 자체를 국지화하는 경향을 갖는다.

G. 홈스 경(Sir Gordon Holmes, 1876~1965)은 L. 에딩거와 J. 잭슨의 제자였고, 헤드의 긴밀한 협력자였다. 그들은 전쟁 중 총상을 함께 연구했고, 이후 뇌의 생리학을 탐구했으며 캐논이 『Bodily Changes in Fear, Hunger, Pain and Rage(고통, 배고픔, 공포, 분노에서 신체의 변화들)』에서 언급한 연구들을 공동 저술했다.

헨리 헤드 경에 대한 전기적 기록은 **6-7**을 참조.

8-10] 다나와 캐논은 분명 이러한 일련의 연구와는 독립적으로, 혹은 최소한 다른 종류의 연구에 기대어 유사한 이론을 제시했다. 그들의 생각에 따르면 정서는 시상의 활동의 결과로 생겨난다. 캐논은 이론의 기본 입장을 다음과 같이 공식화한다. "시상의 과정이 자극을 받으면 특별한 정서적 자질이 단순 감각과 결합한다"(W. B. 캐논, 1927, p. 120). 이 시상 이론의 변이형에서 본질적으로 새로운 것은 대뇌피질과 시상의 상호작용이 정서적 과정의 진정한 생리학적 토대층이라는 생각이다. 우리는 다나가 정서의 신체적 표현이 부재한 환자들에게서 정서적 체험이 계속 지속된다는 것을 관찰하고 내린 결론을 위에서 이미 인용했다. 이 결론의 기본 요지는, 정서는 대뇌피질과 시상 사이의 활동과 상호작용에 의해 뇌 영역에 의해 국지화된다는 생각임을 상기하자. 다나가 캐논과 독립적으로 도달했으며 몇몇 연구자들이 동시에 발전시킨 세부 사항과 두드러지게 일관되며 놀랍도록 일치하는 이 이론은 제임스와 랑게 이론의 일치에서와 같이, 다른 과수원에서 동시에 떨어지는 열매처럼 특정 시기에 성숙하는 사상에 대한 괴테의 생각을 다시 한번 상기시킨다. 시상적 정서 이론은 실제로 그처럼 우리 시대에 동시에 성숙한 사상임이 분명하다. 그것은 캐논의 연구에서 우리가 관심을 갖는 방향으로의 가장 큰 발전과 성숙에 도달했다. 캐논은 이를 정서에 대한 체

계적 심리신경학적 이론으로 발전시키고자 노력했을 뿐 아니라 정상적, 병리적인 감정적 삶에 대해 우리가 알고 있는 너무도 다양한 사실들 대부분에 대한 유일하게 타당한 설명으로서 이를 기존의 제임스 랑게 이론과 일관성 있고 날카롭게 대비시킬 수 있었다. 이 때문에 우리는 후에 이 이론을 제시하고 이 이론을 일반적으로 옹호하기 위해 제시된 증거들을 검토하면서 캐논의 연구에 의지할 것이다.

8-11] 우리는 옛 이론과 새 이론의 근본적인 차이에 대한 설명으로 시작할 것이다. 우리가 캐논에게서 빌려온 도면圖面에는, 정서 반응에 대한 기관, 시상적 이론이 정서의 토대에 놓여 있을 것으로 상정하는 신경 기제가 도식적이고 대단히 단순화되어 제시되어 있다. 도면에서 잘 드러나듯이 제임스-랑게 이론에 따르면 어떤 대상이 수용 기관을 자극하면 구심적 자극은 대뇌피질을 향하고 그 결과 대상의 지각이 일어난다. 대뇌피질에서는 근육과 내장기관을 향하여 거기에 복잡하고 다양한 변화를 일으키는 원심적 자극이 일어난다. 내장기관과 근육으로부터의 구심적 자극들은 다시 대뇌피질로 돌아가며 이 덕분에 단순 지각된 대상은 정서적으로 체험된 대상으로 변환된다. 신체적 변화가 일어나는 대로 느끼는 것이 감정이며, 연합적, 운동적 요소의 감각의 총체가 모든 것을 설명한다.

> 러시아어 선집은 '도면'이 빠져 있다고 말하고 있으나, 우리는 비고츠키가 여기서 인용한 캐논의 연구에서 그것을 찾을 수 없었다. 그러나 여기 2003년 R. 카디날의 심리학 입문 과정에서 나온 '도면'이 있다. 우리의 목적에는 이것으로 충분할 테지만, 여기에는 비고츠키가 다음 문단(8-12)에서 언급하는 경로가 빠져 있다.
>
> **감정 이론 요약**
> • 전통적 관점
> 사건 → 지각 분석 → 감정 → 반응

• 제임스-랑게

사건 → 지각 분석 → 반응(예컨대 자율신경 흥분, 도피) → 피드백
의 지각 → 감정

• 캐논-바드

사건 → 지각 분석 ↗ 감정
              ↘ 반응

8-12에서 언급하는 '세 번째 경로'는 반응과 피드백의 지각 사이의
연결을 가리키고, '네 번째 경로'는 피드백의 지각과 감정 사이의 연결
을 가리키는 것으로 보이며, 이 둘 모두는 캐논-바드 이론에 없다.

8-12]　도면에 제시된 시상 이론에 따르면 정서적 반응의 신경학적
기제는 막 논의된 것과 두 가지 기본 지점에서 다르다. 첫째, 이 기제에
는 첫 번째 도면에서 제시된 세 번째, 네 번째 경로 즉 옛 이론에 따르
면 정서적 체험의 유일한 근원인, 근골격과 내장기관으로부터의 구심적
자극을 대뇌피질로 돌려보내는 경로가 존재하지 않는다. 이 경로가 두
번째 도면에서 제시하지 않은 것은 그들이 존재하지 않기 때문이 아니
라 새 이론의 의견으로 볼 때 정서 연구에 대해 그들이 갖는 의미가 논
쟁의 여지가 되기 때문이다. 분명 새 이론은 정서적 체험의 주요 근원
을 다른 곳에서 모색하며 이것이 첫 번째 도면과 분기하는 두 번째 지
점이다. 새 이론에 의하면 주변부로부터 뇌로 향하는 감각 자극들은 시
상 영역에서 멈춘다. 시상은 대뇌피질 및 주변부와 풍부한 연결을 가지
고 정서적 반응들을 조정하는 영역으로 간주된다. 정서가 발생하고 진
행되는 모든 기제는 캐논에 의해서 다음과 같은 형태로 묘사된다.

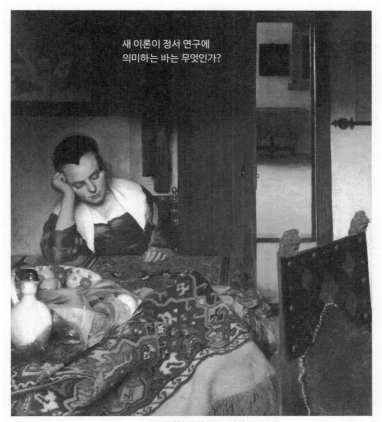

새 이론이 정서 연구에
의미하는 바는 무엇인가?

J. 베르메르(Johannes Vermeer), 테이블에서 조는 여자, 1657.

　예술에서 성애가 중요한 주제이기 때문에 이 그림은 오랫동안 '바니
타스' 그림의 여성판으로 해석되었다. 여성은 성적인 몽상에 잠겨 있을
것으로 추정되며 이는 병, 금지된 과일, 특히 기다란 부지깽이를 통해
드러난다. 이러한 해석에 따르면 풍성한 식탁보의 주름은 여성의 성기
를 나타낸다. 이러한 해석은 덧칠된 구석에 원래 남자와 개가 서 있었
다는 것이 밝혀지면서 더 공고해졌다.
　잠을 잘 때 우리는 이완을 경험한다. 즉, 우리가 꿈을 꾸며 제임스-
랑게가 그들의 이론에서 가장 유념하고 있는 투쟁과 도피의 정서를 정
확하게 경험한다 할지라도, 두뇌와 골격근 사이의 연결은 억제되고 있

다는 것이다. 그렇지 않다면 우리는 몽유병이나 다른 장애를 경험한
다. 제임스-랑게의 이론에서 두뇌 활동은 정서의 이유가 아닌 결과이
므로, 꿈과 수면 장애는 그들의 연구 대상이 아니다. 두뇌 활동이 원
인이 아닌 결과이므로, 사회적 환경의 영향으로 정서를 이해하는 것은
저녁 식사 자리에서의 사회적 환경이 소화에 미치는 영향을 이해하는
것보다 더 나을 것도 없었다.

　사회적 환경에 부여된 더 큰 재량권은 베르메르의 그림에 대한 매우
색다른 해석이 가능하게 한다. 테이블에 앉은 여자는 생식기의 영향을
느끼며 사랑을 꿈꾸고 있는 것이 아니다. 그녀는 손님 초대를 준비하
느라 지친 하녀에 불과하다(덧칠한 남자와 개는 손님에 포함될 수도 있다).
그녀에게는 아직도 저녁 식탁을 차려야 할 일이 남아 있으므로 감히
누워서 낮잠을 잘 수가 없을 뿐이다.

8-13] 외적 상황은 지각 기관을 자극하고 지각 기관은 나타난 자극
을 대뇌피질로 향하는 자극을 통해 보낸다. 대뇌피질에서의 자극은 반
응의 향방을 결정하는 조건반사 과정과 연합된다. 반응이 특정한 구조
적 형태로 발생하여 대뇌피질 뉴런이 시상 과정을 자극한 덕분에 아니
면 수용기관으로부터의 자극이 스스로의 원심적 경로에서 시상 과정을
자극한 까닭에 후자(시상 과정-K)는 활성화되어 방출할 준비가 된다. 시
상 뉴런이 어떤 정서적 표현에 대해 특정한 조합으로 작용한다는 사실
은 여러 감정 상태에서의 반응이 전형적이라는 데서 분명히 나타난다.
이 뉴런들은 활성화되기 위해 더 고등한 영역으로부터의 세부적 신경
지배를 필요로 하지 않는다. 그들의 기능을 위한 첫 번째 조건은 탈억
제로, 이후 이들은 빠르고 강렬하게 방출된다. 시상의 안에서 혹은 이
웃하여 정서적 표현에 참여하는 뉴런들은 주변부로부터 대뇌피질로의
감각 경로의 결점 지점에 가까이 놓인다. 이러한 뉴런들이 특정한 조합
으로 방출될 때 이들이 근육과 내장기관을 신경 자극할 뿐 아니라 대

뇌피질을 향하는 구심성 경로를 직접 연결이나 발산을 통해 자극한다고 우리는 가정해야 한다. 자연스럽게 도출되는 이론에 따르면, 시상 작용이 활성화되면 특별한 정서적 특징이 단순감각과 결합된다.

시상은 외부 상황에 의해서만 자극되는가?
슬픈 기억을 떠올리는 일 등에
의해서는 자극되지 않는가?

H. 테르 브루겐(Hendrick ter Brugghen), 헤라클레이토스, 1628.

헤라클레이토스는 '우는 철학자'라고 불렸는데, 그것은 아마 그의 일생을 인간의 어리석음에 대해 우는 데에 썼기 때문일 것이다. 그가 인간이 정념에 구속됨을 설명하는 것을 보여 주는 이 그림은, 웃는 철학자라고 불린 데모크리토스와 짝을 이룬다. 헤라클레이토스와 데모

크리토스는 스피노자가 다음의 글을 쓸 때에 염두에 두었던 사람들이다. "나는 사람의 행동에 대해 비웃거나 그에 대해 슬퍼하거나 혹은 미워하기 위해서가 아니라 그들을 이해하기 위해 분투해 왔다."

헤라클레이토스의 눈물이나 데모크리토스의 웃음은 둘 모두 환경에 의해 자극된 비자발적인 반응이 아니다. 둘 모두 자발적이고 의지적인, 인류 역사에 대한 철학적 반영의 결과물이었다. 시상 이론과 제임스-랑게 이론 모두 이것들을 정서로 여기지 않는다. 이는 정서적인 것이 아닌, 순수하게 지적인 반응으로 여겨진다. 그러나 스피노자의 이론은 바로 이러한 자발적인 정념의 통제를 설명해 준다. 헤라클레이토스는 모든 인간은 죽음을 맞이해야 한다는 사실을 바꿀 수 없듯이 그의 정서에 대한 신체적 감각을 바꿀 수 없었지만, 모든 것은 움직이며 모든 것은 사라진다는 철학을 만들어 냄으로써, 우리가 현실에 대해 가지는 내적인 관계, 태도를 바꾸었다.

8-14] 새로운 이론의 주요하고 실제적인 토대를 가장 먼저 살펴보자. 먼저, 하등동물의 전두엽을 시상 앞까지 제거하면 일반적으로 격분으로 명명되는 행동이 관찰된다는 사실을 지적해야 한다. 시상마저 제거하면 반응이 사라진다. 1887년에 B. M. 베흐테레프는 정서적 표현이 대뇌피질에 의존하지 않는다는 생각을 제안했다. 이는 정서적 표현이 의지적으로 억제될 수 없고(간지럼에 의한 웃음, 고통에 의한 비명), 내장기관의 변화는 대뇌피질의 통제에 의존하지 않고 언제나 이 반응의 구성요소로 포함되며, 끝으로 행동조직에서 대뇌피질의 참여가 미미한 출생 직후에 이 반응이 나타나기 때문이다. 나아가 베흐테레프는 다양한 동물들의 대뇌 반구를 제거한 자신의 실험 결과를 발표했다. 이 동물들은 수술 후에도 상응하는 자극에 대한 감정적 특성의 반응을 계속해서 드러냈다. 이러한 반응들은 시상을 제거한 후에만 사라졌다. 이로부터 베흐테레프는 정서적 발현에서 시상이 압도적 역할을 수행한다는

결론을 도출했다.

*B. M. 베흐테레프(Владимир Михайлович Бехтерев, 1857~1927)는 W. 분트의 제자였으며 비텐베르크 심포지엄에 참여한 신경학자로 캐논에 의해 인용되고 있다. 그러나 비고츠키는 다른 측면에서 이미 베흐테레프의 연구에 대해 잘 알고 있었다. 두 과수원에서 열매가 동시에 떨어지듯 베흐테레프는 파블로프와 동일한 시점에 조건 반사를 발견했기 때문이다. 그는 타액 분비를 이용한 실험을 인간에게 적용할 수 없다며 반대했고, 다만 전기 자극을 이용한 실험만 진행했다. 파블로프와는 달리 베흐테레프는 '마음'이라는 개념을 수용했으며 '정신병'의 개념도 인정했다. 이는 그의 죽음을 초래한 것으로 보인다. 베흐테레프는 스탈린을 진료하도록 요청받았는데 스탈린은 왼손이 너무 건조하게 느껴지는 불편함을 겪고 있었다. 베흐테레프는 편집증 진단을 내렸고 다음 날 사망했다. 그의 이상한 죽음 이후 모든 책과 기념물에서 그의 이름은 삭제되었으며 그 이유는 알려져 있지 않다.

I. 레핀의 베흐테레프 초상.

8-15] R. 우드워스(in: W. B. Cannon, 1927, p. 115)와 셰링턴(1904)이 자신들의 실험에서, 시상이 완전히 제거된 고양이에게서도 강력한 흥분과 소위 유사감정적 반응을 나타내는 생리적 현상이 보존되었음을 지적하며 베흐테레프의 입장의 의미를 뒤흔들고자 시도했음에도 그의 입장은 일련의 새로운 연구들에서 확증되었으며, 오늘날 심리기능의 국지화에 대한 가장 신뢰가 두텁고 견고한 입장 중 하나로 간주되어야 함이 분명하다. 캐논과 브리턴의 연구 그리고 더 이후의 바드의 연구는 베흐테레프의 입장을 온전히 확증했으며 저자들로 하여금 시상은 대뇌

피질의 통제가 제거되었을 때, 고도의 정서적 활동, 내장적 근육적 활동을 일으키는 자극에 반응하는 영역이라는 결론을 도출하는 근거를 제공했다. 이러한 (대뇌피질 통제가 제거된-K) 감정성과 셰링턴이 실험한 동물의 유사감정적 반응의 차이는 무엇보다 후자에서 매우 협소한 행동 조응의 한계가 동물들에게서 관찰된다는 것이다. 이 동물들은 반응에서 진정한 공격이나 싸움 행위에 결코 접근하지 못했다. 반면 시상이 보존된 경우 감정적 반응의 외적 측면은 온전히 보존되었다.

셰링턴은 피질이 제거된 고양이들이 정서를 느끼게 되는지에 관한 질문을 우회하기 위해 유사-감정이라는 용어를 만들어 냈다. 우드워스와 셰링턴은 정서적 표현이 뇌의 정서적 표현에 실제 의존한다고 주장한다. 베흐테레프, 캐논과 브리턴, 바드는 그렇지 않고, 즉 시상에 의존한다고 주장한다. 비고츠키의 견해는 무엇일까?

크레치머의 법칙(『성장과 분화』 7장)을 토대로, 비고츠키의 견해는 시상이 저차적 뇌 영역(중뇌에 있으며, 원시 동물에 존재)이라는 것이다. 저차적 뇌 영역은 고등 뇌 영역에 그 기능을 넘겨주지만, 그들은 고등 뇌 영역이 어떤 식으로 파괴되거나 억제될 때 독립적인 활동을 재개할 수 있는 잠재성을 보존한다. 이것이 바로 셰링턴의 실험뿐 아니라 베흐테레프의 실험에서도 일어났던 일이다.

비고츠키의 견해는 정서에 대해 오늘날 우리가 알고 있는 것과 일치한다. 정서는 실제로 변연계, 편도체, 뇌하수체와 시상(특히 시상하부)을 포함한 피질하 영역과 피질 사이의 복잡한 상호작용에서 생성된다. 이 견해는 정서를 저차적 뇌 기능과 (우리와 인간 환경의 관계를 매개하는) 피질로 부터 동시에 접근하는 이 책의 정서 이론과 일맥상통한다. 내장과 혈관운동 기능이 역할을 하지 않는다.

우드워스의 생애와 초행동주의 '동적 심리학'에 대해서는 『흥미와 개념』 9-2-7을 볼 것.

그림 속 두 명의 남자들은 서로를 간지럽히고 있다. 그것은 왜 그림에 두 명이 있는지를 분명히 설명한다. 스스로를 간지럽히는 것은 불

시상의 손상은 모든 정서의 손실을 일으키는가?

H. 폰 아헨(Hans von Aachen), 두 명의 웃는 남자, 1574.

가능하다. 하지만 왜 그럴까? 하나의 이유는 누군가를 간지럽히는 일은 의지적으로 통제할 수 있는 행동이지만, 간지럽힘을 당하는 것은 비의지적 반응이기 때문이다. 스피노자는 능동적 행동은 정념에 반비례한다고 주장했다. 정서가 능동적일수록, 우리는 외부 자극에 대한 수동적 반응자로부터 벗어나게 된다. 윌슨 또한 의지적 행동이 비의지적 반응에 반비례한다고 주장한다. 근육의 의지적 행동이 마비된 사람은 더욱 강한 비의지적 반응을 보였다. 즉 웃는 척을 할 수 없을수록, 간지럽힘을 당했을 때 더 크게 웃었다. 브리소는 이것은 시상이 보존되었기 때문이라고 추정했다, 그리고 풀턴과 베일리의 연구가 그것이 사실임을 확인하는 것으로 보인다. 시상이 보존되지 않았을 때는 그들의 환자에게서 의지적이든 비의지적이든 반응이 없었기 때문이다. 이 두 남자들은 건강한 시상을 가졌음이 틀림없다.

8-16] 유사한 현상은 병리적 연구에서 반복적으로 기술되었다. 일부 반신불수의 형태에서 환자는 마비된 쪽의 얼굴 근육을 의지적으로 움직일 수 없었지만 환자가 슬프거나 즐거운 감정에 압도된 경우 의지적으로 통제되지 않던 근육들이 작동하기 시작하여 얼굴 양쪽에 슬프거나 기쁜 표현이 나타나도록 한 것이다. 이 경우 피질하 영역의 운동 경로는 파괴되었으나 시상은 손상되지 않았다.

8-17] 시상 한쪽이 손상을 입은 경우 반대 현상이 관찰되었다. 예컨대 시상 한쪽에 병변이 일어난 결과, 대뇌피질의 근육 통제는 쌍방향임에도 환자에게서 한쪽만 웃거나 고통으로 찡그린 표정이 각 해당되는 상황에서 관찰되었다. C. И. 키릴체프(W. B. Cannon, 1927, p. 117)가 기술한 환자는 얼굴의 좌우측의 움직임을 마음대로 대칭적으로 통제할 수 있었다. 그러나 그가 웃거나 고통으로 찡그릴 때 얼굴 오른쪽은 움직임 없이 남아 있었다. 부검을 통해 그의 좌측 시상에 병변이 있음이 드러났다.

FIG. 40. 대뇌피질의 일부 뉴런(CC)과 중뇌의 시상부위 뉴런(D)이 내장(V)과 근골격(Sk M)과 맺는 관계 요약도. Sp C=척수. 피질-시상 경로는 억제적인 것으로 간주됨. 감각 신경은 표현되지 않음. A에서 피질-척수 경로에 입은 손상은 한편의 특정 근골격에 대한 피질의 통제를 차단하지만 중뇌부위가 통제하는 좌우측 근육에 대한 통제를 방해하지 않음. 중뇌의 한편에 입은 손상은 피질의 양방향 통제에 영향을 미치지 않을 수 있음(Cannon, 1927).

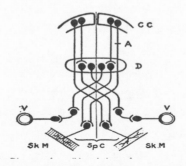

대뇌 피질이 양쪽 얼굴 근육을 통제할 수 있음에도 불구하고 감정적 표현이 얼굴 한쪽에만 나타나는 이유는 무엇인가?

A. 반 다이크(Anthony van Dyck), 중풍 환자를 고치는 예수, 1619.

마태복음 9장 2절에서 8절까지의 일화를 나타낸 그림이다. 중풍 환자를 만난 예수는 그의 '죄를 사함'으로써 병을 치료해 준다. 이는 사지마비가 죄 많은 삶에 대한 형벌이라는 반 다이크 시대의 흔한 관념을 반영한다. 얼굴 표정 뿐 아니라 굽은 등과 뒤틀린 사지는 그간의 악행과 이에 대한 회개를 표현한다.

오늘날 우리는 마비가 하나가 아닌 두 종류의 형벌임을 알고 있다. 그 둘 사이의 주요 구분은 스피노자가 말하는 의지 혹은 자발성이다. **8-16**에서 사지마비환자는 얼굴 근육에 대한 자발적 통제를 잃지만 비자발적으로는 여전히 얼굴 표정을 지을 수 있었다. 이는 시상이 온전히 기능했기 때문이다. 그러나 **8-17**에서는 상황이 달라진다. 환자는 비자발적 통제를 상실한다. 시상에 병변이 있었기 때문이다. 오른 쪽에만 비자발적 통제를 상실했다면 이는 좌측 시상이 병변을 입었기 때문이며 그 반대도 마찬가지이다.

사지마비에 대한 비과학적인 모욕을 퍼뜨리는 예술 작품의 '죄를 사하기'는 어렵다. 그러나 반 다이크를 용서해야 할 듯하다. 그림을 그릴 당시 그는 20세에 불과했으며 주제와 구도는 그의 스승이었던 P. P. 루벤스에게 배웠을 것이다.

＊С. И. 키릴체프(Сергей Иванович Кирильцев, 1858~?)는 러시아의 의사이자 생리학자였다.

8-18] ("-K)정서적 표현과 연결된 만족과 고통 표현을 관할하는 중추신경장치의 그러한 국지화는 일반적으로 거짓숨뇌마비를 통해 관찰된다. 이러한 경우에는 보통 얼굴 양쪽 근육 마비가 나타난다. 그러나 의지적으로 수축될 수 없는 얼굴 근육이 웃음이나 외침, 찡그림이나 눈썹 치켜뜨기에서는 정상적으로 기능한다. 정서적 표현은 마치 경련처럼, 통제 불능의 상태로 오랫동안 지속된다. 이는 아침 10시에 웃기 시작하여 오후 2시까지 잠깐의 휴지를 제외하고 계속 웃은 환자에 대한 기술이다. F. 틸니와 D. 모리슨은 이 질병의 173개의 사례를 보고 했다(W. B.

Cannon, 1927, p. 117). 연구자들은 전체 사례 중 17%에서 그러한 웃음과 울음의 발작을, 16%에서 울음만의 발작만을, 15%에서 웃음만의 발작만을 발견했다. 이러한 발작들은 명확한 적절한 원인 없이 일어났다. 환자들은 몸을 흔들며 웃는 사람들과 같아 보였으나 이러한 신체적 표현에 상응할 만한 어떤 것도 체험하지 않았다.(-K")

> 위 문단은 캐논의 저서 364쪽을 인용한 것이다. 원문에 인용부호가 누락되어 있으므로 따옴표를 넣고 (-K)표시를 했다.
>
> *F. 틸니(Frederick Tilney, 1875~1938)는 컬럼비아 대학교 교수로 신경학 연구자였다. 캐논은 다음의 연구를 언급하고 있다.
>
> Tilney and Morrison, The Journal of Nervous and Mental Diseases, xxxix (1912), p. 505.

8-19] S. 윌슨은 이와 유사한 여러 사례들을 기술했으며 이는 그가 다음을 확립하도록 해 주었다. 얼굴과 운동 근육의 의지적 마비가 심하면 심할수록 동일한 기제의 비의지적 신경분포가 강하게 드러난다(S. Wilson, 1924). 브리소는 이러한 장애가 피질-시상 경로의 특정 부분의 문제로 기인한다고 말한다. 이 결과 시상은 대뇌피질의 통제로부터 해방된다. 브리소는 웃음과 울음의 비의지적 경련 현상이 나타나기 위해서는 시상 자체가 보존될 필요가 있다고 가정한다. 윌슨은 시상 자체가 병리적 과정에 연루된 경우에도 기술된 현상이 나타날 수 있음을 지적하면서 브리소에 반대한다. 이러한 사례에 대한 해석은 후에 다시 할 것이다. 지금은 시상의 중심적 부분에 병리적 과정을 겪으면서 완전한 정서적 부정성을 보인 환자에 대한 풀턴과 베일리의 몇 가지 사례들을 상기해 보도록 하자. 모든 정서적 표현을 상실한 그들의 환자들 중 일부는 자신의 신체적 상태의 심각성에 대한 평가를 전혀 하지 못한 채

터무니없이 평화로운 심정을 보여 주었다. 제3뇌실의 장애로 인한 기면증의 경우 또한 정서를 표현하고 느끼는 것이 거의 완전히 소실될 수 있다. 그러한 환자들은 조롱과 모욕을 전혀 무심하게 받아들이며 가장 비극적인 사태에도 정서적 표현을 나타내지 않는다. 이러한 환자들 중 일부는 시상의 아랫부분에서 종양이 발견되었으며 이는 흔히 시상 전체에 타격을 주었다.

*É. 브리소(Édouard Brissaud, 1852~1909)는 파리의 살페트리에 병원에서 샤르코의 제자로 일했다. 캐논은 그가 1894년에 발행된 교과서 『Les leçons cliniques(임상학 교수)』를 인용한다.

*J. F. 풀턴(John Farquhar Fulton, 1899~1960)은 H. 잭슨(H. Jackson)의 연구에 기반을 둔 '동적' 신경학을 지지했던 미국의 신경 생리학자였다. 그의 주된 기여는 유인원의 신경 생리학에 있었다. 그는 뇌엽 절제술 lobotomies이 유인원에게 진정 효과가 있음을 발견한 사람이었다. E. 모니즈는 이것을 사람에게 적용하여 노벨상을 수상했으나 그 결과는 처참했다.

*P. 베일리(Percival Bailey, 1892~1973)는 뇌 외과 의사였으며, 신경 병리학자이자, 정신과 의사였다. 신경 병리학자로서, 그는 뇌종양의 데이터를 활용하여 뇌 지도를 만들었다. 정신과 의사로서 그는 프로이트의 비평가였다.

뇌 병변 자료를 이용해 대뇌피질 지도를 만들고 있는 P. 베일리.

8-20] 끝으로 새로운 이론의 기본적 입장을 지지하는 세 번째 증거는 마취로 인해 하부 영역(시상이 포함된 피질하 영역-K)에 대한 대뇌피질의 통제가 일시적으로 억제되거나 혹은 어떤 병리적 과정으로 인해

이 통제가 장애를 겪는 경우 의지와 상관없는 울음과 웃음이 터지고 때로는 종종 억제되지 않고 오래 지속된다는 사실이다. 마지막 증거는, 캐논이 지적하다시피 위에서 제시된 첫 두 개의 의견과 연관해서 살펴볼 때에만 정서적 표현이 시상에 국지화된다는 것을 지지하는 논쟁의 의미를 가질 논거가 될 수 있다. 대뇌피질을 마취하여 고등 영역의 통제를 제거한 약리학적 실험은 정서적 반응이 이 경우 극도로 날카롭게 표현되었음을 드러냈다.

정서적 표현이
시상에 국지화된다는 것은
어떤 의미인가?

C. 코넬리츠(Cornelis Cornelisz), 바보의 초상화, 1596.

이는 복장이 시사하는 것처럼 직업적 '바보'의 초상화일까? 아니면 부러진 이빨과 늘어진 턱의 미소가 시사하는 것처럼 무의식적 바보의 초상화일까?

지금까지 비고츠키는 다음의 이론을 뒷받침하는 세 가지 고찰을 제시했다.

a) 감정은 감각과 연결되어 있으나 구별된다.

b) 감정과 감각 간의 연결 고리는 대뇌피질과 내장/혈관운동계 사이의 연결고리, 즉 피질하에 위치한 시상이다.

c) 우리가 감정이라고 부르는 '감각과 사고의 특수한 혼합물'은 고등 뇌(대뇌피질)가 아니라 저차적 뇌(시상)에 '국지화'되어야 한다.

첫째, 동물 실험에 따르면 저차적 중추에 대한 대뇌피질의 통제는 제거되었지만 시상은 보존되었을 경우, 동물은 여전히 화를 내지만, 시상이 제거되었을 때는 분노 또한 사라져 버린다(8-14).

둘째, 한쪽 얼굴 근육에 대한 자발적 통제를 상실한 반신 마비 환자는 여전히 예컨대 무의식적 웃음이나 무의식적 찡그림과 같은 반사 반응에서는 그것을 움직일 수 있다. 이 환자들은 사후 숨뇌 위쪽의 대뇌 부위에 병변이 발견되었으며, 이는 대뇌 피질의 통제가 중단되었지만 저차적 뇌의 반사반응은 그대로 남아 있음을 나타낸다(8-18).

셋째, 우리는 마취제와 위에서 기술된 질병 과정을 통해 동일한 무의식적 웃음과 찡그림을 만든다.

따라서 코넬리츠의 바보가 직업적이라면, 그의 탈억제(그의 바보스러움)는 언제나 대뇌피질의 통제하에 있는 것이다. 그러나 그가 비의식적, 무의식적 바보라면, 그의 탈억제는 대뇌 피질의 통제하에 있는 것이 아니라 시상에 국지화되어 있는 것이다.

8-21] 기술된 실험적, 임상적, 약리학적 자료는 모두 첫째, 정서적 표현은 시상 영역에 국지화되어 있음의 수용과 둘째, J. 잭슨이 당대 발전시킨 대뇌피질 활동의 조직에 대한 이론에 근거하여 이 모든 현상들

을 설명하려 하는 가설로 이끈다. 잭슨에 따르면 신경계의 조직은 고등 영역과 저차적 영역의 복잡한 위계를 보인다. 여기서는, 분화되어 있고 섬세한 고등한 영역의 활동 형태를 매번 교란할 법한 뇌의 오래된 부분 들의 원시적이고 고대적 반응들이 전자의 (고등한 영역-K) 제동 영향 아 래 있기 때문에 이는 정상적 조건하에서는 자유롭게 활동성을 드러내 지 못하고 행동에서 지배적인 역할을 하지 못한다. 이러저러한 조건으 로 인해 저차적 영역에 대한 대뇌피질의 통제가 약해지거나 완전히 사 라지면, 이전에 종속적 지위에 있던 저차적 영역은 독립적이 되고 자유 롭게 활동하게 되어 이로부터 그들의 비자발적이고 극도로 강렬한 활 동성이 나타나게 된다. 가장 약한 자극도 이러한 조건하에서는 극도로 과도한 반응을 일으킬 수 있다.

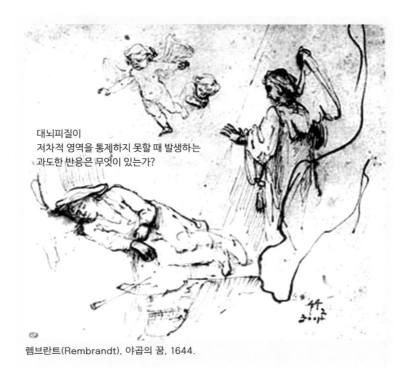

대뇌피질이
저차적 영역을 통제하지 못할 때 발생하는
과도한 반응은 무엇이 있는가?

렘브란트(Rembrandt), 야곱의 꿈, 1644.

창세기 28장 10~19절에서 야곱의 꿈이 갖는 의미는 탈무드 토론에서뿐 아니라 네덜란드 미술에서도 가장 선호되는 주제이다. 속임수로 장자의 축복을 가로챈 후, 야곱은 두려움에 도망가다가 잠이 든다. 잠든 사이, 그는 천사들이 사다리를 오르내리는 꿈꾸고, 하나님은 그의 자손이 지구를 '티끌처럼' 덮을 때까지 기하급수적으로 번성하게 할 것을 약속하신다. J. H. 잭슨이 기록했듯, 우리가 대뇌피질 통제를 상실하고 '원시적이고 고대적인 반응'으로 되돌아갈 수 있는 방식은 여러 가지가 있다(예컨대 파킨슨병, 마취제 투여). 그러나 잠자는 동안에도 우리는 행동과 감정에 대한 대뇌피질 통제를 잃는다(이 때문에 가위눌림을 경험한다). 아마도 그것만이 야곱의 꿈의 진정한 의미일 것이며, 따라서 이 꿈은 야곱의 대뇌피질 통제 아래 일어나는 성경의 사건들과 관련이 없다.

*J. 잭슨은 J. H. 잭슨(John Hughlings Jackson, 1835~1911)을 지칭한다. 그는 학술지 〈브레인Brain〉을 창간했으며 현대 뇌신경학의 수립에 기여했다. 비고츠키가 종종 크레치머나 헤드의 공헌으로 언급하는 뇌기능 상향전이의 법칙은 사실 잭슨의 발견이다. 크레치머는 이 법칙의 증거로 주로 병리학적 자료를 이용했으나 잭슨은 진화론적 증거를 이용했다. 비고츠키는 이 둘을 종합한다.

8-22] 새로운 이론에 따르면 정서적 표현은 잭슨의 이론에 따라 조직된 저차적 피질하 영역이 활동한 산물이다. 잭슨의 이론을 발전시킨 헤드의 의견에 의하면 위에 기술된 모든 비의지적 정서적 발현들은 대뇌피질의 통제가 약화되거나 사라진 결과 저차적 영역이 교란한 현상으로 간주되어야 한다. 그러한 해석과 상응하게, 저차적 영역에 대한 대뇌피질의 통제가 손상된 동물이나 사람에게서 극도의 격렬함과 쉬운 흥분성이 발견된다. 비정상적으로 격렬한 반응은, 정서적 표출을 관리

하는 신경 장치가 언제나 정력적으로 방출할 준비가 되어 있으며 고등한 통제만이 그 활동성의 표출을 억제한다는 것을 가리킨다.

8-23] 아마 오직 월슨의 의견만이 이 가설에 반할 것이다. 그는 브리소와는 반대로, 우리가 위에서 본 바와 같이 비의지적인 웃음과 울음 발작은 시상이 보존된 가운데 피질 시상 경로가 단절된 결과로 일어날 뿐 아니라 시상 자체에 심각한 손상이 있는 경우에도 일어날 수 있다고 가정한다. 그러나 이러한 반대는 우리가 보기에 설득력 있게 바드에 의해 논박되었다. 바드는 시상 영역의 토대가 병리적 과정에 관련되면 분노와 연결된 본질적 부분에서 우리는 정서적 발현의 부재를 관찰하게 됨을 지적했다. 이 사실을 상기하며 월슨은 이를 대뇌피질 경로가 단절된 결과로 해석했으나 그의 주장의 설득력은 대뇌피질이 손상된 결과로 정서적 마비가 일어난 경우는 하나도 없다는 사실로 인해 약화되었다. 반대로, 대뇌피질이 저차적 영역과 분리되는 손상은 주로 기이하고 비정상적인 정서적 행동들을 이끌어 냈다. 이처럼 사실들은 피질하 영역에 정서적 발현이 국지화되어 있음을 지지한다. 또한 시상의 한쪽에 손상을 입으면 일상적 자극에 과도한 감정적 반응을 하는 경향이 나타남을 보여 준, 위에서 인용한 헤드와 홈스의 연구(W. B. Cannon, 1927, p. 118)도 이 생각과 완전히 일치한다. 저자들은 이 현상을 시상이 대뇌피질 통제에서 자유로워졌기 때문이라고 설명한다. 그들의 결론은 시상의 활동은 감각의 감정적 측면의 생리적 토대층이라는 것이다.

8-24] 이 장에서 고찰한 정서에 대한 시상적 이론이 토대하고 있는 사실적 토대를 요약하고 이에 앞 장들에서 얻은 이론과 사실들을 덧붙이면서 우리는 제임스-랑게 이론을 대체하는 이 이론이 지금 우리에게 알려진 모든 사실들과 일치한다는 캐논의 의견에 동의하지 않을 수 없다.

● 뇌로 돌아가기

이 절에서 비고츠키는 제임스-랑게 이론에 대한 대안인 캐논-바드 이론을 지지하는 데이터를 살펴본다. 캐논-바드 이론은 감정이 시상이라고 불리는 피질 하부 구조에서 조합되는 감각과 지각의 결과라고 생각한다. 일반적으로 비고츠키는 이 이론이 증거에 부합한다고 지적한다.

8.1 비고츠키는 두 이론의 문제로 돌아간다.

8.2 비판은 이미 제임스-랑게 이론에 대한 대안, 소위 '시상적' 이론을 만들어 내었다. 비고츠키는 이 이론을 지지하는 두 종류의 데이터, 즉 임상적 연구와 신경학적 연구를 살펴보고자 한다. '임상적'은 병리학적 연구가 아니라 내관적 혹은 현상학적 연구를 지시한다.

8.3 구 이론은 비고츠키에 따르면 감정을 단순한 감각으로 환원하는 경향이 있다. 감정적 경험에서 나타나는 내적인 생리 과정으로 감정을 설명하기 때문이다. 새로운 이론도, 비고츠키에 따르면 '현상학적 분석'(내관)과 생리학적 사실에 근거하여 감각과 감정의 '가까운 접근 혹은 때로는 완전한 병합'을 본다.

8.4 크레치머는 스텀프의 '느낌의 감각'을 고통의 느낌으로 예시한다. 우리는 느낌의 감각과 고통의 감정을 동일한 것으로 경험한다. '고등한 수준'에서만 감각과 이런 감각의 표상이 분리 가능해진다.

8.5 크뤼거와 라이프치히 학파는 이러한 감각과 표상의 최초의 비분화를 초기 발달의 일반적인 특징으로 간주한다. 폴켈트는 성인만이 정신적 과정의 종, 속, 과에 대해 말할 수 있다고 한다. '원시적' 세계에 가까워질수록 우리는 인간 원래의 정신적 '전체'가 감정을 닮아 있음을 보게 된다. (크뤼거를 비롯한 많은 라이프치히 학파의 일원은 나치가 되었다. '혈통과 인종'에 근거한 원시적, 고대적 감정에 대한 주장이 이와 관련이 있는 것은 아닐까?)

8.6 크뤼거는 정신적 생활을 지배하고 조직하는 역할을 감정에 부여한다. 대부분의 심리학자들은 이를 지지하지 않지만 그들은 발달의 초기 단계에 감각과 감정이 하나

라는 생각은 지지한다. 예를 들어, 코프카는 어린이에게 강도와 뚜렷함의 인상은 대상의 색의 인상으로부터 분화되지 않았다고 말한다. 검은 고양이는 검은 만큼 '강하고', '뚜렷하며' 혹은 '고양이답다'. 비고츠키는 이러한 밀접한 관계가 해부학과 생리학 모두에서 발견될 수 있는 원인을 가질 것이라고 추측한다.

8.7 그리하여 비고츠키는 새 이론의 해부학적, 생리학적 토대, 즉 신경학적 토대로 논의를 이어 간다. 두개골과 척추 외부의 신경계로, 조직에서 발견되는 신경들인 '주변'으로부터 대뇌피질로 신호를 전달하는 모든 신경들은 (후각을 제외하고는) 시상이라는 구조를 거쳐야 한다는 점은 공통적 동의가 이루어져 있다. 시상은 중뇌에서 뇌간의 최상층에 위치하며 두 개의 대칭적인 좌우 반구로 이루어져 있다.

8.8 뮐러는 감각이 특정한 감각이나 지각으로 구현되는 대뇌피질에 도달하기 전에 시상에서 감정을 획득한다고 말한다. 여기서 또한 교감 반사작용이 시작되는데 신경 신호가 대뇌피질에 닿기 전에 교감신경계의 뉴런에 전달되기 때문이다(이는 무릎반사에서와 같이 신경 감각이 운동 뉴런에 직접 전달되는 것과 마찬가지다). 이 반사는 거의 동시적으로 내장, 혈관운동 반응을 일으키게 된다. 제임스-랑게는 이를 감정의 근원이라고 생각한 것이다.

8.9 다른 이들도 동의한다. 쿼퍼스는 한 걸음 더 나아가서 시상의 한쪽이 손상을 입으면 환자는 자극이 어느 쪽에 주어지느냐에 따라 두 개의 매우 다른 감정적 반응을 보인다고, 즉 환자가 두 개의 서로 다른 영혼을 가지게 된다고 주장한다(비고츠키는 앞에서 신경학적 증거와 임상적 증거를 살피겠다고 말했지만 먼저 임상적 증거를 논의했다. 그런 후 그는 임상적 증거가 아니라 현상학적 연구에 대해 논의한다. 마침내 그는 신경학으로 옮아가지만 여기서 우리는 병리학적 사례 연구에서 발견된 '임상적' 증거를 보게 된다).

8.10 다시 한번 멀리 떨어진 두 과수원에서 열매가 동시에 떨어진다. 다나와 캐논은 각각 시상이 대뇌피질과 상호작용하여 지각과 감각을 감정으로 채색한다는 이론을 제시했다. 다나는 감정적 표현이 전혀 없이도 감정을 경험하는 환자에 근거하여 이 이론을 제안했다. 캐논은 제임스-랑게에 대한 경험적 비판을 토대로 이 이론을 제안했다. 비고츠키는 캐논의 주장에 관심을 기울인다.

8.11 그런 후 비고츠키는 캐논의 도식을 매우 상세히 살펴보면서 그의 이론과 제임스-랑게 이론을 비교한다. 불행히도 원고에 이 도식은 포함되어 있지 않지만 비고츠키의 상세한 기술은 도식을 그릴 수 있도록 해 준다.

감각 →	대뇌피질 →	내장기관과 근육 →	대뇌피질 →	감정
(지각)	(원심적 자극)	(구심적 자극)	(정서적 반응)	
1경로	2경로	3경로	4경로	

8.12 시상 이론은 두 가지의 기본적 차이를 가진다. 첫째, 경로3과 경로4는 주어지지 않는다. 이들은 존재하지만 감정적 경험의 중심적 요소로 간주되지 않는다. 둘째, 주변으로부터의 감각은 다음과 같이 시상에서 교란되어 감정적으로 채색된다.

감각 →	시상 →	대뇌피질 →	정서
	시상 →	주변 →	
(지각)	(감정적 채색)	(감정적 반응)	
	(반사)		
1경로	2경로		

8.13 지각은 자극 신호를 대뇌피질로 송신한다. 대뇌피질은 특정 반응을 하도록 조건화된 반사로 반응한다(장애물 피하기, 흥미로운 요소 추적하기). 이러한 반응이 전체 복합적인 게슈탈트(운전하기 혹은 여자 보기와 같은 전체 구조)의 일부이기 때문에 혹은 대뇌의 뉴런에서 시상으로 뉴런 신호가 직접 전달되기 때문에 시상의 뉴런이 활성화된다. 시상 뉴런의 활성화는 대뇌피질과 주변, 두 개의 동시적 방향으로 진행된다. 대뇌피질에서 단순 감각은 시상의 감정적 채색을 받는다. 주변에서 우리는 제임스와 랑게가 모든 감정적 반응의 원인이라고 잘못 생각했던 혈관운동과 내장 반응을 관찰한다.

8.14 계속해서 비고츠키는 베흐테레프의 증거를 살펴본다. 하등동물에서 전두엽이 제거되면 감정적 반응이 지속된다(심지어 억제되지 않기도 한다). 그러나 시상이 제거되면 감정적 반응이 멈춘다.

8.15 우드워스와 셰링턴은 반증을 내놓는다. 이들은 시상이 제거된 고양이도 '유사감정'을 보존함을 발견했다. 그러나 이러한 유사감정 반응이 정상 고양이가 보이는 실제 '싸움, 회피 반응'보다 약하다는 점을 지적한 것은 캐논과 브리턴, 그리고 이후의 바드였다. 비고츠키 역시 동일한 이유로 셰링턴 실험의 타당성에 의문을 제기한 바 있다.

8.16 비고츠키는 인간 환자를 대상으로 한 임상적 연구를 인용한다. 대뇌피질의 손상을 입은 일부 환자들은 얼굴 한쪽의 근육을 마음대로 움직이지 못하지만 시상은 손상이 없으므로 강력한 감정으로 반응할 수 있었다.

8.17 비고츠키는 반대의 조건 역시 인용한다. 시상에 손상을 입으면 감정 표현이 불가능해진다. 이러한 장애는 방향성을 가지는데 예컨대 왼쪽 시상에 종양이 있는 환자는 얼굴 오른편으로는 감정을 표현할 수 없다.

8.18 비고츠키는 중추신경계의 손상으로 웃음과 울음을 멈추지 못하는 사례를 기

술한다(아침 10시에 웃기 시작해서 오후 2시까지 아무 이유 없이 계속해서 웃음).

8.19 증거는 계속 제시된다. 윌슨은 모종의 원인(아마도 시상)으로 얼굴 근육이 비자발적으로 약화된 마비 환자의 사례를 기술한다. 브리소는 시상의 손상이 없는 것으로 추측하지만 윌슨은 여기에 시상이 관련 있을 것이라고 말한다. 비고츠키는 이 문제를 다시 다루겠다고 말하며 풀턴과 베일리의 시상 손상 사례를 여럿 언급한다. 환자들은 매우 비극적인 상황에서도 감정을 보이지 않는다.

8.20 '실험적' 증거와 임상적 연구를 논의한 후 비고츠키는 세 번째 데이터인 약물 데이터를 살펴본다. 대뇌피질이 약물로 인해 불능이 되면 감정적 반응은 매우 강해진다. 이는 시상이 중간에 방해받지 않음을 시사한다.

8.21 잭슨은 뇌의 고등하고 새로운 부분(대뇌피질)이 불능화되면 저차적, 오래된 부분(시상)이 자유롭게 작동한다고 주장한다. 이는 자네와 동료들이 '자폐적' 기능에 대해 주장한 것과 일맥상통한다. 현실적 기능이 손상을 입은 환자에게서 자폐적 기능이 지속되므로 그들은 자폐성이 인간 기능에서 더 오래되고 기본적인 기능이라고 주장한다.

8.22 따라서 자네와 헤드에 따르면 감정은 의식적 대뇌피질 통제가 약화되고 동물적 흥분 가능성으로 퇴행함에 따라 나타나는 것이다.

8.23 그러나 대뇌피질과 시상의 연결이 파괴된 경우뿐 아니라 시상 자체가 손상된 경우에도 나타나는 비자발적인 웃음과 울음에 대한 윌슨의 발견은 어떻게 설명할 것인가? 바드는 시상에 부분적인 손상은 감정적 반응에 부분적인 손상을 줌을 보임으로써 이를 반박한다. 윌슨은 이것이 대뇌피질의 손상에 기인한다고 주장하지만 비고츠키는 대뇌피질 손상의 결과 감정이 마비되는 사례는 보고된 바 없다고 말한다.

8.24 비고츠키는 요약한다. "새로운 이론이 알려진 증거에 부합한다."

제9장

경험적 증거: 배우의 역설

놀람(Rembrandt, 1630).

렘브란트는 거울 앞의 자신의 모습을 매주 자주 그렸다. 그림 속 렘브란트는 진짜 놀라고 있는가? 그렇다면 얼굴 표정을 만든 것이 정서인가 아니면 정서를 만든 것이 얼굴 표정인가?

케논-바드 이론에 대한 경험적 증거들은 대체로 긍정적이다. 그러나 이 이론의 이론적 토대는 데카르트적이다.

9-1] 어떤 주장의 타당성이 반론의 강도에 의해서만 측정된다면 새로운 이론은 그 어떤 진지한 사실적 반론에 의해 도전받지 않으므로, 성공적으로 확증된 과학적 사실로 간주될 수 있을 것이다. 최근 E. 뉴먼, F. 퍼킨스, S. 윌슨은 새로운 이론에 대한 체계화된 비판적 반론을 제시하고 기관 이론을 옹호할 만한 모든 것을 동원하고자 했다. 제임스-랑게의 역설적 테제에 대한 이러한 마지막 증거의 물결을 바라보는 것만으로도 옛 이론의 입장이 희망 없음을 보기에 충분하다. 증거들은 이론의 창시자들 자신이 그린 마법의 원을 돈다. 여기서 그들의 동기는 다르기도 하고 같기도 하지만 저자들은 기관 이론이라는 흔들리는 건물을 공고히 할 수 있는 그 어떤 직접적, 간접적 자료도 내놓지 않는다. 그러나 이러한 의견 충돌 속에서도 새로운 가설이 존재하고 인정받을 수 있는 진정한 권리를 객관적으로 측정하고자 하는 이라면 간과할 수 없는 개개의 진리의 불꽃이 튀어 오른다.

S. 윌슨은 사실 K. N. 휠러를 지칭하는 것으로 보인다. 비고츠키가 인용하는 것은 다음의 논문이다.

Newman, E. B., Perkins, F. T., & Wheeler, R. H. (1930). Cannon's theory of emotion: a critique. Psychological Review, 37(4), 305–326. https://doi.org/10.1037/h0074972

9-2] 새로운 이론에 대한 아마도 제1의, 중심적 반론은 그것의 아킬레스건, 즉 그것의 진정한 약점인 정서 자체에 대한 심리적 분석의 완전한 부재에 대한 지적일 것이다. 독자는 아마도 우리의 앞선 질문에서 새로운 이론의 사실적 근거에 포함된 모순을 간과했을 것이다. 사실, 우리는 새 이론의 연구자들이 정서적 발현을 정서의 존재와 부재의 지표로 이용하며, 동시에, 그들이 정서의 원천으로 내장 및 운동적 계기를 완전히 부정하는 연구 결과로 나아간다는 것을 눈치챌 수밖에 없다. 다음과 같은 질문이 제기된다. 그렇다면 이 환상과 같은 것, 정서는 과연 무엇인가? 이 반론은 우리가 위에서 언급한, 모든 동물 대상 실험에 유효하게 남는다.

위 문단의 반론은 위에서 언급된 뉴먼, 퍼킨스, 휠러의 논문에서 인용된 것이다.

9-3] 이 반론에 대한 대응은 한편으로는 실제로 우리가 새로운 이론의 핵심 지점을 밝히도록 해 주며 다른 한편으로 새 이론의 사실적 토대를 더욱 공고히 하도록 해 준다. 새 이론은 정서란 단순지각에 부가된 느낌적 색채라는 제임스의 정의를 전적으로 받아들인다. 논쟁은 오직 정서의 근원에 대해서만 이루어진다. 옛 이론은 그것을 신체적 현상의 감각에서 보았으며, 새로운 이론은 그것이 시상이 활동한 결과 지각에 부가된 특별한 자질이라고 가정한다. 그러나 여기서 새로운 이론 자체 내에서의 분기가 일어난다. 헤드, 퀴퍼스 등을 따르는 이들은 시상에 정서를 의식하는 기능을 할당하고 그것을 의식의 영역으로 간주한 반면, 캐논을 따르는 다른 이들은 이론의 이 지점에 본질적인 보충을 더한다.

H. 헤드 경에 대해서는 **6-7** 참조. E 퀴퍼스에 대해서는 **6-8** 참조. 이들은 비고츠키가 **9-5**에서 논의하는 시상 이론의 극단적 추종자들이다.

렘브란트(Rembrandt), 안경을 파는 행상: 시각의 알레고리, 1624.

이 작품은 오감, 즉 후각, 촉각, 청각, 미각, 시각에 대한 다섯 개의 알레고리 연작 중 하나이다. 안경은 당시 새로운 기술로 아직 그 기능이 신통치 않았었다(이 때문에 스피노자는 렌즈 연마에 큰 관심을 두었으나 한편 이로 인해 폐 건강이 악화되었다). 그림에서 렘브란트는 만화와 같은 장면을 연출하고 있다. 노인은 이 새로운 발명품이 다시 볼 수 있도록 해 주는 것이 맞는지 확인하고 있으며 여인은 의심스럽게 바라보고 있다. 행상의 웃음은 그의 사기성을 농후하게 보여 준다. 이 작품을 그릴 당시 렘브란트는 아직 청소년이었으며(X-레이 검사는 그가 이 작품을 여인 누드화 위에 덧그렸음을 드러냈다) 그의 후기 작품의 특징인 복합적 관점은 아직 나타나지 않는다.

제임스-랑게 이론은 지각이 단순하고, 정서적 '색조'는 우리가 스스로의 감각을 느끼거나 생각할 때 부가되는 무엇인가라고 가정한다. 캐논-바드 이론은 이것을 수용하되 이러한 부가가 이루어지는 뇌의 영역이 시상이라고 구체적으로 제시한다. 그러나 지각이 전혀 단순한 것이 아니라면 어떻게 될까? 단순히 바라보는 것조차 이미지의 교정, 즉 안경뿐 아니라 뇌가 개입한 교정을 포함한다면 어떨까?

우리가 대상을 바라볼 때 우리는 크기, 원근, 익숙한 정도 등을 동시에 판단한다. 이러한 판단이 자동적으로 보일 수 있지만 이 과정은 눈에서 일어나는 것이 아니다. 이는 시각적 지각이 안경에서 일어나는 것이 아닌 것과 마찬가지다. 위의 그림조차 렘브란트가 실제 본 것에 대한 단순지각을 나타내지 않는다. 그림에는 청소년의 풍자적이고 불손한 태도가 녹아들어 있다. 정서는 타인에 대한 지식이다. 그러나 이는 또한 스스로에 대한 지식이기도 하다. 노인의 주먹코는 렘브란트가 후에 자화상을 그릴 때 항상 사용했던 모티프이다.

9-4] W. 캐논은 정서의 의식이 시상의 활동과 곧장 직접적으로 연결되어 있다고 주장하지 않는다. 반대로, 마취를 통해 정서적 의식을 완전히 제거하더라도 시상에 기원을 두는 정서적 현상은 손상되지 않고 남는다는 것을 강조하면서 그 자신은 정서적 의식의 영역이 피질하 영역에 국지화된다는 주장에 반대한다. 그가 지적하듯이 시상에서 생겨나 조직되는 정서적 반응은 방전의 경로에 따라 (신체-K) 주변부로 향하여 정서적 발현을 조성할 뿐 아니라, 감각에 부가되는 느낌이 생겨나는 대뇌로도 향하며, 이는 한쪽 시상에 장애가 있는 경우를 통해 잘

나타난다. 새로운 이론의 이러한 분파는 시상이 감정적 체험의 영역이라고 주장하지 않는다. 그들은 다만 마치 망막의 변화가 시각적 감각의 근원인 것과 같이 시상은 이러한 종류의 체험(감정적 체험-K)의 근원으로 간주되어야 한다고 주장한다.

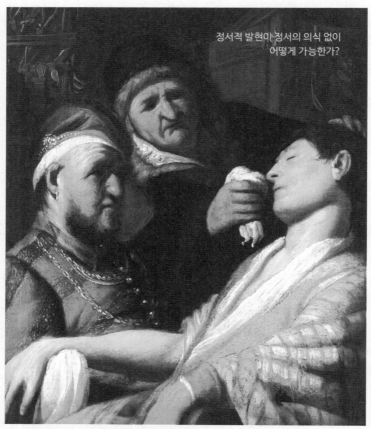

정서적 발현이 정서의 의식 없이 어떻게 가능한가?

렘브란트(Rembrandt), 의식불명 환자, 1624.

안경을 파는 행상처럼(9-3 글상자 참조) 이것은 오감에 관한 렘브란트의 청년 시절 연작 중 하나이다. 그림 속의 의사들이 렘브란트 시대에 환자들을 재우기 위해 사용했던 '드왈(벨라돈나)'을 투여하고 있는지, 아니면 환자가 냄새나는 소금을 흡입하고 혼절 상태에서 깨어나고 있는지 알 수 없다. 캐논은 웃음가스(이산화질소)로 마취된 환자들이 제어할 수 없는 웃음과 울음의 발작에 빠지는 경우가 많으나 마취가 깨어난 후에는 이를 기억하지 못한다고 지적한다. 이로부터 그는 어떤 감정적 의식 없이도 감정적 발현이 일어날 수 있다고 결론짓는다. 비고 츠키는 다음과 같은 비유를 사용한다. "우리가 사물을 볼 때, 시각적 감각은 눈의 망막에서 비롯되지만, 이 시각적 감각이 피질에서 해석될 때에만 지각이 된다." 스피노자가 말했듯이 몸과 마음의 관계는 관념(지각)과 그 관념에 대한 관념(지각에 대한 해석)의 관계와 같다.

9-5] 이처럼 새 이론과 옛 이론의 차이는 감정적 체험에 대해 옛 이론이 대뇌피질의 국지화를 가정하고 새 이론은 피질하 영역의 국지화를 제시했다는 데 있지 않다. 그러한 차이는 위에서 지적된 시상 이론의 극단적 추종자들에게만 해당되는 것일 것이다. 캐논과 바드 등이 발전시킨 새 이론의 분파에서는 두 이론(새 이론과 옛 이론-K)이 바로 이 지점에서 거의 완전히 일치한다. 두 이론 모두 정서적 의식의 생리적 저층으로 정서적 과정을 끌어들이지만, 이러한 대뇌피질 과정이 다른 대뇌피질 과정과 어떻게 다른지 설명해 줄 수 있는 그들의 특정한 원인과 특정한 근원은 지적 조작의 저층이며, 두 이론에서 서로 다르게 국지화되어 있다. 하나는 이 근원을 주변적 변화에서, 다른 하나는 중심적 과정에서 본다.

9-6] 정서를 위한 특정한 영역이 뇌에 존재하지 않는다는 제임스의 테제는 새로운 자료에 비추어 개정되어야 한다. 한편으로 대뇌피질과 다른 한 끝에는 구심적 자극의 근원으로서 반사궁을 가진 주변적 기관이 있다는 것은 실제 정서적 반응의 복잡성을 충족하지 못하는 너무 단순화된 조직을 나타낸다. 시상은 대뇌피질과 주변적 기관 사이에 위치한다. 시상은 정서적 과정을 통합하는 기관으로 이 속에서 한편으로

는 정서적 발현의 전형적 반응이 일어나며 다른 한편으로는 대뇌피질을 향하는 특정한 자극이 일어난다. 이처럼 대뇌피질과 피질하 영역의 상호작용은 새 이론에서 정서의 실제 토대로 간주된다. 제임스가 제시한 양자택일, 즉 정서의 특정한 영역이 존재하거나 아니면 정서가 대뇌피질의 일반적 운동-감각영역에서 일어난다는 주장은 파산임이 드러난다.

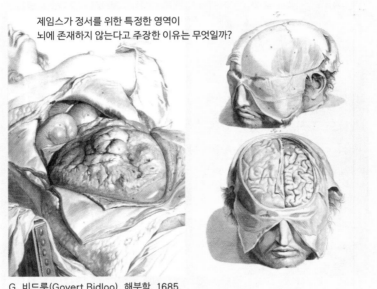

제임스가 정서를 위한 특정한 영역이
뇌에 존재하지 않는다고 주장한 이유는 무엇일까?

G. 비드루(Govert Bidloo), 해부학, 1685.

렘브란트의 해부도에서 보았듯, 암스테르담은 해부학 연구의 중심지였다. 비드루는 내장과 인간의 뇌에 대한 굉장히 상세한 그림을 남겼다. 비드루는 내장이 고도로 분화되어 있음을 보여 준다. 조직의 다양한 층과 기관의 종류가 그림에 표시되고 명목화되어 있다. 하지만 두개골과 보호막 아래에 위치한 뇌는 한 가지 종류의 조직으로 이루어진 하나의 기관처럼 보인다. 여기에는 식별할 수 있는 그 어떤 종류의 '영역'도 없다. 비고츠키가 여기서 인용하는 제임스의 하버드에서의 첫 심리학 강의에서 제임스는 학생들에게 하굣길에 정육업자에게서 양의 머리를 구입하여 도끼로 쪼갠 후, 뇌가 동질적 덩어리임을 확인하는 과제를 냈다. 제임스는 기능주의자로서 특별한 영역을 구분해 내는 방법으로 기능을 확인하고자 했다. 그러나 말하기, 듣기, 보기를 맡고 있는 영역이 분명히 존재했지만, '정서'에 대한 기능이 위치할 수 있는 특별한 영역이 존재하는지는 확실하지 않았다. 사실 제임스에게는 정서의 기능이 무엇인지도 확실하지 않았다.

9-7] 옛 이론의 '둘 중 하나 선택' 대신 새 이론은 대뇌피질 과정과 정서적 반응의 특정한 영역의 존재를 모두 주장한다. 둘을 한데 모았을 때에만 다양한 형태의 정서적 과정을 타당하게 설명할 수 있다. 다나는 본질적으로 동일한 관점을 옹호한다. 이 이론은 정서가 정상적 조건하에서 언제나 표준적인 신체적 현상을 수반한다(주변적 정서 이론의 발생의 토대가 됨)는 상황과, 정서적 신체 현상과 정서적 체험이 특별한 실험적, 병리적 조건에서 각각 서로와 독립적으로 존재할 수 있다는 상황을 설명할 수 있다고 바드는 강조한다. 새로운 이론의 토대에 놓여 있는, 정서가 기원상 중심적 과정이라는 가정은 세 번째 사실의 집단, 즉 위에서 언급한 풀턴과 베일리의 사례에서 나타났듯이 시상 전체가 병리적 과정에 연루된 경우 정서의 신체적 현상과 감정적 체험이 사라지는 것을 잘 설명한다.

J. F. 풀턴과 P. 베일리에 대해서는 **8-19** 참조.

9-8] 옛 이론과 새 이론의 추종자들 간 논쟁에서 이 문제는 정서적 행동과 정서적 체험 사이의, 즉 정서의 주관적 측면과 객관적 측면 사이의 상호관계의 문제의 형태로 나타났다. 제임스-랑게 이론에 따르면 언제나 양 측면은 나누어질 수 없다. 주변적 변화가 없이 정서적 체험이 없듯이 정서적 체험 없는 정서적 행동은 없다는 것이다. 끝으로 새

이론은 네 번째 사실의 집단 또한 설명한다. 즉, 때로는 인위적으로 도출된 신체적 표현의 존재가 특정 상황에서는 정서 자체의 발달이나 증대를 촉진할 수 있다는 것이다. 더 간단히 말하면, 새 이론은 정서의 주변적 계기와 중심적 계기가 연결되어 있으면서도 떨어져 존재할 수 있음을 충분히 명확히 설명하면서 우리에게 알려진 풍부한 모든 사실들에 대해 통일성 있고 논리적인 해석을 하는 과업에 사실상 답을 내놓으며, 무엇보다 신체적 발현, 정서적 표현이 정상적 조건하에서 종종 우리로 하여금 그에 상응하는 정서적 체험의 존재를 판단할 수 있게 한다는 사실에 대한 설득력 있는 설명을 제공한다.

그림 속의 베르메르는 실제 그림을 그리고 있지 않다. 우리는 그림 속 화가의 비싸고 매우 깨끗한 옷에서 그가 단순히 연기를 하고 있다는 것을 알 수 있다. 그의 딸도 그저 연기를 하고 있을 뿐이다. 그녀는 월계관으로 왕관을 쓰고 있고 명예의 뮤즈인 클리오의 모든 속성인 트럼펫과 역사책(지도 앞에)을 들고 있지만, 그녀의 내리뜬 눈, 갈라진 입술, 수줍은 홍조는 클리오를 전혀 암시하지 않는다. 그럼에도 불구하고, 이 그림은 그녀가 세상에 알려지고 있는 순간이다(이 그림은 오늘날 우리가 베르메르의 딸에 대해 알고 있는 거의 전부이다).

9-7절에서 비고츠키는 캐논-바드 이론에 의해 잘 설명되는 세 가지 종류의 사실을 열거했다. 첫째, 정서가 신체 발현을 동반한다는 것(예: 수줍음이 홍조를 동반한다)은 제임스-랑게 이론에 의해서도 설명된다. 둘째, 정서가 어떤 상황에서 신체 발현과 매우 독립적으로 일어날 수 있다는 것은 제임스와 랑게에 의해서 전혀 설명될 수 없다. 셋째, 시상이 병변의 영향을 받았을 때 정서와 신체 발현이 사라진다는 것은 제임스와 랑게에 의해 설명될 수 있지만, 신체의 한쪽이 다른 쪽보다 더 많이 영향을 받을 수 있다는 사실은 그들이 다루기 쉽지 않다. 그러나 넷째, 일련의 사실들은 신체 발현이 정서를 불러일으킨다는 것이며 이는 제임스와 랑게의 가설과 매우 완벽하게 들어맞는다. 하지만 그것은 예술 작품과 잘 맞지 않는데, 그 이유는 우리가 잘 알고 있듯이 배우

는 정서 없이 정서적 발현을 일으킬 수 있고, 그림은 정서의 신체적 발현 없이 정서를 불러일으킬 수 있기 때문이다.

인위적으로 도출된 신체적 표현이 정서 자체의 발달이나 증대를 촉진할 수 있는 특정한 상황에는 어떤 것이 있는가?

J. 베르메르(Johannes Vermeer), 회화의 기술, 1666~1668.

9-9] 우리는 옛 이론에 대한 비판과 새 이론의 근거가 되는 각 지점에 대한 상반되는 견해의 충돌에 관해 고찰하지 않을 것이다. 우리는 이를 논의 과정에서 어느 정도 다루었고 어느 정도 이를 무시했다. 이

는 둘 중 한 이론을 결정적으로 수용하는 데에서 그 어떤 중요한 역할도 하지 않기 때문이다. 다만 모든 반론들은, 자율신경계 내의 구심성 섬유 수가 적기 때문에 나타나는, 내장기관의 극도로 미약한 민감성에 대한 캐논의 입장과 같이 이차적 주장과 관련이 있다는 것만 지적하고자 한다. 내장기관의 극도로 낮은 민감성에서(내장기관 속 감각섬유는 운동기관의 약 1/10이다) 캐논은 이 기관에서 일어나는 변화가 정서적 체험의 근원이라는 주장에 반대되는 증거를 지나치게 많이 보았다. 그의 반대자들은 흉강, 목, 혈관, 췌장 영역의 감각을 지적한다. 캐논이 올바르게 강조하듯이 여기서 논의는 진정한 의미에서의 내장기관이 아니라, 내장의 변화 결과로만 작용하는 다수의 감각섬유를 공급받는 영역에 대한 것이다.

성 세바스찬은 기독교도라는 이유로 디오클레티아누스 황제로부터 사형 선고를 받은 로마의 군인이었다. 그는 나무에 묶인 채 화살을 맞았다. 그는 성 아이린에게 구조되었지만, 결국 돌에 맞아 죽었다. 성 세바스찬의 거듭된 순교는 테르 브루겐이 주제로 삼기 전에는 생소한 그림의 주제였으나, 네덜란드의 독립을 가져온 80년 전쟁의 결과로 네덜란드 사람들은 신체 감각 신경밀도의 다양성에 대해 배울 수 있었다. 예를 들어 등은 혀보다 훨씬 덜 민감하다. 캐논은 대부분의 내장기관의 운동신경 수는 감각 신경보다 10배나 많다는 것을 발견했다. 이는 다리에 박힌 화살이 내장에 박힌 화살보다 훨씬 더 고통스러운 이유를 잘 설명한다. 비고츠키가 지적했듯 이는 제임스-랑게 이론에 반하는 이차적 주장이다. 제임스와 랑게는 내장이나 혈관운동계의 감각이 매우 민감하다고 주장한 적이 없기 때문이다. 그러나 이는 우리의 감정이 왜 그렇게 많고 섬세한지 설명할 수 없게 한다. 감정은 분명 등 감각보다는 혀 감각에 더 가깝고, 내장이나 혈관운동 감각과는 거리가 멀다.

내장기관의
극도로 미약한 민감성에 대한
캐논의 입장과 같은
이차적 주장이란 무엇인가?

H. 테르 브루겐(Hendrick ter Brugghen), 아이린과 하녀의 돌봄을 받는 성 세바스찬, 1625.

9-10] 이차적 반론을 옆으로 제쳐 두면, 논쟁에서 옛 이론에 새로운 자료에 상응하는 이러저러한 수정 사항을 도입하여 옛 이론을 구하려는 이러저러한 시도들이 남는다. 그러한 시도 중 하나는 위에서 보았다시피 내장기관의 감각을 정서의 본질적 계기로 보는 것으로부터 옛 이론의 모든 중심적 비중을 운동, 동적 감각으로 옮기려는 시도에서 드

러난다. 또 다른 시도는 두 이론을 동일시하려는 것이다. 새 저자들은 제임스가 진정한, 유일한 정서의 근원으로 지적한 운동 반응, 기관 반응의 영역을 시상에 국지화하는 경향이 있기 때문이다. 그러나 이러한 시도는 캐논이 설명하듯이 본질적으로 지지될 수 없다. 저자들은 논쟁의 모든 본질을 이루는 차이, 즉 주변적 정서 이론과 중심적 정서 이론의 원칙적 차이를 보지 못하기 때문이다.

9-11] 우리는 새 이론의 지지자들이 새 이론의 본질적 우월성이라고 내세우는 세 가지 계기만을 살펴볼 것이다. 이 계기들은 새로운 이론의 평가라는 관점과, 현재 연구에서 우리가 특별히 취하고 있는 관점에서 모두 주요한 관심의 대상이 될 수 있다.

렘브란트(Rembrandt), 야경, 1642.

'프란스 반닝 코크 대위가 지휘한 제2자경단'이라고도 불린다. 말러 교향곡 제7번, 고다르 감독의 영화 〈열정〉, 그리고 드라마 〈도깨비〉에도 등장한다. 이 그림은 다음의 세 가지 특징으로 유명하다. 1) 거대한 크기(실물 크기), 2) 빛의 사용, 3) 역동적인 움직임(암스테르담의 화가에게 자경단이 일반적으로 의뢰했던 앉아 있는 초상화와는 매우 다르다).

이 문단에서 비고츠키는 새로운 이론이 추천할 만한 세 가지 특징을 가지고 있다고 약속한다. 그것들은 무엇일까?

첫째(9-10) 비고츠키는 제임스가 반대했지만 궁극적으로 받아들여야 할, 고등한 정서가 새로운 이론에서 실제 감정으로 인정된다고 말한다. 예컨대 제2자경단은 모두 자원자들이며 징집된 스페인 군에 맞서 네덜란드 공화국을 방어하고 있다. 자경단의 감정은 더 고등하다. 이는 그들이 더 자발적이었기 때문이며 렘브란트가 그림의 크기를 기념비적으로 거대하게 선택한 이유도 여기에 있다.

둘째(9-17), 비고츠키는 단순히 내장이나 혈관운동계가 아니라 기억과 상상에서 형성되는 복잡한 매개된 감정이 수용된다고 말한다. 이는 유의미한 상징(예컨대 어둠 속에서 우리를 향하여 곧장 쏟아지는 화살표 또는 V 형태의 빛)에 의해 매개된 감정을 허용한다.

셋째(9-19), 비고츠키는 새로운 이론이 뇌의 피질과 시상과 같은 피질하 영역 사이에 이중적, 심지어 혼합적 제어를 허용한다고 말한다. 이는 감정적 경험이 지연되었다고 단순히 사라지거나, 억압되었다고 목적 없이 폭발하지도 않음을 의미한다. 예를 들어, 그림 속에서 대단히 복잡하게 뒤섞인 움직임에도 불구하고 우리는 자경단과 그림이 명확한 목표와 목적을 가지고 있음을 느낀다.

렘브란트는 그림에 나온 자경단원들이 낸 돈을 그림 값으로 받았는데, 혹자는 팔꿈치에 얼굴이 가려진 사람은 얼마를 내야 했을지를 궁금해하기도 한다.

9-12] 첫 번째는 소위 고등한 혹은 더 섬세한 정서의 설명과 관련이 있다. 옛 이론과 같이 새로운 이론도 동물과 인간에 폭넓게 공통적이고, 명백히 매우 이른 발달 단계에서 생겨나는 본능과 직접 연결되어

있는 거친 정서, 한마디로 저차적 정서를 연구 대상으로 삼는다. 인간에게 고유한 고등한 정서와 관련하여 제임스는 그 신체적 표현이나 그들의 감각과 연결된 강도가 약할 수 있다고 말한다. 제임스가 그러한 평화롭고 신체적 자극이 전혀 없이 진행되는 정서가 의심의 여지 없이 인간에게서 확인될 수 있음을 마지못해 인정한 것은 사실이다. 이처럼 제임스는 섬세한 쾌락, 달리 말하면 구심적 흐름과 완전히 독립적인, 전적으로 중심(뇌-K)에 의한 자극에 의해 조건화되는 정서가 있을 수 있음을 부정하지 않는다. 그러한 느낌에 그는 심미적 감정과 나란히 도덕적 만족감, 감사함, 문제 해결 후의 만족감을 제시한다.

저택 문에 있는 거지를 향해 짖는 개를 주목하자. 옛 이론과 새로운 이론에 모두 관련되는 공격-도피 본능은 본질적으로 우리가 동물과 공유하는 자기보존 본능이다. 어떻게 인간은 도덕적 만족, 감사, 문제 해결의 만족과 같은 습관을 습득하는가?

제임스의 대답은 이 그림에서 찾을 수 있다. 어린이는 유모에 이끌려 현관으로 가고 있다. 부모들은 도덕적 만족감으로 거지가 감사를 표하는 것을 보고 있다. 아마도 이들은 자선과 감사가 장기적인 관점에서 볼 때 추상적인 자기 이익에 기여함을 이해하고 있을지도 모른다. 그들을 부유하게 한 사회 체계는 자선과 감사를 통해 유지될 수 있기 때문이다. 문제가 해결되었다.

그러나 과연 그러할까? 이런 식의 문제 해결은 이원론적이다. 우리는 본능을 가지고 태어나지만 이를 이성으로 대체한다는 것이다. 스피노자에게서는 이성 역시도 자기보존적이다. 사회적 인간에게 사회적 연대만큼 유용한 것은 없기 때문이다. 유모가 거지를 어떻게 바라보는지 주목하자. 그녀에게는 거지들의 고통과 기쁨을 보고 이해하는 것이 어떤 추상적인 자기 이익을 상상하고 그에 따라 행동하는 것보다 훨씬 쉽다. 그림 속 부모의 정서는 인간에 고유하다고 말하기 어렵다. 그러나 유모의 사회적 연대의식은 인간에게서만 찾아볼 수 있다.

인간에게 고유한 고등한 정서의 예시에는 무엇이 있을까?

J. 오흐테르벌트(Jacob Ochtervelt), 저택 현관의 어린이와 유모, 1663.

9-13] 그러나 W. 제임스는 이제 자신의 전체 이론과 상충되는 스스로의 인정을 철회하고, 그러한 중심적 정서와 나란히 예술 작품은 극도로 강력한 정서(여기서 경험은 그가 제시한 이론적 입장과 완전하게 조화를 이룬다)를 불러일으킬 수 있다는 그의 입장을 구출하려 한다. 미적 지각(예컨대 음악적 지각)에서 구심적 조류는 내장기관의 자극의 유무와는 상관없이 중요한 역할을 수행한다. 미적 자극 자체가 감각의 대상이며, 미적 지각

이 직접적, 총체적인 생생한 감각의 대상이 되는 만큼 미적 쾌락은 그
(지각-K)와 총체적이고 명확하게 연결된다.

제임스는 정서적 경험이 궁극적으로 환경에 기인한다고 말하고 있
다. 이제 감각은 지각을 포함한다. 그러나 우리는 내장을 통해 지각하
지는 않는다. 제임스는 『Short Course』에서 다음과 같이 쓴다.

"미묘한 감정, 즉 심미적 감정에서 신체적 반향이나 느낌은 모두 약
할 수 있다. 감정가는 예술 작품을 건조하고 지적으로, 그 어떤 신체적
흥분도 없이 평가한다. 반면 예술 작품은 강렬한 정서를 불러일으킬
수 있으며, 이러한 경우에도 경험은 우리 이론으로 완전히 설명된다.
우리 이론은 유입되는 조류가 정서의 토대가 되어야 한다고 요구한다.
그러나 그에 의해 2차적 유기체적 반향이 일어나건 아니건 예술 작품
(음악 미술 등)에 대한 지각은 어쨌든 가장 먼저 나타나는 유입되는 조
류이다. 작품 자체는 감각의 대상이다. 그리고 감각의 대상에 대한 지
각은 거칠거나 생생한 경험이 된다. 어떤 즐거움이 그에 따를지는 '거
친' 혹은 생생한 형태와 연관된다."

하프시코드의 여자, 류트를 연주하는 남자, 노래하는 소녀, 이들에
게 연주는 능동적인 정서이다. 그러나 화가인 베르메르와 그의 관객들,
즉 우리는 멀찍이 서서 듣고 있다. 우리에게 그들의 음악은 정념, 즉 통
제할 수 없는 수동적인 감각이다. 제임스는 음악이 그가 주장하는 정
서 이론의 완벽한 사례라고 믿는다. 왜냐하면 음악은 우리가 통제할
수 없는 신체적인 감각(듣기)으로 시작해서 온몸과 마음, 심지어 호흡
과 심장박동에도 영향을 미치기 때문이다. 음악에 대한 지적인 음미
는 마지막에 나타난다. 그러나 만약 그렇다면, 연주자들의 정서적인 체
험은 우리 자신은 물론 서로의 정서와도 완전히 달라야 한다. 왜냐하
면 여자는 하프시코드를 지적으로 처음 체험하고 그다음에 류트와 목
소리를 정서적으로 경험하는 반면, 남자는 류트를 지적으로 처음 체험
하고 그다음 하프시코드와 음성은 정서적으로 경험하기 때문이다. 이
것은 베르메르의 그림이 전하는 조화롭게 공유된 체험과는 맞지 않는
것 같다. 그렇지 않은가?

미적 자극은
모든 감각기관의
어떤 자극보다도 강렬하고
전체를 지배할 수 있는
감각인가?

J. 베르메르(Johannes Vermeer), 콘서트, 1664.

9-14]　제임스는 위에서 거명된 다른 느낌들에 비해 순수하게 중심적인 정서가 있다는, 일시적으로 마지못해 한 인정에 대해 더욱 공개적으로 반격을 가한다. 그는 그것들이 순전히 중심적인 기원을 가질 수 있을 것임을 인정한다. "그러나 이 감각들이 신체적 자극과 연결되지 않았을 때의 연약함과 창백함은 더 깊은 정서와 매우 날카롭게 대비된다. 감각 가능성과 인상 수용성을 가진 모든 사람에게는 섬세한 정서가 언제나 신체적 자극과 연결된다. 도덕적 정의로움은 언제나 목소리나 눈빛 등에 반영된다"(1902, p. 317). 제임스의 의견에 따르면, 신체적

자극이 일어나지 않을 경우 여기에는 정서적, 정신적 과정이라기보다는 인지적 과정에 포함되어야 할, 현상에 대한 단순 지적 지각이 일어난다.

9-15] 고등한 정서에 대한 설명에서 제임스가 빠진 내적 모순을 명확히 하기 위해서는 이러한 제임스의 논의를 인용하는 것으로 충분할 것이다. 한편으로 그는 그것을 저차적 정서와 원칙적으로 다른 정서로, 구심성 경로가 아닌 순수하게 중심적 경로로 일어나는 정서로, 신체적 자극에 수반되지 않는 정서로 인정하며, 그럼으로써 그가 발전시킨 이론이 인간의 심리적 느낌에 고유하지 않은 조야한, 저차적 영역에만 적용될 뿐, 고등한 정서를 타당하게 설명하지 못함을 인정한다. 다른 한편으로, 그는 고등한 정서를 의식의 정서적 상태가 아닌 지적 상태와 연관시키면서, 그리고 그것이 조야한 정서에 요구되는 특성 즉 신체적 자극 및 주변적 근원을 보일 때에만 정서가 된다고 가정하면서 고등한 정서를 부정한다. 따라서 제임스는 저차적 정서와 고등한 정서의 원칙적 차이를 보는 것을 거부하면서 자신의 기본 이론을 고등 정서로 확장한다. 이처럼 제임스 앞에는 두 개의 상호 배타적인 경로가 드러난다. 즉 고등한 정서와 저차적 정서의 본성을 해석하면서 공개적 이원론의 경로를 취하거나, 그 둘을 완전히 동일시하는 경로를 취하는 것이다.

> 비평가들은 여주인과 하녀가 연애편지에 대해 얘기하고 있다고 완전히 확신하는 듯 보인다. 하지만 그것을 알 도리는 전혀 없다. 그의 다른 그림들과는 다르게, 이 그림은 벽 속의 큐피드나 컷 글래스와 같은 배경이 되는 단서를 제공하지 않는다. 그들은 구매 목록이나 세탁비에 대해 얘기하고 있는 것일 수도 있다. 제임스에 따르면, 심미적 쾌감, 도덕적 만족감, 감사함, 호기심과 같은 '차분한 정서'를 구분하는 기준은 단순히 빠른 심장박동, 붉어진 얼굴, 식은땀 등의 불수의적인 신체적 징후가 없어야 한다는 것이다. 이 기준에 따르면, 여주인과 하녀는 고등한 정서를 체험하고 있다.

고등한 정서라는 것은 무엇일까?
그것을 구분하는 방법이 있을까?

J. 베르메르(Johannes Vermeer), 여주인과 하녀, 1668.

비고츠키는 랑게와 다른 이들이 이 이론을 스피노자와 연관 지었다는 사실이 굉장히 이상하다는 것을 언급하며 이 책을 시작했는데, 이는 실제로 그러하다. 스피노자에게는, 고등한 정서와 정념 사이의 차이점은, 단순히 고등한 정서는 능동성을 촉진시키고 의지와 지성의 통제하에 있는 반면 정념의 원천은 언제나 환경 속 어딘가에 있다는 것이다.

9-16] 명백히 나타나듯 제임스는 두 경로 중 어느 쪽을 택할지 항상 망설였다. 자기 이론의 후기 입장에서 저자는 이론의 불충분함을 인

정하고 중요한 수정을 도입했다. 이는 러시아 연구자 H. H. 랑게가 특별히 일관성 있게 강조한 두 개의 주요 지점과 연관이 있다. 첫째, 새로운 입장에서 제임스는 다음과 같이 수용한다. "만족이나 고통의 느낌 자체는 신체적 발현에 선행하고 그것을 일으키는 것이지 그것의 결과가 아니다. 비록 이 신체적 현상들이 다시 반대의 영향을 미쳐 정서를 선명하고 명료하게 한다 해도 그렇다"(H. H. Лангe, 1914, c. 280).

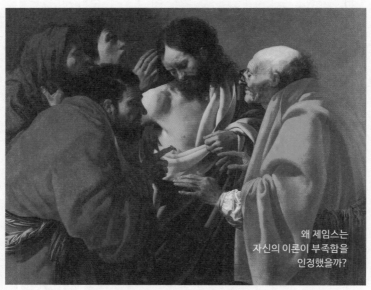

왜 제임스는 자신의 이론이 부족함을 인정했을까?

H. 테르 브루겐(Hendrick ter Brugghen), 성 도마의 불신, 1622.

그리스도의 모든 제자들 중에서 도마만이 그리스도가 죽은 자 가운데서 살아났다는 이론을 의심한다. 그리스도는 그에게 상처를 보여주며, "보고 믿는 자에게 복이 있지만, 감각의 증거 없이 믿는 자에게는 더욱 복이 있다"라고 말한다. 이 기준에 따르면 랑게는 진정한 신자이지만 제임스는 의심하는 도마에 가깝다. 제임스는 미국의 실용주의자였다. 한편, 그는 '종교적 경험'을 정서적 삶의 매우 중요한 측면으로 인식했다. 다른 한편으로, 제임스는 어떤 이론의 진실은 언제나 그 유용성에 의해 정의된다고 믿었다. 비고츠키는 제임스가 자유의지를 설명하기 위해 종교에서 빌릴 수 있는 최소한의 대출금(신의 명령, fiat)을 받았다고 『역사와 발달』 2-89에서 그를 풍자한다.

C. G. 랑게는 자신의 이론에 대해 그런 의심을 품지 않았다. 그러나 여기서 언급된 랑게는 덴마크의 생리학자 C. G. 랑게가 아니라 러시아 심리학자인 H. H. 랑게(Николай Николаевич Ланге, 1858~1921)이다. C. G. 랑게와 대조적으로, H. H. 랑게는 철학을 전공했고 19세기 윤리사상으 로 석사학위를 받았다. 독일 분트의 실험실에서 인턴을 마친 후, 그는 지각에 관한 박사 학위를 취득하고 지각의 과정이 종합적이 아니라 분석적이라는 랑게의 법칙에 자신의 이름을 붙였다. 지각은 일반적인 것에서 구체적인 것으로 나아간다는 것이다. 따라서 그는 감각 과정보다 (언제나 특정한 행동에 연결되는) 운동 과정, 즉 행동하려는 경향성이 우선한다고 간주했다. 앞으로 보게 되듯이, 이것은 그를 운동 과정보다 감각 과정을 우선시하는 제임스-랑게 이론에 반대하게 만들었다.

비고츠키는 그가 저술한 다음 책을 인용하고 있다.

Ланге Н. Н. (1914). Психология. М.(библ.).

9-17] (제임스가 그의 이론에 가한-K) 두 번째 수정은 정서의 신체적 현상의 본성과 관련이 있다. 이전에 제임스는 그것을 단순한 반사의 조합으로 간주했다면 새로운 입장에서 그는 그(신체적 현상-K)에서 더 복잡한 원심적 반응 형태를 보는 경향이 있다. 그것은 선천적 신경기제에 작용하는 외적 자극의 특별한 특성으로부터 단순히 생겨나는 것이 아니라 개인이 이 외적 인상에 부여하는 고유한 의미나 뜻에 대한 의식을 상정한다. 정서적 반응은 개인이 외적 인상을 이해하고 그것이 그에게 공포나 분노의 대상이 되는지에 의존한다. "제임스 자신이 스스로의 입장에 도입한 이 두 가지 수정은 본질적으로 그의 이전 이론의 협소한

급진주의에 대한 전적인 부정을 뜻한다"(같은 책).

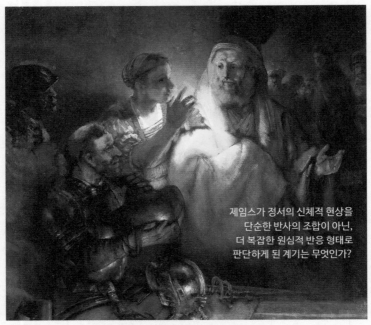

제임스가 정서의 신체적 현상을 단순한 반사의 조합이 아닌, 더 복잡한 원심적 반응 형태로 판단하게 된 계기는 무엇인가?

렘브란트(Rembrandt), 성 베드로의 부인, 1666~1668.

그리스도는 체포되었다. 촛불을 든 한 여자가 로마 병사에게 베드로 역시 그리스도의 신실한 제자 중 하나라고 말한다. 그러나 베드로는 그를 세 번이나 부정한다. 제임스 역시 스스로의 이론을 부정한다. 제임스는 자선, 감사, 그리고 지적인 만족과 같은 고등한 정서들이 구심적이지 않고 원심적이라는 것을 인정한다(9-12). 제임스는 스스로가 자신의 이론을 부정했다는 사실을 애써 부정하려고 노력한다. 그는 이러한 고등 감정에서 예술 작품이 내장에 대한 자극으로, 예를 들어 단어보다는 음악의 리듬(9-13)과 같이 기능할 수 있다고 말한다. 그래서 제임스는 감정이 단순하지 않고 복잡하며, 직접적 반응이 아니라 간접적이고, 항상 구심적인 것이 아니라 때때로 원심적이라고 말한다.

촛불을 든 여자(베드로를 고발한)는 분노의 대상이다. 로마 병사들은 공포의 대상이다. 그러나 베드로 자신의 부정은 수치심과 죄책감의 대상이다. 이 감정 중 어느 것도 단순하거나 직접적이거나 구심적이지 않다.

9-18]　제임스가 자기 이론의 최종 입장 진술에서 이처럼 흔들리는 것은 오직 내적 한계와 그의 가설의 고전적 공식화의 모순, 그리고 고등 정서를 설명할 때 부적절성의 증거라는 점에서만 현재 우리의 흥미를 끈다. 캐논이 올바르게 지적했듯이 제임스의 이론에서는 극복하기 어려운 고등 정서의 문제는 시상적 가설을 수용하면 만족스러운 생리적 설명을 발견할 수 있게 된다. 헤드가 기술한 환자에게 있어 기억이나 상상으로부터 생겨나는 정서는 시상이 대뇌피질의 운동 통제에서 해방된 손상된 측면에서 더 강력히 체험되었음을 상기하자. 이는 대뇌피질 과정은 시상의 활동성에 생명을 불어넣을 수 있고 시상은 다시 감정적 자극을 대뇌로 보낸다는 것을 가리킨다(W. B. Cannon, 1927, p. 121). 이 사실로부터 캐논은 고등 정서의 문제에 대해, 그것이 새로운 이론에 비추어 나타난 것과 같은 결론을 도출한다. 그는 모든 대상이나 상황이 어떤 체험에든 정서적 색채를 부여할 수 있다고 말한다. 이처럼 우리는 우리의 정서적 삶의 모든 각별한 복잡성, 풍부함, 다양성을 이해할 수 있다.

　　회화와 철학에서 네덜란드의 황금시대는 암스테르담의 종교적 관용의 분위기에서 가능했다. 이 그림은 키루스 대왕이 바빌로니아의 왕 벨사살을 무너뜨린 이야기이다. 벨사살은 예루살렘을 정복하고 유대 민족을 노예로 만들어 추방하고, 유대 사원의 은그릇을 약탈한다. 축하연 중에 손이 나타나 신비한 비문을 쓴다. 선지자 다니엘은 이를 해석해 준다. "너는 부족한 것으로 판명되었다. 너의 제국은 페르시아인에게 넘어갈 것이다." 바로 그날 밤 페르시아의 키루스 대왕이 바빌로

시상이 손상되었는데, 대뇌피질이 시상의 활동성에 생명을 불어넣고 시상은 역으로 감정적 자극을 대뇌로 보내는 것이 어떻게 가능한가?

렘브란트(Rembrandt), 벨사살의 축제, 1635.

니아를 공격하여 유대인을 해방시키고 새로운 다종교 국가—네덜란드의 황금시대와 오늘날 우리가 누리고 있는 다민족 현대 국가의 전신—에서 살아갈 것인지 돌아갈 것인지 선택할 수 있게 해 준다. 이 그림에서 히브리어 비문은 전통적 중국어나 한글처럼 오른쪽에서 왼쪽 방향으로 세로로 쓰여 있다. 처음에는 이것이 렘브란트의 오류로 여겨졌으나, 오늘날 우리는 렘브란트가 그가 살던 다민족 공동체 덕분에 히브리어에 능통한 유대인에게 조언을 얻는 것이 가능했음을 알고 있다. 그는 다니엘 외에는 아무도 비문을 읽을 수 없었던 이유를 설명하기 위해 비문을 세로로 쓴다.

텍스트를 읽는 것은 어떻게 강력한 감정을 불러일으킬 수 있는가? 제임스-랑게 이론에는 이에 대한 명확한 설명이 없다. 다니엘이 비문을 해석하는 역할을 수행하기 위해서는 대뇌피질이 호출되어야 하기 때문이다. 제임스-랑게 이론은 대뇌피질이 마지막으로 감정에 대해 알게 된다고 주장한다. 더구나 시상이 손상되면, 특히 손상된 측면에서 해석과 기억에서 비롯되는 감정이 훨씬 더 강하게 나타나는 것으로 보인다.

　캐논은 이를 쉽게 설명한다. 감정은 시상에서 일어나는, 대뇌피질 반응과 내장 반응의 복잡한 결합물이며, 시상 한쪽이 손상되면 대뇌피질 반응이 우세해진다. 비고츠키 또한 이를 쉽게 설명한다. 단순한 지각조차 눈과 뇌 사이의 상호관계(이것이 멀리 떨어진 대상의 크기를 보정하는 방법이다)를 포함한다. 감정 역시 시상에 의해 매개된, 뇌와 신체 사이의 유사한 상호관계를 포함할 것이라는 것은 쉽게 상상할 수 있다. 시상이 손상되면 고등 영역은 저차적 영역의 기능을 떠맡을 것이다.

9-19]　이처럼 옛 이론이 스스로를 바꾸든지 아니면 모종의 압력으로 저차적 정서와 고등한 정서를 하나의 공통분모로 환원해야 하는 위기 지점으로 이끈, 고등 정서의 설명에 대해 새 이론은 우월성을 가진다. 그러나 이에 더해, 새 이론은 정서적 삶에서 최우선적으로 중요한 일련의 현상들을 더 타당하게 설명할 수 있는 가능성을 드러내는 또 다른 입장을 제시한다. 이 입장은 정서적 과정의 발생에서 대뇌와 피질하 영역 사이에 확립된 복잡한 상호의존 관계와 연관이 있다.

9-20]　옛 이론의 관점에 따르면 정서적 방출은, 정서가 자동적, 반사적으로 나타나는 것과 마찬가지로 자동적, 반사적으로 일어난다. 감정의 폭풍은 양극 사이에서 휘몰아친다. 그것은 뇌에서 일어나 신체의 물결을 뒤흔들고 이 물결은 다시 뇌에 파도를 일으킨다는 것이다. 이 단순한 도식에는 가장 일반적이고 매일의 경험으로부터 잘 알려진 정서적 삶의 현상이 전혀 포함되어 있지 않다. 예시를 위해 두 가지 그러한 현상을 살펴보자. 첫 번째 사례에는 맥두걸이 주의를 기울였다. 그는 제임스-랑게 이론이 정서의 감각적 측면을 중심에 두었다는 이유로 그 이론을 나무란다. 그것은 지속적으로 존재하고 때로는 지배적 자극의 특성을 지니는 정서적 체험에 주의를 기울이지 않는다. 비판은 완전히

사실이다. 정서를 기관적 주변적 변화에 대한 인식으로 간주하면서 제임스-랑게 이론은 느낌 자체를 감각으로 환원하였고, 이에 따라 그것이 갈망한 것과 정반대의 결과에 도달한다. 이 이론이 투쟁한 기본 목적은 감정에 대한 이론에서 주지주의를 극복하는 것, 순전히 인지적, 지성적 의식 상태와 정서적 상태를 구분 짓는 특별한 징후를 발견하는 것이었다. 그러나 기본 테제를 논리적으로 발전시킨 결과, 이론은 정서적 상태를 감각과 지각이라는 감각 과정의 일반적 총체 속에 완전히 용해시켜 버렸다. 자신의 입장을 구원하기 위해 이 이론은 이러한 감각의 대상 자체가 다른 나머지 감각의 대상들과 특별히 구분된다고 가정한다. 그러나 대상의 차이는 감각 자체의 심리적 본성을 다르게 하지 않는다. 이 때문에 옛 이론은 본질적으로 정서를 그 과정의 심리적 본성상 수동적, 감각적인 것으로, 특별한 종류의 감각으로 간주하도록 운명 지어졌으며, 우리의 정서를 강하고 영향력 있는 행동 동기로 만들며, 정서적 과정과 밀접히 얽혀 있는 갈망, 행동으로의 충동, 자극과 같은 계기들을 모두 정서적 과정에서 도외시하도록 운명 지어졌다.

비고츠키는 맥두걸의 『심리학 개요Outline of psychology』를 언급하고 있다. 그러나 이는 캐논의 『제임스-랑게의 정서 이론』(1927)에서 인용된 것이다.

"맥두걸은 정서의 감각적 측면을 다룬다는 점에서 제임스-랑게 이론에 반대해 왔다. 이 이론은 항상 존재하며 때로는 압도적인 충동적 측면의 체험에 전혀 관심을 기울이지 않는다."

Cannon, Walter B. (1927). The James-Lange Theory of Emotions: A Critical Examination and an Alternative Theory. The American Journal of Psychology, Dec., 1927, Vol. 39, No. 1/4 (Dec., 1927), pp. 106-124.

맥두걸이 비텐베르크 심포지엄에 기고한 글에서(pp. 200-205) 그는 제임스와 랑게를 거부하고 식욕과 혐오(쾌락과 불쾌)에 근거하는 '느낌'과 더 고등한 감정을 포함하는 '정서'의 이원론을 제안한다. 비고츠키가 지적했듯이 이 관점은 정서를 느낌으로 환원하기를 거부한다.

9-21] W. 캐논은 새로운 이론이 이러한 난관을 매우 쉽게 피한다고 가정한다(1927, p. 123). 정서적 현상의 표준 반응을 시상 영역—척추와 마찬가지로 고등한 영역의 방해를 받지 않는다면, 단순 반사운동을 통해 작용하는 영역—에 국지화하는 것은 정서적 체험의 감각적 측면뿐 아니라 역동적 측면 즉 방출을 향한 시상신경의 경향성 역시도 설명해 준다. 뇌 영역에서 일어나되 인지적 의식과 연결되지 않은, 그 덕분에 맹목적, 자동적으로 강력한 정서를 자극하는 막강한 자극의 존재는 그러한 정서가 감각에 포함되지 않음을 설명해 준다. 정서를 체험하면서 우리는 마치 이후에 있을 일은 저울질하지 않고 우리를 행동하게 만드는 강력한 힘의 영역에 놓이는 것이다.

회피와 투쟁은 표준 반응의 두 사례이다. 우리는 뜨거운 난로에서 손을 떼는 것과 같이 다가오는 차를 보면 자동적으로 뒤로 물러선다. 우리는 공격을 받으면 이후 벌어질 일이나 반격의 효율성을 따지기 전에 즉각 반격한다. 이 그림에서 표준 반응은 성적 흥분이다. 이는 고등한 영역에서 억제되지 않으면 단순히 자동적으로 작용한다. 창세기 19장 30~38절에 따르면 롯의 딸들은 '아비의 씨를 보존하기 위해' 롯을 술 취하게 하고 그를 강간한다. 인간을 포함한 많은 동물 종에는 인공적 수단으로 극복되어야 하는, 근친상간에 대한 본능적인 정서적 반응이 있다. J. M. 볼드윈은 표준 반응이 사회문화적 습관으로 극복되거나 혹은 강화될 수 있다는 말로 이를 설명한다. 예컨대 근친상간은 고대 이집트 왕족에게는 의무였으며 심지어 일부 지배계층이나 부유층에게도 어느 정도 요구되는 사항이었다. 이와 같이, 술과 같은 문화적 도구를 사용함으로써 회피는 병사들에게서 극복될 수 있으며 투쟁 본능은 이성으로 극복될 수 있다.

정서적 현상의
표준 반응의 예는
무엇인가?

J. 브테바엘(Joachim Wtewael), 롯과 그의 딸들, 1630.

9-22] W. 캐논은 이 설명을 뇌 이론의 본질적 부분을 이루는 이중 통제 학설로부터 이끌어 낸다. 그는 동일한 근원으로부터, 제임스 이론의 관점에서는 이해 불가한 두 번째 현상, 즉 의식적 의도와 정서적 경향 사이의 갈등 혹은 투쟁의 출현, 더 짧게 말하면 의지적 기능과 정서 사이의 상호관계에 대한 설명을 도출한다. 사실 정서의 충동적 본성에 대한 문제와 마찬가지로 이 문제는 옛 이론에게 있어 넘지 못할 장애물이다. 결정과 의도에서 분명히 드러나는 의식적으로 작용하는 의지와, 후에 보게 되다시피 모든 정념 학설의 진정한 심리학적, 철학적 중심인 우리 의식을 지배하는 감정 사이에 존재하는 완전히 고유한 심리적 관계는 옛 이론(제임스-랑게 이론-K)의 관점에서 설명되지 않은 채 남겨졌을 뿐 아니라 전혀 주목받지 못하고 침묵으로 외면되었다.

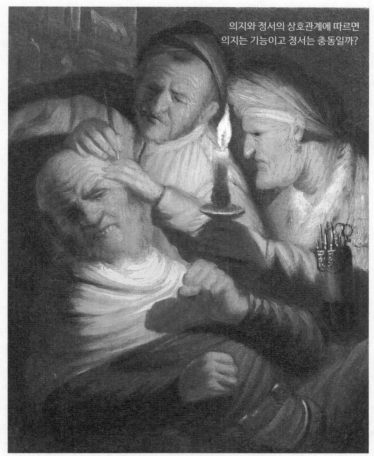

의지와 정서의 상호관계에 따르면
의지는 기능이고 정서는 충동일까?

렘브란트(Rembrandt), 이석 제거 수술(촉감의 알레고리), 1625.

　이것은 우리가 **9-3**과 **9-4**에서 살펴본 '오감' 연작 중 하나로, **5-15** 글상자에서 본 부류의 수술 작업을 보여 주는 한 가지 예다. 이런 '이석 제거 수술'은 정신 질환뿐만 아니라 두통에 대한 흔한 치료법으로 의사들에 의해 시행되었다. 그러나 많은 환자들은 이 수술의 고통보다는 차라리 죽음을 선택하지 않았을까?

　『역사와 발달 II』(**12-53**, **59**)에서 제임스에게는 어떻게 환자가 외과 의사에게 마취도 없이 수술해 달라고 자발적으로 팔을 내밀 수 있는지 이해하기 어렵다고 비고츠키는 언급한다. 수술을 받으려는 의지가 어떻게 고통을 피하려는 충동을 이겨 내도록 해 주는가? 캐논의 이론은 이중 통제를 통해 이를 설명한다. 즉 피질의 의지로 말초신경의 충동을 극복할 수 있다는 것이다. 렘브란트가 이 그림들을 그릴 때는 아직 청소년으로, 예술가로서 수련을 받지 않았다(대신 목사가 되기 위한 준비를 하고 있었다). 우리는 그림자나 양팔의 위치가 바르지 않다는 것을 알 수 있다. 그러나 렘브란트는 노인의 표정에서 시상적 이론의 '이중 통제'를 분명하게 표현하고 있다.

9-23] 이러한 묵살에도 불구하고, 이 현상들이 모든 정서적 삶이 가지는 다양한 형태와 현상의 풍부성을 모두 설명하는 원인으로 제시된 반사 기제를 통해 극도로 단순한 기관적 가설과 이해의 도식 안으로 편입되는 것이 결코 불가능함은 그 누구도 의심하지 않았다. 제임스-랑게 이론에 따르면 정서적 기제에 놓여 있는 본질적 과정은 생각과 의식적 의지의 기관인 뇌의 경계를 넘어서며 주변부에 배치되어 뇌 자체를 주변적 변화의 수동적 감지자로 전환시킨다. 이 주변적 변화 내에서 모든 그 밖의 기본적 뇌 과정들은 그 무엇도 변화시킬 수 없을 뿐 아니라 일반적으로 그에 능동적으로 참여하지도 않는다. 매일매일 각 사람들의 의식 속에 일어나는, 전체로서의 의식과 그 정서적 부분 사이의 살아 있는 상호작용 과정이 거칠게 지워졌고 존재하지 않는 것으로 공표되었다.

9-24] 주변적 이론은 정서를 뇌에 반영되는 주변적 과정으로 환원했기 때문에 정서와 다른 나머지 의식 사이에 틈을 깊게 갈라놓았다. 전자(정서-K)는 주변으로 밀려났으며 후자(나머지 의식-K)는 뇌에 집중되었다.

9-25] 새로운 이론은 정서적 과정에서 피질하 영역과 피질 영역의

극도로 복잡한 상호작용을 확립하면서, 논쟁의 여지 없는 심리학적 사실을 구성하는 감정과 의식 사이의 모든 복잡한 실제 관계의 설명 가능성에 고도로 근접한다. 그것은 뇌로 가는 정서적 자극과 주변부로 가는 정서적 방출의 진정한 원천인 저차적 영역이 고등 영역의 지휘하에 독립적이 아닌 연결된 힘으로 작용하는 하위의, 피감 기관으로서 고등 영역과 복잡한 의존 관계에 있다는, 정서적 과정의 해부학적, 역동적 조직을 상정한다. 고등 영역이 기능적으로 약화되거나 그에 종속된 기관들을 그로부터 떼어 낼 때에만 이들(종속된 기관-K)이 독립적이 되어 그에 고유한 자동적 방식으로 작용하기 시작한다. 이 경우 E. 크레치머가 히스테리와 관련하여 다음과 같은 형태로 공식화한 일반적인 신경 생물학적 법칙이 나타난다. 심리운동 영역에서 상급 기관의 작용이 기능적으로 약해지면 고유한 원시적 법칙을 가진 바로 밑의 하급 기관이 독립성을 획득한다.

9-26] 정서의 해부학적, 생리학적 하층토의 이러한 복잡한 위계적 조직은 사실, 우리가 보았다시피 최소한 모든 정념 이론의 중심이 된다고 우리가 지적한 기본적 심리학적 사실들과 쉽게 타협될 수 있다. 지금은 이 조직을 특징짓는 한 계기 즉 이중 통제 학설에 대해서만 살펴보기로 하자.

9-27] 알려진 바와 같이 제임스는 두 가지 가능한 반론을 고찰하고 반박하려 했다. 첫 번째는 다음의 사실로 이루어져 있다. "목소리, 얼굴 표정, 신체 동작을 통해 정서의 외적 표현을 탁월하게 재현하는 여러 배우들의 말에 따르면 그들은 전혀 정서를 경험하지 않는다. W. 아처의 증언에 따르면, 다른 배우들은 역할을 성공적으로 잘 연기한 경우 그에 해당하는 모든 정서를 체험했다고 주장한다"(W. 제임스, 1902, p. 315). 여기서 제임스는, 유명하고 긴 역사를 가지고 있는 문제인 정서의 무대적 재현의 문제를 언급한다. 이에 대해서는 우리 연구 과정에서

다시 돌아올 것이다. 지금 제임스의 설명에서 우리의 관심을 끄는 것은 다음을 그가 인정했다는 것이다. "어떤 이는 각 정서를 표현하면서 내장기관의 흥분을 완전히 억제할 수 있으며 그와 함께 정서 자체도 상당히 억압할 수 있는 반면 다른 이들은 이러한 능력을 가지고 있지 않다"(같은 책, p. 315). 이처럼 제임스는 스스로의 말로 "어떤 이들은 정서와 그 표현을 완전히 분리할 수 있다"(같은 책)라고 인정한다.

> *W. 아처(William Archer, 1856~1924)는 스코틀랜드 출신의 작가이자 문학비평가로, 입센의 작품을 번역하고 G. 버너드 쇼를 문단에 소개했다.

9-28] 두 번째 반론은, 말하자면 지금 막 제시한 것과 정반대되는 것이다. 이는 다음의 사실로 이루어진다. "때로 우리는 정서의 발현을 억제하면서 그것을 강화한다. 사정상 웃음을 억지로 참아야 할 때 경험하는 정신 상태는 괴로움이다. 공포로 억압된 분노는 더 강한 증오로 변한다. 반대로 자유로운 정서 표현은 안도감을 준다"(같은 책).

9-29] W. 제임스는 "우리가 얼굴 표정으로 표현하기를 억제할 경우 내적 자극을 강화하는 가능성이나, 정서의 표현을 의지적으로 억제하여 이전과는 상이한, 더 강력한 기관 자극을 수반하는, 완전히 다른 정서로 변환하는 가능성"을 인정한다(같은 책). 정서를 일으키는 대상과 그 영향력 억제의 조합의 결과로 나타나는 정서의 변환은, 제임스의 의견에 따르면, 순전히 생리적 경로로 일어난다. 정상적 수로를 따라 흐르지 못하는 자극은 다른 수로로 이동하기 시작하며 그 결과 새로운 기관 상태와 그에 상응하는 새로운 정서가 일어난다. "내가 나의 적을 죽이려는 희망을 가지고 있지만 담대히 이를 행하지 않았다면, 나의 감정은 내가 나의 희망을 과감히 실현시켰을 때 내가 가졌을 감정과 완전히

다를 것이다"(같은 책, p. 316).

9-30] 우리는 제임스가 가능한 반론에 대해 모순적이고 애매한, 일반적으로 만족스럽지 않은 대응을 했다는 캐논의 말에 동의할 수밖에 없다. 한편으로 그는 정서를 완전히 부정한다. "정념이 출현하는 것을 거부하면 그것은 소멸한다. 분노를 표출하기 전에 10을 세라. 그 원인이었던 것이 우습게 느껴질 것이다." 다른 한편으로 그는 기관적 자극을 의지적으로 억제한다 하여도 그것이 소멸될 수 없으며 반드시 새로운 길을 모색하여, 한 정서를 다른 정서로 변환시킨다고 간주한다.

9-31] 새로운 이론은 신체적 과정에 대한 이중의 통제―대뇌피질과 시상의 통제―가 존재한다고 가정한다. 이러한 통제는 두 통제 기관 사이의 매우 복잡한 관계로 귀결된다. 대뇌피질과 시상 두 기관이 근골격을 다스린다는 것은 명백하다. 예컨대 우리는 우스운 상황에 의해 충동적으로 웃음을 터뜨릴 수도 있고(시상적 웃음), 의지적 행동의 결과로 웃을 수도 있다(대뇌피질적 웃음). 내장기관이 오직 시상의 지배하에만 있음도 역시 명백하다. 우리는 의지의 직접 작용을 통해 혈당을 높이거나 심장박동수를 높이거나 소화를 멈출 수 없다. 정상 조건의 경우 이중 통제에서 대뇌피질 뉴런이 지배하며, 흥분된 시상 뉴런의 작용이 분출되지 않도록 할 수 있는 것으로 보인다(비록 때때로 우리는 스스로의 희망과는 반대로 웃거나 울기는 하지만). 이로부터 신체적 기능의 고등 통제와 저차적 통제 사이의 갈등이 가능해진다. 그러나 대뇌피질은 정상 조건하에서 의지적 통제하에 있는 신체 기능만을 억제할 수 있다. 대뇌피질은 거대 자극의 특징인 혈당 증대, 심박수 증가, 소화 억제와 같은 격렬한 과정을 일으킬 수 없듯이 이 과정을 멈출 수도 없다.

> 이것은 요즘 젊은이들이 헬스장에서 자신을 찍어 인터넷에 올리는 셀카의 초창기 버전이다. 다윗의 상관 우리아 장군의 아내인 밧세바는 족욕 후 발을 말리고 거울을 보며 감탄하고 있다. 일부 비평가들은 다

'거대 자극'이라는 신체적 반응에
대뇌피질과 시상은 각각 어떻게 작용하는가?

H. 폰 아헨(Hans von Aachen), 다윗과 밧세바, 1625~1630.

윗이 탑 위에서 밧세바를 보며 감탄하고 있다고 주장한다. 다윗은 탑
위에서 자신의 엄청난 흥분과, 밧세바가 자신이 신뢰하는 장군의 아내
라는 점 사이에서 양심의 갈등을 겪는다는 것이다. 그러나 그림의 제
목이 '다윗과 밧세바'이므로, 다윗은 거울로 밧세바의 아름다움을 비
춰 주고 있는 인물일 가능성이 커 보인다(거울은 원래 비추어야 하는 모
습과 반대의 모습을 비추고 있다. 화가는 거울이 문자를 반대로 비춘다는 사
실을 표현하려 했을 수도 있고 혹은 거울이 너무 신문물이라 어떻게 작동하는

지 정확히 인지하지 못했을 수도 있다).

내장기관은 직접적으로 자발적인 통제하에 있지 않다. 체온, 심장 박동, 혈당을 마음대로 올릴 수 없다. 반면 지성은 환경의 직접적 통제 하에 있지 않다. 다른 누군가에게 우리가 생각하고 있는 것을 그대로 생각하도록 만들 수는 없다. 그러나 성충동과 이에 따라 작동시킬 골 격근육은 이중 통제를 따르는 것으로 보인다. 다윗은 충동과 의지 중 에서 하나를 선택할 수 있었고, 밧세바는 자존감과 거울에 비친 자신 의 모습에 대한 즉각적인 반응 사이에서 선택할 수 있었다. 캐논은 이 와 같은 시상 자극에 대한 피질의 저지는 정서를 확대시킨 다음 폭발 적으로 작용하게 할 수 있다고 믿는다. 비고츠키는 다음과 같이 좀 더 긴 안목으로 본다. 예컨대 유아기의 화장실 훈련, 7세의 '체험 사이의 갈등', 그리고 청소년기의 성적 충동에 대한 자기 통제 등과 같이 의지 로 충동을 저지하는 능력은 유년기에 발달하는 것이다. 다윗이 왕이 된 사실은 그의 발달에 병리적인 영향을 미쳤음이 분명하다.

9-32] 따라서 정서가 억압되는 경우, 오직 외적 표현에서만 억압된 다. 최대의 표현이 나타났다면 최대의 내적 흥분이 일어난 것이라고 생 각할 수 있게 해 주는 사실들이 존재한다. 따라서 자극의 외적 표현을 대뇌피질적으로 억제하는 것은 결과적으로, 자유로운 감정 표출을 수 반했다면 더 강력했을 내적 변화의 약화를 낳을 개연성이 있다. 그럼에 도 불구하고 대뇌피질의 통제와, 대뇌피질에 종속되지 않는 시상 부위 의 활동성 사이의 갈등을 통해 정서의 내적 발현은 상당한 힘을 얻을 수 있다. 대뇌피질의 지배하에 있지 않은 것과 관련해서는, 여기서 제 시된 내용을 토대로 보일 수 있는 것보다 훨씬 더 복잡할 것임은 사실 이다. 캐논이 다른 곳에서 강조한 바와 같이 대뇌피질이 내장기관에 직 접적 통제력을 발휘할 수 있다. 예컨대 우리는 단순한 의지적 결심으로 몸서리를 일으킬 수는 없지만 위험을 찾아 나섬으로써 스스로 몸서리

를 치게 할 수 있다. 유사하게, 우리는 공포, 분노, 혐오와 그에 수반하는 내장 변화를 일으키는 상황을 종종 회피한다. 이를 위해 우리는 단지 우리를 들쑤시는 지점에 가까이하지 말아야 한다.

정서의 내적 발현이
상당한 힘을 얻는다는 것은
무엇을 의미하는가?

렘브란트(Rembrandt), 이삭의 희생, 1635.

93세의 아브라함은 아들 갖기를 체념한다. 그러나 하나님은 그에게 이삭을 주셨고, 하나님이 아브라함에게 이삭의 목을 베고 제단에 불태워 번제를 드리라고 그를 시험하기 전까지는 이를 기뻐했다. 놀랍게도 아브라함은 서둘러 순종하려고 하고, 그의 그런 행동은 천사가 나타나 덤불에 뿔이 걸려 있는 숫양을 찾아 그 양을 희생 제물로 삼으라고 말함으로써 그 마지막 순간에 멈추게 된다. 유대인들에게 이런 끔찍한 잔학 행위에 가까운 사건은 단순히 맹목적인 복종과 최종 순간에 베풀어지는 임의적 자비를 보여 주는 것이었다. 기독교인들에게 이 사건은 하나님이 자신의 아들을 희생시키기 위한 예행연습이었다. 렘브란트는 이삭의 무릎에서, 그의 몸을 따라, 그의 얼굴에 있는 아브라함의 왼팔 위까지 빛의 나선을 이어 나가다 칼을 막는 천사로 방향을 선회한다.

그러나 이처럼 정서적으로 충전된 행동이 피질의 방해로 갑자기 중단될 때 어떤 일이 발생할까? 제임스는 모순적이다. 4-4에서 그는 감정은 단순히 사라진다고 홀베르그를 들어 논한다. 9-29에서 그는 감정은 단순한 생리적 과정이기 때문에 다른 생리적 과정으로 전환되어야 한다고 말한다. 캐논은 감정의 내적 발현은 방해받지 않고 단순히 지속된다고 결론짓는다. 그는 우리가 스스로의 의지로 심장을 멈추게 하거나 심박수를 빠르게 할 수 없을 뿐 아니라 피질의 명령으로 땀을 흘리게 하거나 혈당을 높일 수도 없다고 지적한다. 땀, 심장박동, 혈당은 노인의 얼굴에서 나타나는 모든 정서적 힘과 함께 지속되어야만 한다. 멈춘 것은 단지 실제 타격과 떨어진 칼일 뿐이다.

이 그림을 이 장의 끝(9-35)에 있는 유딧기의 그림과 비교해 보자. 천사처럼 피질은 타격을 방해할 수 있지만, 타격을 촉진하고 지시하여 최대의 외적 발현이 최대의 내적 흥분과 상응하도록 할 수도 있다. 이 중 통제, 그리고 적어도 제어 가능한 감정의 발현을 방해하거나 조절하는 피질의 능력은 비고츠키 이해의 핵심이다. 정서의 순수한 내적 발현은 흥미의 힘으로 변환될 수 있고, 심지어 진정한 개념이 될 수도 있다. 청소년에게 이것은 첫사랑을 가능하게 하지만, 끔찍한 폭력 또한 가능하게 한다.

9-33] 우리는 새 이론이 옛 이론에 비해 감정적 과정과 의식적 의지적 과정 사이에 얼마나 더 복잡한 상호작용을 허용하는지 보이기 위해 이중 통제 이론을 발전시켰다. 우리의 흥미를 끄는 후자의 기준에 정서의 시상 이론이 내장 이론에 비해 가지는 우위를 적용하면 이 학설은 결정적인 말을 할 수 있게 된다. 내장 이론에서는 넘을 수 없었던 난관이 이중 통제 이론의 관점에서는 설명 가능해진다.

내장 이론이 넘을 수 없었던,
난관이란 무엇일까?

렘브란트(Rembrandt), 작업실의 화가, 1628.

이 작품의 크기는 굉장히 작다(24×31cm). 그러나 작품 속 그림의 크기는 거대하다. 화가는 아직 작업을 시작하지 않았다. 그는 작업을 앞두고 상당히 무력해 보인다. 하지만 그가 그림을 그리기 시작할 때, 피질의 억제와 시상의 활동 사이의 모순은 사라질 것이다. 이것이 스피노자가 '능동적인 정서'라고 부르는 것이다. 이 정서의 근원은 환경에 반응하는 내장이 아니라 예술적 계획에 반응하는 피질이다. 제임스와 랑게는 이 정서를 설명할 방법이 없었고, 그래서 그들은 예술적 계획을 정서가 아닌 지성의 결과로 본다. 상태가 좋지 않은 화가의 옷과

허름한 작업실을 고려해 볼 때, 지성보다 더한 것이 위태롭게 걸려 있는 것으로 보인다. 화가는 실패를 두려워하고 있다. 오늘날 한국의 청소년들에게, 첫사랑과 첫 직업은 아마 비슷한 방식으로 엮여 있을 것이다.

9-34] 캐논은 다음과 같이 말한다. "행동에 대한 이중 통제가 일어난다면, 우리가 외부 행동의 그 어떤 작용이 일어나기 전에도 강한 무력감의 느낌과 동시에 강력한 공포를 경험할 경우에나, 적절한 행동이 출현하기 시작하자마자 내적 소요는 가라앉고 신체적 힘이 유용한 결과의 획득을 향해 정력적이고 효과적으로 지향되는 경우에 나타나는 날카로운 정서적 수반물과의 내적 갈등이나 이후에 따라오는 느낌의 부분적 쇠퇴가 쉽게 설명된다. 표준 시상 과정은 신경 조직 자체에서 억제된다. 이들(표준 시상 과정-K)은 운동 반응의 자극에 견고하게 준비되어 있다는 점에서 반사와 유사하다. 스스로의 활동성을 드러낼 수 있게 될 때면, 이들은 커다란 힘으로 작용한다. 그러나 이들은 대뇌피질 과정의 통제하에 놓여 있다. 이 대뇌피질 과정은 온갖 유형의 선행하는 인상에 의해 조건화된다. 대뇌는 이처럼 내장기관을 제외한 모든 주변 기관을 통제할 수 있다"(Cannon, 1927, p. 123).

9-35] 시상에서 억압된 과정들은 의지적 통제하에 있지 않은 유기체 부분(예, 내장기관-K)을 제외하고는 유기체를 활성화시킬 수 없다. 그러나 시상 영역 자체의 자극은 일반적 방식으로 정서를 아마도 강력하게 일으킬 수 있으며 이는 바로 억압 때문이다. 대뇌피질의 억압이 제거되면 갈등은 곧바로 해결되는 것으로 나타난다. 이전에는 서로 반목하던 두 통제 기관이 이제는 협력하기 시작한다. 시상 뉴런들은 계속해서 정력적으로 활성화되면서 정서가 이어지기 위해 필요한 조건을, 제임스가 요구했듯, 정서가 나타나는 중에 만들어 낸다. 이처럼 새 이론은 제

임스-랑게 이론이 맞닥뜨렸던 난관을 극복했을 뿐 아니라, 행동하지 못하는 마비에서 유발되는 것으로 보이는 날카로운 정서적 체험이라는 사실을 성공적으로 설명한다.

대뇌피질의 억압이 제거될 때
해결되는 갈등은 무엇인가?

J. 드 브레이(Jan de Bray), 유딧과 홀로페르네스, 1659.

유딧기는 가톨릭에서는 성경에 포함되나 개신교에서는 배제된다(드 브레이는 가톨릭 신자이다). 유딧기는 바빌로니아 왕의 장군인 홀로페르네스에 의해 고향이 파괴될 거라는 위협을 받는 한 미망인의 이야기를 전한다. 두려움과 분노를 대뇌피질 과정으로 억누르며, 그녀는 장군을 유혹하고, 그가 잠들 때 머리를 베어 버린다. 9-35는 캐논을 인용한 이전 단락의 연속으로 인용부호를 포함해야 하지만 러시아 원고에서는 누락되어 있다. 캐논에 따르면, 제임스는 자기 자신과 모순된다. 한편으로는 열까지 세면 분노가 사라진다고 말하고, 다른 한편으로는 억눌린 분노가 더 큰 힘으로 폭발한다고 주장한다. 캐논의 이중 통제 이론은 그런 모순을 가지지 않는다. 캐논은 과정(예: 유딧이 도망치거나 분노하여 행동하는 것)이 시상에서 피질에 의해 억압될 수 있다고 말한다. 그러나 대뇌피질의 억압이 제거되면, 분노와 이성이 동시에 작용하여 의도한 결과를 가져오게 된다. 피질은 칼을 내리치는 동작을 조절하지만, 시상 뉴런은 억압된 분노와 무력감을 설명한다. 그러나 이러한 느낌 또한 칼의 내리침이 온전히 수행되도록 돕는다.

9-36] 우리는 지난 반세기 동안 감정에 대한 심리 학설의 중심에 있던 이론적 논쟁에 대한 고단하고 긴 연구의 노정을 마무리 짓고 이 영역의 과학적 생각과 과학적 지식의 모든 발달을 상당 정도 규명했다. 연구 결과 우리가 당도하게 된 결론은 분명하다. 여기에는 어떤 모호함도 없다. 우리는 감정에 대한 옛 주변적 이론이 모든 측면에서 이에 치명적 타격을 준 비판적 연구의 맹공격을 견디지 못할 뿐 아니라 오래전에 이미 무너졌음을 보았다.

9-37] 벤틀리의 재기 어린 표현에 따르면, 반세기 동안 이 이론에 반하여 제시된 모든 논쟁들을 모아 보면 이들은 각각의 설득력과 증거 능력의 통합된 힘으로, 제임스-랑게 이론을 복잡한 장례 절차로 매장하려는 시도를 불필요하고 우습게 만든다. 그것과 싸우는 것은 망자와 싸우는 것이다. 우리 연구의 유일한 결과가 단지 이 역설적이고 훌륭한 이론의 역사적 사망선고를 내리는 것이었다면 결코 연구를 실시할 생각도 하지 않았을 것이다. 우리 탐구의 명분을 우리는 다른 곳에서 찾는다.

9-38] 기존의, 소멸하는 이론의 지점들을 하나하나 연구하고 검증하면서 우리는 매 걸음마다 새로운 이론의 탄생과 그것의 선조에게서 살아남을 수 있는 것, 그리고 반세기 동안 부단한 사고의 노력으로 쌓인 거대하고 풍부한 사실들에 대해 타당하게 설명할 수 있는 것을 추적할 수 있었다. 소멸하는 어떤 이론에 대한 비판 자체는 그것이 아무리 생산적이라고 할지라도 결코 과학적 사고 발달에서 전체 역사적 시기의 마무리를 의미할 수는 없다. 옛것을 잘라 낸 것 위에 새로운 싹이 자라날 때에만 과학적 사고의 역사에서 한 시기가 끝나고 새로운 시기가 시작된다. 정념 학설에서 두 시기를 가르는 그러한 역사적 경계를 찾는 것이 우리 연구의 직접적이고 즉각적인 목적이었다.

9-39] 그러나 이와 더불어 부지불식간에 우리는 우리의 기대와 명백히 모순되는 또 다른 결론에 도달했다. 우리가 제임스-랑게 이론을 조사한 것은 오직 그 속에서 스피노자의 아이디어가 생생하게 과학적으로 실현된 것을 직접 보기 위함이었다. 만일 스피노자의 정념 학설이 랑게와 제임스의 이름과 그리고 그들의 유명한 역설적 정서 이론과 불가분 연결되어 있는 것이 사실이라면 이 학설이 현대 과학적 심리학의 살아 있는 부분으로 남아 있는 한, 그것은 반세기 이상 지배적 위치를 점했고 우리 눈앞에서 죽어 가고 있는 아이디어의 운명과 함께할 수밖에 없다. 정념을 다루는 『에티카』의 부분이 오늘날의 심리학자들에게는 아마도 단지 역사적 흥미일 뿐이라고 주장하는, 우리가 동의하고 싶지 않은 입장이 사실인 것으로 보인다.

> 스피노자는 오늘날 다음의 네 가지 다른 현대 사상에서 중요하다. 자기보존에 바탕을 둔 감정의 사상, 공유된 이성에 바탕을 둔 윤리의 사상, 세계를 물질이나 물질의 조직으로 보는 단일한 '실체'의 사상, 그리고 관용적이고 세속적이며 다종교적이며 심지어 다문화적인 상태에 대한 사상. 그러나 비고츠키의 관점에서, 아마 가장 중요한 것은 육체

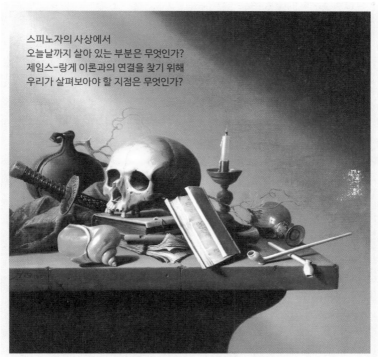

스피노자의 사상에서
오늘날까지 살아 있는 부분은 무엇인가?
제임스-랑게 이론과의 연결을 찾기 위해
우리가 살펴보아야 할 지점은 무엇인가?

H. 스텐베이크(Harmen Steenwijck), 바니타스 정물화, 1640.

(예: 뇌)와 정신(예: 신체에 대한 뇌의 사상)의 관계가 관념(예: 스피노자의
사상)과 관념의 관념에 대한 관계(예: 오늘날 우리의 이해)와 유사하다는
사상이다. 이것은 감정의 신체적 정신적 측면의 통일성에 대한 비고츠
키의 이해의 기초일 뿐만 아니라, 그가 의식 자체의 분석 단위로 제시
한 '체험(페레지바니예)'이라는 개념의 기원이다. 사상이 소멸해도 사상
에 대한 사상은 계속 발전한다. 이는 우리가 여전히 스피노자 또는 비
고츠키에 대해 논하는 이유를 설명한다.

● 경험적 증거: 배우의 역설

여기서 비고츠키는 캐논-바드 이론의 증거를 살펴보며 이들이 대체로 옳다고 말한다. 이는 비고츠키에게 좋은 소식이 아닌 것으로 보일 수 있다. 어떤 면에서 제임스-랑게 이론이 스피노자의 정념 이론(예컨대 스피노자는 욕망을 충동에 대한 의식을 수반하는 충동[appetite]으로 정의한다. 『에티카』 3부, 정리 10, 주석)이 더욱 유효하다는 것을 보여 주는데 더 나을 수 있어 보이기 때문이다. 그러나 사태는 그리 간단하지 않다.

9.1 비고츠키는 제임스-랑게 이론의 지지자들이 제기한 반대 논리를 다시 살펴볼 것을 약속한다. '의견의 충돌에서 누구도 간과할 수 없는 진실의 불꽃이 튀기기 때문이다'(우리는 비고츠키가 명확히 옳은 입장과 명확히 잘못된 입장을 상정하고 논쟁하는 학자로 생각하는 경향이 있지만, 사실 그는 당시 스탈린 시대의 동시대인들보다 훨씬 더 변증법적인 논쟁가였다).

9.2 비고츠키는 먼저 자기 자신의 두 가지 반대 주장을 제기한다. 먼저 새로운 이론은 생리적 과정에 토대한 정서들을 옛 이론보다 더 잘 분석하거나 분화시키지 못하는 것으로 보인다. 둘째, 새로운 이론의 주창자들은 정서적 경험의 증거로 '생리적 현상'을 사용하지만 동시에 이들은 동일하게 생리적인 현상들인 내장 및 혈관운동과 같은 기능들을 감정의 근원으로 수용하기를 거부한다. 이들이 감정의 근원이 아니라면 이들은 어떻게 정서적 경험과 연결되어 있는 것인가?

9.3 물론 비고츠키의 이 두 반대 주장에서 진실의 불꽃은 강하게 튀어나온다. 두 이론 모두 정서를 '채색' 혹은 '톤'이 덧붙여진 것으로 본다. 제임스-랑게 이론에서 지각은 우리에게 감각을 주고 감각은 감정적 색채를 부여한다. 시상 이론에는 두 가지 변이형이 가능하다. 하나에서 시상 자체가 의식과 감정적 색채를 더하고 다른 하나에서는 시상이 정서적 색채는 더하지만 의식은 더하지 않는다.

9.4 캐논에 의하면 감각은 시상에서 분기한다. 일부는 주변(내장과 근골격)을 향하고 일부는 의식이 자리 잡고 있는 대뇌피질을 향한다. 그렇다면 시상은 시각에서 망막이 하는 것과 비슷한 역할을 한다. 시상은 감정적 경험이 투사되는 스크린이며 감정을 경험하는 의식적 청중이 아닌 것이다.

9.5 따라서 캐논과 바드에게 (헤드, 퀴퍼스 및 다른 이들에게는 아니지만) 주요한 차이는 (옛 이론은 감정을 주변적 과정에 대한 피질 영역의 반응으로 본 반면) 새로운 이론이 감정을 피질하 영역에 위치시켰다는 사실이 아니다. 두 이론 모두 생리적 과정이 감정적 과정의 기저에 있다는 점에 동의한다. 그러나 한 이론은 생리적 과정을 감정의 원인으로 본 반면 다른 이론은 뇌의 활동을 주요 원인으로 보았다.

9.6 제임스는 질문을 '예/아니오'의 관점에서 접근했다. 대뇌피질에 정서를 위한 특별한 영역이 있거나 그렇지 않다면 정서는 일반적인 감각운동 영역에서 일어난다는 것이다. 그러나 캐논은 '~인 동시에'의 답을 제공한다. 피질하 영역에 정서를 위한 특별한 영역이 있으며 동시에 이는 일반 감각운동 영역과 상호작용하여 정서를 만들어낸다는 것이다.

9.7 다나와 바드는 피질하 영역과 피질의 상호작용은, 대뇌피질은 다양한 감정을 경험하지만 주변에서는 감정과 연관된 신체적 과정의 다양성이 현저히 적은 이유를 설명할 수 있을 것이라고 지적한다. 이 상호작용은 정서적 경험과 그에 관련된 생리적 변화의 연결이 끊어질 수 있는 이유를 설명한다(병리학, 해부학, 화학적 마비의 경우에 정서적 경험과 생리학적 변화가 독립적으로 일어난다).

9.8 경험과 정서 행동을 불가분한 관계로 본다. 반면 새로운 이론은 시상의 매개 작용을 통해 정서적 경험과 행동이 일정 정도 독립성을 가짐을 인정한다. 비고츠키는 이러한 주장이 자료와 일치한다고 끝맺는다.

9.9 여기서 비고츠키는 반대 입장들을 고찰하기 위해 멈추지 않을 거라고 말한다. 이는 그가 반대 입장을 빠르게 훑어보겠다는 의미이다. 캐논은 내장기관들은 매우 소량의 감각신경 말단을 가지고 있다(내장 신경의 10프로 정도만 감각신경이 있다. 그래서 내장기관에 상처를 입히는 총상이나 자상들도 잘 느껴지지 않는다)고 주장했다. 반면 캐논의 입장에 반대하는 이들은 (흉강, 목, 췌장 부위와 같은) 몇몇 기관들은 매우 민감하다는 것을 지적했다. 비고츠키는 이에 대해 이들은 실제로 내장 감각이 아니라 말단 신경이 풍부한 내장기관 밖의 영역에 국지화된 예민한 감각들이라는 캐논의 의견에 동의한다.

9.10 이러한 반대들은 사소한 것들이다. 하지만 중요하게 고려해야 할 심각한 반대 입장들이 두 개가 더 있다. 이 문단은 이 입장을 다룬다. 이에 대한 세 가지 반박 주장은 다음 문단의 내용이다. 첫 번째 반대는 정서의 근원을 감각신경에서 운동신경(이는 앞에서 본 바와 같이 내장기관의 영역에서 훨씬 광범위하다)으로 옮기려는 시도가 있다는 것이다. 두 번째는, 시상이 대뇌피질에 전달하는 것은 바로 구 이론에서 유일한 정서의 원천으로 여긴 내장기관과 혈관운동계에서의 신체적 변화라고 언급하며 시상

이론을 제임스-랑게 이론에 동화하려는 시도가 있다는 것이다.

9.11 새로운 이론의 지지자들은 이 두 가지 반대들에 대해 세 요점들로 답한다.

9.12 먼저, 새로운 이론은 고등한 정서적 과정들의 존재를 허락한다. 도덕적 만족, 감사, 그리고 문제를 해결할 때의 만족감 등이 그 예로 제임스도 이들이 존재함과 이들이 주변부에서 중심부로 향하는 구심성 과정으로 형성되는 것이 아님을 인정했다.

9.13 그러나 제임스는 이러한 정서는 비교적 직접적인 것이라고 말한다. 여기서 경험되는 것은 내장기관의 반응이 아니라, 경험에 대한 지각이다.

9.14 나아가 제임스는 진정한 정서와 비교해서 이러한 순수하게 '차가운' 정서들의 연약함을 지적한다. 그들은 정서적이기보다는 인지적이다. 이러한 예외를 통해 이론의 규칙이 더욱 선명히 증명된다.

9.15 제임스는 한편으로는 이러한 반응들이 고등한 정서들이라고 하며, 다른 한편으로는 그들의 정서적 반응으로서의 성격을 부정하며 매우 인지적이라고 한다. 그래서 한편으로 그는 그들을 '고등'하고 '더 직접적인' 것으로 여기고 다른 한편으로 그들을 진정한 정서 반응으로 여기지 않는다.

9.16 어느 쪽이든, 제임스는 그의 이론을 다음과 같이 수정해야 한다. 어떤 경우에, 만족감과 고통과 같은 느낌은 진정한 정서의 원천으로 여겨지는 신체적 변화보다 앞서 일어나야 한다. 그러나 이러한 경우, 중심적으로 경험된 정서에 대한 생리학적 반응이 일어나며 이는 정서적 경험에 '빛'과 '색'을 더해 준다.

9.17 또한 제임스는 그의 이론에서 어떻게 신체적 변화들이 정서를 표현하는지에 대해서도 수정했다. 예전에 그는 정서를 단순한 반사작용으로 보았다. 지금은 그는 정서를 보다 더 복잡하고 의식적인 반응으로 여기며, 이런 식으로 정서적 반응들의 특이성을 설명한다.

9.18 고등한 감정에 대한 문제는 캐논-바드 이론에서 더 쉽게 해결된다. 헤드의 환자들에게서 기억들이 대뇌피질의 통제에서 해방된 시상 쪽에서 더 예리하게 경험되었다. 이는 시상이 몸에서부터 오는 감각뿐 아니라 대뇌피질에서 오는 경험들에 대해서도 '정서적 톤'을 더해 준다는 생각과 일치한다.

9.19 대뇌피질과 피질하 영역의 상호작용을 도입함으로써, 다양한 정서적 현상들도 새로운 이론에서는 더 쉽게 설명된다.

9.20 옛 이론은 정서를 비지성화하고 정념에서 인지적이지 않는 것이 무엇인지 설명하고자 노력했기 때문에 정서를 감각으로, 자동적이고 생각 없는 반사작용으로 환원했다. 역설적이게도 이는 정서적 반사작용들을 만들어 내는 다양한 대상들로 다양한 정서들을 설명했다. 그러나 이것은 정서를 대부분 감각적인 과정인, 특별한 종류의 수동적 감각으로 환원시키는 역설적인 효과를 가져왔다. 이는 정서를 신체의 행동 능력을 향상시키거나 감소시키는 과정으로 보는 스피노자의 정서 이론과는 일치하지 않는다.

9.21 새로운 이론은 이를 피한다. 시상에서 방출되는 뉴런들이 대뇌피질에 의해 제지당하지 않을 때, 우리는 결과를 고려하지 않고 행동하도록 하는 어떠한 힘의 손아귀에 있는 것처럼 느껴진다. 그러나 물론 시상의 활동은 조절될 수 있다. 그리고 이는 욕망을 스스로에 대해 의식적인 충동과 같다고 본 스피노자의 정의와 일치한다.

9.22 이러한 (대뇌피질과 피질하 영역의) 이중 통제 시스템으로 인해, 새로운 이론은 우리가 이성으로 정서를 극복하고자 할 때 느끼는 정신적 투쟁(또는 스피노자의 말처럼, 정념을 더 강한 정념으로 극복하는 것)을 설명하는 것으로 보인다.

9.23 기존 유기체적 이론의 가장 단순한 형태에서, 이 문제는 제기조차 되지 않았다. 옛 이론의 다른 형태에서는 사고와 의식적 의지는 감각을 변화시킬 힘이 없는 수동적인 수용체였다.

9.24 그래서 이 이론은 정념을 주변부에 그리고 나머지 의식들은 뇌에 국한시키는 이원주의적 성격을 가지게 되었다.

9.25 새로운 이론은 정서 통제의 위계를 확립한다. 그리고 이는 위계의 붕괴의 관점에서 '히스테리아'와 같은 장애를 설명할 수 있게 된다(크레치머). 이는 외과적 또는 화학적 개입을 통해 피질하 영역들에 대한 대뇌피질 영역의 통제가 약화되면, 통제되지 않는 정념이 관찰되는 사례들과 일맥상통한다.

9.26 정리하며, 비고츠키는 이론의 새로운 핵심 포인트인 '이중 통제'로 주의를 돌린다.

9.27 비고츠키는 제임스의 두 가지 반대를 제기한다. 이 문단에서 제시된 첫 번째는, 잘 알려진 디드로와 셰익스피어의 '배우의 역설'이다. 한 예로 햄릿은 비현실적인 비극에 대하여 진정한 눈물을 흘리는 배우들의 능력에 의아해한다("헤카베는 그에게 또는 그에게 헤카베는 무엇인가?"). 이는 1936년에 처음 출판된, 비고츠키의 1932년 원고 『배우의 창조적 연기의 심리학에 관한 문제』에서 상세히 논의된다. 당시에 스타니슬

랍스키는 배우들이 외적으로 표정과 몸짓들을 흉내 내면서, 등장인물들의 실제적인 정서적 반응을 재현할 수 있는 방법을 완성하고 있었다.

9.28 그러나 제임스의 두 번째 반대는 첫 번째와는 정확히 그 반대다. 그는 우리가 실제로 느끼는 정서와는 반대로 행동함으로써 우리는 그것을 극대화시키는 것처럼 보인다고 주장한다. 가끔은 정서를 억누르는 것은 정서를 더욱 강하게 만드는 반면 정서를 표현함으로써 그것을 해소해 보이는 것으로 보인다. 이러한 제임스의 반대들은 더 강한 정념만이 더 약한 정념을 가라앉힐 수 있다는 스피노자의 생각과 이중 통제에 대한 생각에 귀 기울이는 것으로 보인다.

9.29 하지만 제임스는 승화나 변위라는 개념을 사용하여 이들을 설명한다. 반응이 정상적인 경로로 표출이 안 될 때, 이들이 새로운 것으로 전환된다. 새로운 것들은 완전히 다른 정서들을 만들어 낸다. 누군가를 죽이고 싶어 하고 그것을 자제하는 느낌은 누군가를 죽이고 싶어 하고 실제로 죽이는 느낌과는 매우 다르다.

9.30 캐논은 모순을 지적한다. 제임스는 한편으로는 열까지 세면 분노가 사그라진다고 말하며, 다른 한편으로는 분노는 생리적 반응이고 사라지지 않을 것이며 항상 새로운 경로를 찾아 표현될 것이라고 말한다.

9.31 그러나 이중 통제의 개념은 이런 모순을 제거한다. 우리는 시상에 바탕을 둔 자동적인 과정에 의해 웃을 수도 있으며, 의도적으로 대뇌피질을 이용해 웃을 수도 있게 된다. 오직 자발적 신경계만 대뇌피질 통제의 대상이 되고 자율신경계(심장박동, 혈당 등)는 시상에 의해 조절된다.

9.32 그러므로 정서가 억제될 때 의지적인 정서적 반응과 비의지적인 정서적 반응들 사이에서 갈등이 있을 수 있다. 우리는 실제로 위험에 대한 생리적 반응들을 조절할 수 없으나 그러한 반응들을 발생시키는 우리 주변의 상황들을 조절할 수 있다. 예를 들어 우리가 의도적으로 위험을 맞닥트려 간접적으로 반응을 유발하거나, 그 위험으로부터 회피하여 반응을 약화시킬 수도 있다. 여기서 우리는 환경을 조절함으로써 우리의 행동을 조절할 수 있다는 루리아의 격언의 기원을 볼 수 있다. 스피노자는 마음이 직접적 방식으로 충동을 조절할 수 없다고 말한다.

9.33 이것은 비고츠키에게 이중 통제 개념이 갖는 결정적인 장점이 된다.

9.34 캐논은 이론이 내포한 몇 가지 적응적 이점에 대해 언급한다. 명백한 비자발적인 거대한 힘들은 싸움이나 탈출을 위해 방출되지만, 골격근들 그 자체는 여전히 피질 조절의 대상이다. 그러므로 모든 상황은 대뇌피질에 의한 간접적인 통제하에 있

게 된다. 아이가 더 위험한 걷기를 위해 안전한 전략인 기어가기를 버리거나, 인간들이 따뜻한 남쪽으로 떠나는 안전한 방법을 포기하고 겨울을 위한 따뜻한 집을 짓는 등의, 발달 단계에서 발생하는 결정적 변화들이 어떻게 일어나는지 설명하는 것은 항상 다소 어렵다. 그러나 이중 통제 이론은 가능한 설명을 제시한다. 걷기의 두려움은 피질 통제를 통해 억제되고 골격근들은 환경을 간접적으로 통제하기 위해 동원된다(그리고 아마도 더 고등한 정서로 더 저차적 정서를 이겨 내는 카타르시스 효과도 있다). 추위와 신체적 위험에 대한 자신들의 정서적 반응들을 통제하지 못하게 됨에 따라 사람들은 그들의 환경을 통제하고자 노력할 것이고 이를 통해 계통발생과 사회발생 사이의 연관성을 형성할 것이다. 이 두 해결책 모두 대뇌피질의 골격근 통제와 그를 통한 발달의 사회적 상황 자체에 대한 대뇌피질 외적인 통제를 포함한다.

9.35 시상은 그 자체로는 자발적 신경계를 활성화시킬 수 없다. 시상이 피질 통제에 의해 억제되면, 막대한 흥분이 쌓인다. 피질의 저지가 제거되면, 흥분은 발산된다. 이는 행동이 때때로 가져다주는 안도감을 설명한다.

9.36 이것으로 비고츠키는 옛 이론을 묻어 버린다.

9.37 그런데 비고츠키는 "왜 우리가 지금까지 죽은 이론과 논쟁을 벌였을까?"라고 묻는다.

9.38 비고츠키는 답한다. 우리는 새로운 이론의 묘목을 심을 수 있었던 것은 바로 옛 이론의 무덤이라는 토양이 있었기 때문이다.

9.39 그러나 잠깐! (비고츠키는 다소 음악가 같은 기질이 있다. 그는 가끔 그의 단원을 마지막 해피엔딩을 향하게 차곡차곡 쌓아 가다 마지막 순간에 훅 쓰러뜨리기를 좋아한다. 2-27 참조) 마침내 우리는 그럴 법한 이론을 갖게 된 것처럼 보인다. 하지만 비고츠키는 우리의 본래 목적은 스피노자의 이론이 역사적 흥미의 대상 이상인지를 확인하기 위함이었음을 상기시킨다. 그리고 우리는 제임스-랑게 이론이 그것이 그렇다고 말할 수 있는 몇 가지 근거들을 제공해 줬다고 봤다. 이는 심리학적 그리고 생리학적 반응들을 통합하였고 이 반응들을 동일한 경험의 속성으로 보았기 때문이다. 그러나 우리가 제임스-랑게 이론을 논박하는 데 성공함으로써, 원래 의도와는 다르게 스피노자를 단순 역사적 흥미의 대상으로 환원했다.

제10장
자연주의와 반反자연주의

밀밭(Jacob van Ruisdael, 1670).

어떤 철학들이 보기에 스피노자는 데카르트가 다져 놓은 길을 뒤따라가는 이였을 뿐이다. 그러나 비고츠키가 볼 때 이는 자연주의와 반자연주의의 길이 갈라지는 것을 못 본 것이다.

10-1] 그러나 정념에 대한 위대한 철학적 학설과 인간 정서에 대한 반세기 동안의 과학적 사고를 대표하는 심리생리학적 역설 사이에 내적인 정신적 친족성이 존재한다는 입장 자체를 의문시해야 하지는 않겠는가? 이들은 유사적 특성 아닌 대조적 특성으로 서로 연결된 것은 아니겠는가? 아마도 이들은 역사적 계승보다는 역사에서 필수적이고 불가피한 테제와 안티테제의 파동계의 교체로 서로 통합된 것은 아닐까? 그렇다면 지난 역사의 유명한 가설의 영역에서의 유보는 스피노자 학설의 운명에도 똑같은 것을 의미하는 것이 아니라 반대로 심리학적 과학의 영역에서 그것(스피노자 이론-K)의 미래 발달을 위한 길을 여는 것으로 드러날 수 있다. 실제로 그런지 조사해 보자.

네덜란드 미술의 황금기는 동시에 네덜란드 제국주의의 황금기였다. 네덜란드는 배를 짓고 남아공, 남아메리카, 네덜란드령 동인도(인도네시아)를 침략하고 일본과 무역을 함으로써 스스로를 지역 어업 경제국에서 세계적인 제국으로 탈바꿈시켰다. 베르메르와 렘브란트의 작품에서 볼 수 있는 지도 제작과 렌즈 세공은 사실상 항해에 상당 부분 공헌했다.

비고츠키는 이 책에 관한 메모에서 다음과 같이 언급한다. "별을 통해 방향을 찾는 것은 가장 원초적이다. 하지만 현대 심리학에는 나침

반과 지도가 없기에 반드시 별에, 즉 스피노자에 의존해야만 한다." 비고츠키는 자신이 가지고 있던 스피노자의 『에티카』에 이렇게 써 놓았다. "스피노자의 대업의 빛이 마치 저 먼 별들처럼 수 세기를 관통했다. 미래의 심리학만이 스피노자의 생각을 현실화할 수 있다."

심리학의 위기에서 스피노자의 운명은 어떻게 될 것인가?

W. 반 데 벨데 2세(Willem van de Velde), 폭풍전야, 1700년경.

10-2] 제임스-랑게의 사상적 발생과 철학적 본성을 연구해 보면 이는 실제로 스피노자의 정념 이론과 전혀 연결되어 있지 않고 데카르트와 말브랑슈와 연결되어 있다. 제임스-랑게 이론의 근원이 『에티카』로 거슬러 올라간다는 의견은 오류에 근거한다. 이는, 스피노자의 인식론에서, 일차적이고 저차적 유형의 지식이 오류에 물들기 쉬우며 우리가 확신할 때가 아니라 추측과 억측을 할 때에만 일어나기 때문에, 이러한 지식을 의견이라고 칭한 맥락에서 사실상 의견에 불과하다. 이 오류는 한편으로는 랑게 자신의, 부분적으로는 제임스의 부주의에 기인한다. 이들 모두 자신들이 만든 이론의 철학적 본성에 대한 생각에 조금도 신경 쓰지 않았다. 랑게는 스피노자 학설에 대한 완전한 무지에 토대하여 스피노자의 정서에 대한 유명한 정의는 자기 이론의 거의 유일한 선

구이거나 최소한 다른 것들보다 자신의 견해에 가장 근접한 것으로 간주되어야 한다고 억측한다. 모두가 이 억측을 믿었으며, 교과서에 실리고 학교 지혜의 자산이 된 이래로 뿌리를 굳건히 내리고 과학적 진실의 특성을 획득했다.

스피노자의 인식론이 제시하는 지식의 유형은 무엇인가?

렘브란트, 두 개의 원이 있는 자화상, 1665~1669.

벽에 두 개의 원이 있는 자화상을 언제 그렸는지는 정확히 알려져 있지 않다. 죽기 직전 전 재산을 모두 잃었을 때로 보인다.

이 자화상을 어떻게 그렸으며 왜 그리게 되었는지도 역시 알려져 있지 않다. 스피노자에서 해답을 찾을 수 있지 않을까? 스피노자의 사후에 출간된 『에티카』는 존재론, 인식론, 심리학 전반의 연구 방법으로 기하학적 정리를 사용했으며 마지막 장에서 지식에 도달하는 세 가지 길을 제시한다. 위 그림을 통해 우리가 렘브란트에게서 상상할 수 있는 세 가지 유형의 지식은 다음과 같이 설명할 수 있다.

a) 의견(지각, 상상). 렘브란트는 둥근 물체는 원형이라고 사람들이 말하는 것을 들어 왔다. 그는 그 말을 믿었고 서로 다른 모양의 둥근 물체를 베꼈다. 모양이 동그란 것도 있고 덜 동그란 것도 있다. 하지만 이런 방법은 틀릴 공산이 크다. 그 물체가 완벽한 원과는 거리가 멀 것이기 때문이다. 그리고 렘브란트는 그것에 대한 자신만의 기준이 없었다.

b) 이성(귀납, 연역). 렘브란트는 스스로 원을 분석하여 정확하게 그리는 법을 알고 있다. 그는 연필과 자, 나침반 등의 도구를 사용하여 원을 그리고 둘레에 대한 지름의 비율을 계산하여 정확한지 확인한다.

c) 직관적 지식. 렘브란트에게는 상상력이나 이성이 필요하지 않다. 보는 것만으로도 완벽한 원과 찌그러진 타원의 차이점을 구별할 수 있기 때문이다.

비고츠키가 보기에 제임스-랑게와 스피노자의 연결고리는 전적으로 첫 번째(의견)에 기반을 두고 있다. 그러나 스피노자에게는 두 번째(이성)와 세 번째의 유형의 지식만이 타당한 지식이다. 다만 렘브란트가 남긴 것은 세 번째 유형의 지식뿐이다.

10-3] 다른 한편으로 이 잘못된 의견이 모든 이에 의해 비판이나 연구, 검증 없이 진실로 받아들여진 것은 부분적으로는 철학의 역사에서 그러나 대체로는 심리학의 역사에서 더욱 큰 오류 즉 데카르트와 스피노자의 정념 학설 사이에 내적 친족성과 역사적 연속성이 있다는 의견이 오늘날까지 지배적이었기 때문이다. 형이상학과 같은 분야에서는 데카르트와 스피노자의 사상의 대립성이 충분히 알려져 있으나 심리학

분야, 주로 정념 학설의 영역에서는 두 이론 간의 모종의 외적 유사성과 형식적 근접성이 오늘날까지 연구자들의 눈에서 두 학설의 본질 자체에 근거하는 이 두 학설 사이의 가장 깊은 대립을 가렸다.

10-4] 물론 스피노자의 세계관이 데카르트의 철학에 직접 의존하며 역사적으로 발달한 것은 사실이다. 그러나 스피노자 세계관의 정신과 관련하여, 두 체계는 서로 주장과 반론, 테제와 안티테제의 연결로 이어져 있음에 의심의 여지가 없다. 위대한 천재들은 서로 동화를 통해서보다 투쟁을 통해 다른 천재의 도움으로 발전한다고 H. 하이네는 말한다. 한 다이아몬드는 다른 다이아몬드를 연마한다. 이처럼 데카르트의 철학은 스피노자의 철학을 낳은 것이 결코 아니라, 그 출현의 필요가 된 것이다. 이와 일맥상통하게, 하이네는 두 사상가의 공통점을 제자가 스승으로부터 차용한 방법론의 계기에서 찾는다. 각각의 세계관의 내용, 그 내적 의미, 그에 힘을 불어넣는 영혼은 두 사상가에게 있어 유사하기보다는 상반적이다.

데카르트 철학이 스피노자 철학에 가장 핵심적으로 영향을 준 방법론은 무엇인가?

J. 판 호이엔(Jan Van Goyen), 간척지 풍경, 1644.

네덜란드의 풍경화는 황금빛 연무에도 불구하고 하늘과 땅의 분명한 차이를 드러낸다. 그러나 이 그림에서는 육지와 바다의 차이가 그렇게 명확하지 않다는 것을 주목하자. 풍차는 더 많은 간척지를 만들기 위해 물을 퍼내고 있다. 약 3세기 후에, 이곳은 암스테르담의 스키폴 국제공항이 될 것이다(인천국제공항과 인천 송도도 같은 방식으로 매립되고 있다).

데카르트는 하늘과 땅, 영혼과 육체의 두 개의 고정된 세계를 믿는다. 그들은 평행하지만, 이상하게도, 하나의 지평선, 즉 인간의 송과샘에서 또한 상호작용한다. 스피노자는 하나의 세계를 믿는다. 하늘과 땅은 둘 다 한 세계의 부분이고, 마음과 몸도 그렇다. 그러나 마음과 몸은 송과샘이나 몸의 어느 곳에서도 직접적으로 상호작용하지 않는다. 데카르트와 스피노자는 같은 문제와 공리를 공유하고 있는 것처럼 보인다. 그들의 문제는 마음과 몸의 관계이며 이들은 모두 세계가 무한한 실체로 이루어져 있다고 가정한다. 따라서 이들은 공리를 수용하여 문제를 해결하는 동일한 방법을 이용하는 것으로 보인다. 그러나 비고츠키는 자신의 공책에서 데카르트의 '몸과 마음이 어떻게 상호작용을 할 수 있는가'라는 문제는 스피노자에게는 단순히 전제가 되는 공리일 뿐이라고 적는다. 몸과 마음은 모두 더 큰 세계에 참여함으로써 상호작용한다. 스피노자의 '어떻게 그 세계의 현실적인 삶이 가능한가'라는 문제는 데카르트에게는 공리이다. 세계 속의 삶은 출생과 시민 자격에 따른 노예 또는 자유의 상태로 이루어진다.

아마도 두 문제에 대한 해답은 적극적으로 바다를 간척지 형태의 육지로 바꾸고, 심지어 나무 풍차를 배의 형태로 바다로 가져가는 네덜란드 사람들의 예술과 과학적 능력에서 찾을 수 있을 것이다.

*H. 하이네(Heinrich Heine, 1797~1856)는 칼 마르크스의 친구인 슐레겔과 헤겔의 제자였으며, 그의 시는 슈베르트, 슈만(로버트와 클라라), 멘델스존(펠릭스와 패니), 브람스, 바그너, 슈트라우스 음악의 모티프가 되었다. 그는 비고츠키가 가장 좋아하는 독일 시인 중 한 명이었다. 그는

(그의 책을 불태운 나치를 제외한) 거의 모든 독일인들이 가장 좋아하는 시인 중 한 명으로 남아 있다.

비고츠키는 다음의 구절을 인용하고 있다.

"위대한 천재는 동화가 아닌 갈등을 통해 다른 천재로부터 자신을 형성한다. 한 다이아몬드가 다른 다이아몬드를 연마한다. 이처럼 데카르트의 철학은 어떤 의미에서도 스피노자의 철학을 낳지 않았으며, 그것은 단지 그에 선행했을 뿐이다. 따라서 우리는 제자에게서 스승의 방법을 발견한다. 이것은 큰 이득이다. 우리는 또한 스피노자에게서 데카르트에서와 같은, 수학에서 가져온 증명 방법을 발견한다. 이것은 심각한 잘못이다."

Heine, H. (1835, 1959). Religion and Philosophy in Germany. Boston: Beacon Hill Press.

10-5] 그러나 정념 학설을 다룰 때 대부분의 연구자들은 스피노자에서 스승의 사상을 발전시키고 부분적으로 변형시킨 제자만을 보는 경향이 있다. 연구자들은 단순한 진화와 개혁을 보지만 여기에는 사실상 가장 거대한 정신적 혁명 중 하나가, 이전의 사고체계로부터의 파국적인 대변혁이 일어났다. K. 피셔는 이 관점을 가장 근본적이고 일관성 있게 발전시킨다.

데카르트와 스피노자 시대 프랑스와 이탈리아의 그림은 가톨릭과 관련된 것들이었다. 그 그림들은 인간의 모습을 한 신을 보여 주었다. 그러나 네덜란드의 그림은 개신교적인 것이었고, 그 그림들은 마치 이 그림에 나타난 것처럼 자연광 속의 신을 보여 주었다.

스피노자 생전에 출판된 유일한 책은 본질적으로 데카르트의 저작에 대한 소개였고, 스피노자가 데카르트를 계승한 것으로 보는 것은 여전히 일반적이다. 예를 들어 둘은 모두 우주는 실체substance로 이루어져 있으며, 신은 무한한 속성attributes을 지닌 무한한 실체라고 믿었

P. 포터(Paulus Potter), 세겜에서 아브라함에게 나타난 하나님, 1642.

다. 그러나 가톨릭 신자인 데카르트는 신이 실체를 이용하여 인간을 포함한 유한한 것들을 창조했으며, 인간은 인간을 닮은 신의 형상을 따라 창조되었다고 믿었다.

스피노자의 저작은 데카르트에 대한 내재적 비판이다. 만약 신이 실체로 유한한 것을 창조했다면, 이 유한한 것들이 신의 속성을 제한하여, 신의 무한성을 감하는 것은 아닐까? 만약 서로 다른 두 실체가 있다면 그들은 어떻게 서로를 제한하지 않는가? 이처럼 '만약'이라는 질문을 사용해서 스피노자는 신이 무한한 속성을 가진 무한한 실체에 지나지 않음을 보여 준다. 즉 신은 인간이 아니며, 무한한 물질이고, 무한한 자연이며, 인간은 그 작은 (그러나 의식적인) 일부분일 뿐이다.

자연광으로서 신의 개념은 인간과 같은 의식을 가진 신이라는 개념의 연속이다. 그러나 자연광으로서의 신은 인간과 같은 신의 개념을 제한하고, 조건화하고, 궁극적으로 부정함으로써 신의 개념을 이어 나간다. 데카르트의 신과 자연의 이원론에 대한 스피노자의 부정은 자연스럽게 몸과 마음에 대한 데카르트의 이원론을 부정하도록 스피노자를 이끌었다. 데카르트의 선과 악에 대한 생각조차도 단순히 활동 능력을 증대시키는 '능동적인 정서'와 감소시키는 '정념'이 된다.

10-6] 이 연구자는 다음과 같이 말한다. "스피노자가 지식에 갈급한 학생이라는 의미에서 데카르트주의자였던 때가 있을 수도 있다. 우리는 이에 다음을 덧붙여야 한다. 어떤 관점에서 스피노자는 항상 데카르트주의자였으며, 우리 앞에 그러기를 멈춘 적이 결코 없다. 명백하고 구분된 지식의 대상으로, 정확한 형태와 충분한 확신으로 표현된 사유와 연장 사이의 대립은 데카르트 학설의 핵심이다. 이러한 형태 사이의 대립을 주장하는 이는 그 세계관의 가장 본질적 면모 중 하나에서 데카르트주의자이며 그렇게 남을 것이다. 이러한 대립을 거부하는 이는 데카르트주의자가 아니다"(K. Fischer, 1906, vol. 2, p. 274).

P. 더 호흐(Pieter de Hooch), 어머니의 책임, 1660.

전경에서 한 어머니가 굉장히 큰 통에 목욕물을 담아 두고 딸의 머리에서 이를 잡고 있다. 하지만 정말로 우리를 끌어당기는 것은 배경이다. 작은 옷장에 침구가 정리되어 있고, 정원으로 열리는 다른 방의 문이 열려 있다. 테라코타로 장식된 바닥 또한 연장을 시사한다.

데카르트에게, 연장은 하나 이상의 차원을 갖는 무엇이었다. 즉, 연장은 데카르트 좌표계와 유사한 마룻바닥과 같은 평면이거나, 혹은 삼차원의 방이다. 크기, 형태, 질량을 가지는 그 무엇이든 연장이다. 하지만 사유는 이 중 그 무엇도 아니며, 그러므로 사유는 연장이 아니다. 이러한 두 개념의 대비가 데카르트 이론의 주된 요점이고, 이것이 K. 피셔가 스피노자는 데카르트주의자였고 그렇게 남았다고 생각한 이유이다.

*E. K. B. 피셔(Ernst Kuno Berthold Fischer, 1824~1907)는 철학자이자 철학사학자였다. 철학자로서 그는 헤겔주의자였으나 철학사학자로서는 경험주의자와 합리주의자에 대한 비변증법적 구분으로 잘 알려져 있다. 흄이나 로크와 같은 경험주의자에게 지식은 생각이 아니라 경험을 통해 주어진다. 반면 데카르트나 스피노자와 같은 합리주의자에게 지식은 경험이 아니라 생각을 통해 주어진다. 비고츠키가 말하듯 이러한 철학사적 구분의 결과는 정념 학설에서 데카르트와 스피노자를 같은 학파로 분류하게 만들었다. 그러나 비고츠키가 다음에 말하듯 이는 철학과 역사에 대한 매우 협소한 관점이다.

10-7] 스피노자 학설의 발생과 원천에 대한 문제의 최종 해결로 넘어가면서 피셔는 다시 스피노자가 과연 데카르트주의자였던 적이 있었는지에 대한 문제에 당면한다. 이에 대한 답을 위해 연구자는 협소한 문제 설정과 더 넓은 문제 설정을 구분하기를 제안한다. 그러지 않으면 문제 자체가 규정될 수 없고 불안정한 채로 남게 된다. 스피노자가 데카르트주의자였는지는 좁은 의미에서는 문헌 기록에 근거해서 증명할 수 없다. 그러나 스피노자의 발전 과정에서 데카르트의 세계관이 그의 출발점이었던 단계가 있었다고 가정하는 것이 더 자연스럽다. 반대로 우

리가 이미 고찰한 더 넓은 뜻, 의미, 경향성에서 데카르트적 사고 형태를 고려한다면 우리의 답은 다음과 같다. 스피노자는 데카르트주의자였을 뿐 아니라 (이러한 의미에서) 그렇지 않은 적은 결코 없었다.

10-8] 스피노자의 생각이 데카르트적 형태를 갖고 있다는 주장이 무엇보다 정념에 대한 학설과 연관되어 있다는 점에는 거의 의심의 여지가 없다. 왜냐하면 스피노자의 세계관을 그처럼 규정짓는 기준은, 피셔에게 있어, 사유와 연장의 대비라는 아이디어, 즉 심신평행론의 아이디어로 이루어져 있기 때문이다. 스피노자의 심리학 학설이 아니면, 감정의 본성에 대한 그의 연구가 아니라 어디서 이러한 아이디어가 더 명백하고 직접적으로 나타날 수 있단 말인가? 만일 정서의 기원과 본성에 대한 학설에서나 인간의 예속 또는 감정의 힘에 대한 학설에서, 또는 지성의 능력 또는 인간의 자유에 대한 학설에서 스피노자가 실제로 지속적으로 심신평행론의 아이디어를 발전시켰다면 스피노자가 데카르트주의자이기를 멈춘 적이 결코 없었다는 피셔의 말에 동의하지 않을 수 없다. 그러나 반대로 우리의 연구가 스피노자는 이 학설에서 평행론에 대한 안티테제를 발전시켰으며, 따라서 데카르트의 이원론에 대한 안티테제를 발전시켰다는 확고한 결론을 이끈다면 우리는 필연적으로 피셔의 의견이 잘못되었음을 인정해야 할 것이다. 이것이 현재 연구의 모든 문제의 기본적 핵심이다.

10-9] 물론 피셔가 확실히 정념 학설의 원칙적 내용보다는, 그 구체적 표현을 염두에 두고 이 학설을 스피노자의 걸작이며 그의 전체 체계 중 가장 독창적인 부분이라고 부른 것은 사실이다. 그는 말한다. "인간 정념에 대한 학설은 스피노자의 걸작이다… 우리는 데카르트가 정념에 대한 그의 저서에서 얼마나 우리 철학자에게 길을 닦아 주었는지 그리고 후자가 이 주제에 대한 자신의 첫 작품에서 얼마나 그 선조에게 의지했는지—비록 그런 후 그는 자유에 대한 데카르트의 학설을 거부

하였지만—알고 있다. 『에티카』에서도 이 풍부한 내용의 예비적 연구의 흔적을 찾을 수 있으나 감정의 방법론적 토대는 매우 독립적이고 고유하여 여기서 철학자는 완전한 자신만의 독창성을 보여 준다"(К. Фишер, 1906, т. 2, с. 432-435).

10-10] 그러나 이미 이로부터 피셔는 스피노자의 독창성을 오직 정서의 방법론적 토대에 대해서만 인정하고 이 주장을 원칙적 관점의 핵심 자체에 대해서까지는 확장시키지 않음이 뒤따라 나온다. 정념 학설의 원칙적 내용에 대해서 피셔는 분명, 감정의 방법론적 토대에 대해서와는 달리, 스피노자가 데카르트 학설의 기본적 생각을 지속적으로 발전시키고 그에 따라 자신의 원칙을 변형시켰다는 그의 일반적인 관점을 견지한다. 바로 이러한 진화적이고 개혁적인 정신에서 피셔는 데카르트에 대한 스피노자의 의존성을 이해한다. "데카르트의 저작이 스피노자를 매혹하여 그의 생각을 밝혔음을 가리키는 매우 설득력 있고 정확한 전기적傳記的 증거에 더해, 스피노자주의가 데카르트 학설로부터 어떻게 생겨났는지를 명확하고 분명하게 보여 주는 내적 토대가 추가된다. 이를 위해서는 오직 데카르트가 철학 앞에 제시한 과업을 인정하고, 이 과업의 해결을 위해 사용한 방법을 인정하며, 이러한 해결 중에 스승의 체계가 빠진 모순을 이해하기만 하면 될 것이다. 이 모순은 감추어져 있지 않고 공개되었으며 그 해결을 향한 경로는 데카르트 자신에 의해 명백히 제시되었으므로 오직 흔들림 없이 그를 따라 나아가는 일만이 남아 있었다"(같은 책, p. 276).

> 피셔는 스피노자 자신의 편지와, 또한 죽기 전에 스피노자를 만났거나(예컨대 라이프니츠) 스피노자와 안면이 있고 연락을 주고받았던(예컨대 보일) 사람들이 스피노자 사후에 출판한 스피노자의 사설을 인용하고 있다. 스피노자가 생전에 출판한 유일한 책은, 데카르트의 스타일로 쓰였고 데카르트의 철학 원칙에 대해 인정하면서도 비판적인 설명

데카르트와 스피노자의 관계에 대한
피셔와 비고츠키의 입장 차이는 무엇인가?

M. 스워츠(Michael Sweerts), 두개골을 든 자화상, 1660.

이었다. 비고츠키 자신의 많은 논법과 마찬가지로, 스피노자의 논증은
실제 내재적 비판이었음에도 흔히 데카르트에 대한 인정으로 오인되었
다. 피셔는 그것을 인정으로 생각하지만 비고츠키는 그것이 실제로 비
판임을 알고 있다.

  스피노자는 데카르트의 '실체' 관념을 그 논리적 한계까지 밀고 나
아가 우주에는 실체 외에는 아무것도 없다는 것을 증명했다. 이로부터
스피노자는 마음과 몸은 존재나 유有라는 동일한 현상을 보는 두 개
의 다른 방식일 뿐이라고 결론 내린다. 스피노자에게 핵심적 구분은
자기가 원인인 현상과 타인에 의해 야기된 현상이다. 비고츠키에게 발
달의 문제는 바로 후자가 전자가 될 수 있음을 증명하는 것이다.

10-11] 이처럼 피셔의 관점에서는 스피노자와 데카르트의 이론이 명백히 화해할 수 없이 불일치할 때조차 스피노자는 스승의 제1의 변함없는 제자, 순수한 데카르트주의자로 남아 데카르트가 지적한 길을 따라 모순을 해결한다. 데카르트를 부정하면서도 스피노자는 여전히 데카르트주의자로 남는다는 생각을 더 명백히 표현하기는 어렵다.

10-12] 여기서 우리는 우리 연구에서 이차적이 아닌 중심 지점을 다루고 있으므로, 우리의 주된 과업으로서 그 부정의 대상이 되는 의견, 스피노자는 정념 학설에서 변함없는 데카르트주의자라는 의견을 최대한 명료하게 설명하기 위해 노력해야 한다. 이를 설명하는 것은 크게 어렵지 않다. 우리는 감정에 대한 스피노자 학설의 역사에 눈을 돌리기만 하면 된다. 이 역사에서 피셔는 두 시기에 주목한다. 『…소론』의 시기에 스피노자는 데카르트에 직접 의존하는 모습을 보인다. 『에티카』에서 그는 감정의 방법론적 토대를 독립적으로 발전시켰으며, 그리하여 완전한 독창성을 보여 주었다. 이처럼 『…소론』과 『에티카』는 스피노자 정념 학설 발전의 역사에서 데카르트적 시기와 독창적 시기로 대비된다. 이 저작들에 대해 살펴보자.

> 피셔가 이 문단에서 지적하는 '소론'은 스피노자의 매우 초기 작품인 「신과 인간과 인간의 행복에 대한 짧은 논문」이다. 이 저작은 네덜란드어로 저술되었다.
>
> Spinoza, B. (1880/1910). Korte Verhandeling van God, de mensch en deszelvs welstand (A short treatise on God, man, and his well-being). London: Adam and Charles Black.

10-13] 『…소론』에서 피셔가 올바르게 지적하듯 "정념의 열거나 의미에서 스피노자는 완전히 데카르트의 뒤를 따르며, 명백히 정념에 대

한 데카르트 저작을 지침으로 삼았다. 먼저 우리는 데카르트가 정념의 기본 형태로 인정한 것과 같은 여섯 가지의 기술적 정념을 발견한다. 그런 후 데카르트가 규정한 것과 같은 그룹과 유형의 정념 부분들이 거의 완전히 동일한 순서로 뒤따른다"(같은 책, p. 232). 이로부터 피셔는 스피노자가 정념에 대한 주제를 발전시키면서 데카르트를 뒤따르고 그에 의지한다는 결론을 내린다. 피셔에 따르면 "우리는 스피노자가 자신의 선조로부터 그토록 많은 것을 빚졌음에도 그를 언급하지 않는 것에 놀랄 법하다. 그러나 우리는 정념의 평가에서 스피노자가 얼마나 데카르트와 다른지도 염두에 두어야 한다. 그는 그의 선조와 달리 정념을 정신과 신체의 결합으로 설명하지 않고 오직 우리 인식의 종류에 따라 조건화되는 단순한 심리적 현상으로 간주한다. 그는 데카르트가 주장한 인간 의지의 자유를 거부한다. 데카르트는 자유를 정념과 대비시켰고, 그의 의견에 따르면 정념은 자유에 종속되어 그것의 도구가 될 수 있으며 그래야 한다. 이 때문에 정념 전체 혹은 그 일부의 유용성과 가치에 대한 판단은 스피노자에게서 데카르트와는 다르게 나타나야 했다"(같은 책, p. 234).

우리말에서 정념passion은 때때로 '열(정)'로 묘사된다. 마찬가지로, 스피노자에게 정념이라는 단어는 수동적인 고통을 의미하며, 그래서 그리스도의 시련은 정념으로 불린다. 이는 고통받는 사람에게 이질적이고 외적인 원인에 의해 초래된 수동적인 고통이다. 렘브란트는 누군가의 모자로 조심스럽게 횃불의 불빛을 조절하면서 우리에게 죄 없는 그리스도의 축 늘어지고 수동적인 육체와 늙은 어머니의 고통스러운 얼굴을 보여 준다(마리아는 보통 그리스도와 같은 나이로 묘사되지만 렘브란트는 그렇지 않았음을 알고 있었다).

데카르트에게 있어서, 인간의 고통은 (제임스와 랑게의 주장처럼) 육체에 근원을 가진 정념에 의해 지배되기를 선택함으로써 자유의지에 의해 발생된다. 그러나 스피노자에게 있어서 인간의 고통은 자유의지

인간 의지의 자유를 거부한 스피노자에게 정념은 어떤 의미를 갖는가?

렘브란트(Rembrandt), 십자가에서 내려지는 그리스도, 1634.

에 의해 발생하지 않는다. 자유는 자기 스스로의 선택에만 따르는 것을 의미하기 때문이다. 인간은 육체를 가지고 있고, 육체는 그 자체와는 상당히 이질적이고 외적인 욕구를 가지고 있다. 이러한 이질적이고 외적인 욕구는 우리에게 영향을 미치고 고통스럽게 한다. 그러나 우리가 바이러스에 의해 발생한 열에 결백한 것처럼, 정념을 갖는 것은 죄가 아니다.

10-14] 피셔가 스피노자의 학설을 데카르트적인 것으로 규정하면서 사용한 기준에 대해 위에서 우리가 말하면서 염두에 둔 것이 무엇인지를 인용된 구절보다 더 명백히 나타낼 수 없다고 우리는 생각한다. 스피노자의 독창성은 감정에 대한 방법론적 토대와 일련의 부분적 편린에 제한되며 이들은 한데 모여 『…소론』에서조차 전체 감정 학설에 새로운 형태를 부여한다. 전체 논쟁은 바로 무엇을 원칙적 내용으로, 무엇을 감정의 방법론적 토대로 볼 것인가 하는 것으로 이루어진다. 우리 생각에는―그리고 기본적으로 우리 연구는 이를 증명하기 위한 것이다― 피셔가 묘사한 것과 실제 사실은 완전히 정반대이다. 우리 생각에『…소론』에서조차 스피노자가 일차적, 부차적 정념의 나열에서 데카르트를 뒤따랐다는 사실은 그의 학설의 원칙적 본질이라기보다는 감정의 방법론적 토대의 문제이지만, 스피노자가 의지의 자유에 대한 거부, 정념의 영향과 운명, 일반 의식의 삶에서 정념의 역동에 대한 학설, 그리고 끝으로 정념의 심리적 본성에 대한 고찰에서 데카르트에게 명백히 반대했다는 사실은 바로 스피노자 학설의 원칙적 본질의 문제이다.

> 이 그림을 9장의 마지막 그림과 비교해 보자. 황금시대에 암스테르담의 그림에서는 세속적인 물건들은 해골 그림과 같이 '바니타스'의 기능을 지녔다. 굴 껍질, 반쯤 벗겨진 레몬, 넘어진 성배는 세계 최초의 부르주아 공화국의 부유한 거주민(최초로 인구의 절반이 도시에 거주하기도 했다)들에게 세속적인 물건들은 모두 일시적임을 상기시키기 위한 것이다. 네덜란드인들은 물론 귀를 기울이지 않았다. 수년 안에 정물화는 짧은 인생의 덧없음을 상기시키기 위한 것이 아니라 세속적 물건을 자랑하는 수단이 되었다. 아마도 우리가 굴이나 레몬이라면 이 그림의 바니타스적인 의미가 더 쉽게 다가왔을 것이다.
>
> 그렇다면 왜 스피노자는 자유의지를 거부했으며, 또 한편으로『에티카』의 가장 마지막 장을 '인간의 자유'에 할애했을까? 스피노자의 '마음'을 구성하기 위해서 우리는 데카르트의 '영혼'을 파괴해야 한다.

W. C. 헤다(Willem Claesz Heda), 정물화, 1634.

스피노자의 '마음'은 몸이 스스로에 대해 가지는 관념일 뿐이다. '마음'은 몸이 존속하는 한에서만 존속할 수 있다. 몸이 스스로에 대해 가지는 관념이 자유롭지 않은 것을 가장 명확히 드러내는 사실은 그것이 영생할 수 없다는 것이다. 그럼 스피노자는 왜 현명한 사람은 무엇보다 죽음에 대해 가장 적게 생각한다고 말할까? 많은 이들이 이는 단지 스피노자가 삶의 문제에 더 큰 관심이 있었기 때문이라고 말한다. 물론 이는 사실이다. 그러나 더욱 중요한 것은, 죽음에 대한 생각은 생각의 목적 자체, 즉 신체의 행동 능력을 증대시키는 것을 파괴한다는 것이다. 우리는 죽음에서 자유로울 수 없으나 인간의 자유는 우리가 썩은 육체더미를 생각하는 것이 아니라 우리의 몸을 행위주체와 발화주체로 생각할 수 있게 한다.

10-15] 우리는, 비록 『…소론』이 『에티카』에서 발전된 정념 학설의 주요 요소들을 아직 포함하고 있지 않지만, 그럼에도 원칙적 내용상 학설은 이미 데카르트 학설에 대한 진정한 안티테제임을 후에 드러내고

자 할 것이다. 그러나 본질적으로 말해서 이는, 피셔의 말과 우리가 위에서 인용한 그의 말을 비교해 보면, 피셔 자신의 말로부터 직접 흘러나온다. 반복하건대, 피셔는『…소론』이 데카르트 학설과 다른 점은, 무엇보다 스피노자가 정념을 그의 선조와 같이 영혼과 신체의 결합으로 설명하지 않고 이를 오직 우리 인식의 종류에 의해 만들어지는 심리적 현상으로 간주한다는 점에 있다고 본다.

스피노자가 주장한, 심리적 현상인 정념을 만들어 내는 '인식의 종류'란 무엇인가?

A. 코이프(Aelbert Cuyp), 양 떼, 1650.

　　10-2에서, 우리는 스피노자가 인간의 지식을 (지각과 상상을 포함하는) 의견, (추론과 논리를 포함하는) 이성, 그리고 (신, 자연, 인간에 대한 사랑을 포함하는) 직관적 지식의 세 가지로 분류한 것을 보았다.「신, 인간과 그의 행복에 대한 짧은 논문」에서(2부, 3장), 스피노자는 정념이 첫 번째 종류의 지식, 즉 의견으로부터 발생되기 때문에 수동적이며, 고통받게 만들고, 행동을 위한 힘을 감소시킨다고 말한다. 스피노자가 제시하는 첫 번째 예시는 바로 데카르트의 첫 번째 정념인 놀라움이다. 스피노자는 모든 양들이 짧은 꼬리를 가지고 있다고 생각하는 농부가 긴 꼬리를 가진 모로코의 양을 처음 본다면 놀라움을 경험할 것이라고 말한다. 비슷하게, 사랑과 갈망은 우리가 그보다 나은 것을 찾지 못

할 것이라는 의견으로부터 기인하고 증오는 다른 종교와 문화에 대한 무지에 기인한다. 스피노자는 이러한 정념들은 인식의 종류에 완전히 의존한다고 결론 맺는다. 이 모든 경우에, 인식은 우리의 존재 자체가 아닌 외적인 것에 대한 인식이다.

10-16] 이 말을 우리가 어떻게 해석하건 간에 피셔는, 우리가 인간의 감정을 다루는 한 스피노자와 데카르트의 차이를 무엇보다 정념의 심리생리학적 본성에 대한 이해에서, 즉 사유와 연장이 인간 존재에서 맺는 관계에 대한 이해에서 보았다는 점에 의심의 여지가 없다. 정념의 심리적 본성에서 정신과 신체, 사유와 연장의 결합의 문제는 『…소론』 과 데카르트 학설의 기본적 차이점이다. 그러나 물론 위에서 지적된 바와 같이, 바로 이 문제의 해결에서, 우리가 볼 때 피셔는 스피노자가 언제나 (분명히 해 두건대 오직 이러한 의미에서만) 데카르트주의자로 남아 있었다는 근거를 보았다. 연장과 사유의 관계의 문제를 데카르트의 정신에 비추어 해결하려는 이라면 누구나 데카르트주의자이며 그렇게 남는다고 피셔는 말했다. 이러한 대립을 반대하는 이라면 데카르트주의자가 아니다. 그러나 피셔 자신이 스피노자는 『…소론』에서 데카르트가 전수한 심리생리학적 문제 해결책을 정념의 본성에 적용하기를 거부하면서 데카르트와 갈라선다고 주장했다. 따라서 온전히 논리적이고 일관적이기 위해서는, 이미 『…소론』에서 자신의 정념 학설을 발전시키던 스피노자는 데카르트주의자가 아니었음을 우리는 인정해야 한다.

창문 바로 옆에 달린 흑단틀에 넣은 거울에 자신을 비추어 보고 있는 젊은 여자는 그 빛으로 눈이 먼 것처럼 보인다. 빛은 창문을 통해 들어와 벽을 비추고 진주를 빛나게 한다.

거울에 비친 반영처럼 빛은 크기도 무게도 없으며, 사실 광자(빛의 입자)는 질량도 지름도 없다. 데카르트는 영혼이 무게나 크기는 물론

데카르트가 생각하는 인간 존재에서 연장과 사유의 관계는 무엇인가?

J. 베르메르(Johannes Vermeer), 진주 목걸이를 한 소녀, 1664.

시간이나 공간 같은 어떤 종류의 차원도 갖지 않는다고 상상했다. 영혼은 영원불멸한 것이었다. 반면 신체는 무게와 크기를 가진 유한한 존재였다. 따라서 데카르트는 신체를 일종의 기계로 생각했고 영혼은 그 기계를 조종하는 일종의 유령으로 생각했다. 위 여인이 거의 전혀 정념이 없는 것처럼 보이는 것은 조금도 놀랍지 않다.

　그렇다면 어떻게 정념을 설명할 것인가? 데카르트는 정념이 영혼과 신체의 결합을 통해 생겨난다고 말한다. 이는 첫째로 필경 영혼이 신체 기계를 조종하게 해 준다고 여겨진 송과샘 때문이며, 둘째로 혈액 속에서 빠르게 움직이는 소위 '동물정기' 때문이다. 비고츠키가 지적하듯 스피노자는 네덜란드 청중에게 데카르트를 설명하려고 했던 자신의 첫 저서에서 이 모두를 거부했다. 비고츠키는 신체와 영혼 사이의 상호작용을 거부한다면 어떤 의미에서 스피노자를 데카르트주의자라고 부를 수 있을지 묻는다.

10-17]　여기서 피셔가 스피노자와 데카르트의 갈라섬을 해석함에 있어, 정신과 신체의 관계의 문제에 대한 스피노자의 해답의 의미를 감정의 문제로 근본적으로 왜곡한 것은 사실이다. 이러한 해석은 우리 연구의 경로에서 다시 만나게 될 것이다. 피셔는 스피노자가 데카르트와 다른 점은 스피노자가 정념을 정신과 신체의 결합으로 설명하기를 거부하고 이를 단순히 우리 인식의 종류에 따라 조건화되는 심리적 현상으로 바라본 것이라고 본다. 피셔는 스피노자가 데카르트보다 유심론唯心論으로 한 발자국 더 나아갔으며 정념의 심리학을 순전한 의식의 현상학으로 변환시켰다고 주장한다.

　　이 동판화에서 아담의 손을 주목하자. 한 손은 사과를 향해 뻗어 있고 다른 손은 사과에서 멀어지고 있다.

　　데카르트: 일반적으로 서로 상반되는 상이한 역할을 영혼이 수행하도록 하는 이러한 오류를 사람들은 어떻게 저지르게 되는가? 이는 그들이 영혼의 기능을 신체의 기능과 명확히 구분하지 못하는 것에서 전적으로 유래한다. 우리 안에서 우리의 이성과 모순되는 모든 것은 신체에 귀속된다. 뇌 한가운데 작은 분비샘은 영혼과 동물정기(반복하건대 이는 신체이다)에 의해 조종되며, 이 둘의 조종은 종종 서로 상반되어 더 강한 것이 약한 것의 영향을 지운다(Passions of the Soul, Chapter I, P47).

　　스피노자: 정서는 그 자체로 저지되어야 하는 더 강한 반대되는 정서에 의하지 않고서는 저지되거나 파괴될 수 없다(Ethics, IV; P7).

스피노자와 데카르트의 차이를 보여 주는 사례는 무엇인가?

렘브란트(Rembrandt), 아담과 이브, 1639.

데카르트와 스피노자의 한 가지 차이점은 데카르트는 이러한 모순을 뇌의 일부에 위치시키는 반면 스피노자는 이를 정서 자체에 위치시킨다는 데 있다. 데카르트는 (제임스와 랑게가 그러했듯) 정서를 생리적 과정으로 환원하는 '하향 환원'을, 스피노자는 정서의 정의 자체로 환원하는 '상향 환원'을 채택한다. 비고츠키가 말하듯이 스피노자는 '신체와 영혼이 어떻게 결합되는가'라는 문제를 공리로 채택한다. '정신 과정에 고유한 것이 무엇인가'라는 공리는 연구 문제로 변한다.

렘브란트도 이와 유사하다. '몸과 식욕이 어떻게 결합되는가'라는 문제는 렘브란트에게서 공리이다. '인간의 정서가 어떻게 고유한가'라는 문제는 그의 작품의 문제가 된다. 이 작품을 그보다 100년 전에 제작된 뒤러의 작품과 비교해 보자(**11-22** 글상자 참조).

10-18] 스피노자의 생각에 대한 유사한 해석이 『…소론』에 대해서뿐 아니라 『에티카』에 대해서도 많은 연구자들에게서 나타난다. B. Φ. 아스무스가 지적했듯이 J. 페촐트(1909)는 바로 이러한 오류에 빠진다. 관념론적인 스피노자 해석자들은 보통 평행론을 확립하는 데 만족한다. 현대 실증론자들에게 인기 있는 심신일원론의 여러 대표자들도 똑같이 한다. 그러나 이러한 이해는 불충분하다. 평행론에 머무른다는 것은 스피노자를 완전히 이해하지 못했음을 뜻한다. 스피노자는 평행론이라는 외피하에 본질적으로 유물론적인 관점을 발전시킨다. 스피노자가 평행론에 갇혀 있었다면, 우리는 정신적 상태의 연결이 신체적 상태의 연결과 완전히 독립적이라고 간주하면서, 정신의 전체 상태의 인식을 오직 사유의 양태 아래 두는 것에 그 어떤 원칙적 방해도 받지 않았을 것이다. 이 경우 스피노자는 신체적 과정의 분석에는 의지하지도 않으면서 자신의 심리학을 순전히 의식의 연결로 이루어진 현상학으로서 수립할 수 있었을 것이다. 이보다 스피노자의 정신과 동떨어진 것은 생각하기 힘들 것이다.

*J. 페촐트(Josef Petzoldt, 1862~1929)는 철학자로 보그다노프와 같은 러시아 볼셰비키 당원들에게 인기 있었던 철학적 실증주의의 '경험-비판' 학파(레닌 자신은 이에 대해 부정적이었다)의 홍보자였다. 경험비판론은 세계가 존재하는지 여부에 대한 불가지론을 펼친다. 현재 세계는 존재하지만 우리 이전에 혹은 이후에 세계가 존재했거나 존재할지는 알 수 없다는 것이다. 경험비판론은 심신평행론에 대해서는 교조적이다. 몸과 마음은 서로 인과관계로 엮여 있지 않으며 다만 방정식의 두 항이 엮여 있는 방식으로 관계를 맺는다는 것이다.

＊В. Ф. 아스무스(Валентин Фердинандович Асмус, 1894~1975)는 칸트주의 철학자이자 논리학자, 문학비평가로 B. 파스테르나크 서클의 일원이었다. 비고츠키가 인용하는 것은 스피노자와 톨스토이에 대한 그의 아주 초기 에세이(1916)인 것으로 보인다. 비고츠키는 누나가 스피노자에 대한 논문을 쓰고 있던 십 대에 이를 읽었을 것이다. 아스무스는 톨스토이와 같이 깊은 신앙심을 가지고 있었으며 스피노자가 심신평행론을 믿었다는 주장을 펼치고자 했다.

한편으로 스피노자는 오직 신체만이 신체에 영향을 미칠 수 있고 생각만이 생각에 영향을 미칠 수 있다고 말한다. 따라서 정서는 오직 다른 정서를 통해서만 극복될 수 있는 것이다. 다른 한편으로 스피노자는 마음은 신체가 스스로에 대해 가지는 관념일 뿐이라고 말한다. 더욱이 스피노자는 수동적 정서는 오직 능동적인 정서, 즉 활동하는 신체를 통해서만 극복될 수 있다고 말한다. 비고츠키는 페촐트와 아스무스가 스피노자의 첫 번째 측면만을 부각시키고 두 번째 측면은 무시한다고 말한다. 신체가 신체에, 생각이 생각에 영향을 미치는 이유는 슈뢰더 계단이 한 번에 한 방향에서만 보이는 이유와 같다. 우리는 세계를 연장이나 사유로, 신 안에 있거나 자연 안에 있는 것으로 볼 수 있으며 동시에 둘 다로 바라볼 수 없는 것이다. 그럼에도 이 둘은 동일한 대상을 바라보는 서로 다른 두 방식일 뿐이다.

10-19] 그러나 피셔는 『…소론』에 대해 바로 이러한 스피노자의 정신과 동떨어진 현상학적 해석을 내놓는다. 이 점에서 피셔는 스피노자의 심리학에서 평행론만을 본 페촐트와 일치한다. 아스무스가 지적하듯이 "스피노자를 설명하면서 평행론에서 더 나아가지 못하는 사람은 누구나 반드시 페촐트에 동의해야만 한다"(1929, p. 54). 아스무스는 페촐트의 장점이 "자신의 결론을 버려 내면서 스피노자주의에 대한 모든 관념론적 해석의 부조리함을 드러냄"(같은 책)에 있다고 본다.

현상학적 연구는 심리적 과정을 '내적 현상intension'의 관점에서 바라본다. 즉 마음속 모종의 (특정한, 개별적인) 것, 마음이 경험하는 현상으로 보는 것이다. 신체적 과정은 이와 무관한 것으로 보인다. 따라서 비고츠키가 말하듯 심신평행론은 페촐트와 아스무스가 신체를 떠난 현상학적 스피노자를 만들 수 있도록 했다.

10-20] 아마 피셔와 페촐트의 해석의 의미는 다른 긍정적 측면을 갖고 있을 것이다. 스피노자 학설에 대한 그러한 해석의 가능성 자체가 지금까지 아직 마땅한 평가를 받지 못한 주목할 만한 사실, 즉 『…소론』에 나타나는 정념에 대한 스피노자 학설의 밑그림에서조차 원칙적인 내용에서 데카르트의 『영혼의 정념』에서의 그 무엇도 발견되지 않는다는 두드러지는 사실에 우리의 주의를 돌리도록 한다. 스피노자에게는 문제 자체가 전혀 다른 측면으로 전환된다. 데카르트에게는 정념의 문제가 무엇보다 생리적 문제, 영혼과 신체의 상호작용의 문제로 대두되었다면 스피노자에게는 이 문제가 처음부터 생각과 감정의 관계, 개념과 정념의 관계의 문제로 대두된다. 이는 진정한 의미에서 달의 이면으로 이는 전체 데카르트 학설에서 보이지 않는다. 이것 하나만 보아도 심지어 스피노자의 초기 밑그림과 그의 스승의 『영혼의 정념』이 내용상 일치하지 않을 뿐 아니라, 가장 심오한 차이를 보인다는 것을 인정하게 한다. 이 차이는 하나의 문제를 두 양극단에서 접근할 때에만 가능하다.

유령은 소년에게는 기술적 가정(공리)이지만 두 자매들에게는 설명할 문제이다.

	데카르트와 기계론적 심리학	스피노자와 전체론적 심리학
공리	영혼과 신체는 개별적이고 상호 배타적인 실체이다. 영혼은 영원하며 신체는 유한하다.	마음과 신체는 하나의 동일한 삶을 바라보는 두 가지 방식이다. 둘 모두 정념적이며 유한하다.
문제	어떻게 서로 개별적이고 배타적인 실체가 서로 상호작용하여 정념을 만드는가?	마음의 진정한 고유성, 정서의 특정한 심리적 특성은 무엇인가?

스피노자가 말한 생각과 감정의 관계, 개념과 정념의 관계는 무엇이며 이것은 영혼과는 관계가 없는 것인가?

작자 미상의 독일 작품, 17세기 중후반.

이 문단에서 언급된 데카르트의 저서는 1649년에 쓰인 『영혼의 정념Les passions de l'âme』이다. 이 책은 신성로마제국 내의 거대한 영토를 가진 팔츠의 엘리자베스 공주에게 헌정되었으며, 라틴어가 아닌 프랑스어로 저술되었다. 러시아어 본문에 이 책은 'Трактата о Страст ях…(…정념에 대한 논문)'이라고 표기되어 있으나 'Трактата(논문)'은 책 제목에 포함되지 않는다.

피셔는 스피노자가 데카르트를 직계 선조로 인용하지 않았다고 나무랐다. 그러나 비고츠키는 그 이유를 여기서 설명한다. 데카르트는 정념을 유한한 신체와 불멸의 영혼 간의 교차로 설명하는 것에 관심이 있었던 반면 스피노자는 정서를 생각과 정념의 교차로 설명하고자 했다. 대상은 동일했지만 그 방법은 전혀 달랐던 것이다.

10-21] 이 점에서 데카르트와 스피노자의 학설은 극과 극이다. 그들은, 사실상 단일한 문제의 두 대척점을 나타낸다. 이 대척점들은 전체

심리학 사고의 역사에 걸쳐 언제나 서로 반목해 왔다. 과학적 아이디어의 이러한 양극화는 정념 학설에 대한 오늘날 심리학적 경향성의 기본 내용이다. 이러한 입장을 오늘날 심리학의 역사적 본성의 개념과 용어로 표현한다면, 우리는 『…소론』과 『영혼의 정념』의 차이에서 감정 학설에서의 자연주의적 경향성과 반자연주의적 경향성의 차이, 현재 심리학적 사고를 두 개의 양립 불가한 부분으로 나누는 가장 기본적인 중심적 차이인 설명적 정서 심리학과 기술적 정서 심리학의 차이가 부각된다고 말할 수 있다. 이러한 차이에서 데카르트는 자연주의적, 설명적인 편에, 스피노자는 반자연주의적, 기술적 심리학의 편에 섰다.

P. 더 호흐(Pieter de Hooch), 빵을 가져오는 소년, 1663.

이 그림에서 사람의 손이 미치지 않은 자연 과정의 단순한 결과물을 찾으려면 매우 유심히 관찰해야 한다. 보이는 거의 모든 것, 즉 빵, 집, 옷, 심지어 그 안에 있는 인간의 몸까지도 그림과 마찬가지로 역사, 사회, 문화, 그리고 궁극적으로 인간 노동의 산물이다.

데카르트와 같은 자연주의자들은 인간 노동의 산물을 자연과학적인 방법으로 설명할 수 있다고 믿었다. 결국, '일'은 물리학적 개념이며 단순한 사회학적 개념이 아니다. 그러나 콩트와 같은 반자연주의자들은 사회 속 노동과 자연 속 '일'은 명칭 외에는 공통점이 없다고 믿었다. 그래서 인간의 문화는 서술되고 해석될 수 있지만 기계적으로 설명되지는 않는다.

전통적인 관점에서 데카르트는 자연주의자다. 그는 인간의 감정을 자연과학적 현상으로 보고 물리학으로 설명하고자 한다. 반면 스피노자는 반자연주의자다. 왜냐하면 인간의 감정을 원, 삼각형, 다른 인간적 상상력의 산물을 해석하는 방식으로 묘사하고 이해하고자 하기 때문이다.

하지만 이 전통적인 관점이 옳은가? 중요한 의미에서 반자연주의자는 스피노자가 아니라 데카르트이다. 그는 인간의 몸이 정교한 기계라고 믿는다. 중요한 의미에서 자연주의자는 데카르트가 아닌 스피노자이다. 신과 자연은 결국 같은 존재의 다른 이름일 뿐이다.

이제 그림을 유심히 살펴보자. 그림을 입체적이라고 여기고 깊숙이 들여다보자. 문을 통과하고 안마당을 가로질러, 두 번째 문으로 나와, 길 건너편을 보자. 이웃과 나누어 먹을 갓 구운 빵을 들려 보낸 소년(오늘날의 기준으로 소녀의 복장을 한)의 어머니의 모습이 희미하게 보인다. 소년의 어머니 앞에 서 있는 한 그루의 나무는 인간의 손길이 닿지 않은 자연적인 과정의 단순한 결과물이다.

10-22] 우리가 제시한 입장의 구체적 뜻과 의미를 밝히는 것은 향후 우리 연구의 경로에서 수행될 것이다. 우리는 이것이 심지어 향후 우리 연구의 중심축이라고 말할 수 있을 것이다. 데카르트와 스피노자

의 감정 심리학의 진정한 대립을 설명하지 않고는 스피노자 학설이 오늘날 신경심리학과 맺는 관계에 대한 올바른 이해와 인간 의식에 대한 과학의 발달이 나아갈 다음 경로에 대한 진정한 표상이 있지도 않고, 있을 수도 없기 때문이다.

10-23] 그러나 여기서 우리가 제시한 상황이 첫눈에도 극도로 역설적임이 드러날 수밖에 없는 것을 포함하고 있다고 말하지 않을 수 없다. 사실 역설은 우리 생각의 공식화에 있지 않고 위의 객관적 상황에 있다. 실제로 데카르트의 이름이 자연과학적, 인과적, 설명적이며 심리학적 사고의 자연스러운 경향성에서 가장 유물론적인 것과 연결되고, 스피노자의 이름이 현상학적, 기술적記述的, 관념론적인 현대 심리학 조류와 연결된다는 점은 역설적이다. 그러나 이는 실제로 그러하다. 어떤 점에서, 기술된 바는 앞으로 검증해야 할 사태의 객관적 상황에 상응하며, 이 검증에는 피셔와 페촐트의 해석이 지닌 일말의 진실이 포함된다. 아래에서 이 역설에 대해 설명하고자 하겠지만 여기서는 다만, 스피노자의 정념 학설이 데카르트의 아이디어를 계승하고 발전시키면서 시작된 것이 아니라 동일한 문제를 반대 극단에서 처리하면서 시작되었다는 사실을 지적하고자 한다. 스피노자 학설의 발생과 일반적 가치를 설명해 주는 사실은 그 자체로 중요하다. 이에 못지않게 중요한 것은 스피노자가 처음부터 달의 이면과 같이 모든 자연적 심리학 학설의 시야에서 벗어나 있었고, 이 때문에 그 역사적 경로에서 대부분 관념론적 관점에서 발전되어 온 문제의 측면을 중심으로 가져왔다는 것이다.

> 렘브란트가 그린 이 동판화와 1년 후 그린 그림을 비교해 보자(10-13 참조). '정념'(즉, 그리스도의 수동적이고 무너지는 육체)은 똑같다. 그러나 평범한 흰 장막 대신, 그를 기다리는 아름다운 카펫이 있다. 의식을 잃은 늙은 어머니 대신, 늙은 남자와 부유한 후원자가 있다. 이들의 표정은 냉담하다. 이성은 그들에게 이 고통이 필요한 것이며 신성하게

스피노자 학설이 가진
관념론적 특성은 무엇인가?

렘브란트(Rembrandt), 십자가에서 내려지는 그리스도, 1633.

부여받았다는 사실을 말하고 있는 듯 보인다. 인간이 만든 햇불 대신, 하늘에서 내려오는 신성한 빛의 광선이 보인다.

스피노자의 『에티카』와 데카르트의 『영혼의 정념』을 비교해 보자. 스피노자는 인간이 아니라 무한히 많은 무한한 속성으로 이루어진 실체로 묘사되는 신에 대해 기술하면서 『에티카』를 시작한다. 신의 무한한 속성 중 인간이 알 수 있는 것은 사유와 연장뿐이다. 대부분의 사람에게 이것은 (선험적 직관과 관련이 있기 때문에) 현상학적이고, (설명하려고 하지 않기 때문에) 서술적이며, (신은 사유의 속성으로 접근 가능하게 만들어진 자연으로서 이해되기 때문에) 관념적이다. 반대로, 데카르트는 신이 아니라 유령과 같은 영혼을 가진 기계적 육체로 묘사되는 인간에 대해 기술하면서 『영혼의 정념』을 시작한다. 대부분의 사람에게 이것은 자연과학적이고, 인과적이며 설명적으로 보인다. 스피노자는 이 동판화처럼 하늘에서 내려오는 빛으로 시작하는 것 같다. 데카르트는 사람의 정념에 과학의 인간적 횃불을 비추는 것처럼 보인다. 아니면 그 반대인가?

10-24] 아마도 스피노자 학설이 처음부터 심리학에서 관념론과 유물론의 흐름을 무엇보다 더 날카롭게 나눈 문제를 그 중심에 두었기 때문에 이 학설은 오늘날까지도 역사적 의미뿐 아니라 살아 있는 의미를 보존하고 있을 것이다. 이 학설을 논의하면서 우리는 언제나 오늘날 심리학의 가장 예리하고 실제적인 문제의 영역을 선회해야 한다. 결국 진정한 유물론의 과업은 관념론적 사고가 제기한 문제를 회피하고 그것이 존재하지 않음을 주장하며 타조처럼 그로부터 모래 속에 머리를 숨기는 데 있지 않다. 과업은 동일한 문제를 유물론적으로 해결하는 데 있다. 바로 여기에 스피노자의 직접적인 역사적 과업이 있었다. 여기서 다시 한번, 현명한 관념론이 조악한 유물론보다 진정한 유물론에 더 가깝다는 지적이 입증된다.

이 그림이 언제 완성되었는지는 알려져 있지 않다. 이것이 판도라와 그 상자를 그린 것인지, 로마의 시인 카툴루스(자기 삶의 모든 악덕을 자신의 애인인 레스비아의 탓으로 돌렸던)를 그린 것인지조차 모른다. 이 그림의 전경은 그에 대한 배경지식이 모호한 만큼이나 모두 무시할 만하다.

대신, 배경에 나타난 남자가 들어 올린 팔에 주목하자. 질량도 에너

현명한 관념론의 예는 무엇이 있으며, 조악한 유물론에는 또 어떤 것이 있는가?

G. 샤켄(Godridus Schacken), 판도라인가 레스비아인가?, 1688~1692.

지도 없는 생각은 어떻게 그 둘을 모두 가진 팔을 움직일까? 관념론자
들은 생각은 물질을 움직이게 할 수 있다고 말하면서 이 문제를 해결
한다. 유물론자들은 물질이 생각할 수 있다고 말하면서 이 문제를 해
결한다. 스피노자는 생각과 물질은 동일한 것을 보는 두 가지 방식이
지만, 이 둘은 상호 배타적인 방식이라고 말한다. 생각과 질량은 상호
작용할 수 없는 것이다.

　　레닌은 『철학 노트』에서 헤겔을 다시 읽으며 현명한 관념론자가 어
리석은 유물론자보다 낫다는 마르크스의 말을 수용했다. 둘은 현명한

관념론자 헤겔을 마음에 두고 있었지만, 헤겔이 이 문제를 풀기 시작했을 때 염두에 둔 것은 스피노자였다. 비고츠키는 정서가 어떻게 생리학적 변화를 일으키는지에 대한 문제에 심리학적 접근을 원했기 때문에 현명한 관념론자들이 저속한 유물론자인 제임스와 랑게보다 훨씬 더 유의미하다고 보았다.

10-25] 이 문제가 미래에 어떤 해결책에 이르는지, 위에 지적한 역설에 어떤 설명이 주어질 수 있는지에 대해 우리는 피셔의 결론과는 반대되는 굳건하고 확실히 충분한 결론을 이미 여기서 도출할 수 있다. 우리는 이미 학설의 최초 발생부터 스피노자는 데카르트를 온전히 뒤따랐다고 주장할 수 있다. 정념에 대한 데카르트의 연구는 감정의 방법론적 토대에서, 감정에 대한 기술記述상 외적 배치에서, 분류의 순서에서 스피노자를 배타적으로 인도했다. 그의 독립성과 독창성은 처음부터 데카르트의 아이디어에 대한 원칙적 반대에서 나타난다. 이미 『…소론』에서 스피노자는 스승의 체계를 발전, 변형시키며 그의 모순을 바로잡는 데카르트주의자가 아니라 곧바로 반데카르트주의자로 나타난다. 스피노자 학설의 더욱 날카로운 반데카르트 비평의 예봉은 『에티카』에서 나타난다.

10-26] '감정의 기원과 본성에 대하여'(『에티카』 2부-K)의 서문에서 스피노자는 자신의 관점을 "인간 감정과 생활 방식에 관하여 기술하면서 자연의 일반 법칙을 따르는 자연적 대상이 아니라 자연의 경계 밖에 있는 대상을 말하듯이 하며, 인간이 자연의 질서를 따르기보다는 교란하고 자신의 활동에 절대적 영향력을 가지고 있어 자기 자신으로만 스스로를 규정한다고 믿으며 자연 속의 인간을 나라 속의 나라로 생각한 이들"에 대해서만 대조시킨 것은 아니다. "감정(옳은 생활방식-K)에 관하여 글을 쓴 이들 중 많은 훌륭한 글을 쓴 걸출한 인물들이 있지만, 그

럼에도 감정의 본성과 힘에 대해 그리고 정신이 그들을 얼마나 제어할 수 있는지 규정한 이는 내가 아는 한 없다. 사실, 위대한 데카르트는 정신이 스스로의 활동을 절대적으로 지배한다고 생각했으나, 그럼에도 인간의 감정을 그것의 제1원인으로 설명함과 동시에 정신이 어떻게 감정에 절대적 지배력을 가질 수 있었는지 밝히고자 노력했다. 그러나 최소한 내 의견에는, 그는 자신의 뛰어난 재치 이외에는 보여 준 것이 없다. 나는 이 점을 적절한 곳에서 증명할 것이다"(스피노자, 1933, c. 81).

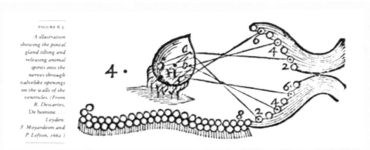

뇌실 벽 위에 있는 밸브와 같은 구멍을 통해 신경으로 동물정기를 방출하는 송과샘을 보여 주는 삽화 6.5.

R. Descartes, De homine…. Leyden: F. Moyardeim and P. Lefton, 1662.

데카르트의 『인간론』에 포함된 이 삽화는 정념의 직접적 원인인 신체 내부의 동물정기를 보여 준다. 데카르트는 동물정기가 혈액에서 생산되는 작은 소체라 생각했다. 그는 동물정기가 몸 전체를 매우 빠르게 돌아다니며, 송과샘이 지시한 어떤 길로든 몸을 움직이게 한다고 생각했다. 따라서 우리는 여기서 송과샘(눈물 모양)에서 분비되어 신경(관들)을 통해 근육(안 보임) 내를 순환하는 동물정기(작은 원들)를 본다. 데카르트는 심지어 신경을 절단한 후 동물정기를 직접 보았다고 주장했다. 스피노자는 이 이론에서 별다른 인상을 받지 못했다. 비고츠키는, 정념의 원천이 말초신경계에서 발견된다는 바로 그 이유로, 이 이론을 제임스-랑게 이론의 조상으로 본다.

10-27] 스피노자는 스스로의 학설이 데카르트의 체계와 맺는 관계를 이렇게 이해했다. 정념에 대한 자신의 학설에서 스피노자는 반대되고 배타적인 관점을 발전시키고자 의식적으로 노력했다. 그는 데카르트의 저명한 『영혼의 정념』에서 드러난 것은 저자의 위대한 기지뿐임을 논증한다. 스피노자 학설의 독창성은 감정에 대한 방법론적 토대가 아니라 원칙적 내용에 있음에 의심의 여지가 없다.

렘브란트(Rembrandt), 어린이에게 걷기를 가르치는 두 여인의 스케치, 1635~1637.

렘브란트는 암스테르담 주변을 산책하는 것을 즐겼으며 풍경, 거리의 삶, 심지어 노상 방뇨하는 모습까지 산책 중 만난 모든 자연적, 사회적 삶을 스케치했다. 위에서 두 여인이 어린이에게 매우 구체적이고 고유한 형태의 인간 이동 방식을, 매우 구체적이고 고유하게 인간적인 방식으로 가르치고 있다. 한 여인은 손으로 가리키고 있고, 두 여인 모두 어린이에게 말을 걸고 있다. 어린이는 넘어져도 다치지 않도록 특수하게 고안된 헬멧을 착용하고 있다.

300년이 지난 후 사람들에게는 스피노자에게 고유한 것이 무엇이며 『에티카』에서 완전히 독창적인 것이 무엇인지 보는 것이 어려워졌다. 흔히 '기하학적' 방법과 스피노자가 데카르트에게서 차용한 (실체, 사유, 연장, 정념, 이성과 같은) 많은 용어들에 주의를 빼앗기곤 한다. 비고츠키의 노트(2018: 218-219)에서 그는 스피노자가 데카르트를 완전히 뒤집어 놓았다고 지적한다. 데카르트에게 공리였던 것이(생각과 행동은 완전히 별개의, 엄밀히 평행적인 현상이다) 스피노자에게는 문제가 되었으며(생각에 고유한 것은 무엇인가?), 데카르트에게 문제였던 것이(마음과 신체는 어떻게 정념에서 연결되는가?) 스피노자에게는 공리가 된다(마음과 몸은 사실 인간에 고유한 행동, 즉 걷기, 거리를 가리키기, 그리고 무엇보다 말을 통해 연결되어 있다).

10-28] '지성의 능력 또는 인간의 자유에 대하여'(『에티카』 5부-K)의 서문에서 스피노자는 다시 한번 자신의 생각을 데카르트와 매우 날카롭게 대비시킨다. 스피노자는 데카르트가 송과샘을 통한 정신과 신체의 상호작용에 대한 학설을 가지고 감정은 절대적으로 우리의 의지에 의존하며 우리는 감정을 무한히 다스릴 수 있다는 잘못된 의견을 상당히 지지했다고 주장한다. 스피노자는 말한다. "그 자체로 명백한 원리들에서가 아니면 아무것도 도출하지 않을 것을, 또 뚜렷하고 명확하게 지각하지 않은 것은 아무것도 긍정하지 않을 것을 단호하게 결의하고, 스콜라 학파 철학자들이 불명료한 것을 은폐된 성질을 통해 설명하려 한 것을 그토록 자주 비난한 철학자가 그 어떤 은폐된 성질보다 더 은폐된 가설을 채택한 것은 실로 이상한 일이 아닐 수 없다"(같은 책 c. 194). 데카르트의 이 학설에 반대하면서 스피노자는 다음과 같이 결론짓는다. "마지막으로 나는 그가 의지의 자유에 관하여 주장한 것을 모두 생략한다. 왜냐하면 그것들이 오류라는 것을 내가 이미 풍부하게 밝혔기 때문이다"(같은 책).

10-29] 보다시피, 피셔가 스피노자는 데카르트주의자였고 그렇게 남는다고 판단한 기준으로 제시한 바로 그 지점, 감정의 심리생리적 본성에 대한 학설에서 스피노자는 자신의 관점을 데카르트주의와 대립시킨다. 여기서 우리는 H. 회프딩이 헤르바르트학파 심리학자인 И.В. 나글로프스키의 느낌에 대한 연구에 관해 논한, 심리학 역사에서 흔히 반복되는 사례를 본다. 저자는 말한다. "여기서 신체와 정신의 관계에 대한 유심론이 특정한 심리학적 문제에 얼마나 간섭하는지 명백하다"(Г. Геффдинг, 1904, c. 186). 이 말은 신체와 정신 간 관계에 대한 유심론이 특별히 심리적 문제의 해결에 간섭하는 감정 심리학에서의 모든 투쟁의 원형과도 같은, 우리가 여기서 고찰한 스피노자와 데카르트의 투쟁에 온전히, 전체적으로 적용된다.

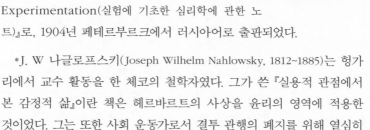

　*H. 회프딩(Harald Höffding, 1843~1931)은 덴마크의 종교 교사(키르케고르의 추종자)였다. 그는 비고츠키가 많이 인용한 『A History of Modern Philosophy(현대철학사)』를 저술했다. 후에 그는 닐스 보어를 가르치기도 했다. 본문 인용의 출처는 회프딩의 『Notes on Psychology based on Experimentation(실험에 기초한 심리학에 관한 노트)』로, 1904년 페테르부르크에서 러시아어로 출판되었다.

　*J. W 나글로프스키(Joseph Wilhelm Nahlowsky, 1812~1885)는 헝가리에서 교수 활동을 한 체코의 철학자였다. 그가 쓴 『실용적 관점에서 본 감정적 삶』이란 책은 헤르바르트의 사상을 윤리의 영역에 적용한 것이었다. 그는 또한 사회 운동가로서 결투 관행의 폐지를 위해 열심히 노력했다. 본문에서 인용되는 그의 저작은 다음과 같다.

　『Das Gefühlsleben(정서적 삶)』, Leipzig.

10-30] 우리는 앞에서 말한 것으로 우리의 제1관심인 스피노자가

데카르트주의자라는 의혹에 대한 문제를 충분히 설명했다고 생각한다. 우리는 두 학설의 내적 대립을 드러내면서 그들 간의 진정한 관계를 발견했다. 후에 헤겔이 유일하게 가능한 스피노자에 대한 반론을 제기하면서, 즉 스피노자의 실체를 절대적 관념, 절대정신으로 변환하면서 스피노자 철학의 형이상학적, 합리적 토대를 발전시켰듯이, 스피노자는 자기 당대에 데카르트에 대한 안티테제를 들이밀었으며 다만 이는 유물론적 안티테제였다. 우리가 드러낼 두 철학 학설 간 관계 뒤에는 철학적 사상의 두 기본적 경향성—관념론과 유물론—의 수천 년간의 투쟁이 있다. 이 경우 이 투쟁은, 말하자면 특별히 심리학적인 (그럼에도 최고의 원칙적 중요성을 갖는) 문제의 해결에서 가장 완전하고 구체적으로 표현된다.

10-31] 스피노자 정념 학설의 발생상 중요한 일련의 계기의 모호성과 이 학설의 심각한 내적 모순에도 불구하고 대체적, 기본적으로 이는 데카르트의 정념 이론에 대한 전면적 반론이다. 이는 우리 전체 연구의 출발점이자 도착점, 알파와 오메가가 되어야 한다. 이들은 마치 진실과 거짓이, 빛과 어둠이 대비되듯 서로 대비된다. 이에 대해서는 증명이 필요하다. 물론 두 사상가가 인간 자유문제의 해결이라는 말하자면, 동일한 최종 목표를 갖고 동일한 문제를 발전시킨 덕분에 이와는 다른 인상이 나타날 수 있는 것은 사실이다. 그러나 우리가 보았듯 스피노자는 무엇보다 먼저 의지의 자유에 대한 데카르트의 학설을 반박한다. 그는 서한 중 일부에서 다음과 같이 말한다. '당신은 내가 자유로운 결정이 아닌 자유로운 필연성에서 자유를 발견한다는 것을 알 것입니다.' 사실 데카르트와 스피노자에게 있어 자유는 완전히 다르다는 것을 보기 위해서는 그들의 자유에 대한 개념을 밝히기만 하면 된다. 스피노자의 표현을 빌리면 이는 하늘의 큰개자리와 짖는 동물 개가 그러하듯 오직 명칭에서만 유사성을 갖는 것과 같다.

데카르트와 스피노자의 자유가
명칭만 같고 내용이 다르다면 그 차이는 무엇인가?

A. 엘스하이머(Adam Elsheimer), 이집트로의 비행, 1609.

엘스하이머는 갈릴레오가 『별 전령사Siderus Nuncius』를 출판하기 1년 전에 이 그림을 그렸으며, 갈릴레오는 그 책에서 은하수는 여러 개의 별들이 모여 있는 것이라고 주장했다. 우리는 이 그림에서 최초로 개개의 별들로 이루어진 은하수와 별자리를 정확하게 표현하려는 시도를 볼 수 있다. 그림의 정중앙에 사자자리 레굴루스, 왼쪽 끝단에 큰곰자리가 보인다. 빛을 반사할 뿐인 달 자체가 연못에 반사되고 있다. 양치기의 불에서 솟아오르는 불꽃 기둥은 별이 검은 돔에 나 있는 작은 구멍이 아니라 무한히 넓은 공간에 있는 빛의 근원임을 말해 준다. 역사의 이 순간부터 밤하늘의 내용은 결코 이전과 같을 수 없을 것이다.

비고츠키는 데카르트의 자유와 스피노자의 자유가 그 내용에서 완전히 다르다고 말한다. 데카르트는 자유의지를 믿는다. 인간은 죄를 자유롭게 선택할 수 있으며, 이는 신이 인간을 벌할 수 있는 이유가 된다. 반대로 스피노자는 자유가 자기-결정이라고 믿는다. 인간은 육체를 부여받은 존재이며, 육체는 우리가 선택할 수 없는 외적 욕구를 가진다. 우리는 음식, 물, 거처가 필요하며 그것이 없으면 죽는다. 그러나 우리는 그 필요성을 이해할 자유가 있다. 우리가 우리 자신의 존재에서 비롯된 감정에서 행동(생각은 행위의 일종이다)할 때, 우리는 절대적으로는 아닐지라도 상대적으로 자유롭다. 우리는 죽음을 피할 자유는 없지만, 그 필요성을 이해하고 받아들일 자유가 있다. 스피노자가 말하듯, 이 두 종류의 자유는 하늘의 큰개자리와 양치기의 불 옆에 있는 개만큼이나 다르다.

10-32] 그런데 아직도 많은 심리학 역사가들, 특히 제임스-랑게 이론을 분석한 역사가들은 이러한 대립을 잘 모른다. 이 역사가들은, 스피노자의 인식론에 따르면 오류에 빠지기 쉽고 결코 확신할 수 없는 추측과 의견의 영역에 속하는 의견에 근거하여 데카르트와 스피노자를 기관 감정 이론의 선구자로 나란히, 동시에 호칭한다. 이러한 일차적, 타당하지 않은 종류의 지식을 이용하는 이는 누구나 그렇듯, 이들은, 스피노자의 표현에 따르면, 맹인이 색깔에 대해 아는 만큼만 대상에 대해 안다.

10-33] 그러나 감정에 대한 오늘날 과학적 지식의 운명에 대해 논할 때에는 이 위대한 두 이름을 비교하는 것이 나름의 의미를 갖는다. 그러나 이는 이 비교에 일반적으로 뒤따르는 그러한 의미는 아니다. 최소한, 위에서 지적한 바와 같이, 스피노자는 데카르트와 나란히, 인간의 정서에 대한 최소 반세기 동안 지배적인 과학적 관점의 선조일 수 있다. 이 관점은 데카르트주의이거나 스피노자주의일 수 있다. 그 본성상 이 관점이 동시에 둘 다일 수는 없다. 우리가 앞으로 증명해야 하는 테제인 제임스-랑게 이론이 스피노자의 정념 이론과 전혀 관련이 없고 데카르트와 말브랑슈의 아이디어와 연관되어 있다는 테제를 이 장에서 내세운다면, 바로 이로써 우리는 이것이 반反스피노자 이론이라는 생각을 옹호하는 것이다. 그러나 우리가 한 것처럼 이 이론의 현대 과학지식에서 스피노자 학설의 운명에 대한 연구에 그러한 주의를 기울이는

것은, 만일 그 결과가 다만 이 이론은 현재 고찰 중인 이론과 전혀 공통점을 갖지 않는다는 결론만을 확립하는 것이라면, 보람 없고 전혀 의미 없는 일일 것이다.

P. 반 라에르(Pieter van Laer), 채찍질 고행단, 1635.

채찍질 고행단은 데카르트와 같이 정념은 죄악이며 영혼은 그것을 벌함으로써 육체를 죄악에서 제거할 수 있다고 믿는 가톨릭 신자들이었다. 한 남자는 전경에서 두 어린아이를 가르치기 위해 채찍질 고행단의 모습을 이용하고 있다. 반면 여자는 배경에서 어려움에 처한 이들을 도움으로써 다른 가르침의 예시를 제시한다.

이 책의 첫 장은 랑게의 이론이 스피노자에 근거한다는 랑게 자신의 믿음과 함께 시작했다. 이 믿음은 스피노자의 저작 전체에 근거한 것이 아니라, 다만 그의 잘 알려진 다음의 정의에 기초를 두었다. 정념은 신체의 활동력을 증대시키거나 감소시킨다. 랑게는 신체적 발현을 정신적 경험과 같은 수준으로 위치시키거나 심지어 신체적 발현을 전면으로 내세운다. 즉 행동하고 반응하는 육체의 능력이 감정적 경험을 일으킨다는 것이다.

그러나 이 장은 랑게의 이론이 실제적으로 데카르트에게 근거한다는 비고츠키의 믿음과 함께 시작한다. 비고츠키는 여기서 왜 굳이 스피노자의 이론을 논의해야 하는지 묻는다. 우선, 스피노자의 초기 저서는 데카르트의 모순을 해결하려는 모습을 보여 주는데, 특히 데카르트는 육체가 기계이지만 이 기계 안에 있는 누군가가(호문쿨루스) 육체적 요구에 복종할지 말지를 선택할 수 있다고 본다. 둘째, 스피노자의 『에티카』는 이런 이원론에 대한 분명한 대안을 제시한다. 사고와 연장은 단순히 하나의 현실과 동일한 현실을, 한 경우는 의미로 그리고 다른 경우는 물질로 바라보는 하향식과 상향식 방법일 뿐이다. 셋째, 스피노자의 정치적 저술은 진정한 자유는 우리가 원하는 모든 것을 마음대로 선택하는 것이 아니라는 것을 보여 준다. 그것은 헤겔주의와 유교적 이상에 훨씬 가깝다. 자유는 스스로에게서 유래하거나 타인에게서 유래하는 모든 필연에 대한 인식이다.

10-34] 제임스-랑게 이론은 데카르트 학설의 생생한 구체화로 간주될 수 있기 때문에, 그 이론의 진실과 역사적 운명에 대한 연구는 스피노자 정념 학설 연구의 시작에 놓여야 한다. 우리가 본 바와 같이 이 학설 발전의 시작과 중심에는 데카르트의 관념에 반대하는 투쟁이 있다. 최근 반세기 동안 감정 심리학에서 일어난 것과, 선행하는 장들에서 우리가 고찰하고자 한 것은 두 학설 즉 데카르트와 스피노자 학설의 대립에서 전형적으로 확인되는 그러한 투쟁의 연속일 뿐이다. 이 대립을 설명하지 않고서 스피노자 학설을 올바르게 이해할 수 없는 것과 똑같이, 감정 심리학에서 반反스피노자적 관념의 운명을 설명하지 않고서는 스피노자의 생각이 오늘날과 미래의 심리학에 갖는 역사적 의미를 올바르게 규정할 수 없다. 이제 우리는 과연 제임스-랑게 이론이 데카르트의 정념 학설로부터 비롯되었는지 설명해야 한다. 다시 말해 이 이론이 가지는 데카르트적 본질을 밝혀야 한다. 이처럼 우리는 구체적이고 특수한 심리학적 가설들의 투쟁을 넘어, 살아 있는 현대과학의 지식에서 일어나고 있는 인간 의식의 본성에 대한 서로 다른 철학적 관

점의 원칙적 투쟁 특히, 데카르트와 스피노자의 생각의 투쟁을 밝히고자 한다.

10-35] 스피노자는 최고의 철학을 찾았다고 생각하지는 않았으나 진리를 인식했음을 알았듯이, 오늘날 심리학 이론의 투쟁에서 우리는 우리의 취향에 가장 부합하고 우리를 더 만족시켜 최고라고 생각되는 것이 아닌, 대상 자체에 더 부합하고 따라서 더욱 진리라고 여겨져야 하는 것을 찾기 위해 노력할 것이다. 과학의 목적은 철학의 목적과 마찬가지로 진리이기 때문이다. 진리는 또한 그 자체로 오류의 증명이기도 하다. 심리학적 생각의 역사적 오류를 밝힘으로써 우리는 또한 인간 정념의 심리적 본성에 대한 진리를 인식하는 길을 닦게 되는 것이다.

> 루벤스는 다음 그림을 로마에서 그렸으며, 거기서 그는 명암법 chiaroscuro으로 그려진 카라바지오의 혁명적 그림을 보았다. 명암법은 라파엘의 이상화된 이미지를 거부하고 이 그림과 같은 현실적인 거리의 장면(낯선 사람과 촛불을 나누며, 촛불을 들고 집으로 가는 길을 찾는 노파)을 보여 준다. 이 그림의 명암법은 라파엘의 보이지 않는 빛을 거부하고 빛을 노파의 손바닥과 옷, 그리고 그녀의 미소와 눈을 비추는 빛의 불꽃처럼, 힘을 불어넣고 방향을 갖는 운동량을 가진 파동으로 다룬다.
>
> 마찬가지로 스피노자는 데카르트의 영원하고 크기도 없는 영혼의 관념을 거부하고, 대신 구체화된 마음을 공식화했다. 스피노자는 송과샘이나 혈액에서 나온 정기로 생명을 얻게 되는 로봇과 같은 데카르트의 기계적 신체 관념 또한 거부했다. 그러나 스피노자는 데카르트가 틀렸다는 것을 안다고 해서 옳은 것을 알게 되는 것은 아니라고 말했다. 어둠 속에서 잘못된 길을 택하는 것이 이 두 여자에게 집으로 가는 길을 보여 주는 것은 아니다. 반면에 촛불은 택하지 말아야 할 여러 잘못된 길들과 가야 할 올바른 길 모두를 보여 줄 것이다.

진리가 그 자체로 오류의 증명이라는 것은 어떤 의미인가?

P. P. 루벤스(Peter Paul Rubens), 야경, 1671.

• 자연주의와 반자연주의

이어지는 장에서 비고츠키는 제임스-랑게 이론의 진정한 철학적 기원이 스피노자와는 아무런 관련이 없다는 것을 증명하여 9장을 마무리하며 제기한 문제를 해결한다. 먼저 이 장에서 비고츠키는 스피노자가 형식적으로는 데카르트 사상을 이어 나가지만, 본질적으로는 그것들을 부정한다는 것을 증명해야 한다. 스피노자는 감정의 실제 범주와 묘사에서 데카르트를 차용한다. 그러나 역설적으로 데카르트는 설명적인 자연주의자이다. 왜냐하면 그는 육체를 정신적 또는 영적으로 설명하려 하기 때문이다. 반면 스피노자는 기술적인 반자연주의자로서, 사유와 느낌을 구분 짓고, 둘의 관계를 기하학적 가정과 증거의 형태로 규정하려 한다. 비고츠키는 제임스-랑게 이론이 후자보다 전자에 훨씬 더 가까워 보인다고 지적했다.

10.1 비고츠키는 생각이 때때로 동의보다는 부정을 통해 연결된다는 관찰로 이 장을 시작한다. 이는 중요한 관찰로, 제임스-랑게와 스피노자의 실제 관계를 이해하는 것뿐만 아니라 스피노자가 데카르트의 사상을 부정함으로써 자신의 사상을 개발한 방식을 이해하는 데에도 도움이 된다.

10.2 비고츠키는 제임스-랑게 이론이 스피노자에서 비롯되었다는 잘못된 가정에 대해 두 가지 가능성 있는 설명을 제시한다. 첫째, 스피노자는 사물의 성질에 대한 충분한 지식을 바탕으로, 제1종의 인식(우연한 경험과 의견)과 제2종의 인식을 구분한다(『에티카』, 제2부, 정리 40, 주석 2). 비고츠키는 스피노자와 제임스-랑게의 연결은 스피노자의 전체 가르침에 대한 이해에 기반을 둔 것이 아니라, 정서에 대한 스피노자의 정의(정서란 신체 행동 능력을 증가 또는 감소시키는 것이라는)를 랑게가 오해하여 갖게 된 하나의 의견, 가정에 불과하다고 말한다. 아드레날린이 혈관운동계에 미치는 영향에 대한 랑게의 연구는 그가 자신의 이론의 토대가 되는 선조로 스피노자의 정의를 사용하게 만들었다.

10.3 둘째, 형이상학 분야에서 스피노자와 데카르트의 대립(일원론 대 이원론)은 잘 알려져 있지만, 심리학에 대한 그들의 견해는 다소 일치하며 감정에 대한 그들의 학설 역시 이에 속한다고 여겨져 왔다.

10.4 비고츠키는 하이네를 인용한다("스피노자는 르네 데카르트의 세 번째 아들", Poetry

and Prose of Heinrich Heine, p. 683). 하이네는 스피노자의 연구는 데카르트의 연구에 아주 직접적으로 의존했으며 방법론도 마찬가지라고 주장했다. 그러나 하이네는 실제 내용뿐 아니라 이론의 뜻과 정신이 반대라고 지적하기도 한다. 이 둘의 관계는 (비록 직접적이지만) 테제와 안티테제의 관계이다(스피노자와 데카르트 사이의 '형이상학적' 차이는 실제로 몸과 마음이 복합체적 통합체인지 혹은 기계적 통합체인지에 대한 '심리학적' 차이이다).

10.5 대부분의 연구가들은 스피노자를 학생으로, 데카르트를 교사로 본다. 그 둘의 관계는 혁명과 부정보다는 개선과 확대로 간주된다.

10.6 비고츠키는 피셔의 말을 인용한다. "스피노자는 언제나 데카르트주의자였다."

10.7 피셔는 좁은 의미와 넓은 의미에서의 데카르트주의를 구별한다. 그는 스피노자가 좁은 의미의 데카르트 학파가 아니라는 것을 인정한다. 하지만 데카르트에 대한 스피노자의 비판에서 우리는 데카르트주의가 그의 출발 지점이었던 때가 있었고 그것이 스피노자의 세계관을 반영했다고 추측할 수 있다.

10.8 피셔는 다음과 같은 스피노자의 세계관의 본질은 실제로 데카르트적인 것이라고 생각한다. 사유와 연장은 상반되므로 심리적인 것과, 육체적인 것은 절대 교차하지 않는 평행한 면이어야 한다.

10.9 피셔는 정념에 대한 스피노자의 연구가 (비록 방법론적으로 독특하고 자유의지에 대한 데카르트의 개념을 거부하지만) 데카르트에 의존한다고 말한다(루리아와 마찬가지로, 스피노자는 자기 정념의 먹잇감인 사람은 그림자가 돌을 나를 수 없는 것과 마찬가지로 자신의 행동을 통제할 능력이 없다고 믿는다).

10.10 그렇다면 피셔는 진화론자이다. 그는 스피노자가 자신의 스승인 데카르트의 가르침을 부정하지 않고 발달시키는 학생이라고 본다.

10.11 피셔에 따르면 "스피노자는 데카르트를 부정하면서도 여전히 데카르트주의자로 남는다." 두 사상가가 방법론적으로 다르며 의지에 대한 핵심 논제도 다르지만, 피셔는 그럼에도 불구하고 그 둘이 본질적으로 동일하다고 본다.

10.12 피셔는 스피노자를 두 시대로 구분한다. 즉 신과 인간과 그의 행복에 대한 소론과 에티카의 시대로 나눈다. 피셔는 스피노자가 『…소론』에서는 데카르트 사상을 따르지만 『에티카』는 방법론적으로 독창적이라고 말한다.

10.13 피셔는 스피노자가 『…소론』에서 데카르트의 글을 다소 맹목적으로 따랐다고 말한다. 그는 데카르트의 범주를 순서까지 그대로 따른다. 그러나 데카르트는 스피노자가 부인하는 자유의지를 주장하며, 정념의 유용성에 대해 매우 다른 견해를 가지고 있다(우리가 이미 아는 것처럼 스피노자는 감정은 잠재적으로 행동을 증진시키는 것으로 여긴다).

10.14 물론 사람이 자유의지를 가지고 있는지, 감정이 이성과 반대되는지에 관한 문제는 사소한 문제가 아니다. 비고츠키는 피셔가 같은 것을 말하기 위해 전혀 다른 언어를 사용할 뿐이라 말한다. 『…소론』과 에티카, 둘의 이론적 본질은 데카르트 저술의 이론적 본질과는 완전히 다르다.

10.15 스피노자는 정념을 하나부터 열까지 정신적인 현상으로 여긴다. 그러나 데카르트는 정념이 몸과 영혼의 상호작용에 의해 생성된 결과라고 생각한다.

10.16 피셔는 스피노자가 『…소론』에서조차 심신평행론, 즉 '사유와 연장의 대비'의 문제를 데카르트와 완전히 다른 방식으로 다룬다고 인정한다.

10.17 피셔는 이 문제를 순전히 감정의 본성에 대한 충돌로 본다. 데카르트는 육체와 영혼의 상호작용을 본다(심지어 그는 이것이 시상 아주 가까이 있는 송과샘에서 일어난다고 지적한다). 하지만 피셔에 따르면 스피노자는 정서를 사유의 형태로 본다.

10.18 비고츠키는 스피노자의 이론을 단순한 심신평행론의 서술로 해석하는 모든 이들은 이러한 함정에 빠진 것이라 말한다. 그러나 사실 스피노자는 감정을 순수한 인지적 현상으로 설명하지 않는다. 스피노자는 사유와 연장 모두 신체의 속성이라고 본다. 실제 스피노자는 일원론자일 뿐 아니라 유물론자이다. 결국 신은 자연이다.

10.19 아스무스는 비고츠키보다 더 가혹하다. 그는 이 해석의 유일한 진정한 장점은 스피노자에 대한 모든 관념론적 해석의 모호함을 드러내는 것에 있다고 본다.

10.20 비고츠키는 또 하나의 장점을 본다. 『…소론』에서조차 스피노자는 감정을 설명하는 문제를 신체와 영혼을 조화시키는 것이 아니라 순전히 심리학적 측면에서 본다. 그는 그것을 생각과 느낌, 이해와 정념의 관계로 본다. 덕분에 우리는 데카르트를 뒤따랐다는 『…소론』의 시대에도 스피노자와 데카르트의 심오한 차이를 발견한다.

10.21 비고츠키에 따르면 데카르트와 스피노자는 처음부터 정반대이다. 데카르트의 접근은 자연주의적이고 설명적이지만 스피노자는 반자연주의적이고 기술적이다. 비고츠키는 아주 다른 이 두 가지 접근법이 오늘날까지 감정의 심리학을 구분한다고

말한다.

10.22 이 생각은 비고츠키의 전체 에세이에서 주축이 될 것이다.

10.23 비고츠키는 데카르트에게서 자연주의와 설명적 심리학을 보는 것과(그는 동물을 영혼 없는 자동장치로 '설명'하고, 감정을 여섯 가지 범주로 열거한다) 스피노자에게서 반자연주의와 기술주의를 보는(그는 신을 전지전능한 자연으로 여기며 감정 기술에서 '좋음'과 '나쁨'과 같은 범주를 사용한다) 것이 역설적임을 지적한다. 그럼에도 불구하고, 그는 그것이 사실이라고 말한다.

10.24 따라서 스피노자는 단순한 역사적 흥미의 대상이 아닐뿐더러 관념론자와 유물론자의 심리학 사이에서 일어나는 투쟁의 중심에 있는 것으로 보인다. 스피노자가 감정을 신체와 영혼보다는 생각과 느낌의 문제로 보는 것은 사실이다. 그러나 비고츠키는 지적인 관념론자의 설명은 저속한 유물론보다는 역사적인 유물론에 훨씬 가깝다는 점을 우리에게 상기시킨다.

10.25 비고츠키는 『…소론』이 그 묘사와 성향에서 데카르트를 따른다고 말한다. 이런 의미에서 우리는 피셔의 말과는 다르게 보아야 한다. 즉 스피노자는 같은 '방법론'을 사용했다. 그러나 여기서도 정념에 대한 그의 설명과 묘사는 본질적으로 반데카르트적이다. 이것은 『에티카』의 경우 더욱 그렇다.

10.26 『에티카』 제3부의 감정에 대한 절의 도입에서 스피노자는 자신의 관점을 데카르트와 명백히 대조시킨다. (아마도 데카르트를 포함한) 다른 이들은 정서가 자연에 속하지 않는 것처럼, 또는 자연에서 일종의 '왕국 속의 왕국'에 속하며 자연의 법으로부터 자치권을 즐기는 것처럼 감정에 대한 글을 써 왔다(이 문단은 문맥상, 비고츠키가 스피노자를 반자연주의자이자 기술론자로 묘사한 것과 모순되는 것처럼 보인다. 스피노자는 감정이 자연의 필수적 부분이자 자연법칙에 종속된다고 주장하며, 감정을 설명하기 위해 자연 밖으로 나가는 이들과, 자연이 아닌 정서가 인간에 미치는 소위 사악한 영향을 탓하는 이들을 비판하기 때문이다. 그러나 스피노자는 데카르트가 자연주의적으로 감정을 '제1원인'으로 (아마로 생리학적으로) 환원하는 반면, 그의 접근법은 기하학적 증명처럼 반자연주의적이라고 말한다. 나아가, 스피노자의 접근은 인간의 행동에 대한 그의 정념을 비난하려는 것이 아니라, 그 정념을 객관적으로 설명하는 데 목적이 있다. 따라서 이 두 가지 의미에서, 비고츠키의 해석은 옳다. 스피노자는 신체 기능이 자연과 연결된 방식이 아니라 기하학적 도형이 자연과 연결된 방식으로서 정념과 자연의 관계를 바라본다는 점에서 반자연주의자이며, 또한 철학자의 임무가 정념을 판단하거나 나아가 설명하기보다는 이해하는 데 있다고 본다는 점에서 기술론자이다).

10.27 이러한 의미에서 우리는 피셔와 반대로 말해야 한다. 스피노자는 데카르트

와 같은 '방법'을 써서 감정에 대해 똑같은 범주를 똑같은 순서로 사용한다. 하지만 내용은 완전히 반대이다.

10.28 스피노자는 또한 『에티카』 5장의 의지에 대한 절을 시작하면서 데카르트의 관점과 자신의 관점을 명백히 대조시킨다. 데카르트는 스콜라 철학(예컨대 토마스 아퀴나스, 마이모니데스처럼 대부분 감정에 관한 아리스토텔레스의 연구를 재해석한 사람들)을 비판해 왔다. 데카르트는 그들의 설명은 그저 설명하는 척하는 것에 지나지 않는다고 말한다. 그들은 ('동물정기'와 같은) '어두운 속성'을 언급하며 감정을 설명하려 할 뿐 동물정기의 실제 작동 기제를 기술하려 하지는 않는다. 그러나 데카르트는 영혼과 신체가 송과샘을 통해 어떻게 상호작용하는지 설명하면서, 그리고 영혼이 신체라는 배의 선장이라는 그의 의견에서 다른 어떤 학자들보다 더 열심히 일하는 척을 할 뿐이다(물론 데카르트도 '동물정기'에 대해서도 말했지만, 그는 실제로 동물의 영혼을 뇌로 보내는 관을 볼 수 있다고 주장했다). 따라서 스피노자 말대로, 여기서 데카르트의 영리함 이외에는 드러난 것이 거의 없다.

10.29 그러므로 비고츠키는 데카르트를 '자연주의적'으로, 스피노자를 '반자연주의적'으로 특징지은 것을 정당화했다. 이제 그는 데카르트를 '설명적'으로, 스피노자를 '기술적'으로 특징지은 것을 정당화하려 한다. 그는 덴마크의 철학자 회프딩이 독일의 헤르바르트주의 윤리학 교사 나글로프스키에게 한 비판을 인용한다. "여기서 신체와 정신의 관계에 대한 유심론이 특정한 심리학적 문제에 얼마나 간섭하는지 명백하다." 스피노자가 심리학적 기술을 제시하는 곳에서 데카르트는 유심론적 설명을 사용한다.

10.30 데카르트와 스피노자 사이의 싸움은 수천 년간 이어져 온 투쟁의 한 면일 뿐이다. 아리스토텔레스가 플라톤의 절대적 관념에 일종의 유물론을 도입한 것처럼, 스피노자는 데카르트의 유심론에 유물론적 대안을 제시한다. 같은 방식으로, 헤겔은 똑바로 서 있는 스피노자를 발견하고 그의 이론을 거꾸로 뒤집어, 스피노자의 '실체'를 '절대관념'으로, '신으로서의 자연Deus sive Natura'을 '정신Geist'으로 바꾼다.

10.31 스피노자와 데카르트는 같은 시대와 공간에서 살았으며, 또한 '방법론'도 공유했다. 최소한 감정에 대한 연구에서 두 사람이 사용한 범주와 범주의 순서에서 그렇다. 그러나 데카르트는 인간의 자유를 자유 결정의 문제로 보았으며, 이것이 데카르트를 유심론적 또는 '호문쿨루스'를 통한 해결책으로 귀결시킨다(이러한 결정을 내릴 수 있는 '정신'이 있어야 하기 때문이다). 스피노자는 인간의 자유를 필연성에 대한 이해로 보았으며, 이는 스피노자를 사회적, 대인관계적 해결책으로 이끈다(자유의 숙달을 위해서는 사회적, 대인관계적 필연성에 대한 인식이 필요하기 때문이다). 비고츠키 말대로, 스피노자와 데카르트는 단지 명칭에서만 일치한다. 이는 큰개자리를 이루는 별들과

그 별들을 보고 짖는 지상의 개들이 갖는 명칭상의 일치와 같은 종류의 일치이다.

10.32 그러므로 우리는 데카르트와 스피노자의 이론을 제임스, 랑게의 이론과 연결하는 것은 스피노자가 신념보다는 의견이라고 부른 것, 즉 확실성보다는 가정에 기반을 둔 것으로 보아야 한다. 그 관련성은 선천적인 맹인이 색깔을 이해하는 방식처럼, 전해 들은 바에 바탕을 두고 있다.

10.33 하지만 평소와 같이, 비고츠키는 이 절을 놀랍게 끝낸다. 결국 우리가 두 사상가를 연관 지어야 하는 아주 중요한 의미가 있다. 비고츠키는 우리가 애초에 왜 이러한 비교를 하려했는지 상기시킨다. 데카르트와 스피노자는 심리학과 생리학적 차원을 통합하려는 제임스-랑게 이론을 정당화하기 위해 언급되었다. 우리는 데카르트와 스피노자가 정확히 정신생리학적 평행론에 대한 문제에서 분리될 수 있고, 그래야만 한다는 것을 밝혔다. 우리는 제임스-랑게가 데카르트를 따르는지 혹은 (랑게의 주장대로) 스피노자를 따르는지 결정해야 한다.

10.34 제임스-랑게 이론은 데카르트 이론의 '살아 있는 현현'이다. 왜냐하면 그것은 본질적으로 유심론적인 설명(생리적 과정에 대한 피질의 반응)을 제공하기 때문이다. 스피노자 이론은 데카르트의 유심론을 부정하는 데서 출발한다(더 큰 의미에서 현대 과학은 중세 신비주의를 부정하는 것에서 시작했다). 마찬가지로 비고츠키는 감정에 대한 진정한 이론도 제임스와 랑게에 대한 비판에서 시작해야 한다고 결론짓는다. 그리고 비고츠키는 이 장을 시작할 때 제시했던 생각으로 다시 돌아간다. 사상의 역사를 볼 때, 하나의 생각이 다른 생각으로 연결되는 것은 단순한 모방이 아니라 부정을 통해서라는 것이다.

10.35 비고츠키는 비판의 목적이 단지 우리의 취향에 맞도록 정제하는 것이 아니라, 과학적 진실을 인지하는 데 있다는 것을 상기시킨다. "진실은, 그러나 그 자체로 오류의 증명이다."

제11장
설명인가 기술인가?

제안(Judith Leyster, 1631).

남자는 한 줌의 동전을 내민다. 여인은 바느질을 마치는 것에 열중하고 있다. 자유의지에 대한 문제는 데카르트와 스피노자의 또 다른 갈림길임이 드러난다. 정서가 진정 자유롭다면 이들은 설명될 수 있을까? 정서의 원인이 완전히 기술될 수 있다면 우리는 이를 완전히 설명한 것이 아닌가?

심리학의 전통적 견해의 오류에 대한 인식은
왜 부분적이고 불충분한 것이었는가?

렘브란트(Rembrandt), '병자를 고치는 그리스도' 혹은 '백(百) 굴더 그림(판화)', 1649.

이 그림의 첫 번째 제목은 그림의 내용을 종교화의 오랜 전통에서 바라보도록 한다. 이 제목은 바리새인들과 토론하는 그리스도(왼쪽), 아이들을 축복하는 모습(가운데), 죽은 자를 되살리는 모습, 심지어 부자가 낙타를 타고 관문을 통해 출발하는 모습(오른쪽)이 담긴 전체 그림의 내용을 완전히 설명하지 않는다. 두 번째 제목인 '백 굴더 그림'은, 렘브란트가 2쇄를 찍기 위해 수정한 이 그림의 초판을 되사기 위해 백 굴더를 썼다는 일화에 기반을 둔다. 렘브란트가 초판 인쇄 후

동판을 수정했다는 것은 명백한 사실이지만, 초판이 훨씬 값지다.

데카르트와 스피노자는 정서의 목록, 사고와 연장 사이의 구분, 실체와 속성과 같은 철학적 관념 등에서 많은 내용을 공유한다. 물론, 이러한 개념이 스피노자 이론의 내용을 모두 포괄하는 것은 아니다. 그는 『에티카』첫 번째 장에서 이미 신, 자연, 그리고 모든 '존재'를 포함시키려 했다. 하지만 이러한 내용에 집중한다 해도 우리는 스피노자의 역사적 독창성인 '단일한 세계'라는 일원론의 의미를 놓치기 쉽다. 영원한 하늘(천상)과 일시적인 땅(지상)으로 세계를 나누는 대신, 스피노자는 행성 B 같은 것은 없다고 주장한다. 이 세계는 존재하는 단 하나의 것이다. 스피노자의 『에티카』는 다음 세계로의 관문이 아니라 심리학으로 시작하여 현재의 세계를 재해석하고 재작업하는 길이다.

두 번째 제목인 '백 굴더 그림'은 비록 이것이 내용을 무시하기는 하지만, 그림의 실제 역사적인 독창성을 담아낸다. 이 백 굴더 그림으로, 렘브란트는 걸작품 수집이 널리 가능해지도록 했다. 모든 사람이 백 굴더를 지불할 수 있는 것은 아니지만(요즘의 가치로 600만 원 정도이다), 더 많은 사람들이 작품을 볼 수 있었고, 더 넓은 영향력을 미쳤다. 판화가 그저 유화의 엷은 모방이 되게 하는 대신, 얀 스테인 같은 화가는 오히려 이 판화의 효과 일부를 유화에서 되살리려 노력했다. 비고츠키의 '정서'에 대한 이 그림책은, 여러모로, '백 굴더 그림'의 직계 후손이다.

11-1] 이제 우리는 실제로 제임스-랑게 이론이 데카르트의 정념 학설에서 비롯되었는지 밝혀야 한다. 다시 말해 우리는 이 이론의 데카르트적 본질을 밝혀야 한다. 이처럼 우리는 구체적이고 특수한 심리학적 가설의 투쟁 뒤에 있는, 인간 의식의 본성에 대한 상이한 철학적 관점들의 원칙적 투쟁 특히, 살아 있는 오늘날 과학지식에서 데카르트적 관념과 스피노자적 관념의 투쟁을 드러내기를 희망한다.

11-2] 스피노자가 아닌 데카르트가 감정의 내장 이론의 실제 선조

라는 생각은 비록 그 진정한 역사적 의미가 의식되지는 않았지만 더욱 깊게 현대 심리학에 침투하기 시작하고 있다. 사람들은 이에 일반적으로 사실적 수정의 의미, 제임스-랑게 가설과 스피노자의 정념 학설 사이에 존재하는 역사적 연결에 대한 테제를 수정한다는 의미만을 부여할 뿐, 우리(가 논의 중인-K) 이론의 철학적 본질에 대한 모든 원칙적 평가의 변화를 구성하는, 실제로 그에 고유한 의미를 부여하지 않는다. 이 이론이 이미 그 기원과 방법론적 토대에서 데카르트적이며, 바로 이로 인해 스피노자적으로 간주될 수 없다는 생각은 현대 심리학이 전반적으로 갖고 있지 않은 생각이다.

11-3] 이처럼 심리학은 전통적 견해(우리의 연구는 이에 대한 진술로 시작되었으며, 이 견해에 따르면 제임스-랑게 이론의 선조는 스피노자이다)의 오류를 인식했으나, 이 인식은 부분적이고 불충분한 것이 인정되어야 한다. 우리는 스피노자와 나란히, 우리 이론의 선조 중 데카르트의 이름을 함께 넣어야 한다는 것에서 이 견해의 오류를 본다. 우리가 아는 한 누구도, 그 본질상 데카르트적인 주변적 정서 이론은 이 사실로 인해 반反스피노자적이라는 생각을 밝힌 바가 없다. 바로 이 때문에 일련의 연구자들은, 이미 위에서 언급한 바와 같이, 스피노자와 함께 데카르트를 고찰 중인 학설의 창시자라고 부른다.

11-4] 따라서 티치너는 주변적 정서 이론의 선조들을 나열하면서 데카르트와 스피노자에게 동일한 방향의 정의가 발견된다고 말한다. 그는 새로운 정서 이론이 데카르트에 의존함을 설명한 D. 아이언스(D. Irons, 1895)의 연구를 인용한다. 이 연구에서 아이언스는 새로운 가설이 발생하기 200년 전에 데카르트가 옹호했던 동일한 아이디어를 제임스의 이론이 현대 과학적 지식에서 제안했다는 객관적으로 올바른 결론의 확립으로 거의 최초로 첫걸음을 내디뎠다. 아이언스에 의하면, 우리 시대의 현대 과학에 대해 무엇을 말하든, 『영혼의 정념』은 그것에

포함된 학설을 최근 몇 년간 제시된 모든 것들과 비교할 수 있게 만든다. 독창성, 깊이, 인상 깊음에서 이를 뛰어넘는 정서에 대한 논문은 찾기 힘들다. 데카르트는 제임스와 동일한 입장을 가졌지만, 정서가 신체적 변화에 의해 일어난다는 의견을 일반적인 말로 지지하는 것에 만족하지 않았다. 여섯 개의 일차적 정념이 존재한다는 결론에 이르면서 그는 그 각각의 출현에 수반하는 특정한 전체적 유기체적 상태가 있음을 보이기 위해 노력했다.

이 문단에서 비고츠키는 아이언스를 재진술하고 있다. 다음은 영어 원문의 번역이다.

"데카르트 정념론의 출간은 심리학의 역사에서 주목할 만한 사건으로 기록될 만하다. 근대 과학의 초창기에 저술되었으나 이 작품은 오늘날 출판된 그 어떤 것과도 비견될 만하다. 사실 정서를 다루는 데서 이 작품보다 독창성, 철저성, 시사성이 훨씬 뛰어난 작품을 찾는 것은 어려울 것이다. 이 저서가 견지하는 입장은 오늘날 제임스 교수와 유사하지만 데카르트는 정서가 신체적 변화에 의해 유발된다는 주장을 일반적으로 옹호하는 데 만족하지 않는다. 다른 모든 정념의 근원이 되는 여섯 가지의 정념이 있다는 결론에 도달한 후에 그는 이 각각의 주요한 상태의 출현과 연관된 특별한 유기체적 효과의 집합이 있다는 것을 보여 주려 한다. 나아가 그는 각 경우의 신체적 변화는 그와 연결된 정서를 자연히 일으킬 것으로 기대되는 그러한 성질을 갖는다고 주장한다. 따라서 그는 각 정서에 대한 특정한 신체적 원인이 있다는 것뿐 아니라 특정한 정서가 특정한 상태의 합에 의존하는 사실에 자연적 합당성이 있음을 증명하려 했다."

Irons, D. (1895). Descartes and Modern Theories of Emotion The Philosophical Review, Vol. 4, No. 3. (May, 1895), pp. 291-302.

*D. 아이언스(David Irons, ?~1907)는 윤리 심리학을 전공한 스코틀 랜드 출신 철학자이다. 그는 베를린 대학교와 예나 대학교에서 수학했 으며 코넬 대학교와 브린마워 대학교에서 학생들을 지도했다.

여섯 개의 일차적 정념은 무엇인가?
각각의 정념은 유기체적으로 어떻게 연결되어 있는가?

렘브란트(Rembrandt), 예루살렘의 파괴를 슬퍼하는 예레미야, 1630.

9-16의 글상자에서 렘브란트는 예루살렘의 바빌로니아 정복자들에 게 일어난 일과 예레미야가 불에서 구해 낸 성배들에 대해 이야기한 다. 데카르트에 따르면 인간이 느낄 수 있는 감정의 개수는 태어날 때 부터 누구에게나 비슷하게 정해져 있다. 이는 놀람, 사랑, 증오, 욕망, 기쁨, 슬픔이다. 다른 모든 감정은 이 여섯 가지 '원초'에서 비롯된다.

예레미야가 겪고 있는 모든 복잡한 감정들은 이 여섯 개 감정의 혼합물이다. 이를테면 신의 권능에 대한 경탄, 불타는 성전에서 건져 낸 성배에 대한 사랑, 바빌로니아인들에 대한 증오, 그들에게 복수하려는 욕망, 신이 거두는 최후의 승리를 생각하는 기쁨과, 이 모든 감정들을 넘어서는 성전 파괴에 대한 슬픔 등이다. 어떤 면에서는 스피노자의 이론이 훨씬 간단하다. 스피노자는 쾌락, 불쾌, 욕망의 세 가지 원초적인 요소만을 주장한다. 그리고 이 원초적인 요소는 태어날 때 고정되어 있지 않다. 쾌락은 인간을 행동하게 하고, 불쾌함은 무력화하며, 욕망은 자기보존과 조화를 위해 분투하는 인간 존재의 본질이다.

스피노자에게서 사고란 의식으로 간주되는 신체적 행동이며, 행동은 연장으로 간주되는 사고임을 주목하자. 예를 들어, 말은 의미로 간주될 수도 있고 소리로 간주될 수도 있다. 성경에 따르면 예레미야가 말을 배운 것은 성전의 파괴를 예언하기 위함이었다.

"여호와의 말씀이 내게 임하니라 이르시되

내가 너를 복중에 짓기 전에 너를 알았고 네가 태에서 나오기 전에 너를 구별하였고 너를 열방의 선지자로 세웠노라 하시기로

내가 가로되 슬프도소이다 주 여호와여 보소서 나는 아이라 말할 줄을 알지 못하나이다

여호와께서 내게 이르시되 너는 아이라 하지 말고 내가 너를 누구에게 보내든지 너는 가며 내가 네게 무엇을 명하든지 너는 말할지니라

너는 그들을 인하여 두려워 말라 내가 너와 함께하여 너를 구원하리라 나 여호와의 말이니라 하시고

여호와께서 그 손을 내밀어 내 입에 대시며 내게 이르시되 보라 내가 내 말을 네 입에 두었노라."

(예레미야 1: 4~9)

그러나 말, 그리고 감정에 의해 일어나는 의미가 이처럼 태어날 때 고정될 수 있을까? 아니면 스피노자의 말대로 예언자들은 비상한 상상력을 지닌 평범한 사람들이었을까? 그리고 위의 이야기는 단지 기원전 500년의 유대인들만이 이해할 수 있는 형태의 언어였을 뿐일까?

11-5] 아이언스를 따라 J. 라르기에 데 반셸도 제임스-랑게 이론이 데카르트의 학설에 이미 온전히 포함되어 있다고 주장한다. T. 리보의 지적과 같이 랑게-제임스 이론이 발전된 이래 데카르트가 『영혼의 정념』에서 기술한 생각에 대한 몇몇 부당한 공격이 철회되었다(T. Рибо, 1897, с. 106-107). 이처럼 리보는 정서의 내장 이론이 데카르트 학설의 과학적 현현으로 나타났을 뿐 아니라 과학적 사고의 법정 앞에서 이 생각을 부활시키고 복권시켰음을 올바르게 지적했다. 제임스-랑게 이론은 데카르트 학설의 판단을 경험적으로 증명된 입장으로 변환시킴으로써 과학적 정서 심리학의 중심에 이를 두면서, 오래되고 잘못된 데카르트 학설의 판단을 오늘날의 과학적 의식에 부활시켰다. 리보의 입장은 이와 같이 공식화될 수 있을 것이다. 그의 말에 따르면 제임스와 랑게의 장점은 데카르트의 학설을 명백히 제시했으며 이를 실험적 증거를 통해 강화하려고 했다는 것이다.

> *J. L. 데 반셸(Jean Larguier des Bancels, 1876~1961)은 소르본 대학교에서 A. 비네 밑에서 수학했으며 리보와 함께 비네의 심리학 연감을 편집했다. 반셸은 고향인 로잔에서 감각기관 생리학자이자 실험 심리학자로 일했다. 러시아어 선집은 반셸을 프랑스인으로 소개하지만 그는 스위스인이다.

11-6] 더욱 정확한 역사적 연구는 이론의 사상적 발생이라는 의미에서 제임스-랑게 이론이 데카르트 학설과의 직접적 연결에서 더 나아가, 스승의 사상을 발전시켜 논리적 종점에 이른 데카르트주의의 대표자들과 연결을 보인다는 것을 드러냈다. 여기서는 누구보다 먼저 말브랑슈의 이름이 거론된다. 그의 이론은 실제로 제임스-랑게 가설과 기본적이고 본질적인 면모에서 의심의 여지 없는 일치를 드러낸다. 본질적으로 말해 이와 관련하여 말브랑슈의 이름은 기관 정서 이론의 조상

으로서 전혀 데카르트와 대비될 수 없다. 반대로, 제임스-랑게의 경험적, 과학적 이론과 말브랑슈의 정서 이론의 일치는 그와 데카르트의 연결을 더욱 확고하고 명확히 하며, 다시 한번 그의 데카르트적 본질을 드러낸다.

말브랑슈에 대해서는 **1-5** 참조.

11-7] 우리가 보았듯이 G. 뒤마는 랑게 이론의 반영국적, 반진화론적 경향성을 올바르게 밝히면서 그를 프랑스 기계론적 세계관을 추종하는 마지막 제자라고 칭한다. 기쁨과 슬픔을 운동 현상과 심리적 현상으로 나누고 환상적 실체와 불명확하게 규정된 힘을 제거한 것—이 모두는 말브랑슈와 스피노자의 전통에 따라 이루어졌다. 전자의 저작인 『진리의 탐구에 대해』에서 랑게는 자신의 혈관운동계 이론을 발견하고는 이를 대단한 경이로움으로 인용한다. 그는 정서의 심리적, 운동적 요소에 대한 자신의 분석을 더욱 명확히 확증하는 부분도 여기저기서 더 찾을 수 있었을 것이다.

> 렘브란트는 신혼부부의 전형적인 초상화를 그렸다. 이는 지나치게 차려입고 인위적으로 포즈를 취하면서 정면을 바라보는 오늘날 한국 신혼부부의 스튜디오 사진과 매우 흡사했다. 조선업자 얀 리크센과 그의 아내 그리트는 확실히 옷을 잘 차려입고 있다(조선업계에서 그들은 가장 부유한 부부였고, 네덜란드 동인도 회사의 초기 투자자들이었다). 하지만 그들의 옷은 예복이 아니다. 그들은 분명히 결혼한 지 매우 오래 되었고, 정서적인 애착 외에도 바쁜 사업적 관계를 가지고 있다. 즉, 그들의 결혼은 운동적인 동시에 심리적 현상이다.
> 비고츠키는 왜 랑게가 기쁨과 슬픔을 운동 현상과 심리적 현상으로 구분하는 것이 말브랑슈와 스피노자의 전통을 따르는 것이라고 말

철학적 세계관과 과학적 세계관이
밀접한 관계를 맺었던 이유는 무엇인가?

렘브란트(Rembrandt), 조선업자 부부의 초상, 1633.

하는가? 아마 그것은 실수일 것이다. 그는 말브랑슈와 데카르트를 의
미했을 것이다. 그러나 사실 비고츠키는 뒤마의 글을 재진술하고 있는
데, 뒤마는 말브랑슈와 스피노자 모두 기쁨을 행동과, 슬픔을 무력함
과 연관시키며 따라서 전자를 운동신경활동과 그리고 후자를 정신 상
태와 연결한다는 사실을 옳게 지적한다. 그러나 렘브란트의 그림에서
행동과 정신 상태는 서로 다른 두 사람에게 배치되어 있다.

G. 뒤마에 대해서는 **1-3** 참조.

뒤마가 인용하는 말브랑슈의 저작은 『De la recherche de la vérité.
Où l'on traitte de la nature de l'esprit de l'homme, et de l'usage
qu'il en doit faire pour eviter l'erreur dans les sciences(진리의 탐구.
과학에서 오류를 피하기 위해 인간 정신의 본성과 그 사용법을 다룸)』(1674-
1675).

11-8] 말브랑슈는 일상적이지 않은 생명정기와 혈액의 운동이 나타
날 경우 정신이 자연스럽게 경험하는 모든 정서를 정념이라고 부른다.

11-9] 신체와 정신 간 관계에 대한 신학적 표현을 제거하면, 우리는 본질적으로 랑게의 이론을 얻게 된다. 정서는 신경-혈관적 변화에 대한 의식일 뿐이라는 것이다.

11-10] 이러한 비교는 훨씬 더 멀리 나아가, 데카르트 철학과 덴마크 생리학에는 언어적 차이에도 불구하고 동일한 정신이 존재한다는 것을 큰 어려움 없이 증명할 수 있었을 것이다. 랑게의 오류에도 불구하고 그는 데카르트주의자를 상기시킨다고 뒤마는 더 강조한다. 다윈과 진화 심리학에 대한 지나치게 엄격한 그의 비판은 데카르트를 포함한 기계론적 세계관의 모든 추종자들이 역사적 설명에 대해 자연히 가지고 있던 의식적, 무의식적 혐오와 다름없다.

11-11] 뒤마의 이러한 입장에서 제임스-랑게 이론과 말브랑슈 이론의 구체적, 경험적 내용의 단순한 일치보다 훨씬 더 큰 무엇인가가 확립된다고 우리는 생각한다. 정서적 반응의 심리-생리적 기제에 대한 기술상 일치는 일차적 요인이 아니라 종속적, 파생적 요인이다. 이는 과학에서 동일한 기계론적, 반역사주의적 세계관이 데카르트 철학과 덴마크 생리학에 활력을 불어넣었다는 사실의 필연적인 결과로 따라 나온다. 심리적 정념을 순수하게 기계론적 방식으로 설명하려는 욕망, 역사적 설명에 대한 의식적, 무의식적 혐오, 이 모두—그리고 데카르트주의 철학과 덴마크 생리학—는 현대 과학, 특히 심리학의 기계론적 세계관의 진정한 아버지인 데카르트를 동일하게 계승했다.

11-12] 이처럼 제임스-랑게 이론과 데카르트의 정서 학설 사이의 관계에 대한 문제를 두 이론이 정서의 심리적 기제와 정서의 구조와 활동에 대한 사실적 표상의 규정과 기술에서 얼마나 일치하는지의 문제가 아닌, 두 세기 이상 떨어진 이 둘의 공통된 방법론적 토대, 공통된 과학적 세계관, 공통된 철학적 본성의 해명으로 귀착시킨 거의 최초의 인물은 뒤마이다. 정서적 기제에 대한 구체적 규정과 사실적 기술에서

의 일치 자체는 두 이론의 철학적 정신이 갖는 이 공통점으로부터 필연
적으로 따라 나오는 결과일 뿐이다.

제임스-랑게 이론과 데카르트의 정서 이론 사이의
철학적 공통점은 어떻게 요약될 수 있는가?

A. 반 위트레흐트(Adriaen van Utrecht), 연회의 정물, 1644.

이 그림은 풍족함을 세세하고 구체적으로 그려 내고 있다. 개와는
달리 원숭이는 다양한 과일에 관심을 가진다. 배고픈 원숭이에게는 과
일은 먹거리의 종류로 모종의 유사성을 가지고 있을 것이다.

비고츠키는 뒤마 이전의 작가들은 제임스-랑게 이론과 데카르트 이
론 사이의 유사성을 보았다고 얘기한다. 이것은 아이언스과 리보뿐만
아니라 랑게 그 자신도 포함된다. 랑게의 저서 프랑스어 번역본의 서
문을 쓴 뒤마는, 랑게로부터 말브랑슈와의 관련성을 파악했다. 하지만
그들은 기술적記述的, 규정적인 유사점과 차이점으로 그들 스스로를 제
한했다. 기본적인 기능적 유사성은 여기서 누락되었다. 데카르트 이론
과 제임스-랑게 이론은 모두 불가분한 전체를 심리학적, 생리학적으로
분석하는 대신 심리학적 측면과 생리학적 측면을 결합하려고 했던 종
합적 이론이었다.

11-13] 우리가 생각할 때 그러한 문제 확립은 전체로서 취해져야 한다. 기계적 세계관의 선조들과 과학적 이론의 창시자들 사이의 이 연결이 실제로 어떤 구체적, 역사적, 전기적 경로를 취했는지와는 무관하게, 이론의 창시자들이 자기의 후손과 데카르트, 말브랑슈의 논문 사이의 정신적, 이념적 친족성을 얼마나 자각하고 인정했는지와는 무관하게 그들의 이론은 객관적으로 데카르트적 정신의 과학적 구체화이며, 그렇게 간주되어야 한다. 오직 이 경로를 따라감으로써 우리는 이 철학적 체계가 구체적 과학적 개념과 맺는 관계의 문제에 대한 올바른 설정으로 나아갈 수 있으며, 그들의 내적 의존성을 연구할 수 있게 해 주는 공통분모를 찾을 수 있다. 어떤 철학적 체계와 구체적인 경험적 가설 사이의 공통분모는 이 경우에도 그렇듯이 언제나 사실의 단순한 확인과 기술의 수준을 넘어서는 어느 정도의 공통적 일반화에 모두 놓여 있는 과학적 세계관임이 드러난다. 엥겔스의 유명한 표현에 따르면 자연과학자들이 원하든 원치 않든 언제나 철학자들이 그들을 좌우한다. 전체 제임스-랑게 이론의 구성을 좌우하는 철학적 아이디어를 밝히는 것은 그것이 두 개의 내적으로 상충하는 철학적 체계 중 하나와 맺는 연결을 설명하는 진정한 길을 발견하는 것을 의미한다.

> 오른쪽의 그림은 갈릴레오가 감옥에서 그린 그림의 복제품의 일부이다. 이 그림의 원본은 유실되었으며 복제품은 갈릴레오가 죽은 다음 해에 만들어졌다. 원본 그림은 천동설을 부정하고 움직이는 것은 바로 지구라고 주장한 것에 대한 재판이 진행되는 동안 감옥에 갇힌 갈릴레오를 묘사했다. 벽 위의 그림은 지구가 움직이는 것과 'e pur si muove(그래도 지구는 돈다)'라는 문구를 보여 준다.
> 갈릴레오, 뉴턴, 보일, 라이프니츠, 그리고 스피노자는 현대 과학의 창시자였지만, 그들 중 누구도 스스로가 과학자라는 것을 알지 못했다. 그들은 스스로를 '자연 철학자'라고 불렀는데, 이는 철학으로부터 분리된 자연과학이라는 개념이 아직 존재하지 않았기 때문이다. 사실,

J. 수스테르만스(Jacobo Sustermans), 갈릴레오 갈릴레이의 초상, 1635.

다섯 중, 아마 오직 갈릴레오만이 자연 철학이 신학과 분리되어 있다고 믿었을 것이다.

어쩌면 그들이 옳았을 것이다. 마치 예술가들이 항상 철학에 의해 이끌려 왔듯이, 과학자들은 언제나 철학적 발상으로부터 자유롭지 못했다. 갈릴레오는, 스피노자와 같이, 하느님의 진실한 말씀은 우주이며, 그 언어는 수학적으로 쓰였다고 믿었다.

러시아어 선집의 편집자들은 비고츠키가 엥겔스를 잘못 인용했다고 지적하고 있다. 그들은 비고츠키가 염두에 두고 있었던 것은 『반反뒤링론』의 옛 서문이라고 말한다.

"현대 자연과학이 획득한 결과는, 오늘날 자연과학자들이 본의 아니게 일반적 이론적 결론에 도달하게 된 것과 마찬가지의 불가항력으로, 이론적 문제에 사로잡힌 모든 이들에게 스스로(결과-K)를 덧씌운다"(25권, p. 338).

위에는 철학에 대한 언급이 없다. 비고츠키는 『자연 변증법』의 주석을 인용하는 것으로 보인다.

"자연과학은 원하는 그 어떤 태도도 취할 수 있다, 그들은 여전히 철학의 지배 아래 놓여 있다. 이것은 오직 그들이 형편없으며, 유행하는 철학에 지배당할 것인가 혹은 사유의 역사와 그것의 성취에 대한 지식에 기초한 이론적 사유의 형태에 지배당할 것인가에 대한 질문이다"(25권, p. 491).

비고츠키는, 물론, 이것을 옳게 인용하고 있다.

11-14] 뒤마의 결론에는 일차적 중요성을 지닌 또 다른 입장이 포함되어 있다. 첫 번째와는 반대로 그는 옛 철학 학설과 그것의 후대 과학적 구현 사이의 차이점을 확립한다. 먼저 뒤마는 말브랑슈와 랑게가 사용한 언어의 차이점을 지적한다. 차이 자체가 정확히 정서적 기제에 대한 사실적 기술의 영역에 속한다. 우리가 이미 말했듯이 기술記述은 두 저자들의 방법론적 전제의 일치의 결과로 간주되어야 한다. 하나의 동일한 아이디어가 데카르트주의 철학자와 덴마크 생리학자를 인도했다면, 이것이 두 연구자들을 오늘날 과학자들 각자의 생리학적 언어로 정서적 반응 기제에 대해 유사하거나 거의 동일한 기술을 하도록 이끄는 것은 완전히 자연스럽다. 그러나 여기에는 단순한 언어적 차이보다 더 큰 것, 즉 구체적 생리적 표상에 대한 차이가 놓여 있다. 이 경우 뒤마가 그랬듯이 한 언어에서 다른 언어로의 단순 번역에 국한하여, 말브랑슈의 생명력의 운동을 랑게의 신경-혈관의 변화로 교체할 수 있을 것이다. 그러나 그러한 번역을 통해 우리는 17세기의 옛 생리학적 표상을 19세기 현대 랑게 시대의 관점으로 대체할 뿐 아니라, 옛 이론의 정신 자체에 대한 어떤 원칙적인 변화를 인정하는 것이다. 번역이 가능하기 위해서는, 뒤마에 따르면 육체와 영혼의 관계에 대한 신학적 표현을 반드시 제거해야 한다. 말브랑슈의 입장에 이러한 조작을 가한 후에야 우리는 랑게의 이론을 얻게 된다. 그러나 이렇게 하는 것은 단순히 한 단어를 다른 것으로 대체하는 것뿐 아니라 옛 낱말에서 표현된 생각 자체에 본질적인 변화를 가하는 것을 의미한다.

렘브란트는 그리스도를 마치 욕조에서 나온 것처럼 관에서 나오는 평범한 유대인 모습의 시신으로 묘사한다. 분명 관 뚜껑을 닫으려 하는 로마 군인들은 뒤집어져 있으며, 우측 하단에서 슬픔에 빠진 마리아를 희미하게 볼 수 있다. 극단적 이원론에 주목하자. 눈부신 빛에 비해 천사조차 등에 죽은 새를 지고 있는 평범한 사람처럼 보인다. 신은

말브랑슈의 생명력의 운동이란 무엇인가?
말브랑슈의 육체와 영혼의 관계에 대한 신학적 표현은 무엇인가?

렘브란트(Rembrandt), 그리스도의 부활, 1639.

유일한 생명의 원천인 것처럼 유일한 빛의 원천이다.

데카르트 자신보다 더 데카르트주의자인 말브랑슈는 이 모두를 믿었다(상세한 전기는 1-5 참조). 데카르트는 동물이 본질적으로 기계라고 믿었다. 말브랑슈는 이것이 인간에게조차도 사실이라고 생각했다. 말브랑슈는 '우인론자偶因論者, occasionalist'였다. 그는 인과관계는 신만이 엄격히 독점하며, 인간과 동식물은 단지 신의 권능을 위한 기회를 제공할 뿐이라고 믿었다. 따라서 사람들이 대상을 볼 때, 그것을 보고 관념의 형태로 우리의 영혼에 전달하는 것은 실제로 신뿐이다. 악한 일이 행해지더라도, 그것은 단순함을 향한 신의 욕망의 결과이다. 모든 것에 단일한 규칙을 갖는 것이 더 쉽기 때문에, 고통과 보상이 주어지는 원칙은 대상의 합당함과 비합당함에 있지 않다. 데카르트라면 이 극단적 데카르트주의(신의 권능의 직접적 개입에 의해 즉각적인 원인과 결과가 생긴다는 믿음)가 실제 대상은 존재할 이유가 전혀 없으며, 인간의 선택은 일어날 수 없고 따라서 모든 악의 원인이 신 자신임을 의미한다고 지적할 것이다.

11-15] 이처럼 새 이론과 옛 이론의 차이를 지적하면서 뒤마는 두 이론의 관점이 일치함을 설명할 때 했던 것처럼 사실적 차이와 함께 원칙적 특성의 차이를 지적한다. 이러한 의미에서 뒤마는 유일하게 가능하고 유일하게 옳은 문제 설정을 온전히 보존한다. 동시에 그는 데카르트의 정념 학설과 기관 정서 이론의 진정한 관계를 드러내기를 바란 연구자들이 당면한 문제를 모두 빠짐없이 지적한다. 뒤마가 제기한 두 입장—고찰 중인 이론의 일치와 차이—은 최근의 문헌에서 발전되었다. 각각은 나름의 사실적, 원칙적 측면을 가진다. 여기서 전자(사실-K)는 후자(원칙-K)의 결과 이외의 것으로 간주될 수 없다. 만일 우리가, 당연히, 그릇된 생각의 특정 부분을, 즉 논리적 혹은 사실적 특성상의 오류를 다루고 있는 것이 아니라고 상정할 때, 두 이론 사이에 각각의 사실적 입장에 대한 어떤 본질적인 것에서 일치나 차이가 존재한다면 우리는 언제나 이에 따라 각 이론의 어떤 원칙적 토대에서의 일치나 차이를 찾아야 한다.

11-16] 우리는 이 역사적 연구의 주요한 대표자들에만 국한하여 뒤마 입장의 추후 발전을 고찰하고자 한다. 그들의 결론은 우리 연구의 과업을 설명하는 데 기여하는 한에서만 우리의 흥미를 끌기 때문이다.

엄청나게 많은 연구자들이 두 학설의 철학적 정신상의 일치에 대한 뒤마의 입장과 유사한 결론에 이른다. 여기서 학설들 간의 연결이 언제나 공통된 기계적 세계관을 통한 연결로 나타난다는 것은 본질적으로 중요하다. 특히 G. 브렛은 정서 이론의 역사적 발달을 연구하면서 바로 이 연결이 그 토대에 있다고 제시한다.

이론들 간의 연결이 정서 이론의 역사적 발달에 어떻게 기여할 수 있었는가?

G. 테르 보르흐(Gerard ter Borch), 아버지의 훈계(?), 1654.

이 그림이 19세기에 발견되었을 때, 일종의 도덕적인 교훈을 담고 있는 것으로 추측되었다. 그렇다면 어떤 교훈이 담겨 있는 것일까? 19세기에, 비평가들은 아버지가 딸의 화려한 드레스를 질책하고 있다고 생각했다. 미래의 손자들에게 가훈이 제대로 전해지도록 하기 위함이라는 것이다.

이 책의 첫 장부터, 비고츠키는 제임스-랑게 이론의 계보가 스피노자로 거슬러 올라가는지 여부에 관심을 가져왔다. 이전 장에서, 그는 제임스-랑게와 캐논-바드 사이에 연속성을 확립하는 데 관심을 가졌다. 이제 그는 스피노자가 데카르트와 연결되어 있지만 또한 구별된다는 것을 논의하는 데 집중하는 것 같다. 그것이 왜 중요한가?

이 책의 부제는 '역사적-심리학적 연구'이다. 역사적 연구는 심리학적 연구 위에 서 있지 않으며 그것의 부분을 구성한다. 역사적 분석은 역사적 논쟁 위에 서 있지 않고 논쟁과 반론의 계보를 추적함으로써 그것을 이어 나간다. 이것은 우리가 각 논쟁의 목적과 맥락적 의미를 더 잘 이해할 수 있게 해 준다. 이런 종류의 역사적-심리학적 연구 없이, 지적 논쟁은 그저 제자리만 맴돌 뿐이다.

20세기 후반, 이 그림의 관객은 그림에 대한 몇 가지 이상한 세부 사항들을 알아차리기 시작했다. 그들은 어머니처럼 보이는 사람이 와인을 마시고 있다는 것, 침실용 작은 탁자에 화장품이 놓여 있다는 것, 배경에 빨간 커튼이 쳐진 침대가 있다는 것을 기이하게 보았다. 신사는 아버지보다 더 젊어 보이고, 개를 집으로 데려왔다. 동시에, 역사적 연구는 젊은 남성들이 창녀와 함께 포주(5-12 글상자 속 베르메르의 자화상 참조)와 성행위와 가격을 흥정하는 자극적인 그림을 요구하는 수요가 컸음을 보여 준다. 그림의 엑스레이 촬영 결과 남자의 오른손에 동전이 있었음이 나타났다. 이는 작품 완성 중에 덧칠되었을 것이다. 지금 이 그림은 '사창가 풍경'이라고 불린다.

*G. S. 브렛(George Sidney Brett, 1879~1944)은 웨일스에서 태어나 감리교 목사가 되기 위해 아버지로부터 훈련을 받고 옥스퍼드에서 그리스어와 라틴어를 교육받았다. 그는 캐나다로 이민을 가서 철학자가 되었으며, 시에서 아리스토텔레스의 정신론에 이르기까지 많은 주제에 대해 폭넓게 글을 썼다. 그는 세 권의 심리학 역사책을 썼다.

11-17] 이 저자는 다음과 같이 말한다. "데카르트는 자신의 철학을 발전시키기를 열정적으로 바라면서, 마리오네트가 끈을 통해 움직이듯

내적인 힘을 통해 움직이는 기계로 동물을 바라보았던, 아리스토텔레스의 방법을 부활시켰다. 이는 여러 가지 어려운 문제를 피하고 정서를 역학적 법칙으로 환원하는 가능성을 드러내기 위한 쉬운 길이었다. 확장과 수축의 역학은 감정적 혹은 수동적 상태를 설명하는 데 적합할 수 있다. 이 관점은 삽시간에 널리 퍼졌다. 모든 이론은 시기상 갈릴레이가 공식화한 아이디어의 명확성과 선명성에 연결되었기 때문이다. 이는 기만적인 단순화였지만, 또한 종종 매우 성공적으로 받아들여진 그러한 유형의 단순화였다. 그것은 아리스토텔레스적 전통에서 보존되어 온 공식화와 쉽게 결합될 수 있었다. 갈릴레이에 영감을 받은 홉스는 모든 심리적 현상을 온갖 종류의 운동으로 환원하려 노력했으며, 아리스토텔레스의 『수사학』에 대한, 말 그대로 자신만의 번역을 저술했다. 데카르트주의의 포도주에 중독된 말브랑슈는 확장과 수축의 역할을 매우 완고하게 강조하여 제임스와 랑게의 선임자로 공표되었다. 랑게 스스로가 실제 자신의 이론을 예견한 사람으로 말브랑슈를 인용한 것을 상기할 때, 이러한 발견은 놀라운 일이 아니다. 그것은 과실을 맺지 못하는 이론으로 남아 있으며 심리적 경험을 인위적 기제의 구성으로 환원하려는 모든 시도의 무용성에 대한 증거로 남아 있다(G. S. Brett, 1928, p. 392)."

11-18] 이처럼 G. 브렛은 데카르트적 와인과 반세기간의 심리학적 생각의 중독—잘 알려진 모순— 사이의 직접적 연결에 대해서, 그리고 이 연결의 토대에 놓인 거대하고 포괄적인 생각, 즉 인간의 정념을 포함한 모든 존재를 기계론적 법칙으로 설명하려는 생각에 대해서 본질적으로 뒤마와 동일한 결론에 다다른다. 뒤마는 또 다른 측면에서의 결론을 옛 저자로서는 회프딩으로부터, 최근 저자로서는 던랩으로부터 발전시킨다. 전자는 주로 옛 이론과 새 이론 사이의 원칙적 차이의 측면을 조명하고, 던랩은 이론의 사실에서 도출되는 그들 간의 불일치를 조명

한다.

11-19] H. 회프딩은 느낌의 자질과 느낌의 유기체적 변화에 수반하는 힘 사이에 존재하는 역逆관계를 지적한다. 강력한 정신적 격동이 나타나면 느낌의 질적 고유성은 떨어지고 일반적 흥분성으로 대체된다. 처음에는 주로 흥분, 사건, 표상의 특징으로 조건화되던 상태가 이제는 오직 뇌에 가해지는 유기체적 자극에만 의존한다. 그것은 관념으로 시작하지만 감각으로 끝난다. 많은 경우 내관을 통해서 느낌 출현의 두 단계를 구분할 수 있다. 인지적 요소의 영향이 명확히 관찰되면 이로부터 고유한 질적 느낌이 나타나며, 둘째, 상응하는 유기체적 자극이 대뇌 피질에 가해진다. 한편, 전자(느낌-K)가 아닌 후자(유기체적 자극-K)만이 생리적 상태와 연결된다고 가정하면서 유심론적 진영의 몇몇 저자들이 그랬듯 이 두 단계를 날카롭게 구분할 근거는 없다. 그리하여 데카르트와 말브랑슈는 이 순환을 정신과 신체의 상호작용으로 기술했다. 최근에는 유심론적 관점과 완전히 반대로 연구자들은 그 어떤 정신적 자극에서도 유기체가 대뇌에 미치는 작용에 상응하는 감각만이 실제로 주어진다고 주장한다.

11-20] H. 회프딩이 여기서 염두에 두고 있던 것은 제임스-랑게 이론이다. 그는 몇몇 경우에서 느낌의 발달이 몇 가지 단계의 경로를 통해 일어나는 것이 관찰됨을 토대로 이 이론의 개연성이 낮다고 간주한다. 그는 정신적 격동은 표상뿐 아니라 순전히 생리적 수단을 통해서도 일어날 수 있다는 랑게의 주장에 반대한다. 느낌에 어떤 표상이 반영되는지 혹은 그렇지 않은지에 따라 사태가 결코 모두 동일하지 않다고 회프딩은 가정한다. 첫 번째 경우 느낌이 명확한 특징과 방향을 획득하지만 두 번째 경우 이는 다만 비규정적인 자극 과정일 뿐이다. 이 차이는 비록 제3자의 눈에는 분명하지 않지만 내관에서 큰 의미를 갖는다.

11-21] 이처럼 회프딩 자신은 제임스-랑게 가설에 비슷하다기보다

는 반대되는 입장에서 시작한다. 이 가설은 모든 느낌을 느낄 수 있는 감각으로 환원한 반면 회프딩은 그들 사이의 역관계를 확립한다. "느낌의 요소가 강할수록 고유하게 느낌을 감지하거나 인지하는 요소가 쇠퇴한다(…). 가장 기초적인 느낌의 형태는 대체로 자극의 강도와 그것이 유기체적 삶의 경로를 방해하는 정도에 따라 규정된다. 이는 특히 본능적 움직임을 일으키는 자극과 함께 일어난다. 그들의 질적 고유성은 그들이 격동시키는 느낌적 흥분과 격정에 가려진다. 그러나 감각의 질적 고유성이 느낌의 기관에 상응하는 정도와 힘으로 나타낼 수 있을 때에는 느낌이 감각에 따라 규정된 형태와 특징을 획득한다. 그것의 힘이 약해지는 대신 풍부하고 다양한 뉘앙스를 획득하며 생존을 향한 직접적 투쟁으로부터의 독립 또한 획득된다. 삶의 느낌에서는 유일한 문제인 '사느냐 죽느냐'에, 유기체적 안녕에 집중되어 있던 동일한 에너지의 총합이 질적 느낌에 의해 분산되고 다양한 흐름으로 퍼져 나간다. 따라서 느낌이 질적 분화에 승리하는지 혹은 패배하는지는, 느낌의 생명 에너지가 전체적으로 그 질적 뉘앙스와 함께 자라나는지 여부에 달려 있다"(Г. Геффдинг 1904, c. 196).

다음은 회프딩의 영문판 번역이다.
"느낌-요소가 강해지면 강해질수록 감각-지각 혹은 인지적 요소는 사라진다. 가장 강한 쾌락과 고통을 자극하는 감각-인상은, 경고나 유혹으로 그들의 실천적 중요성이 얼마나 크든지 간에 영원한 관계에 대해서 우리에게 전혀 알려 주는 바가 없다. 느낌의 가장 기초적 형태는 자극의 강도와 그것이 유기체적 생명의 경로에 미치는 영향의 정도에 의해 주로 규정된다. 이는 본능적 움직임을 촉발하는 자극에 대해 특별히 그렇다. 그들(본능적 움직임-K)의 질적 특성은 느낌의 압박과 그들이 자극하는 욕망에 의해 무색해진다. 그러나 감각의 질적 자질이, 감각기관에 어울리는 힘으로 스스로를 드러낼 수 있게 되면 감각에 응답하는 느낌은 분화되고 구체화된다. 강도에서 상실하는 것을 풍부함과 다양한 세분화에서 얻으며 또한 생존을 향한 즉각적 투쟁으로부터의 독립에서 얻는다.

생존적 느낌에 있어 유기체적 부침에서 '사느냐 죽느냐'의 유일한 문제에 집중되어 있는 에너지의 총합은 질적 느낌에서는 나누어져 다른 물줄기를 따라 흐르게 된다. 느낌이 질적 분화를 통해 실제로 얻는지 혹은 잃는지는 느낌의 삶의 전체 에너지에서 그에 상응하는 성장이 있는지 여부에 달려 있다."

Høffding, 1904, Notes on a Psychology Based on Experiments, London: Macmillan(Original work published 1891), 232-233.

11-22] 느낌이 기초적 형태에서 고등 형태로 발달할 때 중심적 역할을 하는 심리적, 인지적 계기를 강조하면서, 순전히 유기체적 계기의 의미가 감소함을 지적하면서 회프딩은 새로운 이론을 둘러싼 투쟁에서 처음부터 그에 반대하는 입장을 취한 이 중 하나가 되었다. 그의 이러한 의견에 대해서는 나중에 다시 토의할 것이다. 동시에 회프딩은 제임스-랑게 이론이 정념의 순환을 영혼과 신체의 상호작용으로 기술한 데카르트와 말브랑슈의 유심론적 관점과 정반대됨을 확인하지 않을 수 없었다. 회프딩 역시, 말브랑슈의 공식화로부터 랑게의 공식으로 넘어가기 위해서는 영혼과 신체의 관계에서 신학적 관점을 제거해야 함이 필수적임을 이해했던 뒤마가 말했던 두 학설 사이의 차이를 염두에 두고 있음을 우리는 쉽게 알 수 있다. 이처럼, 이번에는 두 이론의 차별점이 되는 두 번째 과학적 세계관의 원칙이 명명된다. 이는 정념의 기제에서 영혼과 신체의 상호작용에 대한 유심론적 관점, 정서의 심리적 문제에 대한 신학적 개념이다. 앞에서 명명된 기계론적 원칙과 함께 이는 데카르트의 정념 학설의 모든 방법론적 토대를 이룬다.

A. 뒤러(Albrecht Dürer), 아담과 이브, 1504.

이 판화와 135년 후 렘브란트가 제작한 판화(**10-17** 글상자 참조)를 비교해 보자. 뒤러에게 영혼과 몸의 관계는 신학적이다. 이브가 아담에 봉사하고 아담은 신을 받들어야 하듯이 몸이 영혼에 봉사해야 하는 것이다. 뱀의 개입은 이러한 영원한 진리를 뚜렷이 부각시키는 부정적 증거일 뿐이다. 데카르트에게서 이 관계는 기계론적이다. 기계가 조작자에게 봉사하듯 몸은 영혼에 봉사하는 것이다. 스피노자와 렘브란트에게 있어 몸과 마음의 관계는 진정 정서적인 관계이다. 정서가 마음에 영향을 미칠 수 있다는 것은 그들의 본질적인 통합성을 보여 준다. 오직 스피노자의 관점만이 영혼을 심리적 혹은 인지적 (따라서 불멸이 아닌) 실체로 간주한다. 따라서 스피노자의 관점만이 이 둘의 관계의 발달에 대해 어떤 식으로든 말할 수 있게 해 준다.

11-23] 정념을 기계론적으로 설명하는 일반적 경향으로부터 정서적 반응의 심리생리적 기제에 대한 사실적 기술에서 데카르트 학설과 기관 이론의 일치가 필연적으로 일어나듯이, 정서의 심리생리적 본성에 대한 관점의 원칙적 차이로부터 정서적 과정의 구성과 경로에 대한 구체적, 사실적 기술의 차이가 필연적 결과로 일어난다. 이제 막 기술한 사태의 측면은 이미 말했듯 최근에 던랩에 의해 강조되었다. 그는 이 본질적인 지점에서 데카르트 학설과 제임스 학설의 대립성을 보았으며, 정서에 대한 새로운 중심적 이론이 데카르트적 관점으로 회귀하는 것을 비난하는 경향이 있다.

11-24] "제임스는 H. 뮌스터베르크가, 유입되는 흐름이 지적 작용을 자극하고 유출되는 흐름이 정신의 정념을 일으킨다는 옛 데카르트의 이론을 끝장냈다고 생각했다. 분명 제임스는 잘못 생각한 것이다"(K. Dunlap, 1928, p. 159). 던랩의 의견에 의하면 옛 이론은 정서의 근원에 대한 주변적 가설을 중심적 가설과 대비시키는 새 이론으로 부활한다. 이 문제는 데카르트 이론(정서는 대뇌에서 시작하는 방전 과정으로 인해, 즉 옛 의미로는 감각의 신경지배로 인해 일어난다고 가정한다)과 제임스-랑게 이론(정서를 주변적 감각의 결과로서, 지각과 동일하게 간주한다)을 나누는 분수령이라고 던랩은 말한다(같은 책, pp. 159-160).

11-25] K. 던랩은 기관 이론을 새롭게 발견된 사실에 맞도록 변형시키려 시도한 기관 이론의 추종자 중 하나이다. 그는 기관 이론에 대한 객관적 반론으로 통상 제시되는 새로운 사실들을 우리가 올바르게 해

석한다면 여기서 그에 대한 반증이 아닌 확증을 볼 수 있다고 가정한다. 던랩은 제임스가 스스로의 이론을 완전히 받아들이지 않았으며 심신평행론을 고수했을 뿐 아니라 그가 조악한 신체적 피제약성의 지배하에 두기를 원치 않았던 영혼의 느낌(에 대한 관념-K)도 적지 않게 보존하고 있었음을 인정한다. 기관 이론의 다른 추종자들과 마찬가지로 던랩은 데카르트 이론과 주변적 정서 이론의 사실적 차이를 올바르게 강조했으며, 이는 C. 스피어먼이 제임스의 이론을 부활시키고자 한 또 다른 시도인 맥두걸의 이론에 대해 말한 것에 온전히 적용된다. 스피어먼은 이 이론의 직계조상, 즉 워드, 제임스 등뿐만 아니라 창시자— 말브랑슈도 거명한다(C. E. Spearman, 1928, p. 40).

> 이것은 렘브란트가 그린 툴프 박사의 그림에서 등장했던 책(6-1 글상자 참조)의 머리그림이다. 베살리우스 또한 네덜란드인이었고, 최초의 진정한 과학적 해부학의 저자였다. 렘브란트가 툴프 박사 그림에서도 위의 동작과 유사한 동작을 묘사했음을 주목하자. 베살리우스와 툴프 박사 모두 신경과 힘줄이 어떻게 고등 유인원만이 할 수 있는 것(엄지와 집게손가락을 맞대기)을 사람이 할 수 있도록 하는지 보여 주고 있다. 우리 종에 거의 고유한 이 손의 위치는 인간이 도구와 무기를 사용할 수 있도록 해 주며 우리를 완전한 인간으로 만들어 준 것으로 인정되어 왔다. 물론, 이것은 문화의 기원이 특정한 종류의 손으로 하는 행동이며 그 반대가 아니라고 가정하는 것이다.
> 이 문단에서 비고츠키는 비텐베르크 심포지엄의 153쪽을 언급하고 있다. K. 던랩은 정신적 현상으로서 정서는 구체적인 물체나 관찰할 수 있는 사건이 아니기 때문에 존재하지 않는다는 극단적인 행동주의적 입장을 취한다. 제임스와 랑게가 논의하는 종류의 감각들만이 존재한다. 이들은 관찰할 수 있고 예컨대 심전도 측정기를 이용하여 측정 가능하다. 캐논의 관찰은 제임스와 랑게를 지지하는 것처럼 해석되는데, 그 이유는 모든 형태의 흥분은, 이것이 내장에서 일어나든 시상에서 일어나든, 신체적 발현에서 특정한 변화를 공통적으로 나타낸다는 것

J. 반 칼카르(Jan Van Calcar), 베살리우스의 초상화, 1534.

을 증명했기 때문이다.

위 문단은 비텐베르크 심포지엄에 스피어먼이 기고한 글을 인용한 것이다.

*C. E. 스피어먼(Charles Edward Spearman, 1863~1945)은 W. 분트와 F. 크뤼거의 제자이자 오늘날 널리 쓰이는 지능검사를 고안한 D. 웩슬러의 스승이었다. 스피어먼은 피어슨 상관계수를 이용하여 순위 사이의

통계적 의존성을 계산했다. 그는 요인분석을 창안했으며 지능에 있어 일반 요인(g 요인)을 제안했다. 비텐베르크 심포지엄 기고문에서 스피어먼은 지능검사 연구에서 사용한 것과 같은 방법을 사용하여 에고티즘(자기중심성향)의 '정서'를 확립하려 했다. 이러한 시도는 실패로 돌아갔는데, 이는 남보다 뛰어나려는 욕망은 에고티즘의 다른 요인 예컨대 리더가 되려는 욕망이나 존경에 대한 욕망의 비율과 거의 반비례한다는 것이 드러났기 때문이다. 비고츠키는 스피어먼이 플라톤에서 제임스-랑게에 이르기까지의 정서적 연구에 대한 역사적 계보를 소개하고 제임스-랑게의 진정한 선조는 말브랑슈라는 결론을 내리는 논문의 첫 부분에만 관심이 있었다.

11-26] K. 던랩은 정서를 모든 심리적 과정의 역동적 배경으로 간주하면서 사실상 제임스-랑게 이론을 보존하려 시도한다. 내장 변화에 대한 문제도 그에게 심리학적으로 중요하게 여겨지지 않았으며 이 때문에 그는 새로운 이론이 제임스-랑게 이론을 해부학적으로 더 발전시킨 것이라고 보는 경향이 있다. 던랩은 이 이론에 근거해, 후에 실험적 방법으로 드러난 사실인, 특정한 정서적 상태에 따른 내장 변화 형태가 동일하다는 것을 예견한 것을 스스로의 공로로 돌린다. 캐논이 다루었던 모든 정서들은 자극하는 정서들이었으므로 그들 간에는 차이보다 유사성이 더 큰 것이 필연적이다(K. Dunlap, 1928, p. 159).

스피어먼과 마찬가지로 이 문단 역시 비텐베르크 심포지엄 저서를 인용한다. 던랩은 근본적인 경험주의자로 오직 대상과 사건 그리고 그들 사이의 관계만이 사실로 간주될 수 있다고 주장했다. 따라서 우리가 정서라고 부르는 대부분의 것은 사실적이지 않으며, 연구될 수 없는 것이다. 제임스-랑게 이론만이 이러한 막다른 길에서 구해 줄 수 있다. 그러나 그렇게 하기 위해서는 데카르트주의의 와인을 마시고 신체는 단백질로 만들어진 기계라는 것을 인정해야 한다.

던랩에 대해서는 **2-11** 참조.

P. 브테바엘(Pieter Wtewael), 부엌 풍경, 1620.

11-27] 어쨌든 던랩의 연구 결과는 우리의 흥미를 끄는 문제를 해결하는 데 고려될 수 없다. 우리가 볼 때 이 결과들은 이중적이다. 한편으로, 그는 자신의 입장의 토대에 주변적 정서가설을 보존하고 있으므로, 스스로는 인식하지 못하고 있지만, 브렛의 표현에 따르면, 데카르트주의의 포도주에 중독되어 있다. 다른 한편으로 그는 자신이 옹호하는 가설이 데카르트의 학설과 대단히 날카롭게 대립하는 본질적 지점을 지적한다. 이 지점, 즉 신경지배 감각의 문제로 우리는 연구의 경로에서 다시 돌아가야 할 것이다. 지금은 다만 이것이 의심의 여지 없이 제임스

의 가설과 데카르트의 이론 사이에 존재하는 객관적 차이, 회프딩이 지
적했던 두 이론 간 원칙적 차이에서 나오는 직접적 결과라는 것만을 지
적하고자 한다. 사실 원심적 경로를 통한 정서 발생 가능성에 대한 데
카르트의 가정은 정념의 심리생리적 순환이라는 개념, 즉 정신과 신체
의 관계에 대해 유심론적 관점을 토대로 하는 개념에 온전히 의존한다
는 것을 우리는 보지 않을 수 없다.

J. 스테인(Jan Steen), 방탕한 가족, 1663.

　여인은 팔을 들어 올리고 있다. 그러나 그녀는 구심적 신경이 아닌
원심적 신경을 이용하고 있다. 이 팔을 들어 올리는 신경을 우리는 느

낄 수 있을까? 셰링턴은 아니라고 말했다. 그러나 최근 연구는 그렇다고 말한다(이 그림은 화가 자신의 모습을 포함하고 있다. 그림 속 아버지는 얀 스테인이다. 그의 머리 위에 있는 양동이에는 거지의 지팡이와 컵이 들어 있다. 이는 스스로에 대한 절주의 경고이다).

분트는 우리가 원심적 신경 파동을 감각함으로써 자발적 행동(예컨대 팔을 올리는)을 느낄 수 있다고 믿었다. 뇌에서 팔의 근육을 향해 나가는 신경의 감각을 느낀다는 것이다. 이러한 감각은 신경지배 감각이라고 불린다. 셰링턴은 신경지배 감각이 존재하지 않는다고 믿었다. 오직 구심적 신경 파동만이 느낌을 전달한다는 것이다. 따라서 우리가 팔을 올릴 때 느끼는 것은 근육에 할 일을 알려 주는 운동신경이 아니다. 우리는 근육 자체의 감각 신경을 느낄 뿐이다.

던랩은 셰링턴에 동의한다. 이는 그가 영혼이 송과샘을 통해 신체를 '신경지배'한다는 데카르트주의의 가설에 반대함을 의미한다. 영혼은 물론 영혼 자체를 민감하게 의식한다.

마취된 환자를 대상으로 한 실험은 유입성(구심적) 감각과 유출성(원심적) 감각이 모두 자발적 행동에 존재한다는 것을 보여 주었다.

11-28] 지금으로서는 이 결론이 우리 연구의 이 부분 앞에 있는 일련의 문제들을 종결짓는 한 우리에게 충분하다. 우리는 모든 것들을 한데로 모을 수도 있을 것이다. 그것은 두 개의 기본적 문제를 포함한다. 이 두 문제들은 각각 두 부분—원칙적, 사실적 부분으로 나뉜다. 원천에 대한 연구에서 도출된 이 네 문제들은 전체로서, 데카르트 이론과 우리 목전에서 소멸하고 있는 심리학 이론 사이의 관계를 설명하는 것과 관련된 모든 문제의 집단을 기본적으로 모두 포함한다. 바로 다음과 같은 집단이다. '정서를 설명하는 기계론적 원칙, 정서적 반응의 심리생리적 기제에 대한 사실적 기술', '정서의 심리적 본성에 대한 유심론적 개념, 원심적 경로를 통한 정서 발생에 대한 문제'. 이 집단의 첫 두 가지 요소들은 두 학설에 공통되지만, 두 번째(요소들-K)는 그들(학설-K)

을 나눈다.

사실은 공통되지만 원칙은 다르다	기계론적 원칙	유심론적 개념
사실적	심신평행론: 주변 신체에서는 감각을, 뇌에서는 정서를 느낀다.	
원칙적	구심적 원칙: 감각은 주변에서 먼저 나타나고 뇌에서 정서로 나타난다.	원심적 원칙: 정서는 뇌에서 먼저 나타난 후 주변에서 감각으로 나타난다.

11-29] 우리는 데카르트 학설과 제임스-랑게 이론의 사상적 연결의 문제를 구체적으로 확립하는 것을 유일한 과제로 삼은 우리 연구의 장章을 여기서 마무리 지을 수도 있을 것이다. 우리는 찾고자 한 것을 모두 발견했다. 그러나 현재 장을 마치기 전에 우리는 이 이론의 저자들 자신이 그들의 정신적 선조에 대해 가지고 있는 의견을 살펴보는 것이 필요하다고 생각했다.

11-30] W. 제임스는, 앞에서 보았다시피 그들을 전혀 인정하지 않았다. 그가 직접 말한 적은 없지만, 우리는 첫째, 그가 자신의 가설의 철학적 본질에 대해 그리 깊이 생각하지 않았으며 둘째, 그가 그것(가설-K)을 기존에 존재하던 모든 형이상학적, 철학적 개념에 대한 경험적, 과학적 개념으로 대립시키는 경향이 있었다고 간주할 수 있다. 이와 관련하여 그는 정념에 대해 서로 모순되는 철학적 학설들조차도 구분하지 않았다. 그는 이들을 똑같이 거부했으며 이들이 자신이 발전시킨 가설의 운명에 그 어떤 의미도 가질 수 있다고 생각하지 않았다. 그는 데카르트에서 시작해 오늘날에 이르는, 그가 관심 있었던 문제에 대한 순전히 기술적인 문헌들은 심리학에서 가장 지루한 단편들이라고 말한다. 제임스는 모든 옛 이론들을 한데 싸잡아 자신의 가설과 대립시킨다. 옛 이론들에서 그는 그 어떤 주도적인 시작도, 그 어떤 기본적인 관점도, 그 어떤 논리적 일반화도 보지 않는다. 그는 옛 문헌들이 각각의 정서

를, 한때 생물학이 불변의 종이라고 본 것과 유사하게 영원한, 범접 불가한 영혼적 실체로 간주한다고 책망한다.

제임스가 그토록
가설의 철학적 본질에 대해
신경쓰지 않았던 이유는?

P. 바우베르만(Philips Wouwerman), 연락선을 기다리는 여행객, 1649.

여행객들은 지루하고 자연 광경에 관심이 없다. 산과 강은 그저 장애물 정도의 의미가 있을 뿐이다. 제임스는 실용주의자이다. 그에게 명제의 진리는 가고 싶은 곳에 도달하는 유용성에 있다. 이것은 제임스가 자랑스러워했던 태도로, 그가 '학설들'에 대해 관심이 적었으며 스스로의 관점이 과학에서 실용적 성과를 내고 모종의 목적지에 도착하는 데 유용한 최초의 진정한 '이론'이라고 여기는 이유였다. 이와 반대로 비고츠키는 과학자에게는 여행자가 지도를 필요로 하는 것과 같은 이유로 철학이 필요하다고 생각했다.

11-31] 여기에, 제임스가 자신의 가설에 대한 유물론적 해석에 반대했음과 그가 마지못해 미묘한 정서와 거친 정서의 심리적 본성상 원칙

적 차이에 대한 인정에 동의했음을 덧붙인다면 우리는 제임스가 자기 가설의 방법론적 토대에 대해 말한 거의 모든 것을 얻게 된다. 보다시피 여기에는 대단한 무언가가 없다. 제임스의 방법론적 부주의성은 그가 심리학에서 고수했으며 급진적 경험론이라 불릴 수 있는 일반적 경향성과 직접 연결되어 있다. 그의 눈에는 심리학은 "날것의 사실적 자료의 더미, 다양한 구구한 의견, 순수하게 기술적 특성을 가진 분류와 경험적 일반화를 향한 일련의 미약한 시도…" 이상이 아니다. "그러나 물리적 현상의 영역에서 사용되는 의미의 그 어떤 법칙도, 연역적 경로를 통해 결론을 도출하게 해 주는 그 어떤 명제도 (심리학에는-K) 없다… 간단히 말해 심리학은 아직 과학이 아니다. 이는 미래에 과학이 될 것을 약속하는 무언가이다"(У. Джемс, 1902, с. 412-413).

11-32] 이처럼 제임스는 심리학적 연구를 날것의 사실적 자료의 더미를 수집하는 것과 기술적 특성을 가진 경험적 일반화를 하는 것으로 생각했다. 이와 관련하여 그는 분명 자신의 정서 이론도 예외로 삼지 않았다. 따라서 그는 정서 이론의 철학적 본질과 관념적 기원에는 눈을 감았다. 그는 자신의 가설이 데카르트나 다른 그 어떤 철학적 이론과 일치함을―그 토대의 원칙적 동일성이라는 의미에서나 정서적 기제의 사실적 확인이라는 의미 모두에서― 그가 알고 있다는 것을 어디서도 지적하지 않는다.

11-33] 이러한 측면에서 해부학자이자 생리학자인 랑게가 철학자가 천직이었던 제임스보다 총명하다는 것이 드러난다. 그러나 랑게의 총명함도 자신의 이론이 과거의 철학 학설에 의존한다는 것을 끝까지 인정할 수 있게 하지 않았다. 그러나 그의 주의력은 이 학설들에 자신의 것과 일치하는 정서적 기제에 대한 기술이 포함되어 있음을 놓치지 않았다. 그는 다음과 같이 쓴다. "이미 200년 전에 정서의 신체적 현상에 대한 완전한 혈관운동 이론을 만들었다는 사실은 주목할 만하다. 이는 말

브랑슈에 의해 이루어졌다. 생리학적 지식이 아직 발아하고 있던 시기에, 근육 혈관이나 신경 혈관에 대해 알려지지 않았던 때에, 그는 천재의 원리원칙성으로 현상들 사이의 진정한 관계를 밝혀냈다"(Г. Ланге, 1896, c 86).

11-34] 말브랑슈가 데카르트를 따라 제시한 정서에 대한 설명을 인용하면서 랑게는 다음과 같이 결론짓는다. "오늘날의 생리학 용어로 번역하면 말브랑슈의 이론은 각각의 강력한 정서적 인상이 혈관운동의 신경지배를 증가시키고 이를 통해 동맥의 협소화가 일어난다는 것을 뜻한다. 이러한 협소화가 뇌동맥에 일어나면 뇌에 너무 적은 피가 공급되고, 신체 나머지 부분에 너무 많은 피가 공급된다. 뇌에서의 혈액 부족은 일반적 마비 현상을 일으킨다. 그러나 반대로, 다른 종류의 정서에서 일어나듯이, 뇌의 동맥은 자유롭게 남아 있고 나머지 다른 모든 신체 동맥이 협소화되면 뇌와 얼굴은 혈액으로 가득 찬다. 생리학에 혈관 직경의 능동적 변형이 전혀 알려 지지 않았던 시기에 말브랑슈의 이론은 근거가 없는 가설로 받아들여졌으며 그 어떤 주목도 끌지 못했다. 불가피한 불완전성과 부분적인 오류에도 불구하고 혈액순환의 교란을 정서에 수반되는 다른 모든 신체적 현상이 의존하는 일차적 현상으로 본 저자의 천재적 관점이라는 점에서 이 이론은 극도로 주목할 만하다"(같은 책, c. 87-88).

> 랑게는 우리의 느낌이 심장이 혈액을 순환시키도록 돕는 혈관 근육의 변화에 대한 뇌의 반응이라고 생각했다. 그는 말브랑슈가 거의 같은 말을 했다는 것을 발견하고 놀랐다. 물론 말브랑슈는 뇌의 반응이 신성하고 영원한 '영혼의 정념'이라고 믿는 한편 데카르트와 같이 심장이 펌프라는 것은 믿지 않았다. 데카르트와 말브랑슈는 온도의 변화나 흥분과 같은 어떤 과정 때문에 피가 순환한다고 생각했다. 몸은 우물처럼 만들어지지 않고 오히려 양조장처럼 만들어졌다고 본 것이다.

아마 이것은 비고츠키가 데카르트에서 랑게에 이르는 물리학자와 생리학자들이 '데카르트의 와인에 취해 있다는' 생각을 즐겨 인용한 이유일 것이다.

혈액순환의 교란을 정서에 수반되는 신체적 현상이 의존하는 일차적 현상으로 본 말브랑슈의 이론이 현대의 과학적 이론에 어떻게 부합되는가?

G. 메취(Gabriel Metsu), 늙은 술꾼, 1650.

11-35] C. G. 랑게는 제임스와 달리 본인보다 200년 전에 신체적 정서 반응에 대한 완전한 혈관운동 이론이 만들어졌음을 명백히 보았다. 그러나 그는 한쪽 눈으로만 보았음이 드러난다. 그는 자신의 이론과 말브랑슈의 이론이 사실적 측면에서 일치함에 주의를 기울였다. 원칙적 측면은 그에게 어둡고 불명료하게 남아 있었다. 우리는 앞 장 중 하나

에서 랑게가 스피노자에 주목했음을 인용한 바 있다. 랑게가 볼 때 스피노자는 자신이 발전시킨 관점에 그 누구보다 가까이 서 있다. 스피노자는 정서의 신체적 발현이 정신적 운동에 의존한다고 보지 않았을 뿐 아니라 신체적 발현을 정신적 운동과 나란히, 심지어는 거의 가장 전면에 두었기 때문이다. 랑게는 제임스와 마찬가지로 자신이 실제로 데카르트의 정념 이론과 유사하며 스피노자의 학설과 완전히 대비된다는 것에 대해 의심조차 하지 않았다. 브리트의 생생한 표현을 빌리자면 말브랑슈의 경우에서와 같이 여기서도 데카르트주의라는 와인의 중독이 일어났다.

• 설명인가 기술인가?

비고츠키는 그의 의도가 "제임스-랑게 이론이 데카르트 정념 학설을 그 원천으로서 가지고 있는지 여부를 명료하게 하기" 위한 것이라고 말하며 이 절을 시작한다. 비고츠키는 랑게와 말브랑슈(성 아우구스티누스의 연구와 데카르트의 연구를 종합한 17세기 신학자) 사이의 연결을 보여 줌으로써 이 과업을 수행한다. 비고츠키는 데카르트 이래로 자유 의지 학설이 모든 심리학적 이론들을 데카르트 와인으로 취하게 하는 마취제로 작용했다는 것을 언급하면서 이 절을 끝맺는다.

11.1 비고츠키는 이 장이 제임스와 랑게와 같은 구체적 심리학적 가설 뒤의 기본 철학적 갈등을 드러내는 것에 도움이 되기를 바란다. 특히, 데카르트 철학과 스피노자 철학의 투쟁이 어떻게 최근의 과학적 문제들과 관련이 있는지를 보여 주고자 한다.

11.2 비고츠키는 우리가 티치너, 아이언스, 데 반셀, 뒤마 그리고 던랩의 연구로부터 볼 수 있는 것처럼, 데카르트가 제임스-랑게 이론의 알려지지 않은 조상이라는 개념이 이제 막 동시대의 심리학에서 나타나기 시작한다고 말한다. 그러나 이것은 대체로 역사적 연결 형태의 관점에서 본 것이다. 비고츠키가 추구하는 근본적인 요점의 측면, 즉 제임스-랑게와 스피노자 사이의 이론적인 대립이라는 측면에 대해서는 누구도 논의한 적이 없다.

11.3 스피노자가 제임스와 랑게의 선조라는 전통적인 의견(랑게의 견해)은 정확하지 않다. 심리학에서는 이미 이것을 인지했지만, 그 인식은 여전히 부분적일 뿐으로, 제임스-랑게 이론의 공동 창시자로서 데카르트를 명명해야 한다고 주장하는 수준이다. 데카르트가 그 이론의 진정한 창시자이며 이론이 스피노자와는 전혀 무관하다는 것을 인지하는 사람은 아무도 없었다.

11.4 비고츠키는 미국 심리학자 D. 아이언스가 1894년에 제임스의 이론에 대해 쓴 글에서 긴 인용문을 (인용부호를 사용하지 않고) 제시한다.

11.5 비고츠키는 제임스-랑게에 찬성하는 데 반셀과 리보도 제임스-랑게 이론은 데카르트가 『영혼의 정념』에서 사용한 동일한 주장을 단순히 재진술하는 것으로 보고 있다고 언급한다.

11.6 비고츠키는 데카르트 이래로 더욱 정교한 연구들, 특히 말브랑슈의 연구에도 이것이 적용된다고 말한다.

11.7 뒤마는 말브랑슈와 스피노자 모두를 랑게의 조상으로 언급하는데, 랑게는 말브랑슈가 정서적 감각의 감각-운동기관적 토대를 인식했다는 점에서 혈관운동 이론에 아주 가까웠다는 사실을 발견하고는 상당히 놀랐다.

11.8 "말브랑슈는 일상적이지 않은 생명정기와 혈액의 운동이 나타날 경우 영혼이 자연스럽게 경험하는 모든 정서를 정념이라고 부른다." 이는 전과학적 사고의 완벽한 표상이다. 이것은 모든 것을 갖추었다. '영혼'의 언급, '자연스러운'과 '일상적이지 않은' 사이의 명백한 대비, 그리고 물론 '생명정기'와 '혈액'의 가치 없는 이중성. 여기에는 인간 정서에 대한 기술을 세워 올릴 만한 그 어떤 토대도 없다.

11.9 비고츠키는 만일 '영혼'이라는 단어를 제거한다면 랑게의 이론에 매우 근접한 것을 얻을 수 있다고 말한다.

11.10 뒤마가 언급한 것처럼, 랑게와 데카르트는 둘 다 역사적인 설명에 반대한다.

11.11 비고츠키는 뒤마가 경험적 내용에 대한 일치를 보는 것을 넘어, 기저에 깔려 있는 기계론적인 세계관을 발견한 것을 칭찬한다.

11.12 정의와 기술은 세계관 일치의 원인이 아니다. 그것의 결과일 뿐이다.

11.13 비고츠키는 자연과학자들이 철학자들로 하여금 그들을 안내하게끔 해야 한다는 엥겔스의 주장을 (다시 한번) 우리에게 상기시키고, 제임스-랑게 이론은 인간 정서에서 심리학적 측면과 생리학적 측면을 기술하는 방식에서 역사적이라기보다는 기계론적이라는 사실을 수용하도록 재촉한다.

11.14 그러나 뒤마는 한편으로는 데카르트, 말브랑슈와 다른 한편으로는 제임스, 랑게의 차이가 매우 명확히 나타나는 지점을 우리에게 보여 준다. 우리는 '동물정기'를 '혈관운동 자극'으로 대체해야 할 뿐만 아니라 '영혼'을 '대뇌피질 기능'으로 바꾸어야 한다.

11.15 유사점과 차이점은 모두 사실적, 이론적인 파급효과에 의한다. 사실적인 유사점은 이론적인 유사점의 결과이고, 언어적인 차이는 이론적인 차이의 결과이다. 역사적으로 관련된 두 현상이 모두 그러하듯, 데카르트 이론과 제임스-랑게 이론은 둘 다(이론적으로) 연결되어 있고, (경험적으로) 차이가 있다.

11.16 이제 비고츠키는 논의 대상인 '주요 개념'에 대한 최근 논의를 검토한다. 그는 데카르트와 제임스-랑게 사이의 연결이 항상 공통된 기계론적 세계관의 형태로 나타난다고 말한다.

11.17 비고츠키는 (동물은 끈으로 움직이는 꼭두각시라는 데카르트와 공통되는 견해를 가졌던) 아리스토텔레스로부터, (기계적 작용에 대한 명확한 수학적 기술을 처음으로 제공한) 갈릴레오를 지나, (갈릴레오의 체계를 정신적 현상으로 확장시킨) 홉스를 거쳐 마지막으로 '데카르트의 와인에 취한' 것으로 묘사되는 말브랑슈에 이르는 정서의 기계론적 견해를 추적한 브렛을 길게 인용한다(데카르트의 와인이라는 표현은 확실히 비고츠키의 맘에 든 듯하다. 그는 이 장에서 내내 이 표현을 사용한다).

11.18 브렛은 데카르트의 와인과 모순적인 제임스-랑게 이론 사이의 명확한 연결, 그리고 이들 연결의 토대, 즉 기계론적 법칙을 이용하여 인간 정서를 비롯한 모든 것을 설명하려는 야심찬 계획과 관련하여 모두 뒤마와 동일한 결론에 도달한다. 역시 뒤마가 발전시킨 두 이론의 차이점은, 회프딩에 의해 이론적으로 던랩에 의해 사실적으로 설명된다.

11.19 비고츠키는 인용부호 없이 회프딩을 매우 길게 인용한다. 그는 정서에 두 가지의 연결된 단계가 있다고 주장한다. 첫 번째는 정서를 분명하게 인식할 수 있는 경우로, 어떤 정서적 경험 유형을 또 다른 유형과 쉽게 구별할 수 있으며, 두 번째는 전체적인 자극을 받는 더 일반적인 상태이다. 회프딩은 '어떤 이가 그랬듯' 이 두 단계의 원인이 서로 다르다고 구분하고, 전자가 아닌 후자만을 생리적 변화에 대한 반응으로 여길 만한 토대는 없다고 말하며, 모든 정서적 상태가 뇌 기관(예를 들면, 시상)의 활동에 대한 반응이라는 것이 최근의 견해라고 말한다.

11.20 비고츠키는 회프딩이 제임스-랑게 이론에 반하여 이것을 사용한다고 설명한다. 우선, 제임스-랑게 이론은 구별 가능한 느낌으로부터 분화되지 않은 흥분 상태로의 변화를 설명할 수 없으며 둘째, 생각으로 인해 일어난 정서와 신체적 자극에 의해 일어나는 정서를 구별할 수 없다. 마지막으로, 회프딩은 생각은 구별 가능한 정서를 일으키는 반면 순수하게 신체적 자극은 전반적 흥분 상태를 불러일으킨다고 (내관에 기초하여) 추측하지만, 이것은 관찰자에게 그리 명백하지 않음을 인정한다.

11.21 제임스와 랑게는 공통된 (내장기관의 혹은 혈관운동의) 신체적 감각으로부터 인지 가능한 여러 정서적 자극을 끌어내기 위해 노력했다. 그러나 회프딩은, 어떤 의미에서, 정반대이다. 그는 심리적으로 구별 가능한 여러 정서로 시작하여 공통적인 신체적 감각으로 끝맺는다. 따라서 느낌의 질은 양 또는 강도에 반비례한다.

11.22 따라서 회프딩이 제임스-랑게의 최초이자 주요한 대립자 중 한 사람이라는 사실은 놀랍지가 않다. 그가 데카르트와 말브랑슈의 유심론적 견해와 제임스와 랑게의 훨씬 더 생리학적 견해 사이의 불화를 강조한다는 사실 또한 놀랍지 않다. 비고츠키는 제임스-랑게 이론이 데카르트/말브랑슈와 갖는 기계론적 유사성과 설명적(생리적 vs. 유심론적) 차이점이 제임스-랑게 이론의 기초를 본질적으로 정의 내린다고 말한다.

11.23 기계론적 유사성이 정신물리학적 기술에서 공통성을 만들어 내는 것처럼, 설명적 차이는 분지를 이끌어 낸다. 던랩은 이것을 가장 중요한 것으로 보았고, 새로운 시상 이론(캐논과 바드가 내세운 정서의 '중심적' 이론)이 데카르트주의로 회귀한다고 비난한다.

11.24 던랩은 캐논-바드에 의해 제안된 중심적 이론이 본질적으로 (주변에서 시작되고 시상에서 끝나는 파동이 신체적 느낌을 일으키지만 또한 이것은 대뇌피질에서 일어나는 중심적 파동에 의해 무효화될 수 있다는) 데카르트 이론으로의 복귀라고 말한다.

11.25 비고츠키가 이전에 언급했던 것처럼, 던랩은 데카르트-말브랑슈와 제임스-랑게 사이의 사실적인 차이점을 강조한다. 던랩은 새로운 사실들과 일치시키기 위해 제임스-랑게 이론을 수정하고자 한다. 그러나 그는 제임스가 스스로의 이론을 완전히 수용하지는 않았으며 영혼의 독립이라는 아이디어(예컨대 다양한 종교적 경험)를 유지했음을 인정한다(스피어먼은 기쁨 또는 고통의 감각으로 모든 정서를 설명하고자 했던 맥두걸이 워드, 제임스 그리고 말브랑슈의 어깨에 기대어 있다고 언급한다).

11.26 던랩은 내장 변화를 정서의 중요한 일부로 간주하지 않기 때문에, 그는 기꺼이 전체 시상 이론을 제임스-랑게 이론의 (발전된) 변형으로 간주한다. 그는 서로 다른 감각(신체 변화 측면에서)의 유사성을, 그것들이 모든 자극하는 정서라는 사실을 강조함으로써 설명한다.

11.27 던랩 역시 데카르트 와인에 취해 있었다. 한편, 그는 주변적 가설의 형태로 데카르트 이론을 방어했다. 정서는 주변에서 중심으로 또는 중심에서 주변으로의 정신물리학적 접촉에 의해 나타난다는 것이다. 다른 한편으로 그는 정서의 원인이 중심이냐 주변이냐 하는 문제에서는 데카르트와 갈라선다. 비고츠키는 데카르트의 (영혼이 신체를 통제하며, 따라서 중심이 주변을 통제한다는) 원심적 입장이 그의 유심론적 견해의 결과라고 말한다.

11.28 비고츠키는 모든 투쟁은 각각 두 가지의 결과(데카르트/말브랑슈의 이론과 제임스/랑게의 이론을 통합하는 것 또는 분리시키는 것)를 초래하는 두 가지의 측면(경험적, 이

론적)으로 이루어져 있다고 언급한다.

측면/결과	두 이론을 통합하는 것	두 이론을 분리시키는 것
경험적	정서적 반응에 대한 정신물리학적 기제(뇌의 변화, 신체 변화)의 경험적 기술	원심성의 또는 구심성(신체 변화가 뇌의 변화를 일으키는가? 아니면 그 반대인가?)의 정서 원인에 대한 경험적 증거
이론적	정서 일반을 설명하는 기계론적 이론적 원리(신체와 뇌가 기계적 혹은 전기화학적인 법칙으로 완전히 기술될 수 있는 자동기계라는 개념)	정서에 대한 정신물리학적 이론적 원리(정서가 개별적, 생물적으로 유래한다는 입장과 관념에서 유래한다는 입장. 물론 관념은 모종의 신비한 방법으로 생물적 변화를 이끌 수 있다)

두 이론 모두에서, 이론적인 측면은 이론적인 측면으로부터 흘러나온다. 이는 이론적 측면이 두 이론을 통합하거나 나누는 역사적 발달로부터 흘러나오는 것과 마찬가지다.

11.29 그리고 이것은 비고츠키가 이전의, 반反중세적인 이론들과 현대 이론 사이의 진정한 관계를 정립하려는 시도를 끝낸다. 그러나 비고츠키가 다소 신중한 에필로그로 장을 마무리 짓는 것을 종종 보아 왔던 것처럼, 이번 장에 대한 그의 회고는 제임스와 랑게의 이론의 기원에 대한 제임스와 랑게 스스로의 평가에 의해 촉발된다.

11.30 제임스는 자신의 이론에 대한 어떠한 역사적 조상도 인정하지 않는다. 아마도 그는 (물론 그 자신이 철학가였지만) 단지 이론의 기저에 놓인 철학에 관심이 없었을 것이다. 아니면 아마도 그는 자신의 이론에 우선하는 모든 형이상학적 사색과 자신의 실용적, 경험적인 이론을 따로 떼어 놓고자 했을 수도 있다. 그는 옛 문헌들이 각각의 정서를, 한때 생물학적 종들이 신의 창조 순간에 고정된 것과 유사하게 영원한, 범접 불가한 영혼적 실체로 간주한다고 책망한다.

11.31 우리는 제임스가 그의 이론에 대한 모든 유물론적인 해석을 반대했으며, 고등한 정서와 저차적 정서 사이의 차이를 마지못해 받아들였다는 사실을 알고 있다. 그러나 그것은 그의 방법론적인 기저의 전제이며, 비고츠키는 그것을 '급진적 경험주의'로 묘사했다(이것은 그가 『생각과 말』의 두 번째 장에서 피아제에 대해 가한 방법론적인 비판과 매우 유사하다).

11.32 피아제와 같이, 어쩌면 제임스도 반反철학을 일종의 철학으로 전환했기 때문에, 이론의 진정한 기원을 올바로 이해한 사람은 생리학자인 랑게이다. 랑게는 말브랑슈가 비록 혈관 근육이나 그것을 통제하는 교감신경계에 대해서는 아무것도 몰랐더라도, 정서에 대한 완벽한 혈관운동 이론을 창조하는 것을 가능하게 했다고 언급한다.

11.33 비고츠키는 이것을 증명하기 위해 랑게를 길게 인용한다. 말브랑슈는 '뇌의 빈혈'이 어떤 정서로 인한 혈관 수축의 결과이며, 다른 정서는 동맥의 팽창을 일으켜 머리와 얼굴로 피가 몰리게 한다고 막연하게 주장한다(랑게는 말브랑슈의 '훌륭한 견해' 와 '천재의 올바른 생각'을 인정한다. 그러나 그는 갑자기 일어설 때 나타나는 현기증과 정서를 구별할 수 없다).

11.34 비록 말브랑슈의 이론이 랑게의 이론과 유사한 것은 그 모호한 이론적 개관에서일 뿐이지만, 그는 자신이 혈관운동계에 대해 아는 것에 주의를 기울이고 더 이상의 이론적 유사점을 고려하지 않는다. 따라서 랑게 역시도 데카르트 와인에 취한 것이다.

제12장
기계론과 이원론

금 체인을 한 노인(Rembrandt, 1630).
아마도 렘브란트의 아버지를 그린 것으로 보인다. 비고츠키는 기계론의 단단한 갑옷 껍질과 이원론의 금 사슬이 정서 이론으로 하여금 설명과 기술 어느 쪽으로도 나아가지 못하게 함을 보여 준다.

12-1] 더 부분적인 문제를 자세히 살펴보는 것으로 시작해 보자. 이는 랑게가 데카르트적 포도주와 자신의 이론 속 기계론적 세계관의 승리에 취했음에도 그에게 명백했으며, 연구자와 비평가들의 눈에 가장 먼저 들어와서 기계론적-유심론적 이론 및 17세기 정념 이론 그리고 그것의 19세기의 현현 사이의 친족성을 확립하도록 이끈 것이다. 사실의 일치는 원칙의 일치보다 언제나 먼저 눈에 들어온다. 17세기와 19세기의 생리학 용어의 차이 뒤에 있는 기본적으로 동일한 정서적 반응기제를 보고 식별하는 것은 비교적 어렵지 않다. 우리는 여러 연구에 의지할 수 있는데, 이들은 놀라운 일치성으로 우리를 동일한 결론에 접근하게 한다. 애석하게도 두 개념의 원칙적 일치에 대한 문제 해결에서는 그러한 지지, 그러한 의견 일치는 찾을 수 없다. 여기서 우리는 스스로 길을 만들어야 할 것이다. 따라서 우리는 먼저 문제의 사실적 측면에 대한 명확한 이해로 무장할 것이다.

12-2] 우리가 이 문제에 대해 가장 견고하고 아마도 가장 결정적인 연구를 빚진 G. 세르지는 제임스와 랑게가 생리학적 정서 이론의 진정한 창시자인 데카르트를 알지도 못하거나 무시했음에 대해 올바르게 격노한다. C. 셰링턴은 반사에 대한 연구에서 데카르트의 경고를 자세히 언급한 반면, 제임스는 전혀 그의 이름을 거명하지 않고, 랑게는 공

개적으로 그를 무시한다. 그는(랑게-K) 스피노자를 인용하는데, 이는 스피노자를 잊었다가는 독자들을 당혹스럽게 했을 것이기 때문이다. 데카르트에서도 그는 데카르트 이론의 뿌리가 들어 있는『영혼의 정념』을 통틀어 가장 반생리학적이고 가장 주지주의적인 구절을 찾아낸다.

12-3] 이와 관련하여 랑게는 공개적으로, 분명히, 명백히 틀렸다. 정념에 대한 데카르트의 일반적 정의는 그의 이론이 스피노자의 이론에 비할 수 없을 정도로 더 혈관운동 이론에 근접한 것으로 간주되어야 한다는 사실에 그 어떤 의심도 남기지 않는다. 데카르트는 자신의 분류상 지각 또는 감각이라는 명목에 포함되는, 그리고 무엇보다 그 수동적 본성으로 특징지어지는 심리적 과정의 집단에 정념을 포함시킨다. 신체에만—외부 세계와 우리 자신의 신체에 똑같이— 연관된 지각 즉 감각, 느낌(색채, 톤), 만족, 고통 같은 신체적 감정, 배고픔, 목마름 같은 신체적 요구와 함께, 그리고 나아가 정신에만 연관된 지각, 즉 우리의 생각이나 희망에 대한 비의지적 지각과 함께 데카르트는 세 번째 유형의 지각을 구분한다. 이들은 무엇보다도 신체와 영혼에 동시에 연관된다는 사실로 특징지어진다. 이 지각에서 신체의 영향과 작용으로 인해 정신 자체가 고통을 받게 되는 것이다.

그림은 창세기 18장의 이야기를 묘사하고 있다. 아브라함은 세 명의 손님을 맞이한다. 렘브란트는 아브라함의 아내 사라가 음식을 대접하는 동안 아브라함이 그들의 발을 닦아 주는 것을 그려 낸다. 그 손님들은 천사이며, 그들은 아브라함에게 그가 곧 아들을 얻을 것이라고 말해 준다. 폐경기를 훨씬 지난 사라는, 본의 아니게 그 얘기를 듣고 웃는다.

『영혼의 정념』 20-27에서, 데카르트는 지각이 영혼의 지각, 신체의 지각, 그리고 동물정기가 영혼으로 전달하는 신체의 지각일 수 있다고 얘기한다.

a) 만약 사라가 아들을 갖길 원한다면, 이것은 생각이며, 그러므로 이것은 (수동적)정념이 아닌 (능동적)행동이다. 하지만 생각을(소망의 느낌, 생각의 느낌) 수동적으로 지각하는 일 없이 생각을 가지는 것은 불가능하기 때문에, 영혼에는 여전히 정념이 있다.

b) 만약 사라가 잠자는 동안, 아들을 갖는 것을 꿈꾸기만 한다면, 이것은 (데카르트에 따르면) 영혼이 아닌 신체의 상상이며 영혼은 이 신체의 상상을 감지한다. 따라서 역시 이것은 영혼의 정념이다.

c) 하지만 마지막으로, 만약 사라가 실제로 아들을 갖는다면, 출산의 고통과 육아의 정념은 신경을 통해 동물정기에 의해 영혼으로 전달되는 신체적 감각이다.

세 가지 모든 경우에, 신체와 영혼의 관계는 모두 다르다. 하지만 세 가지 모든 경우에 영혼은 마치 아브라함과 사라처럼 수동적인 주체이다.

'세 번째 유형의 지각'에서 신체와 정신은 어떻게 연관되는가?

렘브란트(Rembrandt), 세 천사를 맞는 아브라함, 1646.

12-4] 이러한 종류의 수동적 심리과정을 데카르트는 정념이라고 부

른다. 따라서 그에게 정념은 인간의 이원적 영혼-신체 본성이 직접 표현된 것이다. 정념과 인간의 관계는 운동이 신체와 맺는 관계와 같다. 데카르트에게 정념은 이원적인 영혼-신체 본성으로 특징지어진다. 데카르트는 신체와 영혼이 동거함을 확인할 수 있게 해 줄 만한 다른 사실적 자료를 정념 이외에는 찾지 못한다. 이러한 의미에서 정념은 생각 및 운동과 함께 인간 본성의 세 번째 기본적 현상이 된다. 마음과 의지는 오직 영혼적 본성에서만, 운동은 오직 신체의 영역에서만 가능하나 정념은 영혼과 신체가 통합된 인간의 영역에서만 가능하다. 인간의 이원적 본성은 정념의 유일한 진정한 토대이며 정념은 다시, 인간 본성을 이해할 수 있는 유일한 토대이다.

마음과 생각, 정신, 의지와 정념을 구분 짓는 차이는 무엇인가?

J. 스테인(Jan Steen), 노름판의 언쟁, 1625.

데카르트는 그의 저서 『영혼의 정념』을 수동passion과 능동action을 구별하는 것으로 시작한다. 그림을 보면 주사위 놀이 중에 언쟁(잃은 자의 손에 들린 나이프를 보면 위협으로도 보인다)이 일어난다. 우리는 이 사건을 어떤 일이 벌어질지에 대한 관점으로 보아 능동이라고 볼 수 있다. 아니면 무슨 일이 벌어졌는지에 대한 관점으로 보아 수동으로 볼 수도 있다. 데카르트는 영혼의 정념(수동성)은 대개 육체의 능동성이라고 말한다(이것이 바로 비고츠키가 데카르트의 이론과 제임스-랑게 이론의 연결고리로 보는 점이다). 이는 데카르트에게 육체의 사건과 정신의 사건을 구별하는 필수적인 요소가 되었다. 그는 우리의 내부에는 움직이는 신체는 물론이고 비활성 중인(시체나 수면 중인) 신체에 반드시 있어야 하지만, 영혼에는 없는 것이 있다고 말한다. 게임에서 다음 동작을 계획하는 것은 영혼의 생각이지만, 주사위 판을 뒤집고, 담배 파이프를 부수고, 칼을 뽑아 드는 것은 신체의 움직임이다. 데카르트에게 문제는 영혼을 움직이게 하는 듯한 신체적 행동도 있다는 것이다. 그림 속 싸움, 위협과 비웃음(패자를 제지하는 남자, 그를 조롱하는 두 남자)이 그것이다.

12-5] 데카르트에게 있어 전체 자연 중 영혼과 연결된 신체는 단 하나, 즉 인간의 신체뿐이며 다른 모든 신체는 정신과 영혼을 갖고 있지 않고 이들 모두는 심지어 동물의 신체조차도 기계일 뿐임을 상기한다면 데카르트에게 있어 인간의 정념은 인간 본성에 영혼과 신체가 동거함을 보여 주는 유일한 현상일 뿐 아니라, 우주 전체에서, 실제 존재하는 모든 현상 중에서 유일하게, 다른 어디에서도 통합되지 않은 두 실체가 통합된 유일한 것임이 분명해진다. 이 덕분에 정념 학설은 데카르트의 체계에서 완전히 예외적인 위치를 차지함을 쉽게 이해할 수 있다. 첫째, 정념은 인간의 이원적 본성, 영혼과 신체의 동거를 우리가 완전히 확인할 수 있는 유일한 현상이다. 둘째, 이 학설은 전체 체계에서 영혼에 대한 데카르트의 유심론적 학설과 신체에 대한 기계론적 학설이 유일하게 교차하는 지점이다. 이러한 문제 설정 덕분에 데카르트의 체계에서 인간의 정념은 다른 나머지 인간 삶의 현상과 전혀 비교될 수 없는 것일 뿐 아니라 전체 우주에서 절대 유일의, 그 무엇과도 비견될 수 없는 것으로 나타남을 쉽게 이해할 수 있다.

12-6] 이러한 이해에 따라 데카르트는 정념을 정신의 지각, 감각 혹은 운동으로 정의한다. 이 운동은 정념에만 속하고 생명정기의 활동으로 일어나며 그에 의해 유지되거나 강화된다. 데카르트에게 있어 생명정기는 물질과 영혼 사이의 매개체가 아니라, 그 자신의 정의에 따르면 오직 신체일 뿐으로, 심장에서 증기와 같이 끓어오르는 가장 활발하고 뜨거운 미세한 혈액 입자임을 상기한다면 이러한 고전적인 정념의 정의가 랑게와 제임스의 공식화와 근접함이 곧바로 명백해진다. 데카르트는 생명정기를 가벼운 산들바람, 순수하고 살아 있는 불꽃에 비유한다. 이는 심장에서 뇌로 끊임없이 대량으로 상승하며 뇌로부터 신경을 통해 근육으로 들어가 모든 사지에 운동을 전달한다. 언제나 물질적인 이 활동력 넘치고 가벼운 혈액 입자는 유기체에 감각과 운동을 일으키고 진정한 생명 기능을 이끌면서 기계적 법칙에 따라 움직인다. 이들은 데카르트 생리학에서 혈액 순환과 신경 자극 전달이 아직 분화되지 않은, 일반적이고 다분히 애매한 개념이다. 그러나 어찌 됐건 데카르트가 생명정기를 통해, 심장의 열기에 의해 작동되며 자연의 법칙과 동일한 순전히 기계적 법칙에 따라 움직이는 미세한 신체적 기제를 이해했음에는 의심의 여지가 없다. 이 기제는, 시계의 운동이 스프링의 힘과 톱니바퀴 형태에 따라 만들어지는 것과 똑같이 우리 유기체의 구조와 더불어, 인간과 동물에 공통된 모든 작동과 기능을 규정한다.

> 시계는 당시 최신 기술이었다. 스피노자의 친구이자 동료였던 C. 하위헌스도 시계를 개발하였다. 시계는 보통 그림 속에서, 위와 같이 작동하는 모습으로 표현되거나, 낡고 고장 난 형태로 표현되는데 전자는 정해진 일과에 따라 돌아가는 일상을, 후자는 인생의 무상함을 연상시킨다.
> 『영혼의 정념』 6장에서 데카르트는 작동하는 시계와 고장 난 시계가 다른 것과 똑같은 방식으로 살아 있는 사람의 신체는 죽은 이의 신

정념은
영혼의
운동인가?

작자 미상, 벽시계가 있는 네덜란드식 실내, 17세기.

체와 다르다고 말한다. 그림 속 여성의 신체는 데카르트에 따르면 시계 속 진자와 같은 것에 의해서가 아니라 심장 속의 일종의 가열기에 의해 작동한다. 이 가열기는 '동물정기(생명정기)'라고 불리는 미세하고 빠른 입자가 뇌의 작은 구멍으로 침투하도록 한다. 사람이 죽으면 신체가 차가워지는 것은 생명이 사라졌거나 영혼이 신체를 떠났기 때문이 아니라 다만 이 가열기가 멈추었기 때문이다. 따라서 데카르트는 합리적 생각은 신체에 대한 영혼의 능동이며 정념(수동)은 영혼에 대한 신체의 작용이라고 믿는다. 영혼은 불멸이므로 생각이 신체적인 느낌을 제어하는 것이 궁극적으로 가능해야 한다고 데카르트는 생각했다.

스피노자는 이에 동의하지 않는다. 마음은 언제나 몸으로 구현되며 몸은 언제나 마음속에 있다. 여자의 아름다운 새틴 드레스 아래 작은 온열기를 둔 것은 발을 따뜻하게 하여 생각을 일에 집중하기 위함이다.

12-7] 우리는 여기서 데카르트의 생리학 개념에 대해 자세히 살펴보지 않을 것이다. 그것은 사실상 역사적 흥미 이상의 의미를 가지지 않는다. 우리에게 더 중요한 것은 데카르트가 인간 정념에 대한 설명의 토대에 둔 정신-신체 기제의 구성에 대한 일반적 구조, 일반적 관념이다. 세르지의 올바른 주목에 따르면 데카르트의 생리학적 표상은 새로운 것으로 교체되어야 하며 그의 생명정기는 운동신경에 자리를 내주어야 한다. 데카르트의 작은, 유일한 신경 영역(송과샘)을 여러 영역들의 말할 수 없이 거대한 위계로 대체한다면, 현대 생리학 언어로의 그러한 번역의 결과 우리는 데카르트의 이론이 오늘날 우리가 살아가는 신조로 남아 있다는 것을 볼 수 있다. 이를 확인하기 위해서는 다음의 사실을 기억하는 것으로 충분하다. 랑게의 모든 주장의 기본 정신은 정서의 심리적 본성에 대한 가설의 불충분성과 불필요성을 폭로하고 정서는 순수하게 생리적 경로로, 오직 우리 혈관운동기관의 기계적 교란으로만 나타날 수 있다는 것을 증명하는 것으로 이루어져 있다

12-8] 혈관운동계로부터 우리의 심리적 삶의 모든 정서적 부분이, 우리의 기쁨과 슬픔이, 행복한 날과 불행한 날이 기인한다는 랑게의 주장은 본질적으로 정념이 생명정기 즉 가장 가볍고 활발한 혈액 입자의 활동으로 생성, 보존, 강화되는 영혼의 지각 이상의 다른 것이 아니라는 데카르트의 공식화를 현대 생리학 언어로 번역한 것이다. 세르지가 주목했듯이 동일한 것이 전체적으로 이 이론의 다른 지점에도 적용된

다. 데카르트는 우리가 정념을 외적 대상이나 우리의 신체가 아닌 정신에만 연결시킨다는 점에서 정념을 다른 두 종류의 지각과 구분 짓는다.

M. 호베마(Meindert Hobbema), 물레방아, 1664.

물의 힘은 바퀴를 돌게 하고 바퀴는 밀을 밀가루로 빻게 하며, 이 밀가루로 남자와 아내가 빵을 구울 것이다. 하지만 네덜란드에는 물레방아가 드물다. 바닷가의 평지에 위치한 나라로 풍차가 훨씬 더 흔하다. 데카르트가 태어난 프랑스에는 물레방아가 훨씬 흔했는데, 물레방아는 왕의 손님들을 즐겁게 하기 위해 분수대에 동력을 공급하고 다양한 기계를 움직이는 데 사용되었다. 엘리자베스 공주가 데카르트에게 '동물정기'가 무엇인지 설명해 달라고 하자 데카르트는 다음과 같이 대답한다.

"이러한 정기들이 이렇게 뇌의 틈 속으로 들어가면서, 거기서부터 뇌의 미세 구멍을 통해 신경으로 흘러 들어갑니다. 신경 속으로 들어간 동물정기는 (…) 경우에 따라 다른 미세 구멍으로 들어가 이 신경이 삽입된 근육의 모양을 바꾸고, 이를 통해 신체 모든 부분의 동작을 유발할 수 있는 힘을 가집니다. 공주님이 보셨다시피 흐르는 물의 힘이 (…) 물을 옮기는 파이프의 여러 가지 배치에 따라 우리 왕의 정원의 동굴과 분수에 있는 다양한 기계를 작동시키기에 충분한 것과 마찬가지입니다."

데카르트는 신경이 속이 빈 관이라고 믿었다. '동물정기'는 물레방아를 통과한 물처럼 신경을 통해 쏟아져 나오며, 근육은 동물정기로 가득 찬 풍선이었다.

이것은 사실 데카르트의 생각이 아니었다. 그는 그 생각을 그리스 생리학자 갈렌에게서 얻었다. 그러나 갈렌은 동물정기는 불이나 공기와 같이 무게가 없다고 믿었다. 데카르트는 동물정기는 매우 작고 빠르게 움직이는 물의 입자라고 생각했다(데카르트는 물이 빠르게 움직이는 타원형의 고체 입자로 이루어져 있다고 믿었다). 베살리우스는 그의 해부에 근거하여 이것이 불가능하다고 주장하였고, 네덜란드 황금시대 동안 얀 슈밤메르담(1637~1680)이 베살리우스의 말이 옳다는 것을 증명했다. 그는 단순히 개구리의 다리에서 근육을 떼어 낸 후 신경을 분리하여 가위로 자극을 주어 근육이 수축하는 것을 관찰했다. 이는 다음을 의미했다.

a) '동물정기'는 관련되지 않는다.
b) 근육은 액체나 가스로 채워지지 않는다.
c) 근육 움직임에 뇌는 전혀 필요하지 않다.

12-9] 이러한 입장은 현대 심리학에서 확립되었고 그 기원을 제임스-랑게 이론에 두고 있는 관념과 전체적으로 일치한다. 랑게는, 감정적 현상이 순전히 주관적이므로 외적 실재를 이해하는 데 전혀 사용될 수 없고, 이는 언제나 규정된 대상의 특성이 아닌 우리의 '나'의 실제 상태로 체험된다는 바드의 테제를 인용한다.

12-10] 1650년에서 이 말이 기술된 1923년 사이에 '나'와 순전히 주관적 현상이 영혼을 대체했다고 세르지는 지적한다. 다른 측면에서

옛 학설과 새로운 학설의 차이는 더욱 주목할 만하다. 여기서는 이 차이가 순전히 언어적인 특성을 가질 뿐이고, 데카르트의 생각은 우리의 생각으로 남아 있다.

12-11] 이 일반적인 정념의 정의에는 우리의 주의를 끌 만한 두 개의 계기가 더 있다. 이는 정서의 수동적 지각적 특성과, 정신에서 정서를 자극하는 생명정기의 운동의 고유성과 특성이다.

12-12] 랑게와 제임스가 본질적으로 정서를 기관 변화의 감각 혹은 지각으로 환원한다는 것에는 그 어떤 의심도 있을 수 없다. 이 이론을 순수하게 현상학적 측면에서 보면 바로 여기에 전체 이론의 가장 취약한 측면이 포함되어 있다. 사실, 이 이론에 따르면 느낌이 어떻게 신체적 감각, 떨림의 느낌, 심장박동의 강화, 흘러내리는 눈물과 동일시될 수 있는지 이해하기 어렵다. 이 경우 우리 앞에는 완전히 선명하거나 그 자체로는 모호한 감각이 나타난다. 엄밀한 의미에서 이론에 따르면 언제나 감각으로 남아 있는 감각의 총체들이 어떤 비밀스러운 방식으로 느낌으로 변환되는지 절대적으로 알려져 있지 않으며 순전히 현상학적 측면에서 그 어떤 합리적이고 이해할 만한 설명을 허락하지 않는다. 더 최근에 E. 클라파레드는 이 어려움을 지적했다. "만일 정서가 주변적 변화에 대한 의식일 뿐이라면 어째서 이는 유기체적 감각이 아닌 정서로 지각되는가? 어째서 내가 무서우면 나는 단지 특정한 유기체적 인상, 즉 떨림, 심장박동 등등을 인식하는 것이 아니라 공포를 체험하는 것인가? 나는 그 누구든 오늘날까지 이 반론에 대답하려 한 이가 있는지 기억하지 못한다. 그러나 이 대답은"—클라파레드의 의견에는—"크게 어려운 것이 아니다. 정서는 이런 다양한 형태의 유기체적 인상의 형태와 구조를 의식하는 것 이외의 것이 아니다. 다른 말로 하면 정서는 유기체의 전체적 태세에 대한 의식이다"(E. Claparède. 1929. p. 128). 가장 원시적 형태의 지각을 나타내는 그러한 종류의 전체에 대한 일반적

이고 모호한 지각을 클라파레드는 혼합적 지각이라고 부른다. 그러나 바로 이러한 대답은 현상학적 측면에서 보았을 때 주변적 정서 이론의 모든 불충분성을 나타낸다. 제임스-랑게 이론에 따르면 모든 사태는 정서라는 것이 심리적으로 완전히 이질적인 것들의 총체로 이루어져 있으며 생리학적인 감각 기제의 법칙에 따라 조성된, 심리학적 관점에서 볼 때 완전히 비구조적인 형성물이라는 사실로 귀착된다.

> 위 문단은 클라파레드의 다음 구절에 대한 직접, 간접 인용이다.
> "정서가 유기체에서의 주변적 변화에 대한 의식일 뿐이라면, 어째서 그것은 '유기체적 감각'이 아니라 '정서'로 느껴지는가? 내가 두려울 때 어째서 나는 특정한 유기체적 인상, 떨림, 심장박동 등등을 단순히 의식하는 대신 '공포를 경험함'을 의식하는가?
> 나는 지금까지 이 반대에 응대하려 한 사람을 알지 못한다. 그러나 그것이 그리 어려운 일은 아닌 것으로 보인다. 정서는 이러한 여러 유기체적 인상의 '게슈탈트', 즉 형태에 대한 의식일 뿐이다. 다시 말해 정서는 유기체의 일반적인 태세에 대한 의식이다.
> 내가 앞에서 '혼합적 지각'이라고 불렀던 전체에 대한 이러한 모호하고 일반적인 지각은 원시적 지각형태이다. 정서적 지각의 경우 우리는 전체를 이루는 기초적 감각보다는 신체의 전체 태세를 아는 것이 더 유용하다는 것을 잘 알고 있다."
>
> E. Claparède. 1929. p. 128.

12-13] 우리는 제임스-랑게 이론이 원칙적으로 정서에 대한 비구조적 이론이라고 주장하고자 한다. 사실 호흡 멈춤, 심장박동, 식은땀, 곤두선 머리털, 떨림, 입 마름, 입 벌림과 다른 신체적 현상들—제임스가 다윈을 따라 정서를 가장 우수하게 기술한 사례로 열거한 현상들에 대한 감각으로부터 어떻게 정념이 단일한, 연결된 심리적 구조로, 전체적 체험으로 나타날 수 있는가? 사실 이 이론의 의미 자체는 공포, 분노

및 다른 정서가 전체적, 분해 불가한 구조라는 것이 환상이며, 이러한 구조로부터 신체적 감각을 하나하나 빼 나가다 보면 구조는 존재하기를 멈춘다는 사실에 있다. 이처럼 개별 원자로부터, 신체적 감각의 요소로부터 정서를 구성하는 것은 이 이론에 전형적이며, 이를 모호한 감각으로 취급하는 반反구조적 원자론적 이론으로 만든다. 공포와 분노 자체의 현상학적 객관적 전조에 대한 인정으로부터 나타난 경우에만 그리고 각각의 유기체적 감각의 입지와 의미가 전체적인 체험의 구성 요소로서 나타난 경우에만 이 이론은 구조적이라고 불릴 수 있다. 그러나 이 이론은 반대의 길을 택한다. 그것은 오직 요소만의 현상학적, 객관적 실제성, 수위성을 인정하며, 이로부터 완전히 비구조적 전체, 실제로 혼합적 경로 즉 무엇이든 다른 모든 것과 연결하는 경로를 통해 나타나는 전체를 구성하려고 한다.

12-14] 결국 제임스는 대부분의 정서적 반응을, 생물학적 심리학적 의미에서 내적으로 필수적인 연결이 통합된 것이 아닌 우연적인 것으로 간주했다. 그러한 복잡한 유기체 내에는, 신경계가 그러하듯, 많은 우연적 연결들이 존재해야 한다고 그는 말한다. 이처럼 구조의 원칙만큼 현대 심리학에 널리 퍼진 전능한 통합의 원칙에 대한 클라파레드의 호소는 그가 부분적으로나마 보호하려고 했던 이론에 치명적임이 드러난다.

렘브란트와 루벤스는 육체를 매우 사랑했다. 그러나 루벤스는 반렘브란트주의자였다. 루벤스는 가톨릭 반개혁의 네덜란드 공식 화가였고, 렘브란트는 개신교 신앙을 비공식적으로 대표하는 화가였다. 따라서 렘브란트의 육체(예: 아담과 이브, 10-17 글상자 참조)는 중년의 신체를 연약하고 취약한 것으로 현실적으로 보여 주지만, 루벤스는 그것을 매우 과도하게 호화롭고 원기 왕성한 것으로 과시하고 있다.

랑게는 정서가 육체의 연약함과 섬세함의 필연적 결과라고 주장한

청서적 반응의 우연적 연결들이 존재한다고
주장하는 근거가 무엇인가?

P. P. 루벤스(Peter Paul Rubens), 바쿠스(와인의 신), 1638~1640.

다. 싸우고 도망치는 것은 자기보존의 직접적 기능인 것이다. 그러나
제임스는 정서가 마치 소변을 보도록 만들 뿐인 와인의 알코올이나 젖
을 먹일 수 없는 남성의 젖꼭지처럼 불필요하고 우연적인 것이라고 주
장한다.

　클라파레드는 정서가 실용적으로 사용된다고 주장한다. 즉 더위와
추위, 고통, 심지어 쾌락의 감각은 우리 몸을 유지하는 데 도움을 주기
때문에 적응성이 있다는 것이다. 그러나 클라파레드는 정서, 즉 신체
감각에 대한 모든 심리적 반응을 포함하는 전반적인 게슈탈트가 본질

적으로 쓸모없고, 심지어 부적응적이라는 데에 제임스에 동의했다. 두려움은 판단을 마비시킬 수 있으며 예방 조처를 위한 전제조건이 아니라는 것이다.

렘브란트는 파산하여 사망했지만, 루벤스는 과식으로 인한 심장마비와 통풍으로 사망했다. 일부 비평가들은 와인의 신을 그린 이 그림이 실제로 그의 자화상이라고 생각한다.

12-15] 정서와 지각 사이에 놓은 등호는 다시 제임스-랑게 이론과 데카르트 학설을 똑같이 만든다. 이 지점은 전체 제임스-랑게 이론의 의미상 중심이므로 두 학설의 일치는 단순한 우연일 수 없다. 결국 과학적 이론은 정서에 대한 제임스의 표상과는 달리 순전히 우연적 경로로, 이질적 요소들의 카오스적 통합으로 나타날 수 없다. 두 학설이 둘 모두에게 중심적인 지점에서 일치한다면 이는 그 둘의 구조적 동일성은 아닐지라도 구조적 유사성에 대한 증거가 아닐 수 없다. 제임스는 정서적 과정이 국지화된 특별한 영역은 없으며 이 과정은 대뇌피질의 일반적 운동 감각 영역에서 전개되며 따라서 이 과정은 감각이나 지각을 일으키는 보통의 감각 과정과 원리적으로 동일하다고 주장한다. 던랩은 제임스의 뒤를 따라 일반 지각의 토대에 놓여 있는 기제로 정서를 설명할 수 있다고 주장한다. 언급된 이론의 특성이 바로 여기에 직접 의존한다. 맥두걸은 이에 주의를 기울이며 이론의 창시자들이 오직 정서의 충동적 특성을 제쳐 둔 채 그 감각적 측면만을 고려했다고 비난한다. 데카르트에게 이 지점은 중심적 의미를 가진다. 그에게 정서는 지각이나 감각의 정수이다. 즉 본성상 수동적 상태이다. 따라서 그는 이를 정념이라고 부른다.

12-16] 데카르트는 정념이 외부 느낌 기관의 대상과 똑같은 식으로 영혼에서 나타나며 똑같은 식으로 영혼에 의해 감지된다고 가르친다.

심장, 혈액, 생명정기의 파동이 멈추지 않는 한 정념은, 외부 느낌의 기관에 작용한 대상이 감각되듯이, 우리의 생각에 표상된다. 이에 세르지는 다음을 지적한다. 무심코 데카르트를 흉내 낸 이에게서는 우리는 이보다 더 확실하고 명백한 것을 찾을 수 없다. 그(데카르트-K)는 자신이 하는 일에 대해 완전히 의식하면서 정서의 내장 이론의 토대를 닦은 것이다.

J. 베르메르(Johannes Vermeer), 플루트를 들고 있는 소녀, 1655~1670.

우리는 이 그림에 대해 아는 것이 거의 없고, 베르메르가 언제 그렸는지조차 명확하지 않다. 어떤 이들은 이 그림이 실제 인물의 초상화가 아니라 단지 하나의 필름 위에 여러 사진을 겹쳐서 인화한 갈톤 사진의 회화 버전과 같은 장르나 유형 중 하나인 트로니(tronie)일 뿐이라고 주장해 왔다. 그러나 「빨간 모자를 쓴 소녀」(3-11)와 크기나 형태 이상의 것에서 일치한다는 것을 볼 수 있다. 예를 들어, 두 그림 모두 관례와 달리 왼쪽이 아닌 오른쪽에서 빛이 들어온다. 다른 이들은 이 그림이 베르메르 작품이 아니라고 주장하지만, 「저울을 재는 여인」(3-1)과 같은 외투를 입고 있다는 것, 심지어 「진주 귀걸이를 한 소녀」(3-30)와도 아주 닮아 있다는 것을 알 수 있다.

베르메르가 의도하려던 것은 무엇일까? 제목이 말해 주듯이, 여자는 플루트를 들고 있다. 그림에서 오감을 모두 다루려는 시도는 당시 인기 있는 장르였다. 이러한 그림은 사람들이 그들의 감각에 의해 주도된다는 것을 상기시켰다(이 장르에 대한 렘브란트의 기여에 대해서는 9-3, 9-4, 9-22를 볼 것). 데카르트는 입으로 맛보고, 코로 냄새를 맡고, 눈으로 보고, 피부로 느끼고, 귀로 피리 소리를 듣는 것과 같이 영혼에서 정념이 발생한다고 말한다. 경이로움, 두려움, 사랑, 증오와 같은 정념은 배고픔과 피로와 같은 방식으로 영혼에서 일어난다. 몸 전체는 영혼을 위한 일종의 감각기관으로 기능한다. 영혼은 그것을 장르와 유형에 따라 범주화하여 완료된 것을 판단하는 기능을 한다. 따라서 눈의 망막이 우리에게 완성된 이 그림을 제공하면, 영혼은 우리가 그것을 트로니, 또는 알레고리, 복합체, 개념의 사례로 판단하는 것과 같은 방식으로 그림이 우리에게 쾌락이나 불쾌를 선사하는지 판단하게 된다.

스피노자는 이것을 믿지 않는다. 마음과 몸은 한 사람의 두 가지 속성이므로, 몸에 의한 지각은 곧 마음에 의한 지각이다. 비고츠키 역시 그것을 믿지 않는다. 그림을 지각하는 것과 같은 단순한 인식조차도 뇌의 완전한 관여를 수반한다. 예술가가 소녀의 손과 얼굴을 그리기 위해 사용한 단순하고 양식화된 추상적인 방식과 외투 위의 실오라기에도 세심한 관심을 기울인 것을 비교해 보자. 외투의 털실 색깔은 일정하지만 빛의 차이에 의해 서로 다른 색으로 표현되었음을 해석하는 것이 필요하다. 베르메르 역시 데카르트의 이론에 동의하지 않는다. 베르메르 역시, 우리가 우리의 뇌를 통해 볼 것을 요구한다.

12-17] 이처럼 데카르트가 정서를 내장 변화에 대한 감각으로 환원함으로써 내장 이론의 진정한 시초임이 드러난다면 그는 정서의 내장적 측면 자체를 이해했다는 점에서 또한 같은 정도로 이론의 진정한 창시자임을 인정받아야 한다. 세르지는 데카르트가 정서의 출현, 유지, 강화가 생명정기(동물정기-K)의 고유한 운동에 기인한다고 했음에 주의를 기울인다. 이러한 수수께끼 같은 말 뒤에는 기관 정념 이론이 숨어 있다. 정서의 고유성은 분명 해당하는 생명과정의 고유성을 그 원천으로 갖는다. 우리는 정기의 특정한 운동 덕분에 대상을 지각할 수 있다. 이와 똑같이 회상의 출현은 정기의 고유한 운동에 기인한다. 정념의 출현을 규정하는 이러한 정기 운동의 고유성은 무엇일까? 데카르트에게 이 고유성은 이 운동이 내장적 기원과 내장적 피제약성을 갖는다는 사실에 있다.

12-18] 알려졌다시피 정념에 대한 연구에서 데카르트의 방법의 고유성은, 그가 처음부터 정념의 기제를 마치 그것이 자동기계 혹은 영혼 없는 기계에서 작동하듯이 보려고 했다는 데 있다. 물론 정념은 자신의 고유한 운동으로만 환원되고 그 어떤 심리적인 것도 포함하지 않으며, 다른 이름으로 불려야 할 수도 있을 것이다. 자동적인 정서적 기제를 설명하고 난 후에야 데카르트는 가상의 영혼 없는 자동기계에 정념을 경험할 수 있는 영혼을 결합시킨다.

이 그림은 인간 신체에 대한 데카르트의 저서(1642)에 실린 삽화이다. 엘리자베스 공주에게 데카르트는 다음과 같이 쓴다.

"불 A가 발 B에 가까워지면 이 불의 작은 부분(아시다시피 이것은 매우 빠르게 움직입니다)은 접촉하는 발의 피부의 일부를 이동시키며 이를 통해 (부착된) 가는 실 C를 당기면서 동시에 이 가는 실이 끝나는 부분에 있는 작은 구멍 D, E를 엽니다. D, E의 구멍 혹은 문은 이렇게 열리면서 오목한 부분 F에 있던 동물정기가 실 안으로 들어가, 발을

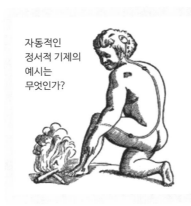

자동적인 정서적 기제의 예시는 무엇인가?

불에서 멀리 떨어뜨리는 데 사용되는 근육까지 실을 타고 이동합니다."

이는 비고츠키 당대에도 인기 있었던 '반사궁'의 개념이다. 비고츠키가 지적하듯이 이는 정서를 발달의 '동료'가 아닌 인간 행동에 대한 무력하고 수동적인 관람자나 목격자로 전락하게 했다.

12-19] 이러한 연구 방법은 전체 개념에서, 복잡한 문제의 분석이나 분할을 단순히 체계적으로 수용한다는 것 이상의 훨씬 더 중요한 것을 시사한다. 그것은 방법론적, 원칙적 의미를 갖는다. 따라서 데카르트의 정념 이론을 평가하는 데에서 그것은 일차적인 의미를 갖는다. 그러나 우리의 목적을 위해 가장 시사적인 것, 우리가 정념의 이중적 본성을 자동적 기제와 이 기제의 기능에 대한 영혼의 지각으로 나누는 독특한 분석을 고찰하며 알게 되는 것은 다음과 같다. 우리는 이론의 원칙적 측면이 그 사실적 생리학적 측면과 얼마나 밀접히, 불가분하게 연결되어 있는지 두 눈으로 분명하게 본다. 이처럼 영혼 없는 자동기계에 대한 생리학적 분석은 더 깊은 원칙적 의미를 획득한다.

12-20] 피셔는 말한다. "이처럼 정념을 인간의 영혼적-신체적 본성으로 설명하는 것은 그(데카르트-K)가 상정한 가설에서나 그의 원칙적 지향성에서나 모두 데카르트 이론의 특징이다. 생명정기와, 뇌의 분비샘인 영혼의 기관을 통해 철학자는 정념의 발생을 순전히 기계론적으로 논증하고자 한다. 이것이 그의 시도의 중대성과 참신성의 중심이다"(К. Фишер, 1906, т. 1, с. 381).

12-21] 전체 이론에서 이러한 중심적 문제의 지점을 연구하기 위해

서 우리는 데카르트의 심리학적 가정 중에서 더욱 주요한 것을 잠시 상기해야 한다. 데카르트는 인간의 신체를 복잡한 기계로 간주한다. 그 부분들은 서로 복잡한 의존 관계에 있으며 따라서 통일된, 어떤 의미에서는 불가분한 전체를 형성한다. 따라서 데카르트에게 유기체는 고유한 형태의 복잡한 기제를 가진, 분할할 수 있는 기계와 다름없다. 이 복잡한 기계 안에는 완전히 예외적인 의미를 갖는 한 부분이 있다. 그것은 영혼의 거주지, 즉 주로 영혼과 연결되며 영혼이 모든 유기체와 의사소통하는 기관이다. 데카르트는 영혼의 기관이 신경의 중심 기관에 자리 잡고 있고 영혼과 신체의 진정한 상호작용이 일어나는 장소인 두뇌의 분비샘이라고 생각한다. 여기서 생명정기의 운동이 영혼의 감각과 지각으로 변환된다. 여기서 또한 영혼의 운동이 거꾸로 분비샘의 신체적 운동으로 전환되어 이로부터 전체 기관으로 퍼져 나간다. 생명정기는 영혼과 신체의 의사소통을 매개하는 감각요인이자 운동요인이다.

12-22] 두뇌 분비샘에 국지화된 이 심리생리적 기제를 통해, 그 중심적 위치와 뇌 부분으로서의 고유성으로 데카르트는 정념의 자연적인 기계적 발생을 설명한다. 자동기계가 어떤 무서운 형태를 지각했다고 상상해 보면 생명정기는 분비샘을 활성화시키고 분비샘은 다시 생명정기의 반대 흐름의 방향을 규정짓는다. 이 덕분에 공포 회피를 특징짓는 잘 알려진 운동 모습이 나타난다. 운동과 동시에 생명정기의 흐름은 유기체 내에 일련의 운동을 일으키는데 이러한 움직임은 한데 모여 위협당하고 회피하는 상태에 놓인 자동기계를 특징짓는다. 기계의 특정한 정념―내장의 특정한 상태.

> 지각 혹은 영혼 자체의 운동을 타고 생명정기가 움직인 송과샘의 위치가 어떻게 좌우의 시각적 관점을 하나로 모으는지 그리고 이것이 어떻게 인간의 양손의 활동을 조응하도록 하는지 설명하는 데카르트

의 그림(1664). 현상의 기술 방식에서 수학적 엄밀성과 그에 대비되는 설명상의 비엄밀성을 비교해 보자.

　다음 그림은 송과샘이 뇌 안의 빈 공간에 매달려 있어 영혼과 생명정기가 자유롭게 이를 움직일 수 있음을 보여 주는 데카르트의 그림이다.

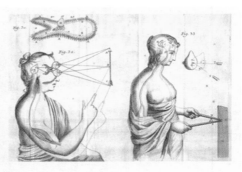

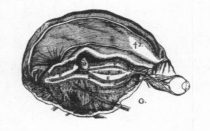

12-23]　각각의 정념은 내장기관 즉 심장, 위, 폐 등의 고유하고 규정된 변화의 모습에 상응한다. 세르지는 데카르트의 이러한 입장을 다음으로 요약한다. 특정한 정념—특정한 내장의 공식—특정한 혈액의 공식—특정한 생명정기의 방향. 혹은 오늘날의 언어로 번역한다면, 특정한 정서—특정한 혈액의 공식—특정한 대뇌피질의 공식.

　　신화 속의 그리스 시인 오르페우스는 음악으로 야수들과 심지어 죽은 사람들의 영혼까지도 길들이는 능력을 갖고 있다. 『영혼의 정념』 35장에서 데카르트는 자신의 이론의 증거로 정확히 반대 문제, 즉 야수가 인간에게 미치는 영향을 고려한다. 그는 안구가 다가오는 야생동물의 두 이미지를 형성한다고 말한다. 이 이미지들은 모종의 방식으로 시신경을 통해 방사되어 뇌의 구멍에 두 개의 이미지를 형성한다. 그러면 구멍을 가득 채우는 동물정기들이 영상을 송과샘으로 운반해 하나

이론에 대한 관찰 가능한, 구체적 증거가 존재했는가?

감정을 일으키는 생명정기의 움직임은 무엇인가?

A. 코이프(Aelbert Cuyp), 동물을 매혹시키는 오르페우스, 1640년경.

의 이미지를 형성하게 되고, 분비샘은 영혼에 직접 작용해 공포를 유발할 수 있다. 이렇게 눈에서 형성된 것은 생명정기를 이루는 혈액의 형성물을 유발한다. 제임스와 랑게는 다음과 같이 말할 것이다. 신체의 발현이 혈액을 설정하고 혈액은 다시 대뇌피질을 설정한다.

캐논과 바드가 보여 주었듯이, 신체적 발현을 제거해도 정서적 반응이 나타나는, 따라서 데카르트와 제임스-랑게 가설을 반증하는 많은 증거들이 있다. 물론 음악과 같은 외적 지각이 애완동물의 의식에 어느 정도 영향을 미친다는 보고도 존재한다. 그러나 그 효과는 인간과 같은 감정이라기보다는 생리적 느낌에 가깝다고 생각된다.

12-24] 그러나 데카르트는 그런 중요한 결론으로 만족하지 않는다. 자기의 기계에 영혼을 결합하고 정념을 심리학적 측면에서 고찰하기에 앞서 그는 자신의 생리학적 개념에서 또 다른 단계를 발전시켜야 한다. 그는 말한다. 특정한 정념—특정한 영혼의 방향. 그는 다음과 같이 말해야 한다. 특정한 영혼의 방향—특정한 정념. 사실 데카르트는 이 진전되고 결정적인 걸음을 내딛는다. 특정한 종류의 정념과 특정한 유기

체적 상태 사이의 의존성은 역전이 가능하다. 완전한 정념의 순환이 가능한 것으로 드러난다. 앞에서 살펴본 사례에서 대뇌 분비샘은 외부로부터 활성화되었다. 외적 대상은 정기가 분비샘에서 나올 때 그에 작용했다. 이제는 정기가 분비샘에서 나오면서가 아니라 그에 들어가면서 분비샘을 이쪽저쪽으로 밀어낸다. 그 운동의 원인은 정기에 작용하는 대상이 아니라 이 운동을 규정하는 혈액, 그리고 그보다 더 빨리 규정하는 일반적 유기체 상태이다. 위험의 지각은 기계 내에 공포의 유기체적 상태를 만들어 내고 이 상태로부터 생겨나는 정기는 그것을 유지하고 강화한다. 영혼과 분비샘을 더 현대적인 생리학 언어로 번역하며 그에 해당하는 용어로 대체한다면 우리는 다음과 같은 그림을 얻게 된다. 위협하는 대상의 상이 망막에 맺히면 공포반사와 그에 상응하는 특정한 내장반사가 일어난다. 그러한 데카르트적 관념 속에는 그 외적 표현이 갖는 고루함이 들어 있지 않다고 세르지는 결론 내린다. 정서가 나타나면 특정한 내장 상태가 내장 감각 경로를 통해 이 상태를 연장하고 지속하는 반사를 일으킨다.

　　도이스테르는 스페인에 대한 네덜란드의 피로 물든 80년 독립 전쟁을 그림으로 그렸다. 그의 많은 그림은 스페인 가톨릭교도들이 약탈하고 불태우며 심지어 네덜란드 개신교 여성들을 강간하는 모습을 담았다. 이 그림은 한 무리의 네덜란드 개신교 군인들이 불 옆에서 몸을 녹이며 지난 전투와 다가올 전투에 대해 이야기하는 장면을 보여 준다. 그들의 따뜻하고 편안한 몸은 불안하고 공포에 떠는 그들의 얼굴과 대조된다. 첫 번째 병사의 엄숙한 옆모습에 비추는 따뜻한 불빛의 선과 그와 대화 중인 병사의 얼굴에 드리운 충격과 공포를 보자.

　　데카르트는 안구에 비친, 침공하는 적의 이미지가 어떻게 영혼의 두려움이나 분노를 유발하는지 설명해야만 했다. 그는 동물정기가 안구에서 시신경을 통해 뇌의 기저에 있는 송과샘까지 간다고 말함으로써 이를 설명한다. 안구로부터 출발한 동물정기는 송과샘을 움직일 수 있

위협하는 대상의 상이 망막에 맺히면
공포반사와 그에 상응하는 특정한 내장반사가 일어난다고?

W. C. 도이스테르(Willem Cornelisz Duyster), 벽난로 앞의 군인들, 1633.

고 이는 영혼에 두려움을 불러일으킨다.

유사하게 영혼은 송과샘을 통해 동물정기를 심장, 폐, 팔다리를 향해 보낼 수 있고, 이들을 움직이게 해서 공격하거나 달아나게 할 수 있다. 이러한 움직임은 다시 총격에 반동하는 총처럼 송과샘을 움직여서 영혼이 심장, 폐, 팔다리가 움직이고 있다는 것을 알게 한다.

이 모두는 적의 공격을 받는 병사들의 느낌을 설명할 수 있을지 몰라도 그들이 그림 속의 편안하고 따뜻한 장소에서 느끼게 하는 것을 설명할 수는 없다. 그들은 단순히 느낌을 기억하고 있는 것일까? 그들은 느낌을 재창조하고 있는 것은 아닐까?

12-25] 그러나 오직 신체적 측면에서만 고찰될 때 이와 같은 정념의 기제가 나타난다. 이는 또한 전혀 영혼이 없는 자동기계에서 순전히 기계적 법칙에 따라 일어난 정념이기도 하다. 데카르트의 뒤를 따라, 우

리는 이 기제에 내장 변화의 감각과 정서를 경험할 수 있는 영혼이 결합된다면 이 기제의 활동으로 인해 어떤 일이 일어날지 고찰해야 한다. 여기 데카르트적 분석의 결정적 지점에서 우리는 전대미문의, 전혀 예상치 못한 것—모든 독자를 혼란스럽게 할 수 있고, 전체 학설을 곧바로 뒤집을 수 있는 것에 맞부딪히게 된다. 정념의 신체적 측면을 고찰하면서 우리가 정념의 거의 모든 내용을 다루었음이 드러난다. 영혼을 결합하는 것은 당연한 기대와는 달리, 정념의 순환에, 정서적 기제의 활동에 그 어떤 본질적으로 새로운 것을 도입하지 않는다.

N. 마스(Nicolaes Maes), 물레 옆에서 글 읽는 노파, 1658.

언뜻 보기에 노파는 복잡한 기계를 조작하는 것으로 보인다. 그녀는 1658년 당시 비교적 새로운 기술이었던 안경을 통해 주의 깊게 살펴보고 있다. 그러나 좀 더 자세히 살펴보자. 노파는 기계를 돌리고 있지 않다. 그녀는 사실 성경으로 보이는 책을 읽고 있다. 책 읽기 역시 적어도 여성에게는 상대적으로 새로운 형태의 지식이었다.

데카르트는 영혼은 생각을 하고, 신체는 상당히 독립적으로 모든 신체적 작업을 수행한다고 말한다. 그에게 신체는, 물레처럼 수동으로 작동하기보다 수압이나 공기압으로 작동하는 것으로 보았지만, 복잡한 기계에 가깝다. 이는 영혼이 신체 작용에서 아무런 역할을 하지 않음을 의미한다. 영혼은 우리의 감정을 수동적으로 관찰할 수 있을 뿐이다. 데카르트가 감정을 영혼의 '정념passion'이라 부른 이유가 바로 이것이다. 정념은 당신이 참여하는 활동이 아니다. 정념은 그저 당신에게 일어나는 것이다.

제임스-랑게 이론의 옹호자들조차 이 문제를 알고 있었다. 12-14에서 비고츠키는 비텐베르크 심포지엄에 클라파레드가 기고한 글을 언급했다. 클라파레드는 자극의 감각만으로도 모든 생물학적 반응을 일으키기에 충분함을 지적했다. 감정이 참여하는 전체적 느낌은 목적이 없을 뿐 아니라, 실제로 판단을 방해할 수도 있다. 감각에 더하여 감정을 느끼는 것은 물레를 작동하면서 책을 읽으려고 하는 것과 같다.

12-26] 놀라운 일이지만, 연구자들은 영혼이 없는 기계의 정념과 영혼 자체의 정념의 차이가 데카르트에게서 항상 충분히 구별되는 것은 아니었음을 확인해야 했다. 데카르트는 자신이 논문의 서문에서 밝힌 애초의 의도에 충실하게 남는 것으로 보인다. "나의 의도는 웅변자나 도덕적 철학자로서가 아니라 생리학자로서 정념을 다루는 것이다"(Descartes, 1640, c. XIV). 정념에 대한 이러한 생리학적, 기계론적 접근은 분명 처음부터 데카르트를 지배하던 관념이었고, 데카르트는 이를 거의 연구 전체의 흐름에서 유지했다. 바로 이러한 관념이 그로 하여금 자신의 주제에 대해 그 이전까지는 누구도 다루지 못한 식으로 기술하고, 자신의 연구를 고대의 정념 이론과 대비하도록 했다. 이전에는 인간의 정념이 심리적 측면에서 고찰되었다. 그 신체적, 기계적 본성은 밝혀지지 않은 채 남아 있었다. 데카르트는 모든 주의를 바로 문제

의 이 측면에 집중했으나 이상하게도 거의 모든 문제를 전반적으로 이 측면으로만 환원했다.

12-27] 영혼에서 정념이 어떻게 일어나는지 데카르트가 제시한 사례를 분석해 보면 우리는 위에서 우리가 살펴본 공포 회피의 모습과 별로 다르지 않음을 보게 된다. 본질적으로, 우리가 앞에서 정서와 지각의 동등성에 대해 말하면서 이 경우 새롭게 나타나는 것을 이미 언급했다. 새로운 것은 영혼이 신체에서 일어나는 변화를 감각하고 지각한다는 것뿐이다. 이 경우 생명정기는 영혼의 기관인 두뇌 분비샘을 활성화하며 앞에서 논의했던 특정한 운동적, 내장적 변화뿐 아니라 영혼의 특정한 감각에 생명을 불어넣는다. 정념은 사물이 외적 느낌에 의해 지각되는 것과 동일한 방식으로 일어나며 똑같은 방식으로 영혼에 의해 인식된다는 데카르트의 고유한 입장이 그의 토대로 남는다.

12-28] 자신의 사례를 분석하면서 데카르트는 생명정기가 공포의 상황에서 특정한 분비샘의 운동을 일으키는데, 이는 그 본성상 영혼이 이 공포를 느끼도록 만든다는 결론에 이른다. 유사한 일이 생명정기의 운동에 의해 다른 모든 정념에서도 일어난다. 생명정기만이 정서의 신체적 정신적 측면을 일으킬 수 있다. 심장 신경을 향해 흐르는 정기의 방향이 영혼에 공포를 일으키는 움직임을 분비샘에 알리기에 충분함이 드러난다.

12-29] 사실 내장적 정서 이론과 이보다 더 일치하기를 기대하기는 어려울 것이다. 데카르트는 각각의 정념에 해당하는 내장기관의 변화를 일으키는 생명정기의 운동이 정신적 정념의 동일한 원천이라고 본다. 이처럼 우리는 전체 학설의 출발점, 즉 특정한 정념을 생명정기의 활동에 의해 일어나며, 동시에 일련의 내장적 특성의 변화를 일으키는 정신의 감각 또는 지각으로 정의하는 것으로 돌아간다. 이는 정신이 외적인 느낌 기관을 통해 대상을 지각하는 것과 동일한 방식으로 정신에 나타

난다. 정념은 내장 변화를 감각하는 것 이상이 아닌 것으로 드러난다.

12-30] 이처럼 우리가 데카르트 이론의 기본 입장과 주변적 정서 이론 사이의 놀라운 일치를 발견한다면 우리는 이 후자(주변적 정서 이론-K)가 당면한 난관, 그것이 사로잡힌 풀리지 않는 자가당착, 이 이론을 난센스로 만든, 그 토대부터 이론을 지배하던 모순 역시 데카르트의 이론과 극도로 가까울 것이라고 기대할 수 있다. 그리고 이는 실제로 그렇게 드러난다. 뒤마는 랑게의 이론이 그 강점과 약점에서 모두 데카르트 이론에 빚졌음을 옳게 지적했다. 그의 말에 따르면 랑게는 실수조차 데카르트주의자를 닮아 있다. 뒤마는 데카르트를 포함해 모든 기계론적 세계관의 추종자들이 자연히 역사적 설명에 대해 가지고 있던 혐오감과 랑게 이론의 반反진화론적 경향성을 연결 짓는다.

12-31] 두 이론이 유사한 형태로 연루된 오류, 자가당착, 모순에 대한 설명을 짧게 살펴보자. 먼저 원칙적으로 기계론적이라고 과감히 부를 수 있는 이 두 이론들의 연구 방법이 이용한 정념의 진정한 설명과 기술에서 두 이론의 사실적 무용성을 지적해 보자. 사실 두 이론은 인간 정념에 대한 구체적인 과학적 지식을 앞에 내놓고 이를 사실적 측면에서 풍부히 해야 하는 경우 완벽히 동일하게 완전한 무력함을 보여준다.

12-32] C. G. 랑게는 잘 알려졌다시피 일곱 개의 기본적 정서를 분석했다. 그러나 그는 이것이 훌륭한 시작일 뿐, 그 뒤를 따라 거대하고 다양한 형태의 모든 정서적 반응에 대한 과학적 연구가 이루어져야 한다고 가정했다. 말하자면 그가 표시한 길을 따라 한 걸음 한 걸음 가다 보면 우리는 그가 준 열쇠를 가지고 인간 느낌의 전체 영역을 밝힐 수 있다는 것이다. 랑게에게 새로운 이론의 가능성은 마치 무한하고 끝없는 것과 같았다. 그는 완전히 자의적으로 정서를 도식화한 옛 가설이 실제 수없이 많은 미묘한 이행이 있는 곳에도 규정된 형태를 확립하면

서 사실을 겁탈했다고 주장한다. 옛 가설을 이용하면 우리는 종종 어떤 일시적인 기분이 어떤 일반적인 명목하에 포함되어야 하는지 결정할 때 어려움을 겪는다.

12-33] 우리는 우리가 느끼는 것을 언어가 명칭으로 갖고 있는 정서 중 무엇에도 포함시키지 못하면서도, 영혼이 어떤 정서를 체험한다는 전혀 명료하지 않은 표현에 종종 만족하곤 한다. 랑게는 이러한 보람 없는 상황에서 연구를 이끌어 내고자 했으며 주어진 일련의 현상들에 대한 진정한 과학적 연구를 과업으로 삼았다. 이 과업은 여러 유형의 영향에 대한 혈관운동의 정서적 반응을 정확하게 정의하는 것이다. 그는 이 목표의 성취는 먼 미래에 있음을 이해했고 자신의 문제는 다만 그 해답을 어디서 찾을지 가리키는 데 있다고 보았다.

12-34] 그 이후로 반세기가 넘게 지났다. 인간 정서를 연구하는 이들은 대부분 문제의 해답을 랑게가 가리켰던 방향에서 모색했다. 노력의 결산은 셰링턴과 캐논의 실험과 윌슨, 다나, 헤드의 임상적 관찰에서 주어졌다. 캐논은 이 결산을 다음과 같이 공식화한다. 신체적 조건은 몇몇 심리학자들이 가정했던 바와 같이 한 정서와 다른 정서를 구분하게 할 수 있지만 이 목적에는 적합하지 않으며, 이 조건은 어디서든 모색할 수 있지만 내장기관에서는 모색하지 말아야 한다고 말할 수 있다 (W. B. Cannon, 1927).

12-35] 다양한 정서에 따른 여러 형태의 신체적 변화는 랑게에게 참으로 거대하게 생각되었다. 그는 이로부터 여러 가지 정서를 나타내는 일련의 다양한 조합이 생겨난다고 가정했다. "우리는 세 가지 다른 근육 체계를 다루는데, 그들 각각이 아마도 서로 다른 형태로 자극될 수도 있고 아니면 때로는 하나나 둘만 신경지배 교란을 나타낼 수 있기 때문에, 신경지배 교란 하나만 고려한다고 해도 정서의 신체적 표현에는 127개의 조합을 열거할 수 있음이 명백하다"(Г. Ланге, 1896, c. 46).

12-36] 우리가 보았듯, 기대는 실현될 운명이 아니었다. 다양한 조합을 밝히기 위한 60년의 지속적인 노력은 랑게가 존재한다고 가정한 127개의 조합을 드러내지 않았을 뿐 아니라 그가 기술한 기본적인 주요한 정서에는 분명 어느 정도 동일 형태의, 표준적인, 전형적인 신체적 정서 표현의 공식이 존재한다는 것을 드러냈다. 심리적 측면에서 가장 상반되는 정서들이 놀랍게도 유사한 신체적 표현을 갖는다. 딘랩과 같은 옛 이론의 최근 추종자가 말했듯이 이는 처음부터 예상되었어야 했음이 드러난다. 유기체적 변화의 동일성은 제임스-랑게 이론을 토대로 순전히 분석적인 고찰을 통해 예언될 수 있었을 것이다. 정서들 사이의 차이는 유사성보다 덜 중요함이 드러났을 것이다. 기관 이론의 새로운 변이형에 따르면 정서는 가설의 창시자들이 말했던 것과 같은, 무한히 다양한 형태와 이행을 전혀 보이지 않는다. 그것은 심리적 과정이 펼쳐지는 단순한 역동적 배경, 동일한 형태의 배경 이상도, 이하도 아니다.

12-37] 바로 그러한 거대한 희망과 바로 그러한 완전한 보람 없음이라는 운명이 제임스의 이론을 덮쳤다. 제임스의 희망은 소박하지 않았다. 그는 자신이 황금 날개를 가진 불사조를 찾았다고, 혹은 미국 동화의 표현으로는 황금알을 낳는 거위를 찾았다고 생각했다. 그의 선조들은 가장 주요한 것을, 즉 과실을 많이 맺는 선도적 시작, 기본적 관점, 논리적 일반화를 잡아내지 못했다. 새로운 이론은 이를 하나의 공식화로 제공했다. 정서 출현의 레시피는 동일하며 모든 경우 동일한 정도로 단순했다. 정서 영역에서의 사실적 발견은 마치 하나가 다른 것을 뒤따라야 하며, 발견된 것으로부터, 결국 효과적인 선도적 시작으로부터 열쇠를 만들어 내야 하는 것처럼 보였다. 그러나 효과적 시작은 성경의 무화과나무처럼 열매를 맺지 못했다.

제임스의 이론은
황금알을 낳는 거위인가,
무화과 나무인가?

A. 그리머(Abel Grimmer), 열매 맺지 못하는 무화과나무의 비유, 1565.

　이 문단에는 제임스의 이론에 대한 세 가지 비유가 등장한다. 먼저 황금 깃털을 가진 불새жар-птица с золотыми перьями는 러시아 민담인 '이반 왕자와 불새'에서 인용한 것으로, I. 스트라빈스키(Igor Stravinsky, 1882~1971)가 작곡한 발레 음악 〈불새L'Oiseau de feu〉의 배경이기도 하다. 이 곡은 5장으로 된 관현악곡으로 이반 왕자는 불새를 살려 주고 황금 깃털을 얻게 되고, 이 황금 깃털과 불새의 도움으로 마왕의 마법에 걸리지 않고, 마왕의 영혼이 깃든 알을 찾아 없애고 마법에 걸린 사람을 구한다는 내용이다.

　두 번째 비유는 '황금알을 낳는 거위'로 이솝 우화에서 인용한 것이다. 황금알을 낳는 거위를 얻어 부자가 된 탐욕스러운 농부가 더 많은 황금알을 얻겠다고 거위를 잡아 배를 갈랐지만 거위의 살과 피만 쏟아졌다는 내용이다.

　마지막은 '무화과나무'로 누가복음 13장 6절~9절에서 인용한 것이다. 심은 지 삼 년이 지나도록 열매를 맺지 못하는 무화과나무를 보고 책망하는 주인에게 포도원지기가 두루 파고 거름을 주어도 열매가 없다면 그때 찍어 버려 달라고 답하는 내용이다.

제임스의 이론은 황금 깃털을 지닌 불새를 찾은 것도, 황금알을 낳는 거위를 찾은 것도 아니었다. 열매를 맺지 못하면 찍혀 버려질 운명에 처한 무화과나무와 같았다.

12-38] W. 제임스는 정서들 사이의 차이를 확립하는 것이나 그들의 범주화에 큰 의미를 부여하지 않았다. 그가 볼 때 이는 단순한 보조적 수단으로서의 의미를 가지며, 일반적 원칙이 발견되면 스스로 모습을 나타내야 하는 것이었다. 그는 심지어 존중받던, 정서의 다양한 특성의 목록, 그에 의해 일어나는 정서의 정도와 작용의 목록도 웃어넘겼다. 이는 우리 손에 모든 정서의 일반적 레시피가 주어지기 전까지 필요했을 수 있는 것들이다. 반복하지만 제임스의 희망은 소박하지 않았다. 그는 자신의 이론이, 생물학에서 진화의 개념이 했던 역할을 정서 이론에서 해야 한다고 생각했다. 둘 모두 서로 다른 종류가 더 일반적 원인의 산물이라고 간주하기 때문이다. 그에게 스스로의 가설은 다윈의 척도와 같은 것으로 보였다. 당연히 이 때문에 정서의 구체적 분석, 그 특성의 사실적 기술은 그를 사로잡을 수 없었다. 이는 이후의 일이었다. 주요한 것은 원칙에 있다. "우리가 황금알을 낳는 거위를 갖고 있다면 산란된 각각의 알을 개별로 기술하는 것은 이차적 중요성을 갖는 일이다"(У. Джемс, 1902, с. 303).

어두운 바니시 때문에, 오늘날 우리는 거위가 날고 있는 것이 아니라 둥지를 지키고 있다는 것을 알아차리기 어렵다. 그림의 왼쪽 아래에서 개를 찾아내고 'de viand van de staat(국가의 적)'이라는 글자를 읽거나, 오른쪽 가장자리에서 'Holland(홀란드)'라는 이름표가

제임스의 정서 이론은
어떻게 생물학에서
진화의 개념이 했던 역할을 하는가?

J. 아셀레인(Jan Asselijn), 위협받은 거위, 1650.

붉은 알을 알아보기는 쉽지 않다. 거위의 다리 사이에는 'de raad-pensionaris(대 조언자—요한 드윗을 지칭함)'이라는 글자가 있다. 80년 전쟁 직후 그려진 이 그림은 네덜란드 공화국의 스페인으로부터의 독립에 대한 비유이다.

이 그림은 또한, 자손을 지키는 좋은 부모가 죽더라도 살아남아 번성할 것이라는, 다윈의 위대한 이론을 형상화한다. 제임스는 자신의 정서 이론이 생물학에서 다윈의 이론만큼이나 심리학에서 중요할 것이라고 주장한다. 다윈이 개별 종을 기술하는 데 주로 관심이 있던 과학에서 모든 종이 어디서 와서 어떻게 될 것인지를 설명하는 과학으로 생물학을 변형시킨 것처럼, 제임스의 이론은 개별 정서를 기술하는 데 주로 관심이 있던 과학으로부터 모든 정서가 어디서 왔는지를 설명할 수 있는 과학으로 정서의 심리학을 바꿀 것이었다. 바로 이러한 의미에서 제임스의 이론은, 심리학에서 유사한 의의를 갖는, 황금알을 낳는 거위라는 것이다. 비고츠키는 이 주장을 약간 비꼰다(12-39~42). 고등 정서와 관련된 한 그 거위는 전혀 알을 낳지 못하는 것으로 보인다.

스피노자의 친구이며 뛰어나고 중요한 수학자이자 네덜란드 공화국에서 가장 강력한 인물이었던 요한 드윗은 재임 기간 중 많은 성과를 이루어 냈다. 드윗은 정부 기금에서 노인 연금을 지급하는 법을 알아내는 확률론적 수학을 개발했으며, 우리는 그것을 보험통계표를 계산하는 데 여전히 사용하고 있다. 드윗은 오라녜가家에 대항한 공화국의 수호자였으나, '국가의 적'에 의해 잔인하게 살해당했다(7-1 글상자 참조).

12-39] 제임스의 황금을 포함한 원칙에 대해서는 랑게 이론과 관련된 기대에 대해 우리가 이미 말했던 것을 글자 그대로 반복할 수 있다. 쉼 없는 60년간의 노력이 아무 데도 이르지 못한 것이다. 거위가 낳은 각각의 알을 개별적으로 기술하는 것은 불가능함이 드러났다. 그만큼 여러 해 동안 과학의 사실적 측면에서 그 정도로 결실을 맺지 못한 다른 가설은 아마 거명하기 힘들 것이다. 분노, 공포, 사랑, 증오, 기쁨, 슬픔, 수치, 긍지(제임스 자신이 구성한 목록만 제시한다면)와 같은 가장 거친 정서 형태를 인식할 때에도 고도의, 복잡하고 미묘한 인간 고유의 감정에 대해 말하지 않는다면 우리는 새로운 황금원칙의 도움으로 한 걸음도 나아갈 수 없었다. 지금까지 모든 것이 원칙 자체에 대한 논의를 중심으로 돌아갔다. 황금알을 낳는 거위로부터 산란된 개개의 알을 묘사하는 경로는 실현 불가능함이 드러났다. 실제로 알은 없었다. 가장 이상한 거위의 가치와 우수성이 지금까지 다양한 방식으로 기술되었다.

12-40] W. 제임스는 자신의 가설을 통해 정서의 분석에서 구체적 기술의 수준을 넘어설 수 있다고 약속했다. 그는 자신이 제시한 관점이 정서의 놀라운 다양성을 설명해 주며 이는 단순 기술과 분류의 영역에서 벗어날 수 있는 가능성을 우리에게 준다고 생각했다. 외적 특성의 기술 대신 과학적 연구는 정서의 원인에 대한 설명으로 대체될 것이다.

그는 말한다. "정서의 피상적 분석으로부터 우리는 이처럼 더 심오한 연구, 고차적 종류의 연구로 이행한다. 분류와 기술은 과학의 발달에서 가장 낮은 단계이다. 주어진 과학적 영역에서 인과적 연결의 문제가 전면으로 나오는 순간 분류와 기술은 2차적 측면으로 물러나며, 우리에게 인과적 연결의 연구를 하게 해 주는 한에서 그 의미를 보존할 것이다"(같은 책, p. 314).

12-41] 이 이론이 발표된 날부터 60년 동안 정서적 삶의 영역에 대한 인과적 분석에서 우리가 다만 얼마만이라도 유의미하게 앞으로 나갔다거나, 실제로 우리가 고등한 종류의 연구로 이행했으며 제임스가 밝히기를 희망했던 정서의 본성을 밝히면서 무한히 다양한 정서를 쥐꼬리만큼이라도 설명할 수 있었다는, 간단히 말해 이야기 속 거위가 황금알을 하나라도 낳았다는 생각을 지금 옹호하는 이는 이 이론의 추종자 중 한 명도 없을 것임이 사실이다. 더 나쁜 것은 저차적 종류의 연구의 영역에서, 제임스가 그토록 업신여겼던 구체적 기술, 개별 정서의 각 특성과 특별한 작용에 대한 설명의 영역 그리고 범주화와 명명의 영역에서조차 새로운 원칙의 도움으로 과학적 지식의 발달이 일어날 그 어떤 가능성도 드러나지 않았다는 것이다.

12-42] 여기에는 공통된 원인이 없을 수 없다. 우리는 그 원인을 황금 원칙의 원칙적 비구조성과 부적절성에서 찾아야 한다고 생각한다. 사실 그것은 애초부터 정서의 심리적 본성과는 매우 이질적인 것에 대한, 완전히 다른 방법론적 측면에 놓여 있는 것에 대한 설명으로 대두되었으므로, 따라서 어떤 상황에서도 정서적 과정의 인과적 연결의 문제에 대한 답으로 이용될 수 없었다. 랑게와 제임스가 제시한 원칙은 그 본질상 특정한 정서의 심리적 본성과 그것이 일으키는 유기체적 감각 사이의 그 어떤 유의미한 연결도 드러낼 수 없다. 학설의 근본적 비극은, 인간적 정서의 완전한, 원칙적 무의미성을 인정하는 것과 인간 정

서에 상응하는 구조, 정서가 다른 모든 의식적 삶과 맺는 기능적 연결, 정서의 심리적 본성을 깨닫고 이해하는 것뿐 아니라 심지어 주어진 정서가 어떤 심리적 상태로서 보여 주는 것이 무엇인가 하는 문제를 확립하는 것조차 원칙적으로 불가능하다는 것을 인정하는 것으로 이루어져 있다.

렘브란트(Rembrandt), 세 개의 십자가 혹은 그리스도의 정념, 1653.

렘브란트는 명암을 이용할 뿐 아니라 피사체 묘사 정도를 차별화하며 그림 보는 이의 주의를 조절한다.

이 문단에서 비고츠키는 정념 학설의 비극을 논한다. 그는 비극의 세 가지 다른 측면으로 우리의 주의를 끌지만 또한 각 측면의 세부 묘사에서 차별점을 둔다.

a) 기능적 비극: 학설은 정서가 원칙적으로 전혀 의미가 없다고 가정한다. 정서는 생리적 반응에 수반하는 불필요한 부산물, 부수 현상, 의도치 않은 결과이기 때문이다.

b) 구조적 비극: 학설은 정서가 상응하는 경험과 전혀 유의미한 연결을 맺지 않으며(내장 반응의 종류는 매우 적지만 그에 상응하는 체험은 매우 다양하고 풍부하기 때문이다) 또한 정서는 의식 및 정서의 심리적 본성과 기능적 연결을 맺지 않는다고 가정한다.

c) 방법론적 비극: 학설은 어째서 정서가 (생리적이 아닌) 심리적 상태로 나타나는지 질문조차 제기하지 못한다.

12-43] 여기서 우리는 제임스-랑게 이론의 전체 그림에서, 따라서 데카르트 학설에서 가장 본질적이고 기본적인 질문, 지금까지 주의 밖에 머물러 있던 질문을 언급했다. 이는 우리 연구의 근본적 문제인 동시에 스피노자의 전체 정념 학설의 근본적 문제이다. 따라서 우리는 그의 설명을 자세히 살펴보아야 한다.

12-44] W. 제임스는 다음과 같이 말했다. "우리가 정당하거나 관대한 행동을 보고 신체적 흥분을 경험하지 않는다면 우리의 정신적 상태를 정서적이라고 부를 수는 없을 것이다. 사실상 여기서는 우리가 정당한 것, 관대한 것 등의 그룹에 포함시키는 현상에 대한 단순한 인지적 지각만이 일어난다. 단순 판단을 포함하는 유사한 의식 상태도 정서적이 아닌 인지적 정신 과정과 연결되어야 한다"(같은 책, p. 317). 모든 느낌이 완전히 무의미하다는 테제를 더 명백한 형태로 주장하기는 힘들 것이다. 결국 제임스의 이론에 따르면 우리의 의식이 지각한 주변적 신체의 흥분은 정서의 핵심이다. 그것 없이는 느낌이 느낌이길 멈추고 단순한 판단으로 변환된다. 질문이 제기된다. 정당함이나 관대함의 느낌은, 그것이 단순한 판단이 아니라 바로 느낌이기 때문에 공정함과 관대함의 느낌을 원칙적으로 무의미하게 하지 않으므로 특정한 요소의 조합으로 이루어진 특정한 종류의 주변적 신체적 감각 이상이 아니라는 이 주장은 무엇을 의미하는가? 도덕적 정당함에 대한 느낌에, 제임스의

말에 따르면, 목소리나 눈빛이 반영되어 있다는 사실이 우리에게 설명할 수 있는 것은 무엇인가?

공정함의 느낌에 수반되는 신체적 발현을 제거하면 남는 것은 무엇인가?

M. 스토머(Mathew Stomer), 솔로몬의 재판, 1638/1642.

　이 그림은 세계 최초의 거짓말 탐지기를 보여 준다. 루리야가 창안했던 거짓말 탐지기나 오늘날 사용되는 폴리그래프처럼 그것은 제임스와 랑게가 정서라고 부르는 것을 실제 탐지하는 것이다. 이는 진실과 거짓, 옳고 그름과 같은 도덕적 질문에 대한 판단의 토대가 된다.

　두 여인이 아이를 낳았고 한 아이가 밤에 죽었다. 다음 날 두 여인은 살아 있는 아이를 자신의 아이라고 주장한다. 9-32 상자에서 신이 아브라함을 시험했던 것처럼 여인들을 시험하기 위해 솔로몬 왕은 살아 있는 아이를 반으로 잘라 가져가라고 한다. 서로 다른 정서적 반응은 누가 진짜 어머니인지를 솔로몬에게 알려 준다. 왜냐하면 진짜 엄마는 어떤 정서적 반응 없이 간단한 판단으로 자기 아기가 죽도록 두고 볼 수 없기 때문이다.

　위 그림에서 한 여인의 얼굴은 솔로몬을 향하고 있기 때문에 누가 진짜 어머니인지 알아보기가 다소 어렵다. 아마도 우리는 솔로몬과 가슴을 도발적으로 드러내고 있는 가짜 엄마 사이에 있는 그림 중앙의 남자 얼굴에서 비쳐진 그녀의 표정을 읽을 수 있다. 그 남자는 아마도 스토머 자신의 자화상일 것이다. 화가들은 종종 관객들에게 어떤 정서를 일으키려는지 보여 주기 위해 일종의 거울로 그들 자신을 그림 속에 포함시키곤 한다.

비고츠키는 말이나 물로 불을 끄는 현상에 대한 과학적 분석이 환원적이라고 불평하곤 한다. 이를 통해 그가 뜻하고자 한 것은 우리가 설명하고자 하는 현상이 거의 사라질 정도로 분석 단위를 환원하는 것이다. 예를 들어 말하기의 분석 단위를 의미가 사라지는 순수한 음성까지 환원하거나 물이 불을 끄는 속성에 대한 분석 단위를 순수한 수소와 산소까지 환원하는 것이다. 이것은 비고츠키에게 솔로몬의 재판과 같다. 그것은 어린아이를 왼쪽과 오른쪽으로 나누는 것과 같다. 우리가 연구하고자 하는 삶의 현상은 완전히 사라지고 마는 것이다.

제임스에 따르면, 만약 우리가 옳고 관대한 행위에 대한 반응에서 신체적 발현을 제거한다면 우리에게는 컴퓨터나 로봇, 심지어 주사위 던지기나 제비뽑기, 병 돌리기로부터 얻게 되는 그런 종류의 단순한 판단만 남게 된다. 문제는 인간이 언제나 이런 방식으로 도덕적 판단을 하지 않는다는 것이다. 우리의 모든 도덕적 판단은 진짜 엄마의 반응과 같이 정서로 가득 차 있다. 스피노자는 이것을 인식하고 있었다. 『에티카』는 가장 협소한 자기 이익부터 스피노자가 가장 높은 형태의 축복으로 생각했던 궁극의 '신에 대한 지적 사랑'까지 정서로 가득 차 있다.

12-45] W. 제임스는 자신의 가설이 우리를 고등한 유형의 연구로 이끌 것이라고 약속했다. 옛 관점에서 보면 정서 분석의 유일한 과업은 분류(주어진 정서가 어떠한 종류나 유형에 포함되는가)나 기술(주어진 정서는 어떠한 외적 현상으로 특징지어지는가)이었다. 이제 정서의 원인에 대한 설명이 문제가 된다. 이러저러한 대상들이 어떻게 우리에게 바로 어

떤 특정한 변화를 일으키며, 어째서 그것은 다른 변화가 아닌 바로 그러한 변화를 일으키는가. 공정함이나 관대함 같은 정교한 감정은 옆으로 제쳐 두고 제임스가 항상 말했던 거친 형태를 살펴보자. 제임스 자신의 말을 이용해 우리가 구성했으며, 그의 예시와 완전히 정확한 의미에서 일치하는 인과적 설명이 어떤 심리적 가치를 지니는지 자문해 보자. "어째서 우리는 우리에게 소중한 존재의 소멸을 생각하면 공포의 느낌을 경험하는가?" "왜냐하면 우리는 심장박동 강화, 짧은 호흡, 떨리는 입술, 약해진 사지, 소름, 내장기관의 흥분과 연관된 느낌을 감지하기 때문이다."

도우는 렘브란트의 제자였고, 렘브란트의 화실에서 일했던 3년 동안 빛과 색채에 대해 많은 것을 배웠다. 하지만 도우는 매우 광택이 나는 표면을 선호하는데, 이는 마리아의 코에 맺힌 눈물이 선명히 드러나고, 두개골 뒤의 병에 묻은 기름방울과 비교되도록 해 준다.

이 눈물의 심리적 의미는 무엇일까? 그림 속의 몇몇 징후는 삶의 무상함에 대한 슬픔을 암시하고(해골), 다른 징후는 죄에 대한 후회를 암시한다(노출된 어깨와 가슴). 그러나 마리아의 눈빛은 그녀에게 소중한 사람을 잃은 것에 대한 공포감을 암시한다. 눈물방울은 그녀가 한때 그리스도의 발에 붓고 그녀 자신의 부드러운 머리카락으로 닦아 내었던 향기로운 기름방울과 같은 의미를 지니고 있다.

제임스에게 모든 질문은 거꾸로다. 진짜 질문은 눈물의 의미가 아니라 그 느낌의 의미이다. 슬픔, 후회 또는 공포의 의미는 무엇인가. 슬픔, 후회, 공포는 결과일 뿐이고, 원인은 눈물과 콧물과 복통이다. 제임스 이론에 따르면, 마리아의 공포는 불편한 위, 흐르는 콧물 그리고 눈물샘 자극의 결과라고 한다. 이것은 마치 소크라테스가 그의 다리 때문에 감옥에 갔고 그를 그곳에 데려온 근육에 의해 처형되었다고 말하는 것과 같다는 비고츠키의 지적은 놀랍지 않다.

이 눈물의 심리적 의미는 무엇인가?

G. 도우(Gerrit Dou), 참회자 막달리나, 1675년 이전.

12-46] 그 누구도 인간 느낌에 대한 모든 인과적 설명의 고전적 원형을 제공한, 잘 알려진 제임스의 공식이 갖는 철학적 본성에 대해 제대로 숙고한 바 없다. 그렇지 않았다면 그 공식의 거대한 비합리성이 오래전에 부각되었을 것이다. 사실, 인과적 설명의 관점에서 볼 때 다음의 명제는 무엇을 의미하는가? 우리는 울기 때문에 슬프다, 우리는 싸

우기 때문에 분노한다, 우리는 떨기 때문에 공포를 느낀다. 실제 심리적 사실의 설명이라는 관점에서 볼 때 이 공식화는 다음의 주장과 동일한 인식적 가치를 갖지 않는가? 소크라테스가 감옥에 앉아 있게 된 것은 그의 다리 근육이 수축하고 이완하여 그를 거기로 데려다 놓았기 때문이다.

J. 레이스테르(Judith Leyster), 플루트를 연주하는 소년, 1630년대.

스피노자는 정부에 여성이 적다는 사실이 여성의 자연적 능력이 부족함을 보여 준다고 주장했다. 유딧 레이스테르는 네덜란드 황금시대의 유일한 주류 여성 화가였으며, 그 때문에 이 신비한 그림은 처음에

프란스 할스의 작품으로 여겨졌다. 레이스테르는 차가운 겨울 빛을 받으며 부서진 의자에 앉아 왼손으로 플루트를 연주하고 있는 소년을 보여 준다. 소년의 팔꿈치에는 구멍이 나 있지만, 값비싼 목도리와 멋진 빨간 모자를 쓰고 있으며, 값비싼 악기를 많이 가지고 있는 것으로 보인다. 네덜란드인들은 악기가 기원에 따라 특정한 위계를 가진다고 생각했다. 플루트는 야외나 목축과 연관이 있으며, 바이올린은 실내나 노래를 동반하는 더 세련된 실내악과 연관된다. 소년의 눈(약간 어긋난)이 높은 창으로 흘러 들어오는 차가운 회색빛을 향하는 것을 주목하자.

제임스는 뇌가 울고 있는 신체의 감각을 느낄 때에만 소년이 슬퍼한다고 설명한다. 소년은 신체가 싸우는 감각을 느낄 때에만 화가 나고, 신체가 도망가는 감각을 느낄 때에만 두려워한다. 제임스는 이것이 마치 악기를 분류하는 것처럼 감정을 분류하는 것을 넘어, 감정이 어떻게 생성되고 감정이 어떻게 뇌에 영향을 미치는지 정확히 설명하도록 해 준다고 주장한다. 제임스는 이것이 다소 반직관적임을 인정한다. 흥미로운 것은 이 문단의 영어 번역자가 실수로 순서를 뒤집어 제임스가 전통적 설명(우리는 슬프기 때문에 울고 화가 나기 때문에 싸운다)에 동의하게 만들었다는 것이다.

비고츠키는 제임스가 전통적 설명을 가져와 뒤집는 말장난을 하고 있을 뿐이라고 불평한다. 비고츠키는 이것이 소크라테스의 마음이 아니라 다리 근육이 소크라테스로 하여금 국가의 명령을 받아들여 자살을 결정하도록 했다고 말하는 것과 조금도 다르지 않다고 말한다(이에 대한 설명과 프랑스 화가 다비드의 아름다운 그림에 대해서는 『분열과 사랑』 4-92 참조). 확장하면 우리는 제임스가 팔 근육, 입술 근육, 호흡 근육의 작용으로 음악을 설명한다고 말할 수 있을 것이다. 비고츠키는 이러한 근육들이 억눌리고 뭉개져 표현을 거부했을 때 무슨 일이 일어나는지 묻는다. 근육이 생성했을 감정들은 그저 발생하지 못하는가, 아니면 발생한 후 사라지는가? 억제된 감정은 공명하고 증폭되며, 단지 다른 신체 부분의 표현으로 전환될 뿐인가?

우리는 이 그림을 해답으로 받아들일 수도 있을 것이다. 유딧 레이

스테르의 그림은 거의 감옥과 같은 빈방에서 연습을 하고 있는 소년을 보여 주는 것으로 보인다. 소년의 시선은 듣는 사람이 아무도 없다는 것을 암시한다. 그러나 많은 청중을 대상으로 연주하는 음악가는 혼자 연습하거나 빈 홀에서 연주하는 사람과 다른 감정으로 연주한다. 그것은 단지 청중의 몸이 음파를 흡수하기 때문이 아니다. 혼자 연습하는 것은 관객과의 호흡보다는 특정한 근육 활동의 중요성을 증폭하며, 빈 홀에서 연주하는 것은 많은 청중 앞에서 연주하는 것과 음파나 감정이 다르게 공명하게 만든다. 청중들의 반응은 (음악가의 마음속에서 상상된 것일 뿐일지라도) 감정을 증폭하는 효과를 가질 수 있다. 마르크스는 의식이 신체 기계 속에 들어 있는 유령 같은 것이 아니라고 말할 것이다. 그것은 사회적 환경에 대한 사회적 관계이며 오직 청중을 통해서만 자신에게 존재한다. 이는 말과 마찬가지로 음악에도 해당되며, 음악과 마찬가지로 다른 고등 감정에도 해당된다. 이러한 공유된 사회적 의식이(그리고 이것만이) 심지어 오늘날에도 유딧 레이스테르와 같은 여성 화가가 그렇게 적은 이유를 설명해 준다.

12-47] 인과적 설명의 비합리성에 대한 이 잘 알려진 플라톤의 사례를 인용한 것은 오늘날 기술적 심리학의 빛나는 대표자 중 하나인, E. 슈프랑거로, 이는 소위 자연과학적, 인과적 설명적 심리학의 파산을 보이기 위함이었다. 그가 대표한 모든 심리학적 방향성과 같이, 그는 설명적 심리학이 그 어떤 그의 적수들보다 심리학 연구에서 인과적 설명의 무능을 가장 잘 드러냈다는 사실로부터 시작한다. 이는 심리학은 심리학적 방법으로부터 발전되어야 한다는 기본 명제를 망각했기 때문이다.

E. 슈프랑거에 대해서는 『분열과 사랑』 2-24 참조.

12-48] 기술적 심리학이 설명적 심리학의 분석의 가장 깊은 오류를 토대로 도출한 순전히 관념적인 결론이 완전히 파산했음이 얼마나 명백한지와는 무관하게, 이는 제임스의 이론으로 대표되는 설명적 심리학 유형에 대한 근본적인 비판적 반론, 위에서 예시한 인과적 설명의 논리적 불가능성에 대한 반론의 의미와 올바름을 우리 눈앞에서 왜소하게 만들지 않는다.

G. 플링크(Govert Flinck), 물 위를 걷는 그리스도, 1638.

신약 성서에서 제자들은 그리스도 없이 바다를 건너려 하지만, 바람과 파도에 의해 곤경에 처한다. 그리스도가 물 위를 걸으며 나타나고 베드로가 그리스도와 함께 걸으려 하지만 믿음이 부족하여 물속으로 가라앉기 시작한다. 처음에 이 그림이 렘브란트의 작품으로 여겨진 이유 중 하나는 그것이 기적을 보여 주기 때문이다. 스피노자 시대에 초자연적 사건의 그림은 렘브란트를 제외한 대부분의 프로테스탄트 예술가들에게는 철 지난 것이었다. 우리 시대에 앨버트 슈바이처와 같은 프로테스탄트 신학자들은, 베드로가 해변을 걷고 있는 그리스도를 보고 물 위를 걷고 있다고 생각했으며, 그도 똑같이 하려고 하다가 물에 빠졌고 동료 선원이 그를 구했다고 말함으로써, 자연주의적 심리학을 통해 기적을 설명하려 했다. 그러나 가톨릭 신학자들은 신앙심이 포함된 전통적인 심리적 기술을 이용한다.

　신앙은 떠오르지 않고 의심은 가라앉지 않는다. 스피노자는 책 한 권(『신학정치론』)을 바쳐 자연(즉 신)이 자연적 법칙에 초자연적 예외를 허용하지 않는다는 것을 보여 주었다. 스피노자는 "신체는 마음이 생각하도록 결정할 수 없으며, 마음은 신체가 움직이거나 멈추거나 그 밖의 다른 것을 하도록 결정할 수 없다"라고 말한다. 신체는, 더 크고 강한 다른 신체에 의해 신체가 창조되고 규정되고 한계 지어지고 심지어 파괴될 수 있는 방식으로 마음을 창조하거나 규정할 수도, 한계 짓거나 파괴할 수 없다. 마찬가지로 마음은, 생각이 다른 어떤 생각을 대신하거나 대체할 수 있는 방식으로, 신체를 대신하거나 대체할 수 없다.

　그러나 비고츠키는 그 이유가 몸과 마음이 상호작용할 수 없기 때문이 아니라고 말한다. 몸과 마음은 상호작용을 한다. 신체에서 비롯된 정념은 우리가 생각하는 방식을 결정하며, 마음에서 비롯된 생각도 우리가 활동하는 방식을 규정하는 힘을 지닌다. 그러나 두 경우 모두 '신체'와 '마음'은 단지 동일한 사실의 집합을 바라보는 두 개의 양립할 수 없는 방식, 즉 그것을 활동으로 설명하거나 경험으로 묘사하는 방식일 뿐이다. 우리는 그리스도가 신성한 다리 근육 때문에 물 위를 걷는다고 설명할 수도 없고, 베드로가 가라앉는 것은 물에 젖은 영혼 때문이라고 기술하는 데 만족할 수도 없다. 그러나 우리는 이 그림을 예술적 행위로 설명할 수도 있고 신앙의 경험으로 기술할 수도 있다.

12-49]　우리는 느낌에 대한 설명적 심리학과 기술적 심리학의 문제-이는 어떤 의미에서 전체 우리 연구의 중심적 문제이다-로 다시 돌아와 지적된 문제에 대한 어떠한 원칙적 해결을 스피노자의 정념 학설에서 찾을 수 있는지 고찰할 것이다. 그러나 지금도 우리는 어떤 본질적 결론을 도출하지 않을 수 없다. 심리학에서 일반적으로 발전되어 온, 제임스의 이론에서 나타난, 그리고 데카르트의 정념 학설의 의미 자체로부터 직접 흘러나오는, 심리적 사실에 대한 인과적 설명은 그러한 인

과적 심리학이 완전히 파산했고 전혀 무능하다는 것을 인정하는 것 이외의 다른 것으로 우리를 인도할 수 없다는 사실에 동의하지 않을 수 없다. 만일 심리학에서, 위에서 제시한 설명과 다른 유형의 인과적 설명이 불가능하다면 설명적 심리학 자체는 과학으로서 불가능하다.

12-50] 이러한 설명적 심리학의 크나큰 모호성을 최초로 알아차린 사람 중 하나이자, 원인 없는 현상에 대한 과학으로서 순전히 관념론적인 심리학으로의 첫걸음을 뗀 사람 중 하나인 W. 딜타이는 다음과 같이 올바르게 말한다. "그러나 바로 이로써 독립적인 설명적 심리학의 파산이 선언된다. 그 일은 생리학의 손에 넘어갔다"(1924, p. 24). 그러나 딜타이와 슈프랑거를 비롯한 기술적 목적론적 심리학의 열성 지지자들이 제임스의 정서 심리학과 같은 설명적 심리학에 대한 비판에서 논쟁의 여지 없이 옳았던 것과 똑같은 정도로 그들은 자신들이 옹호한 순전히 기술적이고, 그 어떤 인과적 설명도 결여한 심리학의 연약성과 부당성을 한 치도 덜하지 않게 폭로했다.

렘브란트(Rembrandt), 포목상 조합의 이사들, 1662.

이 그림은 6장의 해부도나 9장의 야경꾼 그림과 같은 방식으로 의뢰되었다. 각 인물은 돈을 지불하여 집단 인물화의 구도에서 배치될 위치를 구입했고 작품을 의뢰인들이 일하는 곳에 걸어 두었다. 그러나 이 그림의 등장인물들은 의사나 군인이 아니다. 이들은 아마도 훨씬 중요하고 분명 훨씬 부유한 이들이었다. 이들은 네덜란드에서 생산, 판매되는 포목품들이 일정한 품질을 유지하도록 감독하는 감독관들로 각 인물의 이름은 공식문서의 기록에 남아 있다.

이 그림을 렘브란트의 초기 작품인 「루크레시아의 자살」(2-23)이나 「돌아온 탕아」(3-14), 「눈이 먼 삼손」(8-4), 「이삭의 희생」(9-37)과 비교해 보자. 이 그림에는 피도, 눈물도, 땀도, 콧물도 없다. 그러나 이 그림에 아무 감정이 없다고 말할 수 있을까? V. 얀츠Volckert Jansz는 관람객을 맞이하려는 듯 의자에서 일어나고 있으며 J. 반 론Jacob van Loon과 A. 반 데 메이에Aernout van der Mye, J. 데 네브Jochem de Neve)는 얼굴을 알아보고 반갑다는 웃음을 짓는다. 하인인 F. 벨Frans Bel은 가벼운 목례로 환영하고 있다. 끝으로 W. 반 두이엔뷔르흐Willem van Doeyenburg는 자신의 결정을 V. 얀츠에게 설명하느라 방문객을 미처 알아차리지 못하고 있다. 물론 이 모두는 인간적인 감정을 인간적으로 표현한 것이다. 인간이 동물과 공유하지 않는 바로 그러한 종류의 점잖고 문화화된 느낌인 것이다.

＊W. 딜타이(Wilhelm Dilthey, 1833~1911)는 K. 피셔의 제자이자 E. 슈프랑거의 스승이다. 그는 역사가였으나 관념론자로, 그의 역사는 본질적으로 관념의 역사이다. 딜타이는 역사를 세 시기, 즉 자연주의(인간은 자연에 의해 결정된다), 관념주의(인간은 자유의지를 갖는다) 그리고 객관적 관념주의(인간은 스스로가 자연에 의해 결정된다는 것을 의식하는 한에서 자유롭다)의 시기로 나눈다. 그리스인은 자연주의자였으며 로마인들은 관념주의자였고 스피노자, 헤겔, 딜타이 자신은 객관적 관념주의자였다. 이 책의 후반부에 비고츠키는 데카르트가 본질적으로 자연주의

자이며 스피노자는 반反자연주의자라고 주장한다. 여기서 비고츠키는 심리학에 자연주의적 설명적 과학을 적용할 때 얻게 되는 하찮은 결과를 딜타이를 통해 지적한다.

유물론자인 비고츠키가 유물론자인 제임스와 랑게에 대항해 객관적 관념주의를 옹호하는 이유는 무엇일까? 비고츠키는 딜타이가 옳다고 생각하기 때문이다. 우리는 생리학으로 심리학을 설명할 수 없다. 그러나 비고츠키는 또한 딜타이가 그릇되었다고 생각한다. 우리는 심리학을 다른 심리학으로 설명할 수 없다. 심리학은 다른 심리학으로 기술될 수 있을 뿐이다. 심리학을 다른 심리학으로 설명하려는 시도는 순환론에 빠질 수밖에 없다. 생물학이 생화학, 화학 그리고 궁극적으로는 물리학으로 설명되어야 하듯이 인간 정서의 심리학은 결국 인간의 문화, 인간 사회 그리고 인간 언어를 통해 설명되어야 한다.

12-51] 그들은 완전히 분명하게, 심지어 사상적 철면피와 뻔뻔함으로 기술적 심리학은 오직 설명적 심리학의 실패를 먹고 산다는 것을 드러낸다. 심리학적 사실에 대한 목적론적 고찰은 인과론적 분석의 오류의 논리적 결론으로 일어난다. 관념론적 심리학은, 무엇보다 유물론적 심리학이 그들 앞에 서 있는 과업을 감당하지 못하고 파산하여 자신의 일을 생리학의 손에 넘겼기 때문에 필요하다. 이처럼 기술적 심리학의 열성 지지자들은 마치 정반대의 관점에서 데카르트적, 본질적으로 설명적 심리학의 인과적 분석의 불합리성을 올바르게 조롱하면서, 이러한 불합리함으로 이끈 원칙적 전제로부터 그 스스로 한 걸음도 멀리 나아가지 못했을 뿐 아니라 바로 이 전제를 전체적으로 완전히 공유하고 보존한다.

12-52] 본질적으로 기술적 심리학은 그 설명적 전제에서, 첫눈에 보이는 것보다, 그리고 사실상 딜타이와 슈프랑거가 희망했던 것보다 훨씬 더 옛 설명적 심리학과 유사하다. 더욱이 그 심리학은 스스로가 거

부했던 인과적 심리학과 동일한 원칙적 입장 위에 전체적으로 서 있다. 이들은 전혀 적이 아니라 오히려 쌍둥이다. 결국 기술적 심리학 역시 심리학에서 유일하게 가능한 설명은 소크라테스가 감옥에 앉아 있는 이유를 다리 근육의 수축에서 보는 그러한 설명이라는 생각으로부터 시작한다. 기술적 심리학의 대표자들은 심지어, 이와 유사한 유형의 설명 법칙을—물론 기초적 현상이라는 더 제한된 영역에서이기는 하지만—어느 정도 인정한다. 그들은 다만 인간 영혼의 고차적 현상에 대한 목적론적 기술적 분석과 같은 종류의 설명에 대한 자연적 보완을 필요로 할 뿐이다. 그들은 그러한 설명적 심리학이 존재할 권리를 거부하지 않을 뿐 아니라, 심지어 기술적 심리학과 함께 그것의 필수 불가결성을 인정한다. "우리는 자연은 설명하고, 정신적 삶은 이해한다"(W. 딜타이, 1924, p. 8). 이해 심리학 전체의 기본이 되는 이러한 딜타이의 입장은 인과적, 목적론적 혹은 설명적, 기술적 심리학의 상호 협력이 미치는 영향력의 범위와 영역의 필연적 경계를 규정짓는다.

12-53] 정신적 삶은 자연적 측면을 가지며 자연과학의 연구와 인과적 분석에 속한다. 이는 설명적 혹은 생리학적 심리학의 과업이다. 그러나 현재 존재하는 그 어떤 설명적 심리학도 영혼에 대한 과학의 토대에 놓일 수 없다. 그것은 인간 고유의 복잡한 고등심리과정에 대한 타당한 설명뿐 아니라 기술도 제공할 수 있는 상태가 아니다. 따라서 그와 함께 이해적, 구조적, 목적론적, 기술적 심리학이 존재해야 하는 것이다. 체계로서의 설명적 심리학은 현재에도 미래에도 심리적 현상들의 연결에 대한 객관적 지식으로 인도할 수 없다. 소름이나 비강 확장의 감각으로 환원되는 느낌과 나머지 모든 정신적 삶 사이의 그 어떤 유의미하고 이해할 만한 연결의 부재 자체가, 우리가 보았듯, 제임스가 발전시킨 설명적 심리학의 가장 차별적 면모이다. 따라서 이러한 심리적 현상의 연결을 아는 것이 특별한 과학의 목적이 되어야 한다. 그러나 이 특

별한 과학은 단순히 옛 설명적 과학을 폐지하는 것이 아니라, 딜타이의 생각에는 심지어 그것에 미래 결실을 많이 맺을 수 있는 발전의 가능성을 부여하는 것을 의미한다. 이처럼 설명적 심리학과 기술적 심리학 사이에는 노동과 지식 영역의 분업에 기반을 둔 밀접한 협력이 확립된다.

C. C. 반 하를럼(Cornelis Cornelisz. van Haarlem), 티탄족의 몰락, 1588.

반 하를럼은 구舊 회화학파를 대표한다. 그는 로마에서 '매너리스트'로부터 훈련을 받았으며, 대부분의 경력을 스페인령 네덜란드에서 보냈기 때문에 네덜란드 화풍에서 발견되는 차분한 자연주의를 전혀 배우지 못했다. 대신 그는 a) 공포나 분노와 같은 원초적 감정, b) 신체 자세의 내장적 표현을 강조한다. 여기서 우리는 3세대 그리스 신들(제우스, 포세이돈, 플루토와 같은 올림푸스의 신들)에 의해 전복된 2세대 그리스 신들을 볼 수 있다. 거인족 티탄의 공포와 절망은 잠자리와 나비로 상징화되지만, 그것은 열린 입, 소름, 확장된 콧구멍으로 나타난다. 곰(좌하단 구석)조차 겁을 먹은 것처럼 보인다.

거인족들과 마찬가지로 제임스-랑게 이론은 오늘날 거의 남아 있지 않다. 비고츠키가 말하듯 그것은 (캐논과 바드에 의해) 100여 년 전에 경험적으로 잘못된 것임이 입증되었다. 그러나 오늘날 가장 중요한 감정 이론은 스피노자를 계승했다고 주장하는 A. 다마지오의 이론이다. 그런데 다마지오는 '감정'과 '느낌'을 구분한다. 감정은 우리가 동물(그리고 거인족)과 공유하는 공포, 분노, 그리고 신체 자세의 내장적 표현이다. 그러나 '느낌'은 뇌가 이러한 감정들을 처리하는 방식이다. 그러한 느낌의 원천을 문화, 사회적 관계, 그리고 인간 역사로부터 이해하려는 노력 없이는, 심리학은 W. 제임스, C. 랑게, 그리고 곰 사냥의 변형판에서 벗어나기 어려울 것이다. 렘브란트와 베르메르가 매너리스트를 타도하는 것이 훨씬 더 쉬웠을 것이다.

Damasio, A. (1995). Descartes' Error: Emotion, Reason, and the Human Brain. New York: Avon.

Damasio, A. (2000). The Feeling of What Happens: Body and Emotion in the Making of Consciousness. Boston: Mariner.

Damasio, A. (2003). Looking for Spinoza: Joy, sorrow, and the feeling brain. Orlando: Harcourt.

12-54] 두 개의, 말하자면 반목하는 개념들 사이의 내적 유사성은 결코 우연이 아니다. 하나는 필연적으로 다른 것을 전제로 한다. 하나는 다른 것 없이 존재할 수 없다. 함께 있을 때에만 이들은 완결된 전체를 형성한다. 'a'를 말하는 이는 반드시 'b'도 말해야 한다. 오직 심리학의 일화적, 인과적 설명 가능성 하나만을 인정하는 사람은 필연적으로 인과적 심리학을 부정하고 목적론적 심리학의 창조로 넘어가야 한다. 둘 다 하나의 뿌리, 데카르트의 철학으로부터 자라난다. 그것은 기계론적 원칙과 유심론적 원칙의 완벽한 대칭, 완벽한 이념적 평형 위에 세워졌다. 정념이 영혼과 신체의 동거를 보여 주는 유일한 현상으로 간주되고, 따라서 기계론적 법칙과 목적론적 원칙의 관점으로 설명되는 현상으로 간주되는 정념 학설에서만큼 이러한 이원성이 두드러지게 관찰되

는 곳은 없다. 신체는 복잡한 기계 이외의 것이 아니며 정념이 인간의 신체적 본성을 반영하는 한 그것은 기계론적 법칙에 따라 설명되어야 한다. 영혼 역시 신성한 대상이므로 그 삶은 목적론적으로 다루어져야 한다. 가이사의 것은 가이사에게, 하나님의 것은 하나님에게.

P. P. 루벤스(Peter Paul Rubens), 카이사르의 동전, 1612~1614년경.

루벤스는 캔버스를 (수평으로) 두 개의 상반되는 빛의 삼각형과 (수직으로) 두 개의 상반되는 어둠의 삼각형으로 나눈다. 왼쪽을 보자. 정부에 충성하는 헬라어를 사용하는 유대인 집단이었던 헤롯 왕가의 지지자들의 얼굴에는 그림자가 드리워져 있다. 그들은 로마에 세금을 내야 하는지 물어보며 예수를 함정에 빠뜨리려 한다. 오른쪽에는 그리스도가 한 손으로는 동전에 새겨진 카이사르를 가리키고 다른 손으로는 하늘을 가리키며 유대어로 대답한다. "카이사르의 것을 카이사르에게 주고 하나님의 것을 하나님께 주어라." 그리스도의 얼굴과 머리는 신성한 후광으로 빛난다.

신체의 작용을 설명하기 위해 데카르트는 마찬가지로 인간을 두 개의 상반되는 영역으로 나눈다. 신체는 기계론적 원리와 동물 및 자동장치와의 비유로 설명할 수 있다. 예수께서 카이사르를 가리키며 카이

사르의 동전을 설명한 것처럼 데카르트는 신체를 설명하면서 신체를 원인으로 가리킬 수 있다. 그러나 영원하고 무한한 영혼은 이런 방법으로는 설명될 수 없다. 데카르트는 그 자신 외에는 다른 원인이 없으며 무한하고 영원히 존재하는 신으로부터 설명을 찾는다.

관념론과 유물론이라는 두 가지 설명은 빛과 어둠의 삼각형처럼 보완적이다. 신체에서 일어나는 많은 일은 심장박동, 체온 조절 및 내분비 변화처럼 자동적이거나 비자발적이다. 데카르트가 말했듯이 영혼이 합리적 사고이고 의식적인 이성이라면 이것을 설명하기 위해 다른 원리가 필요하다. 반대로 영혼의 정념은 육체적 환경과 연결되어 있다고 말한다. 굶주림, 자부심, 사랑은 영원이 아니라 필멸의 삶에서 오는 것이다. 그래서 우리는 이것을 설명하기 위해 필멸의, 유한한 원리가 필요하다. 아마 예수의 신성한 빛의 후광에 대한 기계적인 설명도 가능할 것이다. 그것은 베드로의 이마에 반사된 태양의 빛일 수 있다.

12-55] 이처럼 설명적 심리학과 기술적 심리학의 관념은 이미 데카르트의 정념 학설에 애초부터 포함되어 있다. 고찰 중인 순전히 기계론적인 정념의 완전한 비구조성, 절대적 무의미성에 대한 인정은 우리가 보았듯이 필연적으로 제임스-랑게 이론을 일련의 넘을 수 없는 난관과 불합리함으로 이끌었지만, 이는 본질적으로 데카르트의 이론에도 포함되어 있는 것이다. 자연히, 만일 새로운 이론과 옛 이론이 이 중요하고 원칙적인 지점에서 일치한다면 이들은 필연적으로 논리적 발달에서 완전히 동일한 난관에 당면해야 할 것이다. 사실 역사가 두 세기 동안 놀랄 만큼 정확히 반복되었음을 아는 것은 시사하는 바가 크다.

도우는 세세한 붓놀림을 볼 수 없었던 레이스테르, 할스와는 대조적으로 그리고, 그의 스승 렘브란트와도 대조적으로 사실적 화풍의 대가였다. 잠자는 개의 털은 그가 직접 만든 붓들로 그렸다. 어떤 붓은 붓털이 단 하나였다.

설명적 심리학과 기술적 심리학에 대한 내용을
자세히 알고 싶다.

G. 도우(Gerrit Dou), 잠자는 개, 1650.

오늘날 이런 종류의 그림은 묘사적인descriptive 그림이라고 불린다. 도우는 터럭 한 올 한 올 표현하기 위해 한 개의 털을 가진 붓을 사용했다. 다른 종류의 그림은 설명적인 그림이라고 불린다. 레이스테르, 할스, 렘브란트는 넓은 붓 터치를 보여 준다. 그림을 보는 우리의 눈과 뇌는 이러한 붓 터치를 광선, 그림자, 옷 주름 또는 루크레시아의 상처라고 해석해야 한다. 이렇듯 서로 다른 두 종류의 그림은 정서에 대한 서로 다른 두 종류의 접근과 상응한다. 한 경우, 우리는 정서를 정확하게 묘사하고자 하지만 그 원인을 설명할 수 없다. 다른 경우, 정서의 원인을 설명하고 해석하고자 하지만 정확하게 묘사할 수는 없다.

그러나 두 가지 접근법 모두 미적, 종교적, 심지어 낭만적인 감정을 설명하려고 할 때는 순환론적 모순에 빠진다. 왜냐하면 이러한 감정들은 단순히 생리적이거나 심리적인 것이 아니라 예술 작품, 문화, 그리고 다른 사람들의 신체와 아이디어에 기원을 두고 있기 때문이다. 개개인의 신체나 영혼에서 그 기원을 찾으려는 모든 시도는 '감정은 그렇게 나타나는 무언가'라는 단순히 순환론적 결과만 낳게 된다. 2세기 동안의 제자리 돌기에는 개라도 자기 꼬리만 쫓는 것에 싫증을 낼 것이다.

12-56] 『영혼의 정념』은 심장의 수축과 이완, 크기의 차이, 혈액 입자와 정기의 개수와 속도, 위와 허파의 변화 등 정신과 신체의 여러 가지 운동에 대한 기술로 가득 차 있다. 세르지의 표현에 따르면 데카르트는 이 모두를 가지고 마치 제임스가 소름 돋기와 비강 확장을 가지고 저글링하듯 곡예를 했다. 데카르트가 과업의 어려움을 인정한 것은 사실이다. 그는 엘리자베스 공주와 자신의 의심을 나누었다. 그는 각각의 정념에 해당하는 유기체적 현상을 연구하는 것은, 이 현상들이 일반적으로 뒤섞여 있기 때문에 쉽지 않다고 말한다.

나는
마음에 물질과 연장의
능력을 인정하는 것이
무형의 것에
신체를 움직이고
또한 그에 의해
움직여지는 능력을
인정하는 것보다
더 쉽다고 생각합니다.

G. 반 혼토르스트(Gerard van Honthorst), 팔츠의 공주 엘리자베스.

이 그림은 데카르트가 그녀를 가르쳤을 때쯤 그려졌다. 김재권(한국계 미국인 교수로 17세기 철학의 세계적인 전문가이다)은 엘리자베스가 데카르트의 이원론을 처음으로 반대했으며 스피노자와 훗날 비고츠키가 제기한 것과 같은 많은 비판을 제기했다고 말한다. 1642년에, 그녀는 데카르트에게 다음과 같은 편지를 쓴다.

"나는 마음에 물질과 연장의 능력을 인정하는 것이 무형의 것에 신체를 움직이고 또한 그에 의해 움직여지는 능력을 인정하는 것보다 더 쉽다고 생각합니다." 이것은 비고츠키가 제안한 스피노자 이론의 개선점과 일맥상통한다. 1644년에, 데카르트는 그녀에게 『철학의 원리』를 다음과 같은 말과 함께 헌정했다.

"지금까지 내가 발표한 모든 논문을 완벽하게 이해한 사람은 당신뿐입니다. … 모든 것을 분명하게 이해했으며, 따라서 비길 데 없다고 마땅히 칭할 만한 사람을 당신 외에 나는 알지 못합니다."

12-57] 우리는 사실을 분리해 내고, 통계, 비교, 제거에 의거한 정확한 결과를 찾아야 한다. 만일, 예컨대 사랑이 기쁨과 결합된 경우로 주의를 돌려 보면 우리는 이 정념으로부터 사랑도, 기쁨도 확인할 수 없다. 그러나 사랑-기쁨을 사랑-슬픔과 비교하면 그 차이는 명확히 두드러질 것이다. 이처럼 『영혼의 정념』은 데카르트 자신이 시도했으나 (연구-K) 수단, 연구실, 동료 학자의 부재로 실현할 수 없었던 실험을 지속해 나가기를 직접 제안한다. 그는 스스로의 관찰로 얻은 사실을 사용해야만 했다. 세르지가 점잖게 말했듯이, 데카르트는 현대 맥박 기록계 덕에 상당히 풍부해진, 맥박에 대한 우리의 지식을 정교화하는 데 큰 기여를 했음에도 불구하고, 그가 각 정서에 상응하는 내장의 모습에 관해 말한 것에 대해서 우리는 침묵으로 우회하는 것이 낫다.

현대의
맥박 기록이란 무엇인가?

J. 풀(Juriaan Pool), 왁스를 주입한 인간 심장과 두 의사(1699).

데카르트는 신체가 기계라고 믿는다. 그것이 의미하는 것은 맥박이 본질적으로 기계적이라는 것이다. 이는 데카르트가 하비의 혈액순환론을 최초로 받아들인 사람 중 하나인 이유이다. 그렇다면 데카르트는 심장이 근육으로 된 펌프라는 하비의 생각을 왜 거부했을까?

첫째, 심장이 근육으로 이루어져 있다면 신경을 통해 영혼과 연결되어야 한다. 데카르트는 어떤 연결도 찾지 못했다. 둘째 데카르트는 기계란 '균형 잡힌' 운동으로 이루어져 있다고 믿었다. 모든 작용은 어떤 반작용에 의해 상쇄되어야 하지만, 수동적인 혈관을 통해 혈액을 추동하는 능동적 펌프는 그렇지 않다. 혈관은 펌프에 반작용하지 않는다. 셋째 데카르트는 맥박이란, 냄비에서 끓고 있는 수프처럼, 피가 끓는 소리라고 믿었다.

데카르트 자신의 이론은 아리스토텔레스식이었다. 심장은 일종의 보일러였으며, 혈액의 가열과 냉각은 혈액 순환을 설명하고 끓어 넘치는 뜨거운 혈액은 맥박을 설명했다. 데카르트는 하비가 아니라 자신의 이론이 정맥혈과 동맥혈의 색 차이를 설명할 수 있다고 주장했다(뜨거운 피는 빨갛고 차가운 피는 푸르스름하다). 그러나 19세기 중반에 맥박이 근육 펌프의 작용으로 더 잘 설명된다는 것을 보여 주는 정밀한 맥박 기록계가 등장한다.

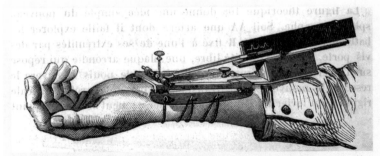

1863년 에티엔-쥘 마레가 개발한 휴대용 맥박 기록계.

줄리앙 풀의 그림에서 볼 수 있듯이, 데카르트의 '보일러' 이론이 틀렸음을 결정적으로 보여 주는 해부도 있었다. 스피노자가 말했듯 데카르트는 자신의 유별난 상상력을 증명했을 뿐이었다. 세르지는 그다지 관대하지 않다. 그는 데카르트의 이론은 언급하지 않고 넘어가는 것이 낫다고 말한다.

12-58] 그러나 문제의 요지는 이 그림에 있지 않다. 데카르트는 더 깊게 파내려 간다. 문제는 연구의 원칙적 방향에 있다. 그는 자신이 기술하던, 기본적 정념에 따라 나타나는 정기의 운동 원인을 밝혀야 했다. 이 원인은 매우 단순한 것으로 드러난다. 사랑과 슬픔에서 위는 소화에 있어 큰 활동성을 보인다. 혐오와 기쁨에서 이 활동은, 반대로, 저하된다. 왜일까? 이는 전자의 정념들이 영양적 기원을 가지기 때문이다. 영양 공급과 연결된 이 정념들은 소화의 경로를 중심으로 형성된다. 그들의 추후 정교화와 역사는 우리 존재 첫날의 이러한 움직이지 않는 생리적 토대에 올려진 상부구조일 뿐이다. 성인 정념의 기제는 태아 기계의 구조와 기능에 그 원형을 갖는다. 이는 말하자면 데카르트가 정념 이론에서 역사적 설명을 모색하는 길로 나아가는 유일한 장소이다. 오늘날의 시각에서 볼 때 이것이 얼마나 순박한지와 무관하게 설명의 원천으로 생리적 기계와 더불어 발달의 역사로 이처럼 눈을 돌린 것의 원

칙적 의미는 면밀한 주목을 받을 만하다. 사태의 이 측면에 대해서 우리는 아래에서 다시 살펴볼 것이지만, 처음부터 우리는 데카르트가 정념의 원인에 대한 문제를 제임스와 똑같이 설정한다는 것을 주목하지 않으면 안 된다. 제임스는 우리가 공포와 분노의 이러저러한 표현이 어떻게 일어날 수 있었는지 설명해야 하며 이는 한편으로 생리적 기제의 과업이며 다른 한편으로 인간 심리 역사의 과업이라고 말한다. 우리는 단지 제임스가 세르지와 마찬가지로 데카르트에게서 완성된 형태로 발견된 원인의 문제에 대한 해답을 제시하는 것이라고 생각할 수 있을 것이다.

12-59] 그러나 생리학적 기제의 법칙에서와 마찬가지로 인간 심리의 역사에서도 사태는 똑같이 희망이 없는 것으로 드러난다. 사태가 이러한 원칙으로부터 나타나는, 사실적 연구의 방법론적 가능성 자체에 대해 관련되는 순간, 정서와 유기체적 변화 사실의 연결이 갖는 우연성, 비구조성, 무의미성이 지금도 전면으로 부각되며 우리의 주의를 사로잡는다. 데카르트는 배고픔을 슬픔과, 식욕 감퇴를 기쁨과 연결한다. 엘리자베스는 반대한다. 데카르트는 양보하여 완전히 반대되는 무리 짓기에 동의한다. 가득 찬 위는 슬픔을, 빈 위는 기쁨을 일으킨다.

12-60] 불행은 데카르트의 실제 의견이 경험적 토대를 전혀 가지고 있지 않아서 공주의 첫 변덕에 정반대의 것으로 쉽게 바뀔 수 있었다는 것이 아니라, 정서와 그 유기체적 표현의 연결의 완전한 무의미성을 수용하면서 방법론적으로 그 어떤 연결이든 똑같이 가능해진다는 것이다. 하나가 다른 것보다 더 이해할 만하지 않다. 최초 의견과 반대 의견이 똑같이 옳다. 세르지는 이를 이해했다. 그는 기쁨이 식욕 감퇴와 똑같이 배고픔과 연결될 수 있다면 우리는 더 이상 어떤 내장 상태가 어떤 정념을 나타낸다고 말할 수 없다고 우울한 어조로 지적한다. 전체 구조가 훼손되어 나타난다. 우리의 의도는 내장적 정념 이론의 강점과

약점에 대한 연구를 하는 것이 아니다. 제임스, 랑게, 캐논 역시 예언자의 직감에서가 아닌 매우 발달한 이론의 경로에서만 만나게 되는 이러한 유형의 어려움에 마주쳤다는 것만을 지적하고자 한다.

12-61] 이처럼 기계론적 법칙은 새로운 이론에 기여하기를 거부한다. 그것은 사실적 연구의 경로를 관리하는 것을 그에 위임하려는 첫 번째 시도에서 새로운 이론을 배반한다. 이 법칙은 어떤 사실적 가설을 세울 가능성조차 주지 않는다. 이 법칙은 동일한 용이성과 자의성으로 이것저것을 설명한다. 데카르트와 제임스가 똑같이 의지했던 생리적 법칙은 속담에서 법의 규칙에 대해 말한 것과 완전히 동일한 것으로 나타난다.—귀에 걸면 귀걸이, 코에 걸면 코걸이. 그러나 인간 정념의 설명에 대한 기계적 법칙의 이러한 불모성에서, 200년 넘게 황금알을 낳겠다고 약속했으나 하나도 낳지 않은 거위에게 닥칠 불모성을 예견하는 것은 어렵지 않다. 그러나 인간 역사의 법칙은 내장 이론에 더 자비로운 것으로 드러날 수 있지 않을까? 여기서 우리는 귀걸이와 코걸이처럼 아무 데나 향하지 않는, 더 확고한 인과적 설명을 찾을 수 있을까?

12-62] 우리는 뒤마의 말로부터 이미 랑게가 진화적 심리학에 대한 평형추로서 자신의 이론을 발전시켰으며, 데카르트와 같이 역사적 설명에 혐오를 키웠음을 알고 있다. 그럼에도 불구하고 우리는 그가 비록 원칙적인 측면에서이지만 전체 정념의 문제에서 기본적인 문제 중 하나인 발달의 문제에 대답하려는 매우 바람직한 시도를 했음을 발견한다. 가장 큰 중요성을 가진 문제가 우리 앞에 다시 한번 제기된다.

12-63] C. G. 랑게는 I. 칸트에 대한 언급으로 연구를 시작하고 마무리하며 이런 식으로 전체 논문을 마치 철학적 틀에서와 같이 결론짓는다. 그리고 사실 이 시작과 끝에서 우리는 내장 이론의 두 번째 철학적 관념의 두드러진 표현을 찾는다. 이 관념은 첫 번째 관념, 즉 기계론적 과학적 세계관의 원칙과 더불어 전체 이론의 철학적 토대를 규정한

다. 그러나 이상하게도 랑게는 칸트에 대한 날카로운 반론으로 시작하여, 그에 대한 완전한 동의로 결론 맺는다(Г. Ланге, 1896, с. 80). 랑게 자신이 어떻게 스스로의 논의의 처음과 끝의 두드러진 모순에 주목하지 않았는지는 진실로 놀라운 일이다. 스스로 알지 못하는 듯, 그는 자신이 처음에 주장한 바에 대한 반대로 나아간다. 그가 발전시킨 이론은 그 저자의 논리에는 의존하지 않는 자기만의 논리를 갖고 있는 듯하다. 그것은 저자가 향했던 것과 정반대의 방향으로 이론을 이끈다. 곰이 자기를 잡은 사냥꾼을 곰 스스로가 원하는 곳으로 이끄는 이야기가 반복된다. 데카르트와 공주의 이야기가 반복된다. 그러나 이 경우 양보는 진정한 기계론적 법칙보다 더 세속적인 공손함의 법칙에 복속되며 유연하고 온순하며 순종적인 사실의 영역이 아니라, 이 사실에 대한 철학적 이해, 그에 대한 원칙적 해명의 영역에서 나타나야 한다.

> 데카르트는 배가 고플 때 신체는 영혼이 슬픔을 느끼게 하지만, 배가 부를 때 신체는 영혼이 기쁨을 느끼게 한다고 말한다. 그의 제자인 엘리자베스 공주가 이에 반대하자, 데카르트는 그녀의 위엄을 존중하여 정중하게 자신의 공식을 뒤집는다. 배가 고플 때 우리는 기쁘게 연회를 기대하지만, 배가 부를 때 우리는 삼시 세끼가 요구한 무의미함, 무익함, 낭비라는 생각을 떠올린다.
>
> 비고츠키는 데카르트 이론과 그 제임스적 결론의 무의미함, 무익함, 낭비를 생각한다. 비고츠키가 말하는 첫 번째 철학적 원리는 데카르트 이론이 어떤 사실, 예컨대 위장 상태에 대한 우리의 의식적 자각을 기계적으로 해석하도록 공식화되었다는 것이다. 데카르트 이론이 일단 공식화되면, 사실들은 비과학적인 사교적 이유뿐 아니라 완벽하게 좋은 과학적 이유로 재해석될 수 있다. 그러나 비고츠키가 말하는 두 번째 철학적 원리는, 그 이론이 그다음에는 철학에 비추어 해석되어야 하며, 여기서 그 관계는 그렇게 쉽게 변하지 않는다는 것이다. 신체 감각과 감정 사이의 관계가 그렇게 쉽게 바뀔 수 있다면, 그 이론은 더

J. 스테인(Jan Steen), 굴 먹는 소녀, 1658.

이상 감정을 설명하지 못한다. 그것은 단지 감정의 무의미함을 증명할 뿐이다.

소녀의 표정은 실제로 슬픔이나 기쁨을 보여 주지 않는다. 그녀는 노부부에게 가져가기 전에 가장 좋은 굴을 몰래 먹고 있을 수도 있고, 하나를 당신에게 주려고 할 수도 있다. 그것은 분명하지 않다.

많은 비평가들은 굴의 냄새나 질감, 맛이 성기와 비슷하다거나 굴이

후추와 함께 먹을 때 특히 최음적 특성을 지닌다는 이유로, 이 그림에 어떤 성적 의미가 있다고 추측했다. 다시 한번 그 해석들은 다소 임의적으로 보이며, 그 임의성은 그러한 추측을 다소 무의미하게 만든다. 그러나 우리가 어떤 해석을 취하든, 거기에는 기본적인 철학적 원리가 있다. 소녀의 감정—그리고 우리 자신의 감정—의 기원은 전혀 생물학적이지 않고 대인관계적이다.

12-64] 랑게는 자신의 심리생리적 평론인 '정신의 운동에 대해'(같은 책, p. 13)에서 다음과 같이 시작한다. "칸트는 『인간학』의 한 부분에서 감정을 영혼의 병으로 규정한다. 위대한 사상가에게 영혼은 이성의 무조건적이고 논쟁의 여지 없는 영역 안에 있을 때에만 건강하며, 이 영역을 동요시킬 수 있는 모든 것들은 그의 눈에 비정상적이고 인간에게 유해한 것으로 보인다.

12-65] 추상적인 관념적 인간을 아는 것이 아니라 '있는 그대로의 인간을 취하는' 더 실제적인 심리학이라면 기쁨과 슬픔, 연민과 분노, 겸손과 긍지를, 인간 본성의 진정한 본질을 만나고자 한다면 주의를 거두어야 할, 건강한 인간에 이질적이고 비정상적인 정신 상태로 간주하는 그런 정신에 대한 과학을 이상한 것으로, 그러한 인간에 대한 표상을 불쌍한 것으로 간주해야 한다"(같은 책).

12-66] C. G. 랑게는 칸트에 동의하는 것은 우리의 정신적 삶의 범위를 한정 짓는 것을 뜻한다고 생각한다. 위대한 것에 경의를 표하고 아름다움에 경탄하며 불운에 동정을 느낄 수 있는 능력이 병리적 현상으로 간주되어야 한다면, 반대로 우리에게 건강하고 정상적인 인간은 각각의 새로운 인상을 단지 추론의 근거로 삼을 뿐인 감정 없는 계수기일 것이다. 랑게는 인간의 정신적 삶에서 건강한 오성悟性보다 훨씬 더 중요한 역할을 하며, 각각의 개인뿐 아니라 전체 민족, 전체 인류의 운

명을 건강한 오성보다 더 큰 정도로 인도하는 현상에서 우연적인 어떤 것을 보고자 하는, 정신적 힘의 상호관계에 대한 관점은 놀라운 것이라고 간주한다.

12-67] 만일 칸트가 가정했듯이 감정이 실제로 영혼의 병일 뿐이라면, 그 병의 치료는 인간이 이웃과 공감하고 기쁨과 슬픔을 나누며 그들과 함께 기뻐하거나 그들을 증오하게 만드는 모든 정서를 인간에게서 제거해야 하는 것이라면 그 누가 자신의 아픈 영혼을 치료하길 바라겠는가라고 랑게는 묻는다. 그런 이는 없다! 랑게는 다음에 의심의 여지가 없다고 생각한다. "우리는 생각하고, 인식하고, 판단만 할 뿐 고통받고, 기뻐하며, 투쟁할 수—비록 이러한 정념들이 어떤 식으로든 인간의 탐구와 판단 능력을 훼손할 수 있을지라도— 없는 인간을 건강하고 온전하며 진정한 인간이라고 간주할 수 없다.

12-68] 정서는 각 개인의 삶에서 가장 중요한 역할을 할 뿐 아니라, 일반적으로 우리에게 알려진 자연적 힘 중에서 가장 강력하다. 역사의 각 페이지는—각 개인이든 전체 민족이든— 그것의 넘어설 수 없는 지배력을 증명한다. 정념의 폭풍은 허리케인보다 더 많은 개인의 삶을 몰락시켰으며 더 많은 국가를 폐허로 만들었다. 정념의 급류는 홍수보다 더 많은 도시를 파괴했다"(같은 책, p. 14). 이 때문에 랑게는 칸트를 따라 감정에서, 모든 힘 중에서 가장 크고 동시에 우리의 내적 삶에 거대한 의미를 지니는 것에서 단순히 비정상과 병을 보는 것을 거부한다(같은 책).

12-69] 이러한 명백하고 분명하며 감동적이고 엄밀히 말해 아름다운 표현 뒤에 아마도 랑게가 자신의 평론에서, 알려진 자연적 힘 중에서 가장 강력하며, 전체 민족과 인격의 역사에서 그토록 거대한 의미를 가지며, 각 개인뿐 아니라 전체 인류의 판단을 이끄는 것의 본질을 우리에게 밝혀 주고, 이로써 첫째 무엇으로 인해, 그리고 어떻게 바로 정

넘이 인간의 삶에서 그러한 최고의 의미를 가지게 되는지, 둘째, 온전하고 진정한 인간에게서 고통받고 기뻐하며 투쟁하는 능력이 우연하고 비정상적인 현상으로 사라지지 않을 뿐 아니라 어떻게 그것이 인류의 역사와 인간의 내적 삶의 발달과 함께 성장하고 발달하는지 보여 줄 것이라고 기대해야 할 것이다. 그러나 랑게는 앞서 이러한 기대를 일으킨 것만큼 명료하고 강렬하게 우리의 기대와 희망을 배반한다.

12-70] 알려진 바와 같이 랑게의 연구의 기본적 결론은 우리의 심리적 삶의 모든 계기들, 우리의 기쁨과 슬픔, 우리의 행복과 불행이 혈관운동계, 더 정확히는 혈관운동계의 주변적 반사의 변화 때문이라는 입장이다. 이 기본적인 생각에는 그 방법론적 내용을 드러내는 두 가지의 부차적인 생각이 수반된다. 생리학적 기제의 법칙의 관점과 인간 심리 발달의 관점에서 보면, 인간의 지적 삶과 정서적 삶 사이에 대립이 존재함이 드러난다. 이러한 대립은 우리로 하여금 인격의 삶과 발달에서 감정의 운명을 더욱 상세히 설명할 수 있게 해 준다. 지적 삶 자체 역시 비록 느낌의 삶과 다소 다른 유형이기는 하지만 혈관운동 기능에 의존한다. 지적 활동은 뇌로 혈액이 강력히 흘러가는 것을 전제하며 그에 의해 조성된다. 이 경우 혈액은 물론 주로 정서에 의해 자극되는 뇌의 부분과는 다른 부분으로 유입된다.

12-71] 혈관운동 활동이 정신적 삶과 정서 사이에 맺는 연결의 특징은 어떤 의미에서 서로 상반된다. 낱말 그대로의 의미에서 전자는 혈액 유입의 파생적 방식으로 후자에 영향을 미친다. 헤르만 폰 브레멘이 20까지 세자, 이 무의미한 정신 작용은 그의 뇌의 운동 부위로부터 혈액을 빼앗아 그가 자기의 처와 다툴 모든 욕망을 잃게 했다. 이것이 랑게의 기본 입장을 보충하는 첫 번째 생각이다(같은 책, p. 79). 두 번째 생각도 발달 과정에서 정신적 삶과 감정적 삶 사이의 동일한 대립을 확립한다.

12-72] 랑게는 말한다. "교육은 같은 방향으로 움직인다. 교육과 혼동되어서는 안 될 양육의 목적은 인격이, 우리 신체적 유기체의 직접적 작용의 산물인 충동이 특정한 사회적 관계에 어울리지 않을 때 이를 통제, 극복, 제거하도록 훈련하는 것이다. 생리학적 관점에서 교육은 더 단순한 일차적 반사를 억압하고 이를 더 고등한 것으로 바꾸는 능력을 발달시키는 것으로 볼 수 있다. 이처럼 우리는 아주 어린 유년기부터 예의 바른 사회에 부적합한 다른 반사들을 관리하도록 훈련받는다"(같은 책, p. 79). 이러한 관점에서 랑게는 정서적 반응의 운명을 방광 반사의 운명에 비유한다. 회초리가 혈관의 정서적 경련이 유발하는 괴로움으로 인해 어린이가 소리치지 않도록 하는 것과 똑같이 그것은 비자발적인 반사의 결과로 인해 더러워지는 것을 막는다(같은 책).

12-73] 지적인 것과 감정적인 것 사이의 대립에서, 정신 발달의 진보와 함께 점진적으로 일어나는 느낌의 배제에서 랑게는, 개체발생뿐 아니라 전체 인류 발달에서 확증되는 기본 법칙을 본다. "역사 자체는 느낌의 삶이 점차 시들어 거의 최종적인 죽음에 이르도록 운명 짓는다. 정서―이것은 문명과 문화의 성장과 더불어 점진적으로 역사의 무대 위에서 배제되는 소멸하는 종족이다.

12-74] 혈관운동 장치의 흥분성은 각 개인마다 매우 다르다. 이와 관련해서 개인적 차이뿐 아니라 종종 선천적 차이도 나타난다. 더 일반적인 특성의 조건이 여기서 극도로 중요한 역할을 거듭 수행한다. 여자는 더 강한 성보다 훨씬 더 쉽게 감정을 일으키는데 이는 신경계, 특히 혈관운동 부위의 강한 흥분성 때문이다. 동일한 것이 성인에 비해 어린이에게서 두드러진다. 각각의 개인이나 전체 종족이 더 낮은 교육 수준에 있을수록 더 정서에 쉽게 물든다는 것이 일반 법칙이다.

12-75] 소위 야생의 종족은 문명화된 종족보다 더 쉽게 격분하고 길들여지기 어려우며, 기쁨을 억누르지 못하고 쉽게 비탄에 빠진다. 그

러한 차이는 같은 부족 내의 서로 다른 세대에서도 나타난다. 우리는 우리의 야만적 조상들보다 훨씬 평화롭고 점잖다. 우리 조상들은 분별없는 일시적 충동이나 호전적인 분노에 빠지는 것에서 커다란 기쁨을 누렸으나 또한 그 어떤 실패에도 쉽게 우울에 빠져 사소한 일로 스스로 목숨을 버리기도 했다"(같은 책, pp. 77-78).

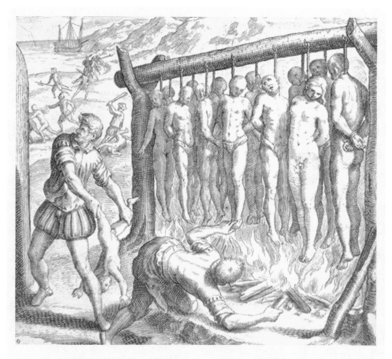

1598년에 제작된 이 판화는 B. 데 라스 카사스Bartolomeo de las Casas 의 목격에 근거해 출판된 '인도의 파괴에 대한 짧은 설명Brevisima relacion de la destruccion de las Indias'을 토대로 네덜란드의 T. 데 브리Theodore de Bry에 의해 만들어졌다. 네덜란드는 스페인으로부터의 독립을 위해 싸우고 있었기 때문에 스페인의 학살을 비난했다. 하지만 네덜란드 역시 독립을 얻은 이후에는 학살을 자행했다(**12-85** 글상자 참조).

12-76] 같은 세대의 사람들 중에서도 랑게는 동일한 법칙에 의한 현상을 발견한다. 교육받은 것을 의심의 여지 없이 보여 주는 특징은 운명의 불행을 겪어 나가며 보여 주는 평화로운 자기 절제력이다. 이러한 불행은 교육받지 못한 이들에게서 한없이 강렬한 정념의 발산을 일으킨다. 인간 심리의 역사적 발달은 정서의 소멸을 이끈다는 것에 그 어떤 작은 의심도 남기지 않으려는 듯이 랑게는 둘 사이의 인과적 관계를 다음과 같이 공식화한다. "각 개인뿐 아니라 전체 세대에 보이는, 성장하는 교육의 영향이 삶의 감정적 측면에 가하는 이러한 압력은 삶의 정신적 측면의 발달이 성장함과 더불어 손에 손을 잡고 나아갈 뿐 아니라 대부분 이러한 발달의 결과이다"(같은 책, p. 78).

12-77] 이러한 입장을 확립함과 함께 랑게는 뜻밖에도 자신의 출발점과 타협 불가능하게 모순되는 최종 결론에 처하게 된다. 그는 정말 건강으로 시작해서 명복을 비는 것으로 끝낸다. 그는 감정을 영혼의 병이라고 본 칸트의 테제에 대해 날카로운 반론으로 시작했다. 그는 이를 인간에 대한 불행한 표상이라고 불렀다. 반면 그는 이 테제에 대한 완전한 항복으로 끝을 맺는다. 이 테제는 기본적 인간 대중의 정신적 삶에서 건강한 판단보다 훨씬 중요한 역할을 하며, 각각의 개인뿐 아니라 전체 민족, 전 인류의 운명을 건강한 이성보다 훨씬 더 큰 정도로 인도하는 현상에서 무언가 우연한 것을 보기를 바라는, 정신적 힘들의 상호 관계에 대한 관점이다.

12-78] 연구의 논리는 연구자의 논리보다 강력함이 드러난다. 곰은 완고하게 사냥꾼을 끌고 간다. 랑게에게는 이를 인정하고 칸트에게 완전히 항복하는 것만이 남아 있다. 그는 자신의 평론의 마지막 줄을 다음과 같이 적는다. "시간이 지남에 따라 지속적인 억제와 불충분한 활용으로 인해 혈관운동 부분은 점점 스스로의 정서적 활동의 에너지를 상실한다. 이러한 정신적 삶의 양육 결과는 유전을 통해 다음 세대로

전수된다. 새로운 세대는 더더욱 시들시들한 정서적 신경지배 혈관과 더욱 강력한 정신적 활동의 신경지배 기관을 가지고 세상에 태어난다."

12-79] "우리의 발달이 제시된 방향으로 계속하여 나아간다면 우리는 마침내 칸트의 이상에 도달하게 된다. 순전히 이성적인 인간이 나타나는 것이다. 그에게는 모든 정서, 즉 기쁨과 슬픔, 불안과 공포가— 만일 그가 여전히 그러한 유혹에 얽매여 있다면— 똑같이 점잖지 못한, 오직 병리적이거나 정신적 장애일 뿐이 된다"(같은 책, pp. 77-80). 랑게의 전체 연구는 이러한 체념의 서술로 마무리된다.

12-80] 우리가 볼 때 우리가 도달한 결론은 사소하지 않다. 지금 우리는 감정의 발달에 대한 문제가 고찰 중인 이론에서 어떻게 해결되는지 매우 명백히 본다. 랑게는 자신의 기본적 생각을 논리적으로 끝까지 발전시켜 그 경계에 도달함으로써 그 생각의 진정한 철학적 본질을 드러낼 용기를 가지고 있었다. 제임스는 이와 관련하여 좀 더 조심스러우며 이 지점에서 더욱 불명료하게 남는다. 그러나 그는 우리가 보았듯이 생리적 기제의 법칙과 나란히 인간 심리의 역사에 의지한다. 따라서 그는 발달의 문제를 회피하지 못할 뿐 아니라, 이 문제가 이처럼 전면에 부각되는 것을 자신의 이론의 공적으로 돌린다. 우리가 기억하듯이 제임스는 자기 이론의 기본 원칙을, 황금알을 낳는 이 유명한 거위를 다윈의 진화론적 아이디어에 비견한다. 따라서 우리는 정서적 반응의 기원의 문제에 제임스가 내놓는 대답을 무심히 지나칠 수 없다.

12-81] 이 문제를 고찰하면서 제임스는 "학설의 다른 측면에서 그 확증을 발견한… 스펜서의 추측"을 인용한다. 제임스는 다음과 같이 기술한다. "그는, 또한 내가 아는 한, 공포와 분노로 일어나는 여러 가지 운동이 처음에는 긍정적이었던 운동의 기초적 흔적으로 간주될 수 있다는 가정을 제시한 최초의 과학자이다"(W. James, 1902, p. 336). 다윈, P. 만테가차, W. 분트의 설명도 제임스가 향하는 것과 동일한 방향으로

나아간다(같은 책, pp. 337-338). 제임스는 다윈이라면 완전히 옳다고 인정하지 않았을 다른 원칙, 즉 분트와 T. 피데리트가 발전시킨 원칙(T. Piderit, 1886)도 동일한 정도로 인용한다. 이는 유사한 느낌 자극에 대한 유사한 반응으로 이루어져 있다(W. James, 1902, p. 338). 후자의 원칙에 따르면, 예컨대 분트가 그랬듯이, "도덕적 동기에 대한 가장 선명한 반응 중 다수는 상징적으로 사용된 미각적 인상의 표현"으로 볼 수 있다. "이 모두는 언어가 쓰다, 시다, 혹은 달다고 비유적으로 지칭하는, 그리고 어떤 미각적 인상 표현과의 유사성을 나타내는 입의 모사적 운동으로 특징지어지는 정신적 상태이다"(같은 책, p. 338).

J. A. 바커르(Jacob Adriaensz Backer), 맛의 알레고리, 1634.

바커르는 렘브란트 화실의 제자였으며, 한 번에 그려서 그날 바로 팔 수 있는 빠른 초상화를 전문으로 했다. 빠른 초상화가는 종종 '트로니' 그림을 광고로 활용했다.

이 '트로니'는 역겨움에 와인 잔을 쏟아 버리는 남자를 보여 준다. 기울어지고 입을 벌린 표정은 손과 유리잔의 동작을 모방한다는 의미에서 '모사적'이다. 마찬가지로 오므린 입술은 화가가 신맛을 느끼는 행위를 표현하는 데 사용되며, 둥글게 말린 입술은 쓴맛을 나타낼 수 있다. 물론 이러한 모사적 행위는 은유적일 수도 있다. 그것은 예컨대 누군가의 게으름, 음란함, 술취함에 대한 도덕적 혐오를 나타낼 수 있다.

스피노자는 '좋음'과 '나쁨'은 '이성의 표상'이라고 주장한다. 즉 그것은 사회적 조직체와 인간 신체의 활동력을 증가시키거나 감소시키는 것에 대한 판단일 뿐이다. 신/자연은 전능하며, 자연 법칙은 어떤 예외도 허용하지 않으므로 동물은 '좋음'이나 '나쁨'을 필요로 하지 않으며, 인간은 보상이나 처벌에 기반을 둔 종교를 필요로 하지 않는다. 스피노자에 따르면 아담은 신을 거역할 수 없었으며, 신은 금지된 열매를 맛보았다는 이유로 아담을 죽음으로 위협할 수 없었다. 성서의 아담 이야기가 의미하는 것이 있다면, 그것은 신이 아담에게 어떤 열매는 시거나 쓰며 심지어 먹으면 죽을 수도 있다는 것을 경고하고 있음을 의미한다고 스피노자는 말했다. 제임스가 말하듯, 감각에 의해 주어진 이런 종류의 경고는, 사람들이 그것을 수반하는 모사적 표정에 덧붙이는 선과 악의 순전히 은유적인 의미와 무관하게 인간 생존에 긍정적 기능을 한다.

모든 모사적 표정과 마찬가지로, 좋은 '트로니'는 언제나 하나 이상의 해석을 허용해야 한다. 예를 들어 인간은 그저 너무 취해서 와인을 흘릴 수도 있는 것이다.

*P. 만테가차(Paolo Mantagazza, 1831~1910)는 의사이자 아마추어 인류학자였다. 스펜서와 같이 그는 다원주의에 반대했으며 백인의 우월성을 보여 주는 진화 계통도를 만드는 데 다윈의 이론을 이용하려 했다. 그는 소설을 집필했고, 프로이트와 마찬가지로 코카인

의 주원료인 코카 잎에 중독되었다.

12-82] 그러나 두 원칙을 한데 모아도 제임스를 만족시킬 수 없다. 정서적 반응의 기원에 대한 그 자신의 응답은 다른 몇 가지 측면에서, 놀라운 형태로, 우리가 랑게에게서 발견하는 발달의 문제에 대한 해답과 일치한다.

이 두 원칙은 정서가 예전에는 유용했던 내장 반응이라는 스펜서의 원칙과, 도덕적 판단은 입맛 없음과 식욕을 나타내는 얼굴 표정을 통해 표현된다는 피데리트와 데카르트의 원칙을 의미한다.

12-83] 제임스는 말한다. 비록 우리의 정서적 반응 중 어떤 것이 "우리가 지적한 두 원칙을 통해 설명될 수 있다 해도 (아마도 독자들은 대단히 많은 사례에 대한 이러한 설명이 얼마나 문제가 많고 인위적인지 확인할 수 있는 경우가 있었을 것이다), 끝끝내 설명되지 못하고 외적 자극에 대한 순전히 특이한 반응으로 오늘날 우리에게 간주되어야 하는 많은 정서적 반응들이 남게 된다…. 스펜서와 만테가차의 의견에 따르면 공포뿐 아니라 다른 여러 자극에 나타나는 오한은 순전히 병리적인 현상이다. 공포에 대한 이러저러한 강력한 증상은 그것을 경험하는 존재에

유해하다. 신경계와 같이 복잡한 기관에서 여러 가지 우연한 반응은 반드시 존재한다. 이러한 반응은 그것이 유기체에 기여할 수 있는 유용성 하나만으로 인해 완전히 독립적으로 발달할 수 없을 것이다. 뱃멀미, 간지럼 민감성, 부끄러움, 음악에의 사랑, 독성이 있는 다양한 음료에의 성향 등은 우연적 경로로 생겼음이 분명하다. 정서적 반응 중 어떤 것도 우연적 경로로 나타날 수 없을 것이라고 주장하는 것은 불합리할 것이다"(같은 책, p. 339).

12-84] 인지적 삶과 정서적 삶의 대립에 대한 제임스의 설명과 랑게의 학설이 구체적 내용에서 얼마나 차이가 나든지 간에 이들은 합동인 두 기하학적 도형을 두 개의 기본적, 결정적 지점에서 서로 겹쳐 놓은 것처럼 완전히 일치한다.

12-85] 첫 번째 일치는 두 저자가 똑같은 형태로, 똑같은 정도로 기본 가정과 마무리 결론 간의 모순에 빠진다는 사실로 이루어진다. 랑게에게서 이러한 모순의 출현에 대해서는 우리는 이미 설명할 기회가 있었다. 제임스에서도 이는 노골적이고 가려지지 않은 형태로 나타나므로 그것을 보는 데 그 어떤 노력도 소요되지 않는다. 오히려 이 뚜렷한 모순을 주목하지 않기 위해서는 그의 이론에 대한 상당한 낙관적 신뢰가 필요하다.

> 정념이 지극히 정상적이고 건강한 인간의 상태라고 주장해 온 랑게는 왜 그 정념이 갑자기 무분별한 표출, 적대적인 분노, 하찮은 일로 인한 자살로 이어진다고 할까? 어떤 감정에 대한 역사적인 설명의 필요성을 인정하는 제임스는 왜 어떤 정념, 또는 열정적인 사람들을 억누를 필요가 있다는 랑게의 의견에 동의하는가? 이 부유한 네덜란드 상인의 그림이 그 단서를 제공한다. 1609년, 네덜란드의 동인도 회사는 '스피스제도(인도네시아)'를 정복하기 시작했다. 네덜란드는 독점판매를 요구했지만, 인도네시아 반다제도의 지도자들은 영국으로부터 육

A. 코이프(Aelbert Cuyp), 네덜란드 동인도 회사의 늙은 상인, 1640~1669.

두구를 더 싸게 팔 수 있다는 것을 발견했다. 네덜란드인은 일본에서 사무라이를 데려와 어린이를 포함한 남자들을 참수했다. 이 대학살의 결과로 사실상 전체 인구가 전멸되다시피 했고, 위 그림에서 네덜란드인에게 파라솔을 들어 주고 있는 장면에 나타나다시피 인구는 중국인, 인도인, 노예로 교체되었다. 제임스와 랑게는 둘 다 정념이 자연적이라는 생각에서 출발하지만 역사적 수단에 의해 통제되어야 한다는 결론으로 끝마친다. 제임스와 랑게 모두 소수 민족은 정념으로 가득차 있어 '합리적인' 유럽인에 의해 통제되어야 한다고 생각했다.

12-86] W. 제임스는 우리가 기억하듯이 자신의 가설의 도움으로 과학적 정서 연구를 깊은 연구의 수준으로, 고등한 종류의 연구로 향상시킬 것을 약속했다. 그는 범주화와 기술을 낮은 과학 발달 단계로 취급하며 이를 경멸적으로 거부한다. 자신의 생산적인 선도적 가설 덕택에 그는 정서적 반응의 인과적 의존성을 설명하는 길을 드러낼 것이라고 약속한다. 그는 그러한 인과적 설명의 원천이 생리학적 기제라고 간주한다. 이와 관련하여 그는 심각히 오도되어, 인과적 설명과, 정서를

이러한 측면에서 인식하는 것의 완전한 사실적 불모성에 부딪힌다. 다른 원천, 즉 인간 심리의 역사가 남아 있다. 제임스는 정서의 역사적 인과적 설명이라는 과업을, 비록 그 해결책을 찾는 것이 어렵기는 하나 본질적으로 해결 가능한 것으로 본다. 그러나 우리는 사태가 이 희망의 사실적 실현에 다가서자마자 이는 마치 비눗방울처럼 터진다는 것을 방금 볼 수 있었다. 스펜서, 다윈, 분트의 원칙으로부터 도출된 설명은 문제가 많고 인위적임이 드러난다. 그러나 가장 중요한 것은 전혀 설명될 수 없는 많은 정서적 반응들이 그대로 남아 있다는 것이다. 이는 제임스 자신의 말을 그대로 옮긴 것이다.

> 여자가 아기에게 젖을 물리는 동안, 아기의 언니는 가족 냄비로 개에게 먹이를 주고 있다. 개는 음식에 생리적 반응을 보인다. 아이는 이미 공유와 웃음과 같은 문화적이고 역사적인 반응을 보인다. 아기는 개가 아니라 언니와 같은 감정적 반응을 어떻게 배울까?
>
> 스펜서와 다윈은 그 전환이 직접적이라고 생각했다. 감정의 생리적 표현은 은유를 통해 역사적 의미를 획득했다. 우리는 고개를 저어 거부를 표현하고 고개를 끄덕여 승인을 표현하는 것을 배운다. 예를 들어 다윈은 전 세계의 선교사들에게 편지를 써서, 많은 문화에서 고개를 젓는 것은 '아니오'를 의미하고 고개를 끄덕이는 것은 '예'를 의미한다는 것을 발견했다. 따라서 다윈은 성인의 이러한 동작은 아기가 불쾌한 음식을 피하려고 고개를 젓고 음식을 입으로 가져가기 위해 고개를 끄덕이는 움직임으로부터 유래했다고 추측했다. 그들은 처음에는 그 몸짓들이 명확한 생리적 목적을 담당했고 그 후에야 문화-역사적으로 그리고 보편적으로 고등 감정의 은유로 채택되었다고 이론화했다(생리학적 설명이 역사적 설명으로 전환되는 방식에 대한 다른 사례로 12-81 글상자 참조).
>
> 비고츠키가 말하듯, 제임스는 회의적이었다.
>
> "그러나 특정한 감정적 반응이, 제시된 두 가지 원칙으로 설명될 수 있더라도,—독자 자신이 어떤 사례들의 경우 그 설명이 얼마나 불확실

스펜서, 다윈, 분트의 원칙으로
전혀 설명될 수 없는 정서적 반응에는
어떤 것들이 있는가?

P. 더 호흐(Pieter de Hooch), 아이와 개와 함께 아기를 돌보는 여자, 1658.

하고 틀리기 쉬운지 느꼈을 것이다— 전혀 그렇게 설명될 수 없는 많은 반응들이 남는다. 따라서 우리는 당분간 이것들을 그 자극에 대한 순전히 개별적 병리 효과로 기록해 두어야 한다."

오늘날 우리는 많은 지역(그리스, 사이프러스, 이란, 터키, 불가리아, 알바니아, 시실리 등)에서 고개를 젓는 것이 '예'를 의미하고 고개를 한 번 드는 것(아래가 아니라 위로)이 '아니오'를 의미한다는 것을 알고 있다. 데카르트가 가득 찬 위는 행복도 슬픔도 의미할 수 있다고 판단한 것처럼, 기호와 의미 간의 연결은 상당히 임의적인 것으로 보인다.

물론 임의적 연결이 의미 없는 연결은 아니다. 여자의 거친 손은 그녀가 유모일 뿐임(임의적 연결)을 암시하지만, 손깍지로 아기를 안는 방식에서 나타나는 아기와 유모의 관계는 의미 없는 연결이 아니다.

12-87] 이처럼 정서의 역사적 설명의 문제는 낙관적 기대에도 불구하고 해결할 수 없는 것임이 제임스에게도 이미 명백했다. 그의 비관적 결론이 내려진 후 60년은 이를 완전히 증명한다. 바로 여기에서만큼 제임스의 이론이 스스로를 증명한 다른 부분은 거의 없다. 정서적 반응은 순전히 특이한 반응으로, 즉 외적 자극에 대한 반응으로는 설명될 수 없는 반응으로 간주되어야 한다고 제임스는 말한다. 그것의 생물적 의미는 미심쩍을 뿐 아니라 확실히 거부되어야 하는 경우가 매우 흔하다. 이는 일반적으로 인과적, 역사적으로 설명되지 않는 우연한 반응이다. 다음과 같이 질문할 수 있다. 그렇다면 고등한 수준의 연구라는 환상에서 남는 것은 무엇인가? 분류와 기술, 정서에 대한 피상적 분석, 그 외적 특징의 기술 이외에 남는 것은 무엇인가? 가장 영민한 이론도 명백히 그 안에 포함된 것 이상은 제공할 수 없다.

12-88] 하나의 이론으로부터 독립적으로 발생한 두 변이형이 갖는 두 번째 일치점은 발달 문제의 해결의 핵심을 언급한다는 것이다. 랑게는 정복자—칸트—에 무조건 굴복해야 했으며 그를 따라 감정은 영혼의 병과 다름없음을 인정했다. 제임스 역시 감정이 그것을 경험하는 존재에게 유해한 병리적 현상으로 간주하려는 경향이 있다. 랑게는 정념이라는 소멸하는 종족의 운명을 음울하게 이야기한다. 제임스 역시 정념을, 처음에는 유용했으나 발달 과정에서 퇴락하여 우리 정신적 장치의 불필요하고 무의미한 부착물, 그것의 다른 어떤 활동과도 전혀 연결되지 않은 부착물로 변한 흔적 잔존물로 간주한다. 정서가 원칙적으로 무의미하다고 시작한 사람은 누구나 필연적으로 결론에서 그것의 생존

권이 전혀 터무니없다는 것을 인정하는 것으로 나아가야 한다. 그러나 연구의 처음부터 끝까지 모든 정서적 삶의 터무니없음은 자라나고, 이론이 발달하는 매 새로운 발걸음마다 점차 강화되어 마침내는 진정 강렬한 힘에 다다르게 된다. 정서가 기초적, 병리적, 우연적이며 설명될 수 없는 현상임을 인정하게 되는 것이다. 바람을 파종한 사람은 필히 폭풍을 수확하게 된다.

12-89] 우리에게는 제임스-랑게 이론에서 정서 발달 문제가 어떻게 확립되고 해결되었는지와 관련된 마지막 정황을 설명하는 일이 남아 있다. 바로 그러한 문제 확립과 바로 그러한 해결의 내적 필연성, 논리적 불가피성을 설명하는 것이 남은 것이다.

12-90] 물론 요점은, 뒤마에 따르면 데카르트의 발자취를 따르는 기계론적 세계관의 모든 대표자들이 품는 역사적 설명에 대한 혐오에 있지 않다. 다윈 이후 19세기 말엽에는 그러한 혐오로 어떤 경험적 이론에 의한 발달 문제 해결의 불가능성을 거의 설명할 수 없었다. 우리가 보았다시피 랑게와 제임스는 정서의 역사적 설명에 대한 열쇠를 간절히 찾고자 했다. 그들은 내장적 정서 이론의 창시자인 위대한 데카르트가 이 문제에 답하기를 원했으나 그렇게 하지 못했던 것과 마찬가지로 이를 이룰 수 없었다. 이론 자체의 논리의 기저에, 이 방향으로 나아가는 연구자들의 모든 노력을 무력화하는 반역사적 경향성이 놓여 있음이 분명하다. 그들의 선량한 의도는 스스로의 이론 속 깨지지 않는 핵과 부딪힐 때마다 산산이 부서졌다.

12-91] 이 핵은 실제로 절대적으로 반역사적이다. 그것은 본질상 인간 정서의 역사의 모든 가능성을 완전히 배제한다. 알려져 있듯, 모든 이론의 핵은 정서의 진정하고 실제적인 원인이 내장기관과 근육계의 반사적, 주변적 변화라는 생각이다. 이론의 핵은 견고하고 깨지지 않으며 그와 불가분한 두 개의 관념의 껍질로 곧장 뒤덮인다. 첫 번째는 정서

적 반응의 진정한 원인, 실제 본질로 받아들여지는 신체적 현상은 우리가 더욱 조야한 정서를 다룰수록 더욱 잘 감지된다는 명백한 사실로부터 나타난다. 따라서 정서가 더 원시적이고 더 낮은 발달 단계에 있을수록 더 고대적일수록 그것은 진정한 정념의 면모를 더 잘 드러낸다.

12-92] 이처럼 정서는, 이론의 기본적 입장의 의미에 따르면, 심리적 진화의 가장 먼, 전前역사적, 전前인간적 시기와 연관되어야 한다. 인간에게 그것은 동물 선조들의 어두운 유산의 흔적, 무의미한 잔존물의 역할로서만 나타난다. 인간 심리의 역사에서 정서 발달의 그 어떤 전망도 불가능할 뿐 아니라 그것은 계속적으로 퇴보하여 결국에는 소멸할 운명에 놓여 있다.

12-93] 정서의 본질을 이루는 신체적 현상은 인간보다는 동물에게서, 문화적 인간보다는 원시적 인간에게서, 성인보다는 어린이에게서 비할 수 없이 풍부하고 선명하고 뚜렷하다. 정서와 관련하여 역행적, 쇠퇴하는 종류의 발달 이외에 무엇을 말할 수 있겠는가? 그들의 진화는 퇴화 이외의 것이 아니다. 그들의 역사는 그들의 소멸과 멸망의 역사이다. 이처럼 내장 가설의 기본 가정을 취한다면 발달의 개념 자체는 정서에 적용될 수 없고 그 연구 영역에서 불가능함이 드러난다. 우리가 보았듯이 랑게와 제임스는 자신들의 이론의 논리를 따라 이것으로 동일하게 떠밀려 나아갔다.

12-94] 그들의 이론의 핵을 둘러싼 두 번째 껍질은 우리 모두의 의식에서 정서를 분리하는 것으로부터 생겨난다. 이러한 분리는 이론의 핵에 이미 포함되어 있다. 정서를 뇌로부터 분리하면서, 정서를 주변에 배치하면서, 정서를 내장기관과 근육의 주변적 변화로 환원하면서 이론은 의식의 다른 물질적 토대와 구분되고 분리된, 정서의 유기체적 토대를 가설적으로 창조했다. 그러나 내장기관—심장, 위, 폐—은 그들의 인간 역사 발달에 참여라는 관점에서 볼 때 중추신경계 특히 대뇌피질과

는 결코 비견될 수 없는 부분이다.

12-95] 인간 의식의 역사적 발달은 대뇌피질의 발달과 일차적으로 연결된다. 이는 물론 전체로서의 유기체나 인간의 다른 모든 기관들이 진화에 전혀 참여하지 않았다는 의미는 결코 아니다. 그러나 우리가 인간 의식의 역사적 발달에 대해 말할 때, 일차적으로 그리고 중심적으로 바로 대뇌피질을 발달의 물질적 토대로 다룬다는 사실에는 그 어떤 의심의 여지도 없다. 대뇌피질은 이 때문에 인간의 심리적 발달과 밀접하고 직접적 방식으로 연결되기 때문에 유기체의 다른 모든 부분들과 질적으로 구분된다. 모든 경우에서 이 입장은 모든 고등한, 인간 고유의 의식 기능에 대해 일반적으로 인정된다.

12-96] 주변적 정서 이론은 그 원천을 내장기관의 활동에서 (이는 역사적으로 가장 변동이 없고 불변하며 유기체의 의식 부분의 역사적 발달의 직접적 유기체적 토대와 가장 멀리 떨어져 있다) 보면서 정서를 인간 심리 발달의 일반적 맥락에서 떼어 놓았으며 이를 고립된 위치에 둔다. 정서는 마치 의식의 기본 대륙으로부터 떨어져 사면이 순전히 식물적, 동물적인, 순전히 유기체적인 과정의 바다로 둘러싸여 있으며 이 맥락에서 그 진정한 의미를 획득하는 섬과 같은 것으로 드러난다. 그렇다면 내장 이론에 의하면 정서적 반응의 본질을 구성하는 신체적 반응이 공포와 분노와 같은 정서적 상태보다는 추위, 오한, 질식에서 관찰되는 식물적 동요 상태와 더 가깝게 나타나는 것이 놀랄 일일까? 느낌의 특별한 자질이 유래하는 정서의 원천을 뇌 밖의 주변에 위치시키는 것 자체가 이미 인간의 심리적 발달의 진정한 대상인 모든 복잡한 연결로부터, 모든 관계의 체계로부터, 모든 기능적 구조로부터 감정을 배제하는 것을 전제한다.

12-97] 이처럼 이론의 핵 자체에 포함된 이 입장은, 첫 번째와 같은 정도로 이론을 발달의 문제로부터 떼어 내면서 새로운 껍질로 뒤덮는

다. 이러한 정황에 주의가 거의 기울여지지 않은 것은 매우 이상한 일이다. 이론의 생물학적 외양은 그것이 진화론적 생각과 상충되지 않을 뿐 아니라 직접 그것을 전제로 한다는 환상을 불러일으켰다. 이러한 측면에서 이론을 비판하는 몇몇 목소리만이 현대 심리학에서 울린다.

12-98] 따라서 브렛은 다음과 같이 바르게 말한다. "정서에 대한 모든 문헌에서 가장 큰 주의는 체내 반응에 기울여졌으며 이로써 전체 정서의 한 측면만이 완전히 분명하게 부각된다."

> 브렛의 원문은 다음과 같이 번역된다.
> "실험을 통한 접근법은 정서의 경우 어려운 과업에 당면한다. 그것은 체내 반응을 규정할 때 역할을 하며 아미도 이 반응은 정서에 대한 전체 문헌에서 가장 확실한 요인일 것이다"(1928: 393).

12-99] "실험적 연구로부터 임상적 연구로 눈을 돌리면 우리가 완전히 다른 세계로 발을 들인 듯 생각된다. 우리에게는 일반적으로 묘사되는 정서와 임상 심리학에서 기술되는 종류의 체험을 엄격히 구분하는 것이 불가피하다는 인상이 생겨난다. 동물 심리학과 생리학 학파의 영향은 정서 발달 가능성에 대한 문제를 심각히 가린다. 어째서 정서가 발달해서는 안 되는지 우리에게 설명해 줄 수 있는 그 어떤 선험적 자료도 없다. 정서가 발달한다면, 가장 두드러진 오류는 각 발달 단계를 구분하지 못한 것에 있다. 이는 제임스-랑게 이론 같은 이론들이 일반적으로 제시한 해석이 낳은 가장 나쁜 결과이다. 그들이 특정 지점까지는 논쟁의 여지 없이 옳다는 바로 이 사실로 인해, 자신의 경계를 넘어서는 순간 그들은 오류에 빠진다. 많은 저자들은 '생물학적'이라는 낱말을 잘못 사용한다. 본능과 그의 내장적 동반물이 존재하는 것이 그 생물학적 의미 덕분이라는 것은 완전히 사실이다. 그러나 사실 이는 오

직 이론가들에게만 의미가 있다. 물론 동물은 자기보존이 삶의 1원칙이라는 원인에 따라 공포나 분노를 표출하지 않는다. '생물학적'이라는 낱말은—우리가 이 낱말에 고유한 의미를 부여하고자 한다면— 어떤 행위와 그것이 개체나 종에 미치는 영향 사이의 관계를 의미한다. 이 관계는 어떤 행위가 기억이나 욕망에 의해 방향 지어진다고 우리가 가정하기 전까지는 그 어떤 행위의 일부도 차지하지 않는다. 행동은 훈련된 관찰자에게만 생물학적이다. 행동하고 있는 동물 자신에게 그것은 심리적이다."

'생물학적' 관점이란 무엇인지 알고 싶다.

F. 스니데르스(Frans Snyders), 누워 있는 암사자, 1650.

이 그림의 제목은 동물이 쉬고 있음을 암시한다. 하지만 전방을 바라보는 머리와 반대편을 향하는 뒷다리의 자세는 생물학적 목적을 갖지 않는다. 이것은 잠자기에 너무 불편해 보인다, 사자의 눈과 입이 크게 벌어져 있는 것이 놀랍지 않다.

12장은 굉장히 길다. 비고츠키가 느낌과 정서에 대한 비텐베르크 학술 대회 논문집을 요약하고 있기 때문이다. **12-98**에서 **12-108**까지 비고츠키는, 아리스토텔레스에서 제임스와 랑게에 이르는 G. S. 브렛의 정서 연구의 역사를 제시한다. 이 부분은 직접 인용부호에도 불구하고 매우 느슨하게 인용되어 있다.

브렛은 정서 연구의 역사를 고대 그리스의 고전주의 시대와, 갈릴레오로부터 데카르트까지의 근대로 단순하게 나눈다. 그는 정서에 대한 근대적 심리학적 연구의 발생이 독일에서 일어난 두 가지 발달의 결과로 본다. 하나는 괴테의 소설이고 다른 하나는 분트의 실험적 연구와 다윈에게 영향을 받은 더 임상적인 연구이다.

브렛은 이들이 서로 다른 두 세계라고 주장한다. 실험적 연구에서, 정서는 생물학적으로 의미 없는 것이다. 신체는 복잡한 기계이고 정서는 단지 부산물일 뿐이다. 하지만 임상적 연구는 정서의 생물학적 목적이 무엇일지 질문해야 한다, 왜냐하면 오직 생물학적 목적만이 왜 그것이 지속되고 어떻게 발달하는지 설명할 수 있기 때문이다.

가장 큰 문제는, 브렛이 말하길, 임상적 연구가, 종 전체에서의 정서적 행동의 지속과 발달(계통발생) 및 개인 심리에서의 정서적 행동의 지속과 발달(개체발생과 학습)과 같은 정서의 수준을 구분하지 않는다는 데 있다. 어떤 정서적 행동은 개체를 보존할 수 있으며 따라서 종 또한 보존할 수 있지만 동물들은 이를 이해하지 못한다. 그들은 자신의 행동을 생물학적이 아닌 심리적으로 체험할 뿐이다.

사실, 스니데르스가 그린 암사자의 자세는 단지 생물학적으로만 무의미하지 않다. 우리가 사자의 척추를 꼬리에서부터 두개골 아래 부분까지 따라가 보면, 분명 부러지는 지점까지 비틀려 있음을 알 수 있다. 누워 있는 암사자는 아마 죽었을 것이다.

12-100] "이러한 관점에서는 정서에 대한 비교 연구를 발달시키고자 하는 것이 불가피할 것이다. 모든 이론이 옳되 다만 이들이 진화적 원칙의 관점에서 조망되어야 하는 것일 수도 있다. 이 비교 척도의 한쪽 끝에서, 반응 유형은 복잡한 반사적 응답의 반응 유형에 가까울 것이다. 본능과 정서는 서로 분화되지 않은 채 남아 있어서 이 용어에 대해서는 논쟁이 없을 것이다. 이러한 발달 단계에서, 일반적인 분산적 자극은 모든 형태의 행동을 똑같이 특징지을 것이다. 이 발달 척도에서 상황이 어떤 의미를—이 낱말이 주어진 상황과 다른 상황 (기억된 상황

이든 예상되는 상황이든) 사이에 모두 같은 형태의 연결을 의미한다면—갖는다는 것을 확립할 수 있는 지점에서만 분화된 요인으로서의 정서가 나타난다. 최종 분석에서 뇌 발달에 의해 규정되는 더 고등한 수준에서는 원시적 반응의 수정된 형태가 나타나야 한다. 신체적 표현과 심리적 긴장은 여기서 진정한 의미에서의 정서임이 드러난다(…) 관념들 사이의 관계가 전면으로 부각되어야 하며 이 때문에 정서의 특성은 변해야 한다."

12-101] "정서 이론에 대한 역사적 검토는 정서 심리학의 완전한 재구성을 진정 요구하는 모호한 그림으로 결론지어진다. 이러한 방향을 향하는 모든 최근의 노력들은 진화론의 방법론이 가리키는 길로 우리를 이끈다. 인간은 점진적인 성장과 통합의 과정의 경로로 발달의 최신 상태에 다다르며, 이 과정에서 우리는 특별한 인지적 기능의 설명을 본다. 이 기능을 일반적인 유기체적 상태와 분리할 그 어떤 근거도 없으며, 대뇌 발달과 통합의 정도에 의존하는 거대한 차이의 가능성을 무시하는 것도 아무 의미가 없다. 여기에 분명, 거친 정서와 더 섬세한 정서의 차이를 포착한 제임스 이론의 진실의 요소가 포함되어 있다. 그러나 이 형태에서 이 차이는 과학적 심리학의 정신에 온전히 응답하지 않는다. 한 부류의 정서를 다른 부류와 대비하는 대신 우리는, 예컨대 동물의 화냄이 합당한 분노와 구분되듯이, 각각의 정서는 서로 다른 형태를 가질 수 있다고 가정해야 한다. 하나의 형태가 다른 것으로부터 발달할 수 있기 때문에 인간의 일반 발달에 따라, 그것은 더 원시적 정서 유형 혹은 그와 연결된 다른 반응과의 연결을 쉽게 보존할 수 있다."

> 스피노자는 '동정'을 우리 자신과 같은 사람이 해를 입는 것을 볼 때 느끼는 불쾌감으로 정의한다(3부, 정리 21). 그러나 누가복음 10장 30절은 착한 사마리아인이 그가 도움을 준 낯선 유대인과 같지 않음을 강조한다. 그 낯선 사람의 동료 유대인들은 그를 도우려 하지 않는

진화론적인 방법론에 따라 거친 정서와 더 섬세한 정서의 차이를 동물적인 정서와 문명화된 정서의 차이라고 봐도 될까?

렘브란트, 착한 사마리아인, 1633.

다. 이것이 바로 대부분의 이 장면에 대한 그림들이 사마리아인의 동정의 예외성을 강조하고 '착한 사마리아인'이라는 말을 일종의 형용모순으로 제시하는 이유이다. 낯선 이가 낯선 이에게 동정을 보이는 것은 얼마나 이상한 일인가? 사마리아인이 착한 사마리아인이 되는 것은 얼마나 이례적인 일인가?

렘브란트는 다른 이야기를 한다. 첫째, 우리는 그 이야기를 낯선 이의 관점에서 본다. 그 낯선 이의 시련은 사마리아인의 동정이 아니라 안전한 여관의 문 앞에서 끝난다. 스피노자가 말하듯, 우리는 먼저 어떤 행위의 선악을 지각하고 난 후 그것이 우리에게 어떤 영향을 주는지 판단하는 것이 아니다. 우리는 먼저 어떤 행위가 우리에게 어떤 영향을 주는지 지각한 후, 그것이 좋은지 나쁜지 판단한다. 둘째, 우리는 사마리아인이 결코 혼자가 아님을 본다. 그가 낯선 이를 돕도록 도와주는 많은 사람들이 있다. 스피노자가 말하듯, 사람에게 정의와 자비에 따라 행동하는 타인보다 더 유용한 것은 없다. 그러나 셋째로 가장 중요한 것은 동정하는 사마리아인과 동정받는 유대인과 더불어, 똥을 싸고 있는 개, 물을 긷는 사람, 그리고 돈을 받고 있는 여관 주인이 있다는 것이다. 이들은 각자의 방식으로 이 그림의 주제인 '동정'에 기여하고 있다. 렘브란트와 스피노자에게 일상적인 자기-이익의 추구와 타인의 이익을 추구하는 것 사이에는 실제로 어떤 모순도 없다. 타인이 얼마나 '다르게' 보일지라도, 서로를 돕는 것은 언제나 우리의 이익이 된다는 것이다.

동정은 감정에 대한 순수한 진화론적 설명에 문제를 제기한다. 진화론적 관점에서 개가 동정보다 똥에 더 관심이 있는 이유는 명백하다. 당신이 개라면 제임스-랑게 이론은 충분하다. 가장 강력한 감정은 '일반적인 유기체적 상태'와 가장 단단히 연결되어 있기 때문이다. 우리의 설명 속에 인지 과정의 느린 성장을 포함시킨다면, 우리는 심지어 진화론을 이용하여 그림 배경에 있는 남자가 물에 더 흥미가 있고, 여관 주인이 돈에 더 관심이 있는 이유까지 설명할 수 있을 것이다. 우리는 어떤 특별한 인지 능력의 발달을 통해 동정은, 언젠가 우리에게 호의를 돌려줄 사람들을 돌보도록 진화되었다고 설명할 수도 있을 것이다.

그러나 전혀 모르는 데다 호의를 돌려줄 것이라고는 전혀 기대할 수 없는 사람들에 대한 더 섬세한 동정의 감정은 도대체 어떻게 진화시켰을까? 이 섬세한 감정 형태의 동정은 단순히 인지적 계산의 확장이 아니며 오히려 그것과 모순된다. 스피노자의 설명이 도움이 될 테지만, 그것은 개인을 분석 단위로 삼는 관점을 넘어설 때에만 가능할 것이다.

12-102] "어느 경우든, 정서와 그 표현의 관계는 유기체가 발달하면서 본능적이고 전형적인 반응 유형으로부터 멀어지는 정도에 따라, 덜 고정적이고 유동적이 된다. 더 복잡한(섬세한) 정서는 그와 연결되어 있는 특별한 반응(동물의 행동에 전형적임)을 갖고 있지 않으며 다양한 표현을 허락하고, 표현은 정서의 의식적 요소와의 직접적 연결을 상실한다. 이 상황은, 기쁨과 비통함을 느낄 때 똑같이 눈물을 흘리는 이유를 설명할 때 이론가에게 도움이 될 수 있다"(G. S. Brett, 1928, pp. 393~396).

12-103] 우리는 현대 정서 심리학에서 발달 문제의 상태에 관한 과학 사학자들의 객관적 증거에 기대기 위해, 정서의 본성과 관련하여 심리학적 관념이 발달한 역사적 모습에 대한 다소 지루한 결론을 의도적으로 인용했다. 이 긴 진술에 담긴 생각을 짧게 줄이면 다음과 같다. 정서 심리학은 지금 발달 이론의 가장 기초적인 싹도 가지고 있지 않으며 고등한 정서와 저차적 정서의 차이, 동물적 정서와 인간적 정서의 차이, 본능적 정서와 의식적 정서의 차이가 구분되지 않은 모호한 그림을 갖고 있다. 이 그림은 브렛의 표현에 따르면 단박에 한 세계에서 다른 세계로 넘어가게 해 준다.

12-104] 정서의 개체 발생에 대한 발생적 정서 연구의 최초의 소심한 시도에서부터 우리는 단순히 옛 이론이 정서적 발달 가능성을 선험적으로 배제했다는 사실에 대한 확증보다 더 큰 무언가를 알게 된다. 이로부터 우리는 이론의 선험적인 반역사적 핵의 내용을 알게 된다. 위에서 언급된 연구에 비추어 볼 때 그것은 다음의 두 가지 기본적 면모로 특징지어질 수 있을 것이다. 정서적 반응은 감각-반사적 본성을 가진다는 가정과 그것이 지적 상태와 연결된다는 것에 대한 거부. 첫 번째 가정이 발달을 배제하는 것은, 반사적 반응이 모든 행동에서 가장 안정적이고 가장 불변하는 요소이기 때문이며, 또한 정서를 내장기관의

변화에 대한 단순 감각으로 환원함으로써 인간의 의식에서 정서가 할 수 있는 모든 실제적, 능동적 역할을 박탈하기 때문이다.

12-105] 공포의 본질이 떨림과 소름을 감지하는 데 있다면 이 현상들이 어린이와 어른에게서 본질적으로 다를 것이라고 가정할 근거가 없다. 마찬가지로 정서적 상태와 지적 상태 사이의 연결을 거부하는 것은, 지성 변화가 중심적이고 중요한 위치를 차지하는 의식의 일반적 발달에서 정서의 그 어떤 참여도 사전에 배제했다. 이러한 거부는 인간의 정서와 동물의 정서의 차이에 대한 문제의 가능성 자체를 전적으로 완전히 배제하는, 정서의 본성에 대한 문제 설정을 이미 전제했다. 동물과 인간, 인간 내에서 동물적인 것과 인간적인 것은 서로 나뉜 것임이 드러났으며 거친 정서와 섬세한 정서는 브렛의 표현에 따르면, 두 개의 서로 다른 세계에 속해 있음이 드러났다(같은 책, p. 393). 오직 맹인만이 이로부터, 데카르트 이론의 토대에 놓여 있는 옛 관념에 대한 가장 직접적이고 직선적이며 공개적인 실현을 보지 못할 것이다.

12-106] 데카르트는 지난 60년간 기술된 정서에 대한 심리학 저서의 각 페이지에 마치 투명인간처럼 존재한다. 우리가 지난 60년간의 정서 심리학의 근본적 전환, 그 방향과 출발을 규정한 관념의 완전한 파산을 지금 목도하는 목격자임이 사실이라면 정서 이론에 대한 오늘날의 비판과 그 안에서 지적되는 과학적 연구와 정서의 본성에 대한 이해 자체로의 근본적 전환은 반_反데카르트적인 것 외에 다른 의미를 가질 수 없다. 이 결론은 새로운 방향을 향하는 과학적 생각의 매 발걸음으로부터 필연적으로 도출된다. 새로운 정서 이론의 각각의 구체적 문제들은 이 심리학의 모든 영역을 지배하는 데카르트적 원칙을 극복하는 것에 필연적으로 의지한다. 이러한 사례를 한 가지만 들어 보도록 하자.

12-107] 새로운 정서 심리학에서 감정의 역동적 본성의 문제가 점

점 전면으로 부각된다. K. 레빈과 M. 프린스의 연구에서 정서의 역동적, 능동적, 활력적 측면은 전체 심리과정 체계의 진정 과학적, 결정적이며 진정한 인과적 설명을 하게 해 주는, 유일한 감정 이해 방식으로 대두된다. 논리적 필연성에 따라, 그러한 이해는 감정적 삶에 대한 이원론적 접근의 극복을 전제로 하며, 감정을, 특정한 종류의 체험과 행동을 포함하며 현상적, 객관적 측면의 통합을 나타내는 전체적인 생리적 반응으로 이해할 것을 제시한다.

J. S. 사전트(John Singer Sergeant), 모턴 프린스의 초상, 1895.

M. 프린스(Morton Prince, 1854~1929)는 이비인후과 의사로 시작하였으나 파리에서 샤르코와 최면을 연구한 이후에는 (그리고 그의 아내와 어머니가 정신병을 앓기 시작한 이후에는) 신경학에 관심을 가졌다. 그는 소위 다중인격장애(과거에는 귀신 들림으로 취급되었다)를 최초로 잘 기록한 사례인 크리스틴 보샹의 연구로 유명해졌다. 비고츠키는 비텐베르크 심포지엄에 기고한 프린스의 '정서는 에너지로 간주될 수 있는가?Can Emotion be Regarded as Energy?'(pp. 160-169)를 인용하고 있다. 프린스는 정서가 에너지라고 결론 맺지 않는다. 다만 그는 그것이 사실이라면 제임스-랑게 이론은 그릇됨이 증명되는 것이라고 말한다. 신경 에너지의 방출은, 제임스-랑게 이론이 예상했듯 정서에 선행하지 않고 그와 동시에 일어나기 때문이다.

12-108] 정서의 역동적 측면에 대한 연구는, 본질상 정서를 체험과 행동을 결정하는 활력적, 동인적 자극으로서 일원론적으로 이해하는 것을 배제하는 제임스-랑게 이론과의 대치에 이를 수밖에 없었다. "정

서를 역동적 과정으로 간주하는 것 자체는, 정서의 방출 자체가 규정된 행동 유형을 결정짓는다고 본 제임스-랑게 이론이 전제했던 바와 같이 그 역할을 내장기능의 '단순한 감각적 지각'으로 이해하는 것을 배제한다. 따라서 정서는 행동주의자들이 그러했듯이, 반사와 연결된 부수적 현상으로 간주될 수 없으며, 그 자체가 이러저러한 식으로 반응의 특성을 규정하는 신경 방출에 참여하는 필수적 계기로 이해되어야 한다."

12-109] "이에 따라 정서는 부수적 현상이라는 수동적 역할을 할 수 없다. 그것은 무엇인가를 해야만 한다. 이러한 관점에서는 정서가 에너지의 신경 방출에 대한 의식이나 내장 활동에 대한 수동적인 감각적 의식 이외의 다른 게 아니라는 것보다, 정서의 기능이 유기체와 맺는 관계를 더 이해하기 쉽다. 후자의 관점에서 우리는 정서 없이도, 분노나 공포, 혹은 그 어떤 느낌 없이도 전혀 문제없이 살 수 있을 것이다. 우리는 마치 자동기계와 같이 작동할 것이기 때문이다"(M. Prince, 1928, pp. 161-162).

12-110] 이러한 입장에 대한 증거로 프린스는 몇 가지 의견을 제시한다. "첫째, 일상의 관찰은 정서가 내장기관과 수의근을 향하는 에너지의 방출과 내적으로 연결되어 있음을 확신하게 한다. 그러나 이는 어떻게 연결되어 있는가? 정서가 의식에 지속되는 기간만큼만 지속되는 방출과 동시에 정서가 일어난다고 가정할 만한 근거가 있다. 정서를 수동적인 감각적 지각으로 바라보는 제임스-랑게 이론의 관점에서는 정서는 내장 반응에 뒤따라 일어나야 한다. 만일 정서가 상황에 대한 우리의 반응을 조금도 결정할 수 없는, 그처럼 과잉되고 순전히 부수적인 현상이라면 동시성이라는, 그 자체로 중요한 문제이자 해결이 요망되는 사실이 이해 불가능해진다. 이것이 두 번째 논증이다."

두 번째 논증을 좀 더 자세히 설명할 수 있을까?

G. 도우(Gerrit Dou), 의사, 1653.

의사는 여인의 소변에 와인을 넣어 임신 여부를 확인하고 있다. 이는 오늘날의 임신 테스트기만큼 정확하지는 않지만 일부 효과가 있었다. 와인이 임신 초기 호르몬 변화에서 나타나는 일부 단백질과 상호작용했기 때문이다. 정서에 대한 생리학적 접근은 이와 유사한 일부 문제를 갖는다. 우리가 정서를 생리학적으로 설명하고자 하면 우리는 첫째, 그 반응을 모종의 신체적 산물로 측정할 수 있어야 하며, 둘째,

초기인지 말기인지 그 시기를 설명할 수 있어야 하고, 셋째, 어떤 기능적인 설명을 제시할 수 있어야 하는 것이다.

비고츠키의 프린스 인용은 직접 인용이라기보다는 재진술에 가까우며 번역도 정확하지 않다. 프린스는 우리가 정서를 데카르트적인 의미의 에너지 형태로, 즉 신체 내에서 작동하는 기계적, 유압적 힘으로 바라본다고 지적한다. 프린스가 이러한 관점을 주장하는 것은 아니다(오히려 그에 의구심을 갖는 편이다). 대신 그는 세 가지 사실을 제시한다.

첫 번째 사실은 에너지의 측정과 관련이 있다. 프린스는 정서가 신경 에너지의 방출과 실제로 관련되는 것으로 보인다고 말한다. 정서는 심장, 부신, 그 외 다른 기관으로의 신경 신호로 감지될 수 있다. 프린스는 다음과 같이 말한다. "심장으로의 (에너지) 방출은 그 기관에서 증가된 일을 기록함으로써 1파운드의 혈액을 1피트 움직이는 데 필요한 에너지의 단위로 측정될 수 있다. 부신으로의 방출 역시 혈류로 쏟아져 나온 아드레날린의 증가량을 재어 보면 측정할 수 있다."

두 번째 사실은 에너지의 방출 시기와 관련이 있다. 프린스는 당시의 지식으로 판단하건대 이러한 에너지 방출은 정서를 느낌과 동시에 일어난다고 말한다. 제임스-랑게가 맞는다면 에너지 방출은 정서가 느껴지기 전에 일어나야 한다. 프린스는 이 두 번째 사실을 'KO펀치'라고 부른다.

그러나 비고츠키에게서 'KO펀치'는 세 번째 사실이다. 정서는 우리가 느낄 수 있는 에너지의 소모이다. 심장박동, 성장 및 초기 사춘기의 호르몬 변화 등과 같이 이러한 소모의 느낌을 일으키지 않는 신체 과정도 많이 있다. 임신의 경우 여성은 처음 착상된 시점을 느끼지 않는다. 정서의 느낌을 에너지의 소모로 바라본다면 이러한 지출을 정당화하는 것은 무엇인가? 데카르트에게 그러한 것은 없다. 스피노자에게 모든 것이 정당화된다. 삶에서 쾌락이나 불쾌를 느끼는 것은 지각보다 더욱 기본적이다. 그것은 우리의 활동력을 증대시킬지 감소시킬지 알려 주기 때문이다. 정서는 언제나 자기보존력을 향상시키고 죽음을 피하는 것과 관련된 문제이다.

이해도 마찬가지다. 스피노자에게서 이해는 수동적 정념이 아닌 능동적 감정의 일종이다. 창틀 아래에서 염소와 노는 아기들은 생각 없는 쾌락을 나타낸다. 그러나 도우는 방을 매우 어둡게 처리한다. 베살리우스의 해부학 책에서 보이는 페이지에는 죽음의 가능성이 드러난다(해골이 무덤 파는 삽에 기대어 서 있다). 테스트에서의 양성 반응이 환자의 긍정적 정서를 일으키지는 않을 것이다.

12-111] "세 번째는 부수적 현상으로서의 정서는 생물학적으로 전혀 쓸모없는 현상일 것이며 이는 진화 역시도, '진공의 자연'으로 참아주지 않을 것이라는 점이다. 끝으로 마지막 논쟁은 정념이 우리를 추동하며, 우리의 생각과 행위에 에너지를 제공한다는 것을 확신하게 하는 직접적 경험의 증거이다. 우리는 정서와 느낌이 우리를 활성화한다는 것을 안다. 이러한 앎은 그에 대한 추가적 해석에 의존하지 않는 직접적인 사실이다. 이 모든 의견을 종합해 볼 때 저자는 정서를, 유기체 내에서 일어나는 에너지적 과정과 내적으로 불가분 연결되어 있는 것으로 간주할 수밖에 없었다. 에너지에 대한 이해 없이는 행동 일반이 설명될 수 없기 때문이다"(같은 책, pp. 162-164).

베르메르와는 다르게 메취는 여자에게 편지를 쓰고 있는 남자를 그린다. 여자는 바느질하던 것을 치우고 편지를 읽으려고 서두르는 바람에 골무를 떨어뜨린다. 너무 기쁜 나머지 금으로 장식된 슬리퍼도 벗겨진 채였다. 문학에서 흔히 사랑은 전기적 방출(번쩍 튀는 불꽃, 번개, 창문을 뚫고 오는 직사광선 등)로 표현된다(하지만 메취는 베르메르보다 창문과 거울에 비친 모습을 그리는 데에서 훨씬 더 많은 어려움을 겪고 있다).

비고츠키 또한 문제를 겪고 있다. 인용부호에도 불구하고, 그가 번역한 M. 프린스의 논문은 매우 부정확한 재진술일 뿐이다. 프린스는 데카르트적으로(즉, 물리학자로서) 감정을 보는 것은 감정을 에너지의 한 형태로 보는 것을 의미한다고 제안했다. 마치 행동에서 기계 에너지, 의학에서 화학 에너지 또는 신경학에서 전기화학 에너지처럼 말이

편지를 쓰는 행동은
나의 정서가
추동한 것이다.

각각의 사람에게 정서는
에너지이지만
사람들 사이에서 정서는
정보이다.

G. 메취(Gabriel Metsu), 편지를 쓰는 남자/편지를 읽는 여자, 1664.

다. 하지만 프린스는 데카르트가 그랬듯이, 구심성과 원심성 신호들은 각각의 확실한 이유가 있지만, 감정의 실제 느낌은 그 어떤 목적도 없는 것처럼 보인다는 것을 인정한다. 컴퓨터나 로봇에게, 감정을 느끼는 것은 부수적인 현상epiphenomenon이 될 것이다.

"그러나 부수적 현상으로서 그것은 생물학적 의미에서, 진공이 자연에 그렇듯 진화에 이질적인, 완전히 무의미한 현상으로 보일 것이다."

"비록 그에 얼마만큼의 비중이 부여되어야 하는지는 전혀 분명하지 않지만 고려되어야 하는 다른 사실이 있다. 이것은 분명 모종의 중요성을 지닌다. 우리 모두는 정념이 우리를 추동한다는, 그것이 우리의 생각과 행동에 활력을 불어넣는다는 느낌을 갖는다. 우리는 정서와 느낌이 우리를 활성화한다는 의식을 갖는다. 이 의식적 경험은 사실이며 그 중요성은 또 다른 문제이다…."

사실, 프린스가 에너지 개념 없이 행동이 설명될 수 없다고 주장하는 것은 아니다. 다만 그가 말하는 것은 에너지가 우주를 설명하는 데 유용한 개념인 것처럼 에너지가 인간의 행동을 설명하는 데 유용한 개념이라는 것이다. 이것은 스피노자에게도 놀랄 일이 아니다. 왜냐하면 인간은 우주 밖에 살지도 않고, 나라 속 나라를 이루고 있지도 않기 때문이다. 프린스는 겸손하게 다음과 같이 결론짓는다.

"나는 그것을, 물리학이 우주를 설명하는 데 이용하는 것에 비견할 만한 인간 행동 설명에 유용한 개념으로 여기에 남겨 두고자 한다."

하지만 '에너지'가 우주의 기원과 발전을 제대로 설명하지 못하는 것처럼, 진화적 현상으로서의 감정을 설명할 수는 없다. '에너지'는 감정을 행동적 또는 개인 내적 현상으로 설명할 수 있다. 모든 에너지(신경 에너지든 근육 에너지든)는 동일한 화학 반응으로부터 생성되기 때문이다(아데노신 삼인산ATP은 아데노신 일인산 또는 아데노신 이인산으로 변환된다). 하지만 감정을 개인 간 상호 현상으로 설명하려면—이쪽 나라에서 편지를 쓰는 남자가 어떻게 다른 쪽 나라의 여자에게 바느질을 치우고, 골무를 떨어뜨리고, 기쁜 나머지 슬리퍼가 벗겨지게 할 수 있는지 설명하려면— 우리는 인간의 감정을 정보와 의미로 여길 필요가 있다.

12-112] 이와 관련하여 프린스가 데카르트의 이름을 언급하며 데카르트의 정념 학설을 인용하는 것은 예상치 못할 일이 아니다. 질문이 사실상 부분적 연구의 영역에서 정서의 심리적 본성에 대한 철학적 문제의 단면으로 넘어가기 때문이다. 그러나 실제로 예상치 못할 것은 제임스-랑게 이론에 대항하여 그가 옹호하는 개념이 본질적으로 데카르트적이라는 그의 주장이다. 벌써 두 번째로, 우리는 제임스-랑게 이론을 데카르트적 이론에 대한 안티테제로 보려는 시도와 만나게 된다. 이러한 의미에서의 첫 번째는 정서 발생에 대한 주변적 이론의 구심적 가설을 데카르트가 발전시킨 원심적 이론과 대조시킨 던랩에서 만났다. 여기서, 이처럼 두 이론의 대비는 정서의 토대가 되는 생리학적 기제에 대한 구체적인 질문과 연관된다. 이 문제에 대해서는 다시 살펴보게 될 것이다.

12-113] 그러나 지금의 논의는 더 광범위한 것을 다루고 있다. 데카르트적 이론은 정서에 존재하는 신체적 과정과 심리적 과정 사이의 관계에 대한 원칙적 이해의 관점에서 제임스-랑게 이론과 대비된다. 이처럼 두 이론은 부분적인 실천적 기술의 관점이 아니라, 그 원칙적 토대의 관점에서 대비됨이 드러난다. 이 문제에는 가장 원칙적인 설명이 주어질 필요가 있다. 따라서 우리는 프린스의 뒤를 더 따라가 보기로 한다.

12-114] 정서를 에너지로 간주하는 자신의 개념에서 프린스는 이 관점을 제임스-랑게 이론과 대비시키고, 데카르트의 이론과 연결 지으며 창발적 진화創發的 進化, emergent evolution라는 관점을 이용한다. 창발적 진화는 모든 현대 자연과학이 의존하는 기계론 아니면 생리론이라는 양자택일의 막다른 길로부터 벗어나고자 하는 새로운 관념론적 학설이다. 창발적 진화는 뜻밖의, 마치 변증법적 도약과 같은, 뜻밖의 새로운 자질의 출현, 한 자질의 다른 자질로의 설명할 수 없는 변환을 가

정하는 것으로부터 출발한다. 이 관점에서 프린스는 자신의 개념에 존재하는 두 가능성을 설명한다. 한편으로 우리는 에너지의 정서적 방출이 신경계 속 최고로 복잡한 원자구조 내의 전자電子와 연결되어 있다고 가정해야 한다. 이 방출은 정서로 창발되는데, 그 속에는 객관적으로 확립된 것이 아니라 거대한 수의 신경 에너지 단위가 극도로 복잡하게 조직화된 결과로 나타나는 에너지를 포함하기 때문이다. 다른 한편으로 우리는 비물질적인 동적인 구심적 신경 에너지가 똑같이 비물질적인 심리적 에너지로 변환되는데, 이는 거꾸로 흐르면 전체 과정의 사슬상 한 고리로서 에너지 변환의 물리적 법칙과 유사하게 또다시 비물질적인 원심적 에너지로 변환된다고 가정해야 한다. 객관적 방법을 통해서 인식될 수 없는 것이 심리적 인식이 접근할 수 있는 것으로서, 의식의 상태로서 창발된다(같은 책, p. 166).

12-115] 프린스의 이론과 데카르트의 이론 사이에 존재하는 연결의 의미를 명확히 하기 위해서는 이 진술을 인용하는 것으로 충분할 것이다. 비물질적인 심리적 에너지가, 그러나 완전히 물질적인 물리적 에너지로 작용하며, 그와 더불어 단순한 기계적 상호관계를 갖는다는 가정은, 우리가 아래에서 상세히 살펴볼 바와 같이, 그 토대 자체가 이원적인 데카르트의 정념 이론의 본질적 구성 부분을 나타낸다. 이처럼 프린스는 데카르트 이론의 한 원칙—유심론—을 동일한 이론의 다른 원칙—기계론—과 대비시킨다. 우리는 이를 이미 앞에서 만난 바 있다. 제임스-랑게 이론과 데카르트 이론의 상호관계에 대해 현대의 연구자가 제시한 총체적 문제를 지적하면서, 우리는 뒤마를 인용하며 이 문제를 언급했다. 뒤마는 그것을, 말브랑슈가 데카르트에게서 감지했으며, 낡은 학설과 새로운 학설을 구별하는 신학적 원리라 불렀다. 이렇게 우리는 데카르트에 대한 프린스의 투쟁 속에서, 말하자면, 데카르트 학설 속에 있는 양립할 수 없고 내적으로 모순되는 두 부분을 만나게 된다.

그것은 현대 심리학에 의해 양극화되었으며, 일관되게 유심론적이고 일관되게 기계적인 정서 개념으로 서로가 서로를 배반한다.

12-116] 이는 논쟁의 여지가 없다. 이에 동의하지 않을 수 없다. 데카르트 이론의 정신은 제임스의 이론과 같은 기계적인 이론에만 나타날 뿐 아니라, 옛 이론과의 적대성이라는 관념을 낳은 바로 그러한 학설의 다른 측면을 통해 이전 가설의 불완전성을 극복하려는 새로운 이론에서도 나타난다. 이러한 시도는 이들(기계론적 이론과 새로운 이론)이 서로 적대적이라는 관념을 낳았다. 그들은 새로운 이론이 이로써 바알세불이라는 이름의 악령을 퇴치했음을 의심치 않았으며, 모든 현대 정서 심리학을 에워싸는 닫힌 원을 벗어나지 못했을 뿐 아니라 옛 데카르트 이론을 온전히 구현하고자 시도하면서 이 원을 더욱 단단히 잠갔다. 그들의 장점은 현대 심리학의 데카르트적 원칙의 승리를 향해 온전히 의식적으로 투쟁한다는 사실에 있다. 그들은 어느 정도 구식이 된 데카르트 이론을 가장 최신의 창발적 진화라는 이론으로 보충할 뿐이다. 그러나 이 이론은, 우리가 아래에서 더 보게 될 바와 같이, 데카르트 학설의 정신과 인연이 끊기지 않았을 뿐 아니라, 그와 직접 연결되어 있다. 이는 프린스 자신도 인정한 것이다.

12-117] 이를 확립함과 동시에 현대 정서 심리학의 사상적 투쟁의 전체 모습이 마침내 명확해진다. 이는 물론 일원론이라고 프린스는 자신의 관념에 대해 말한다. 유일한 대안적 가설은 이원론, 평행론, 즉 부수현상설 혹은 자동인간설이다(같은 책, pp. 166-167). 이에 동의하지 않을 수 없다. 오직 오류는 두 가설이 서로 대안적이라고 간주된 데 있다. 사실, 이들은 데카르트의 학설에서 서로를 상호 전제하며 오직 총체로서만 그의 정념 이론의 진정한 핵을 형성한다. 여기에는 물론 어떤 논리적 자가당착성이 있지만, 이는 물질적 현실에서 일어나는 실제 사실에 대한 과학적 설명이 되려고 애쓰면서 이 사실들과의 관계를 끊기를

원하지 않는 모든 관념론적 학설이 필연적으로 마주하게 되는 그러한 종류의 것일 뿐이다. 그러한 일원론(유심론)과 그러한 이원론(평행론)은 진정한 서로에 대한 대안들이 아닐뿐더러 데카르트의 학설과 그의 추종자 제임스와 프린스의 경우 어디에서나 서로를 전제로 하고 있다.

P. 브뤼헐(Pieter Brueghel), 교수대 위의 까치, 1568.

이 그림은 스페인이 네덜란드를 침공하고 신교도들을 처형하기 시작한 해에 그려졌다. 신교도들은 성 아우구스티누스가 설립하고 그로부터 100년이 지난 후에도 데카르트가 여전히 발전시키려 했던 이원론적 형태의 유심론을 믿지 않았다. 이 형태의 기독교는 영적 왕국과 물질 왕국을 포괄했으며, 그 연결 지점은 단 하나뿐이었다(교수대 바로 오른쪽에 보이는 십자가 위에서, 우리 죄를 위해 죽으신 그리스도). 그것은 또한 다른 방식으로도 심신평행론을 암시한다. 영혼은 결코 목마르거나 배고프지 않고 영원히 살지만, 육체는 언제나 목마르고 배고프며 너무 빨리 죽는다(배경에서 춤을 추고 있는 농부들과 왼쪽 아래 구석에서 똥을 싸고 있는 남자를 보라).

유심론은 심신평행론을 전제로 한다. 물질적 세계가 존재한다는 것은 명백한데, 이것이 어떤 식으로든 영혼을 훼손하지 않으면서 영혼과 관련을 맺도록 해야 하기 때문이다. 심신평행론은 유심론을 전제로 한다. 물질적 세계는 스스로를 설명할 상대가 있어야 하기 때문이다.

평행한 평면들과 마찬가지로, 자연주의와 유심론은 서로를 전제하지만 상호작용하지 않거나, 마치 하나의 수직선으로 관통된 것처럼 단한 점에서만 상호작용한다. 예를 들어 자연과학과 인간 과학은 서로를 전제하지만 상호작용하지 않거나, 인간 신체의 묘사에서만 상호작용한다. 인간 신체 내에서, 심리학과 신경학은 서로를 전제하지만 상호작용하지 않거나, 뇌에서만 상호작용한다. 교육에서조차, 이론과 실천은 서로를 전제하지만 상호작용하지 않거나, 교수들이 이론을 통해 특정한 생각이나 실천을 교사들에게 강요하는 방식으로만 상호작용한다.

비고츠키는 데카르트의 심신평행론이 한 점에서 상호작용하는 것을 허용하기만 해도 궁극적으로 지지될 수 없다고 말한다. 위 그림의 중앙에 위치한 교수대의 형태에 주목하라. 그 형태는 불가능한 물체인 '펜로즈 삼각형'이다.

12-118] 우리는 바로 그러한 것이 데카르트가 정념의 본성을 이해하기 위해 적용한 연구 방법임을 기억한다. 처음에 그는 인간을 영혼이 없는 자동인형으로 간주하고 정념이 이 복잡한 기계 속에서 그 의식과 전혀 무관하게 작동하는 기제를 연구한다. 이로써 데카르트는 제임스의 이론을 예견했다. 그런 후 그는, 영혼이 없는 기계의 자동적 활동으로부터 나타나는 자동인형의 지각이 부수적 현상 이외의 것이 아님을 사전에 미리 규정하면서, 영혼이 신체를 가진 자동인형에 미치는 역작용의 유심론적 원칙을 도입하면서, 그리하여 영혼과 기계 사이의 기계론적

상호작용을 확립하면서 자동인형에 영혼을 결합시킨다. 이로써 그는 프린스의 이론을 예견했다. 프린스가 가정한 신체적인 것으로부터 심리적인 것의 창발, 그리고 영혼 에너지의 신체적 에너지로의 역전환이 데카르트 이론에서 구성된 순수한 영혼과 복잡한 기계로 이루어진 무시무시한 집합에서 매 순간 일어난다는 것을 알아차리는 것은 어렵지 않다. 단지 그는 매 순간 일어나는 이 기적을 창발이라 칭하지 않았을 뿐이며 이것이 그의 학설에서 가장 어둡고 불명료하며 어려운 지점임을 솔직히 인정했다.

12-119] 정신과 신체가 제각기 간주되는 한, 이 이원론적 이론에서 모든 것은 순조롭게, 논리적으로 발달한다. 데카르트에게 이들은 서로 배타적인 두 개의 실체이다. 그러나 두 실체를 인간 존재 내에서 결합하는 문제가 대두되는 순간, 나아가 인간 본성의 이중성이 직접적으로 반영된다는 지점에서, 즉 정념에서 설명 불가성의 어둠이 이성의 빛으로 가득 찬 우아하고 합리적인 학설을 휘감는다. 데카르트 학설의 이 지점을 공격한 것은, 우리가 기억하듯, 누구보다 스피노자이다. 그는 영혼과 신체가 송과샘에서 결합한다는 가설이 모호하다고 지칭한다. 그는 말한다. "모든 모호한 특성 중 더 모호하다… 이 연결을 그 가장 근접한 원인을 통해 설명했다면 매우 바람직했을 것이다. 그러나 데카르트는 영혼이 신체와 너무도 다르다는 것을 인정했기 때문에 그는 이 연결에 대한, 그리고 영혼 자체에 대한 그 어떤 원인도 지적할 수 없었으며, 그는 모든 우주의 원인, 즉 신에게 의지하게 되었다"(1933, p. 199). 이것이 뒤마가 말한, 정념의 설명에서 신학적 원칙이다.

12-120] 영혼과 신체의 결합이 어떻게 설명될 수 있느냐는 엘리자베스 공주의 질문에 데카르트 자신은 이 결합의 인식 불가성을 제시했다. 그러나 참으로, 창발적 진화 역시도 바로 동일한 것을 염두에 두고 있는 것이 아닌가? 데카르트는 기적의 이해 불가성을 인용한다. 새 이

론은 설명 불가한 창발을 인용한다. 300년 동안 변한 것은 사상이 아니라 용어뿐이다. 그러나 용어는 무엇인가? 공허한 소리이다.

12-121] 비운의 질문에 대한 답으로 데카르트는 다음과 같이 말한다. 인간의 정신은 영혼과 신체의 본질적 차이는 물론 그들 간의 결합도 이해할 수 없다. 단일한 존재이자 동시에 서로 다른 두개의 존재라는 모순되는 방식으로 그것들을 이해해야 했기 때문이다. 따라서 우리는 정념의 문제가 데카르트 전체 체계에서 유일한 걸림돌이었다고 주장할 수 있을 것이다. 이 저주받은 문제만 없었다면, 인간 본성에 정념이 존재하지 않았더라면 (데카르트에게 동물은 자동인형에 불과했다) 서로 배타적인 두 실체—영혼적, 물질적—에 대한 학설은 우아하고 논리적으로 순조롭게 발전했을 것이다. 그러나 정념은 인간 영혼의 기본적 현상이며, 영혼과 신체를 하나의 존재 내에서 묶으면서 인간의 이중적 본성을 직접 나타내는 진수이다. 나아가 정념은 영혼과 신체가 한곳에서 살아가는 현상을 전 우주에서 유일하게 나타낸다. 따라서 정념은 그 설명을 위해서 유심론적 원칙과 기계론적 원칙의, 신학적 원칙과 자연주의적 원칙의 통합을 필연적으로 요구한다. 데카르트는 자신의 말과는 달리 물리학자로서뿐 아니라 신학자로서도 정념을 대해야 했을 것이다. 그러나 체계의 바로 이 지점에서 두 개의 서로 상반되는 원칙이 뒤섞여야 했다면, 전체 체계는 순수성을 상실할 뿐 아니라 양극단의 두 토대가 서로 더욱 상호 침투하는 경로를 따라 나아가야 했다. K. 피셔의 생생한 표현에 따르면 연장은 주제넘게 개입한다. 비유적으로 말하면, 영혼이 손가락을 내어 주면 그것(연장-K)은 손 전체를 낚아챈다. 생각하는 실체가 어딘가에 자신의 거주지를 갖는다면 그가 신체적 실체에 대해 갖는 독립성과 차이는 하나의 측면이 아니라 전체 측면에서 이미 상실된 것이다. 영혼이 국지화되면, 영혼은 그 자체로 물질화되고 기계화된다. 유심론적 원칙 자체가 기계론적 원칙의 부가를 필요로 하기 시작

한다. 이는 영혼이 정념의 기계적 순환에 연루되기 때문이며, 영혼이 기계적 힘으로 나타나지 않고서는 이 기제의 활동에 참여할 수 없기 때문이다(K. Фишер, 1906, т. 1, с. 446).

G. 샬켄(Gottfried Schalken), 네덜란드 총독 및 잉글랜드 왕인 빌렘 3세의 초상화, 1697.

드 비테 형제의 젊은 제자였던 빌렘 3세는 오라녜가(프랑스)의 왕자였다. 빌렘은 자신과 같이 부유한 지주 상류층이 지배하는 네덜란드의 '귀족적' 공화국을 선호했다. 그래서 그의 추종자들은 드 비테를 잔인하게 살해하고 드 비테의 행정장관Grand Pensionary직을 빼앗았다(7-1 글상자 참조). 최종적으로 그는 잉글랜드의 왕이 되었고, 거기서 동포인 샬켄은 촛불 옆에서 생각하고 있는 그의 모습을 그렸다.

데카르트의 『성찰Meditations』 2번에서 생각과 밀랍은 서로 다른 두 실체substance이다. 우리는 밀랍을 잡아서, 구부리고, 꺾고, 염색하고, 녹일 수 있다. 하지만 그것은 여전히 그대로 연장extension이다. 예컨대 그것은 여전히 3차원 공간에서 펼쳐져extended 있다. 이 성찰은 피아제의 유명한 보존 실험의 토대이다. 우리는 생각을 취하여, 일반화하고, 추상화하고, 예증하고, 부정할 수 있다. 하지만 그것은 여전히 그 가치를 유지한다. 예컨대 그것은 여전히 참이나 거짓이고 옳거나 틀리다. 그러나 우리는 생각을 공간 속에 펼칠extend 수 없으며, 연장extension을 주장하거나 부정할 수 없다.

라틴어로 '실체substantia'는 단지 '아래에 서 있다stand under'거나 '이해하다under-stand'를 의미한다. 연장 '아래에 서 있기(모든 변화에도 불구하고 물질의 토대로 기저에 놓여 있기)'도 하고 관념을 '이해하기'도 하는 영원한(즉 보존되는) 무언가가 존재한다는 의미는 그리스까지 거슬러 올라간다. 소크라테스 이전의 철학자 탈레스는 물만이 단 하나의 실체로서 존재한다고 믿은 반면, 엠페도클레스는 자신의 몸을 순수한 생각으로 바꿀 수 있는지 보기 위해 활화산 속에 뛰어들려 했다.

스피노자 시대에, 갈릴레오는 에너지가 보존된다는 것을 이미 증명했다(예를 들어 공을 오르막길로 굴려 올리는 데 투입된 위치 에너지는 공이 내리막을 굴러 내려올 때 운동 에너지로 다시 바뀐다). 하위헌스는 이를 기반으로 시계를 만들고 있었다(한 방향으로 진자를 보낸 바로 그 에너지가 다시 진자를 반대 방향으로 보낸다). 라이프니츠와 샤틀레는 보존에 관한 수학을 연구했으며, 우리 시대에 아인슈타인은 보존되는 것이 사실은 물질/에너지임을 보여 주었다. 물질은 에너지로 에너지는 다시 물질로 변화될 수 있다.

데카르트와 달리 스피노자는 빌렘의 몸이라는 존재의 '기저에 놓여 있기'도 하고 그와 동시에 빌렘의 생각이라는 존재를 '이해하기'도 하는 단일한 실체를 믿었다. 예를 들어 빌렘의 존재는 빌렘 자신에게는 생각과 같은 것으로 느껴지지만, 우리에게는 연장처럼 보인다. 다른 예로는 말이 있다. **12-120** 끝에서 비고츠키가 말하듯, 한쪽에서 본 낱말은 불변하는 관념(생각)이며, 다른 쪽에서 본 낱말은 그저 압축된 공기 입자(연장)이기도 하다. 세 번째 예는 이 그림에서 빛을 다루는 방식이다. 빛은 전자기 에너지를 가진 파동(신경 자극과 같은)으로 생각할 수 있지만, 입자의 흐름(연장)으로도 생각할 수 있다.

비고츠키가 확신했던 것은 생각과 구현이 상호작용한다는 것이었다. 빌렘 3세는 정치적 이유로 드 비테 형제를 살인했던 것과 마찬가지로, 정략적으로 결혼했지만 그의 성애적 지향은 남자를 향하고 있었다. 그래서 그는 자녀가 없었다.

12-122] 그러나 동시에 반대의 일도 벌어져야 한다. 연장뿐 아니라 영혼도 주제넘은 개입을 한다. 만일 그토록 사소한 신체 기관—송과샘—이 순전한 영혼의 힘으로 작동될 수 있다면 필연적으로 인간 자동 기계는 생각하는 실체의 도구이자 유심적 에너지의 장난감일 뿐일 것이다.

12-123] 이처럼 데카르트 학설은 우연이 아니라 원칙적으로 이원론적임이 드러나며 정념 학설에서의 이원론은 데카르트의 일반적인 존재론적, 지식론적 이원론의 발현일 뿐이다. 피셔가 바르게 지적하듯이 데카르트 학설에서 신학적 체계와 자연과학적 체계가 결합된다(1906, т. t, с. 439). 미리 앞서서 말한다면 데카르트 학설의 이중성에는 설명적 심리학과 기술적 심리학의 이원론이 이미 전체적으로, 완전히 포함되어 있다. 여기서 이 체계의 두 부분이 논리적으로 얼마나 단단히, 우아하게 결합되어 있는지에 대한 문제는 우리의 관심이 될 수 없다. 우리는 오직 정념 학설에서의 이 결합을 관찰할 것이다. 여기서 이것은 가장 강력하게 나타나며 그 본성을 완전히 드러낸다.

지식론이란 무엇이고 인식론과 어떻게 다른가?

A. P. 반 데 베네(Adriaen Pietersz. van de Venne), 영혼을 위한 낚시, 1614.

그림의 왼편, 햇빛이 비치는 꽃이 만발한 나무 아래 개신교 네덜란드인들이 보인다. 물론 이들은 많은 영혼들을 구하고 있다. 오른쪽에는 먹구름과 앙상한 나뭇가지 아래 가톨릭교도인 벨기에인들이 보인다.

비고츠키가 여기서 원하는 단어는 지식론gnosiology이지 인식론epistemology이 아니다. 지식론과 인식론은 모두 지식(구조, 기능, 역사)에 관한 학문이다. 하지만 지식론은 모든 면에서 더 오래되었고 더 광범위하다. 이는 라틴어가 아닌 그리스어이다. 그것은 인간의 경험뿐 아니라 동물의 경험까지도 포함한다. 우리가 생각(연역, 귀납)을 통해 아는 것뿐만 아니라 느낌(인식, 감각)을 통해 아는 지식도 포함한다. 따라서 우리는 인식론을 지식론의 일부라고 할 수 있으며, 특히 인식론을 인간에 대한 지식론이라고 할 수 있을 것이다. 비고츠키는 지식의 포괄적 형태를 지적하기 위해, 인식론эпистемология이 아닌 지식론гносеология이라는 용어를 사용하고 있다.

데카르트의 존재론적 개념이 자연주의적인 동시에 신학적 특성을 갖는다는 피셔의 지적은 다음의 두 가지 지점에서 적용된다.

a) 신체는 완전히 기계적 법칙에 종속된 영혼 없는 자동인형으로 작동한다.

b) 영혼은 우리의 신과 같은 특성을 이루는 절대적이고 비유기체적인 자유의지를 갖는다.

이 그림에는 또 다른 종류의 이원론이 보인다. 이것은 그림의 세계와 관람자의 세계의 분리이다. 개신교도들의 배와 해안 사이에 보이는 작은 점들은 캔버스에 그려진 것으로 파리를 표현한다. 이 점은 실물 크기로 그려졌기 때문에 많은 이들은 이것이 그림의 일부가 아니라 실제 파리라고 생각했다.

12-124] 한편으로 데카르트는 인간의 정념에, 사고와 연장은 실체에서 구분된다는 자신의 일반적 입장을 완전히 이식시킨다. 바로 서로가 서로를 배제한다는 사실이 실체의 본질을 이룬다고 데카르트는 말한다. 피셔는 말한다. "사실, 영혼과 신체는 완전히 각기 제각각의 것들이다. 이 둘 사이에는 그 어떤 공통점도 없다. 나는 이를 이성에 비추어 안다"(같은 책, p. 443). 신체는 완전히 기계적 법칙에 종속된 영혼 없는 자동인형처럼 작동한다. 영혼은 우리의 신과 같은 특성을 이루는 절대적이고 무한한 자유의지를 갖는다. 데카르트는 의지, 혹은 자유의지가, 우리 경험상 너무 위대하므로 더 위대한 것은 상상할 수 없는, 모든 능력 중 유일한 능력이라고 말한다. 대체로 이 능력 덕분에 우리는 스스로를 신과 유사하다고 간주할 수 있게 된다. 피셔가 데카르트의 존재론적 개념에 대해 한 말을 이 두 입장에 전적으로 적용할 수 있다. 첫 번째 주장에는 체계의 자연주의적 특성이 반영되고 두 번째 입장에는 신학적 특성이 반영된다. 체계의 이원론적 특성은 원칙에 의거하여 생겨났으며, 이에 따라 원칙적인 것이 된다.

12-125] 데카르트가 서로 배타적인 두 실체를 하나의 현상, 즉 인간의 정념에서 결합하는 대적할 수 없는 사실에 맞닥뜨리기 전까지는 이 이원론적 원칙의 구축은 매우 순조롭게 진행되었다. 우리가 보았듯 정념은 영혼과 신체가 하나의 현상, 하나의 존재에서 통합된다는 불변의 사실을 의심의 여지 없이 보여 준다. 여기서 이원론적 체계의 논리는 어쩔 수 없이 최후의 붕괴를 맞을 수밖에 없다.

12-126] 데카르트는 말한다. "내가 아픔을 느끼면 고통을 일으키고, 내가 배고픔이나 목마름을 경험하면 먹고 마시기를 요구하는 신체를 가지고 있다는 사실보다 명확히 자연이 나에게 가르쳐 준 것은 없다. 이러한 감각에 무언가 진정한 것이 있음을 의심할 수 없다. 나의 감정과 본능은 내가 나의 몸에서 보트 안의 항해자가 아니라 내 몸과 가장 밀접하게, 나와 나의 몸이 어떤 의미에서 마치 하나의 존재를 이룰 정도로 뒤섞인 듯이 연결되어 있다는 것을 명확히 해 준다. 그렇지 않다면 나는 영혼의 본성으로 인해 신체의 부상에 고통을 느끼지 못하고, 배에 무언가 고장 난 것을 바라보는 선원과 같이 이 부상을 인식의 대상으로 볼 것이다. 몸이 먹고 마시기를 요구하면, 배고픔이나 목마름 같은 모호한 감각을 느끼지 않으면서 이 상태를 인지할 것이다. 이러한 감각은 사실, 영혼과 신체의 결합 또는 소위 혼합으로 인해 나타나는 모호한 표상이다(같은 책, p. 371).

12-127] 여기서 데카르트가 진술한 입장의 완전하고 선명한 명백성과 활동력으로 말하자면, 이는 본질적으로 데카르트의 유명한 cogito, ergo sum에 필적할 만하며 전체 철학적 지식의 유일한 견고한 받침점, 아르키메데스의 지점의 지위를 주장할 만하다. 알려진 바와 같이 데카르트의 철학은 근원적 의심과 확실성 원칙의 추구로 시작된다. 그는 말한다. "지구를 들어 올리기 위해 아르키메데스는 오직 하나의 고정된 받침점을 필요로 했다. 우리 역시도 아무리 작더라도, 견고히 확립되고 흔들리지 않는 것을 찾기만 한다면 많은 것을 기대할 수 있을 것이다"(같은 책, p. 305). 알려진 바와 같이 고정된 이 받침점을 데카르트는 '나는 생각한다, 고로 존재한다'는 명제, 즉 내가 그것을 말하거나 생각하는 순간은 필연적으로 진실이라는 명제에서 찾는다. 데카르트는 자문한다. 어째서 나는 스스로 다른 환상을 만들어 내는가. 나는 인간 신체라고 불리는 유기체도 아니고, 또한 나의 팔다리에 스며 있는 미세한

천상의 물질도, 바람도, 불도, 증기도 숨결도 아니며, 내 상상 속에 스스로라고 여기는 그 무엇도 아니다.

J. B. 베이닉스(Jan Baptist Weenix), 데카르트의 초상, 1647~1649.

데카르트는 '분명하고 확실한' 지식을 확립하고자 노력한다. 그는 신체도, 그가 마음에 대해 생각하는 것도 '분명하고 확실한' 것이 아니라고 말한다. 이들은 환상일 수 있기 때문이다. 그래서 그는 몸과 영혼을 포함하여 자신이 생각하는 모든 것(그의 사유의 모든 내용)이 상상이라고 가정하겠다고 말한다. 그러나 그의 생각의 형태, 즉 그가 생각한다는 사실에는 의심의 여지가 없다.

"아르키메데스는 단단히 고정된 지점과 긴 지렛대만 주어진다면 세계를 들어 올릴 수 있다고 말했다. 나 역시 확고하고 확실한 가장 작은 것이라도 찾을 수 있다면 위대한 일을 성취하기를 바랄 수 있을 것이다"(Second Meditation, 1641; 2017: 4).

"나는 그 외에 무엇이란 말인가? 상상을 통해 내가 그 밖의 다른 무엇인지 알아볼 것이다. 나는 인간 신체라고 불리는 팔다리와 기관의 구조가 아니다. 나는 팔다리에 스며 있는 미세한 증기도 아니며 바람도, 불도, 공기도, 숨결도 혹은 내가 상상하는 그 무엇도 아니다. 이 모든 것들이 '무'라고 전제했기 때문이다. 모든 신체가 '무'라고 전제했기 때문이다. 내가 계속하여 대상을 '무'라고 전제해 나간다 해도 나는 여전히 '무언가'이다"(Second Meditation, 1641; 2017: 5).

12-128] 그러나 우리가 보았다시피 데카르트 자신도 우리가 신체를 가지고 있다는 사실만큼 자연이 우리에게 명확히 가르쳐 준 것은 없음을 인정해야만 했다. 우리는 우리가 겪는 고통, 굶주림, 목마름의 진정성을 의심할 수 없다. 우리의 감정은 우리가 신체와 함께 하나의 존재라는 것을 명확히 해 준다. 바로 정념이 인간적 본성의 기본 현상을 형성한다.

12-129] 여기서 인간이 가장 완전한 모습으로 나타난다. 생각은 오직 영혼의 본성에서만, 운동은 신체의 본성에서만 가능하기 때문이다. 분명, 정서 학설이 데카르트 철학의 끝이 아니라 처음에 있었더라면 그것의 아르키메데스의 지점은 신체적 본성과 영혼적 본성의 감정적 통합체에서 나타나는 직접적 명백성과 신뢰성에 놓였을 것이다. 위에서 인용한 데카르트 말에 포함된 논란의 여지 없는 진실은 그 어떤 변론보다도 그 자체로, 그리고 그 어떤 비판적 반론보다도 그의 체계의 실수를 가장 잘 조명한다.

12-130] 이처럼 데카르트에게서 정념은 인간 본성의 기본적 현상일 뿐 아니라 그의 체계의 관점에서 완전히 불가능하고 무의미한, 따라서 설명이 불가능한 현상이다. 서로 배타적이고 상반되는 실체가 한 존재 내에서 통합되어 있는 것이다. 데카르트 체계의 관점에서 인간의 정념은 불가능하다. 이는 사실의 의미에서 근본적이고 중심적이며 이로부터 그 어떤 정념 심리학도 과학으로서 불가능하다는 입장이 필연적으로 따라 나오게 된다.

12-131] 그러나 데카르트의 학설에서 영혼과 신체 사이의 대립 혹은 구분이 명백하고 분명히 받아들여진다면, 그 둘의 통합은 이성의 자연스러운 빛에 비추어 전혀 생각할 수 없고 불가능한 것이 될 터이지만, 만일 그러한 것이 사실상 존재한다면 이는 기본적 체계와 모순되며, 그에 대한 설명은 데카르트 학설에 가장 어려운 시험을 부과할 것이다. 철학자가 자신의 원칙을 부정하지 않고 이 시험을 이겨 낼 수 있는지 연구할 필요가 있다. 그러한 연구의 결과는 이 시험이 데카르트의 전체 체계에 치명적이며, 그 이원론은 인간 존재의 개념과 사실에서 붕괴된다는 것을 드러낸다. 모순은 너무도 명백하여 철학자 자신도 이를 인정한다.

12-132] 우리는 데카르트 관점의 모순이 나타나는 그의 진술을 인용하지 않을 것이다. 그는 자신의 발언 속에서 한편으로는 인간의 영혼과 신체의 통합을 실체적 단위로 인지하고 영혼은 연장으로, 인간 신체는 사유로 간주하면서, 그리고 그 자체로 간주된 영혼과 신체는, 손이 인간 몸 전체를 이루지 않는 것과 같이, 전체를 구성하지 않기 때문에 각각이 불완전한 실체로서 서로의 보완을 위해 필요하다고 주장하면서 하나의 기본적 특성을 다른 것에 전이시키는가 하면, 다른 한편으로는 그들의 결합을 산술적 더함으로 보고, 자신의 체계의 이원론을 완전히 보존하면서 그들의 결합이 자연적 단위를 형성한다는 사실을 거

부한다.

12-133] 우리의 흥미를 끄는 것은 다른 것이다. 이는 (데카르트-K) 정념 학설에서 신학적 원칙과 자연주의적 원칙의 불가결하고 강제된 상호 침투이다. 이 원칙은 오른쪽이 왼쪽을 상정하듯이 서로를 상정하며, 아래 없이는 위도 없듯이 하나가 없이는 다른 것도 존재할 수 없다. 우리에게 중요한 것은, 현대 심리학이 설명적 심리학과 기술적 심리학의 독립적 존재에서, 프린스의 창발적 정서 이론의 대조에서, 그리고 제임스가 기계론적 가설에서 구현하고자 했던 두 원칙의 분리가 환상에 지나지 않음을 지적하는 것이다. 이 두 원칙은 데카르트 이론에서, 그리고 심리학적 과학에서 불가분하다는 것이 드러난다.

12-134] 우리가 보았다시피 인간의 정념은 데카르트 자신이 구축한 세계에서는 불가능한 것이다. 정념의 설명을 위해서 그는 자신의 원칙을 바꾸어 사고와 연장의 혼합을 인정해야 했다. 여기서 그의 철학이 붕괴되기 시작하며, 여기서 신학과 자연주의가 뒤섞이기 시작한다. 데카르트는 영혼이 신체와 맞닿아 있음을 인정할 수밖에 없었으며, 그는 이 접촉 지점을 뇌의 분비샘에서 찾는다. 이곳을 통해 신체는 영혼에, 영혼은 신체에 작용한다. 정신이 신체와 맞닿은, 혹은 그와 연결되는 지점은 공간적이고 위치를 차지하며 신체적이어야만 한다. 이제 영혼은 국지화되며 이러한 점에서 그 자체가 공간적이 된다. 이 점에서 영혼이 어떻게 비공간적이거나 비물질적으로 남는지 명확하지 않다. 오직 신체만이 운동을 할 수 있으며, 최초 운동 원인에 의지하지 않고 운동을 일으킬 수 있는 것은 이 신체뿐이라는 데카르트의 입장은 이제 다른 의미를 갖게 된다. 이러한 입장(신체가 운동을 하며, 운동을 시작한다)에서 보면 영혼은 그 자체가 신체적인 것이 되어야 하며 그것이 사고하는, 신체와 완전히 구분되는 실체라는 모든 확언에도 불구하고 물질적인 것이 된다. 신체 사이에서만 일어나는 기계론적 영향과 연결은 여기서 정신으로, 신체

로 확장된다.

12-135] 엘리자베스 공주가 바르게 지적했듯이 두 실체의 혼합은 정신의 연장성과 물질성 없이는 생각할 수 없다. 데카르트적 인류학은 형이상학의 이원론적 원칙뿐 아니라, 세계 속 운동량은 고정되어 있으며 작동과 반동, 작용과 반작용은 동등하다는 자연 철학의 기계론적 원칙과도 모순된다. 운동 학설의 이 근본적 입장은, 신체에서 빠른 운동이 물질적인 원인이 아닌 것에 의해 생성된다면 그 효력을 상실한다. 인간의 본성에서 두 실체가—통합체로든 혼합체로든— 결합된다고 생각한다면 이는 언제나 원칙적 이원론과 모순되며 필연적으로 그와의 대립으로 나아가게 된다.

12-136] 체계의 기본적 입장이 두 측면 중 순전히 신학적인 쪽과 순전히 자연주의적인 쪽 중 어느 쪽으로 더 강하게 떠밀리는지 말하는 것은 불가능하다. 영혼과 신체의 순수한 상호작용이 대뇌 분비샘의 작은 부분에서 일어난다고 가정하면서 데카르트는 영혼을 정념의 기계론적 순환에 연루시키는 것과 똑같은 정도로 신체를 비물질적 에너지의 유심론적 작용에 종속시킨다. 존재론적 학설에서, 데카르트의 정념 학설에서는 때로는 신학적 요소가 매우 예외적이고 지배적인 의미를 획득하여 아우구스티누스주의가 자연주의에 승리의 함성을 울리는 것으로 생각되는가 하면, 때로는 반대로 자연주의적 원칙이 정신 학설의 영역을 완전히 물들인다는 점에 의심할 바가 없는 것으로 생각되기도 한다. 이 둘은 서로 절대적으로 동일한 정도로 일어나는데, 이는 이들이 인간 정념에서 정신과 신체의 기계론적 상호작용 가능성에 대한 동일한 입장의 두 결과일 따름이기 때문이다.

성 아우구스티누스는 4세기의 자유연애론자이자 마니교인이며, 신플라톤주의자였으나 기독교로 개종하여 주교가 되었다. 그는 과거의

P. P. 루벤스(Peter Paul Rubens), 아기 예수에 대한 성 아우구스티누스의 이상, 1636~1638.

삶으로부터 마니교와 플라톤의 이원론을 상당 부분 가톨릭 교리로 도입했다. 아우구스티누스에 따르면 우리는 영혼이며 몸은 영혼의 아내에 불과하다. 하지만 여성의 몸도 아내인지는 설명하지 않았다. 그는 여성을 영혼이 없는 동물이나 기계장치로 생각했던 것처럼 보인다.

첫째, 아우구스티누스는 스스로 거룩하지 않았던 그의 동료 사제들이 사람들을 거룩하게 할 수 있다고 주장했다. 왜냐하면 교회는 땅에 하나, 하늘에 하나, 두 개가 있기 때문이다. 둘째, 그는 자유의지는 인간에게만 고유한 것이라고 주장했다. 다른 어떤 심리기능보다 인류를 더 규정하거나 저주하는 것은 자유의지이다. 왜냐하면 아담은 신에 대한 불복종을 자유롭게 선택했기 때문이다. 셋째, 아담의 죄로 인해 인간이 벌을 받게 된 것처럼 그리스도도 인간의 죄로 인해 벌을 받을 수 있고, 따라서 인간은 어쨌든 모두 용서받을 수 있게 된다. 이런 세 가지 신학적 믿음은 세계가 하나라는 합리주의의 생각, 인간의 선택은 (자유가 아닌)필수적이라는 생각, 정의는 분노나 복수가 아니라 이성에 터해야만 한다는 생각과는 양립하기 어렵다.

그렇다면 왜 피셔는 데카르트의 자연주의가 그를 스피노자주의자로 만든다고 주장하는 것일까? 비고츠키가 지적했듯이(다음의 **12-139** 참조), 피셔는 데카르트 학설의 이런 신학적 측면을 무시한다. 제임스와 랑게는 무의식적인 데카르트주의자였기 때문에, 이런 신학적 측면들은 제임스가 인간의 자유의지를 신성한 선물로 설명하려고 할 때, 그리고 랑게가 정념을 열등한 인종이나 어린이에게만 연관시키려고 할 때 여전히 존재하게 된다.

루벤스의 그림을 보자. 아우구스티누스는 조개껍데기로 모래에 물을 붓는 어린아이를 보고 있다. 아우구스티누스가 그건 불가능하다고 아이에게 말할 때, 아이는 아우구스티누스를 돌아보며 사람들에게 이성을 통해 하나님의 본성을 설명하는 것은 불가능하다고 말한다. 그러나 같은 방식으로 비고츠키는 우리에게 말한다. 아우구스티누스나 데카르트를 근대 심리학이나 아동학과 어우러지게 하는 것은 불가능하다고.

12-137] 이 때문에, 오류를 범한 연구자들 특히 피셔는 그들이 데카르트 학설에서 신학에 대한 자연주의적 원칙의 승리를 과대평가했

음을 인정해야 한다. 데카르트의 존재론에서 이 원칙들 간의 투쟁을 살펴보면서 피셔는 다음과 같이 말한다. 자연주의적 요소가 신학적 요소 앞에 굴복하고 사라질수록, "사물의 독립성이 신의 독립성에서 용해될수록, 신학적 요소에서 자연주의적 요소가 새롭게 나타나며, 데카르트적인 신은 초자연적인 존재가 되기를 멈추고, 신에 대한 이 관념은 더욱 자연적이 되고, 아우구스티누스의 신과 멀어지며, 심지어 그와 정반대의 것으로 바뀐다. 이원론적 공식인 신과 자연으로부터 이미 일원론적인 신 혹은 자연이라는 공식이 나타난다. 데카르트는 이를 언급할 뿐이었지만, 스피노자는 이에 압도적인 의미를 부여한다. 분명, 데카르트는 아우구스티누스에게 다가가면서 사실은 스피노자에게 다가갔던 것이다. 그는 아우구스티누스를 마중하러 나갔다가 너무 멀리 간 바람에 스피노자주의를 포함하는 공식을 공포하고 만다."

12-138] "데카르트는 자신의 성격상 교부敎父를 향한 성향과, 아우구스티누스주의 신학자들에 대한 지향을 느끼면서, 그리고 사람들이 자신의 이론과 아우구스티누스주의의 일치를 지적하는 것에서 기쁨을 느끼면서, 자신의 학설의 정신에 따라, 자연주의를 달성하고 이를 가장 날카로운 형태로 신학적 체계와 대비시키는 경향성을 준비한다. 철학의 운명은 그것의 담지자이자 도구인 인격보다 강하다. 데카르트는 스피노자로 인도하는 길에 서 있으면서도, 종교적인 교부학의 토대를 공고히 한다고 생각하고 있었다. 그의 체계의 기본적 입장, 즉 체계를 전체적으로 물들이고 신학적 체계에 복종하는 기본적 입장은 자연주의적인 성향을 지니고 있다"(К. Фишер, т. 1, с. 439-440).

12-139] 이러한 피셔의 입장이 논박의 여지 없이 올바른 점은, 데카르트 이론에서 자연주의적 원칙과 아우구스티누스주의적 원칙이, 그들이 형성하는 단일한 모순 속에서 너무도 상호 간 연결되어 있기 때문에 기본적 개념의 전체 체계가, 정면과 반대 면을 동시에 보여 주는

유명한 이미지와 같이 우리 눈앞에서 쉼 없이 계속해서 진동하게 한다는 것이다. 피셔의 입장의 오류는 자연주의적 원칙의 승리를 일방적으로 강조하고 데카르트 학설 속에서 신학론적 체계의 힘과 생명력을 과소평가했다는 것이다. 오류는 피셔가 이 문제의 고찰을 매우 짧은 역사적 전망으로 한정 지었다는 사실에 기인한다. 철학적 사고의 객관적 발달이, 중세 시기로 회귀하는 신학적 체계가 아닌 데카르트의 자연적 체계를 전면에 부각시킨 것과, 자연주의를 달성하고 이를 가장 날카로운 형태로 신학적 체계와 대비시키는 경향성에 생명을 불어넣은 것은 사실이다. 그러나 철학적 사고의 추후 발달이 바로 데카르트 학설 자체에 의해 사전 결정되었다는 것은 전혀 사실이 아니다. 자연적 경향성의 승리는 데카르트에 의존하지 않았을 뿐 아니라 그를 무릅쓰고 이루어진 것이다. 그의 체계 안에서 이 승리는 전혀 지적되지 않는다. 그의 체계 속에서 자연주의적 경향성이 전체를 전혀 물들이고 있지 않으며 신학적 체계를 자신의 지배하에 두지도 않는다. 데카르트의 이론에서 이 후자는 스피노자의 체계에서와 같은 단순한 신학적 부속물이 아니다. 이런 측면에서 스피노자와 데카르트 사이에는 계승뿐 아니라, 오히려 간극이 존재한다. 자연주의를 달성하고 이를 가장 날카로운 형태로 신학적 체계와 대비하는 경향성은 동시에 똑같이 날카로운 형태로 데카르트 자신의 신학적 체계에 맞선다. 그러나 우리는 여기서 우리가 이미 연구했던 지점, 즉 스피노자에게서 이전에도 데카르트주의자였으며 언제나 그렇게 남아 있는 사상가를 보고자 했던 피셔와 같은 연구자들과 우리의 경로가 날카롭게 갈라지는 지점으로 돌아온다. 이러한 기본적 오류를 토대로, 피셔는 데카르트의 정념 학설에서 기계론적 원칙과 신학적 원칙의 투쟁의 결과를 편파적으로 평가한다. 그는 인간 정념에 영혼과 신체가 섞인 덕분에 영혼이 국지화되고 기계화된다고 지적한다. 그러나 우리가 기억하는 바와 같이 스피노자의 기본 반론은 데카르트 학설의 이 지점을 향하지 않았다. 그는 데카르트의 정념 학설에서 유심론적 원칙을 극복하려 애썼다.

12-140] 데카르트가 뇌 분비샘의 운동, 그리고 이를 통한 전체 신체 운동이, 우리 신체의 이 특권적인, 유일한 기관에 대한 의지의 직접작용으로 일어날 수 있다고 주장하며 자신의 자연 철학적 원칙과 함께 빠진 모순의 날카로움을 무디게 하려고 노력한 것은 사실이다. 그는 영혼이 신체의 자동적 활동에 미치는 영향을 약화, 둔화시키고 양적으로 축소하여 이를 거의 무효화하려 한다. 이를 통해 그는 그의 상호작용 가설의 원칙적 의미가 무력화되는 것으로 생각했다. 그는 인간에서 영혼적 실체와 신체적 실체의 영역적 혼합을 제한하는 것으로부터 시작한다. 이처럼, 그는 하나의 제한된 부분에서만 자신의 원칙이 변화하며 인간 신체의 나머지 모든 거대한 영역에 대한 이 원칙의 의미는 보존된다고 생각했다. 피셔의 생생한 표현을 따르면 그는 신체에 영혼의 손가락을 주었을 따름이나, 이와 함께 이러한 영역의 혼합이 일어나는 해부학적 영역이 공간적으로 극도로 사소하고 제한된 지점임이 드러난다 해도, 그의 가정의 원칙적 의미는 그 보편적이고 절대적 가치를 보존한다는 것을 망각했다(같은 책, p. 446). 회프딩의 표현에 따르면, 생각이 그 자체로 뇌 분자 하나를 100만분의 1 밀리미터라도 움직일 수 있다고 가정한다면 모든 자연 법칙은 이미 붕괴된 것이다.

12-141] 이처럼, 데카르트는 영혼이 이 사소한 공간적 지점에서 그 힘에 있어 역시 사소한 운동을 신체에 전달한다는 식으로 사태를 생각하려 한다. 그의 의견에 따르면 뇌 분비샘은 스피노자가 말하듯이 "뇌 가운데 달려 있어서 생명정기의 작은 움직임으로도 움직일 수 있다" (Спиноза, 1933, c. 197). 분비샘은 매달려 있기 때문에 쉽게, 다양한 형태로 회전할 수 있다. 나아가 데카르트는 영혼이 신체적 운동 자체를 일으키지 않으면서 오직 그 방향만을 바꾼다는 것을 인정한다. 데카르

트의 이 생각은 유명한 물리학자 맥스웰에 의해 오늘날 채택되어 말하자면, 신체에 대한 영혼의 기계적 작용에 대한 관념이 에너지 보존의 법칙과 부합하도록 해 준다. 에너지 보존 법칙은 "힘이 신체의 운동 방향에 수직으로 작용하는 경우 힘은 일을 하는 것이 아니라 오직 방향만을, 속력값에는 영향 없이, 바꾼다는 것을 알려 준다. 따라서 속력의 제곱으로 측정되는 실제 에너지는 이전과 같다. 회프딩은 말한다. 그러나 그러한 결론은 정신이 뇌 부위의 운동 방향에 수직으로 작용한다는 주장에서 의미를 찾을 수 있는 형편의 사람에게서나 이용될 수 있을 것이다. 어떤 경우에든 우리는, 운동 방향의 변화를 위해서는 외적인, 즉 신체적 원인이 필수적이라는 것으로 이해되는 관성의 법칙으로 인해 나타나는 난관을 전혀 피하지 못한다. 결국 전체 과업은 우리가 여기서 이해하는 식의 관성의 법칙이 의식의 현상과 연결되어 있는 뇌의 과정에도 같은 의미를 갖는가라는 문제로 환원된다. 이 문제의 해답에 이러저러한 가설들의 수용 여부가 달려 있다. 사람들이 이 문제를 피할 수 있다고 생각한다면 그와 함께 영혼과 신체의 전체 문제도 거부하게 된다"(1904, c. 60).

영국-네덜란드 전쟁 동안 빌렘 반 데 벨데와 그의 아버지는 적국이었던 영국을 위해 그림을 그렸다. 그러나 이 그림은 대포를 쏘고 있는 강력한 네덜란드 선박을 보여 주며, 이 그림과 짝이 되는 다른 작품은 험악한 날씨에 막 침몰하려고 하는 영국 선박을 보여 준다. 측면에 어떤 반동도 없어 보인다는 것에 주목하자.

데카르트의 모델은 이와 마찬가지로 신비로운 현상 위에 세워졌다. 연장이 없는 생각이 어떻게 연장을 가진 신체의 움직임을 일으킬 수 있는가? 가능한 한 가지 해답은 생각이 연장(데카르트가 말하는 동물정기의 미세 소체)을 갖는다고 말하는 것이다. 그것들은 매우 작지만 극도로 빠르게 움직인다. 그것들은 마치 영혼이 신체에 쏜 대포알과 같다. 이 소체들은 몸 전체를 움직일 만한 질량은 없지만, 신체의 작은 부분

W. 반 데 벨데 3세(Willem van de Velde III), 대포 발사, 1680.

을 움직이게 하고, 그것이 다시 강력한 유압 체계를 통해 몸 전체를 움직이게 만들 것이다(인간이 키를 조종하여 배를 움직이게 하는 방식). 데카르트는 영혼이 신체의 키를 돌릴 수 있는 작은 부분을 송과샘이라고 생각했다.

그러나 스피노자가 지적하듯, 실제로 송과샘은 영혼이 신체를 조종하는 데 사용할 만한 자유도를 갖고 있지 않다. 19세기 중반에는 스피노자가 옳고, 데카르트 모델을 폐기하거나 다른 해답을 찾아야 한다는 것이 분명해졌다.

따라서 비고츠키는 여기서 J. C. 맥스웰(James Clerk Maxwell, 1831~1879)의 '실체와 운동Substance and Movement'을 언급하고 있다. 맥스웰은 20개의 방정식을 통해 빛이 실제로 전자기파의 한 형태라는 것을 증명한 스코틀랜드의 위대한 과학자였다. 그러나 맥스웰은 데카르트의 신체와 영혼 모델을 받아들인 독실한 기독
교인이기도 했다.

　맥스웰은 대포알 하나가 자신의 운동 방
향과 90도 각도로 움직이는 다른 대포알과
부딪혔다고 가정하고, 그 대포알이 자신의
운동량을 전혀 잃지 않는다는 것을 보여 주
었다. 그러나 그 대포알의 방향은 바뀔 것이다. 이런 식으로 영혼으로
부터 나오는 동물정기는 에너지 보존 법칙을 전혀 위배하지 않고 신체
의 방향을 바꿀 수 있을 것이다.

　맥스웰은 스코틀랜드의 시를 사랑했기 때문에, 약간 개작된 로비
번스의 다음 시구('밀밭에서')를 기타 반주를 곁들여 노래했다.

Can a body meet a body	물체와 물체가 만날 수 있을까
Flying in the air?	공중에서 날아가면서?
If a body meet a body?	물체가 물체를 만난다면?
Will it fly? And where?	계속 날아갈까? 그렇다면 어디로?

　회프딩이 지적하듯 안타깝게도 맥스웰의 해답은 비물질적 영혼이
어떻게 물질 입자의 흐름을 방출할 수 있는지, 영혼이 어떤 반동을 느
끼는지 아닌지 설명하지 못한다. 또한 한 물체에 충돌한 수직의 입자
흐름은 우리가 생각에서 발견하는 자유도나 그 속력도 설명하지 못한
다는 스피노자의 반론에도 답하지 못한다. 비고츠키에게 유일한 해답
은 데카르트 모델과 통속적 유물론을 포기하고, 스피노자의 모델과
지적 관념론을 취하는 것이었다. 스피노자 모델에서 감정의 원천은 신
체가 아니라 신체에 대한 관념이다. 비고츠키의 입장에서 그러한 관념
의 원천은 이제 진정으로 물질적인 것이다. 그것은 우리의 공통 문화,
우리의 사회적 관계, 그리고 우리의 공유된 역사 속에 있다.

12-142]　끝으로, 동일한 방향으로 나아가면서 데카르트는 영혼을
뇌 가운데, 즉 생명정기를 감지하고 움직이게 하며, 이로부터 신체가 움
직이고, 이를 통해 그 스스로 움직이게 되는 송과샘에 위치시킴으로써

나타나는 모순을 완화하고자 노력한다. 영혼과 신체는 실제로 섞이는 것이 아니라 모종의 방식에 의해서 그렇게 된다. 이들은 다만 한데 모여진 것이며 진정한 의미에서 결합된 것은 아니다. 이들의 구분은 그 결합보다 훨씬 더 크다. 정신과 신체 사이의 기계론적 상호작용에 대한 입장의 의미를 슬그머니 지우려는 이 모든 시도는 오직 자기 학설의 이 지점이 데카르트에게 얹어 준 불안감을, 그가 이를 만족스럽게 다룰 능력이 전혀 없음을, 그가 자기주장의 원칙적 의미를 영으로 환원하려 하며 주장을 양적으로 완화한—이 위대한 철학자에게는 용서될 수 없는— 순박함을, 그리고 그가 이 지점을 자기 체계의 기본적 원칙과 조화시킬 능력이 전혀 없음을 말해 주고 있음을 확인하기는 어렵지 않다. 데카르트에게는 (영혼과 신체의 결합이 어떻게 설명될 수 있느냐는 엘리자베스 공주의 질문에 대답했던 것과 같이) 영혼과 신체의 존재의 명확한 구분을 파악하는 동시에 그들의 결합을 파악할 수 없다는 것을 인정하는 일만이 남아 있다. 이 둘은 서로 모순되기 때문이다.

● 기계론과 이원론

앞 절에서, 비고츠키는 적어도 랑게에 대한 마무리 발언 전까지는 우리가 위에 11.28
에서 살펴본 표의 오른쪽 측면에, 즉 두 이론을 나누는 요소들에 주목했다. 그러나 이
매우 긴 절에서, 비고츠키는 왼쪽 측면을 세세히 검토하며, 정서의 정신물리학 기제에
대한 경험적 기술과 정서를 '기제'로 설명하는 이론적 기술의 이원론이 이들을 구분 짓
기보다 오히려 통합시키는 경향이 있다는 것을 보여 준다. "사실의 합치는 언제나 이론
의 합치보다 더 일찍 눈에 띈다." 따라서 비고츠키는 사실부터 시작해 이론으로 옮겨
간다. 이론들에 관해 논의할 때, 비고츠키는 스피노자의 이론은 기술적이고 반자연주의
적이지만 데카르트의 이론은 설명적이고 자연주의적이라는 이전의 다소 모순적인 주장
을 상술한다. 그는 데카르트의 이론에서 근대적이고 합리주의적이 아닌 반중세적인 특
성을 가진 '신학적' 설명을 폭로한다.

12.1 랑게가 데카르트 이론과 자신의 이론의 실증적 유사성에 관해 논평한 지점으
로부터 다시 시작해 보자. 비고츠키는 두 이론의 유사성을 지지할 그러한 증거가 없
다고 적었으므로 우리는 여기서부터 시작해야 한다(비록 비고츠키는 경험적 유사성은
사실 이론적 유사성에서 비롯된다고 생각하지만 말이다).

12.2 세르지는 선배에 대한 공경을 보이지 않는다는 이유로 제임스와 특히 랑게에
게 화가 난다. 셰링턴(16세기 내과의사 자크 페르넬의 삶에 대해 방대하게 글을 썼던)은 반
사작용에 대한 연구에서 데카르트를 광범위하게 인용한다. 그러나 제임스는 데카르
트를 무시하고, 랑게는 데카르트의 논문 「정념론」의 가장 관념론적 구절에 대해 분명
한 혐오감을 가지고 언급하며 그를 경멸한다. "데카르트는 주체가 그 축복을 누린다
는 의식으로 기쁨을 정의하지만, 우리는 그에게서 기쁨 자체가 정확히 무엇인지 알아
내지 못할 것이다"(p. 82). 비고츠키는 데카르트의 정의가 지성주의적이고 반-생리적
이라고 지적한다. 기쁨을 의식의 한 형태로 정의하고 있으며, 동어 반복이고 순환론
적이기 때문이다. 왜 랑게가 이것을 싫어하는지 쉽게 알 수 있다.

12.3 그러나 랑게가 데카르트를 욕하면 안 되는 것이, 데카르트가 스피노자보다 랑
게 자신의 정서 개념에 더 가까이 왔기 때문이다. 데카르트에게 정념은 수동적이다.
육체와 관련된 지각/감각, 생각과 욕망에 관련되는 지각/감각, 그리고 ('그리스도의 수
난'처럼) 육체와 영혼 모두에 속하는 정념.

12.4 비고츠키는 수동적인 반응은 정념에 대한 데카르트주의 개념의 본질이고, 그 이중성이야말로 데카르트적 범주의 가장 기본이라고 주장한다.

12.5 데카르트는 오직 인간만이 영혼을 가진다고 믿었다(이상하게도, 그는 동물 생체 해부 실험을 많이 했음에도 불구하고 동물들은 고통을 느끼지 못한다고도 믿었다). 그는 또한 정념만이 육체와 영혼을 모두 포함한다고 생각했다. 따라서 인간의 정념은 우주에서 유일무이하게 육체와 영혼이 결합된 것이다.

12.6 비고츠키는 데카르트의 "동물정기론"을 설명하며, a) 동물정기는 육체와 영혼 사이의 중재 기관이라기보다는 육체의 일부에 가깝고, b) 혈액과 신경의 구분이 없으며, c) 그 작용에서 본질적으로 기계적이라고 지적한다.

12.7 비고츠키는 데카르트의 생리학과 제임스-랑게 이론을 구분 짓는 것이 다소 어렵다는 것을 인정한다. '생명정기'는 신경으로, '송과샘'은 중추신경계 영역의 전체 위계로 대체되야 한다. 그러나 랑게가 정서의 정신적 본성을 거부하고 정서의 출현을 혈관계의 장애로부터 추적했다는 것을 기억하는 것으로 충분하다.

12.8 비고츠키는 랑게에게 있어 사고방식의 모든 정서적 부분이 혈관운동계에 기인한다는 것에 불만을 토로한다. 그는 데카르트에게서 정념은 영혼을 다루는 것이기 때문에 다른 지각들과는 구분된다는 점을 지적한다.

12.9 비고츠키는 제임스-랑게에 동의하지 않는 바드마저도, 정서는 현실에 기반을 둔 것이 아니고, 대상의 특징보다도 '나'의 상태로서 나타난다는 것에 동의한다(『생각과 말』에서, 비고츠키는 이것이 절대 그렇지 않다고 주장한다. 언어 발달의 초기에서조차 대상은 인간에게 정서적 색채를 띤다).

12.10 따라서 비고츠키는 '나'가 영혼을 대체했다고 지적한다. 하지만 이 변화는 단지 용어의 변화일 뿐이다.

12.11 비고츠키는 그러고 나서 두 가지 다른 유사성, 즉 데카르트식 '정념'의 수동성과 그 고유성으로 주의를 이끈다.

12.12 비고츠키에 따르면 정념의 수동성은, 전체 이론에서 가장 취약한 부분이다. 왜 우리는 이 수동적 감각을 그저 수동적 감각으로서 경험하지 않는가? 어떻게 수동적 감각들은 두려움이나 분노 같은 보편적인 감정으로 전환될 수 있을까? 클라파레드는 그것이 '혼합적 지각', 다시 말해 각각의 감정들을 구조화되지 않고 구분되지 않은 덩어리들로 취급하는 경향(어린이가 '천국'과 '우주'를 생각하는 방식처럼)을 통해 발

생한다고 말한다.

12.13 비고츠키는 제임스-랑게의 정서 이론은 정서의 비구조성에 관한 이론이라고 말한다. 사실, 제임스와 랑게는 정서가 감각으로 완전히 환원될 수 있다는 생각을 지지하기 위해 이용한 사고실험에서 모두 각각의 감각들을 '제거하는 것'에 대해 말한다. 그러나 이것은 전체가 오직 부분의 합이라는 것과, 부분들은 다른 어떤 순서로든 가감이 가능하다는 것을 보여 줄 뿐이다. 이것은 사실 정서라는 것은 무작위적이고 구조 없는 일련의 감각이라는 것을 시사한다.

12.14 그래서 제임스는 심리적, 생물학적 감각들의 연관성을 내적, 본질적이라기보다 무작위적이라고 간주한다. 그것은 클라파레드가 그 이론을 옹호하기 위해 사용했던 심리적 구조의 원칙에 대한 주장이 사실상 그에 치명적임을 의미한다.

12.15 제임스-랑게와 데카르트-말브랑슈 이론 모두 정서와 감각을 동일시한다. 이것은 우연이 아니다. 그들은 모두 감각의 기제에 대한 이해를 기반으로 정서를 설명하려고 시도한다. 이것이 '정념'이 수동적인 이유이다.

12.16 데카르트는 영혼이 심장, 혈액, 생명정기의 동요를 마치 감각기관이 외부 대상을 감지하듯 느낀다고 말한다. 하지만 이것은, 세르지가 말한 것처럼, 제임스-랑게의 이론이다.

12.17 세르지는 "데카르트는 정서의 출현, 유지, 강화는 동물정기의 특별한 움직임에 원인을 둔다"라고 말한다. 그렇다면 정서는 다른 종류의 지각들과 어떻게 다른가? 그 대상에서 차이가 난다. 정서에 있어서, 동물정기는 내장기관에 의해 움직이게 된다.

12.18 사실, 데카르트의 절차는 제임스-랑게의 '사고실험'과 오히려 비슷하고, 자신의 '코기토' 절차(어떤 악마가 그의 감각을 기만하고는 존재가 감각기관에 의존하지 않는 영혼이 있느냐고 묻는 상상을 했던)와 크게 다르지 않다. 그는 육체를 로봇과 같다고 상상하며, 정념을 어떠한 정신적 요소도 없이 설명하려고 노력한다. 그는 그리고는 '영혼'의 형태로 육체의 조종사를 소개한다.

12.19 비고츠키는 이것이 단지 분석적 기술이 아니라고 지적한다. 이것은 이원론을 공리, 즉 논리 전개를 위한 전제조건으로 만든다는 점에서 이론적으로 중요하다.

12.20 피셔는 이것이 또한 정념에 대한 기계론적 토대를 공리로 만들기도 한다고 덧붙였다. 송과샘은 생명정기의 작용 기제를 확립하는, 일종의 '영혼의 기관'이 된다.

12.21 이처럼 인간의 육체는 단지 복잡한 기계, 혹은 꼭두각시일 뿐이며, "동물정기"는 단지 기계를 움직이는 와이어나 꼭두각시를 춤추게 하는 줄로서 기능할 뿐이다. 꼭두각시의 주인은 영혼이고, 그 기계를 조정하는 기제는 '뇌' 혹은 송과샘이다 (데카르트는 송과샘에서 동물정기가 지나가는 빈 관을 실제로 볼 수 있다고 주장한다).

12.22 비고츠키는 '기계의 정념'을 서술한다. 로봇은 어떤 위험을 인지한다. 그 와이어는 송과샘을 잡아당기고 조종하는 영혼의 관심을 끈다. 영혼은 동물정기의 반대 방향으로의 흐름을 조종하여 이끌고 공포 회피 반응을 촉발한다.

12.23 세르지는 요약한다. 각각의 정념은 상이한 내장기관 변화의 모습을 갖는다. 어떤 정념은 특정한 장기, 혈액, 생명정기에만 상응한다. 오늘날의 용어로 말하면 어떤 정서는 특정한 혈관운동 신경, 혈액, 대뇌피질 상태에 상응한다.

12.24 비고츠키는 이 비교를 확장시킨다. 그는 정서와 내장기관, 혈액, 생명정기 사이의 관계(혹은 정서와 혈관운동 신경, 혈액, 피질 상태와의 관계)가 원칙적으로는 가역적이어야 한다고 지적한다. 따라서 데카르트-말브랑슈와 제임스-랑게가 같은 것에 대해 이야기하고 있으며, 변한 것은 논쟁에서 사용된 실제 단어들뿐임이 분명하다.

12.25 비고츠키는 영혼이 있는 기계가 영혼이 없는 기계와 무엇이 다른지 묻는다. 우리는 자동기계를 조종하는 호문쿨루스를 덧붙인다. 하지만 이것은 기계가 어떻게 작동하는지 이해하는 것에 전혀 도움이 되지 않는다. 어쩌면 영혼 없는 자동기계의 작동 방식이 훨씬 더 이해하기 쉬울 것이다. 이것은 우리가 영혼을 이해하는 데에도 도움이 되지 않는다. 영혼은 단순히 추가되었을 뿐 어떤 방식으로든 설명되지 않았기 때문이다. 영혼은 신체와 내적으로 연결되거나 의존적인 것으로 보이지 않고, 육체 역시 영혼에 대한 본질적 필요성이라든지 영혼과 상호적으로 맺는 관계가 없다 (그리고 사실 동물들은 영혼 없이도 완벽히 잘 작동하는 것으로 보인다).

12.26 비고츠키는 데카르트가 정념의 문제를 철학자가 아닌 생리학자로서 다루기를 제안했으며, 이 제안에 진심이었다고 말한다. 그러나 그는 너무 많은 설명을 남겼기에 심리학자들이 더 이상 설명할 것이 없었다.

12.27 진정 실제로 덧붙여 진 것으로 보이는 단 한 가지는 송과샘과 영혼이다. 그러나 이것이 정념의 본질이나 정념이 육체에 영향을 미치는 메커니즘을 어떻게 바꾸는지는 명확하지 않다.

12.28 우리가 알다시피 데카르트는 신경을 혈관과 같이, 동물정기가 흐르는 작은 통로 같은 것으로 생각했다. 심장신경으로 흐르는 생명정기는 송과샘에 의해 감지되

고, 이것은 영혼이 두려움을 느끼도록 한다.

12.29 "정념은 내장기관의 변화에 대한 지각에 지나지 않는 것으로 보인다."

12.30 따라서 우리가 데카르트 이론과 '내장기관'적 이론 사이에서 찾는 유사성은 무엇보다 그들의 공통된 오류이다.

12.31 비고츠키는 그 이론의 다양한 오류들을 목록화하겠다고 말한다. 먼저 그는, 기술記述의 측면에서 두 이론 모두 무력하고, 결과적으로는 무능하다고 말한다. 둘 중 어느 것도 정서를 제대로 구분 짓지 못하는 것으로 보인다.

12.32 랑게는 일곱 가지 기본 정서를 제시했다(데카르트가 제안한 중세적 예닐곱 가지와 7대 죄악에 관한 교리: 나태, 교만, 분노, 과욕, 음욕, 탐욕, 시기).

12.33 그러나 그는 이것은 단지 시작에 불과하며 무한한 중간 지점들을 찾을 수 있다고 생각했다.

12.34 이러한 중간 지점들은 차후의 연구자들에 의해 구분되지 않았다. 캐논은 육체적 변화를 기준으로 정서를 구분하는 것은 이러한 목적에 적합하지 않다고 주장했다.

12.35 랑게는 분명 정서를 구분 짓기 위해 여러 근육 체계를 사용하기를 원했다. 이것으로 그는 단지 '신경지배'를 기준으로 사용함으로써 127가지의 다른 조합을 얻었다.

12.36 그러나 물론 반대되는 정서들도 비슷한 징후를 갖는다. 기본적인 하위 정서들에 대해서는 달라지지 않는 표준적인 신체적 변화가 있기 때문이다.

12.37 제임스는 실망했다. 그는 그의 이론을 황금알을 낳는 거위에 비교한 바 있었다. 비고츠키는 이것을 절대 잡히지 않을, 황금 깃털을 가진 불새에 비교했다.

12.38 물론, 제임스는 연구의 기술적 측면을 경시했다. "만약 우리가 이미 황금알을 낳는 거위를 가졌다면, 거위가 낳은 각각의 알들을 따로 기술하는 것은 비교적 중요하지 않은 문제이다."

12.39 사실, 알은 전혀 없었다. 제임스는 우리가 '7대 죄악'에서 찾은 것과 거의 비슷한 정서의 목록을 제시한다. 분노, 두려움, 사랑, 시기, 기쁨, 슬픔, 수치, 자만. 그러

나 이 중 무엇도 그의 이론을 통해 기술되지 않았다.

12.40 정서의 내적 기제에 관한 이론으로, 예컨대 우리가 바이러스와 박테리아로 유발되는 질병을 유형별로 연결 짓는 방식으로 정서의 원인과 유형을 연결 지을 수 있어야 한다. 제임스는 우리가 기술로부터 설명으로 넘어갈 수 있을 거라 생각했다 (우리는 이미 제임스가 기술과 분류를 시답지 않은 주제로 생각하는 것을 보았다).

12.41 그러나 인과 관계에 대한 진정한 통찰은 뒤따르지 않았다. 사실, 하위 정서에 대한 분류와 기술조차 눈에 띄게 발전하지 않았다. 대신, 연구는 이론 자체에 대한 진위 여부를 가리는 곳에서 끝없이 맴돌고 있다.

12.42 이것은 그다지 놀랍지 않다. 먼저, 우리는 제임스 이론이 몇 가지 필수적인 원칙에 따라 특정 감정을 특정한 기능에 연결 짓는 것이 아니라, 특정한 느낌/감각을 특정 정서와 연결 짓는 방식으로 정서를 무작위로 구성한다는 것을 보았다. 그래서 정서들이 구조가 없어 보였던 것이고, 우리가 개인적인 요소를 제외해 버리면 남는 것이 없던 것이었다. 두 번째로, 데카르트가 자신의 이론에서 기계에 영혼을 더했던 것처럼, 제임스 이론도 신체적 과정에 단순히 의식을 추가한다. 그런 추가물은 무용지물이다. 필수적인 기능을 갖지 않기 때문이다. 그래서 제임스의 이론은 단지 정서의 무구조성에 대한 이론일 뿐 아니라, 정서의 무의미성에 대한 이론이기도 하다.

12.43 비록 놀라운 것은 아닐지라도, 이것은 필수적이고 기본적인 것이다. 따라서 비고츠키는 제임스 자신의 용어와 (다소 긴) 내재적 비판 방법을 사용하며 이것을 증명하기 위해 시간을 들일 것이다.

12.44 제임스는 공정하고 관대한 행위와 같이 특정한 지각에 대한 신체적인 자극이 있지 않는 한, 그 행위는 정서가 아니라 단지 인지적인 판단으로 간주되어야 한다고 말한다. 따라서 정서적인 요소는 '목소리와 눈빛의 표현'에 의해 수반되는 신체적인 자극으로 이루어진다. 비고츠키는 정서의 무의미성을 이보다 더 잘 보여 주는 것은 없다고 말한다. 그것은 필수적인 판단에 오직 명백히 불필요한 자극을 더하는 것에 불과하며, 판단은 정서가 없어도 완벽히 혹은 어쩌면 더 잘 성립될지도 모른다(『생각과 말』 4장에서 비고츠키는 침팬지의 정서적 반응이 실천적 문제 해결 과업의 해결을 심각하게 방해함을 언급한다).

12.45 (공정함과 관대함에 대한 것과 같은) 고등한 정서는 잠시 옆에 두고, 비고츠키는 (죽음에 대한 공포와 같은) 저차적 정서에 대해 숙고한다. 공포가 심박수 증가, 호흡 곤란, 입술 떨림, 사지의 약해짐, 소름, 내부 장기의 뒤틀림으로부터 '기인한다'는 생각이 우리의 이해에 조금이라도 더해 주는 점이 있는가? 아니면 이것은 단순히 다른

형태의 기술과 분류일 뿐인가?

12.46 물론, 우리가 슬프기 때문에 울고, 공포를 경험하기에 떤다는 전통적인 공식에 대해서도 우리는 똑같이 말할 수 있다. 어떤 공식도 전혀 새로운 것을 더하지 않는다. 스프랑거가 말했듯이, 둘 다 마치 소크라테스가 감옥에 갇힌 것은 그의 다리 근육이 이완과 수축을 하며 그를 거기로 데려갔기 때문이라고 말하는 것과 같다(여기서 비고츠키는 이런 문제들에 대한 해답은 생리학적 차원이 아니라 오직 사회 문화적 차원에서만 찾을 수 있음을 암시한다).

12.47 스프랑거는 일반화한다. 설명적 심리학은 우리가 심리학 밖으로 나가서 그 원인을 찾지 않는 이상 심리학적 현상을 전혀 설명할 수 없다는 것을 보여 준다. 따라서 설명 심리학은 그 반대자들보다, 인과적 설명의 불가능성을 더 잘 보여 준다.

12.48 비고츠키는 여기에 동의한다.

12.49 우리는 데카르트의 이론에 대한 비고츠키의 비판 중 하나는 그 이론이 설명적이라는 것이었고, 스피노자의 이론의 장점 중 하나는 기술적이라는 점을 기억한다. 그러나 당장 비고츠키는 제임스 이론과 관련해 슈프랑거에게 동의한다. 이것이 설명 심리학이 내놓을 수 있는 것이라면, 설명 심리학은 아무것도 설명할 수 없다.

12.50 슈프랑거가 이것을 처음 발견한 것은 아니다. 딜타이가 이것을 먼저 보았고, 그 이전에 말했었다.

12.51 그러나 딜타이와 스프랑거 모두 관념론적인 경로를 채택함으로써, 그리고 그들이 기술하고 분류하는 대상을 설명하려는 그 어떤 시도 없이, 기술과 분류에만 머묾으로써, 모종의 냉소주의를 드러낸다. 기술적 심리학은 설명적 심리학의 실패에 의존해 살며, 관념론적 심리학은 오직 유물론적 심리학이 죽었다는 이유로 살아남는다. 목적론적 심리학은 충분하지 않다. 다만 그것이 우리가 지금 할 수 있는 최선이다.

12.52 비고츠키는 이것이 노동의 분화라는 생활양식을 가져온다고 지적한다. 딜타이가 말하듯, "우리는 자연을 설명하고, 정신적 삶은 이해한다". 그러나 이것은 과학에 대한 두 가지 접근 방식, 설명적인 것과 기술적인 것이 서로 적이라기보다는 형제라는 것을 의미한다.

12.53 이 단락은 모순적인 것으로 보인다. 비고츠키는 인간에 고유한 복잡한 고등 정신 과정에 설명적 심리학을 연결하는 '특별한 과학'이 단지 옛 설명적 심리학을 폐

지하는 것이 아니라 그에 더 깊은 생산적인 발전의 가능성을 제공한다고 말한다.

12.54 이 분명한 노동의 분화는 사실 육체와 영혼의 분화에 내재하고 있다. 우리가 인간을 단순한 영혼과 복잡한 기계로 나누었기 때문에, 결국 우리는 가이사의 것은 가이사에게 신의 것은 신에게로 돌려주듯, 연구 가능한 인간 신체는 생리학에 느낌을 분류하고 기술하는 것은 심리학에 넘기게 된다.

12.55 이 모든 것은 두 세기 전, 데카르트의 원래 저서에서 찾아볼 수 있다.

12.56 데카르트는 제임스가 소름과 확장된 비강에 대해 얘기하는 만큼 영혼과 장기에 관해 곡예하듯 기술한다. 그는 심지어 그의 제자 엘리자베스 공주에게, 유기체적 현상과 인지적 현상을 구분하는 것이 얼마나 어려운지에 대해서도 말한다.

12.57 데카르트의 방법은 비교를 통한 것이다. 그는 사랑과 기쁨이 함께 경험된다면 둘을 구분 짓는 것이 어렵다고 본다. 그러나 사랑-기쁨을 사랑-슬픔과 구분하는 것은 다소 쉽다. 세르지는 데카르트가 정서보다 맥박에 대해 훨씬 더 잘 서술한다고 언급한다.

12.58 데카르트는 위장이 사랑과 혐오, 슬픔과 기쁨의 도중에 변한다고 분명히 말했으며, 정념이 소화와 연관된 기원을 가질지도 모른다고 추측했다. 비고츠키는 이 분명히 말도 안 되는 결론이 역사적 설명의 시작이라고 말한다. 그것이 형태와 기능 사이의 필수 불가결한 연결을 시사하기 때문이다.

12.59 역사적인 설명은 오래가지 않았다. 데카르트는 배고픔을 슬픔과, 기쁨을 거식증(이는 단지 식욕부진을 뜻한 것으로 보인다-K)과 연결 지었다. 엘리자베스는 불만을 토로한다. 이에 그는 의견을 뒤집는다. 이제 꽉 찬 위장은 우리를 슬프게 하고 빈 위장은 우리를 행복하게 한다.

12.60 문제는 공주가 아니다. 문제는 데카르트가 짓는 연결의 자의성에 있다. 세르지는 이것을 다음과 같이 이해한다. 생리적 감각과 정신적 정서 상태가 필수적인 구조를 형성한다고 보기는 어렵다. 왜냐하면 그 둘의 연결성은 필수적이지 않고, 유기체적이라기보다는 기계적이며, 의존적이라기보다는 독립적인 것으로 보이기 때문이다.

12.61 따라서 이론의 기계론적인 측면은 어디든 마음 내키는 대로 끌어당길 수 있는 연결봉과 같은 기이한 효과를 가진 것으로 보인다. 제임스가 제안한 이론은 거의 구조가 없어 보이고, 이 무구조성은 정서에 관한 설명은커녕 명확한 기술조차 어렵게

만든다. 아마 내장기관의 변화를 기준으로 삼은 랑게의 이론이 더 효과적이라 증명되지 않을까 하고, 비고츠키는 묻는다.

12.62 물론 아니다. 우리는 기능이 발달한다는 것, 그리고 특정 생리 기관의 기능이 시간을 거듭할수록 변한다는 것을 안다(뒷다리는 지느러미로, 부레는 폐로, 털은 깃털로, 호흡/소화관은 성대로 발전한다). 그러나 이 발달을 설명하기 위해서 우리는 역사 즉 진화를 필요로 한다. 그러나 랑게는 심리학의 진화적 설명에 대해 극도로 적대적이었다. 그는 자신의 생리학적 이론을 발달적 정서 이론에 대한 일종의 평형추로서 발전시키고 있었다.

12.63 그럼에도 불구하고, 랑게는 모종의 발달적 설명을 시작한다. 즉, 필요와 적응의 개념을 언급하기는 한다. 아이러니하게도, 그는 정서가 기본적으로 이성의 병리학이라고 생각했던 칸트를 타깃으로 삼았다. 비고츠키는 동굴 속의 곰을 '잡았'지만 결국에는 그 곰에게 잡힌 사냥꾼의 이야기를 우리에게 상기시킨다.

12.64 다음 두 단락은 랑게의 꽤 긴 인용구이다. 그는 정념은 언제나 이성에 종속되어야 한다고 주장한 칸트의 (상당히 예외적인 저서인) 『인간학』을 인용한다.

12.65 랑게는 진정한 심리학은 인간을 있는 그대로를 봐야 한다고 말하고, 기쁨과 슬픔, 연민과 분노, 겸손과 교만을 인간 본성의 필수적인 부분으로 받아들이지 못하는 사람을 딱하게 봤다.

12.66 인용부호가 사라졌지만, 우리는 이어지는 세 문단도 거의 직접 인용일 거라고 짐작할 수 있다. 랑게는 개개인과 국가의 삶에서 어쩌면 이성보다도 중요한 역할을 할지 모르는 힘(정서)에서 철학자가 무작위적인 소음을 발견한다는 사실을 놀라워했다.

12.67 랑게는 정념이 없는 사람은 전혀 건강하지 않으며, 아무도 정말로 정서를 '치료'받고 싶어 하지는 않는다고 말한다.

12.68 랑게는 정서는 강력하기 때문에 자연스럽기도 해야 한다고 (다소 설득력 없게) 주장한다.

12.69 랑게는 큰 희망을 불러일으킨다. 비고츠키는 그의 진술이 '명백하고, 분명하고, 감동적'이며, 심지어 '아름답다'고까지 말한다. 우리가 정념이 '자연스러운 것'이라고 주장하게 되면, 그들을 필수적인 적응으로 논하는 것이 가능해진다. 이것은 정념이 계통발생적으로 (또 사회발생적으로도) 어떻게 진화했는지를 설명할 수 있게 할 뿐

아니라 그 개체발생적 역할을 이해할 수 있게 한다. 그러나 이러한 큰 희망은 실현되지 않는다.

12.70 제임스에 대한 앞선 비평에서, 비고츠키는 그 이론의 기계론적 측면과 데카르트주의적 조상(즉, 두 이론 간의 이론적인 연결고리)을 강조했다. 랑게에 대한 비평에서 비고츠키는 이론의 이원론적 측면과 칸트주의적 조상을 강조할 것이다. 이론을 생리학적 관점에서 보든 심리학적 관점에서 보든 우리는 지성과 감정 사이의 갈등을 보게 된다.

12.71 비고츠키는 헤르만 폰 브레멘의 예를 되짚는다. 헤르만은 그의 부인과 싸우고 싶은 마음을 진정하는 데 20까지 세기만 하면 된다고 했다. 수를 세는 목적을 위해 뇌에 혈액이 많이 갈수록, 싸움의 목적을 위해 확보할 혈액은 적어진다. 따라서 지성과 감정의 혈액의 경제는 제로섬 방정식인 것으로 보인다.

12.72 랑게에 따르면 양육과 교육은 아이들이 이성을 통해 반사작용을 통제하도록 훈련하는 것으로 이루어진다. 양육은 야뇨증을 멈추기 위해 매를 사용한다. 비슷하게 교육은 아이들이 실망에도 울지 않도록 가르친다.

12.73 랑게는 말한다. "역사 자체는 느낌의 삶이 점차 시들어 거의 완전한 죽음에 이르도록 운명 짓는다."

12.74 물론 랑게는 이 기준을, 여성들이 더 감정적이고 따라서 남성보다 덜 성숙하며, 아이들은 더 감성적이므로 성인보다 덜 이성적임을 보이기 위해 사용한다. 더 나아가 그는 말한다. "각각의 개인이나 전체 종족의 교육 수준이 낮을수록 더 정서에 쉽게 물든다는 것이 일반 법칙이다."

12.75 '야만적인 사람들'은 교양 있는 사람들보다 더 감정적이고, 같은 종족 내에서도 더 젊은 세대가 나이 많은 세대보다 더 감정적이다.

12.76 한 세대에서는, 자기 통제가 잘되는 사람들은 그렇지 않은 사람들보다 더 교육을 잘 받았다.

12.77 비고츠키는 랑게가 건강한 정서가 되려고 시작해서는 끝내 정서가 매장된 사람이 되었다고 비꼬며 말한다.

12.78 칸트라는 곰이 이제 랑게라는 사냥꾼을 잡았다. 랑게는 교육이 혈관운동신경의 중심에 있는 에너지의 손실을 포함한다는 것과, 결국에는 혈관운동신경이 죽어

버릴 것임을 인정해야만 하게 됐다.

12.79 비고츠키는 랑게를 인용한다. "만약 우리의 발전이 채택된 방향으로 계속 진행된다면, 마지막 분석에서 우리는 칸트의 이상을 얻게 될 것이다. 모든 감정들, 즉 기쁨과 슬픔, 불안과 두려움—그가 그런 유혹에 지배된다면—이 똑같이 꼴사나운 질병이나 정신적 방해 요소가 될 뿐인 순전히 이성적인 사람이 나타날 것이다."

12.80 결론은 피아제가 자기중심적 언어가 발달한다고 말했던 딱 그 방식으로 정서가 발달한다는 것이다. 즉 그들은 자취를 감춘다. 이제 비고츠키는 데카르트와의 기계적인 유사점과 관련하여 조사받은 제임스에게로 눈을 돌려, 발달에 관해 무슨 말을 해야 할지 살펴본다. 비고츠키는 제임스 이론의 기본 원칙은 다윈의 진화론 원칙과 동일하다는 제임스의 주장을 지적하며 시작한다.

12.81 제임스는 그의 작품을 옹호하며 진화론적 생각에 대한 두 가지 시류를 인용한다. 첫 번째는 두려움과 분노에서 시작되는 많은 움직임들이 긍정적인 몸짓들의 진화론적 흔적이라는 허버트 스펜서의 말이다. 두 번째는 우리가 도덕적 동의나 반대 의사를 표현하기 위해 사용하는 표정들이 음식에 대한 호불호를 표현하는 데서 왔다는 빌헬름 분트의 말이다.

12.82 그러나 두 발언 모두 정서의 기원을 설명하지는 못한다. 대신, 제임스는 랑게의 설명과 충격적으로 비슷한 설명을 한다. 다시 한번, 과일은 멀리 떨어진 과수원에서 동시에 떨어진다.

12.83 제임스는 위의 두 가지 원칙(다시 말해, 긍정적인 몸짓의 진화론적 흔적과 윤리적 태도를 표현하기 위한 미각적 표현의 선택적 진화)들이 단지 일부 범위의 정서만을 설명할 뿐이며, 별로 유용하지 않아 보이는 더 큰 범주의 정서들이 있다고 말한다. 뱃멀미, 간지러움, 음악이나 와인을 좋아하는 것, 그리고 부끄러움은 무작위적이고, 우연히 일어나며, 어떤 강한 필요와 관련이 없다.

12.84 비고츠키는 이 설명이 랑게가 말한 정념의 점차적 사라짐에 대한 설명과 두 가지 이유에서 비슷하다는 것을 발견한다.

12.85 첫 번째 유사점(다음 세 단락을 차지한다)은 최초의 가정과 마지막 결론 사이에 명백한 모순이 있다는 것이다. 랑게의 이론에서, 우리는 정서가 병적인 것이 아니라 건강하고 정상적인 것이라는 추측으로 시작했지만, 결론에서는 정서가 없어질 것이고 사라질 것이라고 예상하고 심지어 바라기까지 했다.

12.86 제임스 이론에서, 우리는 유형화와 기술을 거부하고 기계론과 인과 설명을 수용하며 시작했다. 기계론이 실행 불가능한 것이라 드러날 때, 제임스는 역사를 인과 설명의 바탕으로 삼고, 스펜서와 분트를 찾는다. 그러나 그가 다소 변변찮게 결론 내리기를, 중요한 것은 가장 감정적인 반응은 설명될 수 없다는 것이다!

12.87 그러나 만약 감정적 반응들이 '특발상의 반응'이라면, 다시 말해 외부 자극에의 적응이 아니라면, 그것들은 생물학적 특이점이 없다. 그리고 만약 생물학적 특이점이 없다면, 정말로 역사적으로(다시 말해, 발달적으로) 설명될 수 있을까? 그렇다면 유형화와 기술 말고 무엇이 남는가?

12.88 제임스가 역사적으로 설명하려는 시도와 랑게가 양육과 교육의 과정에서 정서가 점차 사라진다는 두 설명 간의 두 번째 유사점은 정서를 병적이고, 건강하지 않으며, 기본적으로 의미 없는 현상으로 보게 된다는 것이다. 자연적으로, 이는 정서 대부분이 생물학적 기능은 없다는 제임스의 믿음과 그의 예시들로부터 논리적으로 도출이 된다.

12.89 이 장의 나머지에서, 비고츠키는 그 이론의 '내적' 필요성과 '논리적 필연성'으로 관심을 돌린다. 다시 말해, 그는 근본적인 방법론과 심지어 이데올로기에까지 관심을 가진다.

12.90 각각의 이유로 반영국주의, 반진화론주의였던 제임스와 랑게가 기계론자였다고 말하는 것은 충분치 않다. 사실, 둘 모두 어떤 역사적 설명을 찾아내려 시도했고, 실패했다. 그들의 이론의 반역사적인 경향은 설립자 측의 단순한 지적 편견보다는 훨씬 더 깊다.

12.91 이는 '핵', 그 이론의 중심에 있다. 정서의 즉각적 원인은 반사작용, 내장과 근육계에 있는 말초적 변화라는 것을 받아들이게 되면, 우리는 바로 두 가지 '이론적 껍데기'나 '이론적 포장', 또는 '이론적 외골격'(전집에 있는 마리 홀의 번역에서는 이를 '관념적 봉투'라고 부른다)과 맞닥뜨리게 된다.

12.92 그것은 이제 정서가 인류 이전의 계통발생학으로 불려야만 한다는 것을 의미한다. 비고츠키가 나중에 자기중심적 언어에 대한 피아제의 관점을 기술하기 위해 사용할 용어들을 쓰자면, 감정적인 삶의 미래는 과거에 있다.

12.93 진화론적 발달의 역사는 전혀 발달이 아니라 반진화론이거나, 비고츠키가 말하길, '퇴행инволюция'이다.

12.94 첫 번째 이론적 껍데기가 (데카르트 이론과의 유사성의 이론적 바탕이었던) 그 이론의 기계론적 측면에서 나온 것이라면, 두 번째 이론적 껍데기는 (데카르트 이론과 기술적인 심리-생리학적 유사성의 실증적 바탕이었던) 이론의 이원론적 측면에서 나온 것이다. 이 이원론은 정서를 뇌와 분리시키고 주변부로 뿌리내리게 해야 하는데, 오늘날에는 적어도 동물의 발달과 반대되는 인간에 관해서는 피질의 역할과 비교할 수 없다.

12.95 "인간 의식의 역사적 발달은 근본적으로 뇌의 피질 발달과 연결되어 있다." 물론, 전체로서의 신체가 포함되지 않는다는 건 아니다. 그러나 해부학적으로 인간을 다른 동물과 구분 짓는 것은, 대뇌피질이 훨씬 더 발달된 점이다.

12.96 비고츠키는 대뇌피질을 신체의 다른 부분으로 떼어 놓지는 않는다. 반대로, 정서를 말초신경으로 가져다 놓으려는 주장은, 신경계에서 인간 의식과 인간 발달이라는 인간만의 모든 특성들과 관련된 딱 그 부분들로부터 정서를 떼어 놓게 되고, 정서를 "순수하게 동식물적이고, 유기체적인 절차의 바다"에 놓게 되는데, 그러면 인간의 감정으로서 독특한 정서의 중요성을 잃게 될 것이라고 지적한다.

12.97 따라서 이 두 가지 이론적 껍데기들, 하위 정서에 대한 편견과 피질로부터 정서를 잘못 배치하는 것은, 그 이론의 '핵'을 가리고 그 실체를 흐린다. 이 모두는 생물학주의에서 생겨난다. 아마 생물학주의가 많은 사람들에게 계통발생론적, 진화론적, 발달적 접근을 제시했기 때문에, 대부분의 사람들은 이러한 종류의 '생물학주의'가 역사적, 구체적으로는 인간 정서에 대해 인간 발달상의 접근을 직접적으로 반박한다는 것을 알아채지 못했다.

12.98 비고츠키는 브렛에게서 매우 긴 인용구를 가져오기 시작하는데, 거기서 브렛은 역사적으로 정서에 관한 생각의 발달을 조사한다. 브렛은 신체에 일어나는 과정들('내적 반응')에 불균형적인 양의 관심이 주어졌다는 논평부터 시작한다.

12.99 브렛은 많은 작가들이 '생물학적'이라는 단어를 진실로, 주체의 관점에서, 심리적인 절차를 말하기 위해 쓴다고 지적한다. 그는 또한 a) 그 결과 대부분의 사람들이 진짜 말하려던 것(그리고 실험 심리학에서 기술한 것)과는 많이 다르게 정서 치료에 관한 설명이 나왔고, b) 동물 연구와 생리학 연구가 발달 연구를 모호하게 만들었으며, c) 제임스-랑게 이론에 관한 해석은 (그것이 일반적이고 기초적인 생물학적 반응에 기초하기 때문에) 발달 단계의 구분을 막았다고 지적한다.

12.100 따라서 브렛은 정서적 반응들을 상대적으로 구별하기를 시작한다. 그는 본능과 정서가 명확히 구분이 안되고 자극이 널리 퍼져 있는 '복합 반사'부터 시작한다.

그는 의미나 지각이 있는 상황, 다른 상황들을 '나타내는' 상황들에서만 정서가 본능과 구분된다고 주장한다. 가장 높은 수준에서, 생각들이 전면으로 오기 때문에 반응 자체들은 수정되어야 한다. 그것들은 원인이지 단순히 결과가 아니다.

12.101 브렛은 어떤 비교든 진화론적 비교여야 한다고 말한다. 인식 기능을 우리가 동물에서 보는 다른 장기 상태와 분리할 이유는 전혀 없지만, 인간에게 일어나는 뇌의 발달과 통합 때문에 생기는 큰 차이들을 배제시킬 이유도 없다. 브렛은 제임스가 하위 정서와 상위 정서를 구분한 것에 대해 칭찬하지만, 이러한 구분은 단순히 정서들 사이에서가 아니라 정서 안에서 지어져야 하고 구분 지어져야 하고, 하위의, 동물적 형태의 분노와 상위의 더 인간적인 형태 또한 구분할 수 있어야 한다고 말한다.

12.102 결국, 브렛은 삶의 형태가 발전함에 따라 그 정서는 표현으로부터 독립성을 갖게 된다고 말하며, 따라서 인간이 놀라움에 울기도 할 뿐 아니라 웃기도 하고, 슬픔뿐 아니라 기쁨 때문에 눈물을 흘리기도 한다는 건 놀라운 게 아니라고 말한다.

12.103 비고츠키는 요약한다. 우리에게는 발달에 관한 좋은 이론은 없고, 상위와 하위, 동물적이고 인간적인, 본능적이고 의식적인 정서들을 병렬해 놓은 혼란스러운 그림밖에 없으며, 이것들은 우리를 한 세계에서 완전히 다른 세계로 데려가 버린다.

12.104 비고츠키는 정서의 기원을 조사하려는 이런 소심한 시도들에서조차 선례의 연역적 이론들을 피해야 함을 알 수 있다고 말한다. 이러한 이론들은 두 가지 가정으로 특징지어진다. 첫 번째는, 정서의 감각-반사작용 본능이고, 두 번째는 그것들의 지적 상태와의 비연결성이다. 반사작용은 달리 발달하지도 않고(성인이나 아이에게서 모두 똑같다), 인간 의식에서 활동적이거나 상호적 역할을 하지도 않는다(반사작용이 우리의 마음을 바꾸진 않고, 마음이 반사작용들을 바꾸지도 않는다).

12.105 비고츠키는 이 두 가지 모두가 정서에 관한 가르침에 담겨 있는 철학적으로 데카르트주의적인 요소에서 생긴다는 점을 지적하지 않을 수 없다.

12.106 "정서에 관한 새로운 이론의 모든 구체적 문제들은 심리학 전반에 무겁게 깔려 있는 데카르트주의적 원칙을 극복하려는 필요성에 바탕을 두고 있다." 비고츠키는 예를 제시한다.

12.107 비고츠키는 K. 레빈과 M. 프린스의 (명백히도 관련 없어 보이는) 연구를 그 예로 제시한다. 둘 다 정서가 경험이나 행동에서 나올 수 없다고 가정했다.

12.108 정서에 대한 이런 일원론적 이해는, 필연적으로 동기와 목표를 포함하게 되

는데, 제임스-랑게 이론과 반드시 상충하게 된다. 비고츠키는 이를 뒷받침하기 위해 프린스로부터 다음 네 단락까지 가는 긴 인용구를 가져온다.

12.109 프린스는 세 가지 이유를 댄다. 첫째, 프린스는 이렇게 말한다. "정서는 부수 현상의 수동적인 역할을 할 수 없다. 뭔가를 해야만 한다." 이게 정말 부수적 현상이었다면, 로봇처럼 정서를 버려 버릴 수도 있었을 것이다.

12.110 둘째로, 프린스는 말초 신경(근육과 내부 장기들)의 신경 방전은 정서와 함께 일어난다고 말한다. 그러나 "만약 정서가 그렇게 상황에 대한 우리의 반응을 아무것도 결정할 수 없는 불필요하고, 순전히 부수적 현상이라면, 동시성의 사실, 그만의 해결책을 요구하는 중요한 문제인 그 사실이 이해할 수 없게 된다".

12.111 셋째로, 프린스는 부수현상으로서의 정서는 인내에 대한 진화론적 근거가 없으며 사라져 버릴 것이라고 말한다. 넷째, 정념이 동기를 부여하고 움직이며, 단지 반응하고 응답하는 게 아니라는 점은 직접적인 경험을 통해 납득이 된다.

12.112 이상하게도, 프린스는 제임스와 랑게가 반데카르트주의자라는 점에서 던랩과 의견이 일치한다. 던랩에게, 그들의 반데카르트 사상은 원심성이라기보다는 구심성이라는 점에 있다(정서는 내장에서 나오고 뇌에서 끝난다). 이 차이는 구조적인 관점에서, 꽤 사소한 것이다.

12.113 그러나 프린스는 생리학적 세부 요소들을 넘어선다. 그는 제임스와 랑게가 이론적 기초에서 반데카르트적이라고 주장한다.

12.114 프린스는 '창발적 진화'의 개념에서, 조지 엘리엇의 애인 조지 헨리 루이스에 의해 세워진 다소 신비로운 형태의 창발론을 이끌어 내는데, 이는 의식과 삶이 하위 절차들에서 기적적으로 '창발한다'고 주장한다. 프린스는 이것이 발생할 수 있는 두 가지 가능한 방법을 제시한다. 하나는 엄청난 단위의 신경 에너지의 결과로 전기 에너지가 정서로 전환되는 것이다. 다른 하나는 구심성의 신경 에너지가 어떻게든 정서로, 그리고는 원심성의 신경 에너지로 전환이 되는 것이다. 두 방법 모두 객관적으로 감지할 수 없는 무언가가 틀림없는 의식 상태에서 나온다는 믿음을 가지고 있다.

12.115 비고츠키는 물질에서 정신으로의 이행은 참으로 데카르트적이라고 말한다. 프린스가 정말로 하고 있는 것은 데카르트 사상의 기계론적 원리를 유심론적 원리와 겨루게 하는 것이다. 뒤마는 말브랑슈의 유심론적 원리를 버리고 기계론적 원리를 고수했다. 반면 프린스는 감지할 수 없는 것에서 틀림없는 것으로의 기적적인 이행에 호소함으로써 유심론적 원리에 집착하고 있다.

12.116 두 가지 모순점을 긍정함으로써 동시에 이론의 모순점을 극복하려는 이 시도는 우리가 생각하는 만큼 희귀한 것은 아니다(그리고 비고츠키는 이를 코프카가 『생각과 말』의 6장에서 학습과 발달의 '이중성'을 다루는 방식과 같다고 본다). 프린스는 '창발론'이라는 새로운 요소를 더함으로써 단지 매듭을 더 단단히 묶었을 뿐이다. 그러나 비고츠키는 이 새 요소는 사실 그렇게 새로운 것이 아니라고 말한다.

12.117 프린스는 그의 개념이 일원론적이라고 말한다. 비고츠키는 이에 동의하지만, 그건 유심론자 일원론이고, 그렇기 때문에 데카르트(결국 하나의 우주, 하나의 신이 있다고, 또 영혼이 육체를 지배한다고 받아들였다)의 사상과 그렇게 다를 바 없다고 덧붙인다. 여기에 모순점 한 가지가 있다. 반대로, 사람은 하나지만 동시에 육체와 영혼으로 나뉜다. 그러나 이것은 유심론적 일원론을 심리-생리학과 유사한 이원론과 합치려는 모든 이론들에서 발견할 수 있는 같은 모순점이다.

12.118 비고츠키는 데카르트 자신이 추구했던 모순되는 절차를 상기시키는데, 먼저 로봇으로서의 육체를 설명하고 그리고 육체를 영혼과 합병시킨다. 이는 신경 에너지가 육체에 있다고 상상하고 정신 상태가 거기서 나온다고 하는 '창발론'과 크게 다르지 않아 보인다.

12.119 육체에 관해 설명할 때만큼은, 데카르트는 자비 없는 프랑스식 이성주의자이다. 그러나 육체를 영혼에 병합해야 하자, 그는 곧 '어두운 속성', 송과샘을 도입한다(데카르트는 그것이 뇌에서 반구로 나누어지는 유일한 구조였기 때문에 이를 택했다). 스피노자는 육체와 영혼 사이의 이 연결에 분명한 즉각적 원인이 없고, 데카르트가 대신 영혼(신)의 원인을 들먹였다고 불평했다.

12.120 이것은 놀라울 정도로 까다롭고 예리한 학생인 것으로 보였던 엘리자베스 공주를 만족시키지 못했다. 비고츠키는 300년 동안 바뀐 것으로 보이는 것은 '송과샘'이라는 단어가 '창발론'으로 바뀐 것뿐이라고 말한다.

12.121 그렇다면 정념은, 큰 장애물이고, 송과샘은, 데카르트식 체계 전체를 통틀어서, 이원론과 일원론이 직접 충돌하는 지점이다. 영혼을 송과샘에 위치시키면 바로, 영혼에 대한 정의 전체가 무너지게 될 수밖에 없다. 송과샘 하나에서뿐일지라도, 그 연장과 공간성을 인정한 게 돼 버리니 말이다. 영혼의 기계론적 힘을 인정하게 되는 순간, 육체에서 분리된 존재라는 영혼의 정의 전체가 붕괴될 수밖에 없다.

12.122 역으로, 송과샘과 같은 신체가 정신력으로 직접 가동된다는 가능성을 인정하면, 설명의 기계론적 원리 배후의 모든 목적들이 사라지게 된다. 만약 영혼이 송과샘을 조종할 수 있다면, 왜 몸 전체를 직접 조종하게 하지 않는가?

12.123 비고츠키는 잠시 속셈을 드러낸다. 그는 이 이원론이 설명 심리학과 기술 심리학의 이원론과 직접적으로 유사점이 있다는 것을 보여 줄 것이다. 이것이 전체 작업의 중심 주제이다.

12.124 데카르트는 생각과 연장(공간, 육체, 존재)이 서로를 배제한다고 의견을 밝힌다. 생각은 연장이 없고(관념이 공간을 차지하지 않는다) 연장은 생각이 없다(물건은 생각하지 않는다). 연장이 있는 육체는, 영혼이 없는 로봇이다. 생각이 있는 마음은, 신과 비슷하고 자유의지가 있다. 피셔에 의해 잘 요약된 데카르트의 존재론적 이원론은, (육체에 기반을 두고 결정론적인) 설명 심리학과 (마음에 기반을 둔) 기술 심리학의 근간을 형성한다.

12.125 문제는 정념이 분명 육체적 감각에서 시작하지만 정신적 정서로 끝난다는 것이다. 따라서 감각과 정신 사이 어딘가에서 데카르트는 육체와 마음 사이의 어떤 다리를 놔야만 한다.

12.126 비고츠키는 데카르트를 인용한다. "자연이 나에게 알려 준 것은 내가 고통을 느낄 때 육체가 괴롭고 배고픔과 갈증을 경험할 때 육체가 음식과 물을 필요로 한다는 사실만큼 분명한 것도 없다는 것이다." 이러한 경험들로부터 데카르트는 나와 육체의 관계는 항해사와 배의 관계와는 다르다는 것을 알게 된다. 항해사는 배가 암초에 부딪혔다고 고통을 느끼지 않는다.

12.127 비고츠키는 이 시작점을 이븐 시나의 '비행가' 문제에 대한 데카르트의 유명한 표현과 비교한다. 그 사고실험에서 이븐 시나는 태생부터 맹인이자 농아자인 한 사람을 기억이나 어떤 감각도 없이 공중에 떠 있도록 신이 만들어 놓고는 그가 그 자신이나 신을 자각할 수 있는지 묻는다는 상상을 한다(영화 〈매트릭스〉가 바로 이븐 시나의 사고실험에 대한 고심작이다). 잘 알려져 있다시피, 데카르트도 악의가 가득 차고 교활한 악마가 세상에 환각을 느끼게 만들고는 확신할 수 있는 게 있느냐고 묻는 상상을 한 문제를 만들었다. 물론, 그의 답은 cogito ergo sum이었고, 다시 말해 데카르트는 그가 존재했을 때만 생각할 수 있으므로 존재에 대해 확신했다.

12.128 데카르트의 문제는, 이 사고실험이 이원론을 시사하지는 않는다는 점이다. 이는 일원론을 시사한다. 만약 마음이 육체 없이 존재할 수 있다면, 그 생각은 생각하는 사람이 존재한다는 것을 증명하지 않을 것이고, 감정은 육체의 어떠한 증거도 만들지 못할 것이다.

12.129 정념에 대한 데카르트의 사상은 데카르트식 철학의 매우 초기에 있다. 만약 이게 끝에 있다면, 우리는 (프린스가 시도하려던) 마음과 육체의 통합에 대한 실증

적 증명으로부터 시작해야 했을 것이다. 대신 이는 그것을 밀접하게 따르는 이원론의 기계론적 증명과 완전히 모순된다.

12.130 데카르트에게 생각과 연장은 서로 배타적이기 때문에, 인간 사고의 기초이자 신체적 현실의 반박할 수 없는 증거이며, 우주의 독특한 현상인 정념은, 그의 체계 안에서는 논리적으로 불가능하다. 정념은 그가 세운 체계 밖에서만 설명될 수 있다.

12.131 "그 모순은 철학자가 인정할 정도로 너무도 분명하다."

12.132 비고츠키는 이 모순이 나온 인용구를 생략했지만, 이는 엘리자베스 공주와의 짧은 대화에서 충분히 묘사된다. 거기서 데카르트는, 마음이 육체를 지배하게끔 하는 송과샘에서의 변화들의 직접적인 원인이 영혼이라고 말하기보다 영혼을 창조한 신이라는 최종적 명분에 호소한다.

12.133 비고츠키는 자연주의 체계의 밖으로 나가는 것이 데카르트식 체계를 전체로 보존하는 데 필수적이라는 것을 알아챘다. 다시 말해, 신학적이고 자연주의적인 원칙들은 발단에서 나타나고 전체 체계에 스며든다. 사실 그 원칙들은 서로 필수적이며, 그 체계는 이 필수적인 논리적 모순 없이는 기능하지 못한다.

12.134 "영혼은 자체적으로 신체적이어야 하고, 영혼이 신체와는 완전히 다른 생각하는 실체라는 모든 단언들에도 불구하고 물리적인 실체를 공유하고 있다. 육체 사이에서만 발생하는 기계적인 영향과 연결은 이제 영혼과 육체 모두로 확장된다."

12.135 엘리자베스 공주는 다시 한번, 데카르트의 모순을 지적한다. 육체와 영혼의 두 실체를 더하는 것은 영혼의 공간성과 물리성 없이는 상상할 수 없다.

12.136 데카르트적 체계의 두 가지 면모(신학적 또는 자연주의적) 중 어느 것이 지배적인가는 연구 대상에 따라 달라진다. 정신-생리학적 평행론에 관한 그의 논의에서, 자연주의에 강조점이 있으나, 그의 존재론에서, 데카르트는 (신의 기적적인 힘이 모든 것에 대한 완벽한 자유의지를 가지는) 성 아우구스티누스의 순수한 사상적 경향을 갖는다.

12.137 비고츠키는 자연주의적 원칙이 언제나 지배적이라고 가정한다는 이유로 피셔를 비판한다. 피셔는 정교하고 자기조절적인 메커니즘을 발명한 '시계공 신'은 작업에 지장을 주지 않을 거라고 추정한다. 피셔에 따르면, 데카르트는 정말로 아우구스티누스가 아니라 스피노자에 가깝다. '신과 자연' 대신 '신, 즉 자연'이 있다(Deus Sive Natura).

12.138 비고츠키는 데카르트가 개인적으로 자유의지와 아우구스티누스주의로 기울긴 했으나, 그의 기계론적 철학 체계의 힘은 그의 의지에 반대로, 스피노자와 자연주의로 그를 이끌었다는 피셔의 주장을 인용한다. 비고츠키는 이것의 첫 번째 부분은 수긍하지만, 두 번째에는 동의하지 않는다. 비고츠키에게 데카르트식 계획의 신학적 그리고 자연주의적 요소들은 상호 보완적이다.

12.139 비고츠키는 신학적 요소들과 자연주의적 요소들을 형상과 배경으로 자리를 바꾸는 흑백 형상의 착시효과에 빗댄다. 역사적 맥락에서, 프랑스 이성주의와 계몽주의가 신학적 요소들을 희생해 가며 데카르트식 체계의 자연주의적 요소들을 지대하게 강조했던 것은 사실이다. 그러나 이것은 정말로 종결 부분이었다. 체계 자체를 바꾸진 않았고, 자연주의적이었던 만큼 여전히 신학적으로 남았고, 지금까지도 그러하다. 따라서 비고츠키는 데카르트와 스피노자 사이에 단절이 있었고, 직접적인 길이 없었다고 말한다. '신, 즉 자연'은 정말로 '신과 자연'에 반대로 발전했다고.

12.140 데카르트는 영혼과 육체의 직접적 행위를 하나의 샘에 국한시킴으로써 신학에 대한 그의 양보를 제한하려고 한다. 그러나 원칙적으로 송과샘에서 일어난 일이 다른 곳에서는 일어나면 안 되는 이유는 없다. 회프딩이 말하길, "만약 보통 말하는 사고가 뇌 원자 하나를 백만분의 일 밀리미터라도 움직이는 것이 가능하다고 가정한다면, 모든 자연의 법칙은 이미 깨진 것이다."

12.141 데카르트는 샘이 '매달려 있는' 위치 때문에 이것이 자유롭게 회전할 수 있다고 말한다. 영혼은 사실상 일을 하는 게 아니라, 마치 몸이 움직이는 방향에 수직으로 작용하는 힘이 몸의 방향만 바꿀 뿐 속도를 높이거나 늦추진 않는 것처럼 영혼이 송과샘의 방향만 바꿀 뿐이라고 그는 말한다. 그러나 회프딩이 말한 것처럼, 이 말은 영혼이 어떻게든 뇌 입자의 움직임에 수직으로 작용한다고 상상할 때만 말이 된다. 그것이 무엇을 의미하는지는 전혀 분명하지가 않다.

12.142 "데카르트는, (어떻게 영혼과 육체의 결합이 설명될 수 있느냐는 엘리자베스 공주의 질문에 그가 답했듯이), 영혼과 육체의 실체는 서로 모순되기 때문에 그 둘의 차이나 결합을 명백히 이해할 수는 없다고 인정하는 수밖에 없다."

Асмус В. Ф. Очерки истории диалектики в новой философии. М.; Л, 1929.

Бергсон А. Материя и память. СПб, 1911.

Введенский А. И. Психология без всякой метафизики. Пг, 1917.

Геффдинг Г. Очерки психологии рснованной на опыте. СПб, 1904.

Декарт Р. Сочинения. Казань, 1914, т. 1.

Джемс В. Психология. СПБ, 1902.

Дидро Д. Сочинения. М., 1936, т. 5.

Дильтей В. Описательная психология. М., 1924.

Келер В. Исследование интеллекта человекоподобных обезьян. М., 1930.

Кеннон У. Физиология эмоций. Л., 1927.

Кечекьян С. Ф. Этическое миросозерцание Спинозы. М., 1914.

Крид Р., Денни-Броун Д., Икклз И. и др. Рефлекторная деятельность спинного мо
зга. М.; Л., 1935.

Кюльпе О. Современная психология мышления. — Новые идеи в философии. Пг, 1916,
вып. 16.

Ланге Г. Душевные движения. СПб., 1896.

Ланге Н. Н. Психология. М., 1914.

Леонтьев А. Н. Развитие памяти. — Труды психологической Академии коммунис
тического воспитания, 1930, вып. 5.

Мюнстерберг Г. Основы психотехники. М., 1924, ч. 1.

Петцольд И. Проблема мира с точки зрения позитивизма. СПб., 1909.

Радлов Э. Л. Очерк истории русской философии. Пг, 1920.

Рибо Т. Психология чувств. Киев; Харьков, 1897.

Сборник посвященный 75-летию И. П. Павлова. Л., 1924.

Спиноза Б. Избранные произведения. М., 1957, т. 1.

Спиноза Б. Этика. М; Л., 1933.

Титченер Э. Б. Учебник психологии. М., 1914, ч. II.

Торндайк Э. Принципы обучения, основанные на психологии. М., 1925.

Фишер К. История новой философии. СПб., 1906, т. 1, 2. Фролов Ю. П. Физиологичес
кая природа инстинкта. М.; Л., 1925.

Штерн В. Психология раннего детства до шестилетнего возраста. Пг., 1922.

Ach N. Uber die Begriffsbildung; eine experimentelle Untersuchung. Bamberg.
1921.

Bard P. A. A diencephalic mechanism for the expression of rage with special
reference to the sympathetic nervous system. — Amer. J. Physiol., 1928, v. 84.

Bentley I. M. Is emotion more than a chapter heading? — In: Feelings and
Emotions: the Wittenberg Symposium. Norcester, 1928, p. 17-23.

Bogen H., Lipmann O. Naive Physik. Leipzig, 1923.

Brentano F. Psychologie von empirischen Standpunkten. Leipzig. 1874.

Brett G. S. Historical development of the history of emotions.— In: Feelings and Emotions: the Wittenberg Symposium. Norcester, 1928, p. 388.

Cannon W. B. The James — Lange theory of emotions. A critical examination and an alternative theory.—Amer. J. Psychol., 1927, v. 39.

Cannon W. Bodily Changes in Pain, Fear, Hunger and Rage. 2-d ed., Boston, 1929.

Cannon W. The Wisdom of the Body. L., 1932.

Cannon W. B., Britton S. W. Pseudo-affective medulla-adrenal secretion.— Amer. J. Physiol., 1925, v. 72.

Cannon W. B., Britton S. W. The dispensability of the sympathetic division of the autonomic system.— Boston Med. and Surg. J., 1927, 197.

Cassirer E. Sprache und Mythos, ein Beitrag zum Problem der Gotternamen. Leipzig—Berlin, 1925.

Claparede E. Feelings and Emotions: the Wittenberg Symposium.— In: Feelings and Emotions: the Wittenberg Symposium. Norcester, 1928, p. 124-139.

Dana Ch. The anatomic seat of the emotions. A discussion of the James— Lange theory.— Arch. Neurol. Psychiat., 1921, v. 6.

Descartes, R. De homine···. Leyden: F. Moyardeim and P. Lefton, 1662.

Descartes, R. Selected Correspondence. J. Bennett trans. 1619/2017.

Descartes, R. The World and Other Writings, Cambridge: Cambridge University Press, 1998.

Descartes. R. Principles of Philosophy. J. Bennett trans. 1644/2017.

Descartes. R. Passions of the Soul. J. Bennett trans. 1649/2017.

Dunlap K. Emotion as a dynamic background.— In: Feelings and Emotions: the Wittenberg Symposium. Norcester, 1928, p. 150-160.

Fleer, M., Gonzalez Rey, F., and Veresov, N. (2017). Perezhivanie, Emotions, and Subjectivity: Avancing Vygotsky's Legacy. Singapore: Springer.

Head H., Holmes G. Sensory disturbances from cerebral lesions.—Brain, 1911, N 34.

Head, H. and Rivers W. H. R. Studies in Neurology, Vol. II. London: Frowde, Hodder and Stoughton, 1920.

Heine, H. Religion and Philosophy in Germany. Boston: Press, p. 69. 1835, 1959.

Herrick, C. J. The internal structure of the midbrain and thalamus of Necturus, Journal of Comparative Neurology, 28: 214-348. 1934.

Holberg, L. Jeppe of the Hill and Other Comedites, 1722.

Irons D. Descartes and modern theories of emotion.—Philos. Review, 1895, v. 4.

Janet P. De l'angoisse a l'extase. Paris, 1928.

James, W. Principles of Psychology, Volumes One and Two. 1890/1950. Dover: New York.

James, W. Varieties of Religious Experience. New York: Vintage. 1902/1990.

Lehmann A. Die Hauptgesetze des menschlichen Gefiihlslebens. Leipzig, 1892.

Lipmann G. Drei Aufsatze aus dem Apraxiegebiet. Berlin, 1908.

Lotze R., H. Medizinische Psychologie der Seele. Leipzig, 1852.

Malebranche, N. De la recherche de la vérité. Où l'on traitte de la nature de l'esprit de l'homme, et de l'usage qu'il en doit faire pour eviter l'erreur dans les sciences, (1674-1675).

Maranon G. Contribution a l'etude de Taction emotive de l'adrenaline.—Rev. tranc. d'endocrinol., 1924, v. 2.

Morgan C. L. Animal Behaviour. L., 1900.

Müller J. Handbuch der Physiologie des Menschen. L., 1842.

Münsterberg H. Grundlage der Psychologie. Leipzig, 1918.

Nahlowsky J. Das Gefiihlsleben. Leipzig, 1862.

Newman E. B., Perkins F. T., Wheeler K. N. Cannon's theory of emotion. A critique.—Psychol. Rev., 1930, v. 37.

Perry R. General Theory of Value, 1926.

Piderit T. Mimik und Physiognomik. Detmold, 1886.

Pieron A. La dynamogenie emotionelle.—Journal de psychologie, 1920, v. 17.

Prince M. Can emotion be regarded as energy?—In: Feelings and Emotions: the Wittenberg Symposium. Norcester, 1928, p. 161-169.

Revault d'Allones, C. G. Role des sensations internes dans les emotions et dans la perception de la duree. Revue Philosophique, December 1905, p. 592 ff.

Scheler M. Die Sinnegesetze des emotionalen Lebens. Leipzig, 1923.

Sergi, G. (1858). L'origine dei fenomeni psichici e loro significazione biological, Milano, Fratelli Dumolard.

Spearman C. E. A new method for investigating. The springs of action.—In: Feelings and Emotions: the Wittenberg Symposium. Norcester, 1928.

Spinoza, B. Ethics Demonstrated in Geometrical Order, J. Bennett trans. 1677/2017.

Stern W. Die Psychologie und der Personalismus. Leipzig, 1917.

Stern C and Stern W. Die Kindersprache. Berlin, 1928.

Tilney F., Morrison J. F. Pseudobulbar palsy clinically and pathologically considered.—J. Ment. and Nerv. Deseases, 1912, N 39.

Wells F. L. Reactions to visual stimuli in affective settings.—J. Exper. Psychol., 1925, N 8.

Wilson S. A. K. Pathological laughing and crying.—J. Neurol. Psychopath., 1924, v. 4.

Woodworth R., Sherrington C. S. A pseudo-affective reflex and its spinal path.—J. Physiol., 1904. N 31.

교육의 본질을 고민하고 진정한 교육적 혁신을 위해 비고츠키를 연구하는 모임, 비고츠키 원전을 번역하고 현장 연구를 통한 논문을 지속적으로 발표해 오고 있다. 진지하고 성실한 학문적 접근을 통해 비고츠키 사상을 이해하고자 하는 이라면 누구나 함께할 수 있다. 『정서 학설 I』의 본문 번역에 참여한 회원은 다음과 같다.

데이비드 켈로그David Kellogg
맥쿼리대학교 언어학 박사. 상명대학교 영어교육과 교수. 비고츠키 한국어 선집 공동 번역 작업에 참여하였습니다. *Applied Linguistics*, *Modern Language Journal*, *Language Teaching Research*, *Mind Culture & Activity* 등의 해외 유수 학술지에 지속적으로 논문을 게재해 오고 있으며 동시에 다수의 국제 학술지 리뷰어로 활동하고 있습니다. 비고츠키 연구의 권위자로 인정받고 있습니다.

김경자
이화여대 초등교육과를 졸업하고 현재 경기도 동학초등학교에서 근무하고 있습니다. 켈로그 교수님 및 여러 선생님들과 어린이 교육발달 이론을 공부해 오고 있습니다.

김용호
서울교육대학교와 교육대학원을 졸업하고 한국교원대학교에서 교육학 박사학위를 받았습니다. 서울북한산초등학교에서 근무하고 있습니다. 켈로그 교수님과 함께 외국어 학습과 어린이 발달 일반의 관계를 공부해 왔습니다.

이두표

서울에 있는 개봉중학교 과학 교사로 서울대학교 물리교육과와 대학원 과학교육과를 졸업하였습니다. 2010년 여름 비고츠키를 처음 만난 후 그 매력에 푹 빠져 꾸준히 비고츠키를 공부하고 있습니다.

한희정

청주교육대학교와 한국교원대학교를 졸업하고, 현재 서울정릉초등학교에 근무하며 경희대학교에서 교육과정 박사과정을 밟고 있습니다. 어린이의 성장과 발달을 돕는 교육과정-수업-평가라는 고민에 대한 답을 비고츠키를 통해 찾아가고 있습니다.

이 외에 원고 타이핑, 본문 검토 및 글상자 작성, 각 장별 미주 작성에 참여한 회원은 다음과 같다.

Sue, Lauvu, Julie, Jane, 청조, 통밀빵, 클레망틴, Hassem, 남샘, Kyung, Mimi, Shushu

*비고츠키 연구회와 함께 번역, 연구 작업에 동참하고 싶으신 분들은 iron_lung@hanmail.net으로 문의해 주시기 바랍니다.

삶의 행복을 꿈꾸는 교육은 어디에서 오는가?

● **교육혁명을 앞당기는 배움책 이야기** 혁신교육의 철학과 잉걸진 미래를 만나다!

● 비고츠키 선집 시리즈 발달과 협력의 교육학 어떻게 읽을 것인가?

 생각과 말
레프 세묘노비치 비고츠키 지음
배희철·김용호·D. 켈로그 옮김 | 690쪽 | 값 33,000원

 도구와 기호
비고츠키·루리야 지음 | 비고츠키 연구회 옮김
336쪽 | 값 16,000원

 어린이 자기행동숙달의 역사와 발달 I
L.S. 비고츠키 지음 | 비고츠키 연구회 옮김
564쪽 | 값 28,000원

 어린이 자기행동숙달의 역사와 발달 II
L.S. 비고츠키 지음 | 비고츠키 연구회 옮김
552쪽 | 값 28,000원

 어린이의 상상과 창조
L.S. 비고츠키 지음 | 비고츠키 연구회 옮김
280쪽 | 값 15,000원

 비고츠키와 인지 발달의 비밀
A.R. 루리야 지음 | 배희철 옮김 | 280쪽 | 값 15,000원

 정서학설 I
L.S. 비고츠키 지음 | 비고츠키 연구회 옮김
584쪽 | 값 35,000원

 수업과 수업 사이
비고츠키 연구회 지음 | 196쪽 | 값 12,000원

 비고츠키의 발달교육이란 무엇인가?
비고츠키교육학실천연구모임 지음 | 412쪽 | 값 21,000원

 비고츠키 철학으로 본 핀란드 교육과정
배희철 지음 | 456쪽 | 값 23,000원

 성장과 분화
L.S. 비고츠키 지음 | 비고츠키 연구회 옮김
308쪽 | 값 15,000원

 연령과 위기
L.S. 비고츠키 지음 | 비고츠키 연구회 옮김
336쪽 | 값 17,000원

 의식과 숙달
L.S 비고츠키 | 비고츠키 연구회 옮김
348쪽 | 값 17,000원

 분열과 사랑
L.S. 비고츠키 지음 | 비고츠키 연구회 옮김
260쪽 | 값 16,000원

 성애와 갈등
L.S. 비고츠키 지음 | 비고츠키 연구회 옮김
268쪽 | 값 17,000원

 흥미와 개념
L.S. 비고츠키 지음 | 비고츠키 연구회 옮김
408쪽 | 값 21,000원

 관계의 교육학, 비고츠키
진보교육연구소 비고츠키교육학실천연구모임 지음
300쪽 | 값 15,000원

 비고츠키 생각과 말 쉽게 읽기
진보교육연구소 비고츠키교육학실천연구모임 지음
316쪽 | 값 15,000원

 교사와 부모를 위한 비고츠키 교육학
카르포프 지음 | 실천교사번역팀 옮김
308쪽 | 값 15,000원

 혁신교육, 철학을 만나다
브렌트 데이비스·데니스 수마라 지음
현인철·서용선 옮김 | 304쪽 | 값 15,000원

 혁신교육 존 듀이에게 묻다
서용선 지음 | 292쪽 | 값 14,000원

 다시 읽는 조선 교육사
이만규 지음 | 750쪽 | 값 33,000원

대한민국 교육혁명
교육혁명공동행동 연구위원회 지음
224쪽 | 값 12,000원

 경쟁을 넘어 발달 교육으로
현광일 지음 | 288쪽 | 값 14,000원

 독일 교육, 왜 강한가?
박성희 지음 | 324쪽 | 값 15,000원

 핀란드 교육의 기적
한넬레 니에미 외 엮음 | 장수명 외 옮김
456쪽 | 값 23,000원

 한국 교육의 현실과 전망
심성보 지음 | 724쪽 | 값 35,000원

● 교과서 밖에서 만나는 역사 교실 상식이 통하는 살아 있는 역사를 만나다

 전봉준과 동학농민혁명
조광환 지음 | 336쪽 | 값 15,000원

 남도의 기억을 걷다
노성태 지음 | 344쪽 | 값 14,000원

 응답하라 한국사 1·2
김은석 지음 | 356쪽·368쪽 | 각권 값 15,000원

 즐거운 국사수업 32강
김남선 지음 | 280쪽 | 값 11,000원

 즐거운 세계사 수업
김은석 지음 | 328쪽 | 값 13,000원

 강화도의 기억을 걷다
최보길 지음 | 276쪽 | 값 14,000원

 광주의 기억을 걷다
노성태 지음 | 348쪽 | 값 15,000원

 선생님도 궁금해하는
한국사의 비밀 20가지
김은석 지음 | 312쪽 | 값 15,000원

 걸림돌
키르스텐 세룹-빌펠트 지음 | 문봉애 옮김
248쪽 | 값 13,000원

 역사수업을 부탁해
열 사람의 한 걸음 지음 | 388쪽 | 값 18,000원

 **진실과 거짓, 인물 한국사**
하성환 지음 | 400쪽 | 값 18,000원

우리 역사에서 사라진
근현대 인물 한국사
하성환 지음 | 296쪽 | 값 18,000원

 꼬물꼬물 거꾸로 역사수업
역모자들 지음 | 436쪽 | 값 23,000원

 즐거운 동아시아사 수업
김은석 지음 | 240쪽 | 값 15,000원

 노성태, 역사의 길을 걷다
노성태 지음 | 324쪽 | 값 17,000원

 교과서 밖에서 배우는 역사 공부
정은교 지음 | 292쪽 | 값 14,000원

 팔만대장경도 모르면 빨래판이다
전병철 지음 | 360쪽 | 값 16,000원

 빨래판도 잘 보면 팔만대장경이다
전병철 지음 | 360쪽 | 값 16,000원

 영화는 역사다
강성률 지음 | 288쪽 | 값 13,000원

 친일 영화의 해부학
강성률 지음 | 264쪽 | 값 15,000원

 한국 고대사의 비밀
김은석 지음 | 304쪽 | 값 13,000원

 조선족 근현대 교육사
정미량 지음 | 320쪽 | 값 15,000원

 다시 읽는 조선근대 교육의 사상과 운동
윤건차 지음 | 이명실·심성보 옮김 | 516쪽 | 값 25,000원

 음악과 함께 떠나는 세계의 혁명 이야기
조광환 지음 | 292쪽 | 값 15,000원

 논쟁으로 보는 일본 근대 교육의 역사
이명실 지음 | 324쪽 | 값 17,000원

 다시, 독립의 기억을 걷다
노성태 지음 | 320쪽 | 값 16,000원

 한국사 리뷰
김은석 지음 | 244쪽 | 값 15,000원

 경남의 기억을 걷다
류형진 외 지음 | 564쪽 | 값 28,000원

 어제와 오늘이 만나는 교실
학생과 교사의 역사수업 에세이
정진경 외 지음 | 328쪽 | 값 17,000원

 우리 역사에서 왜곡되고 사라진
근현대 인물 한국사
하성환 지음 | 348쪽 | 값 18,000원

● 4·16, 질문이 있는 교실 마주이야기 통합수업으로 혁신교육과정을 재구성하다!

통하는 공부
김태호·김형우·이경석·심우근·허진만 지음
324쪽 | 값 15,000원

내일 수업 어떻게 하지?
아이함께 지음 | 300쪽 | 값 15,000원
2015 세종도서 교양부문

인간 회복의 교육
성래운 지음 | 260쪽 | 값 13,000원

교과서 너머 교육과정 마주하기
이윤미 외 지음 | 368쪽 | 값 17,000원

수업 고수들
수업·교육과정·평가를 말하다
박현숙 외 지음 | 368쪽 | 값 17,000원

도덕 수업, 책으로 묻고 윤리로 답하다
울산도덕교사모임 지음 | 320쪽 | 값 15,000원

체육 교사, 수업을 말하다
전용진 지음 | 304쪽 | 값 15,000원

교실을 위한 프레이리
아이러 쇼어 엮음 | 사람대사람 옮김
412쪽 | 값 18,000원

마을교육공동체란 무엇인가?
서용선 외 지음 | 360쪽 | 값 17,000원

교사, 학교를 바꾸다
정진화 지음 | 372쪽 | 값 17,000원

함께 배움
학생 주도 배움 중심 수업 이렇게 한다
니시카와 준 지음 | 백경석 옮김 | 280쪽 | 값 15,000원

공교육은 왜?
홍섭근 지음 | 352쪽 | 값 16,000원

자기혁신과 공동의 성장을 위한
교사들의 필리버스터
윤양수·원종희·장군·조경삼 지음 | 280쪽 | 값 14,000원

함께 배움 이렇게 시작한다
니시카와 준 지음 | 백경석 옮김 | 196쪽 | 값 12,000원

함께 배움 교사의 말하기
니시카와 준 지음 | 백경석 옮김 | 188쪽 | 값 12,000원

교육과정 통합, 어떻게 할 것인가?
성열관 외 지음 | 192쪽 | 값 13,000원

학교 혁신의 길, 아이들에게 묻다
남궁상운 외 지음 | 272쪽 | 값 15,000원

미래교육의 열쇠, 창의적 문화교육
심광현·노명우·강정석 지음 | 368쪽 | 값 16,000원

주제통합수업,
아이들을 수업의 주인공으로!
이윤미 외 지음 | 392쪽 | 값 17,000원

수업과 교육의 지평을 확장하는 **수업 비평**
윤양수 지음 | 316쪽 | 값 15,000원
2014 문화체육관광부 우수교양도서

교사, 선생이 되다
김태은 외 지음 | 260쪽 | 값 13,000원

교사의 전문성, 어떻게 만들어지나
국제교원노조연맹 보고서 | 김석규 옮김
392쪽 | 값 17,000원

수업의 정치
윤양수·원종희·장군 지음 | 280쪽 | 값 14,000원

학교협동조합,
현장체험학습과 마을교육공동체를 잇다
주수원 외 지음 | 296쪽 | 값 15,000원

거꾸로 교실,
잠자는 아이들을 깨우는 수업의 비밀
이민경 지음 | 280쪽 | 값 14,000원

교사는 무엇으로 사는가
정은균 지음 | 292쪽 | 값 15,000원

마음의 힘을 기르는 감성수업
조선미 외 지음 | 300쪽 | 값 15,000원

작은 학교 아이들
지경준 엮음 | 376쪽 | 값 17,000원

아이들의 배움은 어떻게 깊어지는가
이시이 준지 지음 | 방지현·이창희 옮김
200쪽 | 값 11,000원

대한민국 입시혁명
참교육연구소 입시연구팀 지음 | 220쪽 | 값 12,000원

교사를 세우는 교육과정
박승열 지음 | 312쪽 | 값 15,000원

전국 17명 교육감들과 나눈 **교육 대담**
최창의 대담·기록 | 272쪽 | 값 15,000원

들뢰즈와 가타리를 통해 **유아교육 읽기**
리세롯 마리엣 올손 지음 | 이연선 외 옮김
328쪽 | 값 17,000원

학교 민주주의의 불한당들
정은균 지음 | 276쪽 | 값 14,000원

프레이리의 사상과 실천
사람대사람 지음 | 352쪽 | 값 18,000원
2018 세종도서 학술부문

 교육과정, 수업, 평가의 일체화
리사 카터 지음 | 박승열 외 옮김 | 196쪽 | 값 13,000원

 혁신학교, 한국 교육의 미래를 열다
송순재 외 지음 | 608쪽 | 값 30,000원

 학교를 개선하는 교장
지속가능한 학교 혁신을 위한 실천 전략
마이클 풀란 지음 | 서동연·정효준 옮김 | 216쪽 | 값 13,000원

 페다고지를 위하여
프레네의 『페다고지 불변요소』 읽기
박찬영 지음 | 296쪽 | 값 15,000원

 공자뎐, 논어는 이것이다
유문상 지음 | 392쪽 | 값 18,000원

 노자와 탈현대 문명
홍승표 지음 | 284쪽 | 값 15,000원

 교사와 부모를 위한
발달교육이란 무엇인가?
현광일 지음 | 380쪽 | 값 18,000원

 선생님, 민주시민교육이 뭐예요?
염경미 지음 | 244쪽 | 값 15,000원

 교사, 이오덕에게 길을 묻다
이무완 지음 | 328쪽 | 값 15,000원

 어쩌다 혁신학교
유우석 외 지음 | 380쪽 | 값 17,000원

 낙오자 없는 스웨덴 교육
레이프 스트란드베리 지음 | 변광수 옮김
208쪽 | 값 13,000원

 미래, 교육을 묻다
정광필 지음 | 232쪽 | 값 15,000원

 끝나지 않은 마지막 수업
장석웅 지음 | 328쪽 | 값 20,000원

 대학, 협동조합으로 교육하라
박주희 외 지음 | 252쪽 | 값 15,000원

 경기꿈의학교
진흥섭 외 지음 | 360쪽 | 값 17,000원

 입시, 어떻게 바꿀 것인가?
노기원 지음 | 306쪽 | 값 15,000원

 학교를 말한다
이성우 지음 | 292쪽 | 값 15,000원

 촛불시대, 혁신교육을 말하다
이용관 지음 | 240쪽 | 값 15,000원

 행복도시 세종,
혁신교육으로 디자인하다
곽순일 외 지음 | 392쪽 | 값 18,000원

 라운드 스터디
이시이 데루마사 외 엮음 | 224쪽 | 값 15,000원

 나는 거꾸로 교실 거꾸로 교사
류광모·임정훈 지음 | 212쪽 | 값 13,000원

 미래교육을 디자인하는 **학교교육과정**
박승열 외 지음 | 348쪽 | 값 18,000원

 교실 속으로 간 이해중심 교육과정
온정덕 외 지음 | 224쪽 | 값 13,000원

 흥미진진한 아일랜드 전환학년 이야기
제리 제퍼스 지음 | 최상덕·김호원 옮김 | 508쪽 | 값 27,000원
2019 대한민국학술원우수학술도서

 교실, 평화를 말하다
따돌림사회연구모임 초등우정팀 지음
268쪽 | 값 15,000원

폭력 교실에 맞서는 용기
따돌림사회연구모임 학급운영팀 지음
272쪽 | 값 15,000원

 학교자율운영 2.0
김용 지음 | 240쪽 | 값 15,000원

 그래도 혁신학교
박은혜 외 지음 | 248쪽 | 값 15,000원

 학교자치를 부탁해
유우석 외 지음 | 252쪽 | 값 15,000원

 학교는 어떤 공동체인가?
성열관 외 지음 | 228쪽 | 값 15,000원

 국제이해교육 페다고지
강순원 외 지음 | 256쪽 | 값 15,000원

교사 전쟁
다나 골드스타인 지음 | 유성상 외 옮김
468쪽 | 값 23,000원

 선생님, 페미니즘이 뭐예요?
염경미 지음 | 280쪽 | 값 15,000원

시민, 학교에 가다
최형규 지음 | 260쪽 | 값 15,000원

 평화의 교육과정 섬김의 리더십
이준원·이형빈 지음 | 292쪽 | 값 16,000원

학교를 살리는 회복적 생활교육
김민자·이순영·정선영 지음 | 256쪽 | 값 15,000원

 수포자의 시대
김성수·이형빈 지음 | 252쪽 | 값 15,000원

 교사를 위한 교육학 강의
이형빈 지음 | 336쪽 | 값 17,000원

 혁신학교와 실천적 교육과정
신은희 지음 | 236쪽 | 값 15,000원

 새로운학교 학생을 날게 하다
새로운학교네트워크 총서 02 | 408쪽 | 값 20,000원

 삶의 시간을 잇는 문화예술교육
고영직 지음 | 292쪽 | 값 16,000원

 세월호가 묻고 교육이 답하다
경기도교육연구원 지음 | 214쪽 | 값 13,000원

 혐오, 교실에 들어오다
이혜정 외 지음 | 232쪽 | 값 15,000원

 미래교육, 어떻게 만들어갈 것인가?
송기상·김성천 지음 | 300쪽 | 값 16,000원
2019 세종도서 교양부문

 혁신교육지구와 마을교육공동체는
어떻게 만들어지는가?
김태정 지음 | 376쪽 | 값 18,000원

 교육에 대한 오해
우문영 지음 | 224쪽 | 값 15,000원

 선생님, 특성화고 자기소개서 어떻게 써요?
이지영 지음 | 322쪽 | 값 17,000원

 혁신교육지구 현장을 가다
이용운 외 4인 지음 | 344쪽 | 값 18,000원

 학생과 교사, 수업을 묻다
전용진 지음 | 344쪽 | 값 18,000원

 배움의 독립선언, 평생학습
정민승 지음 | 240쪽 | 값 15,000원

 혁신학교의 꽃, 교육과정 다시 그리기
안재일 지음 | 344쪽 | 값 18,000원

 교육혁신의 시대
배움의 공간을 상상하다
함영기 외 지음 | 264쪽 | 값 17,000원

 학습격차 해소를 위한 새로운 도전
보편적 학습설계 수업
조윤정 외 지음 | 225쪽 | 값 15,000원

 서울의 마을교육
이용운 외 지음 | 352쪽 | 값 18,000원

 물질과의 새로운 만남
베로니차 파치니-케처바우 지음 | 240쪽 | 값 15,000원

 평화와 인성을 키우는 **자기우정**
따돌림사회연구모임 우정팀 지음 | 240쪽 | 값 15,000원

 미래교육을 열어가는
배움중심 원격수업
이윤서 외 지음 | 332쪽 | 값 17,000원

● **살림터 참교육 문예 시리즈** 영혼이 있는 삶을 가르치는 온 선생님을 만나다!

 꽃보다 귀한 우리 아이는
조재도 지음 | 244쪽 | 값 12,000원

 선생님이 먼저 때렸는데요
강병철 지음 | 248쪽 | 값 12,000원

 성깔 있는 나무들
최은숙 지음 | 244쪽 | 값 12,000원

 서울 여자, 시골 선생님 되다
조경선 지음 | 252쪽 | 값 12,000원

 아이들에게 세상을 배웠네
명혜정 지음 | 240쪽 | 값 12,000원

 행복한 창의 교육
최창의 지음 | 328쪽 | 값 15,000원

 밥상에서 세상으로
김흥숙 지음 | 280쪽 | 값 13,000원

 북유럽 교육 기행
정애경 외 14인 지음 | 288쪽 | 값 14,000원

 우물쭈물하다 끝난 교사 이야기
유기창 지음 | 380쪽 | 값 17,000원

 시험 시간에 웃은 건 처음이에요
조규선 지음 | 252쪽 | 값 15,000원

 오천년을 사는 여지
염경미 지음 | 272쪽 | 값 16,000원

 다정한 교실에서 20,000시간
강정희 지음 | 296쪽 | 값 16,000원

● 더불어 사는 정의로운 세상을 여는 인문사회과학 사람의 존엄과 평등의 가치를 배운다

밥상혁명
강양구·강이현 지음 | 298쪽 | 값 13,800원

도덕 교과서 무엇이 문제인가?
김대용 지음 | 272쪽 | 값 14,000원

자율주의와 진보교육
조엘 스프링 지음 | 심성보 옮김 | 320쪽 | 값 15,000원

민주화 이후의 공동체 교육
심성보 지음 | 392쪽 | 값 15,000원
2009 문화체육관광부 우수학술도서

갈등을 넘어 협력 사회로
이창언·오수길·유문종·신윤관 지음
280쪽 | 값 15,000원

동양사상과 마음교육
정재걸 외 지음 | 356쪽 | 값 16,000원
2015 세종도서 학술부문

교과서 밖에서 배우는 철학 공부
정은교 지음 | 280쪽 | 값 14,000원

교과서 밖에서 배우는 사회 공부
정은교 지음 | 304쪽 | 값 15,000원

교과서 밖에서 배우는 윤리 공부
정은교 지음 | 292쪽 | 값 15,000원

한글 혁명
김슬옹 지음 | 388쪽 | 값 18,000원

우리 안의 미래교육
정재걸 지음 | 484쪽 | 값 25,000원

왜 그는 한국으로 돌아왔는가?
황선준 지음 | 364쪽 | 값 17,000원
2019 세종도서 교양부문

공간, 문화, 정치의 생태학
현광일 지음 | 232쪽 | 값 15,000원

인공지능 시대의 사회학적 상상력
홍승표 지음 | 260쪽 | 값 15,000원

동양사상과 인간 그리고 사회
이현지 지음 | 418쪽 | 값 21,000원

장자와 탈현대
정재걸 외 지음 | 424쪽 | 값 21,000원

놀자선생의 놀이인문학
진용근 지음 | 380쪽 | 값 185,000원

포스트 코로나 시대, 예술과 정치
현광일 지음 | 288쪽 | 값 16,000원

좌우지간 인권이다
안경환 지음 | 288쪽 | 값 13,000원

민주시민교육
심성보 지음 | 544쪽 | 값 25,000원

민주시민을 위한 도덕교육
심성보 지음 | 500쪽 | 값 25,000원
2015 세종도서 학술부문

교과서 밖에서 배우는 인문학 공부
정은교 지음 | 280쪽 | 값 13,000원

오래된 미래교육
정재걸 지음 | 392쪽 | 값 18,000원

대한민국 의료혁명
전국보건의료산업노동조합 엮음 | 548쪽 | 값 25,000원

교과서 밖에서 배우는 고전 공부
정은교 지음 | 288쪽 | 값 14,000원

전체 안의 전체 사고 속의 사고
김우창의 인문학을 읽다
현광일 지음 | 320쪽 | 값 15,000원

카스트로, 종교를 말하다
피델 카스트로·프레이 베토 대담 | 조세종 옮김
420쪽 | 값 21,000원

일제강점기 한국철학
이태우 지음 | 448쪽 | 값 25,000원

한국 교육 제4의 길을 찾다
이길상 지음 | 400쪽 | 값 21,000원
2019 세종도서 학술부문

마을교육공동체 생태적 의미와 실천
김용련 지음 | 256쪽 | 값 15,000원

교육과정에서 왜 지식이 중요한가
심성보 지음 | 440쪽 | 값 23,000원

식물에게서 교육을 배우다
이차영 지음 | 260쪽 | 값 15,000원

왜 전태일인가
송필경 지음 | 236쪽 | 값 17,000원

한국 세계시민교육이 나아갈 길을 묻다
유네스코태평양 국제이해교육원 지음 | 260쪽 | 값 18,000원

**코로나 시대,
마을교육공동체 운동과 생태적 교육학**
심성보 지음 | 280쪽 | 값 17,000원

● 평화샘 프로젝트 매뉴얼 시리즈 학교폭력에 대한 근본적인 예방과 대책을 찾는다

학교폭력 어떻게 만들어지는가
문재현 외 지음 | 300쪽 | 값 14,000원

아이들을 살리는 동네
문재현·신동명·김수동 지음 | 204쪽 | 값 10,000원

학교폭력, 멈춰!
문재현 외 지음 | 348쪽 | 값 15,000원

평화! 행복한 학교의 시작
문재현 외 지음 | 252쪽 | 값 12,000원

왕따, 이렇게 해결할 수 있다
문재현 외 지음 | 236쪽 | 값 12,000원

마을에 배움의 길이 있다
문재현 지음 | 208쪽 | 값 10,000원

젊은 부모를 위한 백만 년의 육아 슬기
문재현 지음 | 248쪽 | 값 13,000원

별자리, 인류의 이야기 주머니
문재현·문한뫼 지음 | 444쪽 | 값 20,000원

우리는 마을에 산다
유양우·신동명·김수동·문재현 지음
312쪽 | 값 15,000원

동생아, 우리 뭐 하고 놀까?
문재현 외 지음 | 280쪽 | 값 15,000원

누가, 학교폭력 해결을 가로막는가?
문재현 외 지음 | 312쪽 | 값 15,000원

코로나 19가 앞당긴 미래,
마을에서 찾는 배움길
문재현 외 지음 | 308쪽 | 값 16,000원

● 남북이 하나 되는 두물머리 평화교육 분단 극복을 위한 치열한 배움과 실천을 만나다

10년 후 통일
정동영·지승호 지음 | 328쪽 | 값 15,000원

선생님, 통일이 뭐예요?
정경호 지음 | 252쪽 | 값 13,000원

분단시대의 통일교육
성래운 지음 | 428쪽 | 값 18,000원

김창환 교수의 DMZ 지리 이야기
김창환 지음 | 264쪽 | 값 15,000원

한반도 평화교육 어떻게 할 것인가
이기범 외 지음 | 252쪽 | 값 15,000원

포괄적 평화교육
베티 리어든 지음 | 강순원 옮김 | 252쪽 | 값 17,000원

● 창의적인 협력 수업을 지향하는 삶이 있는 국어 교실 우리말 글을 배우며 세상을 배운다

중학교 국어 수업
어떻게 할 것인가?
김미경 지음 | 340쪽 | 값 15,000원

토론의 숲에서 나를 만나다
명혜정 엮음 | 312쪽 | 값 15,000원

토닥토닥 토론해요
명혜정·이명선·조선미 엮음 | 288쪽 | 값 15,000원

인문학의 숲을 거니는 토론 수업
순천국어교사모임 엮음 | 308쪽 | 값 15,000원

어린이와 시
오인태 지음 | 192쪽 | 값 12,000원

수업, 슬로리딩과 함께
박경숙 외 지음 | 268쪽 | 값 15,000원

언어던
정은균 지음 | 268쪽 | 값 15,000원
2019 세종도서 교양부문

민촌 이기영 평전
이성렬 지음 | 508쪽 | 값 20,000원

감각의 갱신, 화장하는 인민
남북문학예술연구회 | 380쪽 | 값 19,000원

참된 삶과 교육에 관한
생각 줍기